国家重点档案专项资金资助项目

抗日战争档案汇编

浙江省档案馆藏
日军细菌战及疫情档案汇编

浙江省档案馆　编

中華書局

图书在版编目（CIP）数据

浙江省档案馆藏日军细菌战及疫情档案汇编 / 浙江省档案馆编．—北京：中华书局，2024.11 —（抗日战争档案汇编）—ISBN 978-7-101-16836-5

Ⅰ．K265.606

中国国家版本馆 CIP 数据核字第 2024JK4480 号

书　　名　浙江省档案馆藏日军细菌战及疫情档案汇编
编　　者　浙江省档案馆
丛 书 名　抗日战争档案汇编
策划编辑　许旭虹
责任编辑　李晓燕　高　原
装帧设计　许丽娟
责任印制　管　斌
出版发行　中华书局
（北京市丰台区太平桥西里38号　100073）
http://www.zhbc.com.cn
E-mail:zhbc@zhbc.com.cn
图文制版　北京禾风雅艺文化发展有限公司
印　　刷　天津艺嘉印刷科技有限公司
版　　次　2024年11月第1版
2024年11月第1次印刷
规　　格　开本889×1194毫米　1/16
印张35.25
国际书号　ISBN 978-7-101-16836-5
定　　价　680.00元

抗日战争档案汇编编纂出版工作组织机构

编纂出版工作领导小组

组　长　陆国强

副组长　王绍忠　付　华　魏洪涛　刘鲤生

编纂委员会

主　任　陆国强

副主任　王绍忠

顾　问　杨冬权　李明华

成　员（按姓氏笔画为序排列）

于学蕴　于晓南　于晶霞　马忠魁　马俊凡　马振犊

王　放　王文铸　王建军　卢琼华　田洪文　田富祥

史晨鸣　代年云　白明标　白晓军　吉洪武　刘　钊

刘玉峰　刘灿河　刘忠平　刘新华　汤俊峰　孙　敏

苏东亮　杜　梅　李宁波　李宗春　吴卫东　何素君

张　军　张明决　陈念芜　陈艳霞　卓兆水　岳文莉

郑惠姿　赵有宁　查全洁　施亚雄　祝　云　徐春阳

郭树峰　唐仁勇　唐润明　黄凤平　黄远良　黄菊艳

梅　佳　龚建海　常建宏　韩　林　程潜龙　焦东华

童　鹿　蔡纪万　谭荣鹏　黎富文

编纂出版工作领导小组办公室

主　任　常建宏

副主任　孙秋浦　石　勇

成　员（按姓氏笔画为序排列）

李　宁　沈　岚　贾　坤

浙江省抗日战争档案汇编编纂出版工作组织机构

编纂出版工作领导小组

组　长　吴炳芳　王利月

副组长　张　军　胡元潮

编纂出版工作领导小组办公室

主　任　胡文苑

副主任　夏振华　阮发俊

成　员　陈卓君　张克强　宫　陈

编纂委员会

主　任　吴炳芳　王利月

副主任　张　军　胡元潮

委　员　胡文苑　陈　勇　翁　梅　夏振华　莫剑彪　阮发俊

《浙江省档案馆藏日军细菌战及疫情档案汇编》编辑组

编辑组

主　编　王利月

副主编　胡元潮

编　辑　莫剑彪　阮发俊

特邀顾问　张　凯

总序

为深入贯彻落实习近平总书记「让历史说话，用史实发言，深入开展中国人民抗日战争研究」的重要指示精神，国家档案局根据《全国档案事业发展「十三五」规划纲要》和《「十三五」时期国家重点档案保护与开发工作总体规划》的有关安排，决定全面系统地整理全国各级综合档案馆馆藏抗战档案，编纂出版《抗日战争档案汇编》（以下简称《汇编》）。

中国人民抗日战争是近代以来中国反抗外敌入侵第一次取得完全胜利的民族解放战争，开辟了中华民族伟大复兴的光明前景。这一伟大胜利，也是中国人民为世界反法西斯战争胜利、维护世界和平作出的重大贡献。加强中国人民抗日战争研究，具有重要的历史意义和现实意义。

全国各级档案馆保存的抗战档案，数量众多，内容丰富，全面记录了中国人民抗日战争的艰辛历程，是研究抗战历史的珍贵史料。一直以来，全国各级档案馆十分重视抗战档案的开发利用，陆续出版公布了一大批抗战档案，对揭露日本帝国主义侵华罪行，讴歌中华儿女勠力同心、不屈不挠抗击侵略的伟大壮举，弘扬伟大的抗战精神，引导正确的历史认知，发挥了积极作用。特别是国家档案局组织有关方面共同努力和积极推动，「南京大屠杀档案」被联合国教科文组织评选为「世界记忆遗产」，列入《世界记忆名录》，捍卫了历史真相，在国际上产生了广泛而深远的影响。

全国各级档案馆馆藏抗战档案开发利用工作虽然取得了一定的成果，但是，在档案信息资源开发的系统性和深入性方面仍显不足。正如习近平总书记所指出的：「同中国人民抗日战争的历史地位和历史意义相比，同这场战争对中华民族和世界的影响相比，我们的抗战研究还远远不够，要继续进行深入系统的研究。」「抗战研究要深入，就要更多通过档案、资料、事实、当事人证词等各种人证、物证来说话。要加强资料收集和整理这一基础性工作，全面整理我国各地抗战档案、照片、资料、实物等……」

国家档案局组织编纂《汇编》，对全国各级档案馆馆藏抗战档案进行深入系统地开发，是档案部门贯彻落实习近平总书记重要指示精神，推动深入开展中国人民抗日战争研究的一项重要举措。本书的编纂力图准确把握中国人民抗日战争的历史进程、主流和本质，用详实的档案全面反映一九三一年九一八事变后十四年抗战的全过程，反映中国共产党在抗日战争中的中流砥柱作用以及中国人民抗日战争在世界反法西斯战争中的重要地位，反映国共两党「兄弟阋于墙，外御其侮」进行合作抗战、共同捍卫民族尊严的历史，反映各民族、各阶层及海外华侨共同参与抗战的壮举，展现中国人民抗日战争的伟大意义，以历史档案揭露日本侵华暴行，揭示日本军国主义反人类、反和平的实质。

编纂《汇编》是一项浩繁而艰巨的系统工程。为保证这项工作的有序推进，国家档案局制订了总体规划和详细的实施方案，明确了指导思想、工作步骤和编纂要求。为保证编纂成果的科学性、准确性和严肃性，国家档案局组织专家对选题进行全面论证，对编纂成果进行严格审核。

各级档案馆高度重视并积极参与到《汇编》工作之中，通过全面清理馆藏抗战档案，将政治、军事、外交、经济、文化、宣传、教育等多个领域涉及抗战的内容列入选材范围。入选档案包括公文、电报、传单、文告、日记、照片、图表等多种类型。在编纂过程中，坚持实事求是的原则和科学严谨的态度，对所收录的每一件档案都仔细鉴定、甄别与考证，维护档案文献的真实性，彰显档案文献的权威性。同时，以《汇编》编纂工作为契机，以项目谋发展，用实干育人才，带动国家重点档案保护与开发，夯实档案馆基础业务，提高档案人员的业务水平，促进档案馆各项事业的发展。

守护历史，传承文明，是档案部门的重要责任。我们相信，编纂出版《汇编》，对于记录抗战历史，弘扬抗战精神，发挥档案留史存鉴、资政育人的作用，更好地服务于新时代中国特色社会主义文化建设，都具有极其重要的意义。

抗日战争档案汇编编纂委员会

编辑说明

日本侵华战争期间，日军违背国际公约，对中国多个区域实施严重违反人道的细菌战，给中国人民带来巨大的灾难。浙江是其中受害时间最长、灾情最为严重的地区之一。浙江省档案馆比较系统地保存了日军对浙江发动细菌战时，中国各级政府积极应对的档案文献，编印成册既可揭露日军实施细菌战的暴行，如实展现中国军民遭受的苦难，还能为研究日本侵华史与浙江抗战史，彰显中华民族的抗战精神提供宝贵的第一手资料。

本书收录的档案文献全部选自浙江省档案馆，以日军侵略浙江发动细菌战时民国浙江省政府与上下各级政府机关的各类电文、信函、指令、训令、报告、呈文、会议记录、疫情统计表等为主要内容。选稿起自一九四〇年，迄至一九四六年，按成文时间进行排序。需要说明的是，细菌战带来的祸患并未随着战争的结束而自然终止，贻害直至战后。

本书选用的档案多数为全文影印，对个别篇幅较长但符合选材标准，关联内容较少的档案作了节选。节选档案除所选内容外，还选入该档案的首尾页，并在标题中标明节选。标题中未标明节选的，如有缺页情况，则为档案自身缺页。

本书选用的档案，原标题完整或基本符合要求的，使用原标题；对原标题有明显缺陷的，予以修改或重拟；无标题的，则加拟标题。标题中涉及的人名，使用通用名并以括号标明该件档案中的写法；涉及的机构名称使用机构全称或规范简称；历史地名则沿用当时地名。档案所载时间不完整或不准确的，作了补充或订正。档案只有年份、月份而没有日期的档案，排在本年或本月末。

本书使用规范简化字。对标题中的人名、历史地名、机构名称中出现的繁体字、错别字等，予以径改。限于篇幅，本书不作注释。

由于时间紧，档案公布量大，编者水平有限，在编辑过程中可能存在疏漏之处，考订难免有误，欢迎方家斧正。

编　者

二〇二四年十月

目录

二、规章的制定

三、疫情的统计

一、调查与应对

卫生署关于派防疫处容启荣等来浙考察医疗防疫工作等事致浙江省政府的代电（一九四〇年十二月二十一日）

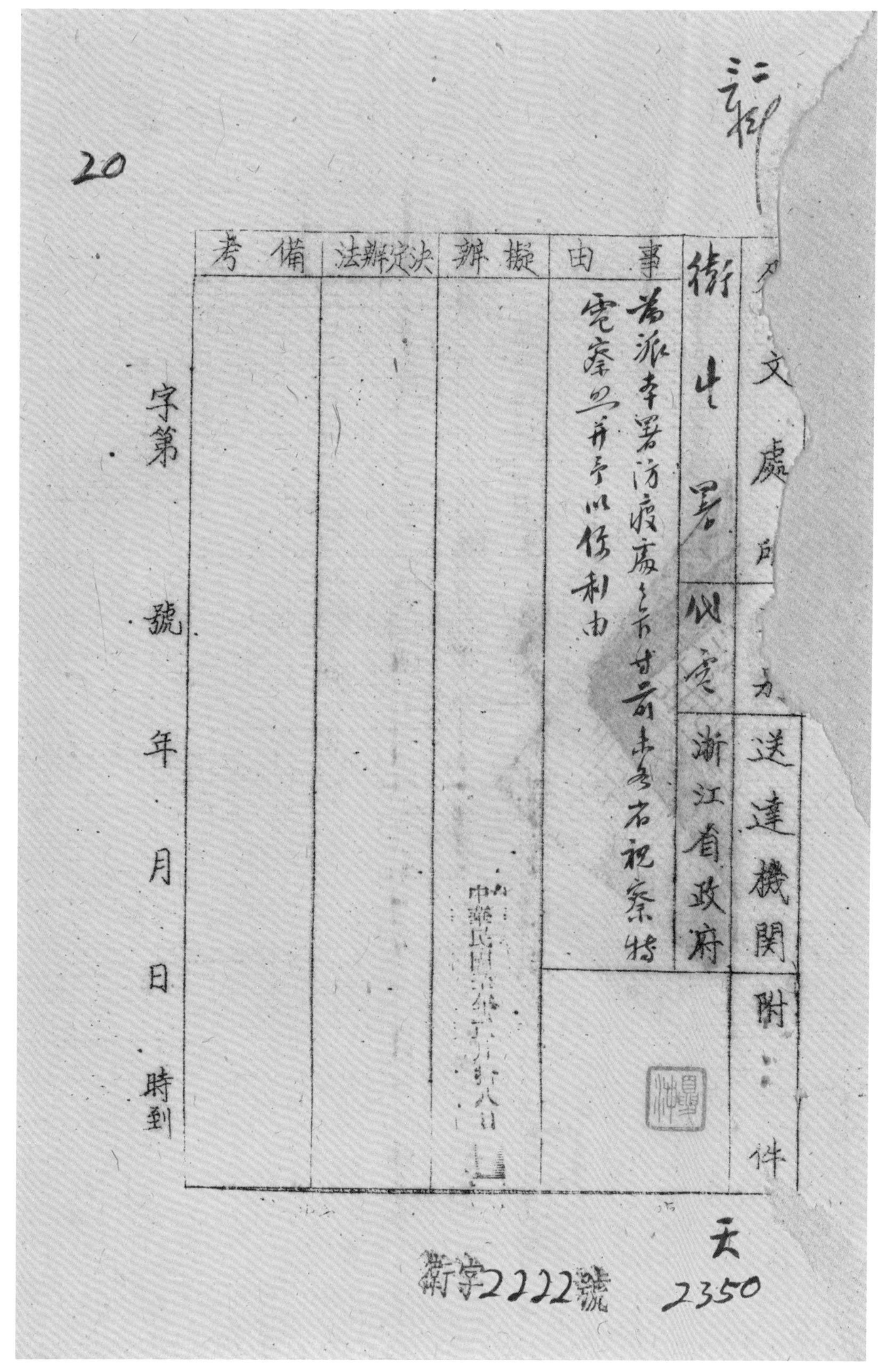

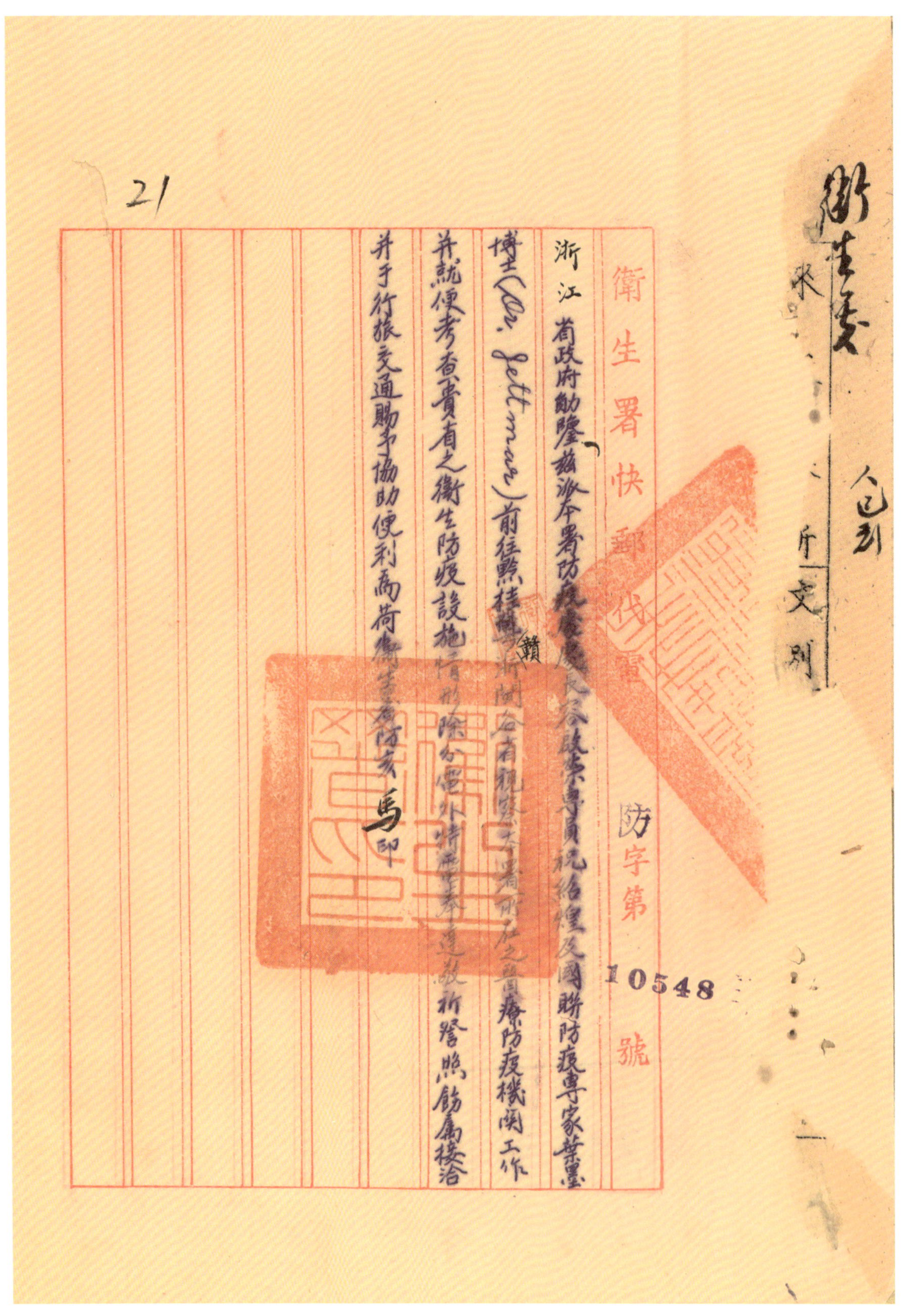

21

衛生署快郵代電　防字第10548號

浙江省政府勛鑒：茲派本署防疫處處長容啟東、專員施紹煌及國聯防疫專家葉墨博士(Dr. Jettmar)前往黔、桂、贛、浙、閩各省視察各該省所在之醫療防疫機關工作，并就便考查貴省之衛生防疫設施情形。除分電外，特電奉達，敬祈察照，飭屬接洽，并予行旅交通賜予協助便利為荷。衛生署防疫處馬印

衛生署　來　廳　文別

贵阳朱章赓关于卫生署派容启荣等来浙调查疫情致浙江省卫生处的电（一九四〇年十二月二十七日）

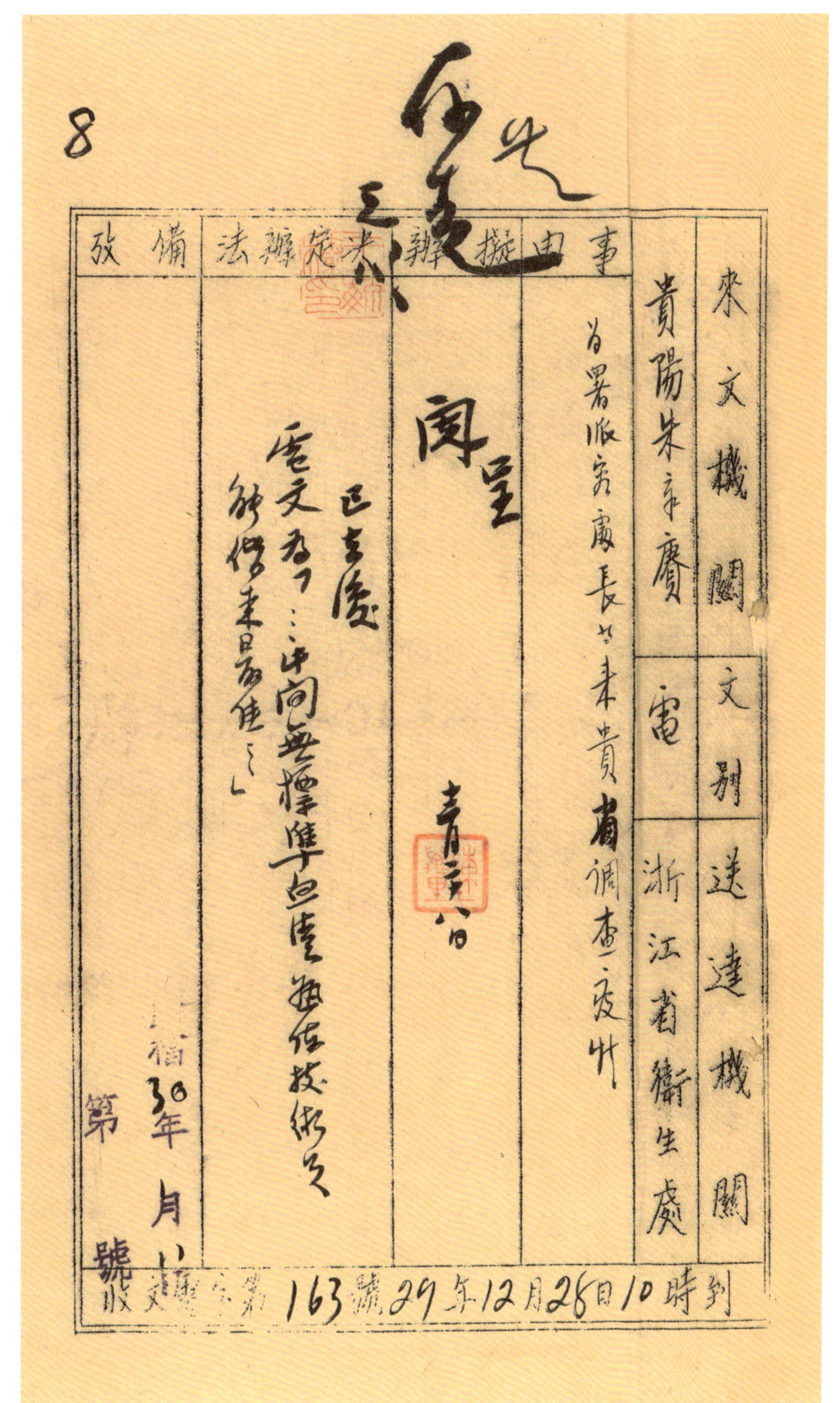

來文機關	貴陽朱章賡
文別	電
送達機關	浙江省衛生處
事由	為署派容處長等來貴省調查疫[illegible]
擬辦	閱呈
決定辦法	[illegible]
備考	

收文第163號 29年12月28日10時到

来报纸
RECEIVING FORM

交通部電報局
TELEGRAPH OFFICE
MINISTRY OF COMMUNICATIONS

由 FROM	流水號數 RUNNING	報類 CLASS	發報局名 OFFICE FROM	來報號數 TELEGRAM NO.
[illegible]	13		Kweiyang 貴陽	1460
時刻 TIME 630	原來號數 ORIGINAL NO. 10259	字數 WORDS 56	日期 DATE 19	時刻 TIME 1740
值機員 BY Shao	備註 Service Instructions	mi		派送員 BY

PGyn

5898衢 3932生 5710處 7115陳 5710處 7022長 1684廣 3718省 8597署
8035派 [illegible]481宪 1092處 7537長 0436祝 6764專 5085員 1291葉 1535墨
7452樸 5697士 0532日 3625內 6183自 2273號 4259赴 8053[illegible] 3400調
1956查 1708夜 2496情 4263貴 1092處 0657有 4603[illegible] 2928鼠 1799疫
7364凝 687集 738血 5318清 1112處 0975蘭 4188睹 4909及 4630疑
7756傑 6463校 7252張 5085員 1887眼 4310急 7674電 [illegible]獲 1717中
2612朱 4545章 634廣 949威

（二十七日）

9

注意：如有查詢事項請帶此紙　　　　請閱背面
Note　Any enquiry respecting this telegram, please produce this form　　　　See Back

弋阳刘经邦关于卫生署派容启荣等来浙彻查敌机散放疫菌致浙江省卫生处的电（一九四〇年十二月三十日）

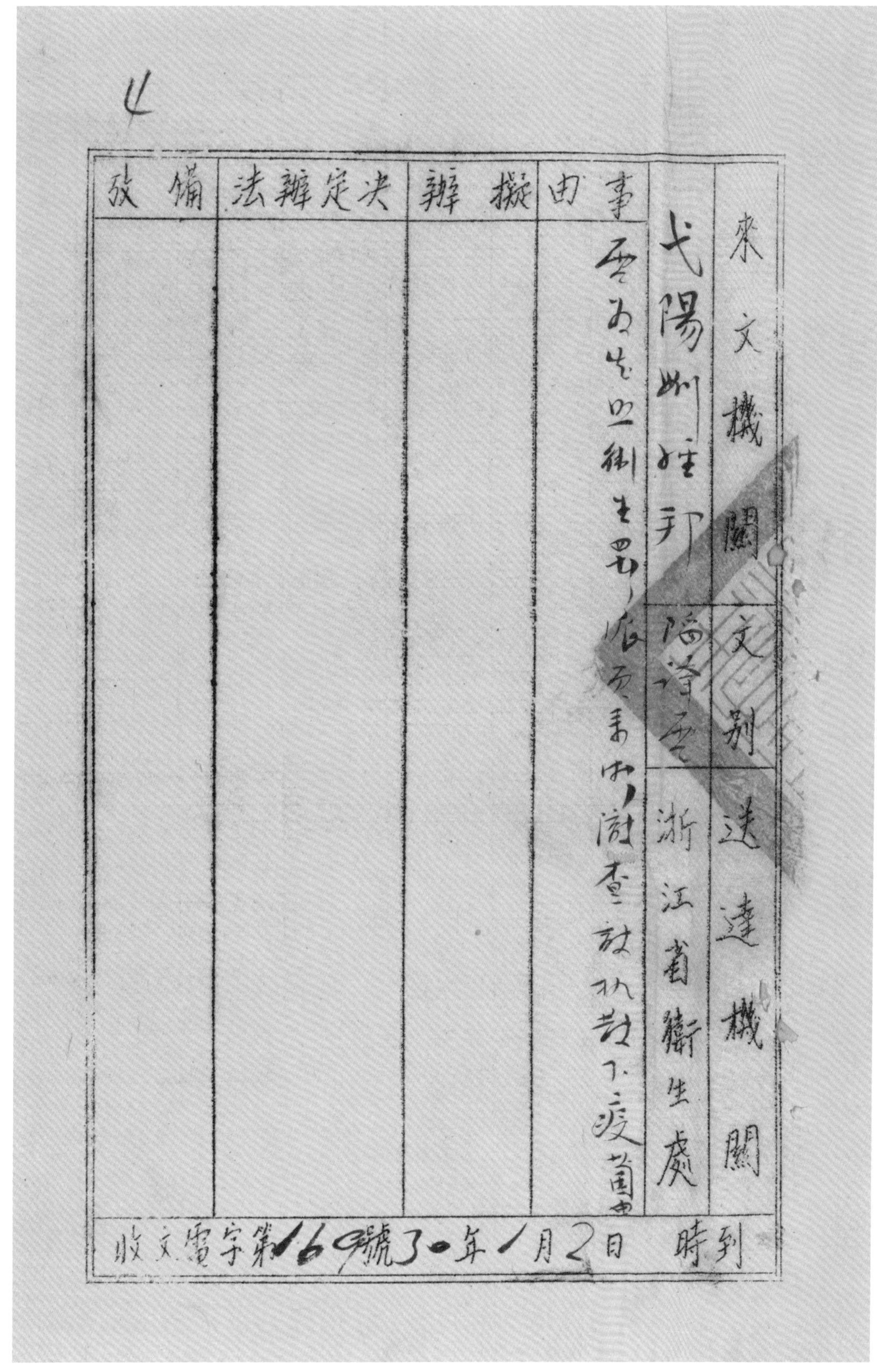

4

來文機關	文別	送達機關
弋陽劉經邦	陽寄電	浙江省衛生處

事由	擬辦	決定辦法	備攷
電為告以衛生署派員來此澈查敵機散下疫菌事			

收文電字第169號30年1月2日 時到

来报纸
RECEIVING FORM

5

交通部电报局
TELEGRAPH OFFICE
MINISTRY OF COMMUNICATIONS

弋陽

来方

由 FROM	流水號數 RUNNING 3	報類 CLASS M	發報局名 OFFICE FROM Iyang	來報號數 TELEGRAM No.
時刻 TIME	原來號數 ORIGINAL NO. 416	字數 WORDS 80/84	日期 DATE 30	時間 TIME
值機員 BY	備註 Service Instructions			派送員 BY

（卅日）

注意：如有查詢事項請帶此紙 請閱背面
Note Any enquiry respecting this telegram, please produce this form See Back

卫生署容启荣、浙江省卫生处陈万里关于报送浙江有关县份疫情记录等事的来往文件（一九四一年二月二日至十日）

容启荣致陈万里的信（一九四一年二月二日）

26

中華民國紅十字會總會

救護總隊部

名譽會長 蔣中正

名譽副會長 吳鐵城 顏惠慶 宋子文 孔祥熙 黃學和

會長 王正廷

副會長 杜月笙 劉鴻生

常務理事 聞蘭亭 林康侯 王曉籟 朱學聖 常務監事 黃涵之 秘書長 潘小萼

萬里委長我兄勛鑒：前者已達覽。承寄……
及本部劉大隊長前商討之防疫計劃，擬向省方……六日
約明後日當可啟程赴閩，並將工作經過隨時編作報告
閩省浙省廿九年度全省除鄞衢兩地外，各地疫勢
報告如何，與民間流行之疫情曾有聯絡，均盼我
兄迅速寄予各種記錄，藉資參考，廣東方面共擬……
去後結果如何，容詳為……及鄞縣衛生院之報告出
嚴早日證明確實下落，衢縣疫件經寄樟樹衛生處
……兄將為……一函閩省
存抑為浙鄉所以金華之地人口不多，沒設樟樹……

臨時救護委員會主席委員王正廷

救護總隊部總隊長林可勝

地址 貴陽圖雲關

電報掛號 〇五七七

信箱 四十一號

字第　　號第　　頁　　年　　月　　日

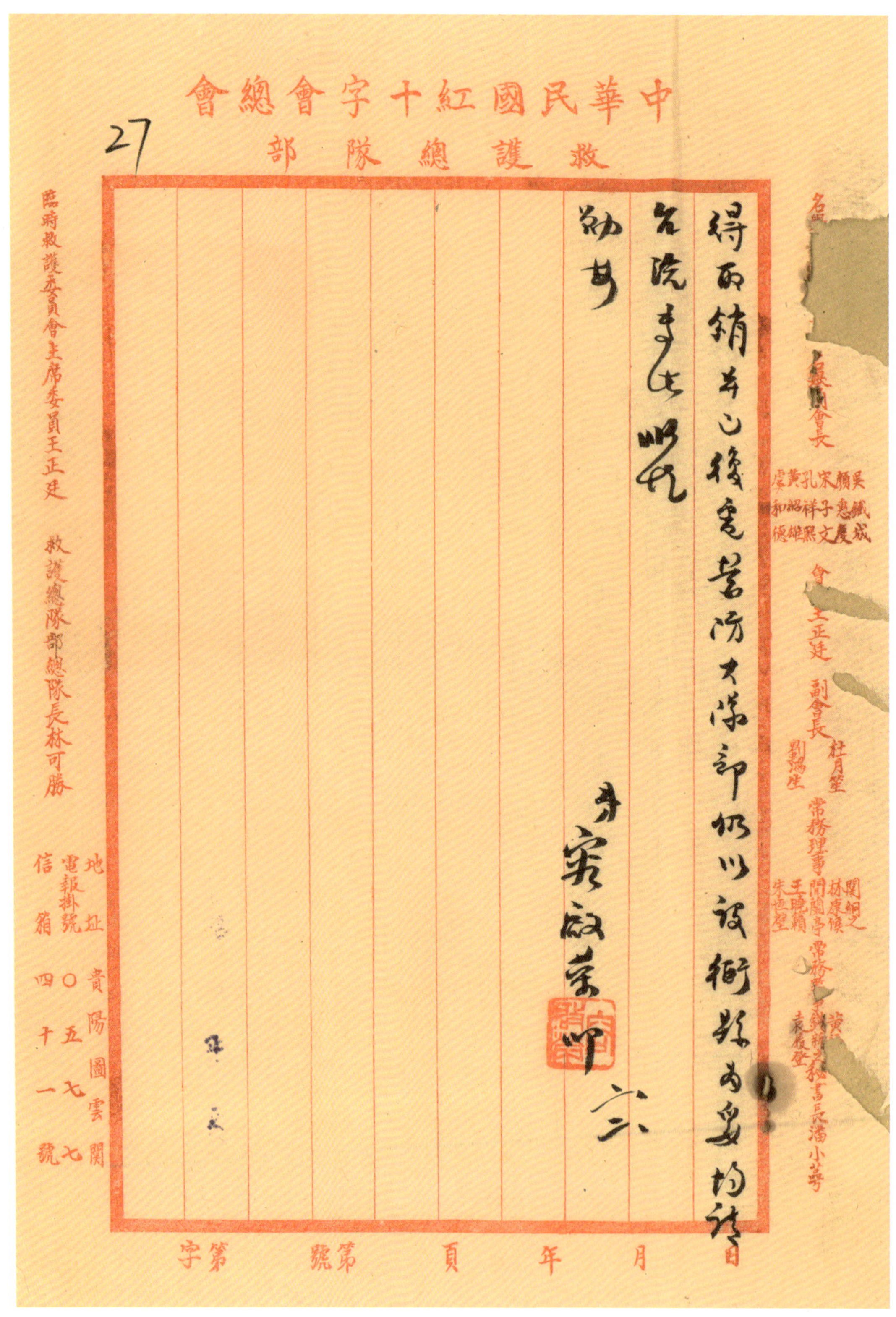

27

中華民國紅十字會總會
救護總隊部

得丙銷并已轉電醫防大隊部派以設衛斟向要均請
台洽并先照覆
勛安

弟 容啟兆叩 六

臨時救護委員會主席委員王正廷
救護總隊部總隊長林可勝
地址 貴陽圖雲關
電報掛號 〇五七七
信箱 四十一號

第　字第　號　頁　年　月　日

22

浙江省衛生處稿

處長	
第 科 科長	技正
科員	技士	技佐
文別	箋函
送達機關	容處長
附件	
類別	
檔號	
事由	箋函不敘由
收文	字第 號
發文	字第1591號
	中華民國卅年貳月拾日
歸檔	年 月 日

箋函

啓榮吾兄處長吾兄勛鑒：本月六日大函敬悉

鄙省衛生院之保擬意已去電催一俟到當即轉寄

陈万里致容启荣的笺函（一九四一年二月十日）

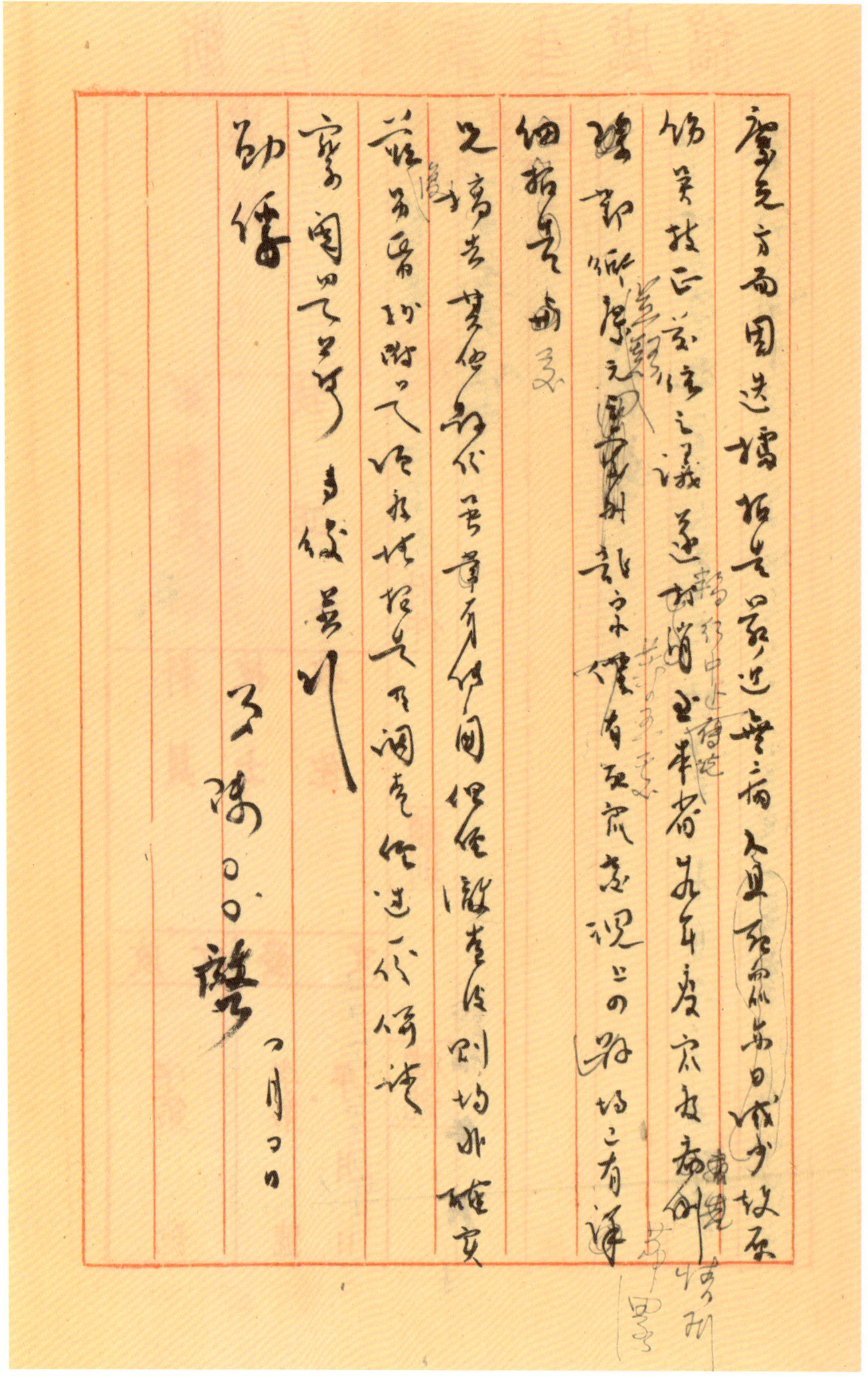

23

臨安縣

十一月廿一日該縣衛生院呈報該縣橫畈鎮洪橋頭發生

鼠疫現發現疑似病人衛生處據報當飭浙西衛生院派員詳

查具報旋據浙西衛生院負責調查後據告並非鼠疫

浦江縣

十一月一日衛生院電告城內發現疑似鼠疫病人請求撥疫

苗衛生處即去電詢問疫狀如何旋據報告尚有患者均已痊

愈經採集標本化驗非鼠疫

諸暨縣

十一月廿一日該縣縣長電告衛生處請撥發該縣牌頭區天

三

休鄉麻車村發現鼠疫，衛生處即派醫療防疫隊隊長戴建民偕同福建省衛生處技士劉、殷前往麻車村調查，據稱患者黃信鳴，現年三十六歲，於本月廿五日下午自覺不適，廿六日即臥床不能起立，十一月初四日晚發生高熱，腋腺腫脹及皮膚變色紫斑，狀甚危險，麻車村地方自該患者發病後則到處死鼠之發現，據云患者之病狀及各種現象不能斷為鼠疫云。

蘭谿縣

十二月廿五日該縣縣長電話報告衛生處，謂有該縣鼠疫患者發現，衛生處據報後，當日即電告在蘭谿福建省衛生處防

2k

據青省村主堯請從速發給一季伙食據村主堯造名冊請核查

惠予結果無熟無無麥法賑濟此前例容請部撥備云

平湖銜

青省諸縣府電告該縣萬仁卿生男[illegible]請撥發首

銜之處當即去電詢已否僅遞轉之核實該撥去後該萬仁卿

二常地方樹青有旨如青海二十四日電[illegible]有十六人索[illegible]中有十人死亡

人則冷痘以致飢病死逃迷者亦七達青是有僅近十日以上始[illegible]近省現

該地已告飢[illegible]該縣長現察究[illegible]何病已由銜[illegible]究詳細核查申報

銜[illegible]銜

十一月廿六日該縣縣府電告謂據銜[illegible]沒核查十一月廿[illegible]

晚福康医院收容一病人名丁河富，住该县斗门区王溇村，病状甚已严重，据该病人发病时间一天余，至翌晨死亡，由该医院检查中云云，继之又据报当即去电饬将福康医院检验结果详细电复，旋据该县府、该县卫生院及福康医院先后报告该患者不能检验究系杆菌，诊断为鼠疫杆菌败血症。

兰谿县

该县于十月九日下午清查户口时，在城厢镇第六保第六甲永明路六号门牌内发现二房民名余鸿水（俗名元通）者患病，经警察询之下，业经由鄞县疏散回兰，于渴绝交通前逃出，正当日下午来兰后，鸿水即死亡，该县卫生院同仁梁

当若同负责，亦以检验是否作案，家长同时派员前往该户
附近一部分交通线继续检验搜查，家长同时（由第一营第二营一部派出）调集保长正规
去鄞督导治安，穷追各处，搜捕当即派员赴专区王县长於吉
地方该案，指导治安维持大队力量，务将此犯缉获，予以严办

永嘉县政府关于要求补发《敌机空掷物品紧急处置办法》致浙江省政府的代电（一九四一年二月二十三日）

7

快郵代電

字第678號

浙江省政府主席黃鈞鑒案奉鈞府齊代電内開密
案准第三戰區顧司令長官卅亥堤電開據平祖仁
寢電稱皓日敵機十八架在蕪湖編成揚子江海軍
特務機隊由船田仁禮中佐負責指揮聞將在我贛
鄂皖浙蘇魯戰區後方施放細菌等情除飭上官總
司令查明具報外希注意防範等由准此查防範敵
機施放細菌本府業經訂頒浙江省敵機空擲物品
緊急處置辦法飭各縣遵照在案茲准前由除分電

中華民國 年 月

8

快郵代電

字第　　號

外合亟電仰遵照前頒辦法切實施行如有玩忽定須嚴懲等因奉此遍查接管卷内並無是項緊急處置辦法本任亦未奉到是項辦法奉電前因除先飭所屬注意防範外理合備文電請察鑒俯賜補發浙江省敵機空擲物品緊急處置辦法一份俾資遵照

兼永嘉縣縣長張寶琛叩梗民三印

中華民國三十年弍月

第　　頁

第三战区司令长官司令部关于发现敌机散播毒菌应密封交省卫生处化验致浙江省政府的代电

（一九四一年二月二十六日）

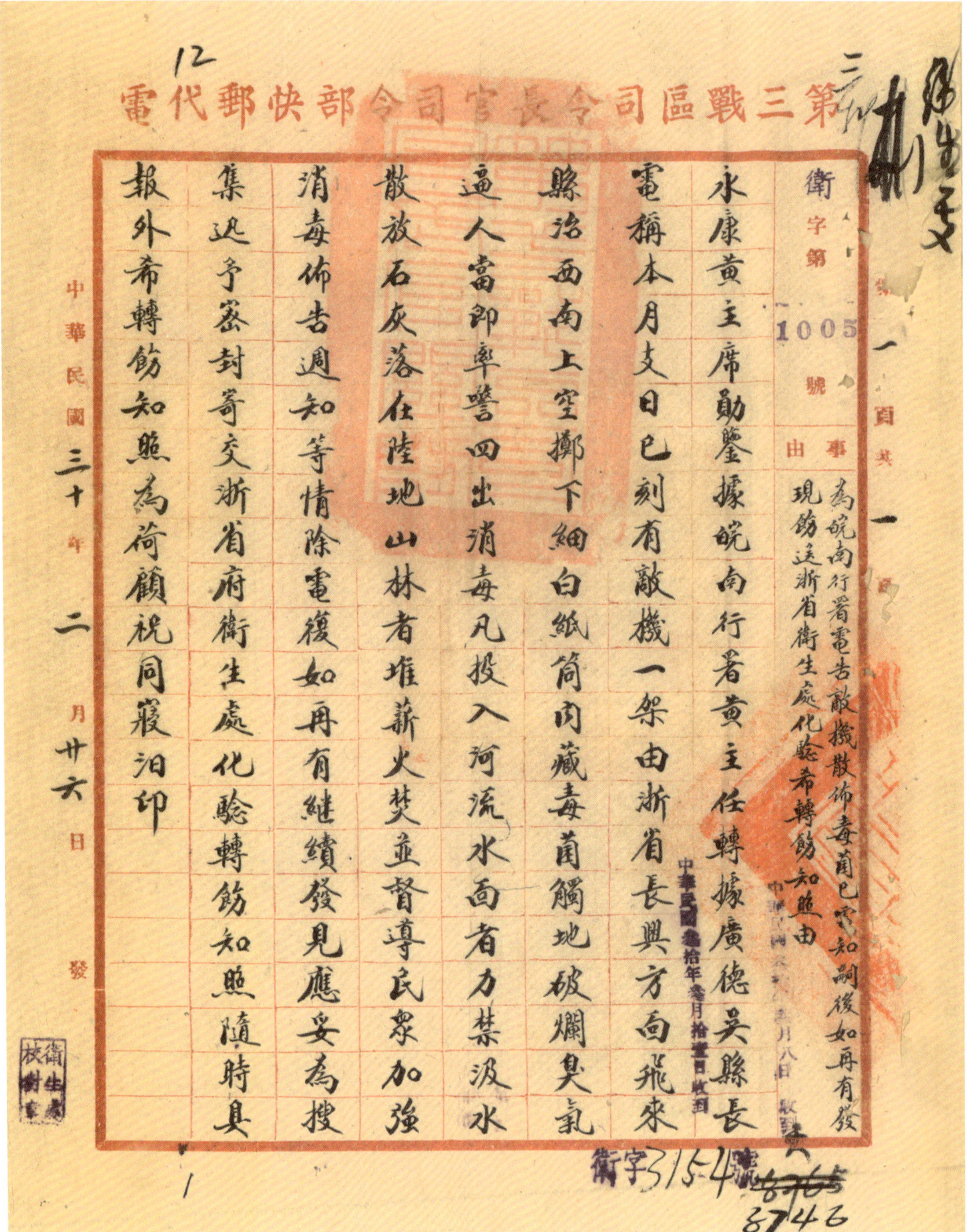

第三戰區司令長官司令部快郵代電

衛字第1005號

事由：為皖南行署電告敵機散佈毒菌已密知嗣後如再有發現飭送浙省衛生處化驗希轉飭知照由

永康黃主席勛鑒：據皖南行署黃主任轉據廣德吳縣長電稱：本月支日巳刻有敵機一架由浙省長興方面飛來縣治西南上空擲下細白紙筒，內藏毒菌，觸地破爛，臭氣逼人，當即率警四出消毒，凡投入河流水面者力禁汲水，散放石灰，落在陸地山林者堆薪火焚，並督導民眾加強消毒，佈告週知等情。除電復如再有繼續發見，應妥為搜集，迅予密封寄交浙省府衛生處化驗，轉飭知照，隨時具報外，希轉飭知照為荷。顧祝同寢汨印

中華民國三十年二月廿六日發

中華民國叁拾年叁月拾壹日收到

衛字3154號

8746

衛生處技術室

浙江省卫生处关于要求报告敌机在衢县、鄞县上空散播麦粟跳蚤情形并填报调查表等事致鄞县、衢县县政府等的代电（一九四一年三月五日）

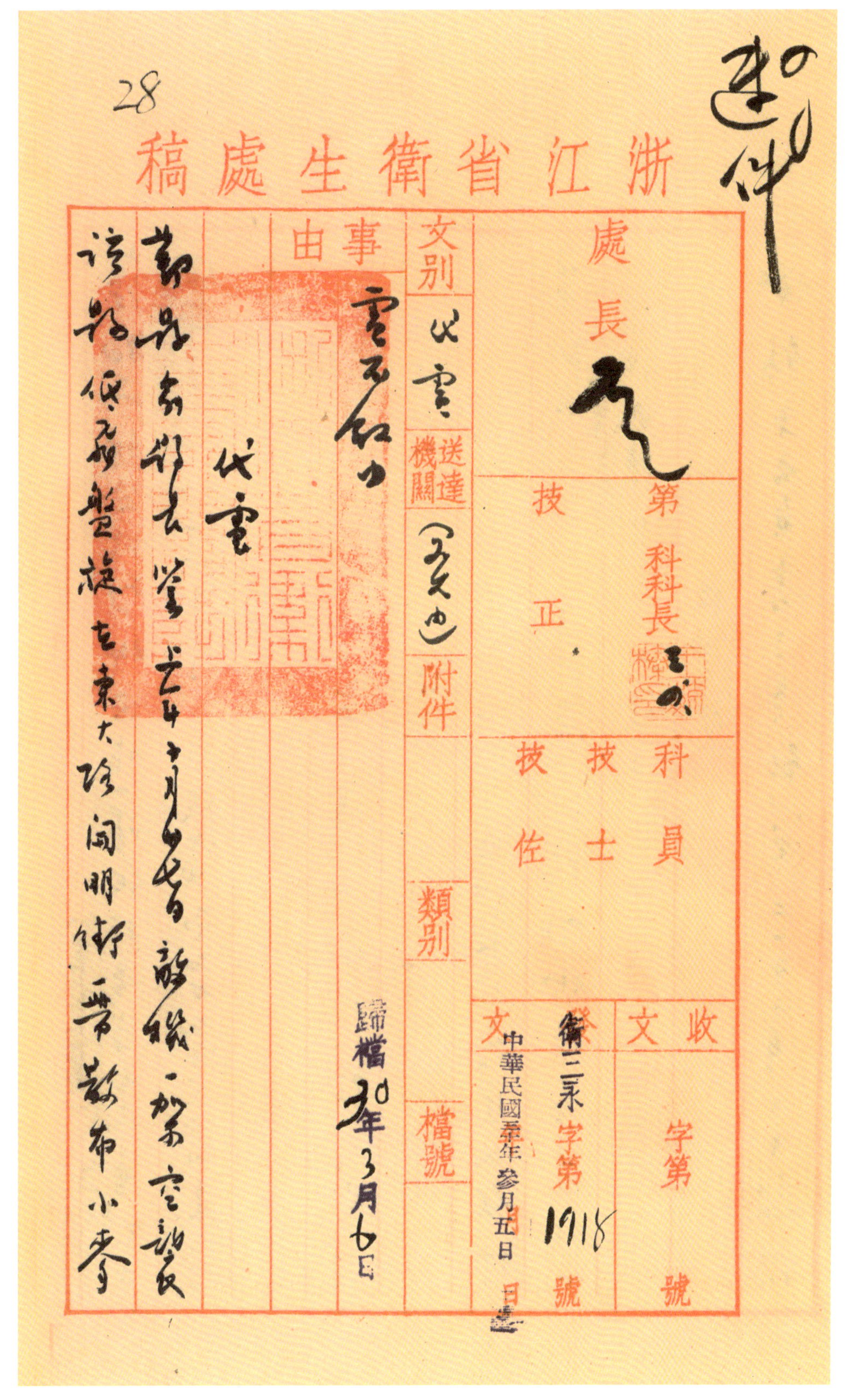

28

浙江省衛生處稿

處長

第 科科長

技正

科員 技士 技佐

收文 字第 號

發文 衛三永字第1918號

中華民國三十年參月五日

文別 代電

送達機關 （見內）

附件

類別

檔號

歸檔 30年3月6日

事由

電石紀カ

代電

鄞縣縣長覽：去年十月廿七日敵機一架空襲該縣，低飛盤旋，在東大路開明街一帶散布小麥

等物品经过情形，仰迅作一详细报告（并将标本附片）呈府，以凭汇转中央核备，至要。县长陈

〇〇〔徵〕礼印

衢县郑县长鉴：上年十月四日敌机一架空袭衢县，低飞盘旋在城市衢县罗汉井、柴家巷、县西街一带散下麦子、粟子及跳蚤，经送并以此防疫团为检集跳蚤等可疑事则有一切情形，仰迅查案作一详细报告呈府，以便汇转中央核备，至要。衢县县长陈〇〇〔徵〕礼印

衢县第五区专员鲁勋鉴：上年十月四日敌机

一照會警務部候民整旗屯水亭附羅漢井紫家
莊將所衛生帶等下李子雲子及現查修造并以及防
護團所有擇地點查明所修造以者，一切情形，併希作
一詳細紀錄賜下，以便我政府中央預備為荷此請
日〇〇[印]禮印

公使簽

衛務衛生處長 處長 處長 警務長，本京醫病例詳細紀
錄，仰全數抄送，並請電稿送 京醫病人調查表式一份
併仰[印]列真報，竟限文到十日內電覆徵以便飭存中
（仰各醫院人員嚴密調查此項病人之情形及其工作詳報）
央衛生處長陳〇〇[印]禮印 附送 京醫病人調查表式一份

29

公使簽

衛政部所屬衛務長警務處長，本京醫病例詳細紀錄

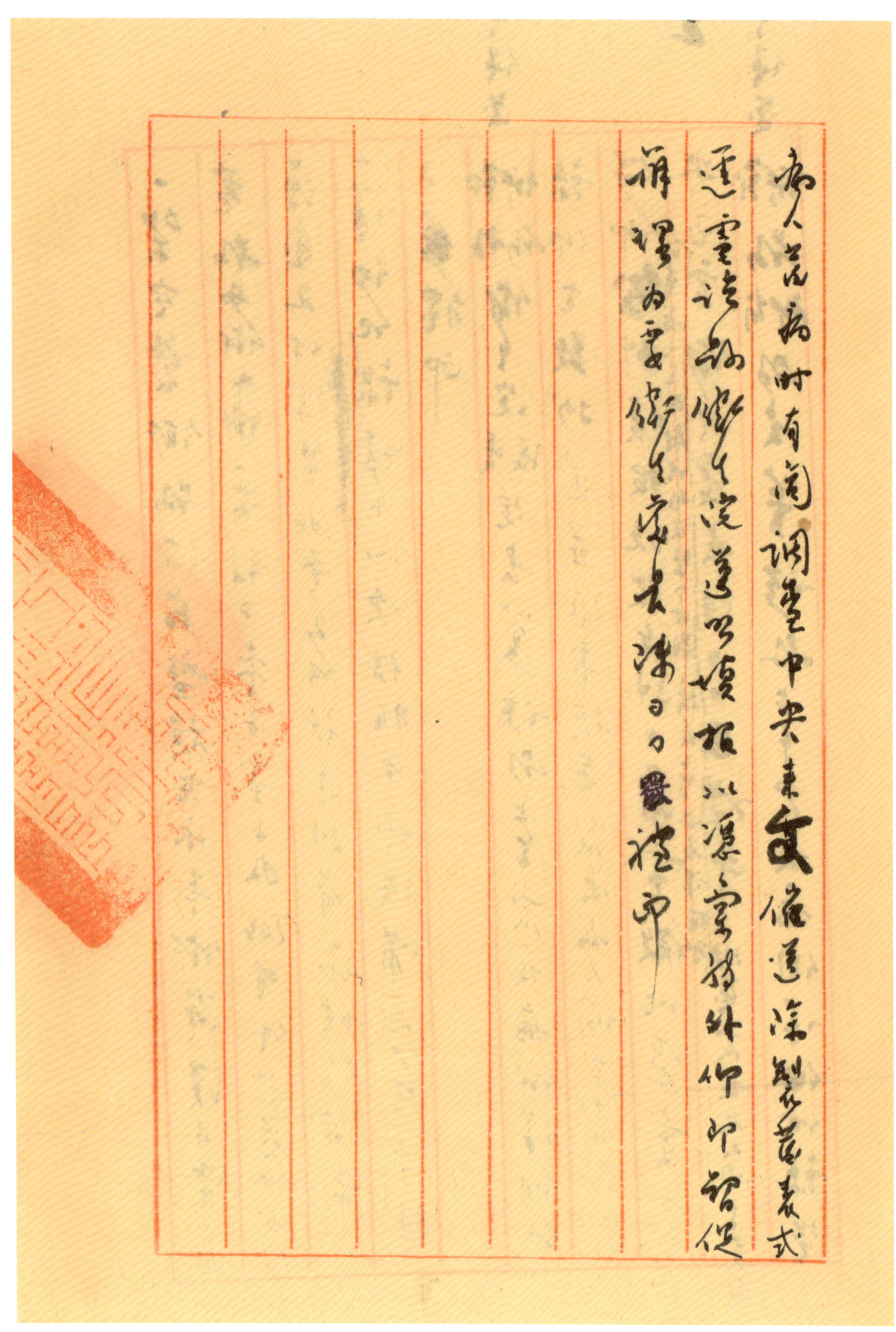

病人發病時有關調查中央業已備送該院製就表式逕電該處依次逐項填報以憑彙轉外仰即督促辦理為要。衛生處處長陳萬里 禮印

鼠疫病人调查表　　第　　号

姓名	性别	年龄	职业	住址

临床症状	诊断		发病日期
	检验	镜检	初诊日期
		培养	
		动物试验	终结日期
经过情形			
处置情形			

同居者有无患病	同居人数	1.姓名	患病日期	4.姓名	患病日期
		2.姓名	患病日期	5.姓名	患病日期
	患病人数	3.姓名	患病日期	6.姓名	患病日期

报告者	姓名	诊查医师	姓名	调查者姓名
	职业			
	住址		住址	调查日期

30

陈万里关于报送上年敌机袭衢甬等地散播小麦跳蚤情形及鼠疫病例记录致鲁忠修、俞济民、方庆的便函（一九四一年三月六日）

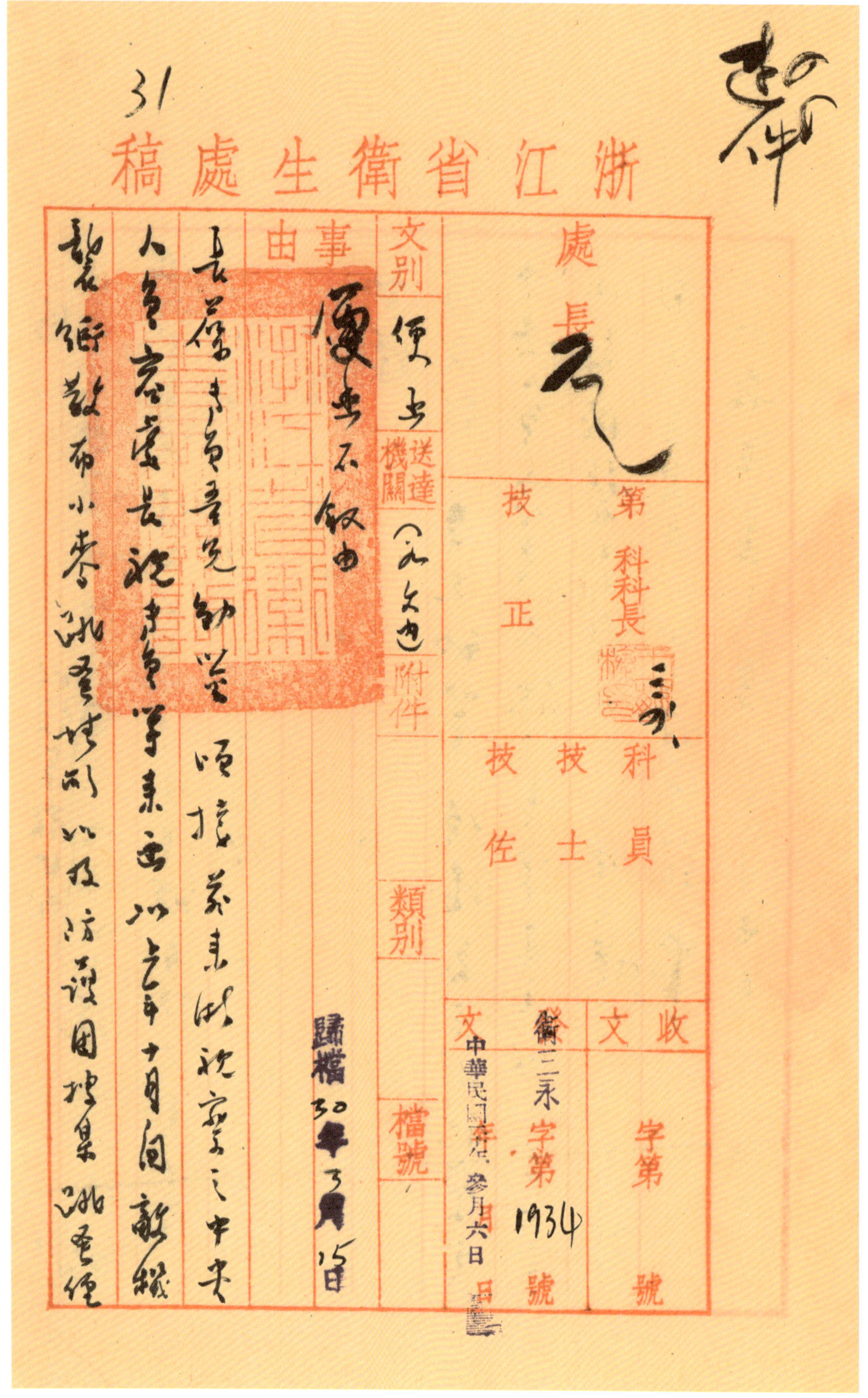

浙江省衛生處稿

處長

第　科科長

技正

科員　技士　技佐

文別：便函

事由

送達機關

附件

類別

檔號

收文　字第　號

發文　衛三永字第1934號

中華民國三十年參月六日

歸檔 30年3月15日

均

述各需要詳細報告並宗教部份之詳細說明（以便呈報中央）

俾資（塗去）陳達多至於行外國特有並達示希

督促部長照鑒說完送即核理公承代為章序等

下尤感書此順頌

勛祺

弟 濟口口 手啟

濟民部長吾兄勛鑒：頃據蒙藏委員會之

中央人員奉蔣委員長諭以廿年十月

間敝機關藉故布以索便述貴部需要一詳細

報告並宗教部份之詳細說明（以便呈報）俾資（塗去）除另有公

各省並以出方院長外國有無達即希

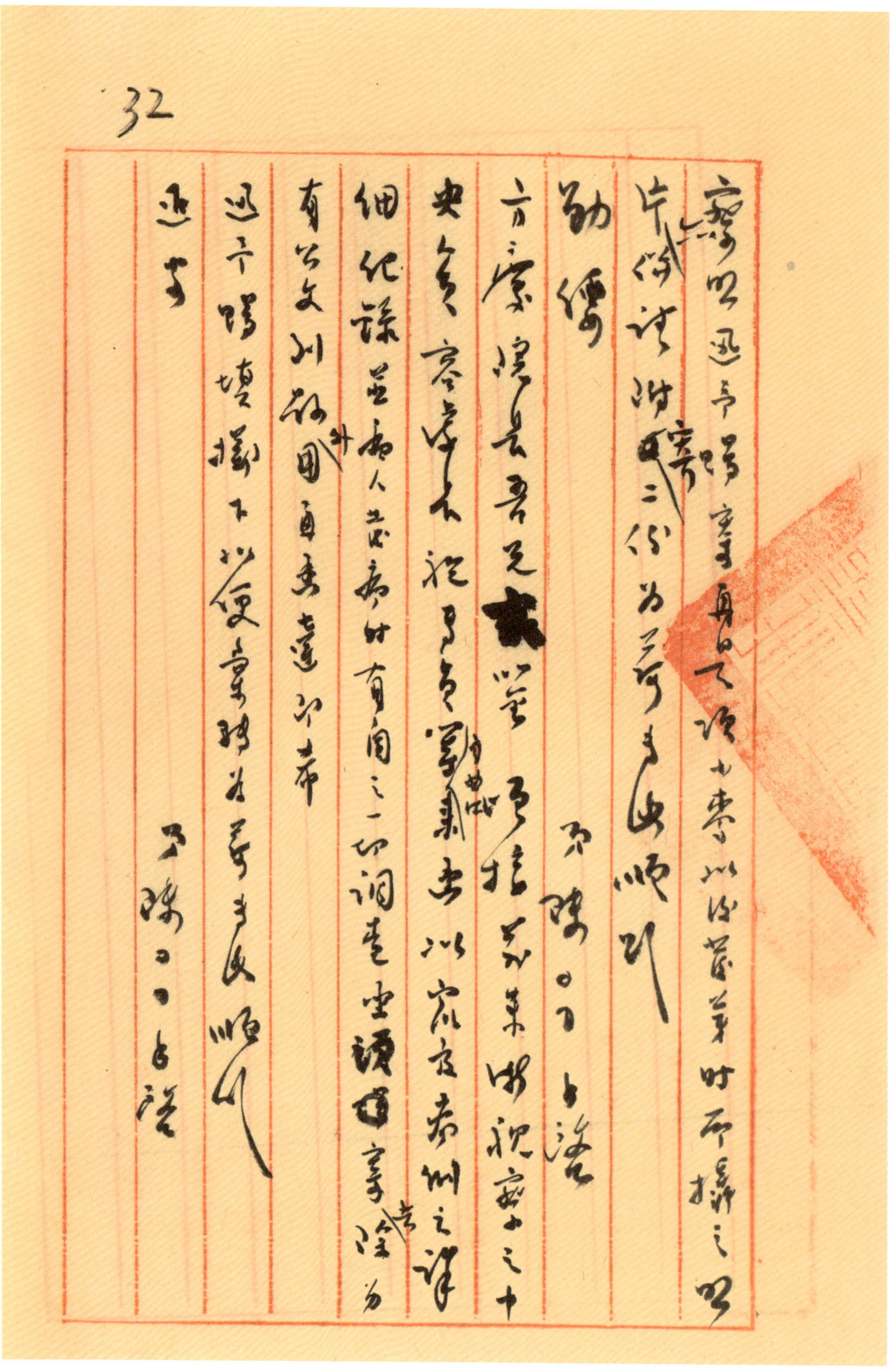

卫生署关于容启荣等赴浙闽赣粤桂等省视察卫生试验所提出改进事项致浙江省卫生处的代电

（一九四一年四月二十一日）

衛生署快郵代電　卅防字第5525

方
启浙江省衛生處鑒：查本署前為明瞭各省衛生設施狀况起見，經于上年十二月派防疫處處長容啟榮、專員葉墨、醫療防疫隊醫務組主任祝紹煌前往浙閩贛粤桂等省實地視察。茲據該員等呈送此次視察各衛生試驗所報告略稱：各所情形大致尚好，惟尚有數點為各所通有之現象而應予改進者，茲條列如下：（一）偏重于疫苗及痘苗之製造，而對于地方病之檢查及研究則未注意；（二）無病理組織檢查之能力；（三）製品之檢定未能嚴格辦理；（四）動物室及手術室應注意清潔；（五）水之供給及消毒設備應予改善；（六）圖書雜誌缺乏；（七）荷蘭豬及兔等動物數目太少等情。查該員等所呈各節，確為各衛生試驗所應予注意改進之點，除分電外，即希查照各點、

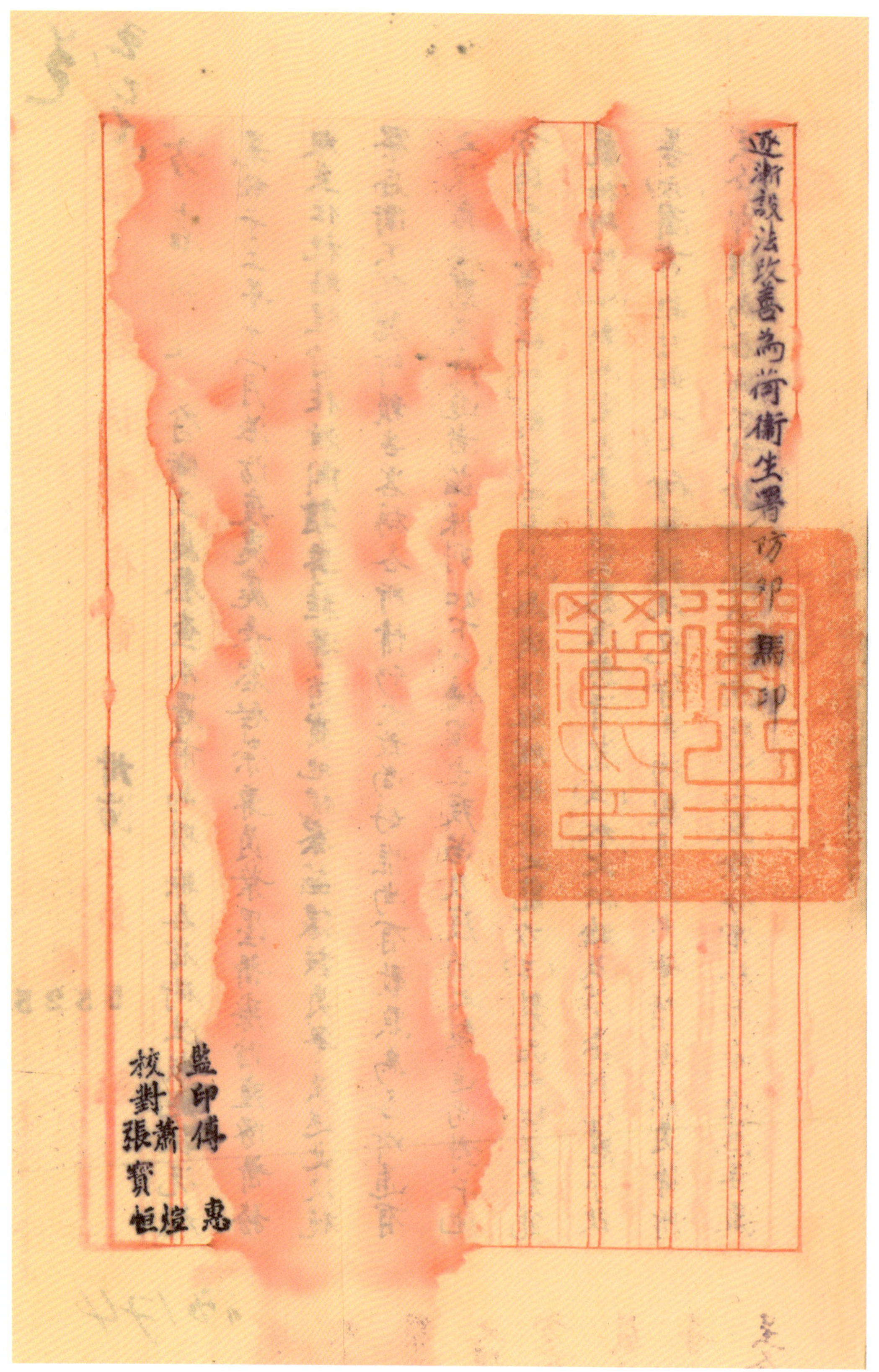
逕浙設法改善為荷
衛生署防部 馬印

監印 傅 惠
校對 蕭 煌 張寶恒

浙江省政府关于鄞县、衢县防疫人员奖惩办法致卫生处的指令（一九四一年五月十三日）

浙江省政府指令　松民字第　號

令衛生處

發呈一件為鄞縣衢縣防疫人員擬具獎懲辦法簽請核示由

三月廿六日發呈悉據稱上年鄞衢兩縣防疫人員擬依照防疫人員獎懲條例第四條第八條之規定分別予以考核(一)鄞縣縣長俞濟民秘書章鴻賓合於第二條第五款擬依照第三條第五條各規定予以嘉獎衛生院院長張方慶合於第二條第二款華美醫院丁立成合於第二條第四款擬依照第三條第三款第五款及第十三條之各規定予以嘉獎其餘人員擬由縣另行詳查事實情形再予懲獎(二)

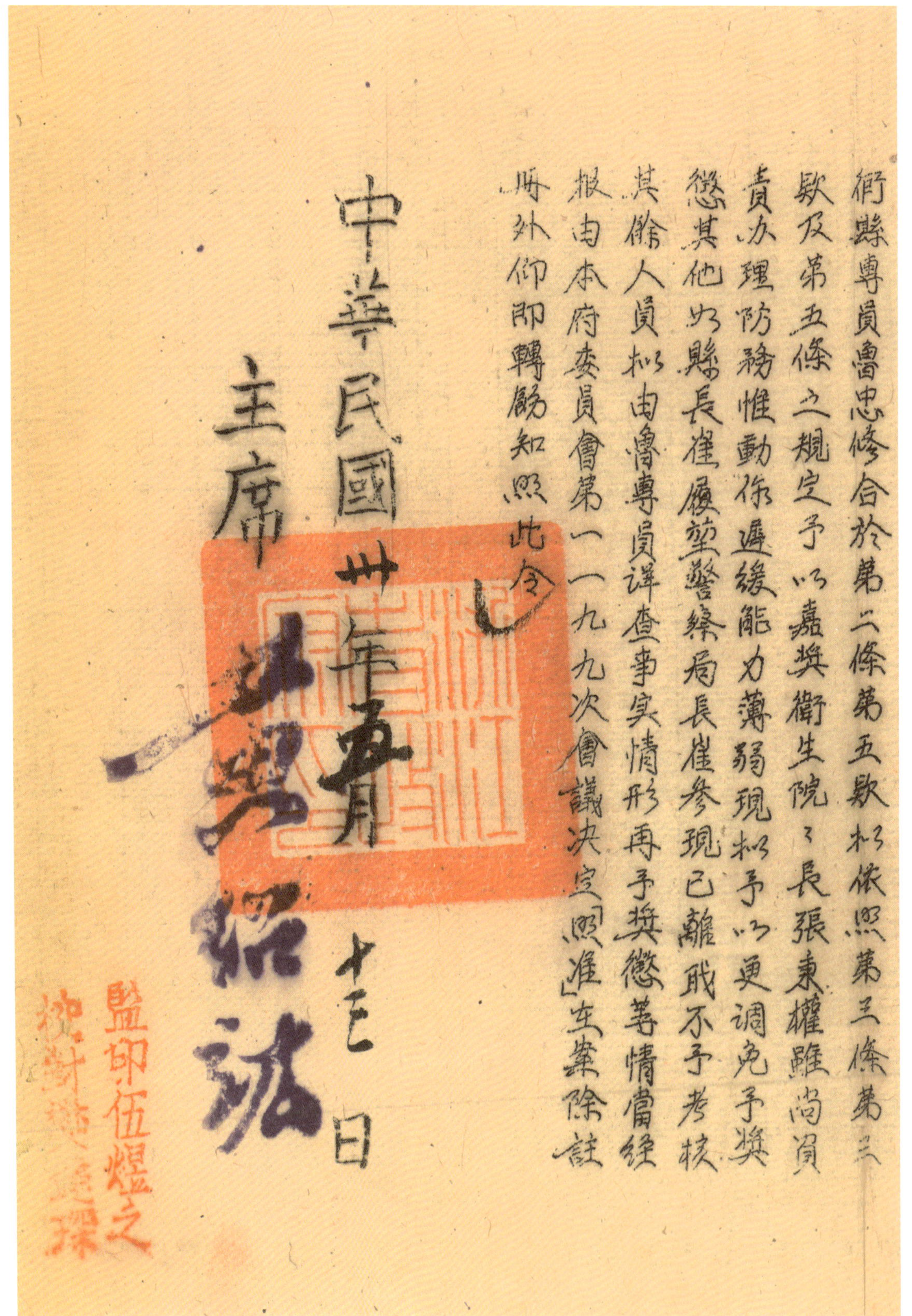

衛縣專員魯忠修合於第二條第五款擬依照第三條第三款及第五條之規定予以嘉獎衛生院院長張秉權雖尚負責辦理防務惟動作遲緩能力薄弱現擬予以更調免予獎懲其他如縣長崔履璋警察局長崔參現已離職不予考核其餘人員擬由魯專員詳查事實情形再予獎懲等情當經根由本府委員會第一一九九次會議決定照准在案除註冊外仰即轉飭知照此令

中華民國卅年五月十三日

主席

監印伍煜之

校對[illegible]琛

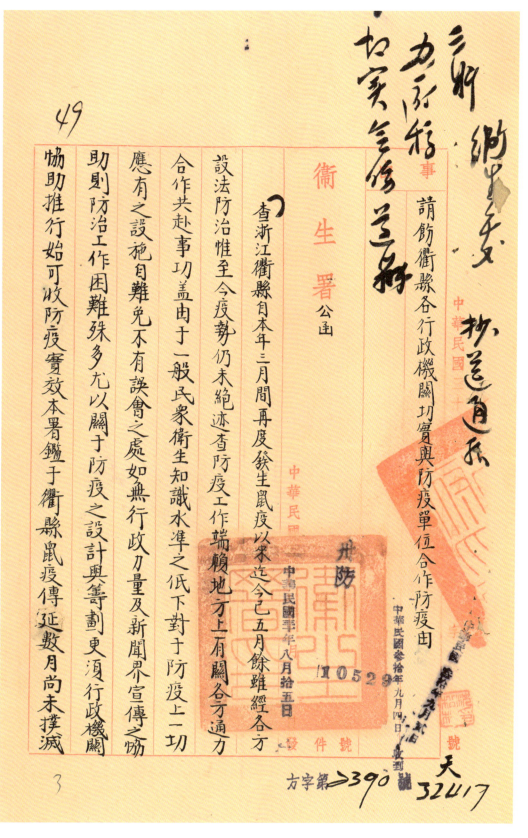

卫生署关于请饬衢县各行政机关切实与防疫单位合作防疫致浙江省政府的公函（一九四一年八月十五日）

衛生署公函

事由：請飭衢縣各行政機關切實與防疫單位合作防疫由

查浙江衢縣自本年三月間再度發生鼠疫以來，迄今已五月餘，雖經各方設法防治，惟至今疫勢仍未絕迹。查防疫工作端賴地方上有關各方通力合作，共赴事功。蓋由于一般民衆衛生知識水準之低下，對于防疫上一切應有之設施，自難免不有誤會之處，如無行政力量及新聞界宣傳之協助，則防治工作困難殊多，尤以關于防疫之設計與籌劃，更須行政機關協助推行，始可收防疫實效。本署鑑于衢縣鼠疫傳延數月，尚未撲滅

影响民众健康不言可喻爰就事实上之需要烦请
贵省府即饬卫县各行政机关与卫生防疫单位切实合作及澈底
执行各项防治技术建议并请饬鄞卫县各卫生机关联合各有关机关
团体注意防堵俾使疫势得早日扑灭至纫公谊此致
浙江省政府

监印 傅 恩
校对 萧 煊
张宝恒

49

第三战区司令长官司令部关于协助推进防疫工作事致浙江省政府的代电（一九四一年八月二十一日）

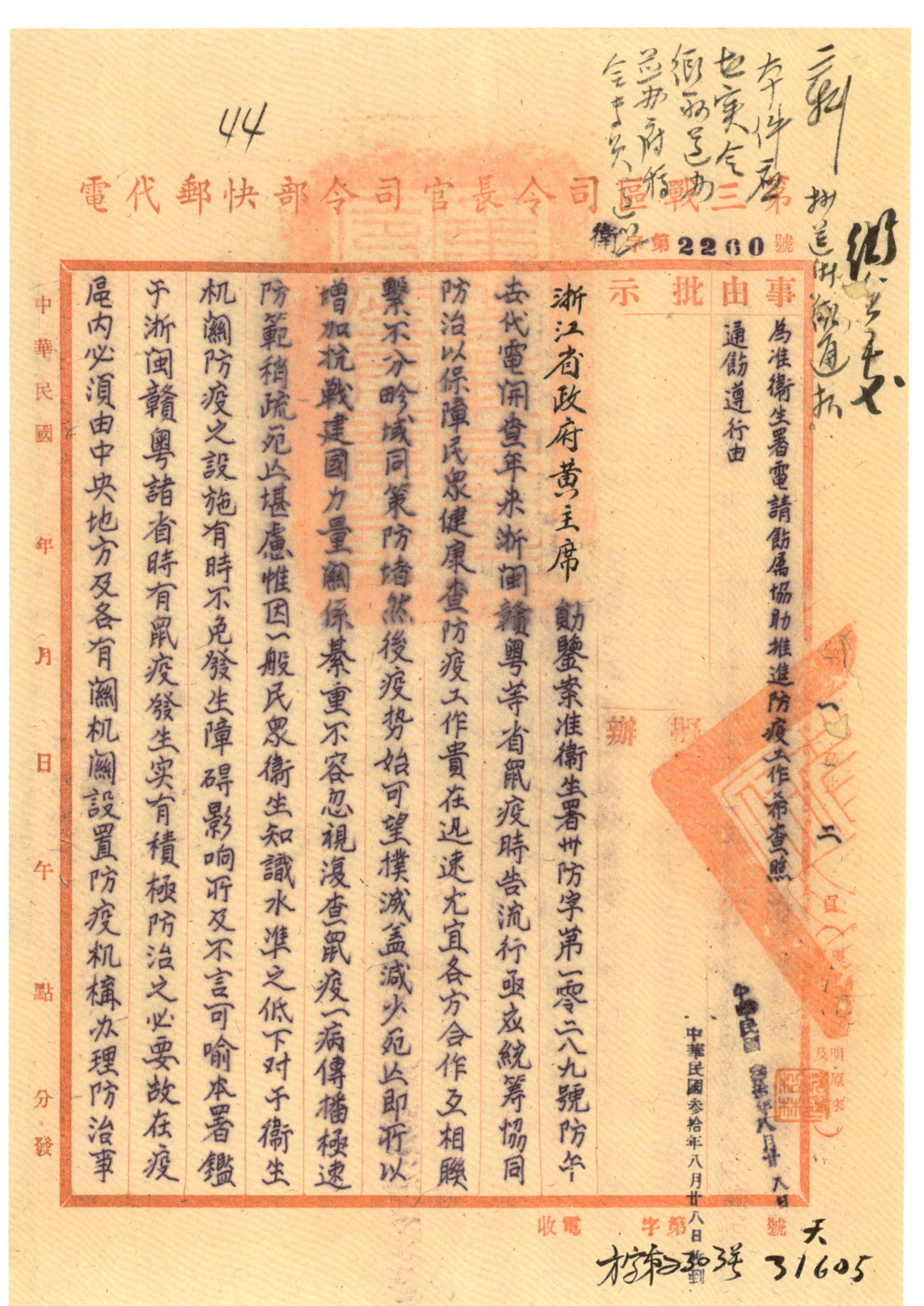

第三戰區司令長官司令部快郵代電 衛字第2260號

事由：為准衛生署電請飭屬協助推進防疫工作希查照通飭遵行由

批示：

浙江省政府黄主席勛鑒案准衛生署卅防字第一零二八九號防午安代電開查年來浙閩贛粵等省鼠疫時告流行亟應統籌協同防治以保障民衆健康查防疫工作貴在迅速尤宜各方合作互相聯繫不分畛域同策防堵然後疫勢始可望撲滅蓋減少死亡即所以增加抗戰建國力量關係綦重不容忽視復查鼠疫一病傳播極速防範稍疏死亡堪虞惟因一般民衆衛生知識水準之低下對于衛生机關防疫之設施有時不免發生障碍影响所及不言可喻本署鑑于浙閩贛粵諸省時有鼠疫發生實有積極防治之必要故在疫區內必須由中央地方及各有關机關設置防疫机構办理防治事

中華民國 年 月 日 午 點 分 發

中華民國參拾年八月廿八日 到

電收 字第 號 天31605

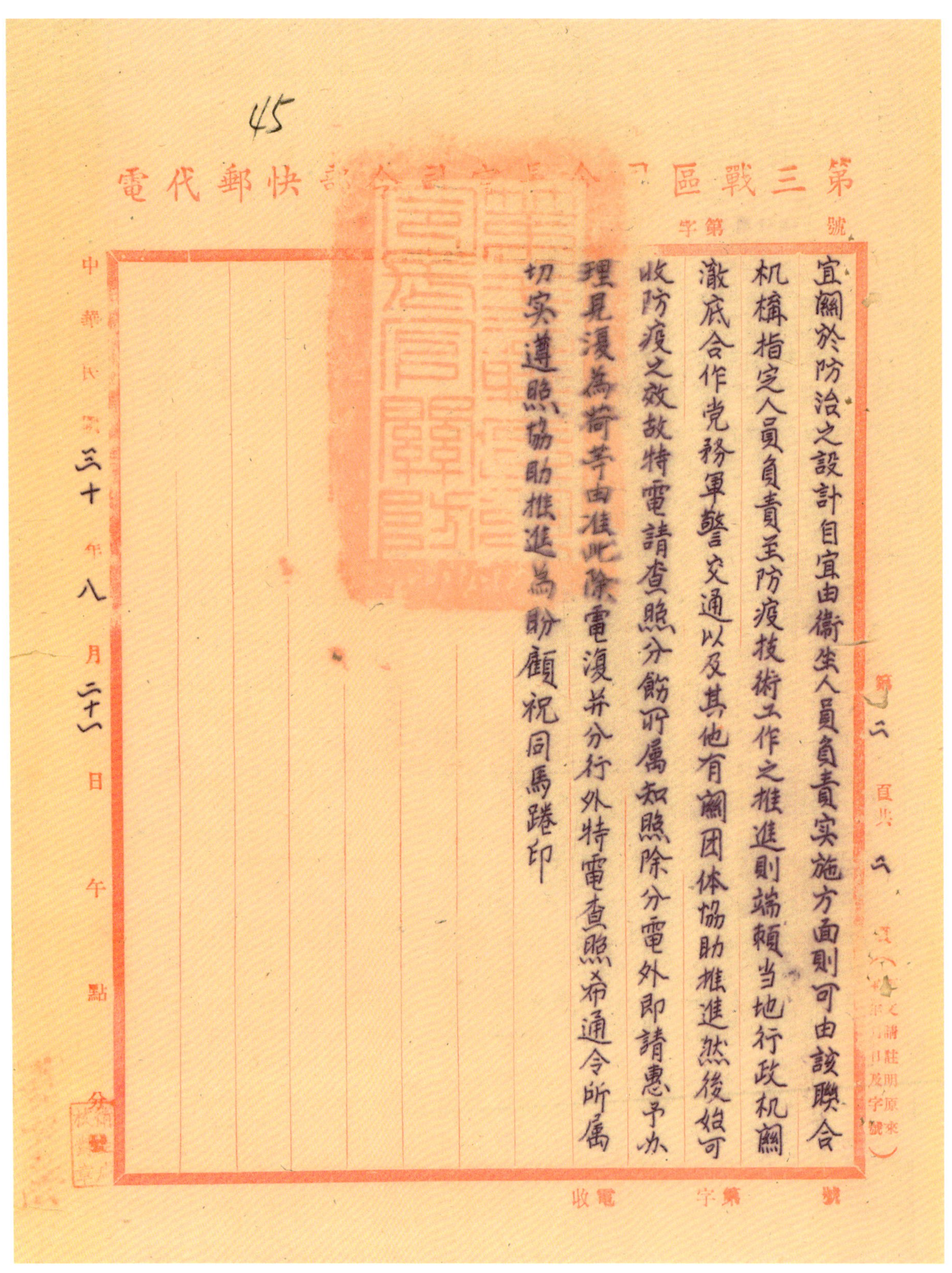

45

第三戰區司令長官司令部快郵代電

號　字第

宜關於防治之設計自宜由衛生人員負責实施方面則可由該聯合机構指定人員負責至防疫技術工作之推進則端賴当地行政机關澈底合作党務軍警交通以及其他有關团体協助推進然後始可收防疫之效故特電請查照分飭所屬知照除分電外即請惠予办理見復為荷等由准此除電復并分行外特電查照希通令所屬切实遵照協助推進為盼顧祝同馬踡印

第二頁共二頁

中華民國三十年八月二十一日　午　點　分

電收　號　字第

浙江省政府关于各部门加强合作、协助推进防疫工作致民政厅、建设厅等的代电（一九四一年九月八日）

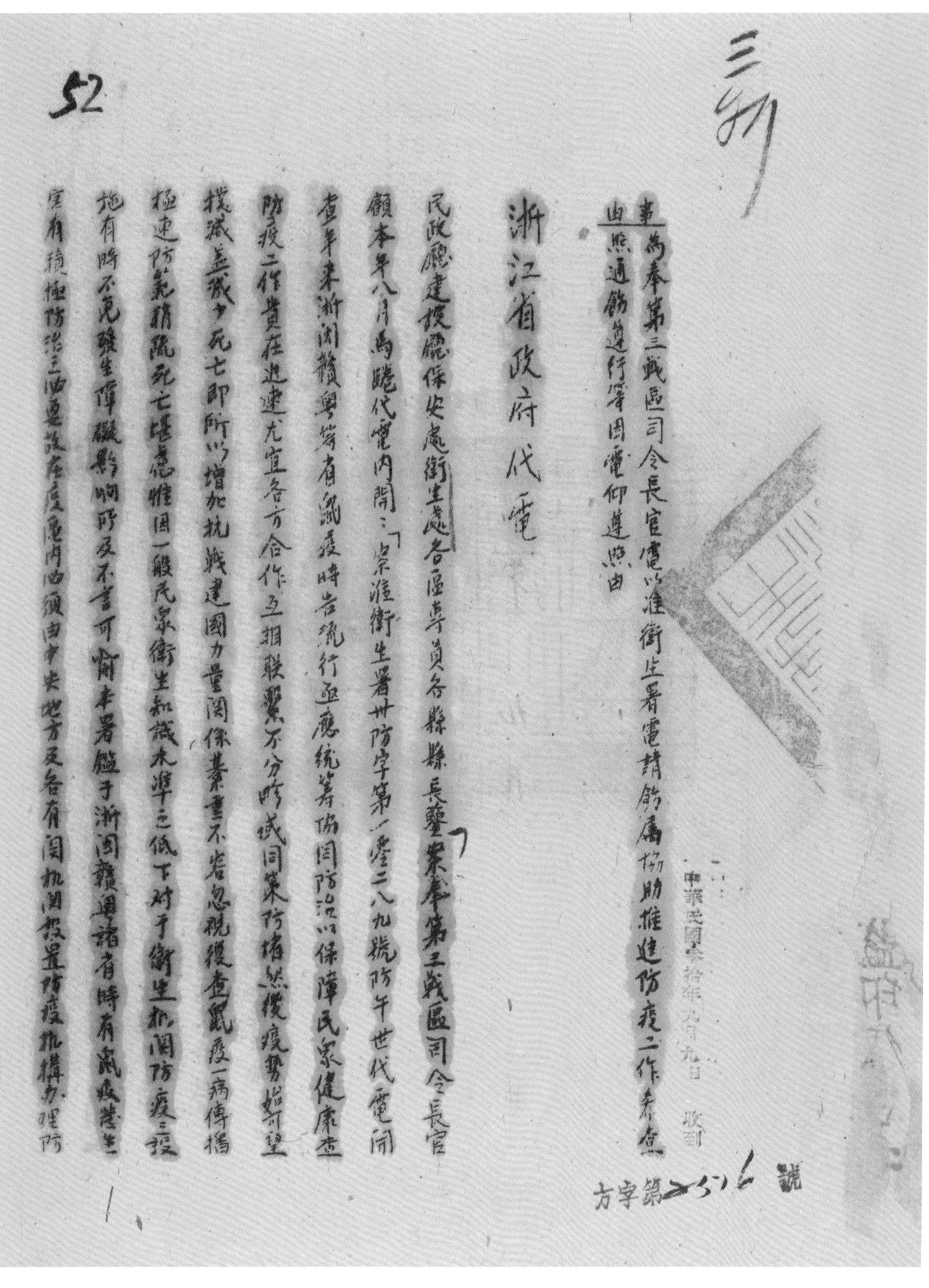
52

三科

事由：為奉第三戰區司令長官電以准衛生署電請飭屬協助推進防疫工作希查
照通飭遵行等因電仰遵照由

中華民國叁拾年九月九日 收到

方字第2516號

浙江省政府代電

民政廳建設廳保安處衛生處各區專員各縣縣長鑒：案奉第三戰區司令長官
顧本年八月馬𨇠代電內開：「案准衛生署卅防字第一叁二八九號防午世代電開：
查年來浙閩贛粵等省鼠疫時告流行，亟應統籌協同防治，以保障民眾健康。查
防疫工作，貴在迅速，尤宜各方合作，互相聯繫，不分畛域，同策防堵，然後疫勢始可望
撲滅。蓋減少死亡，即所以增加抗戰建國力量，關係業重，不容忽視。復查鼠疫一病，傳播
極速，防範稍疏，死亡堪虞。惟因一般民眾衛生知識水準之低下，對于衛生機關防疫之設
施，有時不免發生障礙，影響所及，不言可喻。本署鑒于浙閩贛粵諸省時有鼠疫發生，
實有積極防治之必要，故在疫區內由須由中央地方及各有關機關設置防疫機構辦理防

治事宜關於防治之設計自宜由衛生人員負責實施方面則可由該聯合机構指定人員負責至防疫技術之推進則端賴當地行政机關徹底合作俾務舉善交通及其他有關團体協助推進然後始可收防疫之效故特電請查照分飭所屬知照除分電外即請惠予办理見復為荷等由准此除電復并分行外特電查照希通令所屬切實遵照協助推進為盼等因奉此除分行外合行電仰遵照並轉飭所屬切實辦理為要

木主席黃紹竑 印

26884

中華民國三十年九月　日

校對章　熹

蓋印伍煜之

浙江省卫生处关于派往金华、兰溪等县视察指导防疫工作致教正方植民的训令及方植民视察报告（一九四一年十月十四日、二十二日）

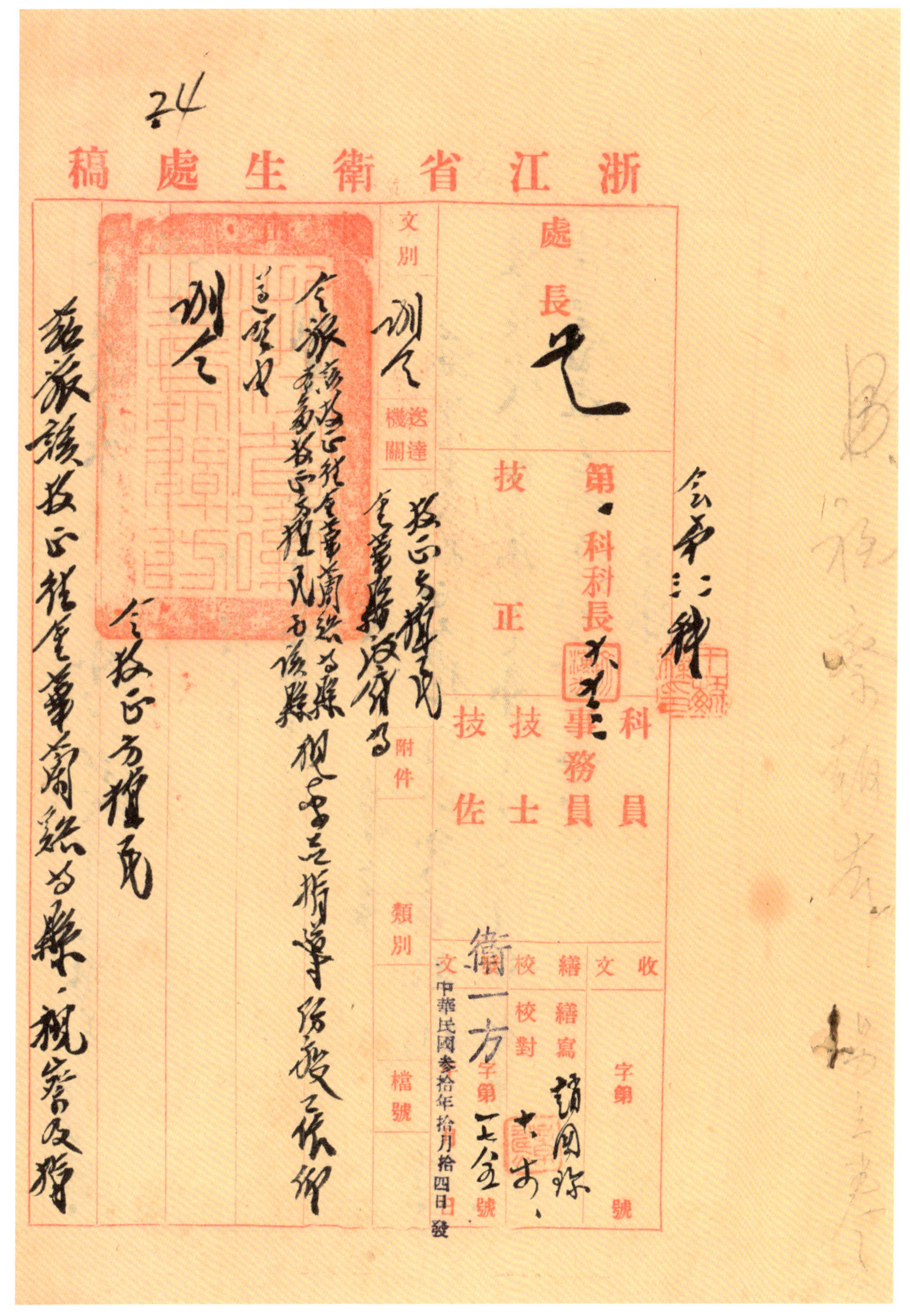

浙江省衛生處稿

處長

第一科科長

科員

事務員

技正

技士

技佐

文別 訓令

送達機關

附件

類別

檔號

收文 字第 號

繕寫

校對

文 字第 號

中華民國叁拾年拾月拾四日發

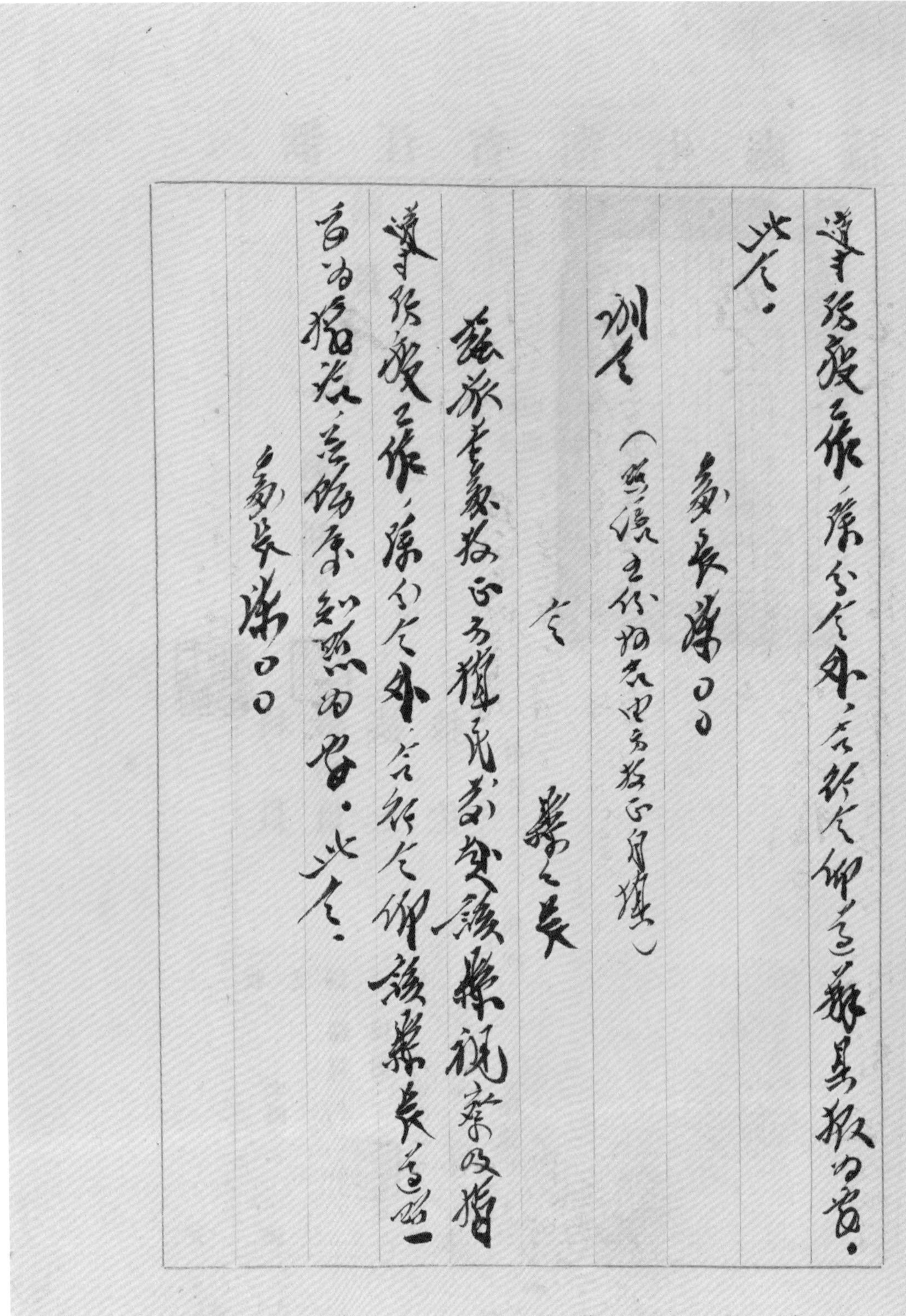

25

報告 三十年十月廿三日 於方岩本處

鈞長衛一方字第(1785)號訓令內開：

「茲派該技正徃金華義烏浦江等縣指導防疫工作及視察衛生院除分令外合行令仰遵辦具報為要此令」

等因奉此，自應遵辦，經於本月十五日出發，當日抵金華，參加李專員召開之防疫會議，現在該縣已在進行防疫準備工作，除該縣因無衛生院設立免予視察外，旋赴義烏，查勘疫區，及先後列席該縣防疫委員會議，所有防疫工作經由本處技正柯堯留義主持，尚稱順利，惟防疫經費一項，據該縣章縣長談，省款撥助一萬五千元及現有籌到之縣款不敷應用，且隔離医院及留驗所之設備，尚難完成吾人希望之標準，適值三戰區

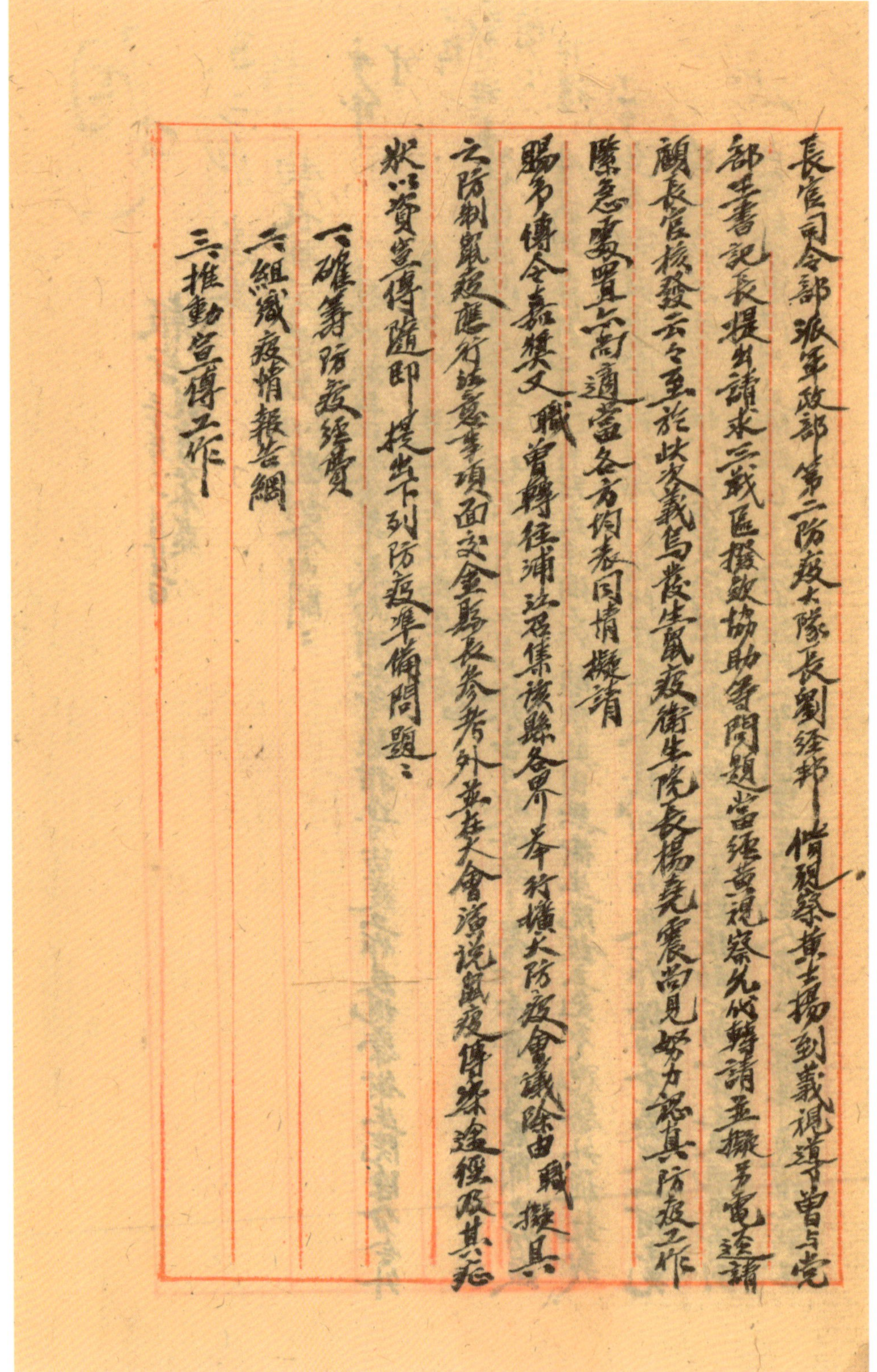

長官司令部派軍政部第二防疫大隊長劉經邦、情報參謀黄士揚到義視導，曾与党部書記長提出請求三戰區撥款協助等問題，當經黄視察允代轉請，並擬另電逕請顧長官核發云。至於此次義烏發生鼠疫，衛生院長楊堯震尚見努力認真防疫工作，際急要置亦尚適當，各方均表同情，擬請賜予傳令嘉獎。又 職曾轉往浦江召集該縣各界舉行擴大防疫會議，除由 職擬具之防制鼠疫應行注意事項面交金縣長參考外，並在大會演說鼠疫傳染途經及其恐狀，以資宣傳，隨即提出下列防疫準備問題：

一、確籌防疫經費

二、組織疫情報告網

三、推動宣傳工作

26

四推動環境衛生

五覓定地點籌辦隔離醫院及留驗所

六派医隨時調查病例

以上各項均經一一討論通過至該縣衛生院内部設施情形就事實環境上論大致尚好謹

附具浦江縣衛生院工作視察報告表連同該院現有編制表三十年度歲出經費預算

分配表各一份理合報請

鑒核！＝

謹呈

處長陳

計附浦江縣衛生院工作視察報告表及衛生院現有編制表三十年度

經費預算分配表各一份

技正方植民

27

浙江省浦江縣衛生院工作視導報告表

26公分

視導事項	分數	
	標準分數	應得分數
甲 衛生院組織及服務精神	21	
1) 人員數額(全符規定及不全符定)	1	符規定
2) 人員資歷(全符規定不全符規定)	2	未全符規定
3) 本院内合作精神(佳不佳)	3	尚佳
4) 本院與地机關之合作(佳不佳)	4	尚佳
5) 地方对于本院之輿論(佳不佳)	3	佳
6) 院内之一般整齊清潔(診療室办公室病房厨房厕所人員制服外觀)	3	均好
7) 院内遵守办公時間情形	1	均遵守
8) 各種紀錄及工作報告(有無完全準備是否按照規定办理)	3	尚有準備按照規定
9) 經費分配情形(適当不適当)月支數	1	如另表
乙 衛生院設備方面	10	
1) 診療設備(足敷應用不敷應用)	2	普通祇敷應用
2) 實驗設備(有無已否隨時利用)	2	缺少
3) 病床(在十張以上 無)	2	十張
4) 電話設備(有無)	1	無
5) 參考書籍(有無)	1	有,不多
6) 消毒煮蒸設備(有無完全否)	2	普通者有
丙 工作方面	69	
1) 城區清潔	17	
(1) 一般的外觀整潔不整潔	5	尚整潔
(2) 垃圾已否收集及處理(已办未办)	2	公安局办
(3) 溝渠疏通(疏通不疏通)	2	未疏通
(4) 露天糞缸(無 尚有)	2	尚有
(5) 公共厕所管理(有否)	2	無公共厕所
(6) 飲水井調查與改良管理(有否	2	有調查未管理
(7) 牲畜亂放不理(有否)	1	尚無所見
(8) 各項衛生商店之管理(有無)	1	未全办
(2) 医药管理(已办未办)	5	未全办
(3) 婦嬰衛生	5	
(1) 衛生院每一助產士每月接生在十五人以上(是否)	2	否
(2) 每一接生之產前訪視及產後檢查(按照規定不按照規定)	2	按規定
(3) 每月舉行兒童会及母親会二次以上(是否)	1	否
(4) 學校衛生	5	
(1) 已依照規定办理學校衛生(已未)	3	已
(2) 办理學校衛生人數在三千人以上者(是否)	2	據稱有二千人國
(5) 傳染病管理	4	
(1) 各項預防工作注射接種工作按期舉行(是否)	3	是
(2) 法定傳染病之按照規定調查與報告(是否)	3	是
(3) 關于區内傳染病發生狀況之統計(已办未办)	3	已办
(6) 衛生教育	4	
(1) 候診教育(有否)	2	有
(2) 衛生展覽、演講、分發傳單刊登新聞稿(有否)	2	尚無所見
(7) 医療工作切實办理者(切實办理不切實办理)	15	辦理尚切實
(8) 各項衛生調查工作(切實办理不切實办理)		未見切實办理
(9) 衛生院内每月舉行会議(有否)	2	有
(10) 其他	5	
總 共	100	

視察日期三十年十月十八日　　報告者方植民

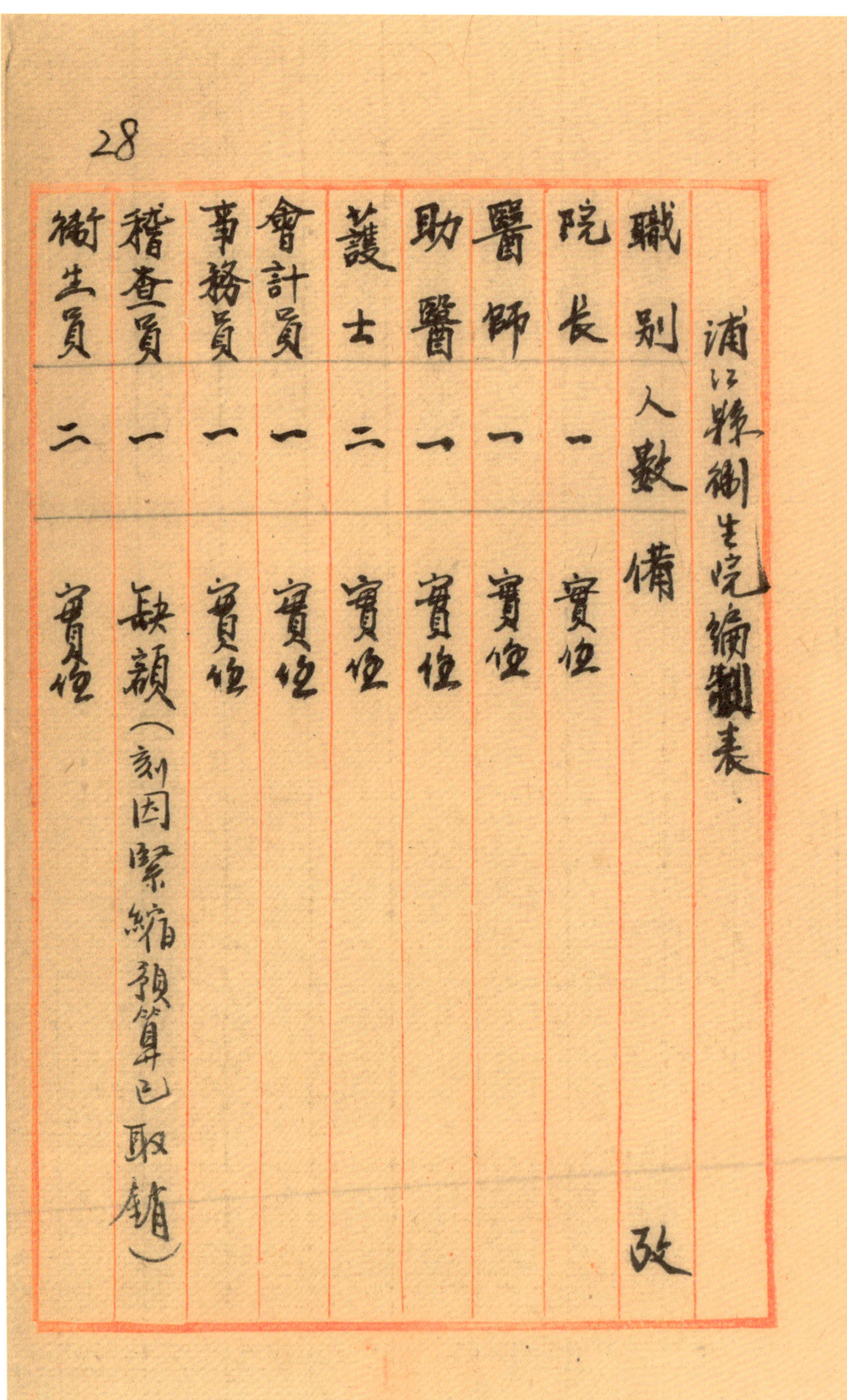

28

浦江縣衛生院編制表

職別	人數	備攷
院長	一	實位
醫師	一	實位
助醫	一	實位
護士	二	實位
會計員	一	實位
事務員	一	實位
稽查員	一	缺額（刻因緊縮預算已取銷）
衛生員	二	實位

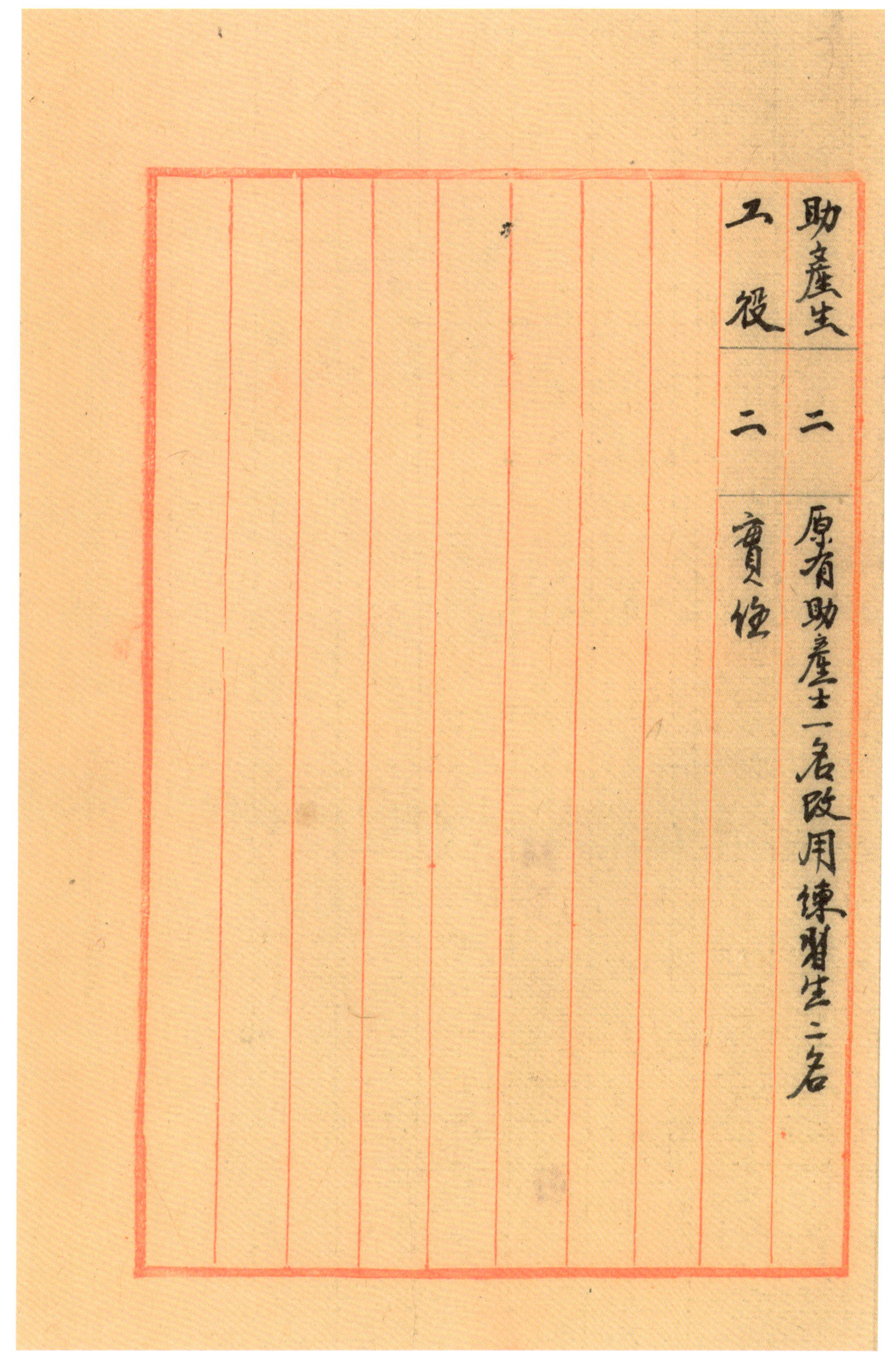

助產生	二	原有助產士一名改用練習生二名
工役	二	實任

卫生署关于敌机掷下的异物应尽量就地检验并迅速报告致浙江省卫生处的代电（一九四一年十二月六日）

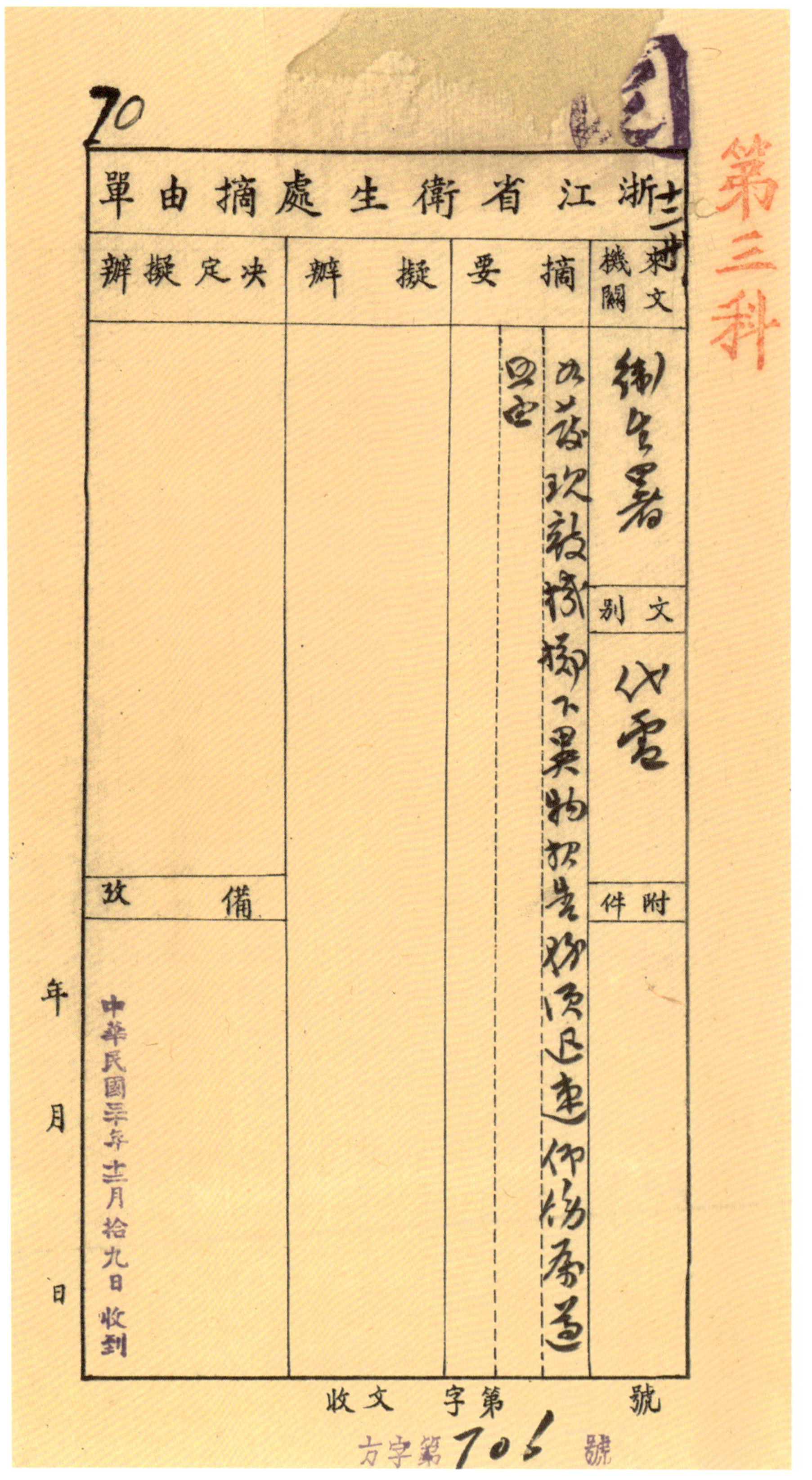

70

第三科

浙江省衛生處摘由單

來文機關	衛生署
文別	代電
摘要	為敵機擲下異物於是物須迅速仰偽處置，函電
擬辦	
決定辦法	
備考	中華民國卅年十二月拾九日收到
附件	

收文　字第　號

方字第706號

71

衛生署快郵代電　卅防字第 17553 號

浙江省衛生處覽案查本署據報本年十一月敵機在湖南常德桃源兩地擲下顆粒麥穀物品不數日常德發生鼠疫敵人黔驢技窮深有實行細菌兵器戰爭之可能本署迭奉上峯命令飭加緊防制以策安全經已會同有關各方詳細商討並分別函令有關各方分頭注意防範及研究茲特電仰該處對于所屬之衛生防疫機關（如衛生試驗所 防疫所 防疫隊防疫區署衛生隊衛生院所……）轉飭對于敵機散播病菌事長期戒備已有檢驗設備之單位應加緊充實器材俾能就地予以檢驗一經發現敵機擲下異物報告務須迅速事關抗戰及保衛民命務宜切實辦理除分電外合行電仰遵照並轉飭所屬遵照。衛生署防亥魚印

浙江省第四区行政督察专员兼保安司令公署关于该区义乌、东阳二县防治鼠疫及邻近各县防范鼠疫情形致省卫生处的呈（一九四二年一月二十三日）

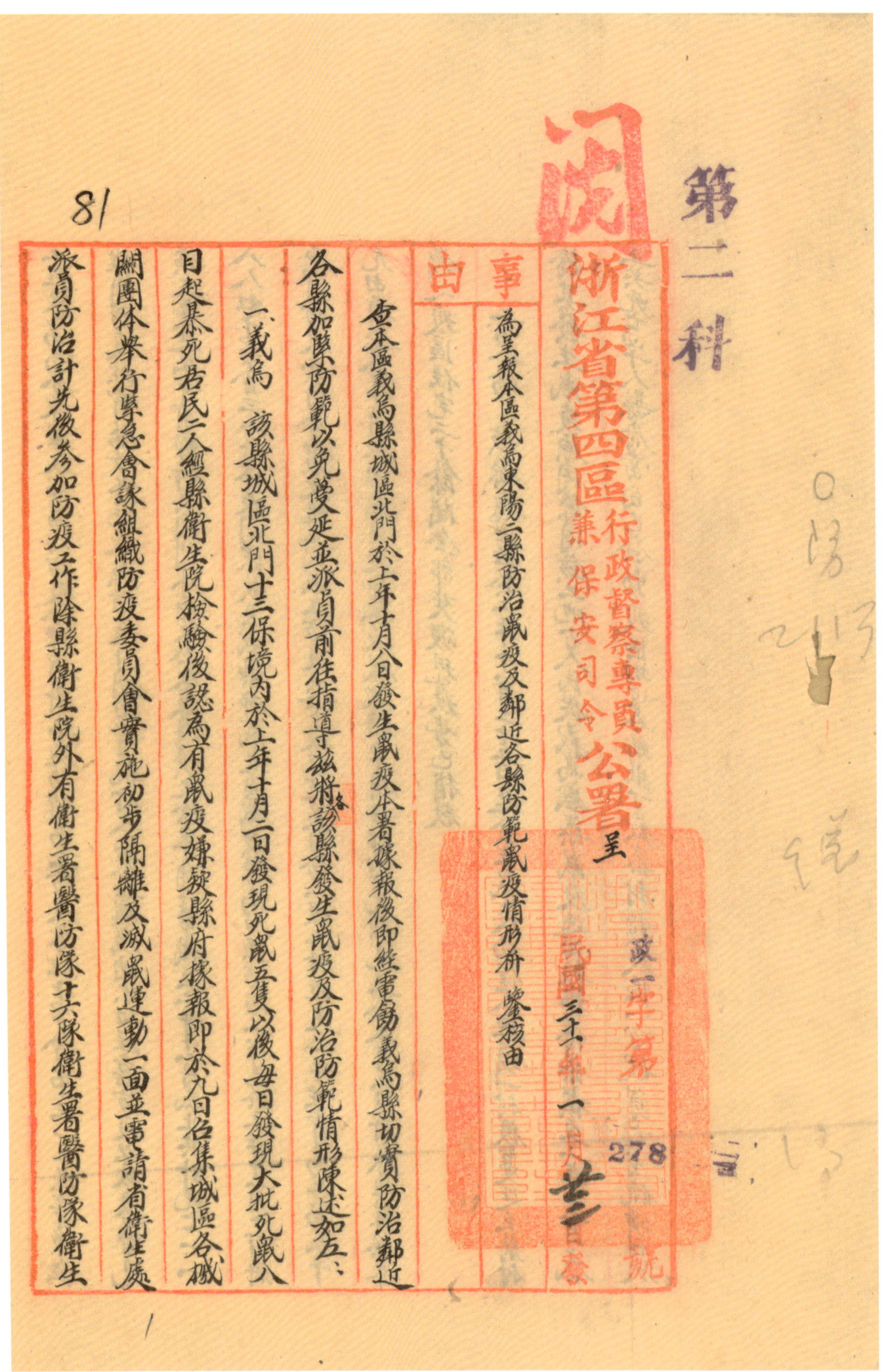

81

閱

第二科

浙江省第四區行政督察專員兼保安司令公署呈

政一字第　號

民國三十一年一月廿三日發

278

事由　為呈報本區義烏東陽二縣防治鼠疫及鄰近各縣防範鼠疫情形祈鑒核由

查本區義烏縣城區北門於上年十月八日發生鼠疫本署據報後即經電飭義烏縣切實防治鄰近各縣加緊防範以免蔓延並派員前往指導茲將該各縣發生鼠疫及防治防範情形陳述如左：

一、義烏　該縣城區北門十三保境內於上年十月二日發現死鼠五隻以後每日發現大批死鼠八日起暴死居民二人經縣衛生院檢驗後認為有鼠疫嫌疑縣府據報即於九日召集城區各機關團體舉行緊急會議組織防疫委員會實施初步隔離及滅鼠運動一面並電請省衛生處派員防治計先後參加防疫工作除縣衛生院外有衛生署醫防隊十六隊衛生署醫防隊衛生工程隊第四分隊軍政部第四防疫分隊省衛生處臨時第二防疫隊紅十字會第三一二隊等單位惟因防疫經費稀少不能依照防疫計劃切實執行又民衆知識淺陋不知注意防疫以致疫區日見擴大蔓延至寺前鄉新屋南門外石鼓金及蘇溪鎮之徐界嶺一帶截至上年十二月底止共計死亡一一八人紅十字會三一二隊長劉宗歆且感染肺鼠疫殉職該縣爲加强防治工作已於上年十二月十六日將原有防疫委員會加以改組正式成立防疫處下設總務醫務工程三科確定全年經費爲七萬五千元由省縣各半負担由縣負担部份以徵收糖車捐每部六十元撥充並於本月五日將蘇溪鎮徐界嶺之疫區住宅二十餘間全部焚燬現疫勢已稍殺

二、東陽　該縣巍山區於上年十一月二十五日起發生鼠疫初僅八担頭一村後蔓延至蔣村橋其發生鼠疫原因係因該二地方人民從義烏感染鼠疫逃回輾轉傳染截至上年十二月底止共死亡四十人縣府當局已發動疫區附近各鄉壯丁嚴密封鎖疫區一方設置大量硫磺石灰

82

分別舉行消毒並督促各該疫區鄉公所成立防制鼠疫委員會分別設置隔離病舍及留驗所

現參與防疫工作單位除縣衛生院外有省衛生處防疫工程隊

三、金華　該縣自義烏發生鼠疫後即設立防疫委員會舉行大規模清潔檢查收購老鼠

擇設隔離病院普遍注射防疫針並徵收城區房捐一月作為防疫經費積極防範上年十二月

二日雖曾在城區法院街七號於捕殺之溝鼠身上發現鼠疫桿菌惟經衛生署顧問伯力博士

用荷蘭豬接種試驗斷定尚無鼠疫

四、蘭谿　該縣已成立防疫委員會上年十月十九日省衛生處陳處長出席參加會議時

決定1、徵收一個月房捐為防疫經費 2、推定醫師並派警察赴義烏疫區及檢驗所實習 3、

設置病人隔離所及留驗所 4、舉行城區清潔大檢查等案並已按照議決案實施

五、浦江　該縣自得知義烏發生鼠疫即於上年十月十六日下午召集城廂各法團舉

2

行緊急會議恢復防疫委員會並先由縣府撥款三千元在城廂籌設隔離病舍數處十月二十日復舉行預防鼠疫宣傳大會

總上情形除分呈省政府民政廳外理合備文呈報仰祈

鑒核

謹呈

浙江省衛生處

浙江省第四區行政督察專員兼保安司令李楚狂

監印汪茂材

校對祝　祺

云和县政府关于为防鼠疫定期举办城区户口突击检查并强迫注射防疫针同时实施戒严致浙江省政府的呈（一九四四年一月十三日）

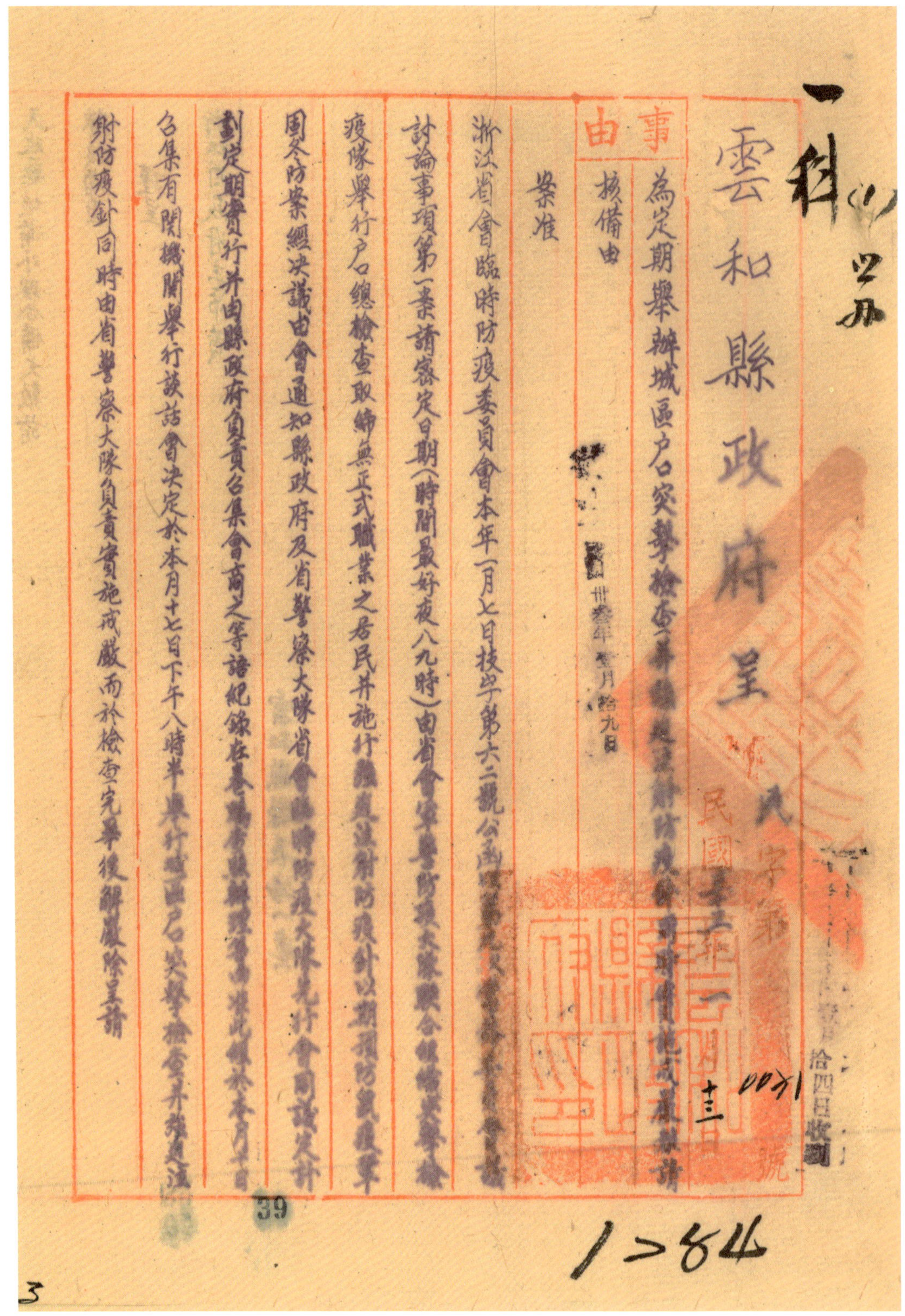

雲和縣政府呈 民字第　號

民國三十三年一月十三日

卅三年一月十九日

一月十四日收到

事由：為定期舉辦城區户口突擊檢查并強迫注射防疫針同時實施戒嚴[illegible]請核備由

案准

浙江省會臨時防疫委員會本年一月七日技字第六二號公函[illegible]

討論事項第一案請察定日期（時間最好夜八九時）由省會警察大隊防疫大隊聯合舉行突擊檢[illegible]

疫隊舉行户口總檢查取締無正式職業之居民并施行強迫注射防疫針以期預防鼠疫等

因本防案經決議由會通知縣政府及省警察大隊省會臨時防疫大隊先行會同議定計

劃定期會同舉行并由縣政府負責召集會商之等語紀錄在卷[illegible]於本月十[illegible]

召集有關機關舉行談話會決定於本月十七日下午八時半舉行城區户口突擊檢查并強迫注

射防疫針同時由省警察大隊負責實施戒嚴而於檢查完畢後解嚴除呈請

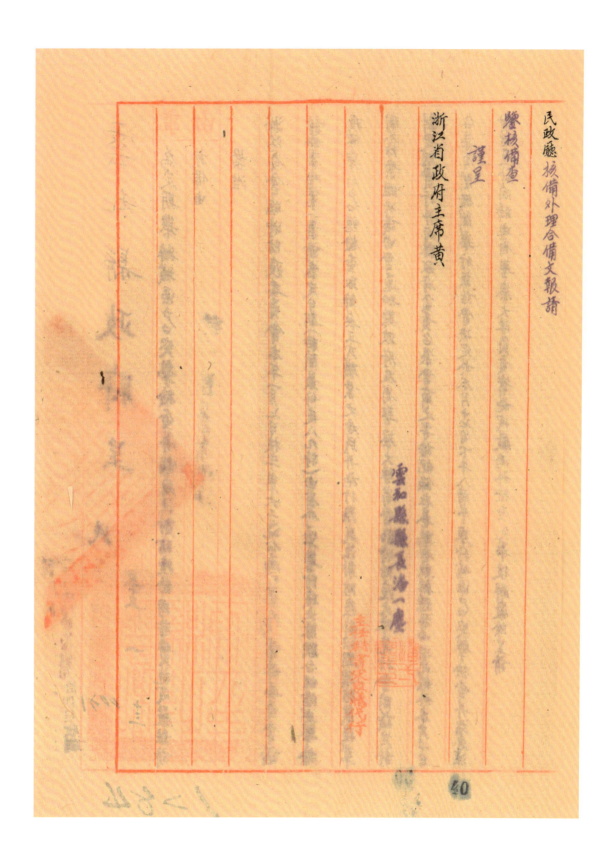

民政廳核備外理合備文報請

鑒核備查

謹呈

浙江省政府主席黄

雲和縣縣長海一慶

40

浙江省会临时防疫大队关于实施省会挨户消毒请予协助事致省政府秘书处的公函（一九四四年一月十六日）

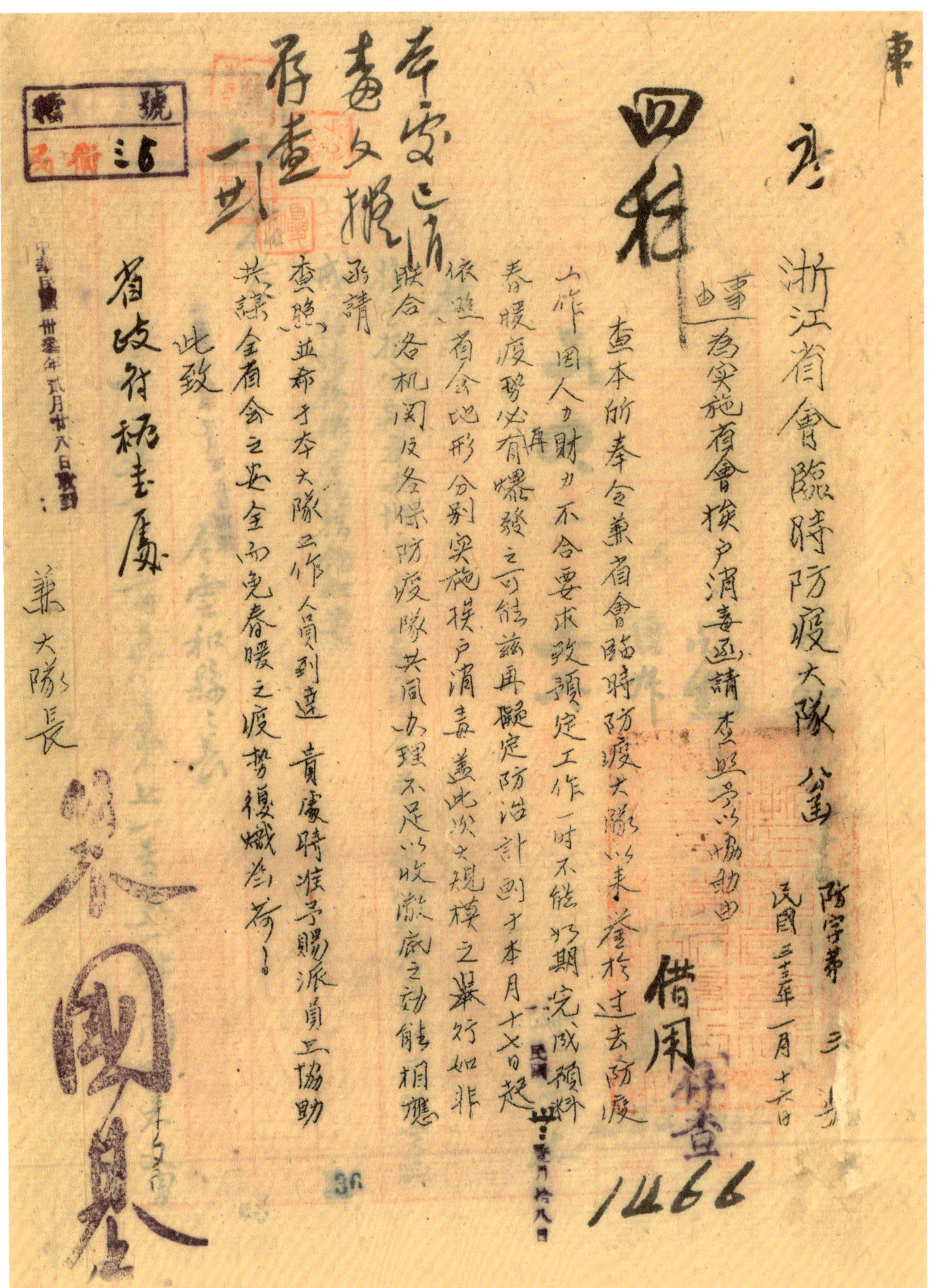

浙江省會臨時防疫大隊公函　防字第三号

民國三十三年一月十六日

事由：為實施省會挨户消毒函請查照予以協助由

查本所奉令兼省會臨時防疫大隊以來，鑒於過去防疫工作因人力財力不合要求，致預定工作一時不能如期完成，預料春暖疫勢必有再爆發之可能，茲再擬定防治計劃，于本月十七日起依照省會地形分別實施挨户消毒。蓋此次之規模之暴行，如非聯合各機關及各保防疫隊共同辦理，不足以收徹底之功能。相應函請

查照，並希于本大隊工作人員到達貴處時准予賜派員工協助，共謀全省會之安全，而免春暖之疫勢復熾為荷。

此致

省政府秘書處

兼大隊長

存查

借用

1466

浙江省临时参议会关于建议考核本省防疫人员予以奖惩并加强今后防治工作等事致省政府的公函（一九四四年二月七日）

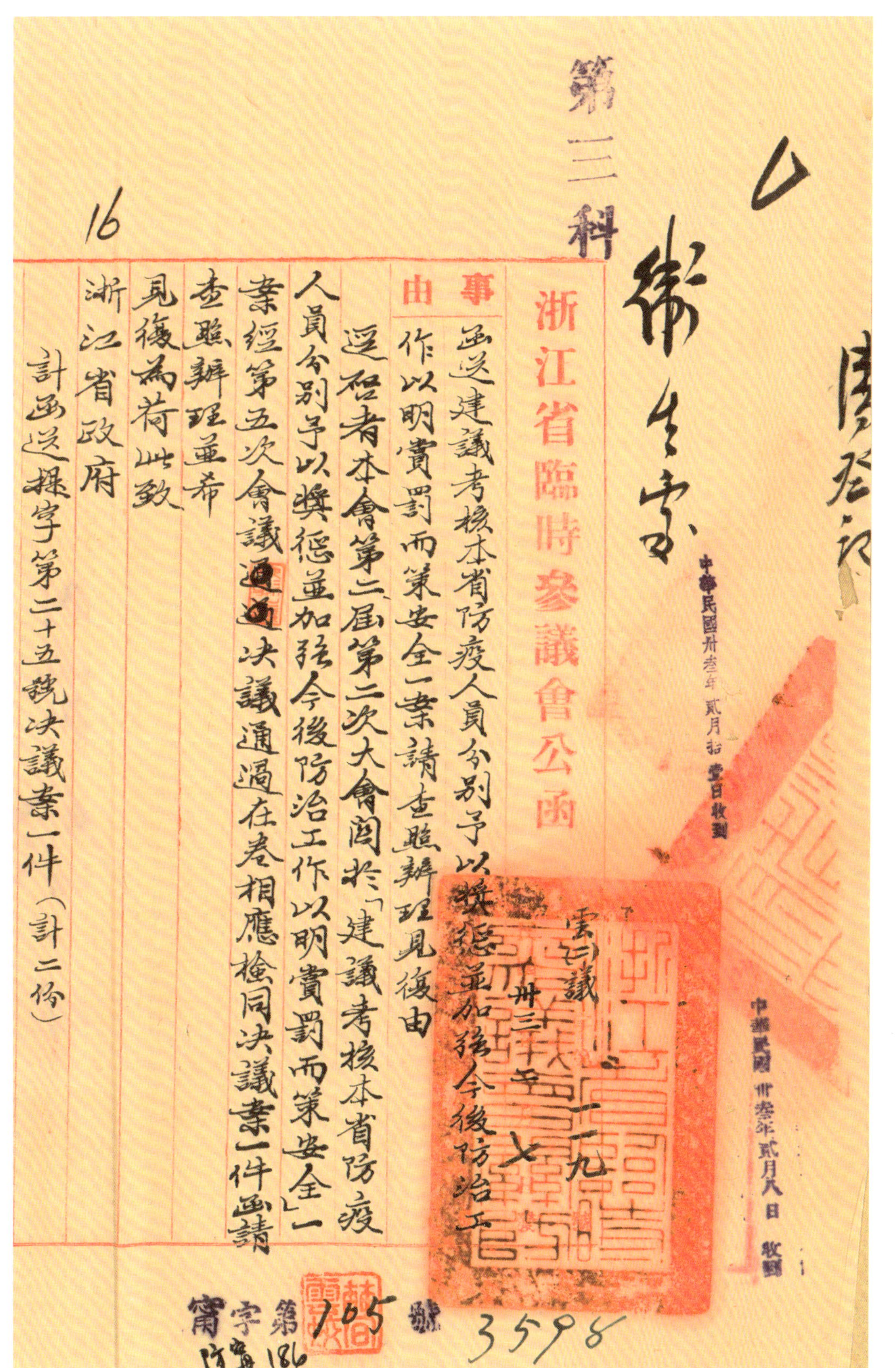

第三科

浙江省臨時參議會公函

事由：函送建議考核本省防疫人員分别予以奬懲並加强今後防治工作以明賞罰而策安全一案請查照辦理見復由

逕啓者：本會第二屆第二次大會閉於「建議考核本省防疫人員分别予以奬懲並加强今後防治工作以明賞罰而策安全」一案經第五次會議通過決議通過在卷，相應檢同決議案一件函請查照辦理並希見復爲荷。此致

浙江省政府

計函送採字第二十五號決議案一件（計二份）

參議字第105號

中華民國卅三年貳月七日

議長 朱獻文
副議長 余紹宋
（印章：金山原）

17

建議省政府考核本省防疫人員擇以獎懲藉加強今後防
疫工作明賞罰而策安全案　提字第二十五號
理由：查本省各地發生鼠疫勢甚猖獗始則到處死鼠繼則減
疫患者陸續發生人口死亡日必有聞衛生當局當作斷然之
有效之措施如隔離醫院之設立預防針之注射疫區之封
鎖患者之留驗滅蚤防毒之普施清潔衛生之檢查在藥物
萬分困難設備異常簡陋情形之下仍能防治並進標本兼
施卒使疫勢日漸消殺死亡得以減少如非多數在事醫師
及協助防疫人員盡心竭力發揮服務至上之精神具備治
人濟世之懷抱無間晝夜入死出生從事於各種預防治療
工作焉克臻此故此次防疫人員經查明確屬得力者應由
政府予以獎賞以資鼓勵其間亦有少數人員怠惰工作玩
忽職務致患疫者因失救治時效而死亡或未作事前必要

之預防措施而影响整個疫势之擴大者宜嚴予懲辦以為敷衍塞責者戒至今後對於防疫工作應本過去經驗力謀加強如药物之購製技術之改進設備之改善諸凡以往在工作進行中所發生之若干缺点澈底加以檢討補救庶疫势可以絶滅生命得以保全爰提是案并擬办法如左：

辦法 一、請省政府派員切實調查考核本省防疫人員分别情節予以奬懲

二、請省政府（或轉請行政院）加撥防疫經費大量購備或自行設廠製造防治鼠疫药物（呈請中央撥款已另提專案）

三、請衛生處隨時召開防疫檢討會議檢查過去工作之缺点妥為研討改進办法

浙江省政府关于准予定期举办城区户口突击检查并强迫注射防疫针同时实施戒严致云和县政府的指令

（一九四四年二月十一日）

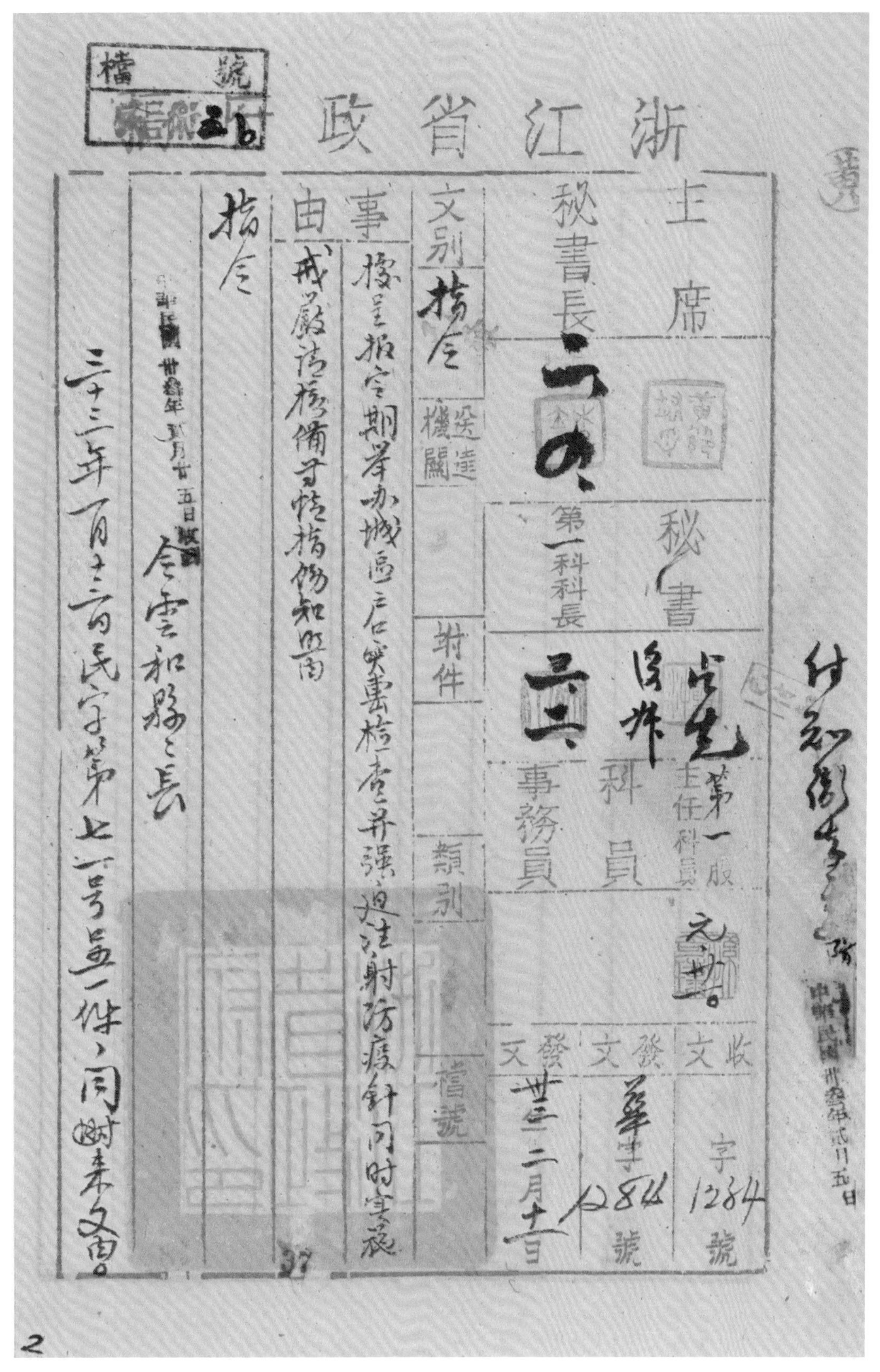

浙江省政府

主席	
秘書長	
秘書	
第一科科長	
主任科員 第一股	
科員	
事務員	

文別	指令
發達機關	
附件	
類別	
檔號	

收文	字1284號
發文	華字844號
發文	卅三 二月 十一日

事由：據呈擬定期舉辦城區户口突擊檢查並強迫注射防疫針同時實施戒嚴請核備等情指飭知照由

指令

令雲和縣縣長

三十三年二月十一日民字第七六號呈一件為……

呈悉。准予備查。此令。

校對程學文

38

浙江省政府关于抄发卫生署专员伯力士《浙江省检疫工作建议》致各区专员的代电（一九四四年二月）

事由　為抄發伯力士專員浙江省檢疫工作建議電仰遵照由

浙江省政府代電　　字第　　號

各區專員鑒：查最近本省鼠疫流行區域日形擴大，自應加緊防治，以杜後患。本府叠經訂頒浙江省各縣防疫實施通則，通飭遵照辦理在案。茲准衛生署專員伯力士博士提供本省檢疫工作建議一份到府，各縣施行檢疫工作，自可參攷辦理。除分電外，合行抄發原建議，電仰轉飭所屬各縣參攷斟酌辦理為要。雲主席黃紹竑丑　印

計抄發浙江省檢疫工作建議一份

中華民國卅三年二月　日

附：浙江省检疫工作建议

2

浙江省檢疫工作建議

伯力士

（甲）疫區之辦法

1、碼頭及汽車站應由疫區遷至相當距離之地點

2、禁止各種危險貨物之輸出如必須輸出者即當先施以有效之滅蚤處理

上項貨物如須經過疫區之驛站則當在郊外設站不得停留疫區以免帶出疫蚤或疫區

3、貨物運輸之經過疫區者應繞道而行其必經疫區者則不得留夜

下項適用於旅客及其行李

4、旅客欲離開疫區之前須先行預防注射且其行李衣物均應行滅蚤之處理

（乙）交通終點應設檢疫站（如溫州）

76

2

9-1

人檢查所有船隻汽車貨車及其他交通工具以執行

下列事項：

一、不許疫區輸出危險貨物必當輸出者即以已經滅

蚤處置者為限

由疫區來者須無疾病並已行預防注射所帶行李

均須經滅蚤處理

二、上項如未辦到或疑其不辦妥者則當在此交通終

點之檢疫站施行有效之處理

三、在可能範圍內各船隻及車輛均須定期洗滌清潔

以免攜帶疫蚤或疫鼠

（丙）為執行上列事項工當請各該地駐軍警察或其他部隊協助

（丁）須求海關當局及其他檢查機構之合作或統一辦理

甲注意者二

77

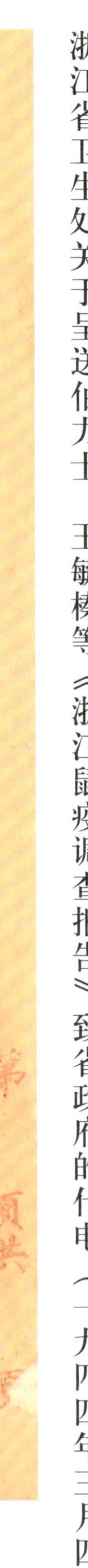

浙江省卫生处关于呈送伯力士、王毓榛等《浙江鼠疫调查报告》致省政府的代电（一九四四年三月四日）

浙江省衛生處快郵代電

字第　號

事由　為送伯力士專員等浙江鼠疫調查報告電祈鑒核由

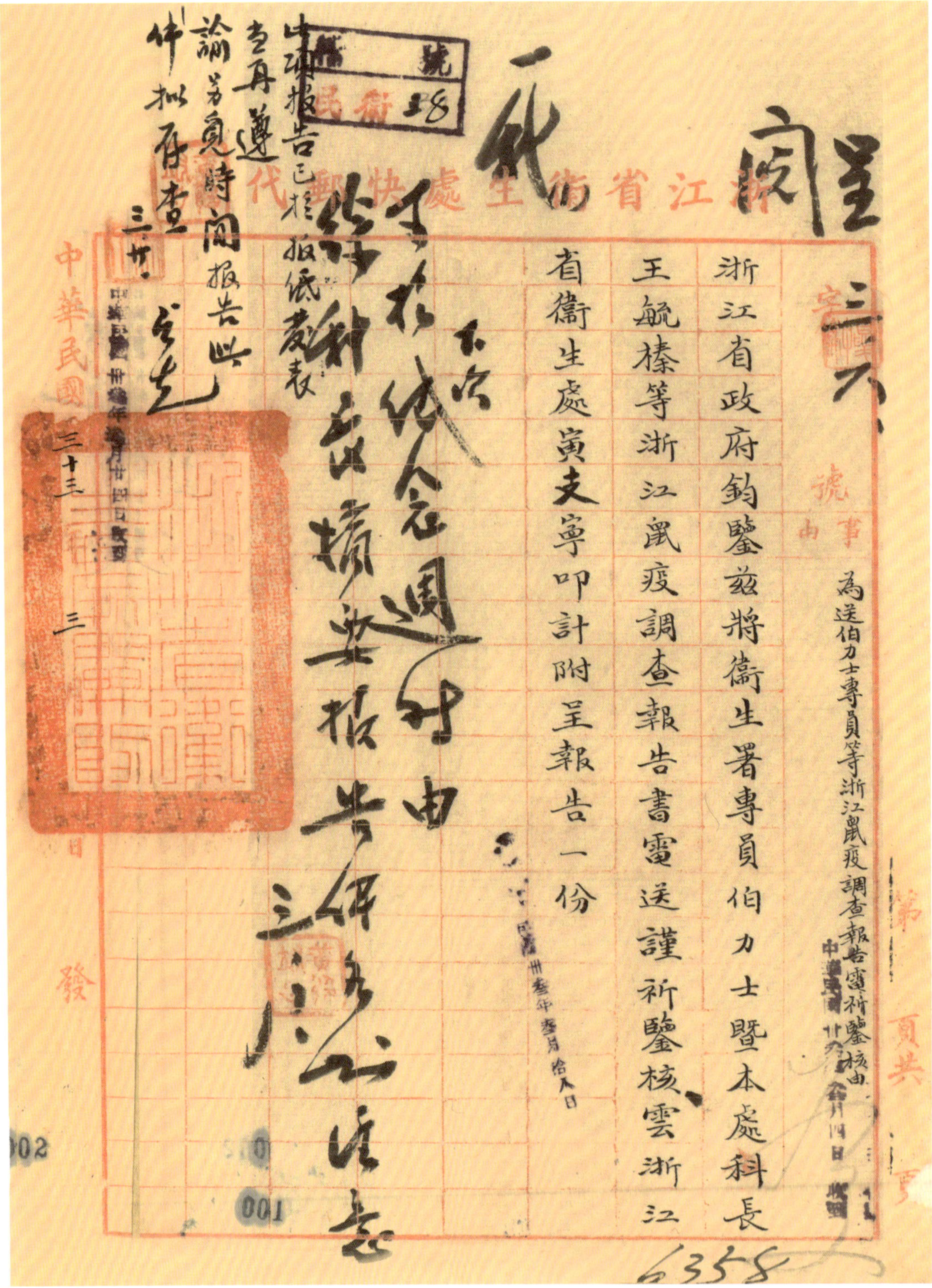

浙江省政府鈞鑒：茲將衛生署專員伯力士暨本處科長王毓榛等浙江鼠疫調查報告書電送，謹祈鑒核。雲浙江省衛生處寅支寧叩

計附呈報告一份

中華民國三十三年三月　日發

浙江鼠疫調查報告

民國卅叁年叁月拾八日

王毓榛
伯力士
鄧炳明

（一）引言

此報告係在浙江視導各疫區之結論及建議王毓榛係省衛生處之代表伯力士係流行病學專家衛生署之防疫專員鄧炳明係衛生署指派在福建協防鼠疫奉調協助伯專員視導工作自卅二年十二月廿五日起至卅三年一月二十六日為止其目的有三

（1）研究浙南疫區情形以便擬定合理之防疫計劃●而由中央及省協助當地辦理

（2）同時激勵當地之當局醫界同仁及民衆俾各界均能協助該項事工召集當地各級長官醫師同仁及民衆開会討論公開講演或授課使各種工作即開始活動關於開会等情詳見本報告附錄之行程日記由行程日記可知工作先由雲和開始至溫州後返龍泉然因龍泉鼠疫之發現在先故仍須先報告龍泉情形而未來分別報告之前似應先談浙南過去之鼠疫概況

（3）按閩北數地之鼠疫[illegible]似已成為地方性病而浙南之鼠疫[illegible][illegible]染疫之源當由閩北而入似無疑問

浙江鼠疫最初發現於慶元縣因其地與閩北毗鄰商旅頗密慶元縣區之染疫亦

或有報告係自一九三八而縣城於一九三九始传得鼠疫一九四〇至龍泉縣之小梅始染得該疫一九四一查川繼續染及而龍泉縣城迄一九四三始有之

觀察後可得結論者有二點（1）與一般預料者不同蓋然縣城為交通之中心鼠疫之傳染並不一定先由縣城侵入（2）如縣之一區染得鼠疫則縣城終亦必累及

（二）龍泉

龍泉城區之鼠疫發現於一九四三三月先在南岸發現兩例病人該地即慶元小梅查川各處貨物○運堆之處

依照所得材料人類得鼠疫之先並未先有鼠類之流行不過人類發現時僅有死鼠數隻同時發現故似此流行或由人與鼠同時由疫蚤染得而由何處慶元小梅或查川传来由何種貨物帶來即無法可查

鼠疫乃由此漸漸蔓延至北岸城內各處均有發現所僅有之統計材料即一九四三三月十一日至九月六日之死鼠數目及三月廿七日至十月卅日病例之數目茲摘其要數目如下：

月份	疫鼠	病人
三	二	二
四	十	四
五	一	〇

六	七	八	九	十	共計
一六	廿	苙	大	の	八十三
一百〇三	一五二	二六一	一一一		六五三

以上表格所列數目恐不能包括期間所有病例況且十一月十二月未有表統計而流行今已停止矣按理推之龍泉鼠疫病人最少當在一千以上由城區疫又傳至距城南數里之金沙寺雖然疫乃鼠疫現甚多而染疫之病人僅有六人內四人痊癒此次成績極為可喜此當歸功於設該處之[illegible]務管理局諸公因該局當局工作努力迅速如全體預防注射及其他管理工作均能及時施行

龍泉之防疫工作困難極多因該地人民過去未有鼠疫之經驗欲要求合作誠非易事故結果不能滿意如以預防注射者為數甚少在隔離醫院之治療結果甚為滿意一一六病人中得愈者八十九人佔百分之七六又七三而在病家治療者共五四人痊愈者僅佔百分之三四．二五故可見華菲特效藥不足仍須隨時有合宜看護理始有成效

追調查時（一九四四一月）鼠疫似已停止而在流行期間鼠死甚多故目前鼠數已大減如能即行炭酸鋇毒鼠即更能收效此項計劃已在妥如藥材送到即可施行但仍須

牢記除施實行下列方法才可使老鼠永遠保持甚低數目

一、人民家切實經常施行所印發之簡單防鼠十要

二、依計劃而改善垃圾並下水道

（三）雲和

一九四三年鼠疫不但在龍泉猖獗並有向東北擴大之勢且最先累及之處即為戓時有合雲和吳大撥辛城鼠疫發生之先適有大批軍米由慶元一帶用千名以上之民伕運往龍泉據者似此大批米粮之運輸識為疫蚤輸入之良機故雲和之疫當起始於此亦即因此而擴大矣

所得數計自開始至一九四四一月十九日撮要如下：

月份	死鼠		人		住医		共計
	總共	陽性	發見共計	死亡	痊愈	死亡	
九	七	一	〇	〇	〇	〇	
十	六二	二一	三	一	一一	〇	二
十一	三七七	三二四	五七	二九	二八	一〇	三八
十二	一九〇	一七九	四三	二一	二二	一一	三三
一月	一九	一八	二〇	一二	八	八	一六
共計	六五五	五四三	一二三	六三	六〇	二九	八九

4

又一一六病案之分類如下、

病類	共計	死亡	治療數	痊癒 數目	痊癒 百分率
腺鼠疫	九二	三六	七八	五六	71.79
肺性	三	二	二	一	50.00
敗血性	二一	一九	五	二	40.00
共計	一一六	五七	八五	五九	69.41

腺之分類
腹股溝 62
腋下 16
頸 12
多腺 2

雲和防疫工作之熱誠誠可欽慰誌賀如施行預防注射者二一、六〇五人共三四、八〇五次此外又大規模施行氰气消毒繼以房屋大掃除消滅鼠窩此事甚得力於中央防疫隊之協助又由統計表可見在隔離病院之治療結果亦甚佳

迨一九四四一月十九日視察完畢返省時疫情似已減疫鼠不多即老鼠之數目亦因動物流行之故已大減矣

3

007

故曾經介紹須隨時注意疫鼠情形倘鼠類之疫已停即當舉行炭酸鋇毒鼠如此即本年春末以後鼠疫可得避免或即由其他疫區再傳來亦可免於流行即使毒鼠運動成功仍須執行下列事項以期永久之效

一、人民繼續執行簡單防鼠方法十要

二、改良本城之環境衛生本城為戰時省會是以人口過擠誠憾事也

三、又當隨時執行檢查老鼠之工作以便隨時檢出疫鼠之發生並施行各種方法俾可隨時檢得病人

四、如在此嚴密偵察之下能查出一個疫區之發現即當執行嚴厲處置包括交通或暫時疏散疫區繼以氰氣消毒消滅鼠窩必須採此其他更利害處置務須設法使疫鼠無法逃遁疫蚤不能出

五、本省因一般之計劃已說明必須在各重要據點在春末舉行大規模之預防注射為預防由他處再度傳入鼠疫應採取有效之檢疫辦法不但旅客受檢查更應注意其行李及貨物

（四）碧湖

碧湖之疫情較雲和為嚴重而且複雜因當時需要甚多數方團體之竭力切實幫助又省防疫隊適以調防及交替經費設備兩感不敷是以工作大有影響因直至十二月底省防疫隊始能開始較合理之工作

依調查所得之碧湖之疫鼠始於一九四二十月廿六日第一病例發生在一個月後（十一月

□至十二月廿三日爲止病人共廿三人死者十九人十二月廿三日後由省防疫隊接收其統計得如下：

	入院	死亡
至十二月廿三日	10	6
〃　〃至31日	24	5
一月一日至一月十六日	38	10
共計	72	21

註：十二月二十日至一月十六日鼠体檢查十二隻其中八隻爲陽性

從上列數目可知紀錄病例約一百但未報者必多故推算其患者最少在一百五十人以上

對該地防治工作屢經再三提出請予注意下列各項原則

(1)說明檢查死鼠之重要性並不能全部檢查亦當由所建議之鼠數抽出若干檢查之以定疫情

(2)利用各種方法俾之病例不至遺漏

(3)預備一（[illegible]）疫情地圖以確定疫鼠及病人發生地點而知疫區之範圍

(4)有地圖後好查出某疫區受染特重則可採取嚴厲處置如疏散消毒消滅鼠窩等

(5)舉行預防注射可由疫區開始舉行以爲模式而進行然可能即當舉行挨户注射

(6)忠告民衆保護食物並改善廢物之處置

(7)改良環境衛生尤重垃圾之處理

直至一月十九日最後之碧湖時仍有疫鼠及病人發現故疫勢將繼續遇冬因此不能暢行毒鼠運動是以其嚴重將更大

綜觀以上碧湖為今年鼠疫季之最危險地帶故應嚴厲執行上述各條其他各種方法亦應同時施行如青之氣消毒但本城之房屋不適合於青之氣消毒故其效亦有限耳

碧湖疫區之危險更可由其傳染肺鼠疫之而表示之茲略述如下：

保定屬碧湖之西十五里　四家死十三人

茅田〃　西南五里　一家死二人

大仙〃　南五里　二家死三人

吉羅圩〃　西十五里　一家死二人

共八家受累死二十人

肺鼠疫之所以就此停止者乃因我國農民之特長天性農村人民頗能觀察天時禍患且較易於勸告指導其自動不敢接近病人另一方面由於駐軍×××團之協合努力有以致之該疫區等已經特別注意其施行無簡單而切實之消毒及檢疫同人未至時已大行注射疫苗於十二月底起至一月十二日終止

（五）麗水城區與青田

因麗水於一九三三十一月間發現死鼠百隻未經動物接種絕對証實隨後亦無繼續

上旋見青田東山辛村二鄉雖曾發見疑似病人追查明係由碧湖傳染而來

6

有鑒於此故並提倡之日三處均已設法舉行炭酸鋇毒鼠運動同時勸告下列各項

(1)勸告民眾務必實行所印發之防鼠辦法十要

(2)注意並設法使各食物舖食物庫尤其是米舖及米倉無鼠跡

(3)儘量改良環境衛生尤須注重下水道及垃圾

(4)應用各種方法俾得準確之情報使疫鼠及病人能及時檢得並發散將備為此用之傳單而取求民眾之精誠合作

(5)上列各工作尤應在沿岸各區域之河邊旅店及貨物上下必經之處（則較危險地點）切實施行以收其效

兩次之毒鼠運動結果甚佳計放毒餌丸五三、五七八顆於城區各房屋為鼠食者共一八、五三二顆而公共機關未計算在內據之於毒鼠後老鼠數目有明顯之減少

然此毒鼠僅作一次以後似有重作一次之必要

青田毒鼠之結果尚未報告此處確應舉行毒鼠工作

(六)溫州

鼠疫之傳播常有跳躍之傳染此次浙南之疫乃躍過麗水青田而至溫州

溫州之動物鼠疫確係於一九四二年十二月一日在西郊即上游船舶停留及貨物起岸交換之地、再經詢問所知在十二月中旬已有疫鼠發現於該地故十二月五日發現第一病例亦不為奇矣迄至年終為止再發現六病例七例中六者為腺鼠疫（腹腺者三、腋腺者一、頸腺者一、多腺者二）痊癒者三死亡者亦三第七例之結果則尚未報告

迄至同人離開溫州時（一月初旬）仍有疫鼠發現此外在北門附近發現離西郊

6

有數里有人疑為漢奸或其他惡人所為如此為事實仍可謂疫區只限於西郊或謂主要之疫區僅在西郊

最不幸者乃此處之环境最為適合鼠疫之存在因居民過稠街道狭小[illegible]西郊而言而主要孔道均商店所据各店又滿堆貨物而大部又為食物其房屋之建築又不適合於空氣消毒环境衛生太差而且凡平屋均有地板

曾設法将疫區封鎖以收以下二效

①預防疫勢向他处蔓延

②以便在該疫區執行有效之嚴厲處置

熟諳該區地形者即知欲得有效之封鎖係不可能因疫鼠之種類多為溝鼠而溝鼠善游将不能應用水溝築牆即因經濟工程大小水道之水各事章制亦無法實施

因鑒上列各節乃建議防鼠之另一辦法在附近擇一地点築一防鼠之碼頭及市場以便疏散貨物而利防鼠事工之進行

此計劃卒不能得同意乃請當局注意下列各項之步驟

①在疫區即時施行接[illegible]射向東[illegible]

②將疫區所有貨物運到[illegible]消毒站將貨物不同分别予以消毒

此後堆貨均不能存放於疫區而應存於空曠相當距離之處新貨亦應如此辦理必要時需先消毒旅客之行李需要者亦應如此行之

③沿江船舶於夜間不得停靠疫區即晝間亦僅許停留必要之時間

⑪疫區房屋之地板並拆除鼠穴，並杜塞並噴以大量之消毒劑

⑤組織衛生偵查隊以便查詢有無死鼠發生並保持最低限度之環境衛生

(6)在城區之未有疫鼠或病人之處，應即舉行滅鼠運動

當局當即表示在未有省方下令及另派人員（有經驗人員）協防之前不易執行上述各項，又建議下列臨時辦法：

①在城區未發現鼠疫之處，即行滅鼠運動，並即刻加緊教育民眾，俾各能在分內參加防鼠工作

②執行上述之預防注射運動

③即時組織衛生偵查隊以使偵查疫情，改良疫區環境衛生

請注意上列各項並不能解除或減少溫州本年度鼠疫之危險性，換言之，如不能及時採取嚴厲方法，溫州疫情之危險潛勢誠為可懼

(七)宣平

宣平離碧湖約九十里，間隔以大山嶺，尚無鼠疫，而在溪口（自去年十月廿一至十一月一日共發現疫鼠廿一只）溪口係在宣平之北十五里，疫鼠先發現於金華師範校內，而該校附近各處仍有發現。查該校學生多有來自義烏，即重大疫區之一，該處並為敵人所佔領，交通仍屬可能，且以學生與其家庭來往頻繁，故此疫鼠之傳染恐係義烏來者，似此，即衣服、鋪蓋等物或與謂帶疫之媒介，故此方面亦多注意

溪口鼠疫病人得免發生之故乃因下列二事

①金華、師範當局未將死鼠匿投
②縣當局及衛生人員及時採取合宜之措置
如河流彼岸未有疫鼠，其交通即行斷絕，房間消毒並強迫注射，金華師範
即行疏散，在疏散時並採用簡單而有效之防蚤步驟
由上可知，一方面民眾能有常識，另一方面衛生人員當局工作得力，尚能將
疫根剷除，甚願浙江其他各縣虛心仿效當年之先例
當年縣城既無鼠疫，故即建議即時開始滅鼠及防鼠，並待今麗水及青田
其他防疫工作，亦繼續至年底，如遇可疑情形，仍舊即亦可開始及其他毒鼠之

八、老鼠及跳蚤之調查
防鼠方法[illegible]
在浙南所作跳蚤之檢查，尚屬可能，茲將所得之結果表列如下：

地域	鼠類	檢查鼠數目	跳蚤 印度鼠蚤數
龍泉	溝鼠 60—70% 家鼠 10—20%	缺	— 缺
雲和	溝鼠 24% 家鼠 75% 1%	247	7288
碧湖	大都家鼠	38	31.58

14

麗水	貳不多	/	6	(33.33)
遂昌	西郊有鼠多城[illegible]		27	58.62

各處所檢查蚤之數目不多，然已可斷言此甌江流域之鼠疫最危險之印度蚤為數甚高，況在此時冬際，足以促成本江各流域之鼠疫之嚴重性。

(九) 檢疫問題

浙南之一般防疫工作進行，尚望能有滿意之結果，而檢疫站之工作則因下列各事之牽制未能解決：

① 目前之檢疫站有二，一在雲和附近，一在溫溪，僅能檢查旅客是否有病，而未能並必要時消毒行李及貨物。

② 如加強溫溪站並遷至青田，則碧湖青田間之各地不能並受其保護，故應在麗水或麗水稍上之處設一有效之檢疫站，該項之備忘錄已呈送中央政府當局矣。

(十) 結論

綜上所述，浙南疫情之嚴重已明矣，去年已染之疫區今年可再續發現，或更擴大未染之縣城，或將陸續再傳染，或疫種已播散他縣，只待天氣稍暖即將應機發作耳。

故須賴各地方人、當局、省當局及中央協助破除此局勢，此外曾再三聲明注

重如非民眾合作則將功虧一簣不僅於未發生之區域如此在處置流行時更如此也

如欲預防鼠疫則必須取得全民眾自動並永遠熱烈參加防鼠運動尤當協助為保護自身安全利益之預防注射運動

並有死鼠發生者則送往檢查如當三年則為一標準之例証同時當報告死鼠發現地點以便採取適宜處置且最低者應擲於公共設置鼠如如果將死鼠毀滅亦送交檢查則猶如駝鳥遇險時將頭埋藏則亦以為危險已過其笨何如耶

同時如遇可疑病人者即行報告因早期治療之效果更可靠也

公共衛生之成功與否乃依民眾之合作與否為轉移也如西諺曰各民眾团體有其應得之健康意即謂依所付之代價而得其健康之程度也鼠疫更為斯金浙民眾明乎此則浙南之鼠疫不難防治與撲滅也

附錄

行程日記

十月二十五日 至雲和　十一月廿一日至十二月二日在雲和

廿七日 卅日 十二月二日 在衛生處舉行會議

二十九日擴大紀念週 防疫會議

十二月四日至碧湖 醫師會議　五日 在碧湖防疫會議

六日至麗水 防疫會議　七日 赴宣平途中

八日 至宣平 醫師會议　九日往返遂昌 公開講演　九日晚在宣平公開講演

廿至十一月三返麗水　十二月十一至廿日　一至丽水　十四至十五十六在丽水衛生工作人員演講

十六十七 至温州　十八至一月十五日在温州　十八日医师会议　十九廿一廿二　廿二向四中學演講

十五防疫会議　廿六三區民眾青年团演講　廿七防疫会議　廿八医师会議

廿八向医师公会演講　一月二至四五日短期医师训練班　一月十五日至青田　医师会议

縣政府局会议

八日九日至丽水　九日医师会议　十日至碧湖　十一日往返保安疫區

十二至十三 在碧湖　十二日ソ防疫会议ソ　十四日至龍泉　医师会议　十五至碧湖

十六十七 在碧湖　十七防疫会议　十八日至保安及东嘉敬　十九返雲和

廿至廿三 在雲和　廿一廿二在衛生處举行会议　廿二向衛生第六防疫隊演講消毒

廿四返龍泉　臨走以前向省会医藥衛生演講　廿五在龍泉與縣長医师举行会议

廿六分别返雲和及浦城　臨走以前向塩務管理局演講

浙江省卫生处、省政府关于云和县石浦发现并防范鼠疫事的往来代电（一九四四年八月七日至十一日）

浙江省卫生处致省政府的代电（一九四四年八月七日）

浙江省衛生處快郵代電

衛字第967號

事由　電不錄由

浙江省政府主席黃鈞鑒：據報雲和石浦發現疫鼠，除經令飭省會衛生事務所會同雲和縣衛生院嚴密防範外，並電飭省會傳染病院即日自大留田雲以便加強防治，理合電請鑒核備查。浙江省衛生處處長孫序袁未虞叩

中華民國卅三年八月　日

和21831

浙江省政府致省卫生处的代电（一九四四年八月十一日）

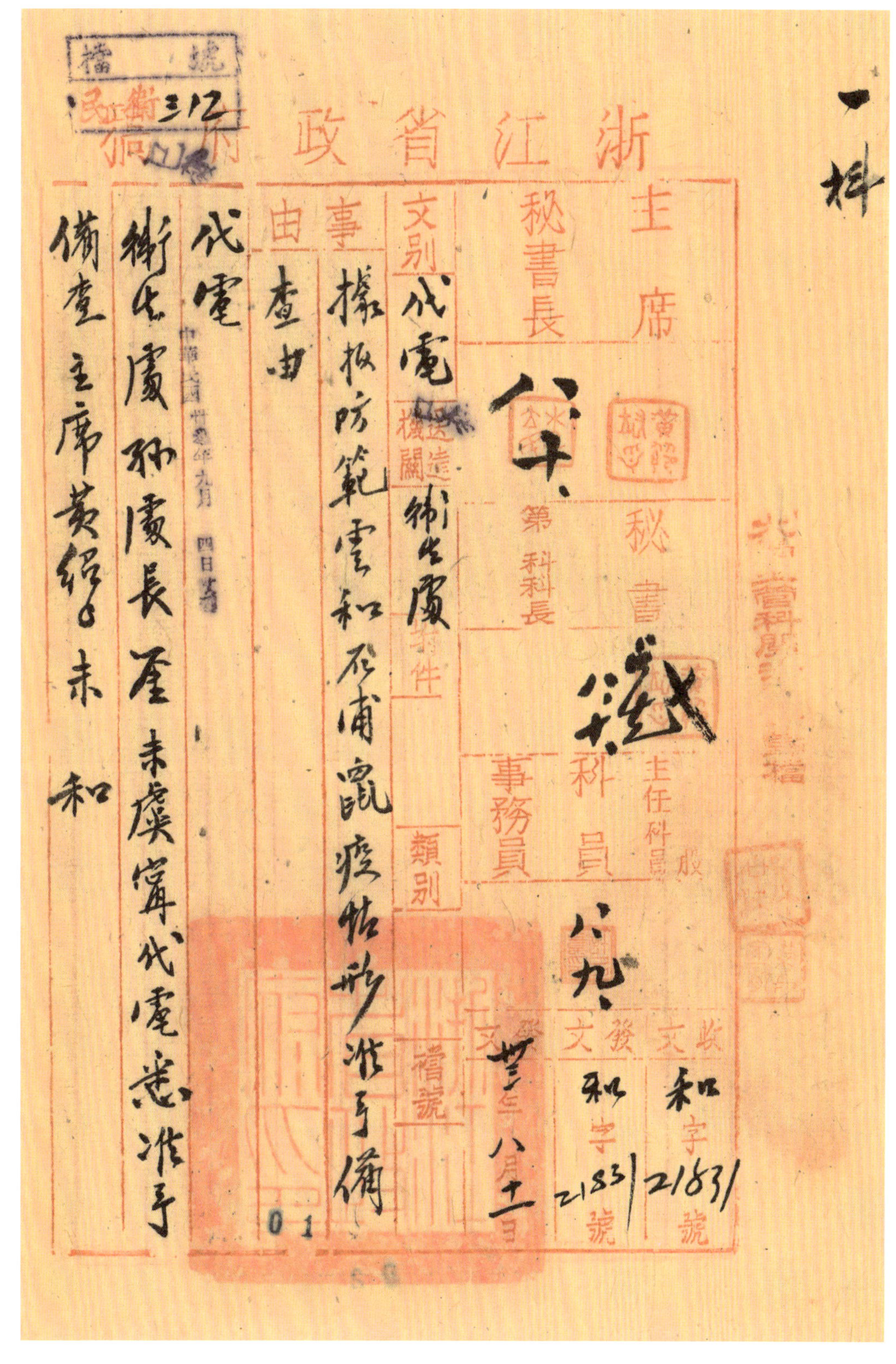

浙江省政府

檔號 民衛312

主席 秘書長 秘書 第　科科長 科員 主任科員 事務員

文别：代電

送達機關：衛生處

事由：據報防範雲和石浦鼠疫情形准予備查由

代電

衛生處孫處長鑒：未虞寅代電悉，准予備查。主席黄紹竑　未　和

收文 和字21831號

發文 和字21831號

卅三年八月十一日

浙江省卫生处关于云和县城发现鼠疫病例致省政府的代电（一九四五年六月十一日）

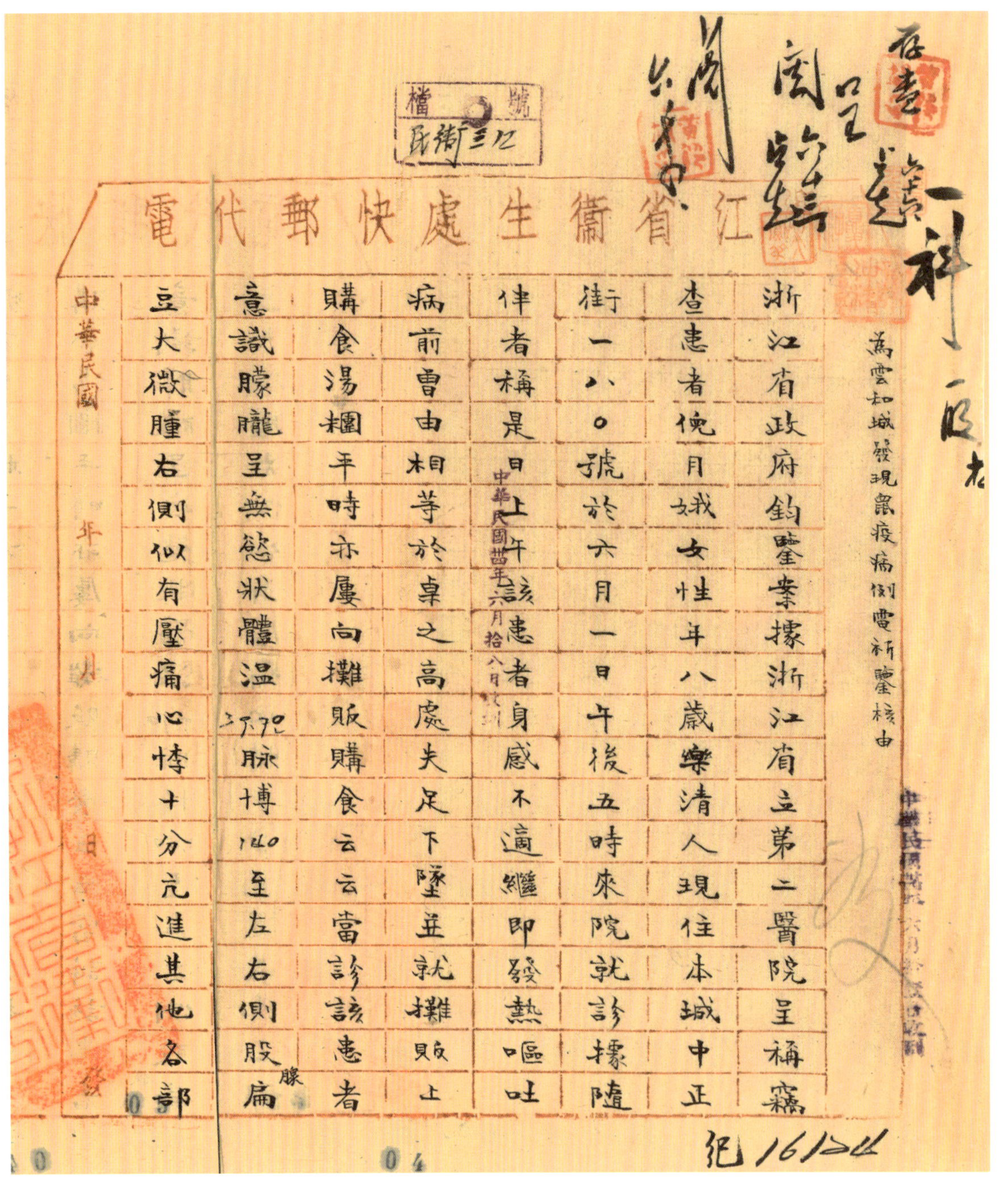

檔號 民衛三12

浙江省衛生處快郵代電

為雲和城發現鼠疫病例電祈鑒核由

浙江省政府鈞鑒：案據浙江省立第二醫院呈稱：竊查患者俛月娥，女性，年八歲，樂清人，現住本城中正街一八〇號，於六月一日午後五時來院就診。據隨伴者稱：是日上午該患者身感不適，繼即發熱嘔吐，病前曾由相等於桌之高處失足下墜，並就攤販上購食湯糰，平時亦屢向攤販購食云云。當診該患者意識朦朧，呈無慾狀，體温39.7°C，脈博120，至左右側股腺扁豆大微腫，右側似有壓痛，心悸十分亢進，其他各部

中華民國 年 月 日 發

浙江省衛生處快郵代電

事由

殆無所見血片檢查亦陰性以其一般現象殊劇重且鑒於環境關係因遂疑似診斷為鼠疫當用Taegon及葯加令等葯劑為之治療翌晨復來診病勢加劇神志昏迷脉細弱心動頻速吐物中並發見咖啡樣殘渣物同時更施血片檢查亦屬陰性當注射林格氏液及強心劑等卒無效未幾即死死後行肝臟穿刺作塗抹鏡檢發現極似鼠疫桿菌之菌體除另行動物接種試驗外茲就形態上之所見及其病

中華民國　年　月　日

浙江省衛生處快郵代電

事由

狀經過似已可確定為鼠疫當將經過情形面呈鈞長在案並分函省會衛生事務所外理合備文報請鑒核施行等情據此查本年雲和城區發現該項鼠疫病例尚屬初見本處於據該省立醫院陳院長面呈經過情形後當經指定本處暨省會各衛生醫療機關負責人員舉行談話會決定防治工作原則數項核尚可行除分電所屬有關各機關切實遵辦外理合抄附防治雲和鼠疫談話會紀錄一份電祈鑒

中華民國　年　月　日　發

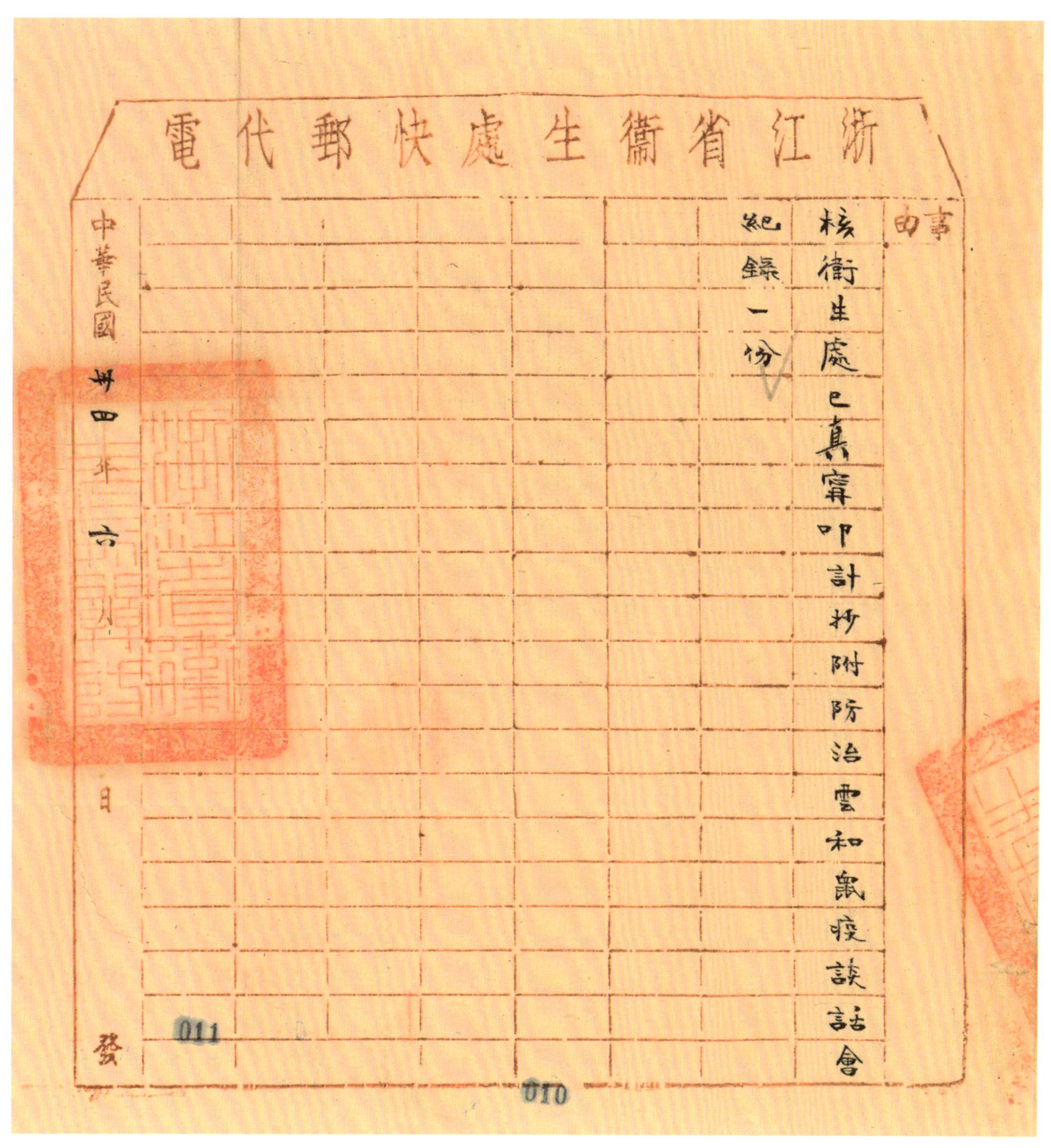

浙江省衛生處快郵代電

事由

核衛生處巳真寅叩計抄附防治雲和鼠疫談話會紀錄一份

中華民國卅四年六月八日發

011

010

附：防治云和鼠疫谈话会记录

防治雲和鼠疫談話會

時間 卅四年六月三日

地點 第二省立醫院

參加人員 劉崇燕 王毓棒 陳宇享 唐叔培 徐承蔭 朱國基 徐承偉

主席 劉崇燕

報告 陳院長報告六月一日下午五時有一八歲之女童住本城中正街180號來院就診據稱於當日上午發病經診右側腺股微腫疼痛全身症狀高熱脈搏快速施行血片檢查陰性疑似為鼠疫當以消治龍等藥劑加以治療翌晨復來診未幾即故經肝臟穿刺檢查發現形態上極似鼠疫桿菌之桿菌並經將檢体直接注射天竹鼠体內至現在動物尚無變化病人臨死時曾嘔

012

吐如咖啡色吐物事後郭医師至病家訪问據謂三四前户内曾有死鼠發現但未送檢詳細病例紀錄另用公文呈報及分函省衛生處暨当地防疫主管机关查核

談話決定事項

一、滅鼠消毒工作

甲、省會衛生事務所原定之分保滅鼠消毒方法暫行放棄先擇定病户為中心點施行求心性之滅鼠消毒工作其範圍由省會衛生事務所勘定之

乙、病户由省會衛生事務所派員施行徹底消毒

丙、發動滅蚤清潔運動

丁、嚴格執行防鼠工作如斷絕鼠糧工作等

戊、公告人民有死鼠即刻送省會衛生事務所檢驗

013

二、隔離治療及留驗

甲、隔離病院由第二省立醫院準備

乙、病人家屬（接觸人）由省會衛生事務所調查登記通知縣警察局切實予以管理在留驗規定時間内不准户口移動

丙、留驗工作如場所之擇定以及經費之籌措與工作之分派等由省會衛生事務所召集有關機關會議决定之

三、預防注射工作

甲、施行普遍注射由省會衛生事務所主持省立醫院協助办理

乙、鼠疫苗由省衛生處尽量採購供應

四、其他工作之實施

暫由省會衛生事務所主持辦理有必要時由省會
衛生事務所召集有關機關會議決定成立防疫專
責機構恢復省會臨時防疫大隊呈報上級機關核
准施行

主席 劉崇燕

記錄 王毓榛

015

浙江省卫生处关于报告该省近期三种传染病流行趋势致省政府的签呈（一九四五年八月三日）

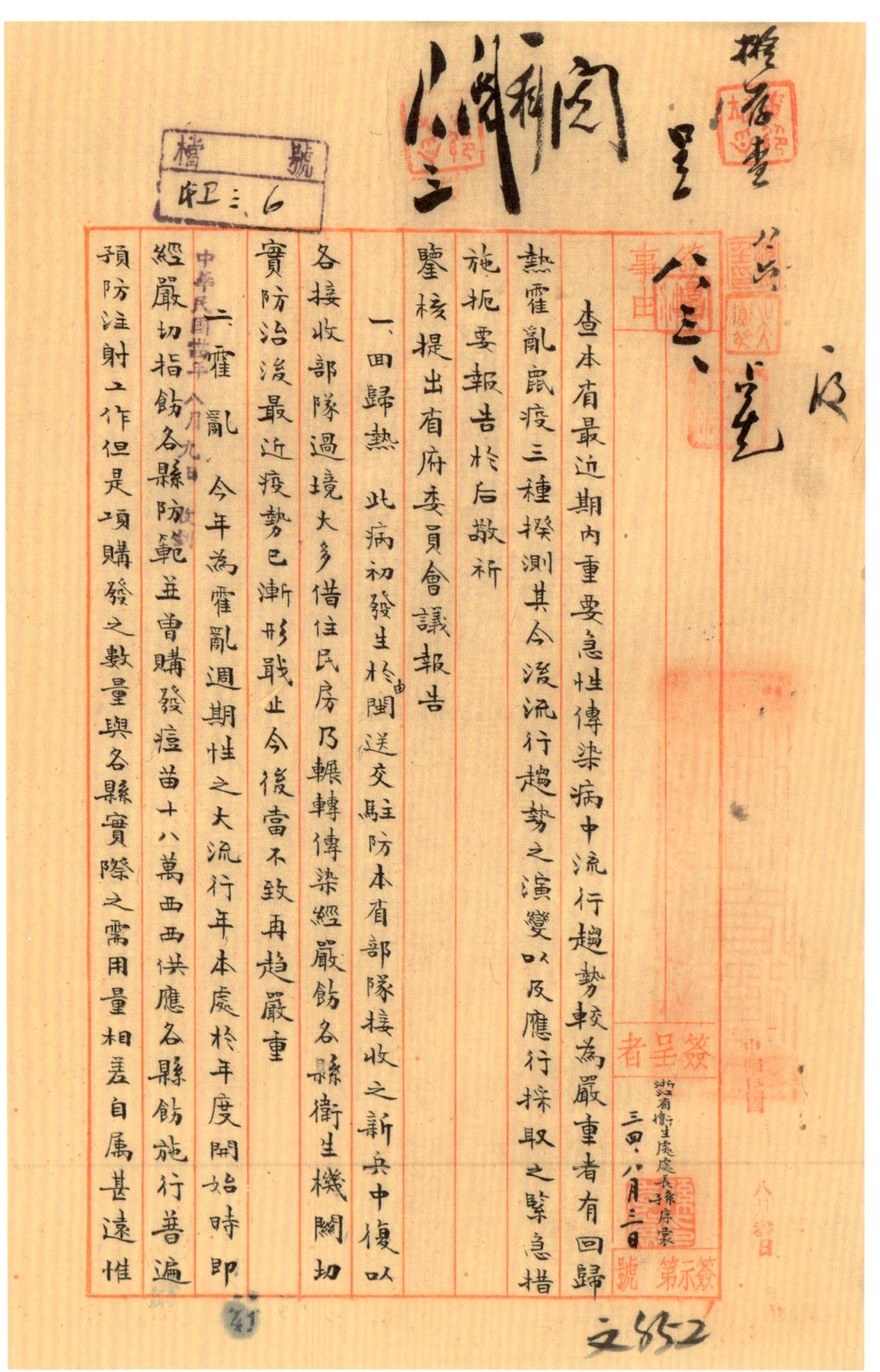

檔號 浙江三、6

呈

事由

查本省最近期内重要急性傳染病中流行趨勢較為嚴重者有回歸熱霍亂鼠疫三種揆測其今後流行趨勢之演變以及應行採取之緊急措施扼要報告於后敬祈

鑒核提出省府委員會議報告

一、回歸熱 此病初發生於由閩送交駐防本省部隊接收之新兵中復以各接收部隊過境大多借住民房乃輾轉傳染經嚴飭各縣衛生機關切實防治後最近疫勢已漸形戢止今後當不致再趨嚴重

二、霍亂 今年為霍亂週期性之大流行年本處於年度開始時即經嚴切指飭各縣防範並曾購發痘苗十八萬西西供應各縣飭施行普遍預防注射工作但是項購發之數量與各縣實際之需用量相差自屬甚遠惟

簽呈者 浙江省衛生處處長 孫序豪

三四、八月三日

簽示第 號

中華民國卅四年八月九日收到

文852

限於經費能如此可謂已盡最大之努力故告誡各縣是項撥發之數量僅可作為補助之需各縣實際所需要之數量仍應自行設法購貯一月來據報重慶昆明等處是項疫病均有劇烈流行而本省樂清永嘉二縣亦已發現病例鑒於戰時交通運輸及氣候關係推測是項疫病今後之流行程度必有趨於嚴重之勢本處暨各級衛生機關職責所在自應竭盡心力嚴密防範惟各部隊對於病兵之管理每多疏忽之處本處過去雖曾屢次貢陳意見然收效甚微此次擬請以省府名義轉知各部隊注意辦理

三、鼠疫　最近流行地區有雲和麗水慶元等縣雲和滅鼠工作仍在賡續進行但以天然環境之限制成效自受相當影響日來

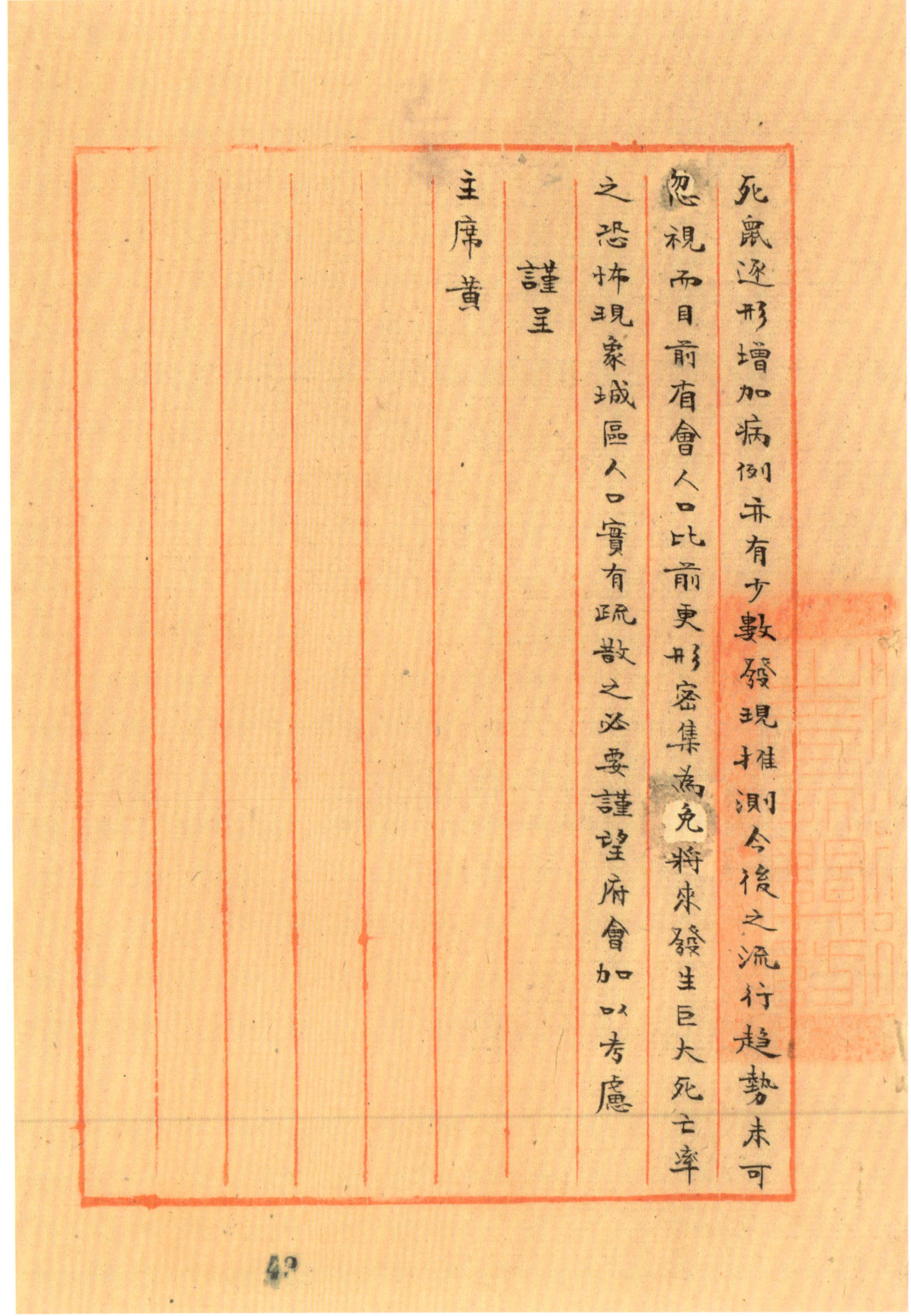

死鼠逐形增加病例亦有少数發現推測今後之流行趋势未可忽視而目前脊會人口比前更形密集為免將來發生巨大死亡率之恐怖現象城區人口實有疏散之必要謹望府會加以考慮

謹呈

主席黄

浙江省卫生处、省政府、省交通管理处等关于禁止除公路车外其他车辆在云和车站停留过夜以免传播鼠疫的一组文件（一九四五年八月六日至二十四日）

浙江省卫生处致省政府的签呈（一九四五年八月六日）

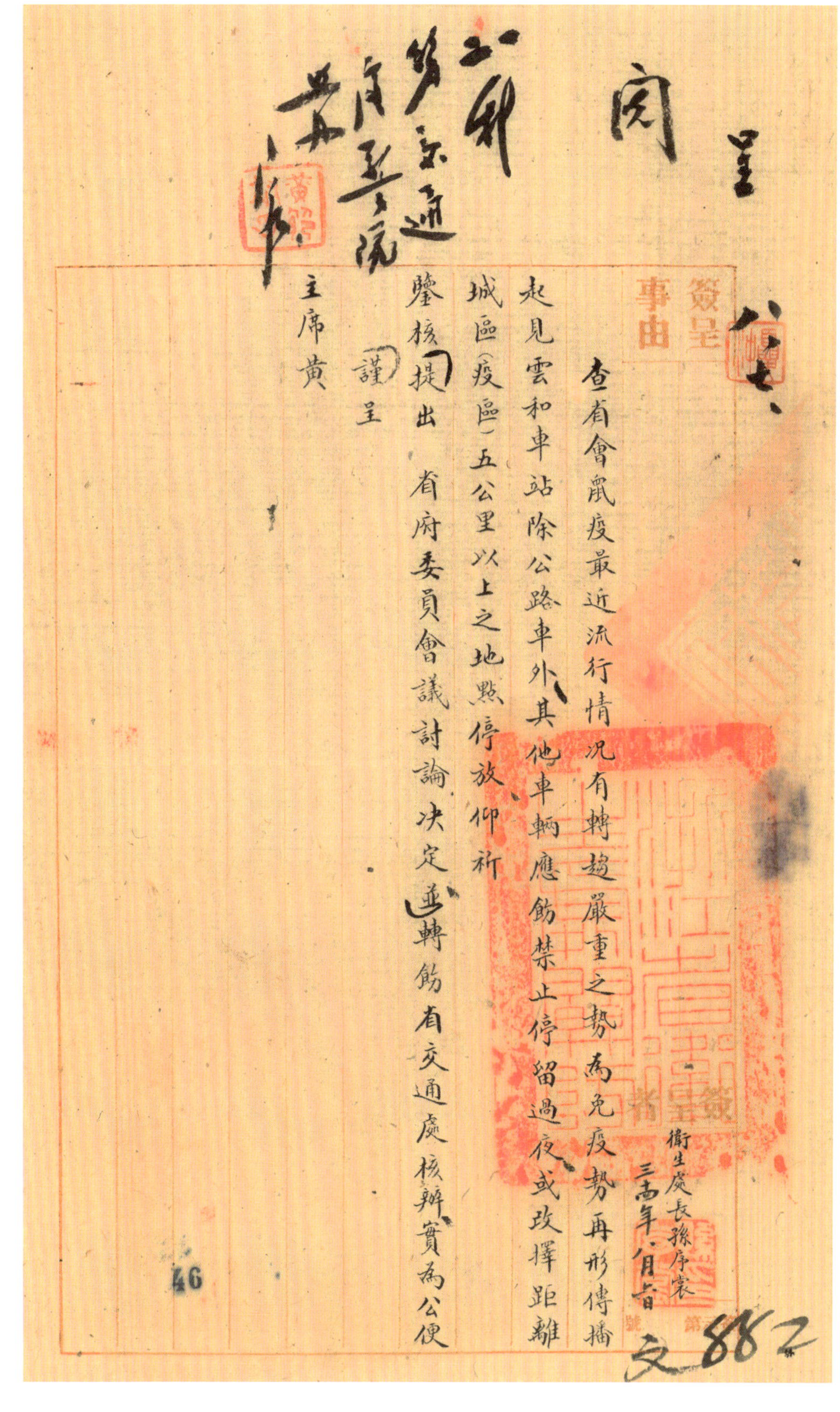

簽呈

事由

查省會鼠疫最近流行情况有轉趨嚴重之勢為免疫勢再形傳播起見雲和車站除公路車外其他車輛應飭禁止停留過夜或改擇距離城區（疫區）五公里以上之地點停放仰祈鑒核提出省府委員會議討論決定並轉飭省交通處核辦實為公便

謹呈

主席黄

衛生處處長孫序裳

三十四年八月六日

浙江省政府致卫生处的指令及致交通处的代电（一九四五年八月二十日）

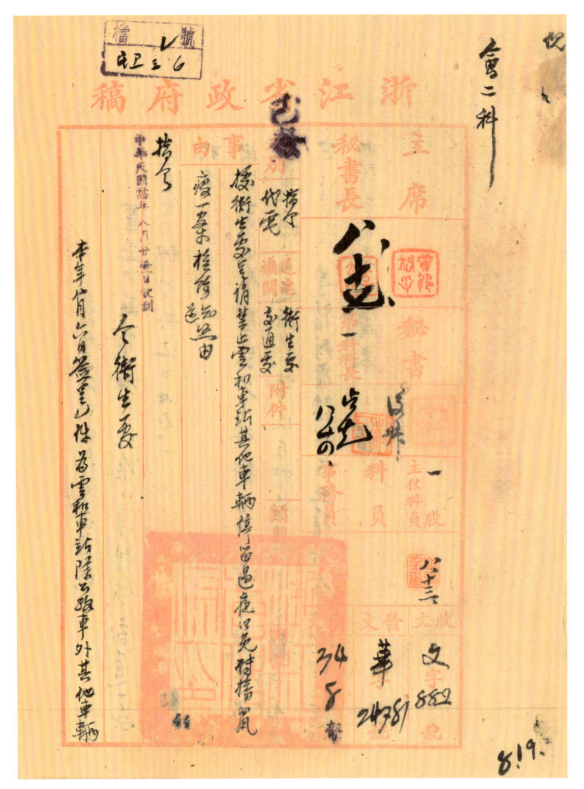

浙江省政府稿

檔號 衛三 6

會二科

主席 秘書長 秘書 第一科科長 主任科員 科員 事務員 一股

別：指令 代電

送達機關：衛生處 交通處

事由：據衛生處呈請禁止雲和車站其他車輛停留邑庭以免傳播鼠疫一案指令遵照並由

附件

指令

令衛生處

本年八月六日簽呈乙件為雲和車站除公路車外其他車輛

收文 文字 882 號

發文 華 24381 號

34 8

819.

請飭禁止停留道旁以防播鼠疫由

呈。所請應予照准，除飭該道遵照外，仰即知照。此令。

代電

洪江公安道管理處：業據衛生處簽呈稱：查本會鼠疫最近流行情況有轉趨嚴重之勢，請飭禁止停留道旁。等情到府。除指令照准外，合行電仰遵照辦理具報。省政府未　華

45

浙江省交通管理处致省政府的代电（一九四五年八月二十四日）

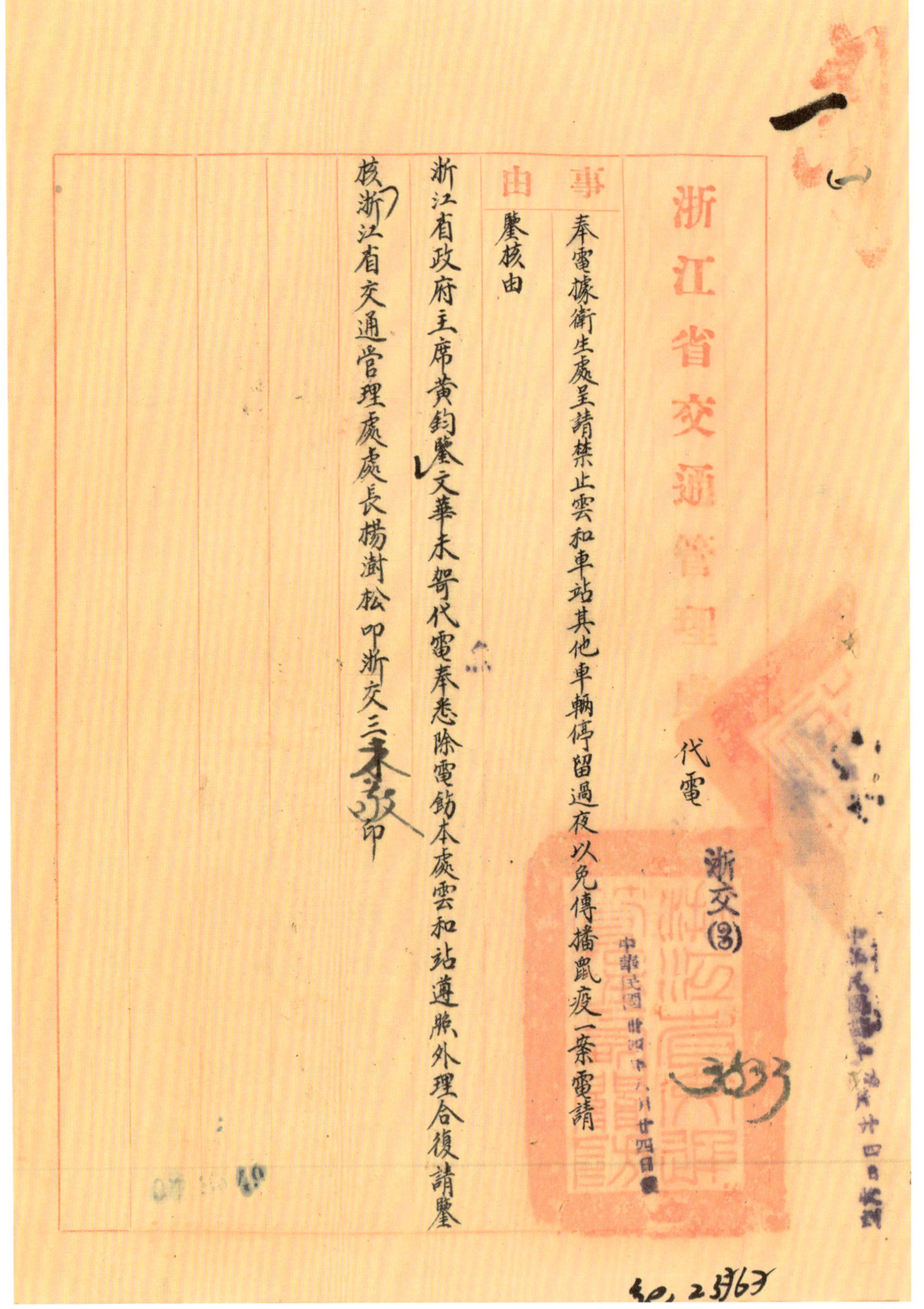
浙江省交通管理處代電

浙交（3）

中華民國卅四年八月廿四日

事由：奉電據衛生處呈請禁止雲和車站其他車輛停留過夜以免傳播鼠疫一案電請鑒核由

浙江省政府主席黄鈞鑒文華未哿代電奉悉除電飭本處雲和站遵照外理合復請鑒核浙江省交通管理處處長楊澍松叩浙交三未敬印

浙江省卫生处关于出席全省行政会议人员来省前应先经鼠疫预防注射致省政府秘书处的代电（一九四五年八月十八日）

浙江衛生處快郵代電

省政府秘書處公鑒：查近來雲和鼠疫流行情况嚴重，全省行政會議舉行期内，惟恐疫勢仍不能全行戢止，請轉知各處出席會議人員於來省前應先經過鼠疫預防注射，以策安全。相應電達，查照辦理是荷。衛生處未巧寅印

中華民國卅四年八月　日

浙江省卫生处、省政府等关于呈请一九四五年度云和防疫（鼠疫）实施计划书及经费概算并请求拨款的一组文件（一九四五年八月三十日至九月三十日）

浙江省卫生处致省政府的代电（一九四五年八月三十日）

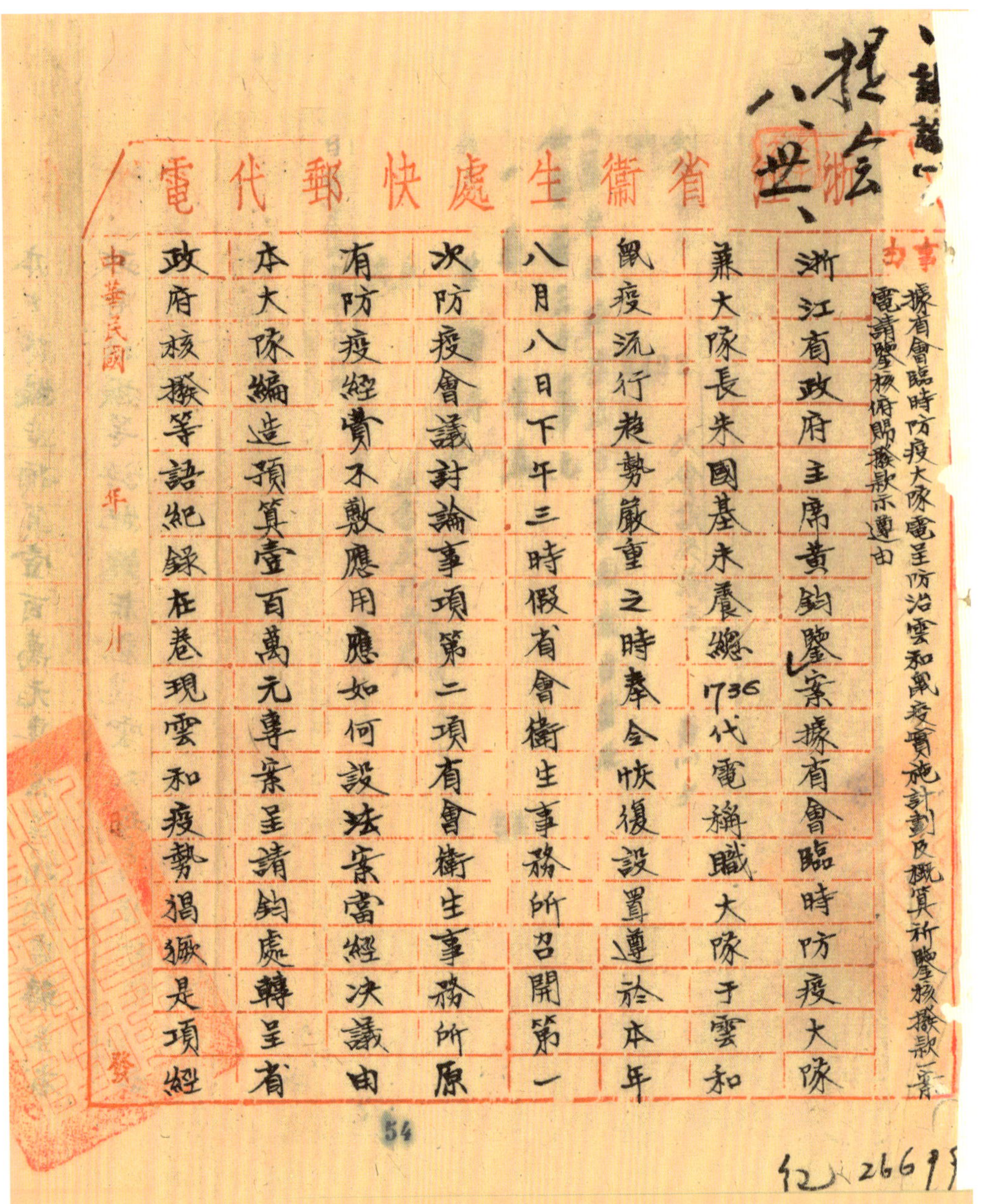
提會
八、卅、

浙江省衛生處快郵代電

事由：據省會臨時防疫大隊電呈防治雲和鼠疫實施計劃及概算祈鑒核撥款一案電請鑒核俯賜撥款示遵由

浙江省政府主席黄鈞鑒：案據省會臨時防疫大隊兼大隊長朱國基未養總1736代電稱：職大隊于雲和鼠疫流行趨勢嚴重之時奉令恢復設置，遵於本年八月八日下午三時假省會衛生事務所召開第一次防疫會議，討論事項第二項"省會衛生事務所原有防疫經費不敷應用應如何設法案"，當經決議"由本大隊編造預算壹百萬元專案呈請鈞處轉呈省政府核撥"等語，紀錄在卷。現雲和疫勢猖獗，是項經

中華民國　年　月　日發

54

浙江省衛生處快郵代電

事由

費待用孔殷理合造具是項經費概算書暨實施計劃書各一份電請鑒核迅賜照撥俾資運用以免中斷為禱等情並附實施計劃暨概算各一份據查目前雲和疫勢確屬嚴重為省會安全計亟應予以迅速撲滅經核該大隊所送計劃概算均屬尚符除指令外理合檢同原件備文呈送仰祈鑒核俯賜撥款示遵衛生處長孫序裳叩未陷強印計附呈防疫大隊實施計劃及概算各一份

中華民國卅四年八月　日發

55

附一：浙江省省会临时防疫大队一九四五年度云和防疫（鼠疫）实施计划书

浙江省省會臨時防疫大隊卅四年度雲和防疫(鼠疫)實施計劃書

夫鼠疫之防治，其對象為鼠為蚤為人，其理至為明顯，惟雲和地處偏僻，文化落後，故一切防疫工作之推行力量，必需十分加强，始能獲相當效果，是以本年度計劃以加强滅鼠滅蚤及預防注射為重心，並加强宣傳以促進民衆警覺及認識，今分四項如下：

一、滅鼠消毒：

城廂住户約計二五〇〇户，建築簡陋，人口擁擠，鼠蚤繁殖堪慮，現計劃(一)採用較堅固材料嚴密封閉鼠穴，使鼠類無法棲身，(二)獎勵捕鼠運動，舉辦捕鼠獎金，規定捕鼠一頭給獎金拾元，獎劵一紙，每收足一千頭開獎一次，頭獎一個五千元，式獎二個各式仟元，叁

56

獎三個各一千元、四獎六個各五百元、五獎十個各二百元，合計獎金弍萬七千元

二、滅蚤：澈底消滅跳蚤，發動每户舉行大掃除一次，普遍洒用滅蚤劑，以滅低跳蚤繁殖。

二、預防注射：

預防注射最高有效期為三個月，故疫區居民應於每三個月注射一次，本隊計劃購備大量疫苗，按期實施普遍注射，藉以防範疫勢蔓延。

三、防疫宣傳：

預防重於治療，為防疫第一目標，過去因雲和民衆對於防

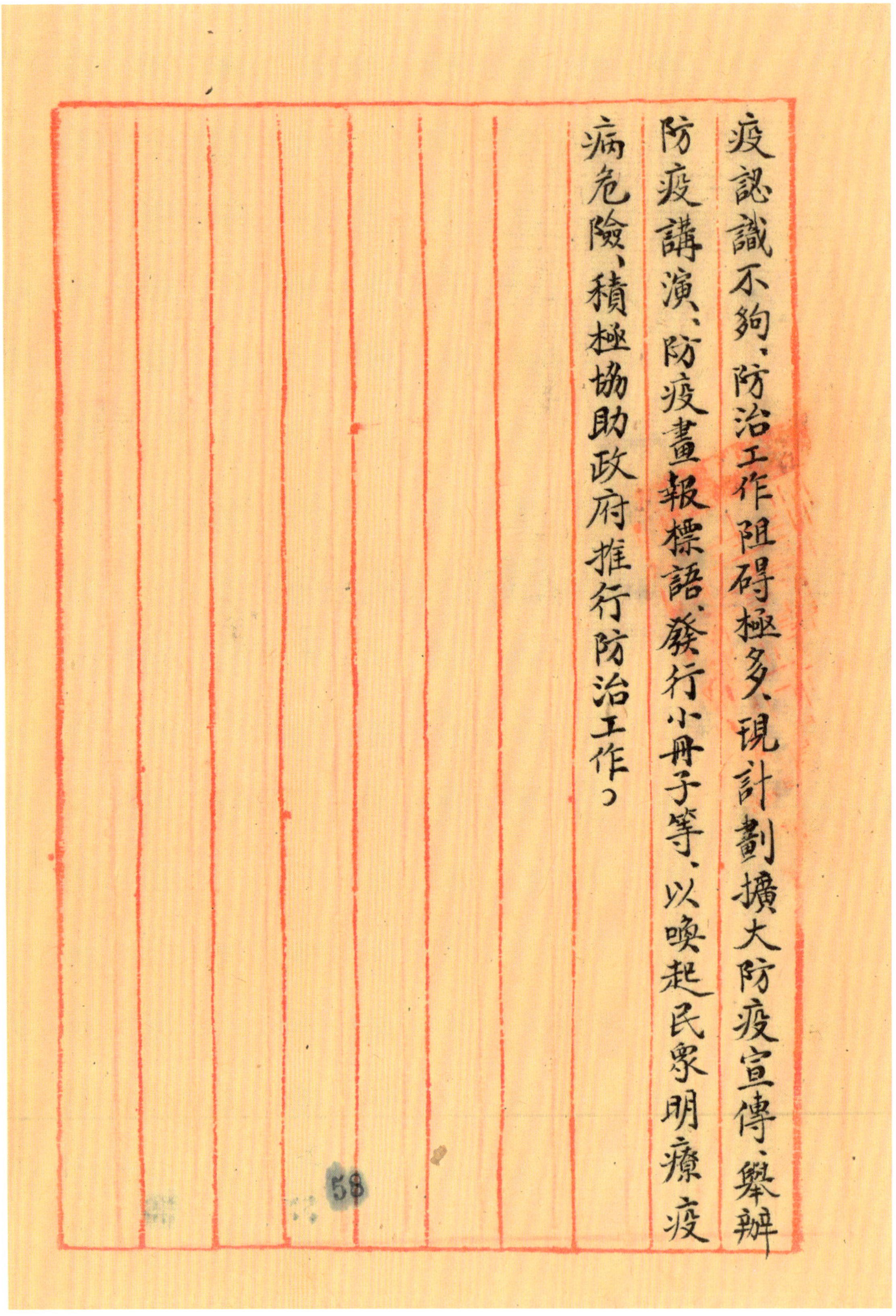
疫認識不夠、防治工作阻碍極多、現計劃擴大防疫宣傳、舉辦防疫講演、防疫畫報標語、發行小冊子等、以喚起民衆明瞭疫病危險、積極協助政府推行防治工作。

58

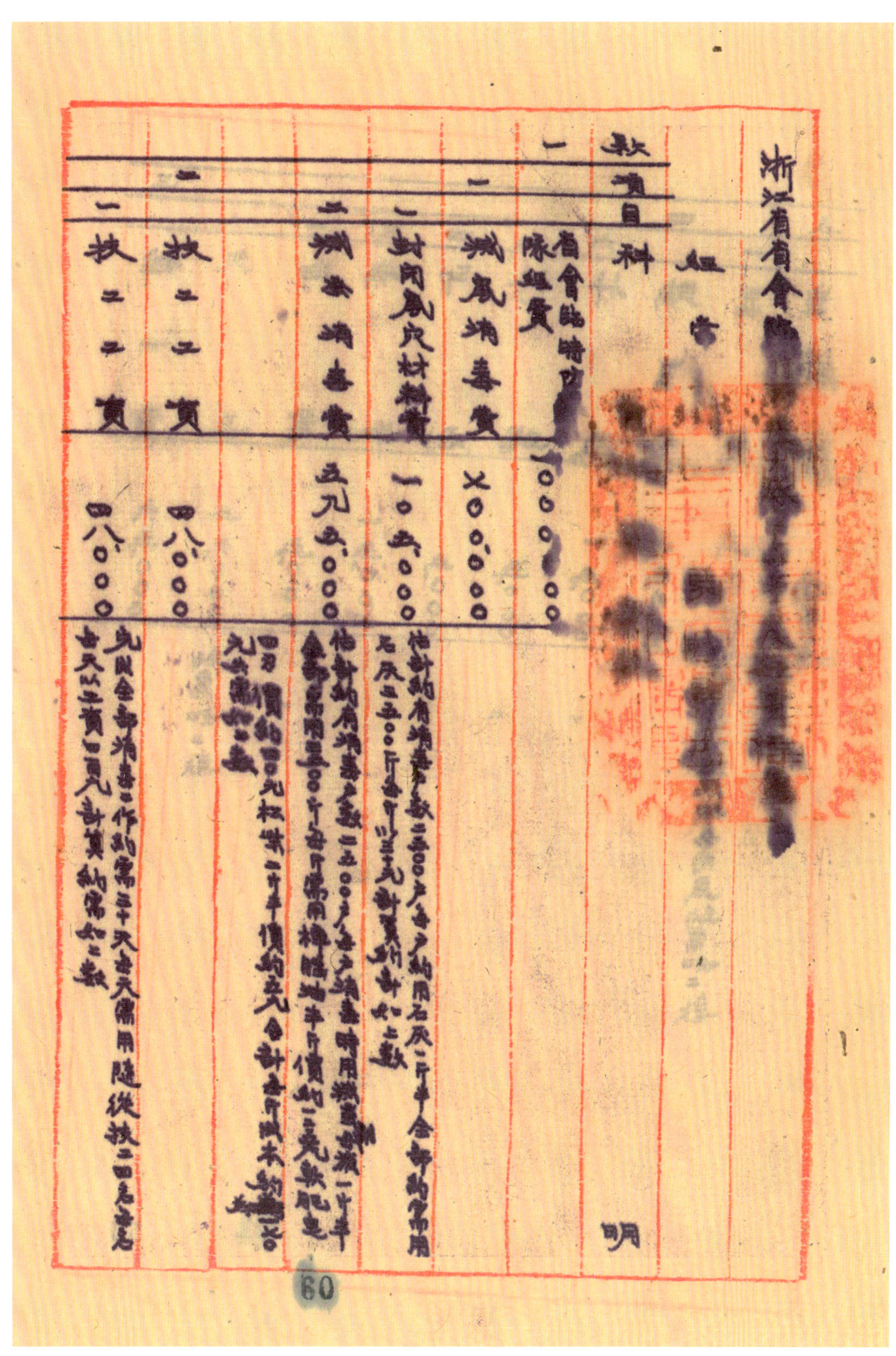

浙江省省會臨時防疫[illegible]

經常[illegible]

款	項	目	科目	[illegible]	說明
一			省會臨時防疫隊經費	一〇〇,〇〇〇	
	一		撲滅鼠疫費	七〇,〇〇〇	
		一	封閉房屋材料費	一〇,五〇〇	估計約有鼠疫患[illegible]二五〇〇户每户約用石灰二斤半全部約需用石灰[illegible]二五〇〇斤每斤[illegible]元計算約計如上數
		二	滅蚤消毒費	五九,五〇〇	估計約有鼠疫患者之數二五〇〇户每户滅蚤時用[illegible]一斤半全部需用[illegible]〇〇斤每斤需用[illegible]一斤半價約[illegible]元[illegible]四月間價約四元[illegible]二斤半價約五元合計每斤[illegible]約需[illegible]元如需如上數
	二		救護費	四八,〇〇〇	
		一	救護二二費	四八,〇〇〇	凡鼠疫全部患者[illegible]作約需二十天每天需用隨從救護二四名每名每天以二百[illegible]元計算約需如上數

明

60

三	辦公費	六五,〇〇〇	
一	文具	二〇,〇〇〇	約需如上數
二	郵電	五,〇〇〇	〃
三	消耗	一五,〇〇〇	〃
四	印刷	五,〇〇〇	〃
五	修繕	五,〇〇〇	〃
六	什支	一五,〇〇〇	〃
四	購置費	三〇,〇〇〇	
一	器具	[illegible]	[illegible]辦公用具約需如上數
五	宣傳費	[illegible]	

61

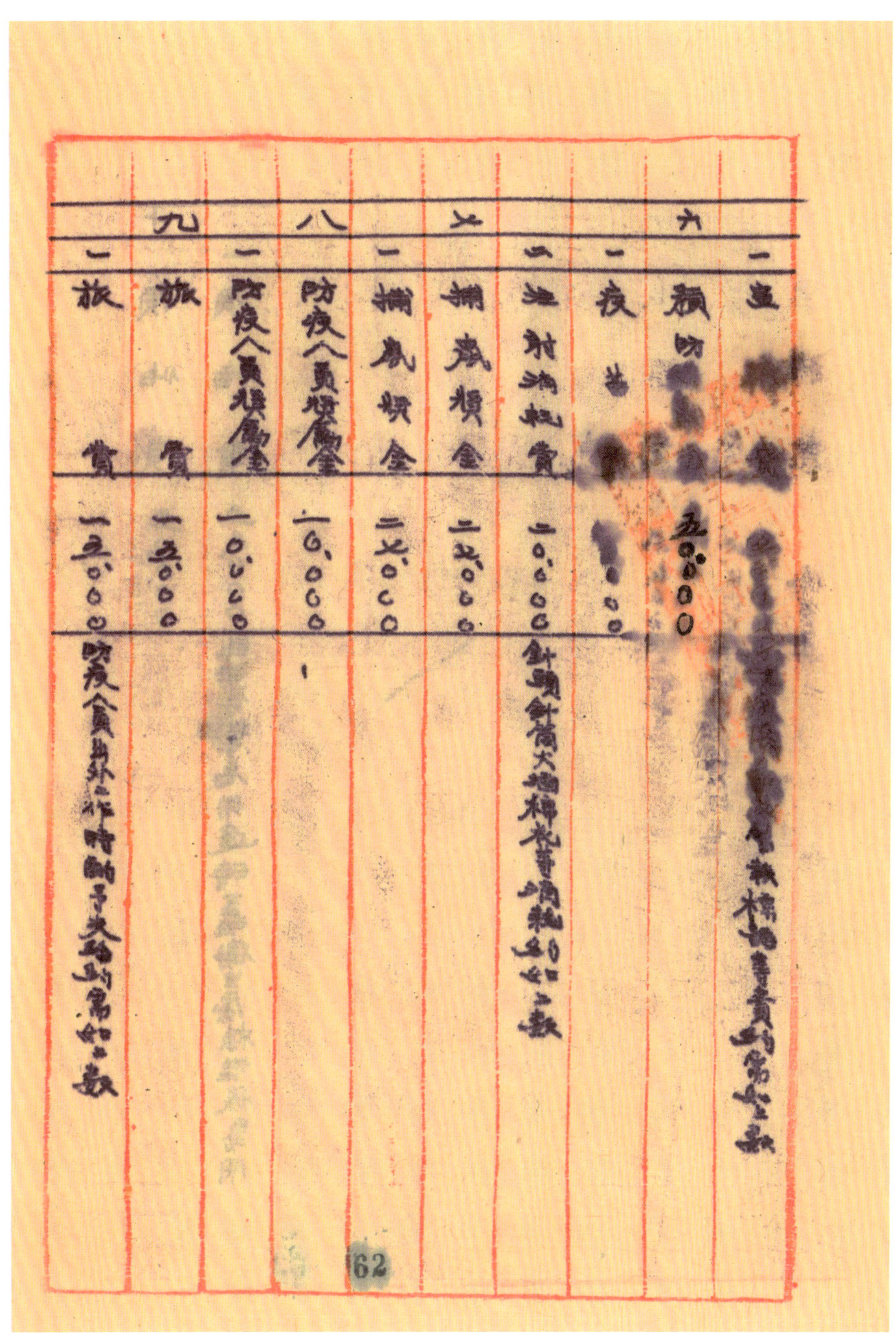

款	項	科目	金額	說明
	一	[illegible]	[illegible]	[illegible]標誌等費約需如上數
六		預防[illegible]	五〇〇〇	
	一	疫苗[illegible]	[illegible]	
	二	注射材料費	二〇,〇〇〇	針頭針筒大棉棒花等消耗約需如上數
七		捕蠅獎金	二五,〇〇〇	
	一	捕鼠獎金	二五,〇〇〇	
八		防疫人員獎勵金	一〇,〇〇〇	
	一	防疫人員獎勵金	一〇,〇〇〇	
九		旅費	一五,〇〇〇	
	一	旅費	一五,〇〇〇	防疫人員出外工作時雇車夫馬約需如上數

62

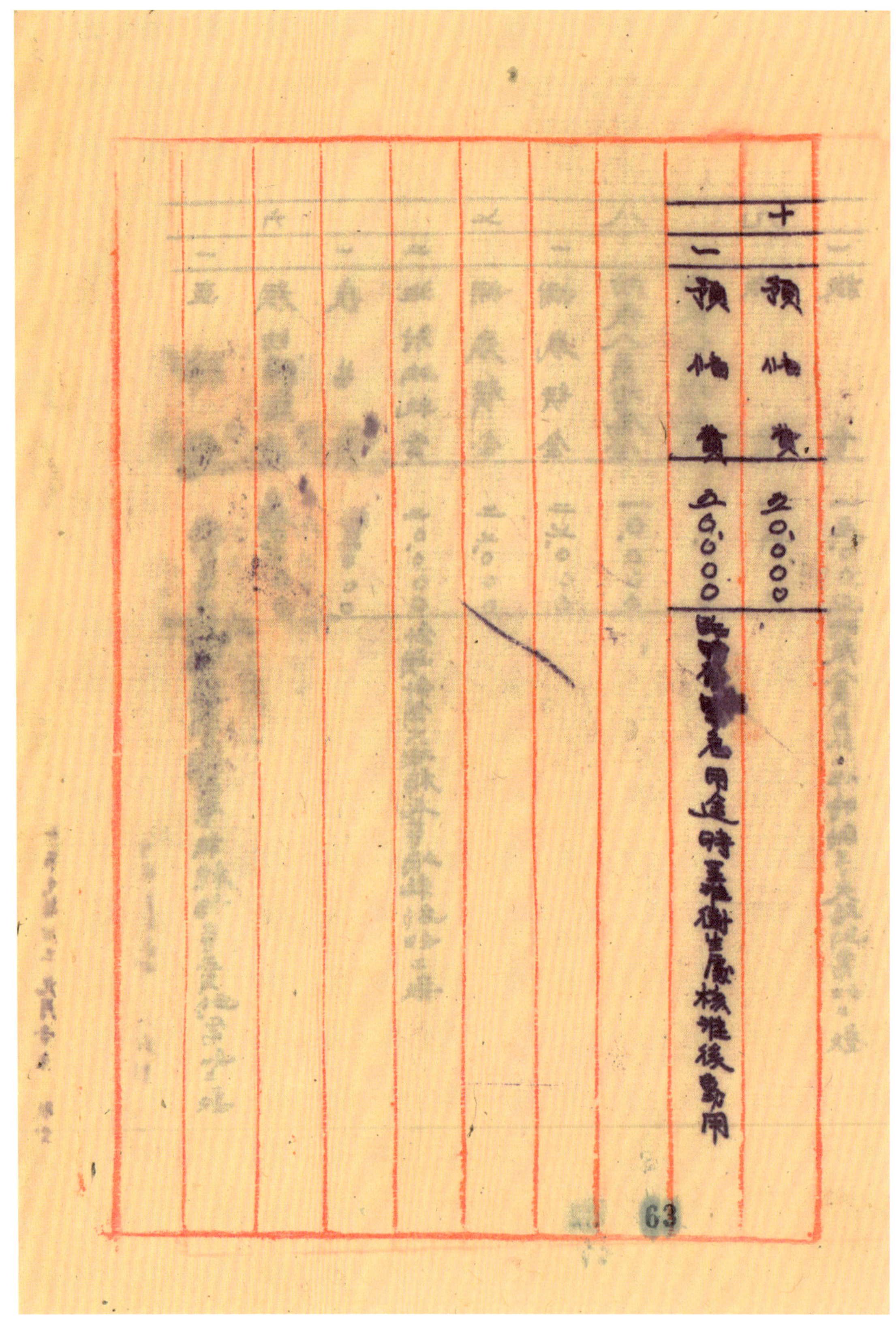

十	預備費	20,000	
一	預備費	20,000	此項備[illegible]急用途時呈衛生處核准後動用

63

浙江省政府致省卫生处、财政厅的代电（一九四五年九月十三日）

檔號 卫三6

浙江省政府稿

主席
秘書長
秘書
第一科科長
一股 主任科員 科員 事務員

文别 代電
送達機關 衛生處 財政廳
附件
類别

事由 據擬一案准撥經費由

中華民國卅四年九月拾四日收到

按衛生處電送有關臨時防疫大隊防治霍亂鼠疫實施計劃及概算兩種

代電
衛生處孫處長 董 未儲強及申東强兩代電暨附件均悉。案經提出本府委員會第一四三二次會議決議「呈請

收文 九八
發文 華字 26699號
發文 34.9.13

第二代電財和會計處

9.13

51

中央撥發五百萬元先由財政廳墊撥三十萬元」

等因紀錄在卷除分財政廳遵照外仰即遵照撥發

府稿呈請撥款省政府申 華

代電

財政廳黃廳長鑒案據衛生處代電錄「案據省會臨

時防疫大隊第大隊長朱國基未養總1736代電錄[illegible]

仰祈鑒核俯賜撥款示遵」等情到府據經提出本府

委員會第一四二二次會議決議「呈請中央撥發五百萬元先

由財政廳墊撥三十萬元」等因紀錄在卷除電復外合行

電仰遵照辦理省政府申 華

云和县参议会关于请求医疗机关留云防治鼠疫致省政府的请愿书（一九四五年九月）

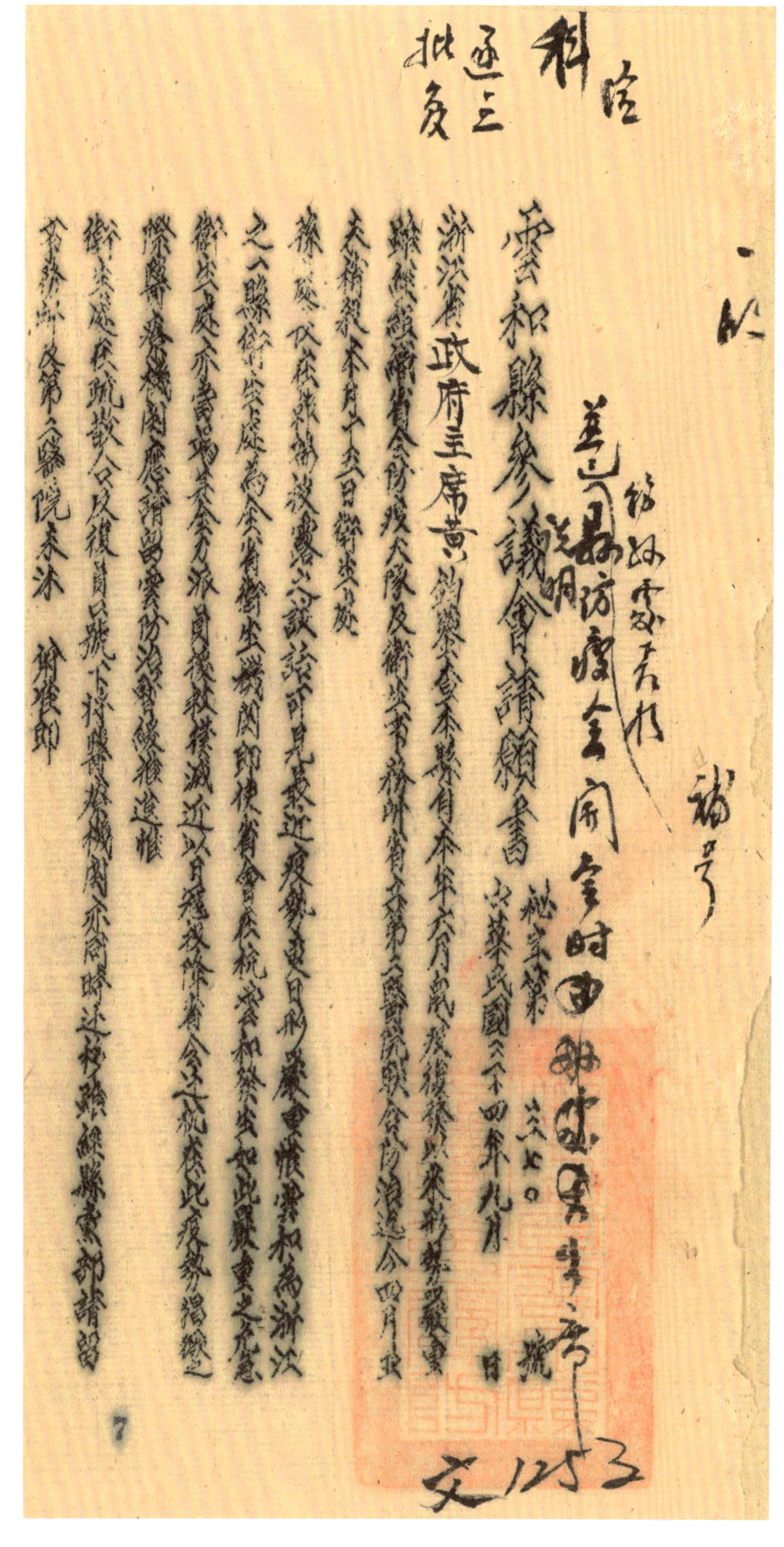

雲和縣參議會請願書

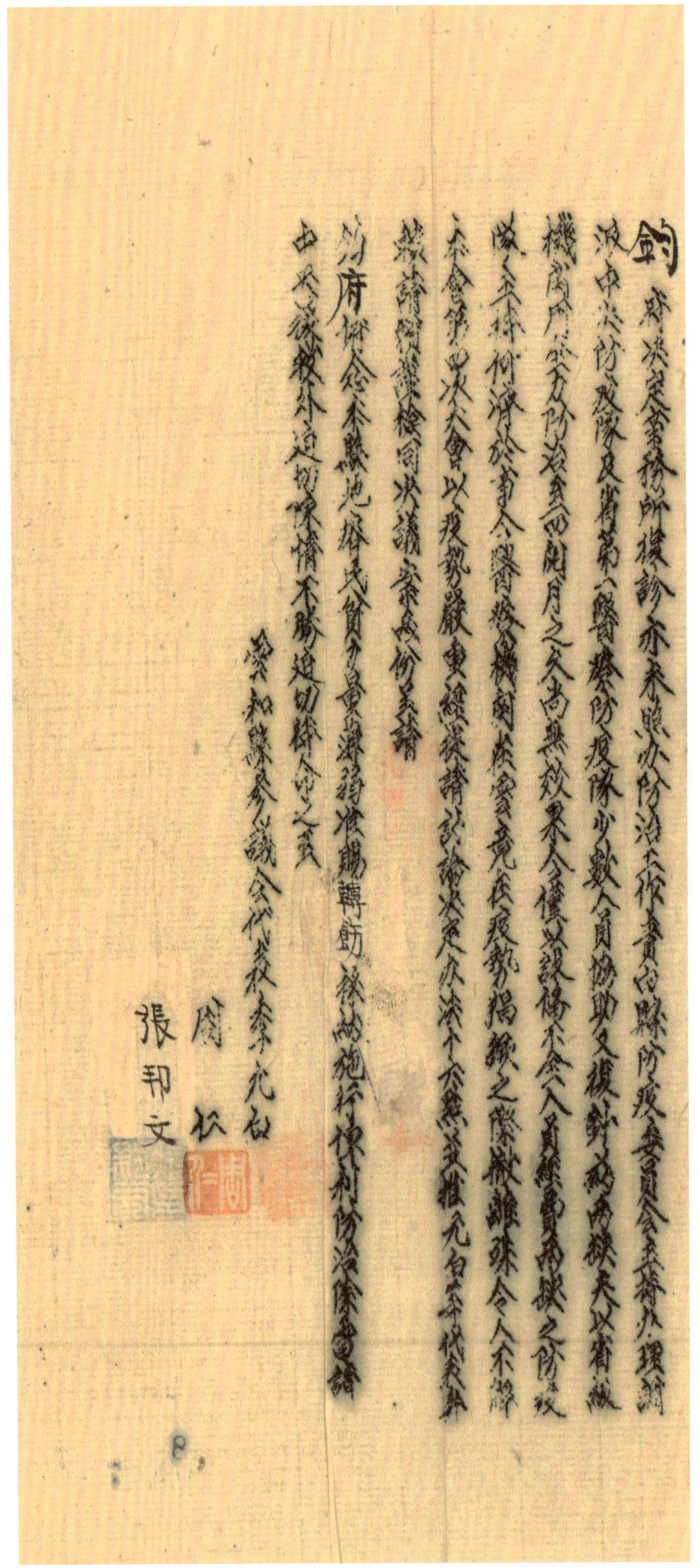

鈞府決定衛生事務所復診,亦未照以防治工作,責令縣防疫委員會主持辦理,調派中央防疫隊及省第八醫療防疫隊少數人員協助,又復對於內撥經費以省撥機關所發之防疫費,四閱月之久,尚無效果,今僅以該協會之人員經費而撥之防疫隊之主持,衛生於本會醫務機關,未完竟在疫勢猖獗之際,殊難令人不解。本會第四次大會以疫勢嚴重,經詳討論決定,亦深不以為然,並推允白等代表赴縣請願,經檢討決議,案呈仰祈

鈞府俯念本縣地瘠民貧,分量撥發防疫經費,轉飭該站施行,俾利防治,除分呈

中央外,謹敘理由,迫切陳情,不勝迫切待命之至。

[illegible]和縣參議會代表杜秉允白

周松

張邦文

第五案

案由：本縣鼠疫疫勢嚴重應如何設法防治案

理由：本縣鼠疫復發以來疫勢嚴重近閱九月十五日正報及東南日報載省衛生處處長孫序棠對記者之談話：據悉本縣自本年六月一日於省立第二醫院發現鼠疫第一病例後截至九月十三日上午止總計醫院中收容達六十二病例之多（未經醫院診療而死亡者為數必數倍于此）治療成績尚佳死亡率為百分之二十八近數日來發現敗血性鼠疫致死亡率迅速增至百分之三十五更有甚者其中有一病例為肺鼠疫如釀成此種肺鼠疫之流行恐普死亡極速往往于一地方數逾萬死亡逾十之六云云渠更以東三省哈爾濱鼠疫大流行為例其恐怖情形於此可見一班因此省府以鼠疫嚴重各機關有提前遷杭之舉旋省府決定提前遷杭後衛生處所屬在雲各醫療機關亦均隨之向杭推進溯念十一年省會遷雲後人口過度擁擠環境衛生不易辦理發生鼠疫以來迄未根絕今衛生機關紛紛向前推進以極少數之醫療人員留雲勢必無濟於事前途危險實不堪設想應急速設法防治以最撲滅法于妥當否敬請公決案

辦法：（四）何為請決事項

1、電請省政府、省黨部、省參議會、省衛生處（民政廳、社會處）轉飭省立第二醫院仍留鄞縣，俟鼠疫撲滅後再行向指定地點遷移

2、請省政府再撥防疫經費一百萬元

3、請省衛生處轉飭省立第五醫院移設鄞縣

4、電請醫療防疫總隊將過境捐款撥充消毒

5、請省撥發大量藥械以便醫治鼠疫等

6、請省衛生處將省立第二醫院器械全部設備撥歸本縣，於該院遷移時，以便辦理縣立醫院

7、請推派代表三人，向省請願，務祈上項辦法能得實現

（乙）本縣自行辦理事項

1、請縣政府從速籌辦縣立醫院

2、勸告疫區住戶自行趕備防治鼠疫定量針藥

3、請飭疫區民眾定期消毒滅鼠滅蚤

提案者 李心白 連署者 周楨 姜池

審查意見：提交大會討論

審查者：徐目超 葉池 李心達 李希杰

決議：修正通過

第六案

案由：[illegible]

理由：[illegible]

討論概要：[illegible]

[illegible]大會討論本[illegible]

[illegible]

修正如下：[illegible]

[illegible]

程景春关于丽水县一九四三年至一九四四年发生鼠疫经过扼要报告（一九四五年）

1

麗水縣一九四三年至一九四四年發生鼠疫經過扼要報告

2

麗水縣在一九四三年一九四四年發生鼠疫經過扼要報告

在一九四三年三月間本縣碧湖鎮首先繼雲和縣發生鼠疫，波及附近的保定村、九龍鄉、水閣村等地，流行數月之久。一九四四年七月間麗水城區亦告發現，經緊急防治後，疫勢頓挫。不幸八月間日寇流竄，縣城陷落，一切設施均被摧殘。敵退後，以原有防治人員裁撤，藥房疏散，購藥不易，疫勢一沖萬丈，死亡相繼，至十一月始告平息。

流行來源：由慶元至龍泉、雲和沿甌江而下以至碧湖、麗水等地

主要症狀：惡寒、發高熱、脈搏速、眼結合膜充血、神智不清、昏睡（清醒者亦有之）鼠蹊淋巴腺紅腫痛為最多、腋窩部次之、頸部又次之。

診斷方法：淋巴腺及脾臟穿刺液鏡檢、臨床症狀。

流行地區：碧湖、九龍、保定、水閣、丽水城区、（流行地区略图已送所）

患病人数估計：八百〇三人

病死率估計：80%　鄉村中均由中、土医医治
經隔離病院治療估15%

防治工作經過情形

（曾彙集編訂工作報告在卷，解放後散失。）

（一）設立隔離病院，可收容病人廿人。

（二）封鎖疫區（發現第一例鼠疫病人於太平坊及營房弄疫区）

（三）強迫預防注射（效力頗著可達80%以上）

（四）挨户消毒

（五）消毒工程工作統計列后（本統計係根据本院一九〇五年所編工作概况所抄）

2

3

項目	数字	備註
施放毒鼠餅	四万四千〇四六粒	平均每戶十粒計毒斃老鼠約一万餘只
檢疫	車308輛 船900隻	
封閉鼠穴	城区八千九百八十四個 鄉村一千〇百八十六個	
散佈滅蚤剂	五百六十二磅	
硫磺薰蒸	一百二十八間	
消毒房间	城区〇千八百一十二间 鄉村三百〇八间	
拆除天花板地板	一万八千八百〇十五坪方	

（七）工作困难和缺点

1. 工作中存在官僚主義作風，宣傳教育工作不够普遍。

3

2、未能結合地方医務人員加強防治力量。

3、行政和技術不能密切連繫。

4、疫情報告不够迅速。

5、民众对科学信仰不够。

6、經費支絀。

（八）在一九四五年春季為防患未然計，曾會同医防隊举行捕鼠剖驗、挨户消毒、預防注射等工作，計捕鼠約乙千隻以上（工作一個月）（預防注射人數無法查考）自該年起迄今並未發現。

報告者 程景春

程景春印

二、规章的制定

卫生署关于拟订《防制敌机散播鼠疫菌实施方案（卫生技术部分）》致浙江省卫生处的代电
（一九四一年二月十三日）

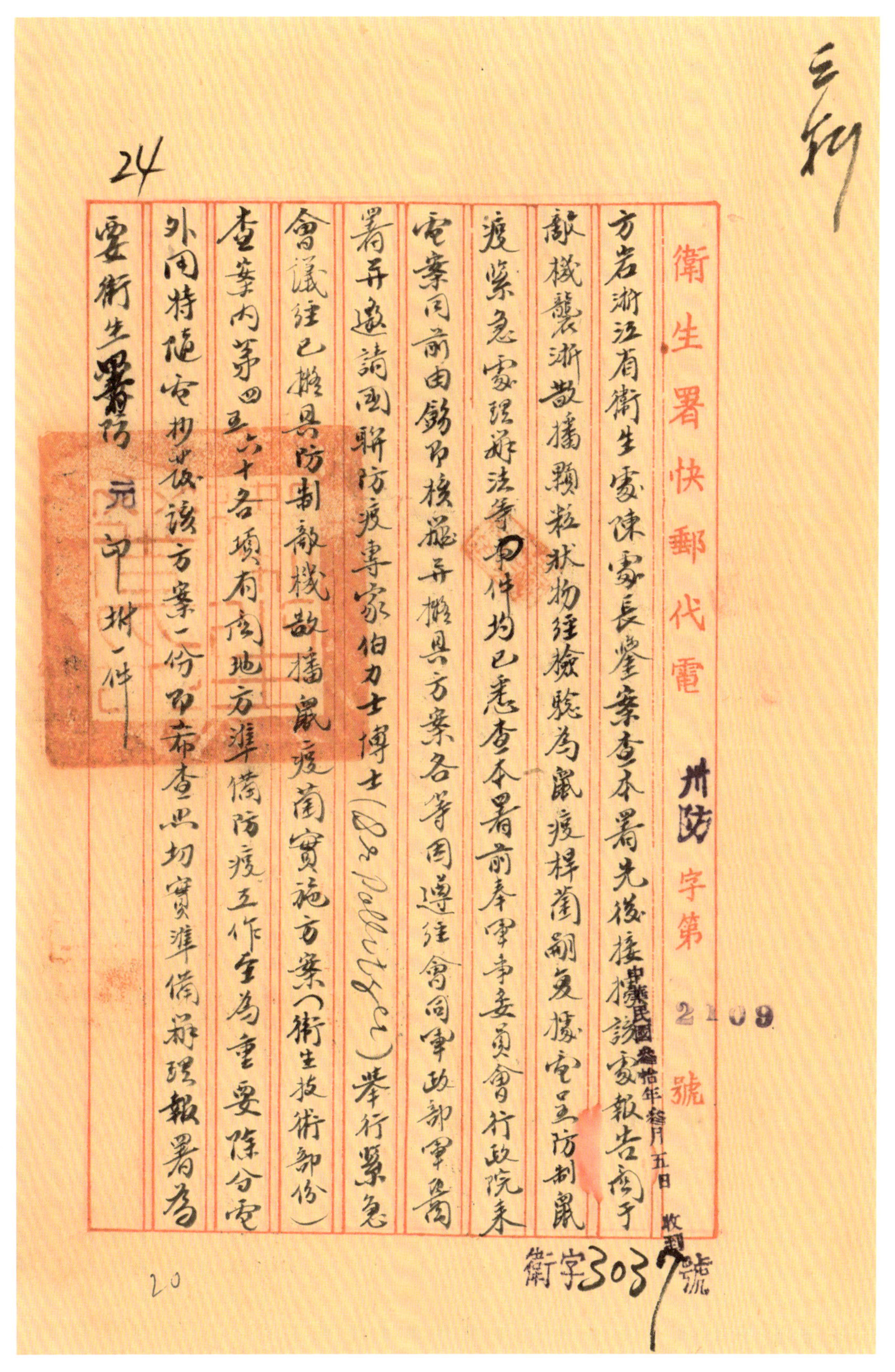

衛生署快郵代電　卅防字第2109號

中華民國卅年叁月五日發

方岩浙江省衛生處陳處長鑒案查本署先後接據該處報告敵

機襲浙散播顆粒狀物經檢驗為鼠疫桿菌嗣復據電呈防制鼠

疫緊急處理辦法等由件均已悉查本署前奉軍事委員會行政院來

電案同前由飭即核擬并擬具方案各等因遵經會同軍政部軍醫

署并邀請國聯防疫專家伯力士博士（Dr. Pollitzer）舉行緊急

會議經已擬具防制敵機散播鼠疫菌實施方案（衛生技術部份）

查案內第四五六十各項有關地方準備防疫工作至為重要除分電

外用特隨電抄發該方案一份即希查照切實準備辦理報署為

要衛生署防　元印　附一件

衛字3037號

25

附：防制敌机散播鼠疫实施方案（卫生技术部分）

防制敵機散播鼠疫菌實施方案（衛生技術部分）

一、調查　根據浙境情報暴敵似有利用違背人道的細菌兵器之可能應即由衛生署軍醫署中國紅十字會總會救護總隊部等機關派員會同國聯醫官前往調查一俟證實後即行發表對外宣傳但同時應積極準備各種防制辦法

二、製備預防用鼠疫疫苗

（一）衛生署應飭中央及西北兩防疫處立即開始製造鼠疫疫苗以供各方面之採用

（二）衛生軍醫兩署於可能範圍內備相當數量之疫苗分存各地

（三）由紅十字會總會向國外大量募集以補救國內製備力量之不足

三、製備治療用鼠疫血清　查中央西北兩防疫處現未製造是項血清其製造費時成本亦昂應着手逐漸出品由衛生軍醫兩署分發儲備紅十字會

21

三、國內應向國外募集俾早備置用具多量儲備

四、充實檢驗設備

（一）關于各地方細菌檢驗設備之充實由衛生署督促辦理

（二）關于軍政部各防疫隊細菌檢驗設備之充實由軍醫署辦理

五、準備救鼠滅蚤注射消毒等器材由衛生署軍醫署及紅十字會總會救護總隊部等機關從速購存下列各種器材

（一）祇舉辦毒餌殺鼠方法僅適用于未有鼠疫流行之地方其已經流行之地應用氰酸氣以便同時滅蚤故炭酸鋇及氰酸均應大量購備

（二）防治鼠疫工作人員應用之防蚤服裝如特種面罩手套長靴等

（三）其他器材如消毒用藥注射器等

六、人員準備　除各省地方主管衛生機關應有專員負責處理應付細菌兵器之各種技術外衛生署之醫療防疫隊軍政部之防疫隊及紅會

總會救護總隊均應有是項專門人員以便隨時派遣

七、印發刊物

(一)由衛生署衛生實驗處衛生教育系即編關于鼠疫之通俗刊物分交衛生署軍醫署印發

(二)戰時防疫聯合辦事處已請國聯醫官伯力士博士編成鼠疫防治實施辦法應即譯成中文分交衛生署軍醫署及紅會總會救護總隊印發以供防疫人員之用

八、研究工作

(一)由衛生軍醫兩署指定人員研究細菌兵器之防制方法並應通力合作以赴事功

(二)關于防制鼠疫之環境衛生部份亦應指派人員從速擬定方案

(三)由衛生署衛生實驗處化學藥物系注意調查毒殺鼠類蚤類藥品之原料並研究其製造

九、製訂章則

(一)防制暴敵散播病原菌辦法

(二)敵機所散播者經証明為鼠疫菌或蚤類時之緊急處置辦法

(三)厲行疫情報告 依照戰時防疫聯合辦事處規定之各初站於發現鼠疫病人第一例時應即電告

十、籌撥經費

(一)衛生署軍醫署各就防制敵人應用細菌兵器各種設施所需經費請撥專款

(二)各省地方應儘可能酌撥防制細菌兵器各種設施之經費

24

浙江省卫生处关于抄发《防制敌机散播鼠疫菌实施方案》及充实检验细菌设备等事致卫生署的代电及致绍兴福康医院等的笺函（一九四一年三月十八日）

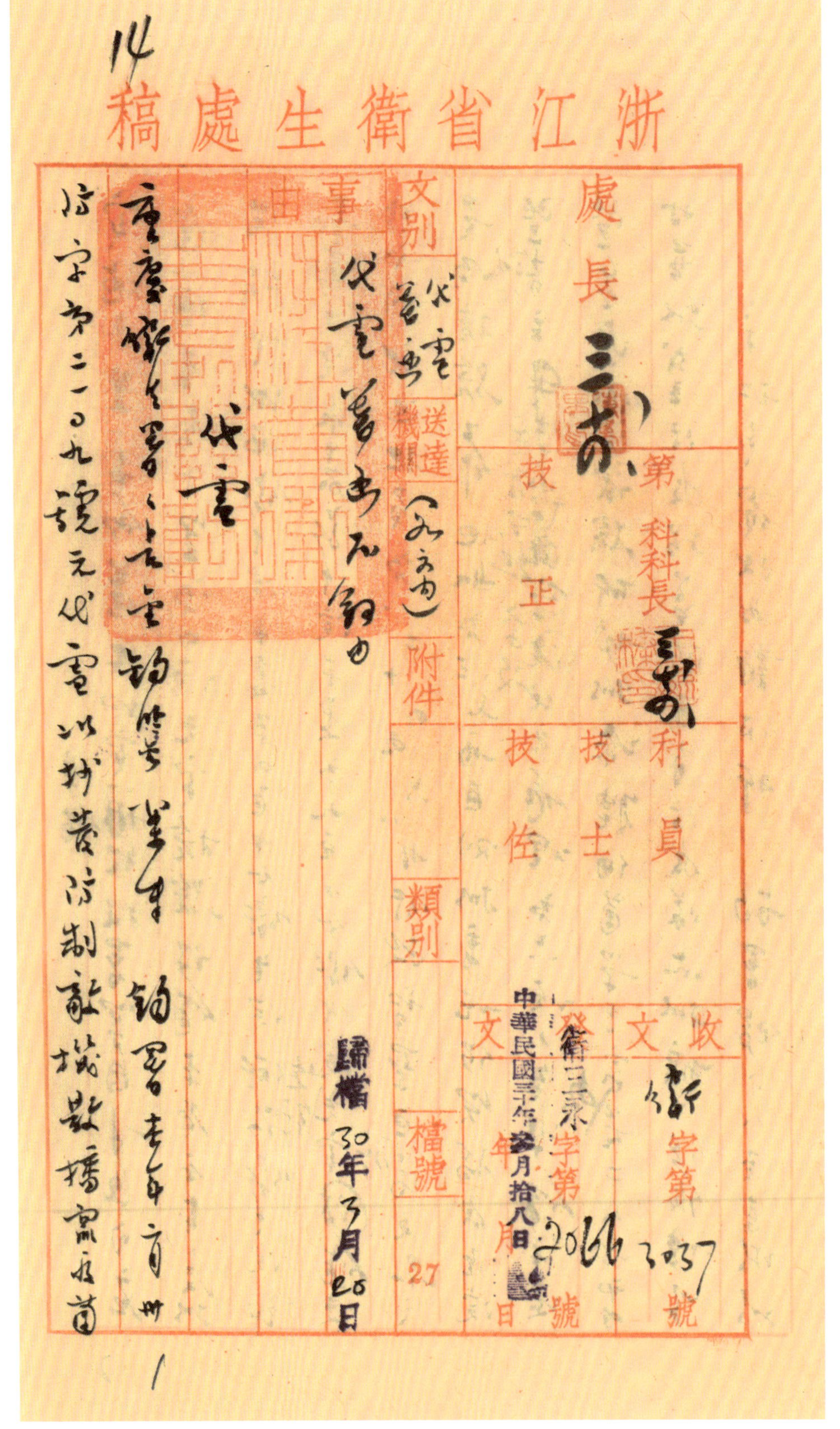

實施方案，電仰遵照切實準備籌辦，經據署學因[illegible]

遵辦。查原方案第四項充實檢驗設備，本省本年度擬

先指定浙西衛生院、本處第四區中心衛生院、衢縣衛生院、鄞

縣衛生院、永嘉縣衛生院、本處第九區中心衛生院充實設備，使

能分別就近擔負第一、二、十、四、五、六、八、九行政督察區需之

是項檢驗工作。其他如第三、七兩區則擬委託福康醫院、

浙江省立英士大學醫學院代為辦理。第六項人員準備，本處

除本處衛生試驗所擬添僱細菌學專家若干人外，需要

時並擬成立防疫培養所，原有防疫隊亦擬擴大組織，惟以

本省人才缺乏，羅致為難，仍祈

鈞署賜介八至十人以

2

14

15

[illegible]處

利進行。茲十項籌撥經費，本處本年度防疫經費，業准
僅列有五萬元，嗣又將地方防疫費移於[illegible]勤[illegible]家[illegible]
時，即須籌備未設何項防疫器材，何俟籌備不得移
充。地方因未電籌，因理合呈請籌劃時所需，電陳[illegible]核
示。窃以疫區情形，本省事屬困難，並祈　鈞署迅賜撥款
俾資備用，至為公便。謹呈　浙江省衛生處處長陳[illegible]
[illegible]署長　金寶善
衛生署本年有卅防字第二一〇九
號元代電，以衢縣鄞縣[illegible]敵機散播鼠疫菌，實施方案，電
仰迅即切實準備辦理，擬具籌因，東西南衢各縣辦理
[illegible]方置[illegible]防[illegible]各項實施[illegible]，尤為重要[illegible]

3

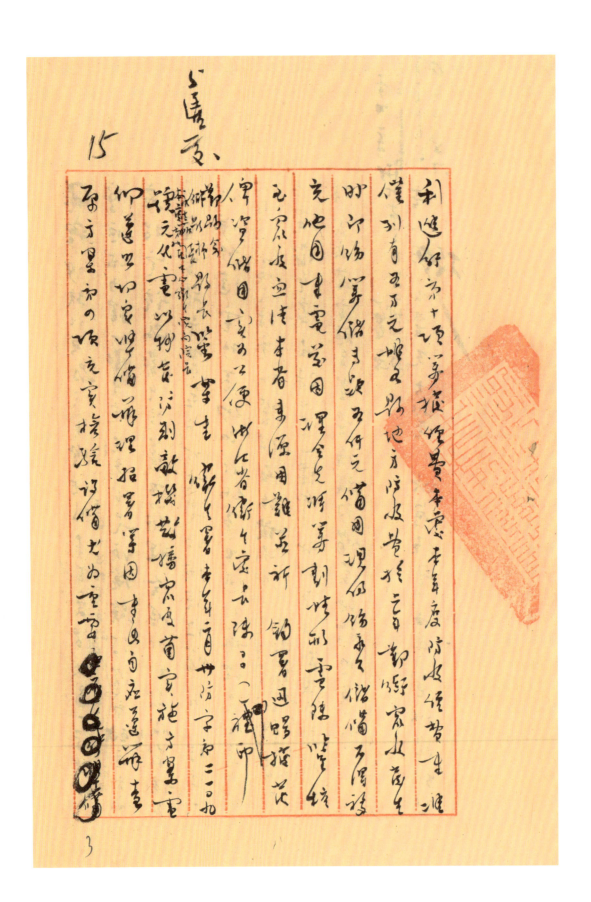

[illegible]密中統以各路之實際情形，本年度試辦一二[illegible]試驗，

實宜就城內擇一鐵路之電台先行實地試驗，設備

應指定該路鐵道之電台速為籌設辦理合作，防制敵機擾亂，

及荷蘭實施方案，並分別訂定是項檢驗設備，並依標準

代為修訂，[illegible]仰即遵照迅行辦理具報，再該項

人員一二〇名之[illegible]照常，併應飭該路鐵道之電台

為要。鐵道部長〇〇〇禮印　計抄英防制敵機擾

播宜及荷蘭實施方案暨檢驗設備標準各一份

[illegible]

16

拟敌机散布鼠疫菌，各地方应实施检验设备，期于早期彻底扑灭，以杜蔓延。而[illegible]惟检疫工作实际情形暨遍实行殊非易易，拟先择各重要县份设行[illegible]奉准再予[illegible]行政督察区专员公署各项检验工作拟[illegible]请中央核拨经费以一律办理，以收实效。关于[illegible]之处即希查核见复为荷[illegible]并希迅予[illegible]顺颂

勋绥

弟　陈○○　谨　三月　日

遵照者：案查本案顷奉中央电以防制敌机散布鼠疫菌，各地方应实施检验设备，期于早期彻底扑灭，以杜蔓延。惟检疫工作实际情形暨遍实行殊非易易

5

刘芳棣兄：交来要所拟行政专员区第三区行政督察专员[illegible]

马君[illegible]是项旅费[illegible]拟委托

中央党代为筹措，以收实效，相应函达，即希（青照）

惠允见复为荷。此致

绍兴福康医院

（吴铁城）启　三月　日

6

16

一三三

附：检验设备最低标准

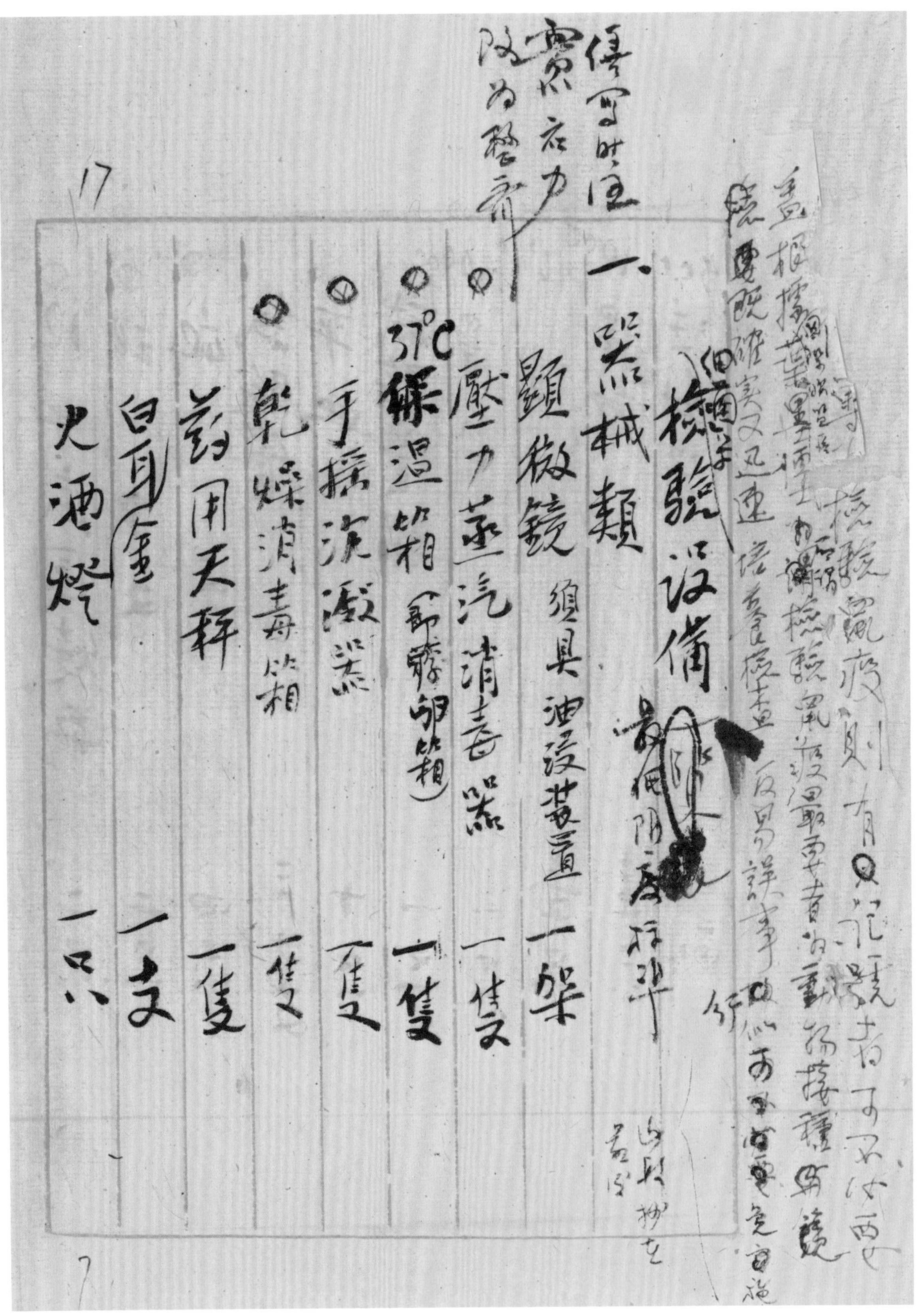
检验设备最低标准

一、器械类

显微镜 须具油浸装置 一架

压力蒸汽消毒器 一只

37°C 保温箱（即孵卵箱） 一只

手摇沉淀器 一只

乾燥消毒箱 一只

药用天秤 一只

白金耳 一支

火酒灯 一只

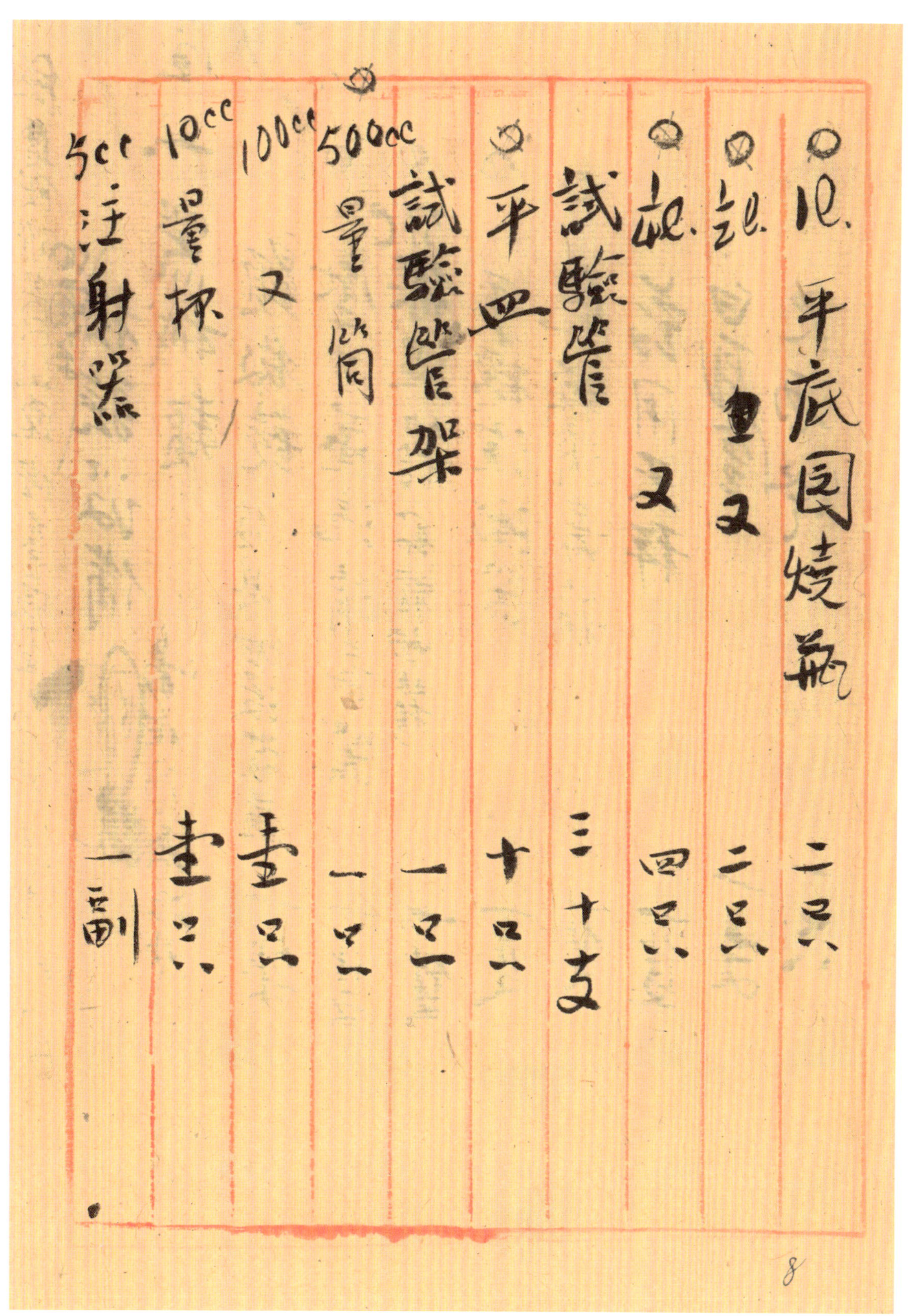

○ 1L. 平底圓燒瓶　二只

○ 2L. 又　又　二只

○ 3L. 又　四只

試驗管　三十支

○ 平皿　十只

試驗管架　一只

500cc 量筒　一只

100cc 又　壹只

10cc 量杯　壹只

5cc 注射器　一副

8

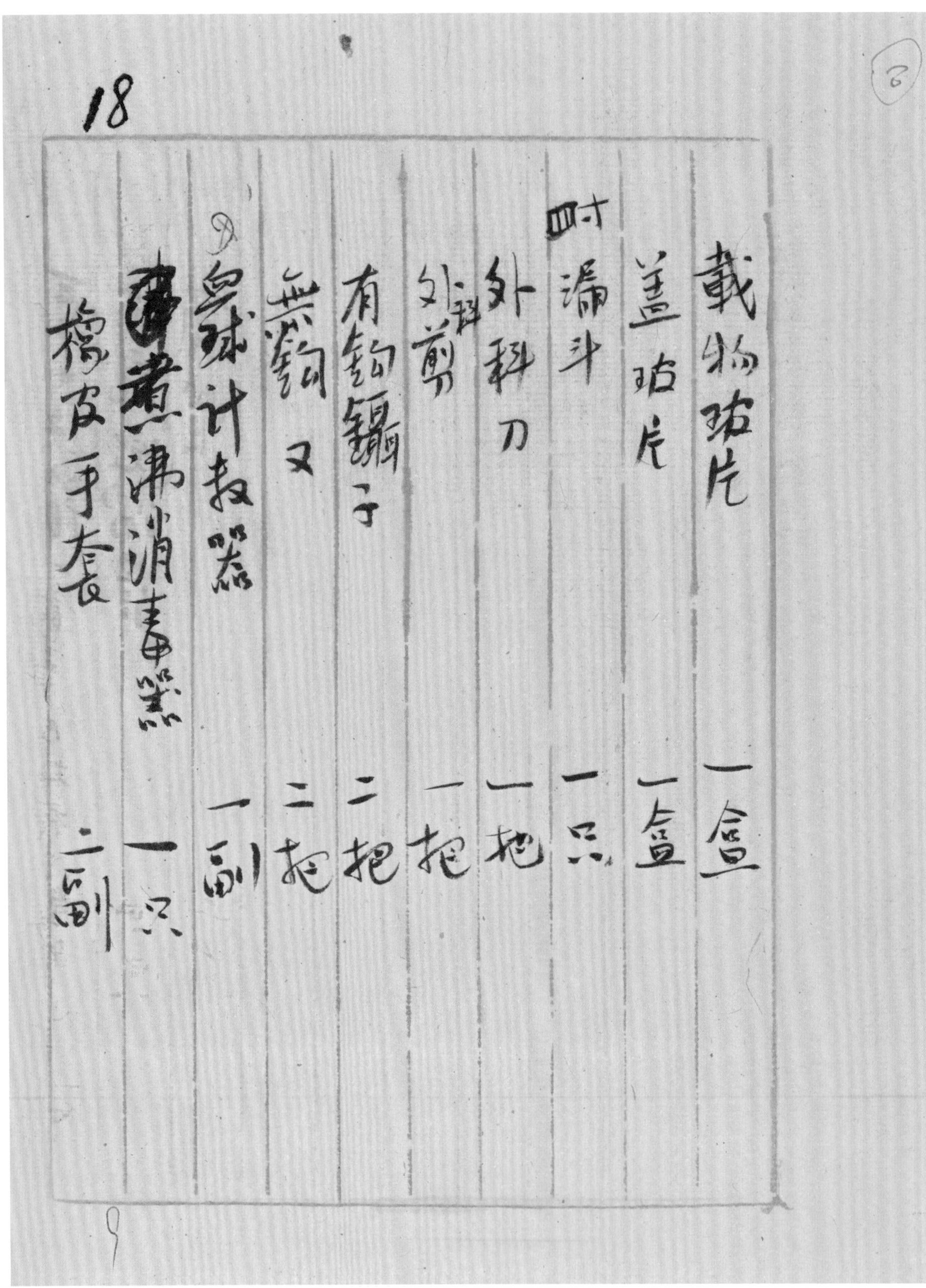
18

载物玻片　一盒
盖玻片　一盒
四寸漏斗　一只
外科刀　一把
外科剪　一把
有钩镊子　二把
无钩又　二把
血球计数器　一副
煮沸消毒器　一只
橡皮手套　二副

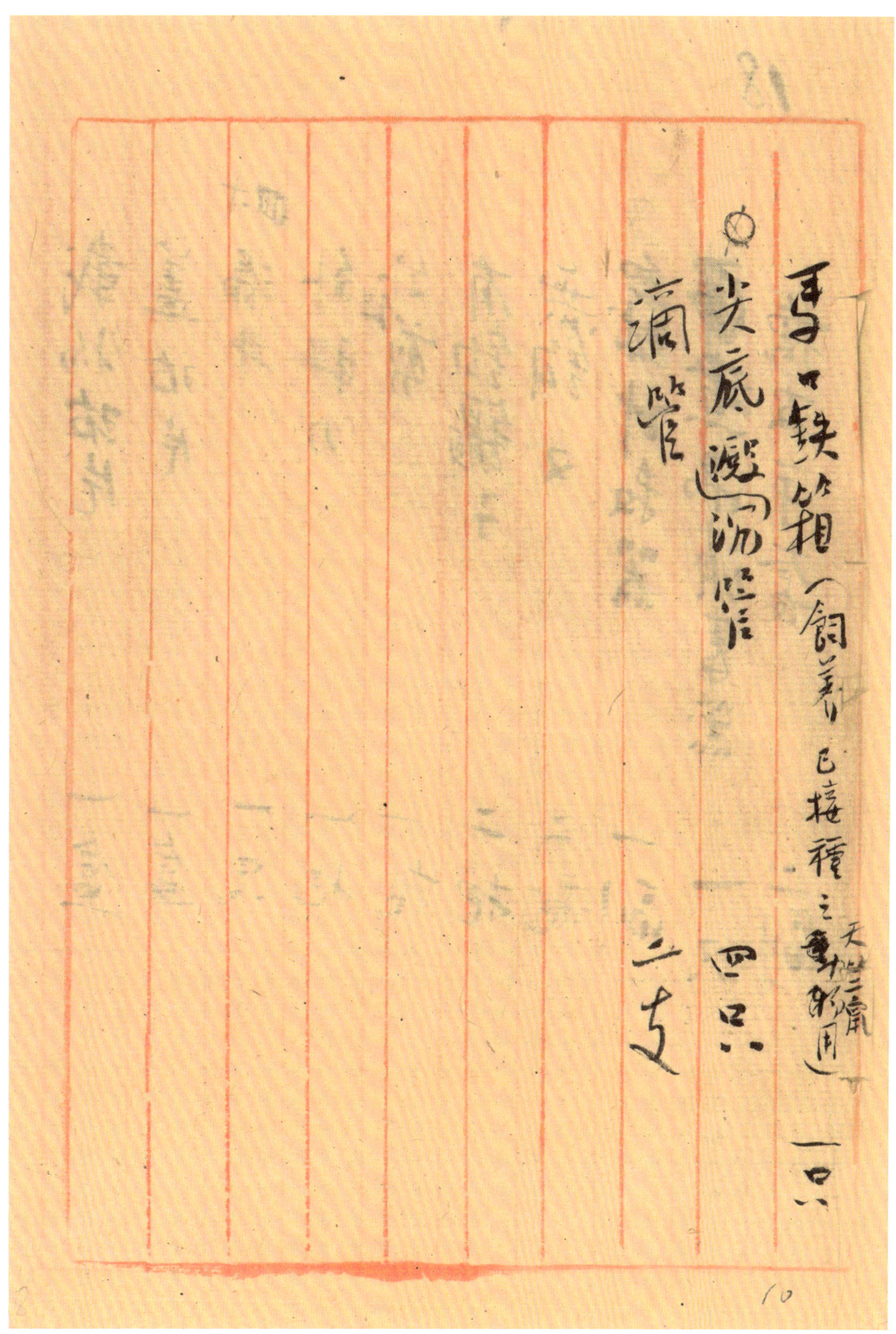

13

手口鉄箱（飼養已接種之動物天竺鼠用） 一只

○尖底離沉管 四只

滴管 二支

10

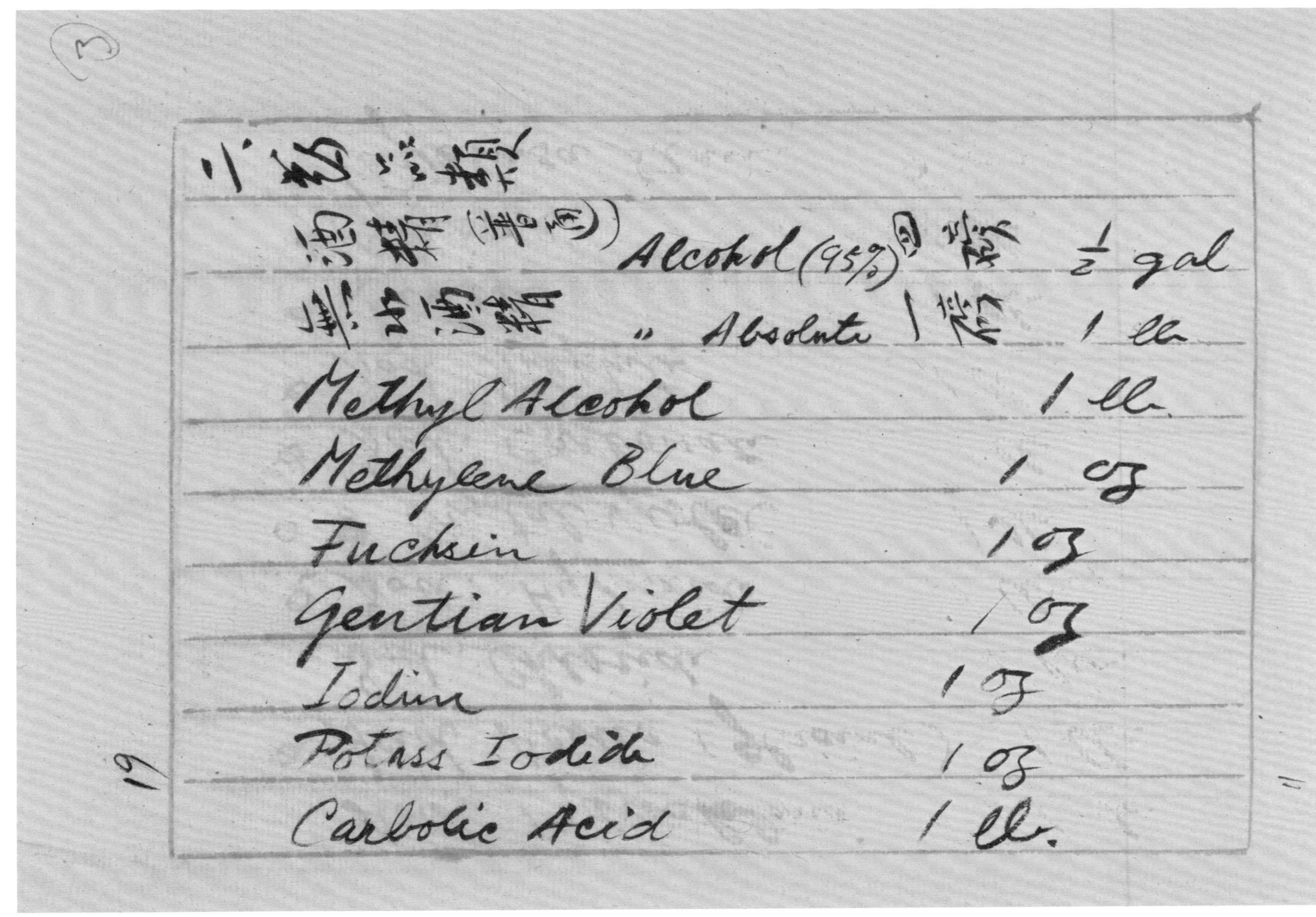

③

二、药品类

酒精（普通）	Alcohol (95%)	四磅	½ gal
无水酒精	" Absolute	一磅	1 lb.
Methyl Alcohol			1 lb.
Methylene Blue			1 oz
Fuchsin			1 oz
Gentian Violet			1 oz
Iodin			1 oz
Potass Iodide			1 oz
Carbolic Acid			1 lb.

19

11

Acid Hydrochloric	1 lb.
⊘ Acid Acetic (glacial)	1 lb.
Sod. Chloride	1 lb.
⊘ Sod. Hydroxide	1 lb.
⊘ Crystal violet	1 lb.
⊘ Sod. Carbonate	1 lb.
⊘ Sod Sulphite	1 lb.
⊘ Lactose	1 lb
⊘ Glucose	1 lb.
Giemsa Stain	5 cc

12

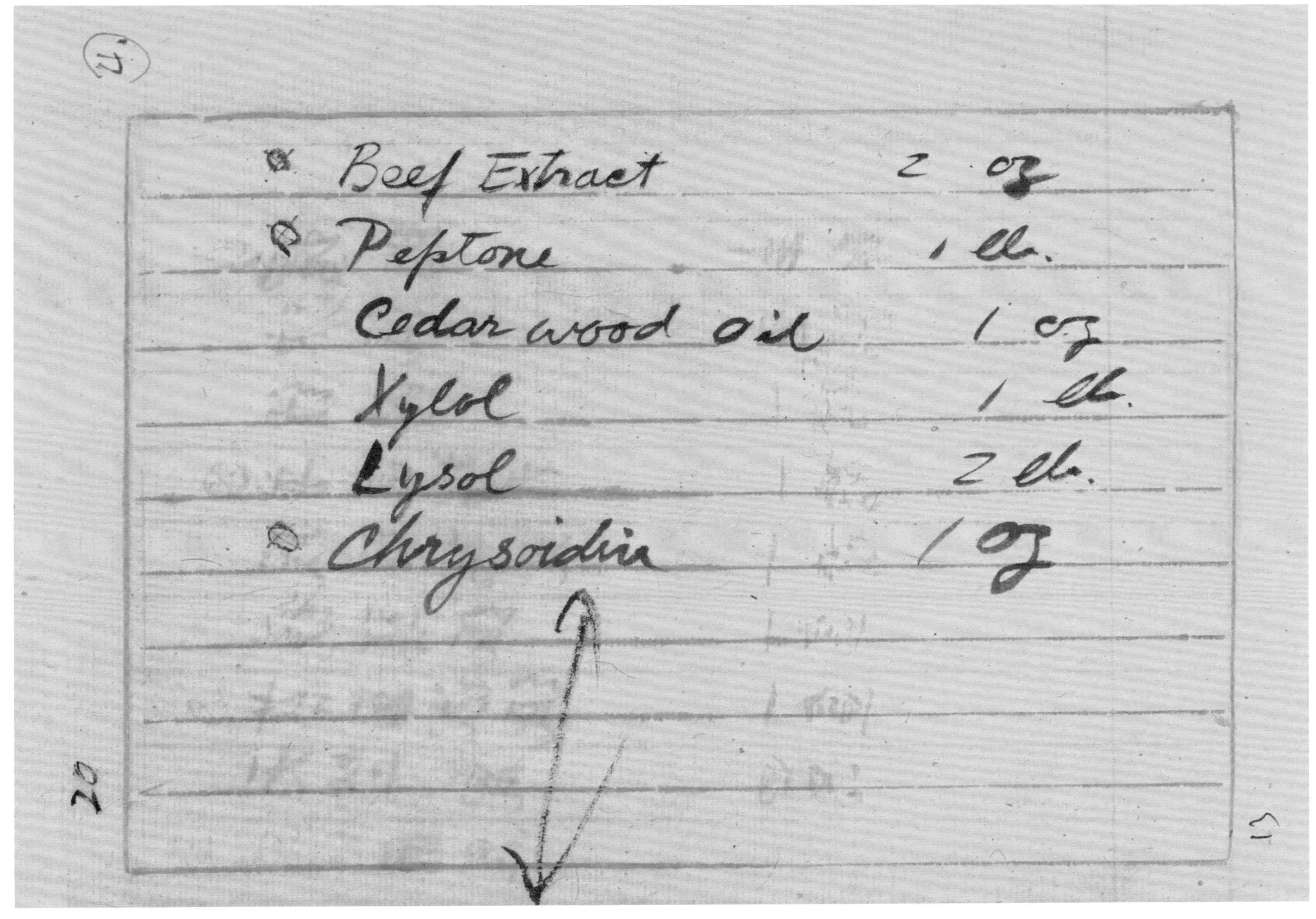

4.

⊗	Beef Extract	2 oz
⊗	Peptone	1 lb.
	Cedar wood oil	1 oz
	Xylol	1 lb.
	Lysol	2 lb.
⊗	Chrysoidin	1 oz

20

13

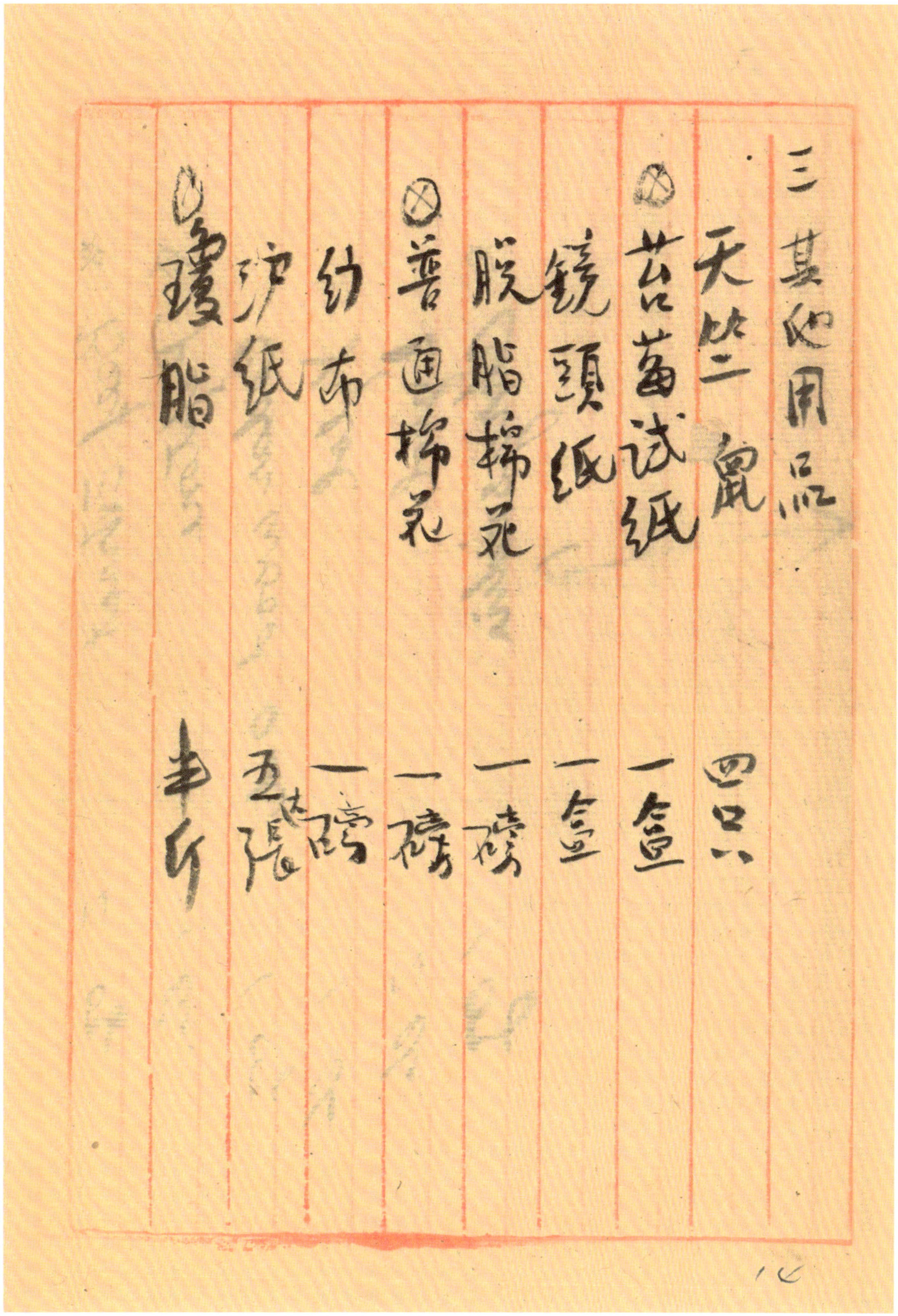
三 其他用品
天竺鼠 四只
苔蕊试紙 一盒
鏡頭紙 一盒
脱脂棉花 一磅
普通棉花 一磅
紗布 一磅
濾紙 五十張
瓊脂 半斤
16

浙江省卫生处、省政府关于衢县鼠疫流行时粮食运输应行注意事项的来往文件

（一九四一年四月十九日至六月二十三日）

浙江省卫生处致省政府的签呈（一九四一年四月十九日）

33

事由：為送擬具衢縣鼠疫流行糧食運輸應行注意事項簽請鑒核由

奉衢縣運輸糧食船隻封鎖問題等議，交衛生處擬具運輸防治辦法等因，遵經擬就衢縣鼠疫流行時糧食運輸應行注意事項一份，理合備文簽送，仰祈

鑒核。謹呈

主席黃

計附呈衢縣鼠疫流行時糧食運輸應行注意事項一份

31

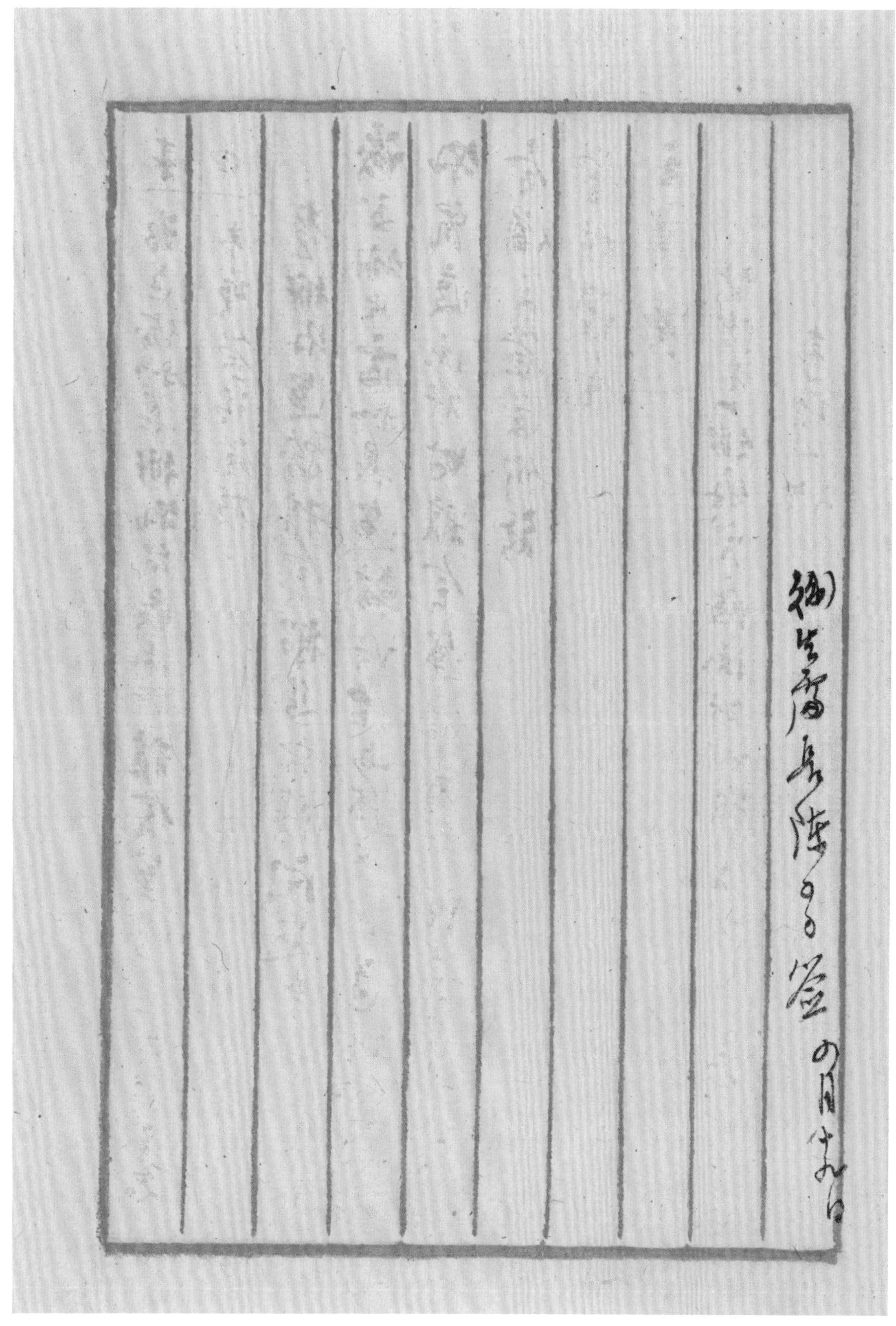

附：衢县鼠疫流行时粮食运输应行注意事项

衢縣鼠疫流行時糧食運輸應行注意事項

一、糧食裝包時應注意打包物件（如麻袋等）是否破漏，並應於打包以前須先行曝曬，而後注意堆積於溫暖之處，裝包後之存放地點亦應嚴密檢查有無鼠穴，並應慎防鼠類鑽入。

二、運輸糧食之舟車而後駛往衢縣時防疫處所劃定之疫區。

三、運輸糧食之舟車於糧食上下前後均應注意清潔，如發現死鼠時應即報告施行消毒。

四、運輸糧食之船隻當裝卸及沿途運駛行或停泊時而後靠近溪河边岸并应保持相当之距离，至船只之缆绳上须特别装置漏斗形的铁片以便阻隔鼠类通过，所用跳板日间应严密守望，夜间即须撤去。

五、沿途负责押运人员对于粮食运输应行注意事项须切实遵行，不得疏忽。

六、发运以前负责运输人员会同县卫生机关予以检查，认为可行时方得启运。

31

浙江省政府致卫生处的指令（一九四一年六月二十三日）

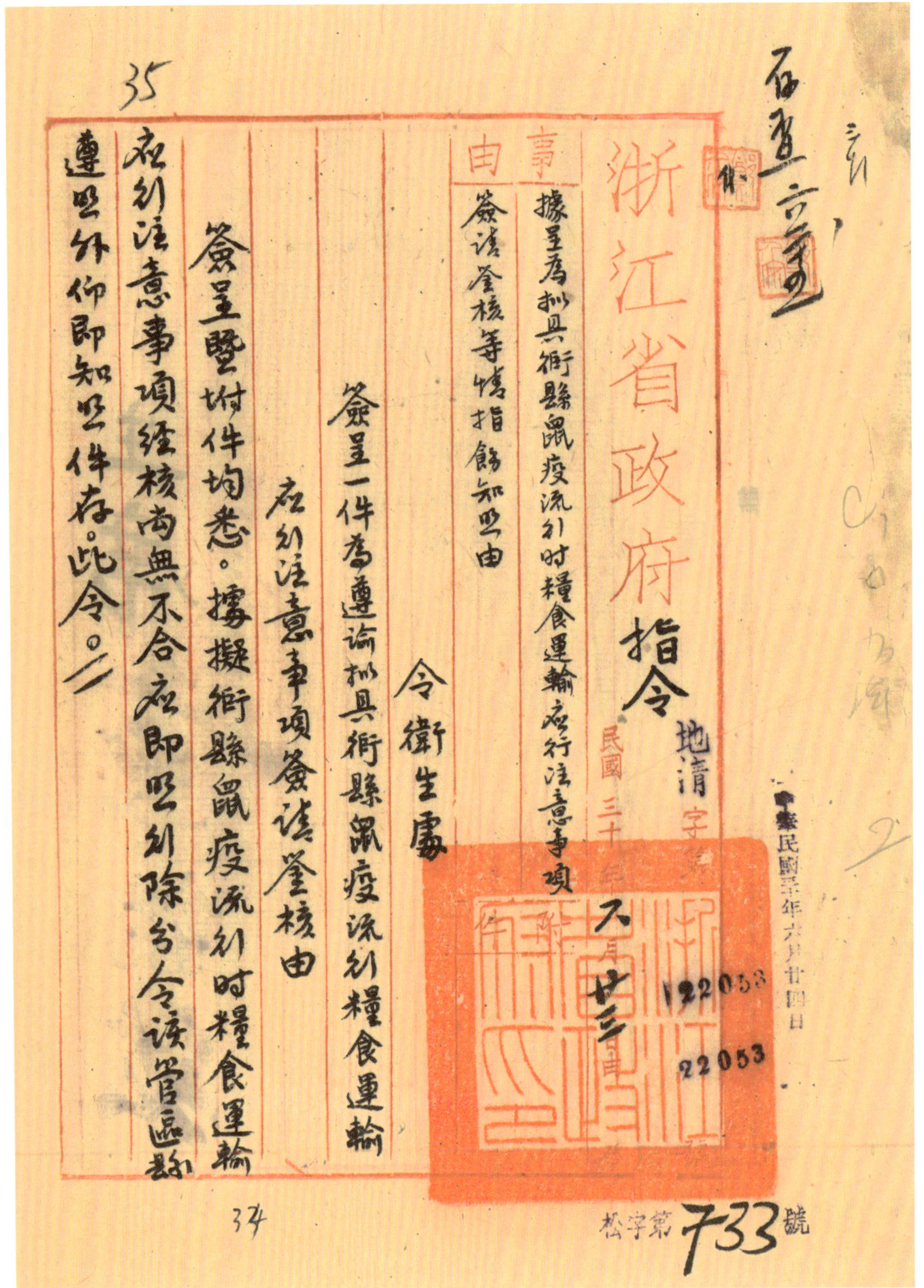
35

存查 六、廿五

浙江省政府指令　地清字第　號

民國三十年六月廿三日

事由：據呈為擬具衢縣鼠疫流行時糧食運輸應行注意事項簽請鑒核等情指飭知照由

令衛生處

簽呈一件為遵諭擬具衢縣鼠疫流行時糧食運輸應行注意事項簽請鑒核由

簽呈暨附件均悉。據擬衢縣鼠疫流行時糧食運輸應行注意事項經核尚無不合，應即照行。除分令該管區縣遵照外，仰即知照，件存。此令。

民國三十年六月廿四日

122053

22053

松字第733號

34

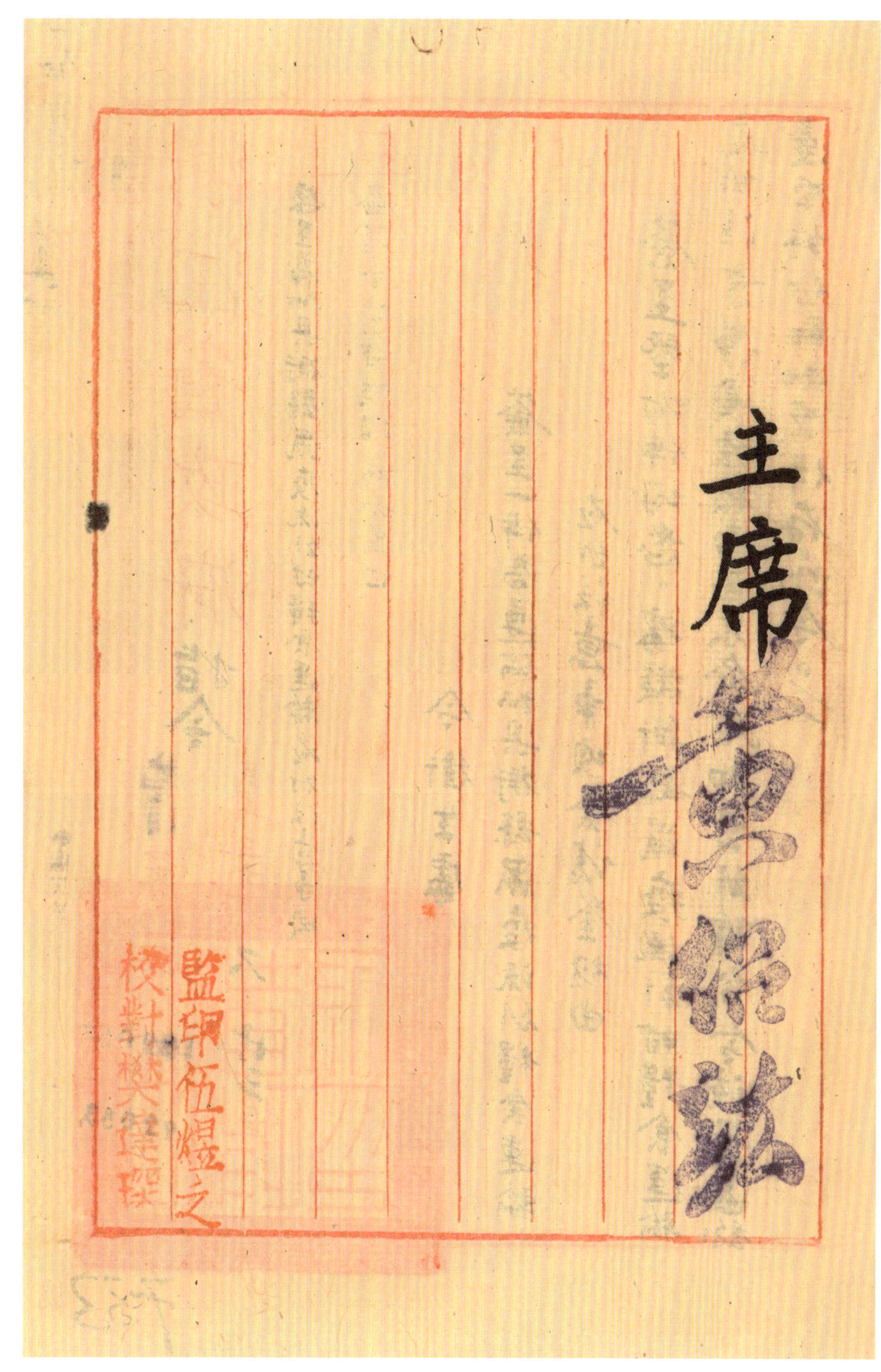
主席黃紹竑

監印伍煜之
校對樊達琛

第三战区司令长官司令部关于印发《闽浙赣三省各县防治鼠疫紧急处置办法》致浙江省政府的代电

（一九四一年十二月十四日）

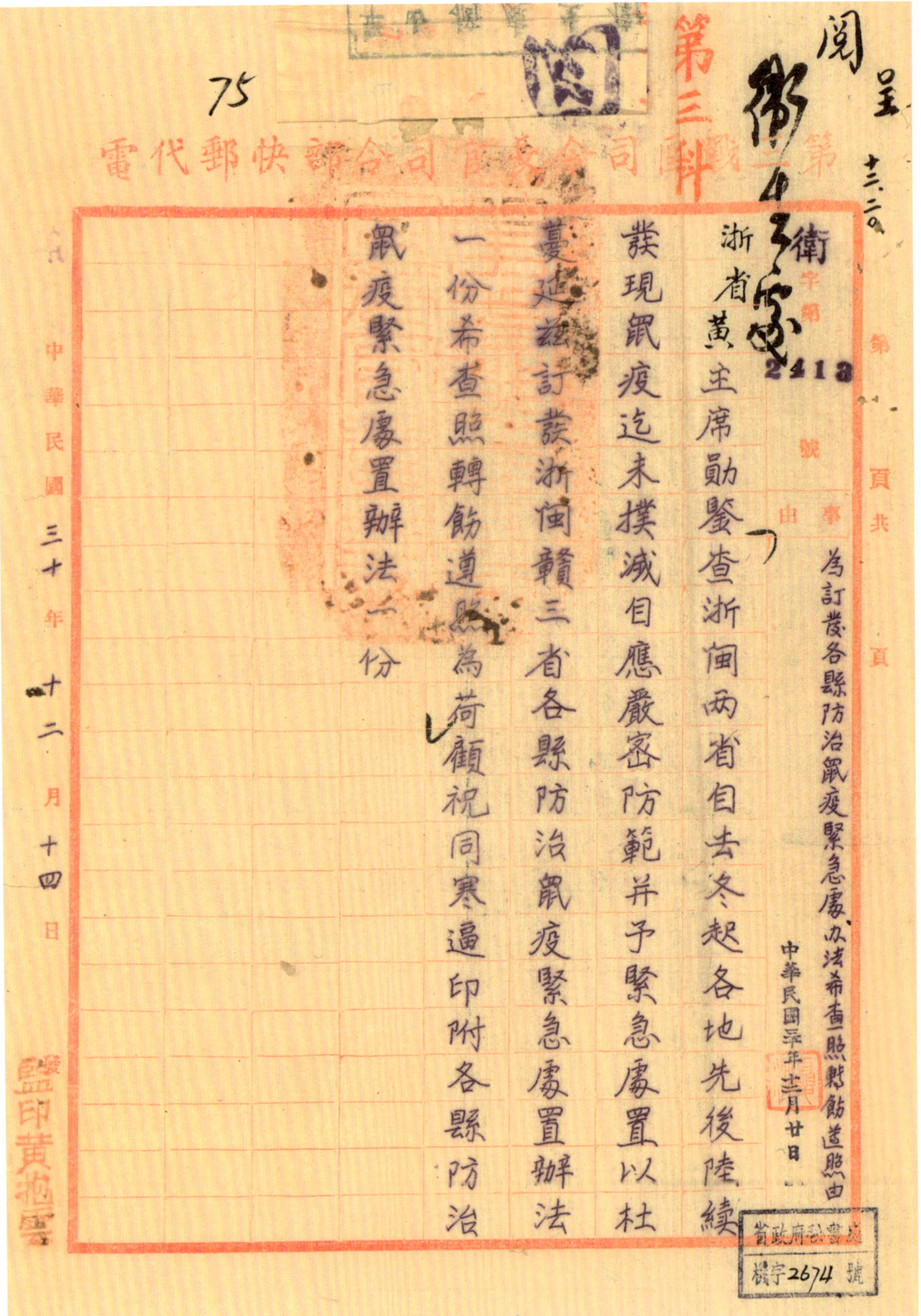

呈
閱
十二、二〇

第三科

75

第三戰區司令長官司令部快郵代電

衛字第2413號

事由：為訂發各縣防治鼠疫緊急處辦法希查照轉飭遵照由

中華民國卅年十二月廿日

浙省黃主席勛鑒：查浙閩兩省自去冬起各地先後陸續發現鼠疫，迄未撲滅，自應嚴密防範，並予緊急處置，以杜蔓延。茲訂發浙閩贛三省各縣防治鼠疫緊急處置辦法一份，希查照轉飭遵照為荷。顧祝同寒遍印。附各縣防治鼠疫緊急處置辦法一份

中華民國三十年十二月十四日

監印 黃煦雲

省政府秘書處 機字2674號

附：闽浙赣三省各县防治鼠疫紧急处置办法

76

閩浙贛三省各縣防治鼠疫緊急處置辦法

一、各縣如發現大量死鼠，應先電報戰區長官部及省政府，並即將死鼠密封送至防疫機關檢驗。在浙贛沿綫送衢縣防疫處或義烏防疫處；在閩省送永安全省衛生處；在贛省送各所在地之中心衛生院；若經斷定為疫鼠時，應在接到報告後，即由縣長於二十四小時以內將發現疫鼠之一居戶周圍五戶至十戶實施封鎖，同時飭地方衛生機關或私人医院組設留驗所，將各該戶居民送所留驗七天。

二、各縣如有鼠疫病人發現並經診斷確實時，即由縣長立時電告戰區長官部及省政府，並於六小時以內將該戶周圍五戶至十戶實施封鎖，並將各該戶居民一律移居留驗所，留驗七天。

三、各縣縣長在執行封鎖疫區時，須絕對嚴密迅速，務使疫區內之居民不致聞訊逃避或將雜糧行李私行搬動。

四、施行疫區封鎖及執行防疫任務時，如有抗不遵行者，不論任何軍民，各該縣長得予強制執行，並按行政執行法規定之罰辦。如情節重大者，准予報請戰區長官部依軍法辦理。

五、各縣如有鼠疫發生，為事權統一及迅速防治起見，應於第一例鼠疫病人發現後，在二十四時以內，成立臨時防疫處，並即電省府迅派技術人員負責防治。

六、各縣防疫處組織，設處長副處長各一人，處長負行政部份責任，由縣長兼；副處長負技術部份責任，由技術人員兼。（副處長得依各縣情形增設一人）另由縣政府聘請當地醫藥團体、医师及士紳，組織防疫委員會。

七、各縣遇有鼠疫發現，應於發現後儘量迅速最短時間成立留驗所及隔離医院，並完成其設備。

八、臨時防疫處應擇所在地水陸交通要道，設立檢疫站。

九、各縣縣長應儘量接受防疫人員之意見，並須迅速確實執行。

十、各縣縣長對上列各項，未能如期辦妥切實執行，或因而染及部隊者，予以軍法議處。

十一、本辦法由第三戰區司令長官部訂頒施行。

浙江省卫生处关于请求审核《浙江省医疗防疫队组织规程》（草案）致省政府的呈
（一九四一年十二月二十四日）

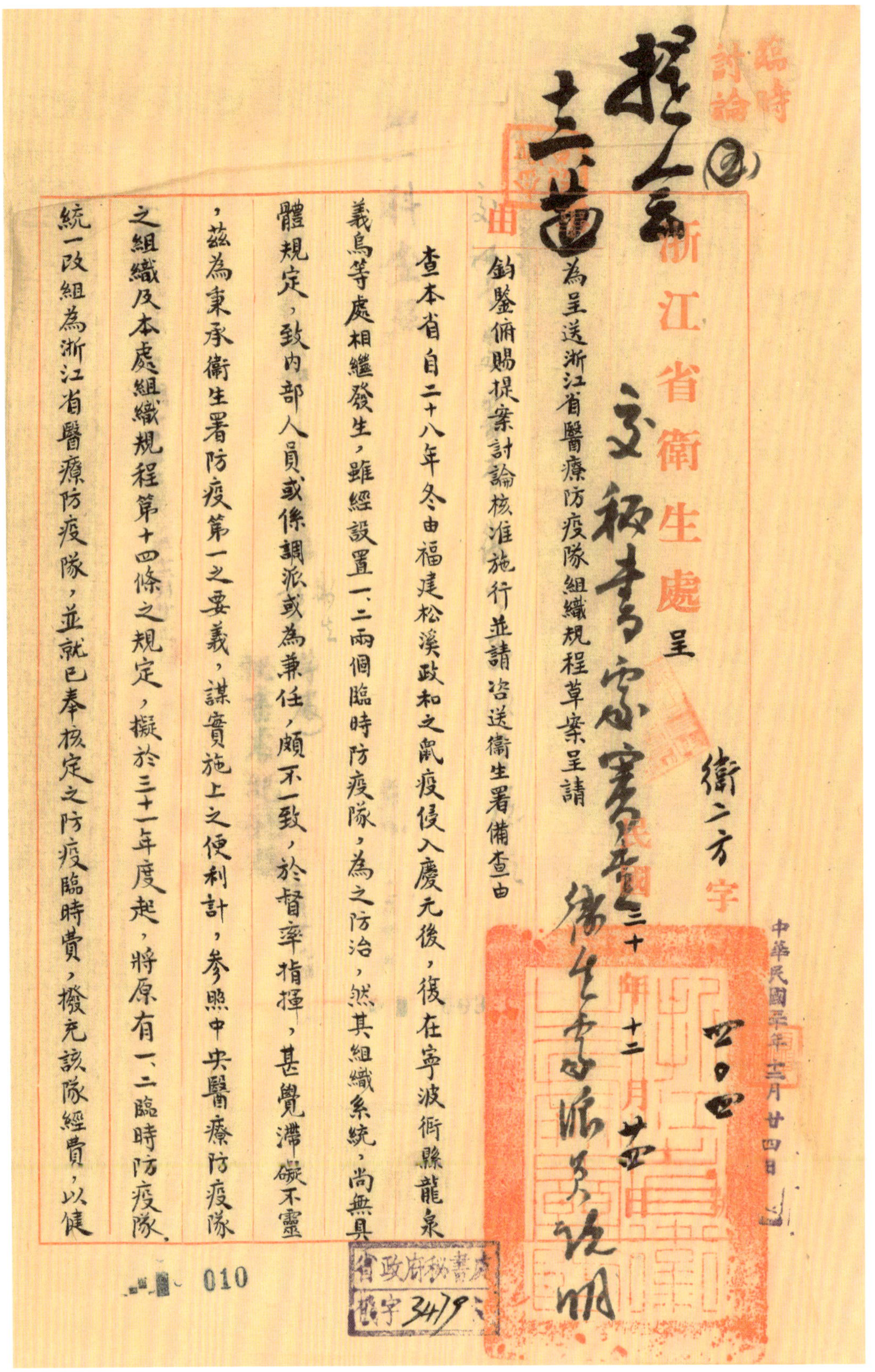

臨時討論

浙江省衛生處 呈 衛二方字 第 號

中華民國卅年十二月廿四日

由：為呈送浙江省醫療防疫隊組織規程草案呈請 鈞鑒俯賜提案討論核准施行並請咨送衛生署備查由

查本省自二十八年冬由福建松溪政和之鼠疫侵入慶元後，復在寧波衢縣龍泉義烏等處相繼發生，雖經設置一、二兩個臨時防疫隊，為之防治，然其組織系統，尚無具體規定，致內部人員或係調派或為兼任，頗不一致，於督率指揮，甚覺滯礙不靈，茲為秉承衛生署防疫第一之要義，謀實施上之便利計，參照中央醫療防疫隊之組織及本處組織規程第十四條之規定，擬於三十一年度起，將原有一、二臨時防疫隊統一改組為浙江省醫療防疫隊，並就已奉核定之防疫臨時費，撥充該隊經費，以健

省政府秘書處 收字3479

010

全防疫機構，俾可順利推動工作，使負實際責任，理合檢具浙江省醫療防疫隊組織規程草案二十份，備文呈請

鈞鑒，俯賜提案討論，核准施行，並請檢同原案咨送衛生署備查。

謹呈

浙江省政府主席黄

附呈浙江省醫療防疫隊組織規程草案二十份。（全[illegible]原數發各委員及審查時用去已無餘存）

浙江省衛生處處長孫序裳

附：浙江省医疗防疫队组织规程

浙江省醫療防疫隊組織規程

第一條　浙江省醫療防疫隊（以下簡稱本隊）之組織依照浙江省衛生處組織規程第十五條之規定訂定之。

第二條　本隊直隸於浙江省衛生處辦理全省防疫醫療事務。

第三條　本隊設置下列各組

一、醫務組

二、工程組

三、總務組

第四條　醫務組掌理左列事項

一、關於防疫宣傳及防疫人員訓練之實施

事項

二 關於防疫檢驗事項

三 關於種痘及其他預防接種事項

四、關於檢疫調查及疫病治療事項

五 關於傳染病工作報告及統計事項

六 關於其他防疫醫務事項

第五條

工程組掌理左列事項

一 關於衛生工程之設計事項

二、關於滅鼠滅蚤及撲滅其他傳染病昆蟲事項

三、關於清潔運動井水消毒及其他環境衛生之改進事項

四、關於其他衛生上設施之設施事項

第六條　總務組掌理左列事項
一、關於印信典守事項
二、關於文件之收發保管事項
三、關於文書之撰擬繕校事項
四、關於本隊經費之出納事項
五、關於庶務事項
六、關於其他不屬各組事項

第七條　本隊設隊長一人承防疫處處長之命綜理本隊一切事務

第八條　本隊設組長三人技士二人至四人辦事員一人至三人衛生稽查長一人衛生稽查

014

員二人至三人技佐四人至八人隊員助理隊員各若干人

本隊視事務之需要得僱用書記技術生若干人分別辦理應辦事務

第九條　本隊設主任會計員一人辦理歲計會計事務

第十條　本隊視事實之需要得附設分隊必要時並得設置臨時防疫醫院留驗所檢疫站滅蝨沐浴站等

第十一條　本隊辦事細則及所屬各單位組織章則另訂之

第十二條　本規程如有未盡事宜得呈請修正之

第十三條　本規程自呈奉核准之日施行

浙江省政府关于抄发《浙江省各县鼠疫疫情报告奖惩办法》致民政厅、卫生处、各区行政督察专员、各县县长的训令（一九四二年五月二日）

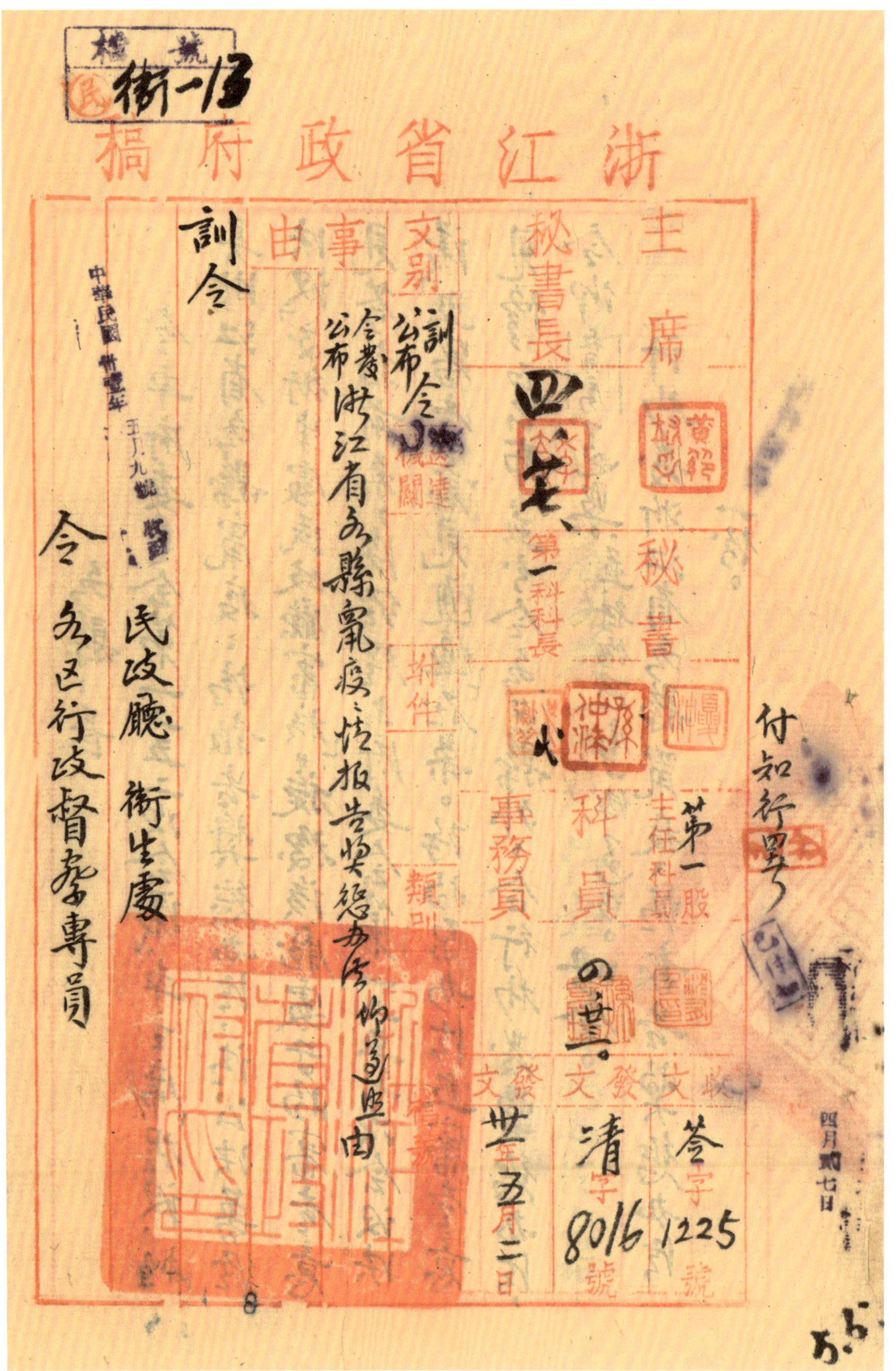

檔號 衛一1

浙江省政府稿

主席 黄紹竑

秘書長

秘書

第一科科長

主任科員 第一股

科員

事務員

文別 訓令 公布

事由 令發浙江省各縣鼠疫疫情報告獎懲辦法仰遵照由

訓令

令 民政廳 衛生處 各區行政督察專員

收文 字 1225 號

發文 清字 8016 號

發文 卅一年五月二日

付知行照

各縣縣長

查本府委員会第一二五二次会議，本主席提议，"根據浙江省各縣霍亂疫情報告奬懲办法，請公決案"，經決议"交衛生處、民政廳審核"。旋據該廳處會同審查意見簽報前來，復經提出府委会第一二五七次会議決議"照審查意見通過"在案。除將原办法照審查意見修正公布並分令各區縣外，合行抄發奬懲办法，令仰督屬遵照，並轉飭所屬一體遵照。此令。

計抄發浙江省各縣霍亂疫情報告奬懲办法一份。

附件隨發

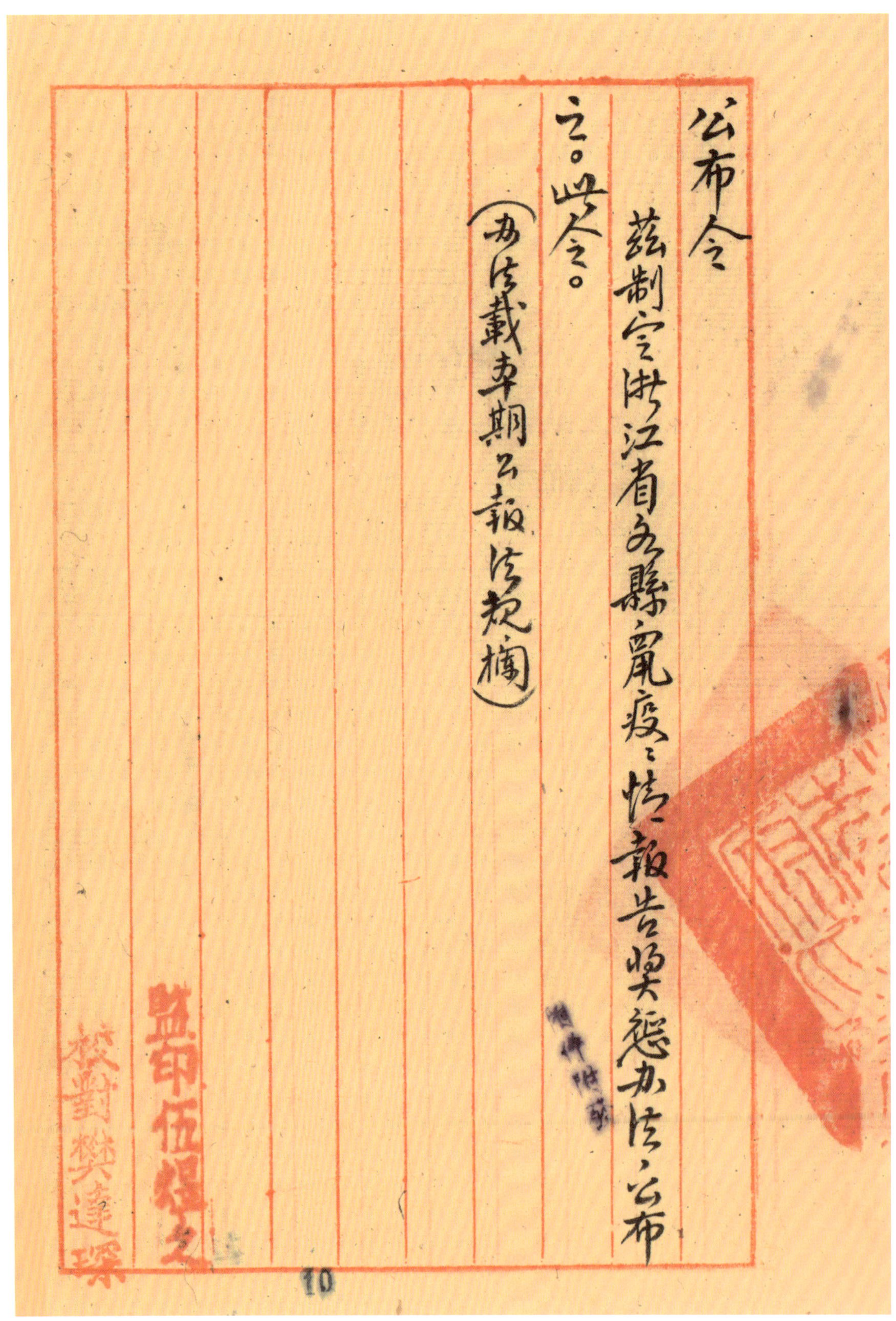

公布令

兹制定浙江省各县鼠疫疫情报告暂行办法公布之。此令。

（办法载本期公报法规栏）

监印伍焜之
校对樊达璪

辦

會民政廳後送

秘書處

報告　四十七、　印○○○○東傑文放簽

本件謹簽意見如左：

一、第一條「傳染病預防條例」下擬加「及其施行細則」六字

二、第二條第三款「旅舍店肆」下擬改為「以其營業極盛之一日收入為準處罰其收入四天」第四款擬改為「以田地房租者處罰勞役一個月如願納代役金者得以六元以下二元以上易勞役一日折算之」第二項擬改為「具有前項任何二款以上者從重處罰」

三、第三條「義務報告人」擬改為「報告義務人」

21

案1225

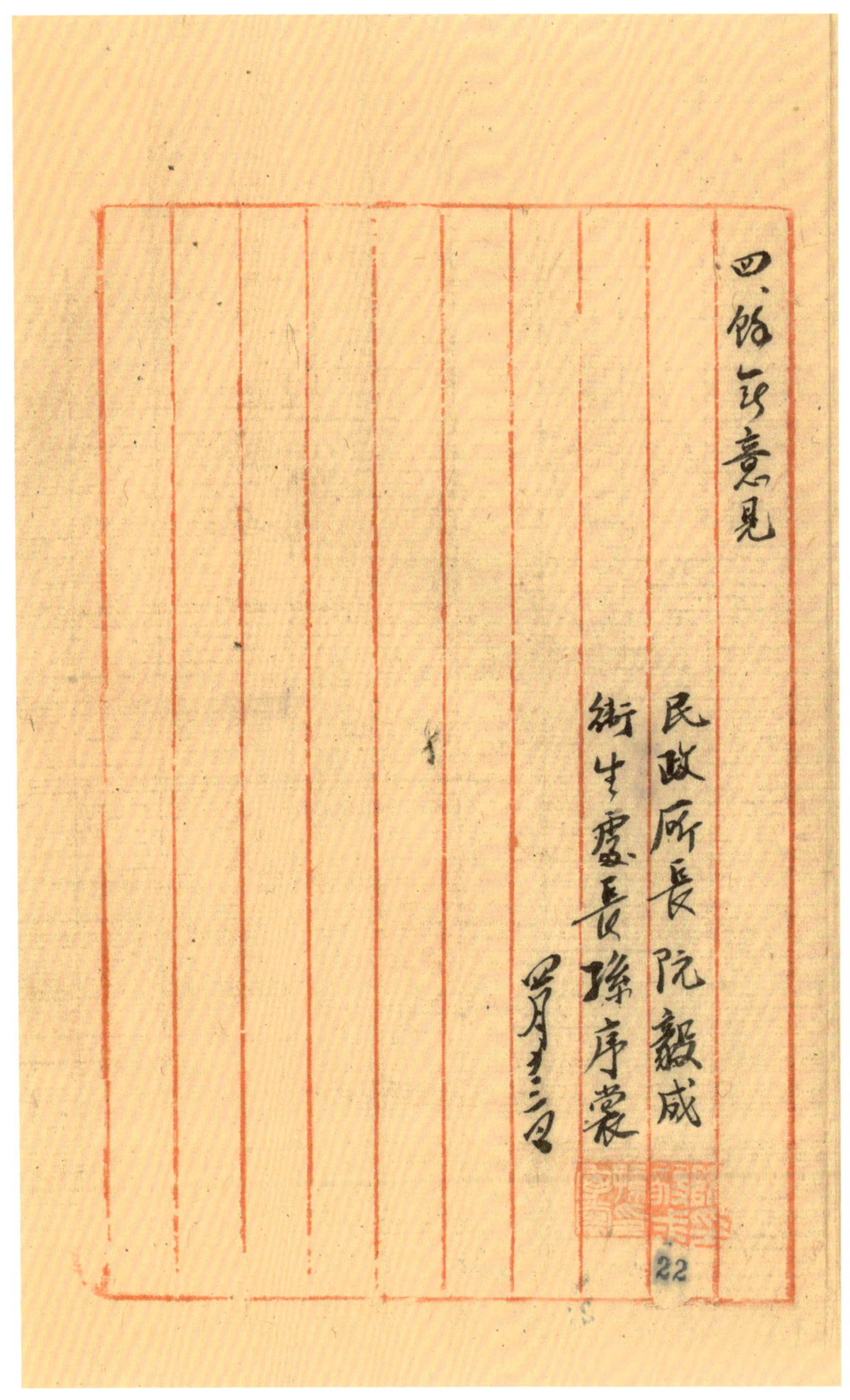

四、結論意見

民政廳長阮毅成

衛生處長孫序裳

四月十二日

附

[批示：]速省府提请参照 讨论，提供 印附 参考 [签名]

讨论（二）

主席提议

浙江省各縣鼠疫疫情報告獎懲辦法

一、本省各縣鼠疫疫情報告之獎懲除「傳染病預防條例」及「防疫人員獎懲條例」「浙江省鼠疫疫情報告辦法」已有規定者外，悉照本辦法之規定。

二、鼠疫病患者或疑似病人之家屬、僱主、無家屬者、其同居人以及旅舍店肆之主人或管理人（以下簡稱報告義務人）應於病人起病後二十四小時內報請防疫機關檢定治療、其所需醫藥費、由防疫機關負担、家境貧寒者在防治留驗時之給養、由縣政府酌予救濟、如隱匿不報、除強迫施治外、予以左列之處罰：

1、有田地者每畝處罰穀五斤

2、有房租者處罰房租兩個月

[批注：]照件不必[illegible]

24

3、旅舍店肆處罰其營業收入五天

4、無田地房屋者處罰勞役一個月

前項第一二兩款得合併處罰

三、鼠疫病患者或疑似病人經患病一日以上死亡，義務報告人仍匿不報告者，一經發覺，依照前條各款規定，加倍處罰。

四、報告義務人報告疫情，應向縣防疫機関直接為之，同時通知就地甲長，其家確無成年男子者，得請甲長轉報，甲長不得推託延誤。

五、凡有鼠疫病患者或疑似病人報告義務人不為報告時，其左右鄰居應即報告就地保長或防疫機関，如有死亡並應於二十四小時內負責報告，如不按時報告，按第二條各款規定予以處罰。

25

六、甲長對甲內鼠疫病患者或疑似病人，應隨時查察，迅速報告保長或防疫機關，不迅速報告者記大過，經病家請求不爲轉報或病人已死亡仍不報告，與經記大過二次者撤職，其合於兵役年齡，並送服兵役，超過兵役年齡，則按第二条各款規定予以處罰。

七、保長對保內鼠疫病患者或疑似病人，應督飭甲長及居民隨時查報，疏忽不報告者記過，如有死亡，應於十二小時內查明直接報告防疫機關，並分報該管鄉鎮長，其逾一日以上不報告者記大過，死二人不報告或經記過四次，記大過二次者撤職，其合於兵役年齡，並送服兵役，超過兵役年齡，則按第二条各款規定予以處罰。

八、鼠疫病患者或疑似病人之鄰居與保甲長，因向防疫機關報告疫情得按照里程酌予川旅津貼，用電話報告者，給還電話費，專差報告者，給予差力費。

上項經費得在防疫經費內列支

九、鄉鎮長對境內鼠疫病患者或疑似病人，應督飭保甲長隨時查察，迅速轉報，如有死亡，至遲須於二十四小時內查明報告防疫機關，逾期報告者記過，死一人不報告者記大過，記大過二次或記過四次者撤職，並在其住宅大門上訂「見死不救」之匾額一方示儆。

十、鼠疫病患者或疑似病人之左右鄰，因報告迅速不致蔓延或病人因此獲救治者，由縣政府酌予獎狀。

十一、保長甲長對保內甲內鼠疫病患者或疑似病人，因報告迅速不致蔓延或病人因此獲救治者，由縣政府酌予記功或題給獎狀。

十二、鄉鎮長對境內鼠疫病患者或疑似病人，能隨時查察報告者記功，其因報告特别迅速防治得力，不致蔓延者，由縣府酌給獎狀或匾額。

十三、鄉鎮保甲長因報告鼠疫疫情所記之功過，得互相抵銷。

十四、醫士對報告鼠疫病情之獎懲，依「傳染病預防條例」第十九條之規定办理。

十五、學校寺院工場公司及一切公共處所之監督人或管理人、感化院救濟院監獄及其他相類處所之監督人或管理人，對報告鼠疫病情之獎懲，依「傳染病預防條例」第十八條及第二十條之規定办理。

十六、負有防疫責任官吏，对報告鼠疫病情之獎懲，依「防疫人員獎懲

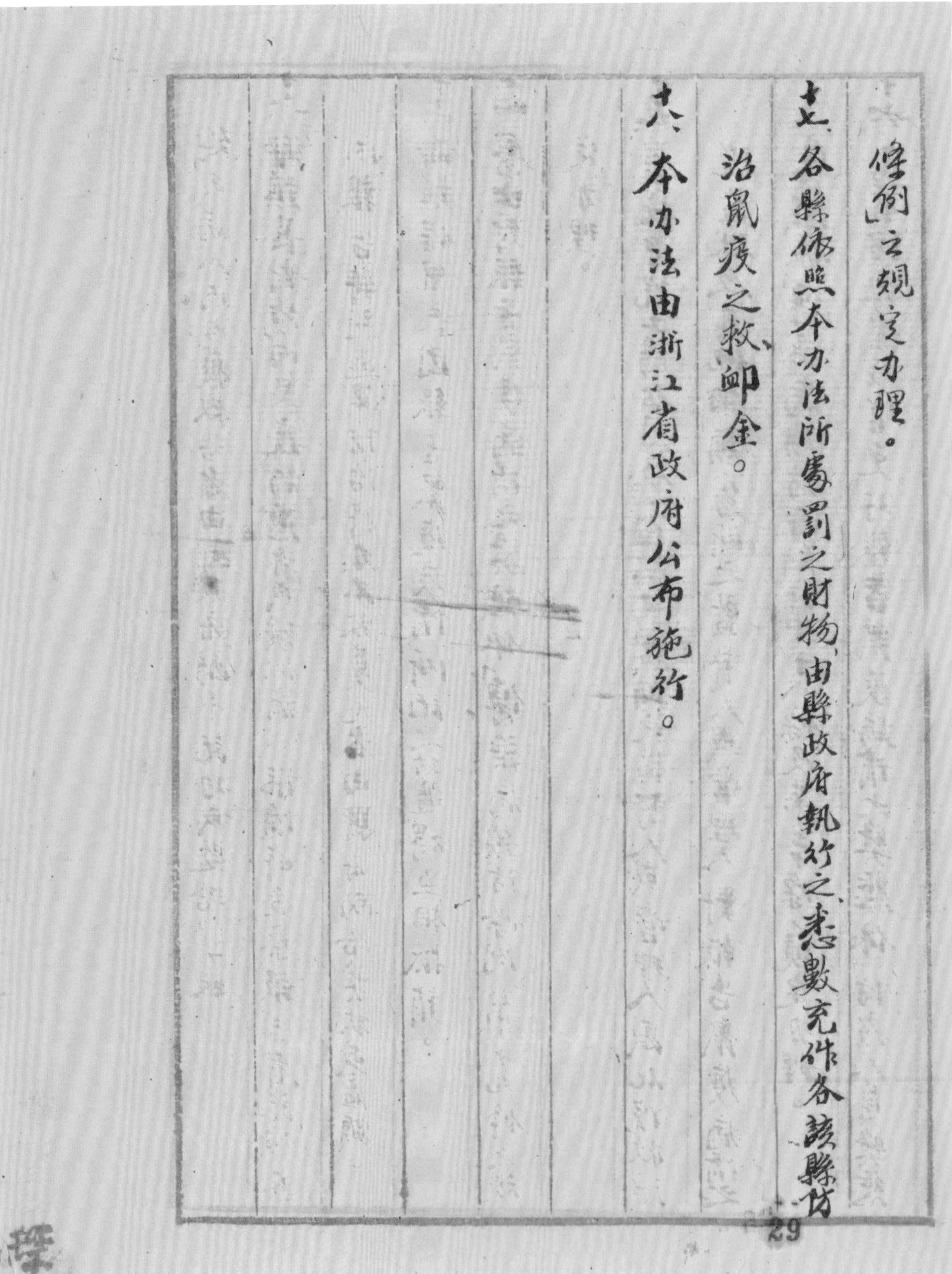

条例」之规定办理。

十七、各县依照本办法所处罚之财物，由县政府执行之，悉数充作各该县防治鼠疫之救恤金。

十八、本办法由浙江省政府公布施行。

29

浙江省卫生处关于拟送《浙江省传染病院等组织规程》致省政府的呈（一九四三年六月七日）

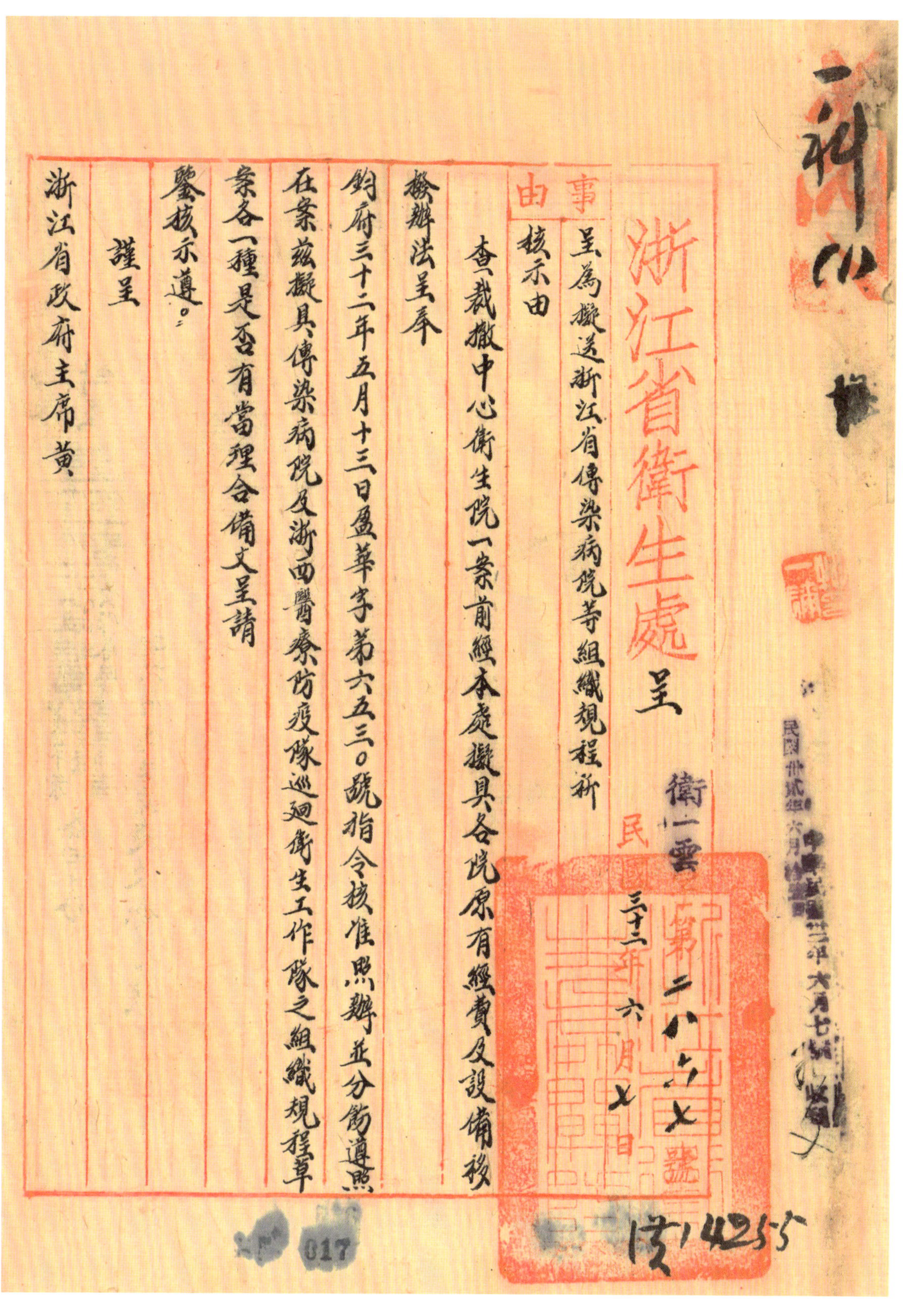

浙江省衛生處　呈

衛一雲　民國三十二年六月七日　第二八六七號

事由　呈為擬送浙江省傳染病院等組織規程祈核示由

查前裁撤中心衛生院一案，前經本處擬具各院原有經費及設備移撥辦法呈奉

鈞府三十二年五月十三日孟華字第六五三〇號指令核准照辦並分飭遵照在案。茲擬具傳染病院及浙西醫療防疫隊、巡廻衛生工作隊之組織規程草案各一種，是否有當，理合備文呈請

鑒核示遵。

謹呈

浙江省政府主席黄

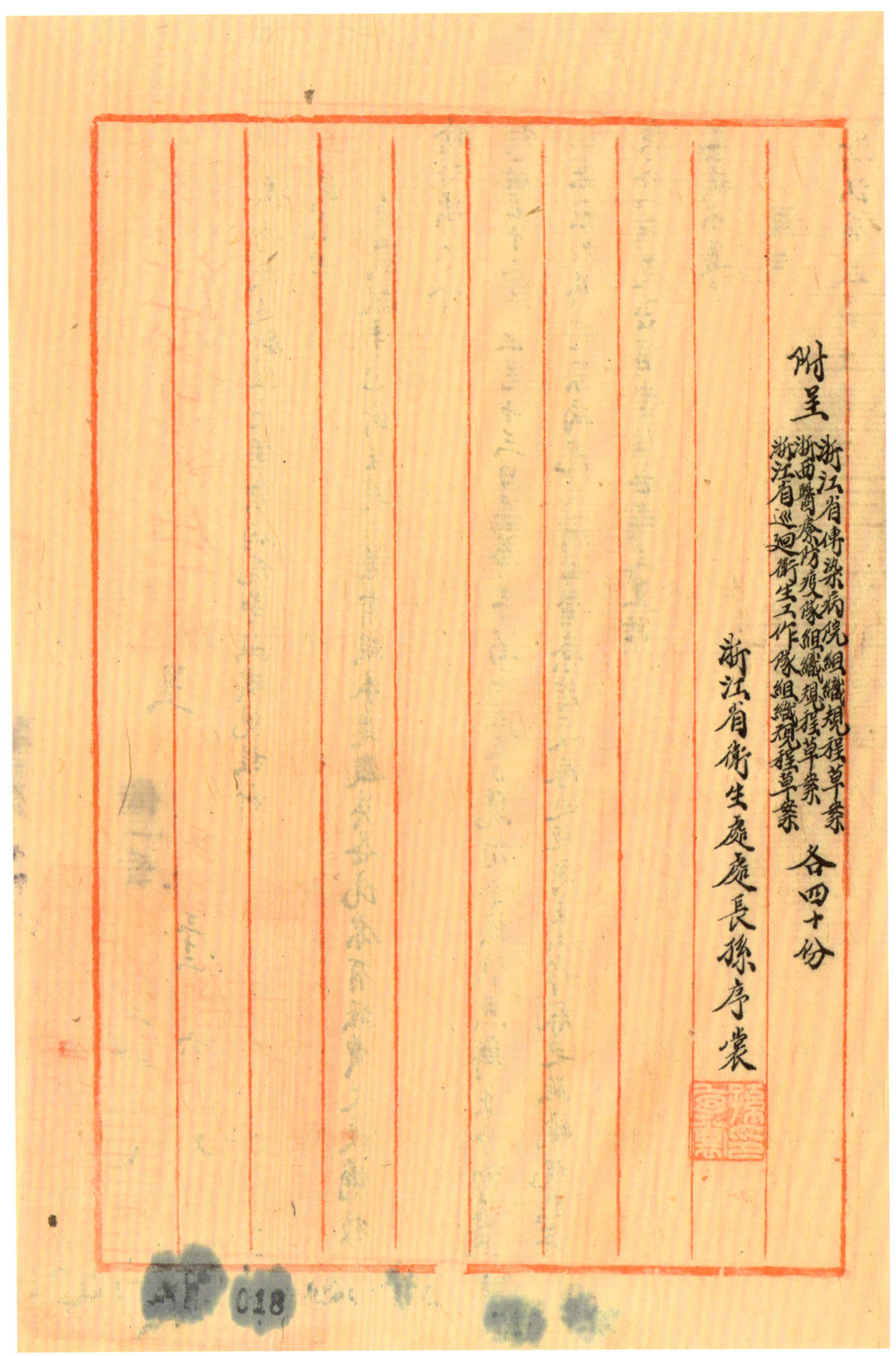

附呈

浙江省传染病院组织规程草案
浙西医疗防疫队组织规程草案
浙江省巡迴卫生工作队组织规程草案　各四十份

浙江省卫生处处长孙序裳

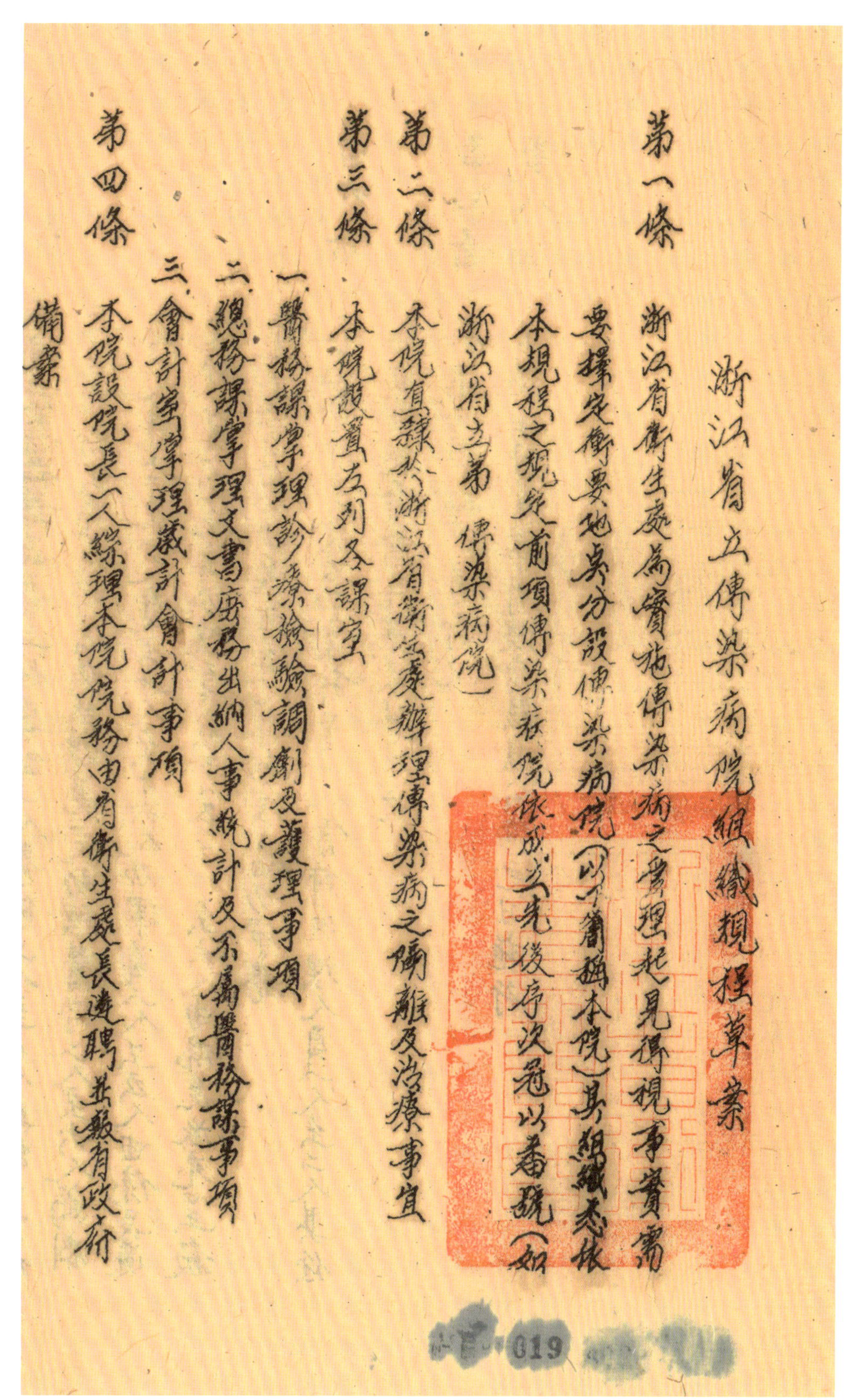

浙江省立傳染病院組織規程草案

第一條　浙江省衛生處為實施傳染病之管理起見得視事實需要擇定衝要地點分設傳染病院（以下簡稱本院）其組織悉依本規程之規定

浙江省立第一傳染病院）

第二條　本院直隸於浙江省衛生處辦理傳染病之隔離及治療事宜

第三條　本院設置左列各課室

一、醫務課掌理診療檢驗調劑及護理事項

二、總務課掌理文書庶務出納人事統計及不屬醫務課事項

三、會計室掌理歲計會計事項

第四條　本院設院長一人綜理本院院務由省衛生處長遴聘並報省政府備案

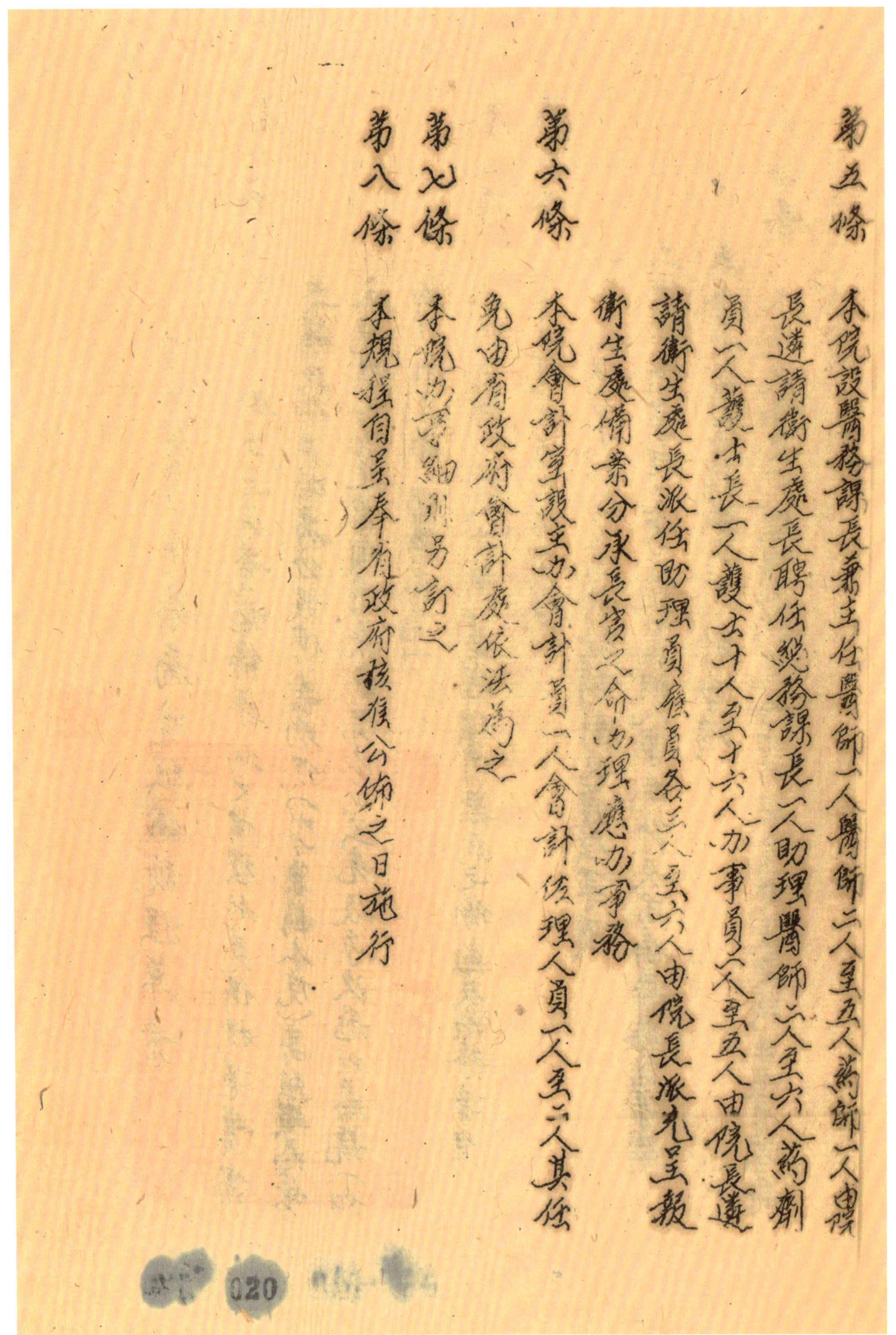

第五條　本院設醫務課長兼主任醫師一人醫師二人至五人藥師一人由院長遴請衛生處長聘任總務課長一人助理醫師二人至六人藥劑員一人護士長一人護士十人至十六人辦事員二人至五人由院長遴請衛生處長派任助理員雇員各三人至六人由院長派充呈報衛生處備案分承長官之命辦理應辦事務

第六條　本院會計室設主辦會計員一人會計佐理人員一人至二人其任免由省政府會計處依法為之

第七條　本院辦事細則另訂之

第八條　本規程自呈奉省政府核准公佈之日施行

浙西醫療防疫隊組織規程（草案）

第一條　浙江省衛生處為協導及推進浙西各縣醫療防疫工作特依照本處組織規程第十六條之規定設置浙西醫療防疫隊（以下簡稱本隊）直隸於本處並受浙西行署之監督

第二條　本隊設左列二股

一、第一股職掌事項如左：

(1) 關於傳染病之檢診隔離治療事項

(2) 關於地方病及一般流行病之研究治療撲滅事項

(3) 關於戰時救護工作之實施事項

(4) 關於疫情報告疫病紀錄及統計之編報事項

(5) 關於其他疫病醫療事項

二、第二股職掌事項如左：

(1) 關於有關防疫衛生工程之設計進行事項

(2) 關於環境衛生之協導計劃改進事項

(3) 關於各項疫病之實施預防及宣傳事項

(4) 關於預防接種及檢疫工作之推行及實施事項

(5) 關於其他疫病預防事項

第三條 本隊設隊長一人由衛生處遴請省政府派任綜理本隊一切事務

第四條 本隊設股長二人醫師二人至四人護士二人至六人由隊長遴請衛生處派任(股長得由隊長呈請就醫師中指派兼任)藥劑員檢驗員衛生工程員衛生稽查員各一人衛生助理員四人至六人由隊長派充呈報衛生處備案均各承長官之命辦理應辦事務

第五條 本隊設辦事員二人至四人書記一人至二人由隊長派充呈報衛生處備案分承長官之命辦理本隊事務工作

第六條 本隊設主辦會計員一人會計佐理人員一人至二人由省政府會計處依法任免辦理本隊歲計會計事務

第七條　本隊視事實需要得設置门診部傳染病隔離所巡廻工作組或其他附屬單位其組織辦法另定之

第八條　本隊辦事細則另訂之

第九條　本組織規程自呈奉省政府核准後施行

附三：浙江省巡回卫生工作队组织规程（草案）

浙江省巡迴衛生工作隊組織規程（草案）

第一條 浙江省衛生處為協導各縣地方實施巡迴衛生工作特設置巡迴衛生工作隊若干隊其組織办法悉依本規程之規定

第二條 各隊設置地点及工作區域由衛生處案酌需要以命令行之各隊隊名定為浙江省第×巡迴衛生工作隊（以下簡稱本隊）以組設之先後定番號之次序

第三條 本隊職掌事項如左：

一、關於一般疾病之協助診療事項

二、關於衛生工程之設計實施事項

三、關於環境衛生之協導推進事項

四、關於婦嬰及學校衛生之協助推動事項

五、關於傳染病地方病之調查防止事項

六、關於預防接種工作之及時推行事項

七、關於戰時救護及急救工作之實施事項

八、關於其他衛生運動及保健設施之協導事項

第四條　本隊設隊長一人由衛生處遴請省政府派任綜理本隊隊務

第五條　本隊設醫師三人至六人護士六人至九人藥劑員檢驗員衛生工程衛生稽查員各一人衛生員四人至十人辦事員二人至四人書記一人至三人除醫師護士由隊長遴請衛生處派任外餘由隊長派充呈報衛生處備案均各秉承主管人員之命辦理應辦事務

第六條　本隊實施巡迴工作得由隊長將第五條所列人員編組為三個分隊並就醫師中指派三人分別兼任分隊長辦理第三條各款規定事項

第七條　本隊設主辦會計員一人會計佐理人員一人至二人由省政府會計處依法任免辦理本隊歲計會計事務

第八條　本隊辦事細則另訂之

第九條　本組織規程自呈奉省政府核准後施行

卫生署关于抄发《敌人施用细菌战术应如何严密防范》致浙江省卫生处的代电（一九四三年十月二十三日）

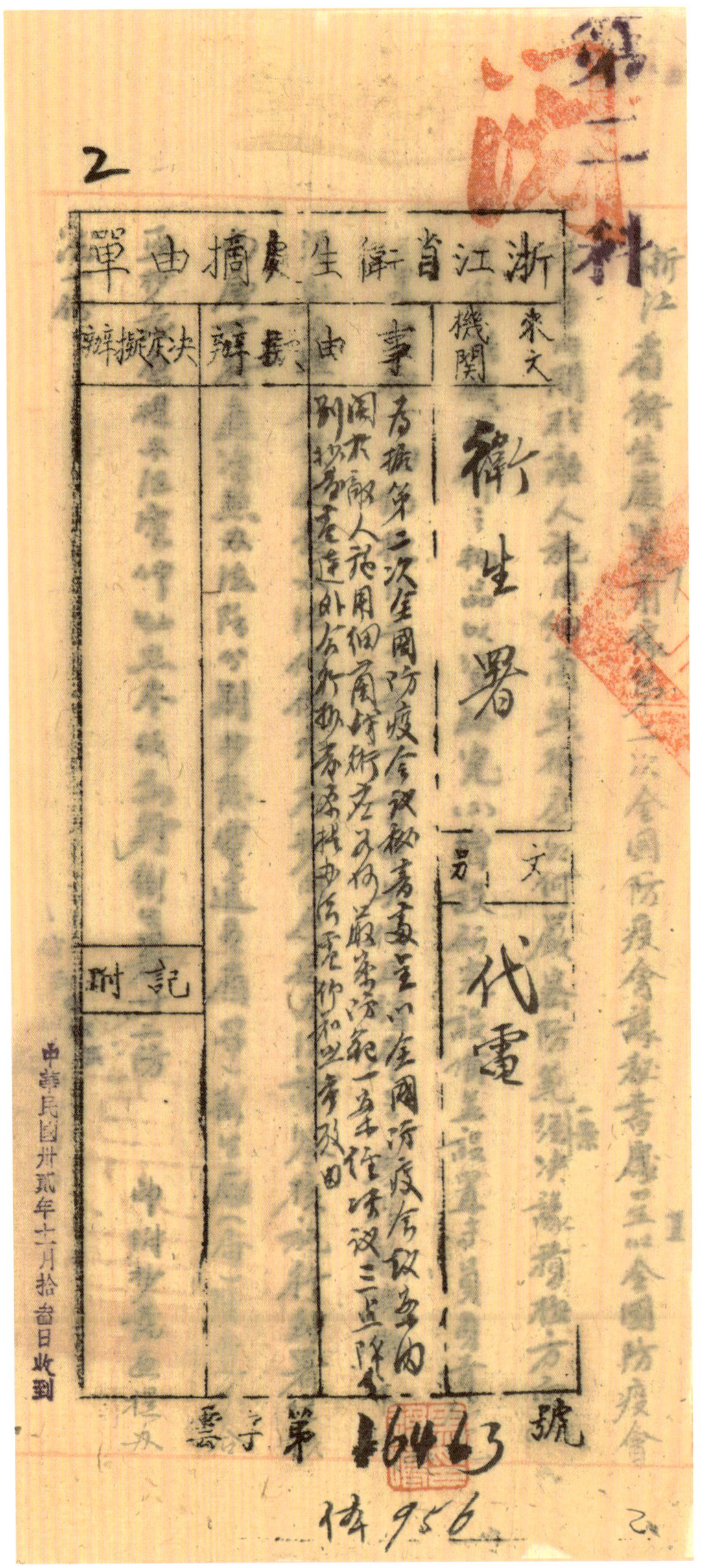

浙江省衛生處摘由單

來文機關：衛生署

文別：代電

事由：為據第二次全國防疫會議秘書處呈以全國防疫會[illegible]關於敵人施用細菌戰術應如何嚴密防範一案[illegible]分別抄發查照外合行抄發[illegible]仰知照為要由

中華民國卅貳年十一月拾叁日收到

衛字第16463號

3

衛生署快郵代電　卅二防字第163167號

浙江省衛生處覽：前據第二次全國防疫會議秘書處呈以全國防疫會議議案內關於敵人施用細菌戰術應如何嚴密防範一案，經決議：積極方面(一)搜集敵機投擲之物品以資研究；(二)增設研究設備並設置專員負責研究；(三)消極方面仍採用三十一年二月一日中央修正頒布之「處理敵機擲下物品須知」辦理。本案原擬辦法備供參考，抄同原提辦法，請鑒核施行到署。經核尚屬可行，應准照辦。除分別抄發電達各省(市)衛生處(局)注意外，合亟抄發原提辦法，電仰知照參考為荷。衛生署卅二防　印

附抄發原提辦法一份

附：敌人施用细菌战术应如何严密防范

4

敵人施用細菌戰術應如何嚴密防範

一、敵機擲下物品地區之封鎖

敵機空襲解除警報以後，一部份鼠蚤必已離開，應即就當地挖深壕溝或築適當之圍牆以避免鼠族逃逸，繼以氰酸鈣或烈火積極殺滅鼠族與跳蚤。

二、敵機擲下物品之初步處理

（一）採取擲下物品之一部份，並特別注意搜集附有跳蚤之物品，用玻璃瓶（注意嚴密封蓋）送往有檢驗設備之衛生機關負責檢驗。

（二）檢驗樣品採取後，對該擲下物品可用熱肥皂水加以適量之火酒或石炭酸充分噴灑，然後將該項物品集合一處，以大缸盛裝，嚴密封蓋，運往郊外場所，用烈火徹底焚燒，或施以煮沸。

（三）擲下物品移運後，應用石灰灑潑其所污染之地區。

（四）擲下物品地區內之房屋，應用熱肥皂水加以清洗，並宜注意黑暗之處所。

（五）在可疑之房屋中，應採用捕蚤器，其法在碟內滿盛濃肥皂水，水面置植物油二寸，油面浮一軟木，中間插一燈心，夜間燃之，蚤類即被集吸跳入肥皂水中。此外並可施用鐵絲籠盛裝豚鼠以吸引跳蚤，所有捕得之蚤均放入盛有百分之二食鹽水試驗管或小玻璃瓶中（須先消毒，注意嚴密封蓋裝入於木盒中送備檢驗。

(六) 鄰下物品之地區在處理完備以前應禁止軍民之通行。

(七) 各種工作人員應着長統襪靴特別避免跳蚤之叮咬，工作完成其衣服亦應予澈底消毒，最好採用蒸薰方法。

三、肅清鄰下物品後之經常措施

對鄰下物品之地區應認有染鼠疫之嫌疑，茲將經常措施臚列如次：

(一) 竭力推行衛生運動，使民眾知鼠疫流行之危險，最好暫時遷出此項污染之地區。

(二) 鼠疫病及鼠族之得病及早期症狀應使每人明瞭，以便疫情報告之收集。

(三) 預防注射——挨户注射為最良好之方法，當由軍警方面協助執行，為此項工作最重要措施之推行，應宣佈嚴厲。

(四) 撲鼠運動——鄰下物品之局部地區首宜澈底辦理，漸次向外擴大施行，如無精良毒餌、鋼製鼠籠等藥品可由地民設法購發，規定逐户逐街所應捕獲之數量，此項鼠類應送交接收站於檢驗後焚滅，並獎勵老鼠，同時須推行防鼠建築及保護食糧之工作。

(五) 成立檢疫站——出口貨物為易於藏匿鼠及跳蚤之米、谷、雜糧、棉花及棉製品應予禁止。

(六) 如鼠族已感染鼠疫或更有傳染及于人類之危險，應積極準備醫治瘟疫及撲鼠及鼠蚤等一切必需器材，並宜組織健全之防疫機構，加緊辦理。

浙江省卫生处关于拟订《浙江省省会各机关临时防疫队设置办法》暨《浙江省政府发给疫区防疫工作人员奖励金暂行办法》致省政府的呈（一九四三年十一月十三日）

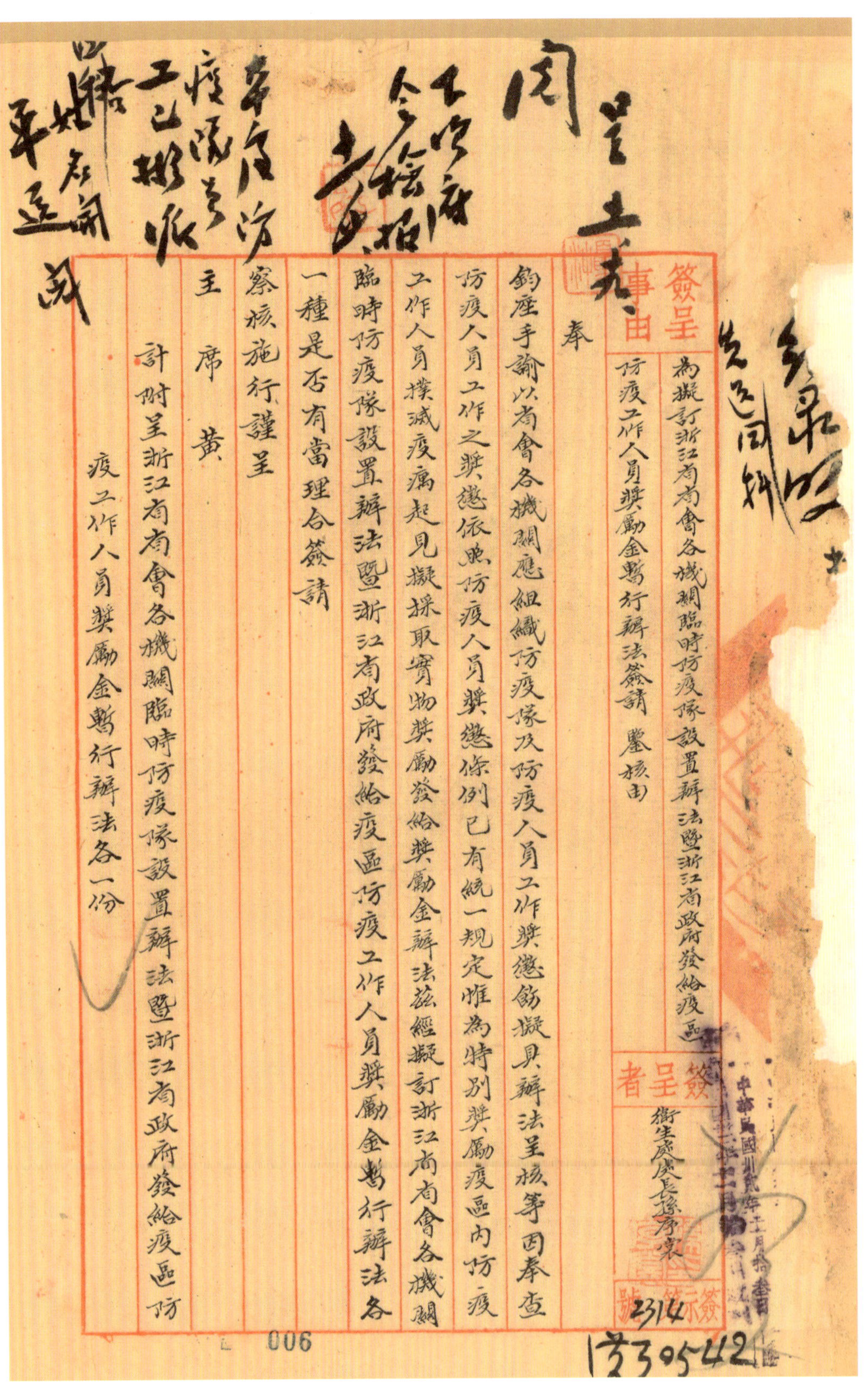

签呈

事由：為擬訂浙江省省會各機關臨時防疫隊設置辦法暨浙江省政府發給疫區防疫工作人員獎勵金暫行辦法簽請鑒核由

奉

鈞座手諭以省會各機關應組織防疫隊及防疫人員工作獎懲飭擬具辦法呈核等因奉查防疫人員工作之獎懲依照防疫人員獎懲條例已有統一規定惟為特別獎勵疫區內防疫工作人員撲滅疫癘起見擬採取實物獎勵發給獎勵金辦法茲經擬訂浙江省省會各機關臨時防疫隊設置辦法暨浙江省政府發給疫區防疫工作人員獎勵金暫行辦法各一種是否有當理合簽請

察核施行謹呈

主席黄

計附呈浙江省省會各機關臨時防疫隊設置辦法暨浙江省政府發給疫區防疫工作人員獎勵金暫行辦法各一份

签呈者：衛生處處長孫序家

签呈號：2314

006

浙江省省會各機關臨時防疫隊設置辦法

一、浙江省政府為策動省會各機關協同衛生機關加緊省會鼠疫之防治工作起見飭由各機關組設臨時防疫隊特訂定本辦法

二、上項臨時防疫隊由各該機關指定職員三人勤工六人送經省衛生處加以短期之防疫訓練後組成之

三、臨時防疫隊受省會臨時防疫委員會之指揮暨本機關主管人員之監督擔任各該機關抗鼠滅蚤消毒環境衛生疫情報告等工作以及協助執行强迫預防注射隔離留驗檢疫隔斷交通等之必要措施事宜

四、臨時防疫隊工作之督導由省衛生處組織防疫工作督導隊辦理之

五、临时防疫队应将每日工作列表（表式由省会临时防疫委员会为划一订定）一分送省卫生处暨省会临时防疫委员会核备

六、临时防疫队所需之各项设备由本机关自行购买，应需经费亦即在本机关原有经费内腾支使用

七、临时防疫队工作人员之原有职务本机关主管人员应尽量予以减少，其对于防疫工作勤怠与否概依照防疫人员奖惩条例办理

八、本办法由浙江省政府订颁施行

008

浙江省政府發給疫區防疫工作人員獎勵金暫行辦法

一、浙江省政府（以下簡稱本府）為獎勵疫區内防疫工作人員撲滅疫癘起見特訂定本辦法發給防疫獎勵金

二、在本省特殊疫區擔任防治富有危險性或廣大流行之急性傳染病之防疫人員得發給有定期之防疫獎勵金

上項急性傳染病之種類暫以鼠疫霍亂二種為限其他有認為應依本辦法辦理之必要時以及上項特殊疫區地點由本府臨時命令定之

三、領受獎勵金之防疫人員限於左列各款

（一）本省衛生處派遣防疫醫護衛生人員

（二）當地衛生機關從事實地防疫醫護衛生人員

（三）受當地防疫機關徵用之開業醫師

（四）其他參加實地防疫工作人員經省衛生處核定者

前項各疫區領受奬勵金人數必要時得限制之

四、奬勵金之發給由省衛生處指定當地主持防疫人員就近查明列表呈報該處核轉本府核定之上表應依（一）姓名（二）性別（三）年齡（四）籍貫（五）學歷（六）經歷（七）原任職務（八）擔任防疫工作開始日期（九）支薪實數（十）所任防疫工作之詳情（十一）工作成績之評判（十二）請領奬勵金數等項分別填明

五、防疫奬勵金之發給以各工作人員每月原支薪俸百分之三十至百分之一百為準惟得視各該人員之職務性質及當地生活程度分別核減之

六、奬勵金發給起訖時期由省衛生處報由本府核定之

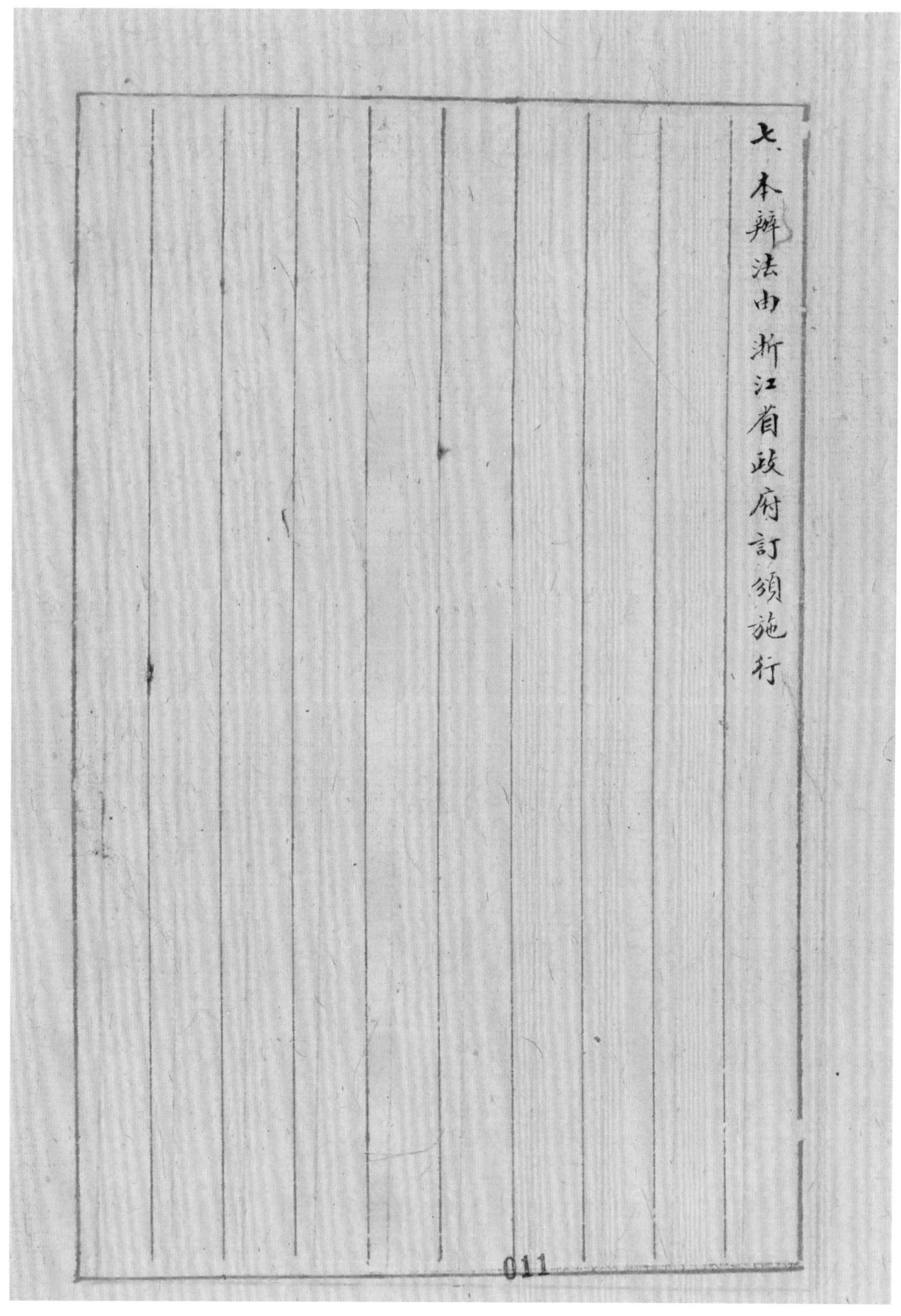

七、本辦法由浙江省政府訂頒施行

011

浙江省卫生处、省政府等关于拟订并施行《浙江省各机关团体工厂学校改进防疫设施通则》的一组文件

（一九四三年十一月十三日至十九日）

浙江省卫生处致省政府的呈（一九四三年十一月十三日）

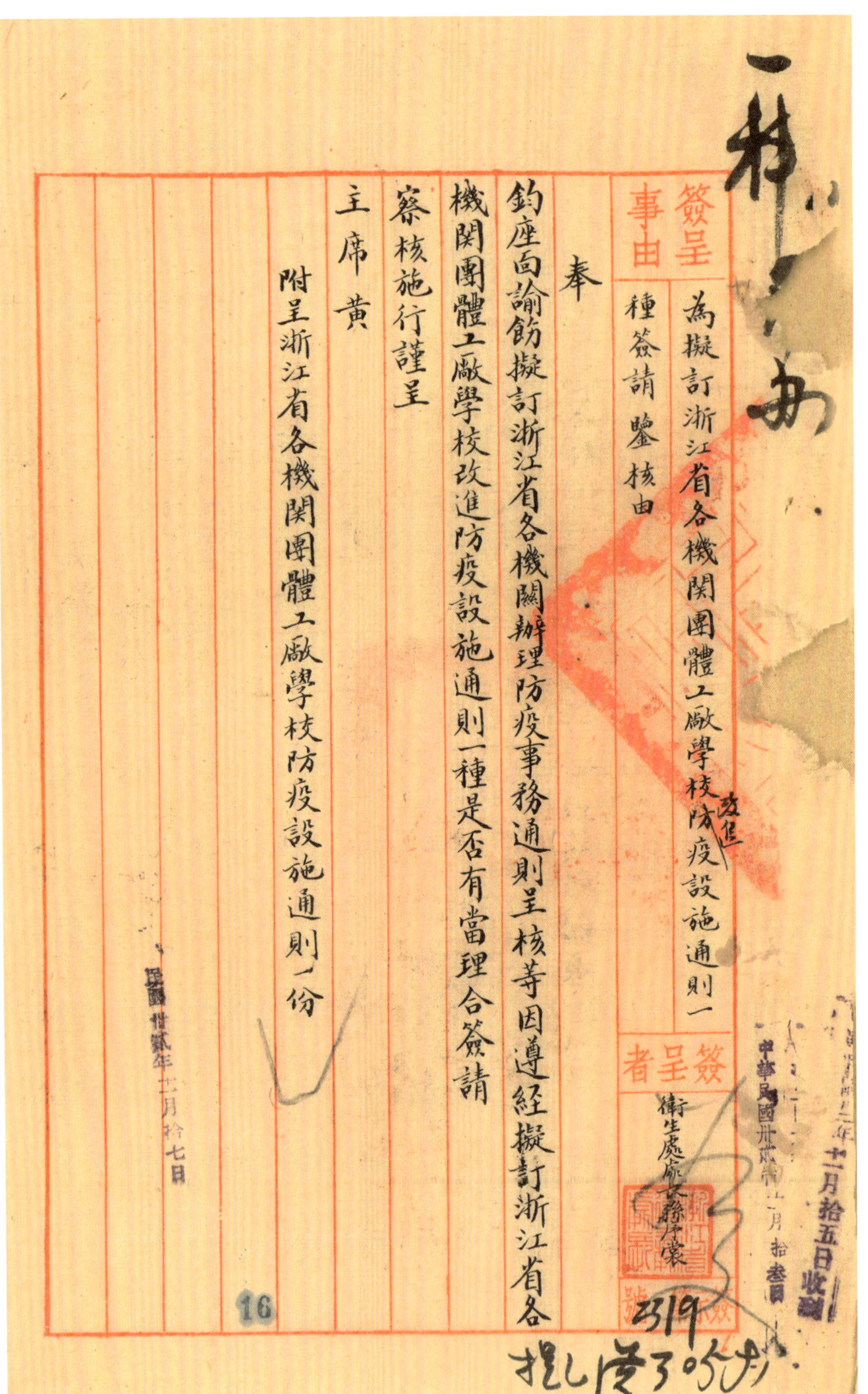
签呈
事由
为拟订浙江省各机关团体工厂学校改进防疫设施通则一种签请鉴核由

奉
钧座面谕饬拟订浙江省各机关办理防疫事务通则呈核等因遵经拟订浙江省各机关团体工厂学校改进防疫设施通则一种是否有当理合签请
察核施行谨呈
主席黄
附呈浙江省各机关团体工厂学校防疫设施通则一份

签呈者
卫生处处长孙序裳

民国卅贰年十一月拾叁日

附：浙江省各机关团体工厂学校改进防疫设施通则

浙江省各機關團體工廠學校改進防疫設施通則

一、浙江省為使各機關團體工廠學校協助當地衛生或防疫主管機關嚴密各項法定傳染病之管理起見除法令別有規定外特訂定本通則

二、各機關團體工廠學校遇有發現傳染病及疑似傳染病之患者或因此等病症而致死亡時主管人員應即延請醫師診斷或檢查並須於二十四小時以內報告其所在地之衛生或防疫主管機關

三、凡發現傳染病之機關團體工廠學校應服從其所在地衛生或防疫主管機關指示施行清潔並消毒方法以及隔離留驗檢疫隔斷交通預防注射等各項工作之實施

四、各機關團體工廠學校平時應盡量購置有關傳染病預防之各種書報以供員工學生閱讀如遇當地或隣近地方發生某種傳染病急劇流行時尤應利用時間採取各種方法灌輸員工學生對於某種傳染病

預防之知識必要時並須發動員工學生對當地民衆普施防疫宣傳以期提高防疫之正當情緒

五、各機關團体工廠學校之員工學生應養成左列最低限度之衛生習慣

(一)身體要保持清潔常洗臉常洗手常沐浴

(二)衣服要常洗換被褥要常洗晒

(三)有病即就醫

(四)不飲生水

(五)不隨地吐痰

(六)不隨地便溺

(七)不隨地抛棄果皮菜屑穢水以及一切廢棄物品

(八)房间及器具應每日自動整理及打掃潔净

六、各機關團体工廠學校之場所及應用設備務須達到左列各項應具之條件

(一)屋宇房間應力求光線充足空氣流通地上乾燥並應每日打掃潔淨發現有鼠穴即應封閉

(二)場地應每日清潔掃除

(三)廚房以遠離廁所為原則食品（包括穀米）務須嚴密貯藏不可露置供作鼠餌並應有防蠅設備如紗廚紗罩等污水須傾入污水桶隨即加蓋食具尤應用沸水洗滌後使用

(四)廁所應依照全國公廁實施方案所規定之標準式樣（是項式樣縣政府有存案）建造不合式之廁所及露天糞缸應予拆除

(五)飲水之清潔務須置備沙濾桶用水之盛器亦應加蓋

(六)溝渠須經常疏通以泄污水

(七)垃圾須傾入垃圾桶並須嚴密加蓋纖滿即應

(八)每月至少應舉行大掃除一次每季應將墻壁用石灰粉刷一次

七、各機関團体工廠學校應經常施行捕鼠滅蠅滅蚊滅蝨等工作

八、各機関團体工廠學校於其所在地區遇有鼠疫流行之虞時應將房屋依照浙江省各縣住宅防鼠改善暫行規則(是項規則縣政府有存業)設法予以改善以利是項疫病之防制

九、各機関團体工廠學校其所在地區如發生傳染病急劇流行時應選送人員至當地衛生或防疫機関參加短期之防疫訓練以期共同應付當前之緊急防疫措施

十、各機関團体工廠學校有関改進防疫設施所需之經費即在本機関團体工廠學校之原有預算內騰支應付

十一、本通則由浙江省政府訂定施行

浙江省政府致各厅处（除卫生处）的训令、公函、指令（一九四三年十一月十九日）

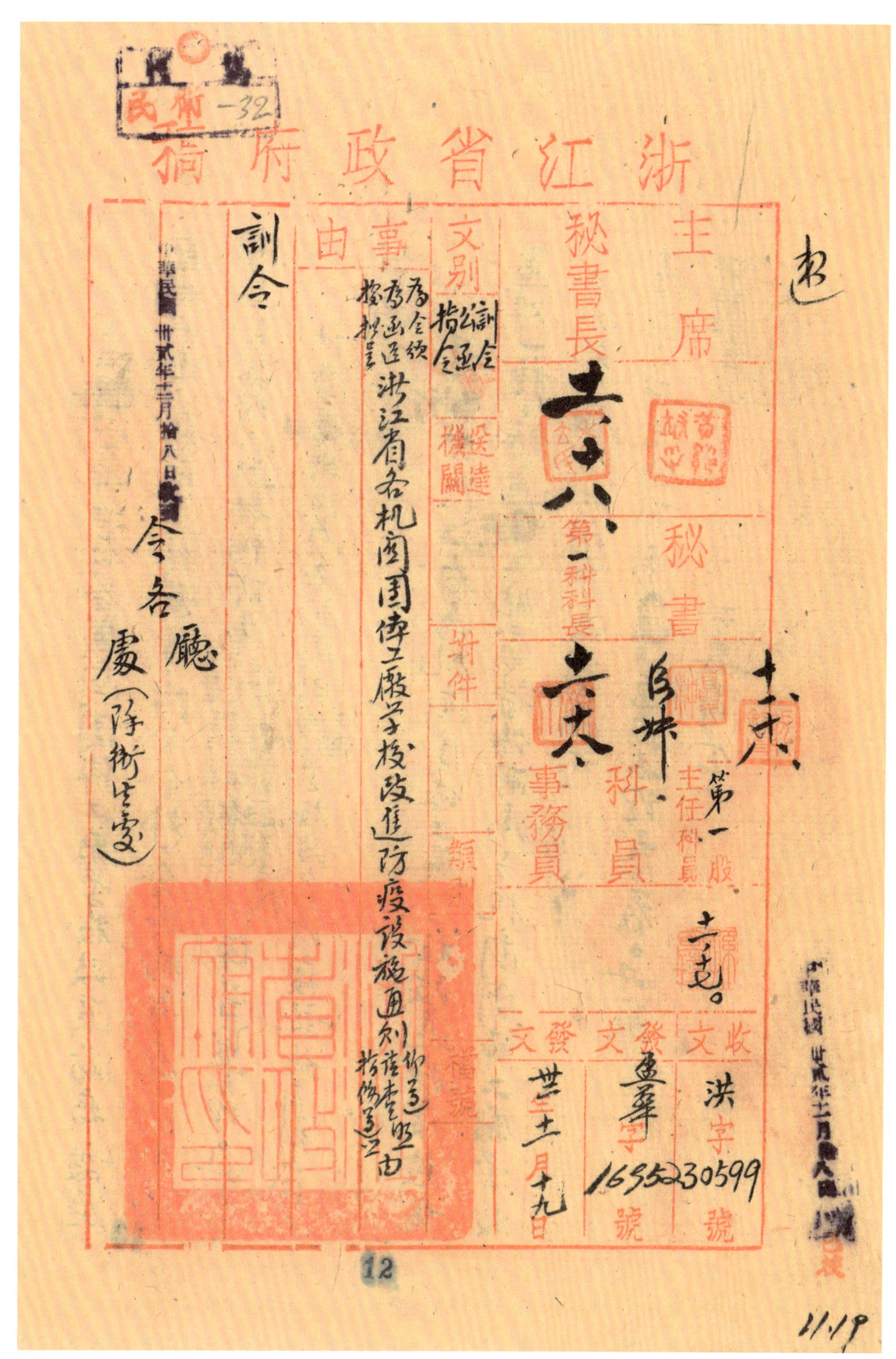
浙江省政府稿

主席 秘书长 秘书

事由：为令饬函送浙江省各机关团体工厂学校改进防疫设施通则仰遵照由

文别：训令 公函 指令

训令

中华民国卅贰年十一月拾八日

令各厅处（除卫生处）

收文 洪字 30599号
发文 孟华字 1695号
发文 卅二年十一月十九日

11.19

兹订定浙江省各机关团体工厂学校改进防疫设施通则一种，应即通饬施行，除分令外，合行抄发原通则，令仰遵照办理，并转饬所属（各机关各区县（民厅用）各机关各学校（教厅用）各机关各工厂（建厅用）各机关各团体（社会处用））一体遵照办理。此令。

计抄发浙江省各机关团体工厂学校改进防疫设施通则一份。

公函

兹订定浙江省各机关团体工厂学校改进防疫设施通则一种，除通行各厅处转饬所属各机关团体工厂学校遵办外，相应抄同原通则，函请

查照，并转饬所属迅遵照办理为荷。此致

中国国民党浙江省执行委员会。

监印伍耀波

13

三民主義青年團浙江支團部籌備處。
浙江省臨時參議會。
浙江省軍管區司令部。
全省保安司令部辦公廳。
第三戰區黃副司令長官辦公處。
浙江高等法院。

指令

計函送浙江省各機關團體工廠學校改進防疫設施通則一份。

令衛生處

2319 歸簽呈一件，閱來文由。

簽呈暨附件均悉。擬送改進防疫設施通則，經核尚無

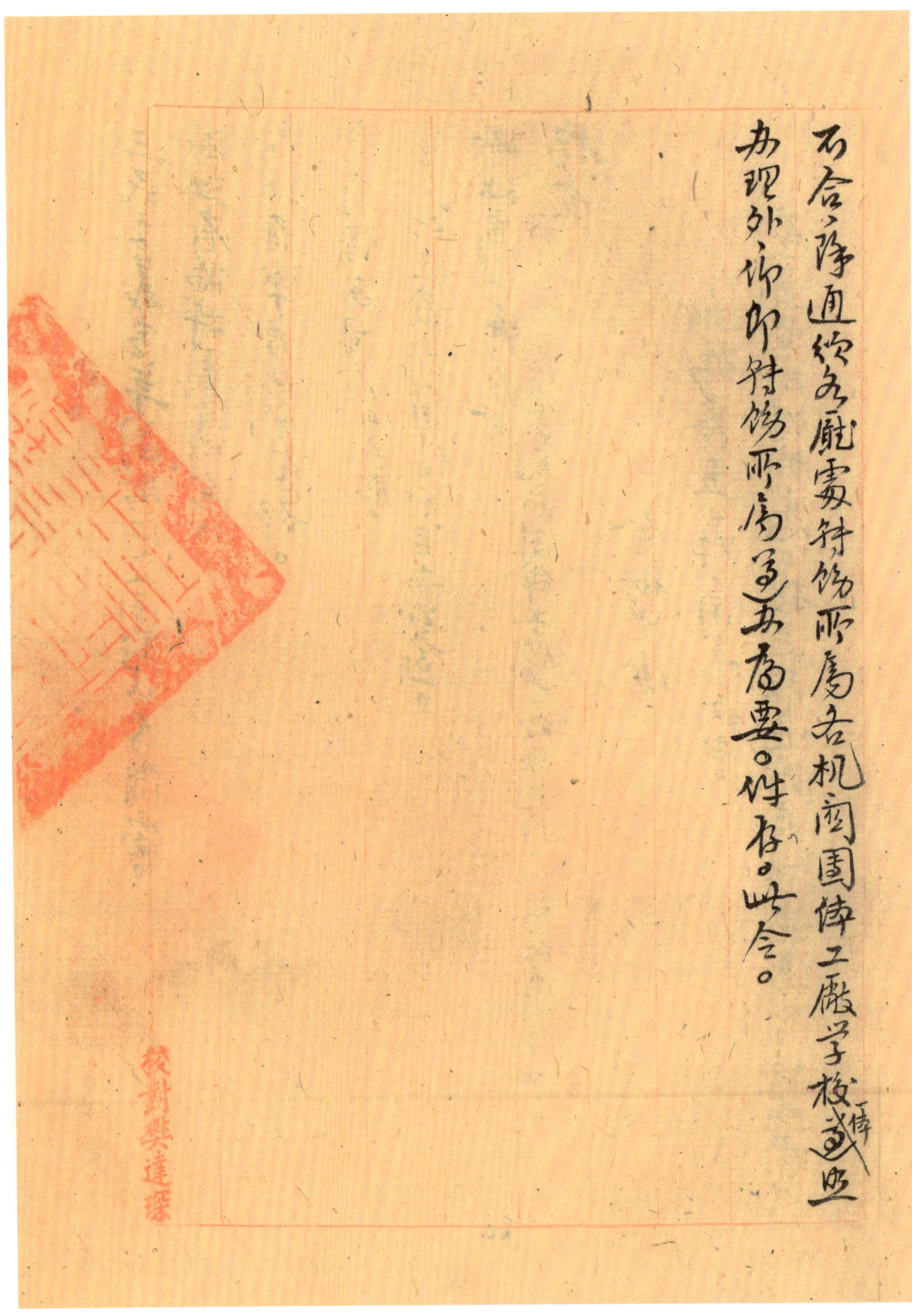

亟合，除通令各廳處轉飭所屬各機關團體工廠學校一律遵照辦理外，仰即轉飭所屬遵照為要。件存。此令。

校對樊達璟

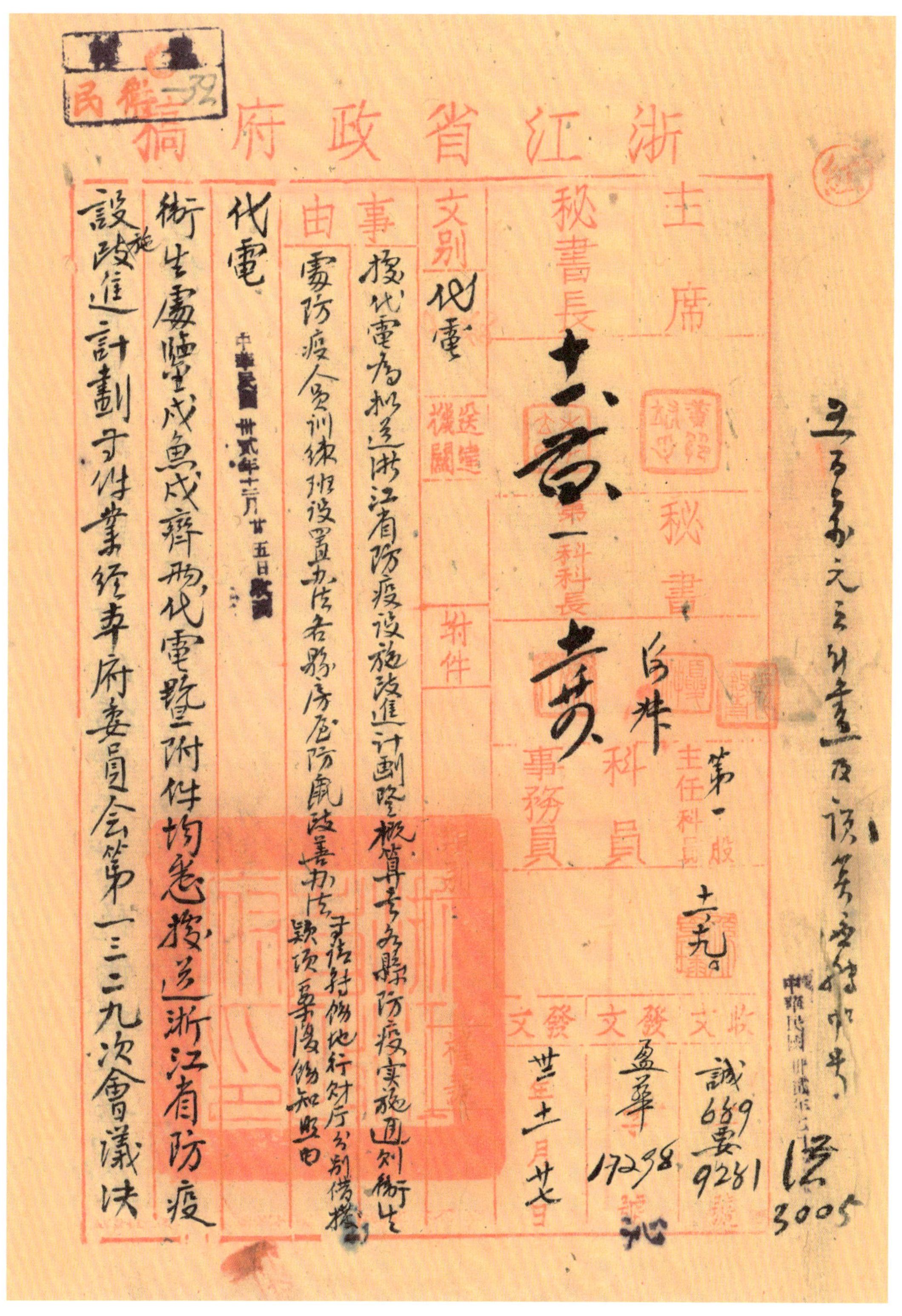

浙江省政府稿

事由：據代電為擬送浙江省防疫設施改進計劃暨概算書各縣防疫實施通則衛生處防疫人員訓練班設置辦法各縣房屋防鼠改善辦法

代電

衛生處覽：戌魚、戌齊兩代電暨附件均悉。據送浙江省防疫設施改進計劃暨概算書業經本府委員會第一三二九次會議決

浙江省政府关于通过《浙江省防疫设施改进计划暨概算书》《浙江省各县防疫实施通则》《浙江省卫生处防疫人员训练班设置办法》《浙江省各县房屋防鼠改善办法》分饬地方银行、财政厅借拨款项致卫生处的代电（一九四三年十一月二十七日）

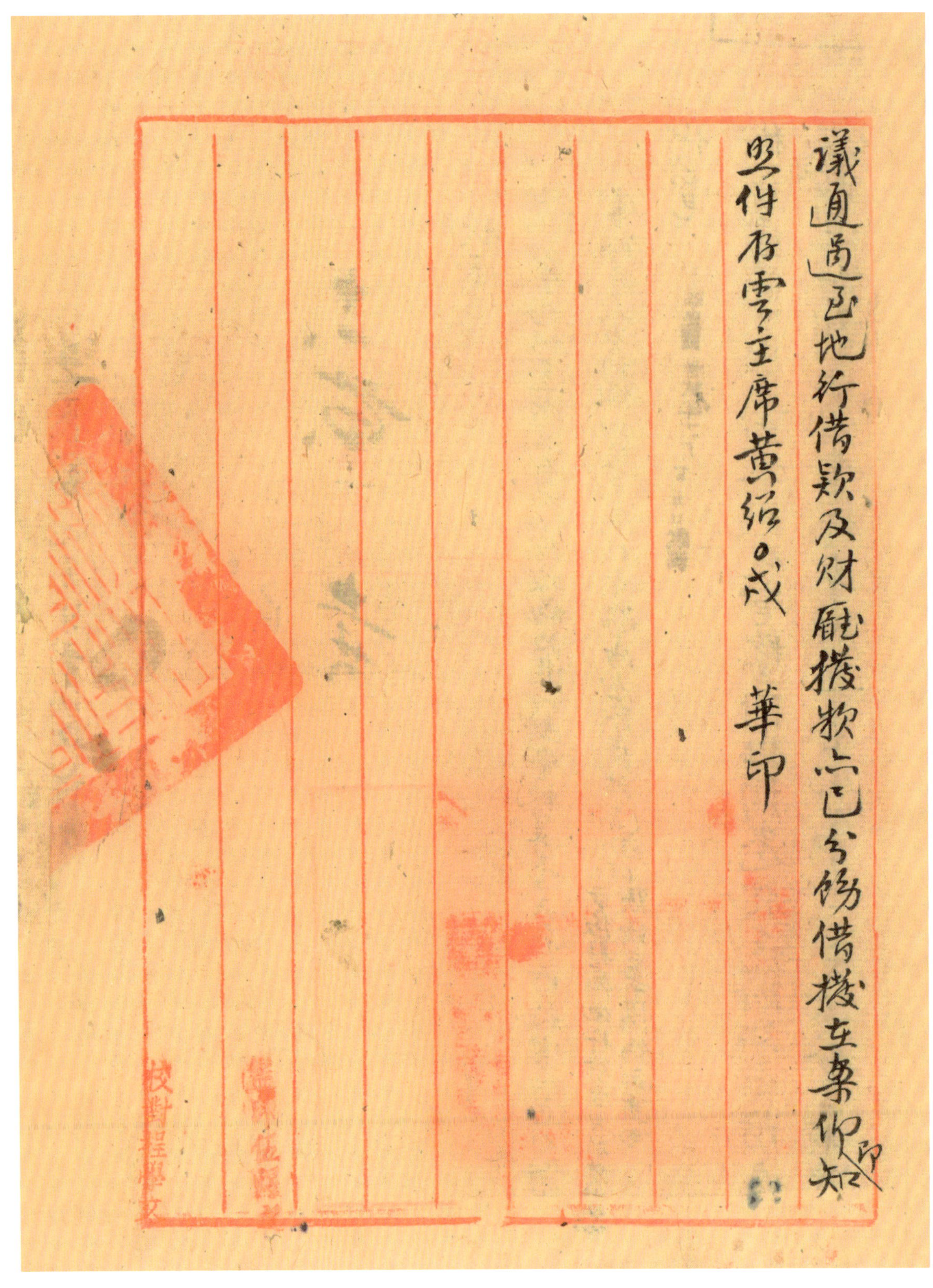
議通過地行借款及財廳撥款亦已分飭借撥在案仰知照
此件存雲主席黄紹竑 華印
校對 程學文

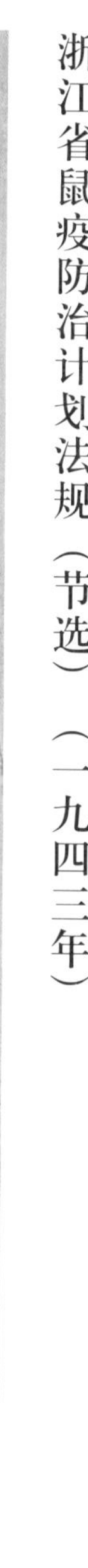

浙江省鼠疫防治计划法规（节选）（一九四三年）

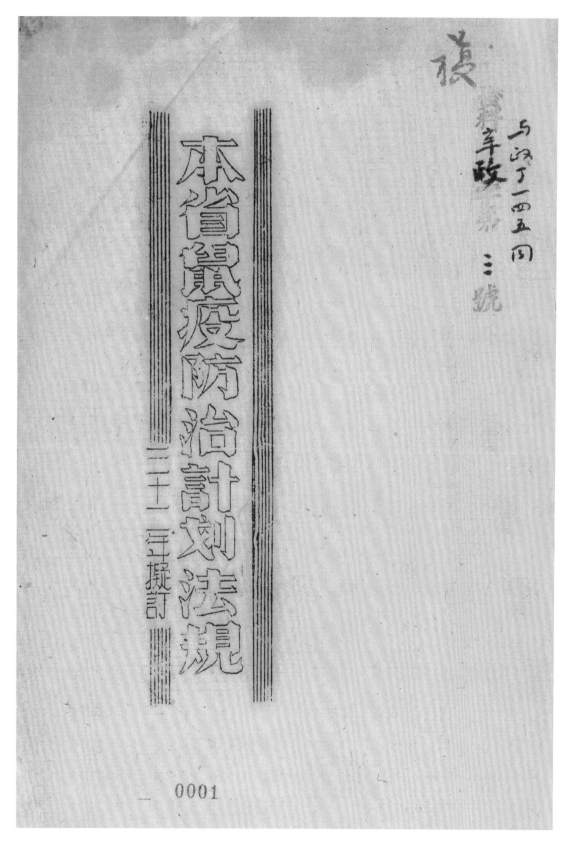

本省鼠疫防治計劃法規

三十二年擬訂

0001

目次

0002

浙江省會臨時防疫委員会組織規程 奉省政府丞華字第一六五八號訓令知此經省府委会第一三三七次会議通過施行

第一條 浙江省會各機關為防制鼠疫事宜特組織浙江省会臨時防疫委員(以下各簡稱本委員会)

第二條 本委員会設委員十一人至十五人由省政府就省会所在地各機關团體高級人員中聘任或指派之

第三條 本委員会設主任委員会一人由衛生處長兼任常務委員三人至六人均由委員推選主持本会一切事務

第四條 本委員会為办理疫病預防檢驗医療隔離消毒技術設計督導宣傳交通管制及文書等事項得分組辦事

本委員会出納庶務編審統計及經費之預算決

0003

該等事項由衛生處办理(一)

第五條　本委員会設總幹事一人各組設主任幹事一人幹事若干人由主任委員向各有関機關調派兼任必要時得設專任办事員

第六條　本委員会為實施防疫工作得分別設置各防疫機構办理左列事項

一、防疫工作隊办理預防注射防疫宣傳清潔檢查疫情々報防疫檢驗防疫工程等事項

二、檢疫站办理交通要道車輛船隻旅客行李貨品之檢疫事項

三、留驗所辦理関於可疑疫户及旅客之留驗事項

四、隔離病院办理関於患疫病人之隔離治療事

0004

項

第七條　前條防疫機構之職員得向有關機關調派之被調派之人員受本委員会之指揮監督

第八條　本委員会實施防疫工作時各機關團體職員及住民均有協助及服從之義務如有故違情事除法令有特別規定外本委員得函請各該機關懲處之

第九條　本委員会委員及調派人及職員均為無給職但因公得支給車旅膳食等費

第十條　本委員会每月舉行全体会議一次每星期舉行常務委員会議一次必要時得由主任委員召集臨時会議

第十一条　本委员会所需防疫经费由卫生处编列预算附同工作计划呈请省政府核拨

（二）

第十二条　本委员会设于浙江省卫生处

第十三条　本规程经省政府委员会议决后施行

0006

浙江省防疫設施改進計劃

本省自抗戰發生以還歷年急性傳染病流行日趨嚴重其中尤以鼠疫為最而各項有關防疫設施又以限於人員及經費未能悉如期望營為展佈本年度鼠疫流行之威脅性更形重大其他急性傳染病亦終年起伏無常懲前毖後應如何積極防治消弭後患實為急切之要圖爰擬訂本計劃以期獲得設施上之改進而利工作之推行並為三十三年度防疫施政之張本焉

一、擴充省防疫業務機構

過去概況　查省級衛生業務設施務求普及展過去因奉核定是項經費頗為短絀故防疫部門僅有省醫療防疫隊二隊省傳染病院三所即新訂卅三年度整飭衛生施政計劃亦因經費限制省醫療防疫隊仍為一隊傳染病

一

院且併為一所所列經費預算人員編製及各項設備均未
法擴充

計劃要点　將省医療防疫隊改組為省医療防疫總
隊加強工程部份設施下再分設四隊傳染病院增設三所
連同原有一所共為四所省医療防疫總隊暫派駐於碧湖
配置傳染病院一所在永嘉雲和龍泉各暫派駐省医療防
疫隊一隊並各配置傳染病院一所另派一隊暫駐宣平

實施經費　省医療防疫總隊由原有省医療隊疫隊
改組除原已列支經常費叁拾萬元外再為增列工程設施
及擴充設備費全年玖萬元新設省医療防疫隊四隊每隊
開办設備費七萬六千元全年各列支經常費弍拾萬四千
元傳染病院除原有一所已列經常費弍拾萬零四千元外
增設三所每所開办設備費陸萬元全年各列支經常費弍

0008

拾萬零肆仟元合計應增列經費弍佰拾壹萬弍千元

六 舉辦防疫人員訓練

過去概况 本省衛生人員原不甚多而防疫工作人員之質量尤感缺乏培養防疫幹部人才確屬當前防疫行政最重要之設施

計劃要點 設置防疫人員訓練班特别強調防治鼠疫訓練工作分招訓調訓兩種 一 招調學員以初中以上學校畢業或同等學歷者考取訓練之 二 調訓學員以調集各級衛生醫療機關醫師以上人員訓練之 三 訓練期間每期暫定為二個月舉辦五期(招訓三期調訓二期)每期學員名額各暫定為三十名五期共為一百五十名

實施經費 每期訓練所需經費以玖萬六千元為準五期合需列支經費四拾八萬元

0009

三、增加生物製品產量

過去概况　本省生物製品之製造向由省衛生試驗所主办惟以該所過去經費甚多僅可自製痘苗及少量之霍乱疫苗迨至因交通不便各種生物製品來源日形困難今後務須設法能切实達到自供自給之目的

計划要点　擬將省衛生試驗所生物製品部設備竭力予以擴充使可自製鼠疫之苗及血清至其他各種生物製品之製造生產亦使其能獲平衡之發展

实施經費　開始製造鼠疫之苗血清增加設備費及其他部份充实設備費合計需列經費陸拾萬元

四、添置防疫藥品器材

過去概况　本省已往以經費短絀致防疫藥品器材缺乏情形極為嚴重即就省醫療防疫隊而言上年浙東敵

0010

入軍擾該隊在义烏倉庫撤退藥品器材蒙受相當損失迄
至目前尚未能添補完整至衛生處卅二年度所列防疫費
用供購置防疫藥品器材者亦僅陸萬元杯水車薪無補實
際其他各級衛生醫療机關更無論矣
計划要點　儘先充實防治鼠疫部門設備(一)藥品部
分擬添置鼠疫〻苗拾萬西〻(為應目前急需)滅鼠消毒等
藥如氰化鈣炭酸鋇硫黃等滅蚤劑原料如煤油樟腦油肥
皂石炭酸等檢驗用試藥食鹽漂白粉及其他藥品等各若
干(二)器材部分擬添置顯微鏡五具防蚤衣一百套橡皮靴
鞋一百双捕鼠籠六百具滅鼠消毒用唧筒叁拾付食鹽水
注射器暨各種大小注射器以及其他器材各若干
實施經費　藥品部分鼠疫〻苗拾萬西〻估計為拾
萬元滅鼠消毒藥估計列支拾萬元滅蚤劑原料估計列支

三

陸萬元器材部分顯微鏡五具估計式拾萬元防蚤衣襪皮靴鞋等估計列支八萬元捕鼠籠估計列支六萬元滅鼠用唧筒注射器及其他估計列支拾萬元購置各種藥品器材所需旅運費列支拾式萬元合計為八十二萬元

五、協導各縣設置檢疫站及隔離病院留驗所等

過去概況　各縣過去辦理檢疫及隔離留驗等工作因受人員設備經費缺乏之影響均未能達到預期之效果自省府遷設雲和浙南各縣交通頻繁地位情勢與戰前迥異甌江流域各縣尤為衝要而鼠疫之區逐步擴大並懍於上年度霍亂流行之恐怖上項工作之需督促認真舉辦實為不可容緩之事

計划要点　補助經費協導雲和麗水永嘉三縣在赤石大港頭溫溪各設置檢疫站各一所並應附有隔離留驗

0012

場所等之設備慶元宣平松陽青田樂清等縣各設置隔離病院一所

實施經費　赤石大港頭溫溪三檢疫站各補助經費拾貳萬元慶元宣平松陽青田樂清等縣隔離病院各補助七萬二千元合計列支經費爲柒拾貳萬元

六　擴大衛生宣傳

過去概況　本省衛生宣傳已往因限於經費未能作普遍之實施當此戰禍連年疫癘橫行災難頻仍之際而一般民衆對于保健防疫等衛生設施尚多忽視關繫民族前途至鉅允宜急起直追作擴大衛生宣傳以資喚起注意

計劃要點　擬強調是項工作之實施儘量刊發各種衛生宣傳讀物圖案標語及製備模型等對于防治傳染病之宣傳材料尤須廣博搜羅普遍宣傳期使民衆咸知傳染

病之危险注意防範講求衛生並逐漸改善其生活習慣向健康之途邁進

實施經費　本項經費玖萬元列入浙江省衛生處臨時防疫經費一款六項

七、發給防疫人員獎勵金

過去概况　防疫人員出入疫區冒险臨难與疫菌及其媒介物旋鬥爭維護大众生命安全其工作至為艰鉅茲為迅謀撲滅本省疫患並優待是項工作人員提高工作效能計即予發給獎勵金以資鼓勵

計划要点　擬參照衛生署發給疫區防疫人員獎勵金暫行办法之規定付本省派遣之防疫人員及參加实地防疫工作人員每人每月發給獎勵金以各該人員原薪百分之三十至一百為準其办法另訂之

0014

實施經費　本項經費每月估計一萬元全年合計十二萬元列入浙江省衛生處臨時防疫經費一款七項

浙江省各縣防疫實施通則

一、浙江省各縣為防制疫病蔓延並切實推動防疫工作以期迅著實效起見除傳染病預防條例及法令別有規定外特訂定本通則

二、防疫工作之實施應力求迅速切實有效尤須於事先訂定工作計劃按其性質由當地各機關分別担任不得推諉。

三、各縣縣政府應充分運用行政力量配合技術工作組織防疫委員會以縣政府縣黨部三民主義青年團分團部中央或省派駐在當地之醫療防疫隊或傳染病院縣衛生院警察局商會醫師公會及其他當地有關醫事防疫機關團體代表組織之尤須與當地駐軍切取联繫俾利工作之執行並以縣長為主任委員其組織辦法由縣擬

(一)

0016

訂呈省衛生處核定施行

四、各縣訓練所應即期舉辦防疫幹部人員訓練對警察及保甲長以輪流調訓為原則衛生院並應協助辦理

五、各縣應強調衛生宣傳工作推行健康運動務使民衆能澈底認識衛生之重要意義對於法定傳染病流行之危險尤應普遍宣傳剴切闡明提示預防方法促使大衆特別注意防範城鄉各級中小學校並應臨時加授防疫課程。

六、各縣縣政府應依照疫情報告辦法暨浙江省鼠疫疫情報告辦法切實執行組織疫情情報網嚴密疫情報告

七、各縣警察局應負責辦理棺木統制各級自治機構衛生組織並應會同辦理疾病死亡登記

八、各縣應切實推行環境衛生改善人民生活習慣以消弭疫癘於無形關於住屋廣場街衢菜市等處清潔之注意及飲食物品之管理溝渠河道之疏濬垃圾污物之處置等必須規定辦法督促實施尤須按時應舉行大掃除及清潔檢查工作務求澈底

九、各縣應按季普遍注射各種預防疫苗必要時應由保甲長協同預防注射工作人員按照户口册挨户强迫注射

十、發現法定傳染病之地點即應實施患者隔離並採用有效方法撲滅媒介物及病菌同時進行消毒防治工作其有對病人（傷寒痢疾瘧疾除外）接觸者執行留驗之必要時並應作緊急有效處置如係鼠疫霍亂須劃定疫區隔絕交通或劃定警戒區嚴密封鎖必要時對於疫區内之建築物附着物施行斷然處置各縣應運用行政力量切

0018

(二)

實辦理

十、各縣應依照非常時期交通檢疫辦法於接近鼠疫霍亂斑疹傷寒流行地區或交通要道及其他有發生傳染可虞之因素時立即設置檢疫站辦理檢疫

十一、防疫機關接到疫情報告應立即派員赴發病地點會同當地警察或保甲長調查患者姓名年齡性別職業住址發病日期現實症狀平時生活及住屋環境衛生情形家屬或同居狀況等項依照法定傳染病報告表填載病例迅速查報並追究地區內人事動態交通路線及其他有關傳染來源等事項

十二、檢驗疫患除臨床診斷外更須取得實驗材料依據細菌學方法作鏡檢培養之診斷鼠疫之鑑定並須採用動物

接種

十四、各縣應隨時設法購貯各種預防苗治療藥品器材用具暨其他有關防疫之建築與設備更應妥慎管理

十五、各縣防疫委員會應積極進行籌儲防疫基金其籌集標準至少為十萬元並妥為存儲以應不時之需

十六、參加或從事防疫工作之機關團體人員對於執行防疫任務著有勞績或工作不力貽誤疫政者除適用防疫人員獎懲條例之規定外防疫委員會得另擬實物獎懲辦法呈省核定施行

十七、疫戶或疫區內之民衆有拒絕執行防疫任務之行為或違犯當地防疫委員會之決議或破壞疫政者得由該管縣政府按其情節輕重予以罰辦接近疫區民衆有涉及上項情節時亦同

0020

十八、本通則由浙江省政府頒佈施行(三)

0021

浙江省省會各機關臨時防疫隊設置辦法

一、浙江省政府為策動省會各機關協同衛生機關加緊省會鼠疫之防治工作起見飭由各機關組設臨時防疫隊特訂定本辦法

二、上項臨時防疫隊由各該機關指定職員三人勤工六人送經省衛生處加以短期之防疫訓練後組成之

三、臨時防疫隊受省會臨時防疫委員會之指揮暨本機關主管人員之監督担任各該機關抗鼠滅蚤消毒環境衛生疫情報告等工作以及協助執行强迫預防注射隔離留驗檢疫隔斷交通等之必要措施事宜

四、臨時防疫隊工作之督導由省衛生處組織防疫工作督導隊辦理之

五、臨時防疫隊應將每日工作列表（表式由省会臨時防疫委

（全頁）

0028

員会為（創一訂定）分送省衛生處暨省会臨時防疫委員会核備

六、臨時防疫隊所需之各項設備由本機關自行購置应需經費亦即在本機關原有經費內騰支使用

七、臨時防疫隊工作人員之原有職務本機關主管人員应尽量予以減少其对於防疫工作勤怠與否概依照防疫人員奬懲條例办理

八、本辦法由浙江省政府訂頒施行

浙江省各機關團體工廠學校改進防疫設施通則

一、浙江省為使各機關團體工廠學校協助當地衛生或防疫主管機關嚴密各項法定傳染病之管理起見除法令別有規定外特訂定本通則

二、各機關團體工廠學校遇有發現傳染病及疑似傳染病之患者或因此等病症而致死亡時主管人員應即為延聘醫師診斷或檢查並須於二十四小時以內報告其所在地之衛生或防疫主管機關

三、凡發現傳染病之機關團體工廠學校應服從其所在地衛生或防疫主管機關指示施行清潔並消毒方法以及隔離留驗檢疫隔斷交通預防注射等各項工作之實施

四、各機關團體工廠學校平時應盡量購買有關傳染病預防之各種書報以供員工學生閱讀如遇當地或鄰近地方發

(一)

0030

生某種傳染病負劇流行時尤应利用時間採取各種方法灌輸員工學生對于某種傳染病預防之知識必要時並須發動員工學生對當地民衆普施防疫宣傳以期提高防疫之正當情緒

五、各機關團體工廠學校之員工學生應養成左列最低限度之衛生習慣

(一)身體要保持清潔常洗臉常洗手常沐浴
(二)衣服要常洗換被褥要常洗曬
(三)有病即就醫
(四)不飲生水
(五)不隨地吐痰
(六)不隨地便溺
(七)不隨地拋棄果皮菜屑穢水以及一切廢棄物品

0031

六、(八)房間及器具應每日自動整理及打掃潔淨

各機關團體工廠學校之場所及應用設備務須達到左列各項應具之條件

(一)屋宇房間應力求光線充足空氣流通地上乾燥並應每日打掃潔淨發現有鼠穴即應封閉

(二)場地應每日清潔掃除

(三)廚房以遠離廁所為原則食品(包括穀米)務須嚴密貯藏不可露置供作鼠餌並應有防蠅設備如紗廚紗罩等污水須傾入污水桶隨即便加蓋食具先應用沸水洗滌後使用

(四)廁所應遵照全國公廁實施方案所規定之標準式樣(是項式樣縣政府有存案)建造不合式之廁所及露天糞坑應予拆除

(二)

（五）飲水之清潔務須置備沙濾桶用水之盛器亦須加蓋
（六）溝渠須經常疏通以泄污水
（七）垃圾須傾入垃圾箱並須嚴加蓋盛滿即應焚燬
（八）每月至少應舉行大掃除一次每季應將牆壁用石灰粉刷一次

七、各機關團體工廠學校應經常施行抗鼠滅蠅滅蚊滅蝨等工作

八、各機關團體工廠學校於其所在地區遇有鼠疫流行之虞時應將房屋依照浙江省各縣屋宇防鼠改善暫行規則（是項規則縣政府有存案）設法予以改善以利是項疫病之防制

九、各機關團體工廠學校其所在地區如發生傳染病急劇流行時應選送人員至當地衛生或防疫機關參加短期

0033

之防疫訓練以期共同应付當前之緊急防疫措施

十、各機関團體工廠學校有関改進防疫設施所需之經費即在本機関團体工廠學校之原有預算内騰支应用

十一、本通則由浙江省政府訂頒施行

0034

浙江省衛生處防疫人員訓練班設置辦法

一、浙江省衛生處為培育防疫幹部人員以利本省已成流行性或地方性趨勢之急性傳染病防治起見特設置防疫人員訓練班（以下簡稱本班）

二、本班訓練學員分招訓與調訓兩種（一）招訓學員以曾在初中以上學校畢業及同等學力者考取之（二）調訓學員以現有各級衛生醫療機關中醫師以上人員為原則

三、本班訓練期限暫定為二個月

四、本班設班主任一人由衛生處處長兼任教導主任一人由衛生處處長就本處高級職員中指派兼任之

五、本班教官及事務人員由省衛生處就省各級衛生機關職員中調派兼任之必要時得設專任人員各二至四人

前項教官及事務人員除專任者外均為無給職但得酌

（一）

0035

支川旅津贴

六、本班调训学员之调训办法另订之。招训应考学员报名时应开具详细履历三份、二寸半身相片三张，并缴呈证明文件。

七、招训学员之考试分体格检验、笔试及口试三项，考取后须填取志愿书、保证书各二份，以一份存省卫生处，一份存本班备查。

八、学员受训期满，经考试及格者发给证书，分派各级卫生机关担任工作。调训学员结业后，以仍回原机关服务为原则。

九、本班训练课目及教学实习办法另订之。

十、受训学员除膳宿费概由本班供给外，并酌给旅费及生

0036

治津貼若干

十一、本班經費由衛生處呈准省政府在奉中央撥發臨時防疫經費中列支

十二、本辦法呈奉浙江省政府核准施行

0037

一、浙江省政府發給疫區防疫工作人員獎勵金暫行辦法

浙江省政府（以下簡稱本府）為獎勵疫區內防疫工作人員撲滅疫癘起見特訂定本辦法發給防疫獎勵金

二、在本省特殊疫區担任防治富有危險性或廣大流行之急性傳染病之防疫人員得發給有定期之防疫獎勵金

上項急性傳染病之種類暫以鼠疫霍乱二種為限其他有認為應依本辦法辦理之必要時以及上項特殊疫區地點由本府臨時命令定之

三、領受獎勵金之防疫人員限於左列各款

（一）本省衛生處派遣防疫醫護衛生人員

（二）當地衛生機關從事實地防疫醫護衛生人員

（三）受當地防疫機關徵用之開業醫師

（四）其他參加實地防疫工作人員經省衛生處核定者

（全頁）

0038

四、前項各疫區領受獎勵金人數必要時得限制之

獎勵金之發給由省衛生處指定當地主持防疫人員就近查明列表呈報該處核轉本府核定之上表應依(一)姓名(二)性別(三)年齡(四)籍貫(五)學歷(六)經歷(七)原任職務(八)担任防疫工作開始日期(九)支薪实數(十)所任工作之詳情(十一)工作成績之評判(十二)請領獎勵金數等項分別填明

五、防疫獎勵金之發給以各工作人員每月原支薪俸百分之三十至百分之一百為標準惟得視各該人員之職務性質及當地生活程度分別核減之

六、獎勵金發給起訖時期由省衛生處報由本府核定之

七、本辦法由浙江省政府訂頒施行

浙江省卫生处关于请求审核省医疗防疫大队组织规程办事细则暨该队巡回工作队组织规则致省政府的呈（一九四四年一月十九日）

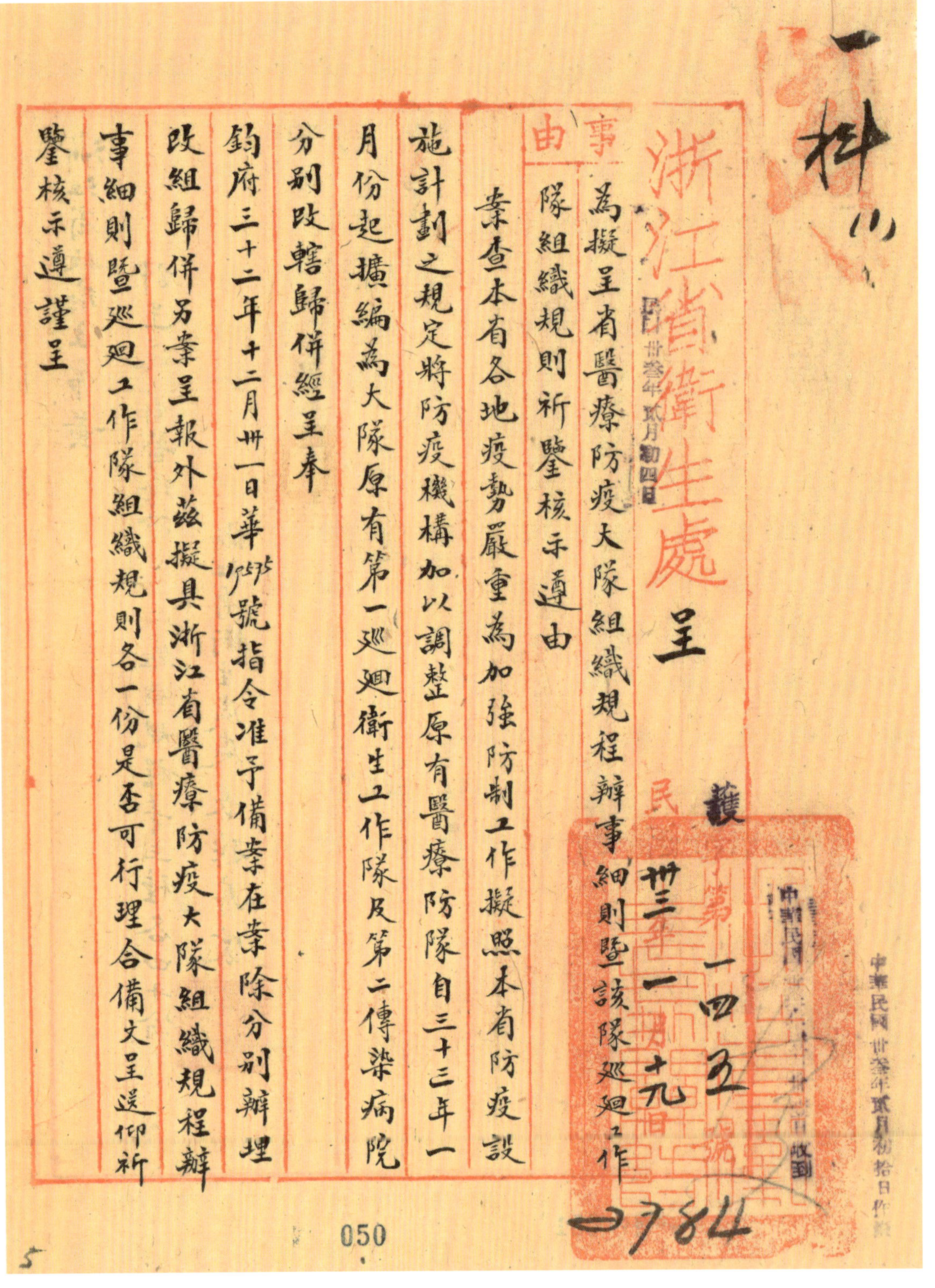

浙江省衛生處 呈

民國卅三年一月十九 衛字第一四五號

事由：為擬呈省醫療防疫大隊組織規程辦事細則暨該隊巡迴工作隊組織規則祈鑒核示遵由

案查本省各地疫勢嚴重，為加強防制工作，擬照本省防疫設施計劃之規定，將防疫機構加以調整，原有醫療防隊自三十三年一月份起擴編為大隊，原有第一巡迴衛生工作隊及第二傳染病院分別改轄歸併，經呈奉

鈞府三十二年十二月卅一日華[illegible]號指令准予備案在案。除分別辦理改組歸併另案呈報外，茲擬具浙江省醫療防疫大隊組織規程辦事細則暨巡迴工作隊組織規則各一份，是否可行，理合備文呈送，仰祈

鑒核示遵。謹呈

050

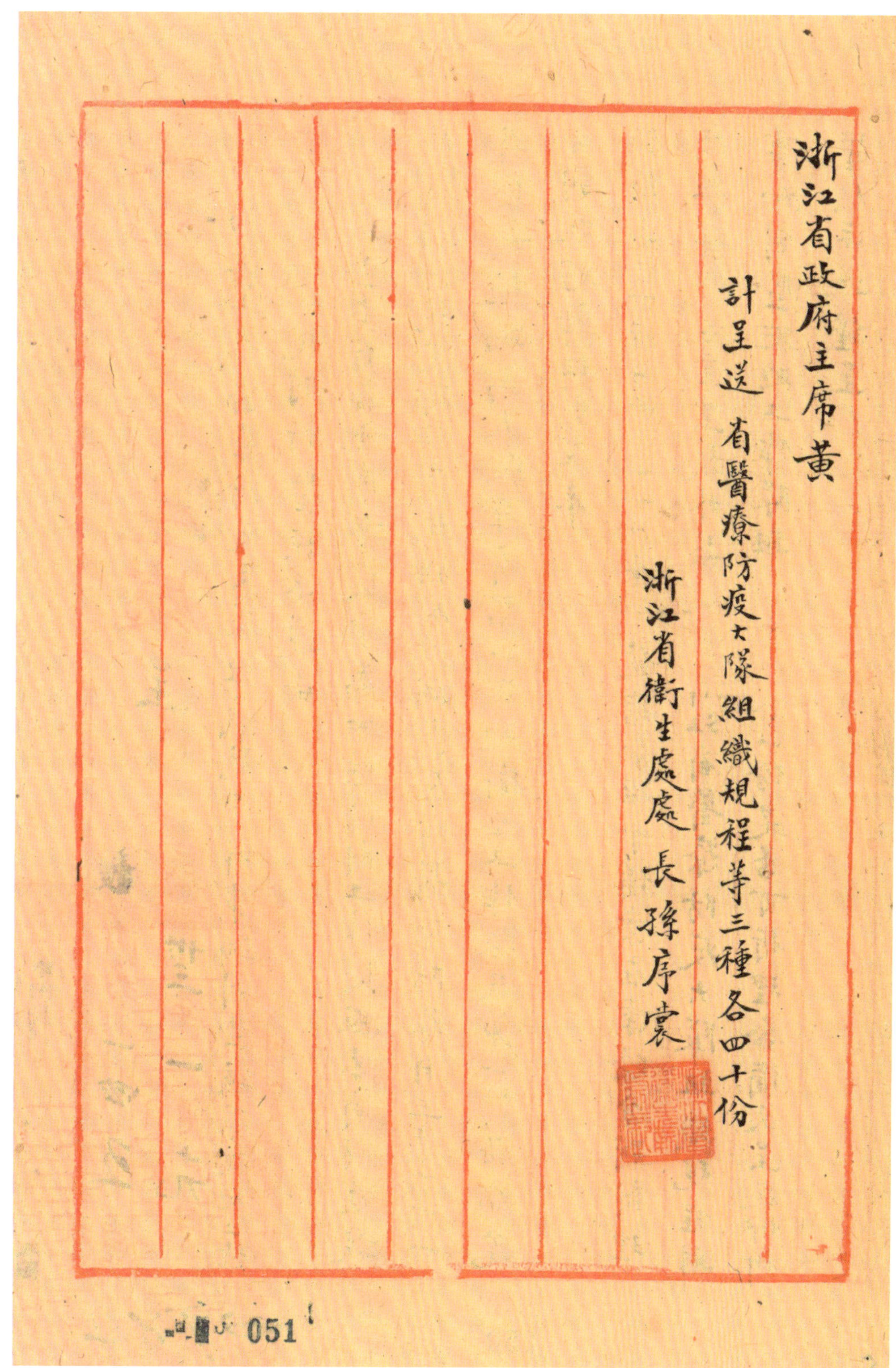

浙江省政府主席黄

計呈送　省醫療防疫大隊組織規程等三種各四十份

浙江省衛生處處長孫序裳

051

附一：浙江省医疗防疫大队办事细则

浙江省醫療防疫大隊辦事細則

第一條 本細則依照浙江省醫療防疫大隊組織規程第九條之規定訂定之

第二條 本大隊辦理事務除法令別有規定外依本細則辦理之

第三條 本大隊設下列各課室

甲、第一課掌理事務如左

一、預防接種事項

二、傳染病之調查登記報告及統計事項

三、檢疫及消毒事項

四、各種醫學昆虫之撲滅事項

五、衛生工程之設施及建築工程之改善事項

1.

052

六、環境衛生之協助實施事項
七、衛生教育之推行事項
八、其他傳染病之管理及地方病之防止事項
乙、第二課掌理事務如左
一、傳染病及一般疾病之診斷及病原之檢驗事項
二、傳染病之隔離及治療事項
三、婦嬰衛生之協助實施事項
四、醫藥救濟之實施事項
五、醫藥器材及防疫用具之出納保管及報銷事項
六、其他有關疫病之診療及病例之記載報告事項
丙、第三課掌理事務如左
一、印信典守事項

二、文電收發擬譯繕校保管事項
三、本大隊及所屬機關人事之任免遷調獎懲撫卹
及考績之登記報告事項
四、經費出納事項
五、財物管理事項
六、其他不屬於各課室之庶務事項
丁、會計室掌理事務如左
一、概算預算及決算之核編整理事項
二、財務上增進效能及減少不經濟支出之研究建
議及報告事項
三、製具記帳憑証及登記帳目事項
四、核簽收支憑单事項

五、編送會計報告書表事項
六、其他有関歳計會計事項
第四條 大隊長承衛生處之命綜理隊務大隊附襄助大隊長處理隊務並監督所屬職員及機関
第五條 課長主任承大隊長大隊附之命督促指導各課室人員之工作依法處理各該管事務
第六條 醫師辦理傳染病之檢診治療地方病之研究及其他疾病之醫療工作並推行一般公共衛生之設施
第七條 公共衛生護士護士（或醫護員）檢驗員醫護助理員分別辦理公共衛生之推行疾病之護理病原材料之檢驗及其他飭辦事項
護士長負指揮監督護理人員之責

第八條　藥師藥劑員辦理衛生器材之收發保管調劑登記統計及報告事項

第九條　工程師工程員辦理衛生工程之設計建造環境衛生之改善醫學昆虫之撲滅衛生用具之製造等事項

第十條　衛生稽查辦理環境衛生生命統計並指揮衛生警清道伕之工作

第十一條　人事管理人員對於本大隊及所屬機關人事之任免遷調獎懲撫卹及考成考績資歷審查之登記報告事項應依照人事法規及有關人事章則辦理

第十二條　文書管理人員對於文電之收發撰擬繕校及各項冊籍圖表之登記統計報告材料之整理編製保管應按時妥慎办理

8

056

第十三條　財物管理人員对於財產物品之置办及損益事項應隨時登帳報告按月造具財產增減表、物品明細帳並編送年度財產目錄其於營繕工程應依照審計机關之規定办理

第十四條　經費出納人員对於款項之收支應依照會計法令及公庫法令之規定辦理

第十五條　會計人員依主計法令之規定办理本大隊歲計會計事務

第十六條　本大隊各級職員分承長官之命依其職位与經办事務分別負其實際責任

第十七條　各級人員如遇公出或請假經大隊長指定人員代理其職務時并依其所代職務負其責任

第十八條　各課室處理公務各依其性質範圍分別承辦其有互相連帶關係之事件應由各課室工作人員協商辦理之

第十九條　各級職員對於未經公佈之機密事件無論是否經辦事務應嚴守秘密不得洩漏

第二十條　本大隊於駐在地平時設置門診部辦理通常疾病醫療業務但發現疫病或遇有必要時即行停診

第廿一條　本大隊駐留地點及其移動由浙江省衛生處命令定之

第廿二條　本大隊臨時辦理之隔離病院留驗所檢疫站等及辦理地方衛生建設所需經費由駐在地政府機關另給之

058

第廿二條　本大隊辦公時間依照駐在地之節候隨時規定必要
時得延長之各級職員應按時簽到办公

第廿三條　本大隊每月輪流派員值日處理办公以外之臨時發
生及緊急事件其規則另定

第廿四條　本大隊職員每日經办事務應各填工作日記以備查
核

第廿五條　本大隊職員出勤簽到應遵照浙江省政府所屬各机
關職員出勤簽到办法及本大隊職員服務規則之規
定辦理

第廿六條　本大隊職員請假應遵照浙江省政府所屬各機關公
務員請假規則之規定办理

第廿七條　本大隊職員需用物品藥械等件應備具領用手續由

4

經管人隨時登載於各種簿籍按時造報。

第廿八條　本大隊為促進隊務討論興革事宜每月舉行隊務會議一次如遇有特殊事故得召開臨時會議其規則另定之

第廿九條　本大隊各課室依照黨政軍機關人員小組会議與公私生活行為輔導办法舉行小組會議

第卅條　本大隊依法令之規定得舉行其他各種会議由大隊長核定办理各職員对会議紀録及決議事項應切实執行

第卅一條　本細則有未盡事宜得隨時呈請修正之

第卅二條　本細則由衛生處擬呈省政府核定施行

10

1513
1501

浙江省醫療防疫大隊組織規程

第一條　浙江省醫療防疫大隊（以下簡稱本大隊）依照浙江省衛生處組織規程第九條之規定組織之

第二條　本大隊承浙江省衛生處之命監督所屬機關辦理醫療防疫事宜

第三條　本大隊設置下列各課室

第一課

第二課

第三課

會計室

第四條　本大隊設大隊長一人大隊附一人由浙江省衛生處處長遴請省政府核派之

第五條　本大隊設課長三人（內二人得由醫師兼任）醫師

11

六人至十人工程師一人檢驗員一人至三人護士長一人公共衛生護士二至四人護士或醫護員六人至十人工程員二人至四人藥師一人藥劑員一人至二人辦事員四人至八人衛生稽查長一人均由大隊長遴請衛生處核派醫護助理員六人至十二人衛生稽查四人至六人雇員若干人均由大隊長派充報請衛生處備案

第六條　本大隊設會計主任一人佐理員一人至三人雇員若干人承会計處之命並受大隊長之指揮監督辦理歲計会計事務其任免由省政府会計處依法為之

第七條　本大隊對於傳染病之防治有實施隔離留驗檢

疫之必要時得商令駐在地政府臨時設置隔離病院留驗所檢疫站等並由地方政府調派有關人員負責協助辦理

第八條　本大隊視事實之需要得設置若干巡迴工作隊其組織規則另訂之

第九條　本大隊辦事細則另訂之

第十條　本規程由浙江省衛生處擬呈省政府核定施行並轉報行政院備案

附三：浙江省医疗防疫大队第×巡回工作队组织规则

浙江省醫療防疫大隊第×巡迴工作隊組織規則

第一條　本規則依照浙江省醫療防疫大隊組織規程第八條之規定訂定之

第二條　巡迴工作隊承浙江省醫療防疫大隊之指揮調遣辦理醫療防疫工作並受浙江省衛生處之監督。

第三條　巡迴工作隊以成立先後為其次序冠以第×字樣表示之

第四條　巡迴工作隊設置下列各組

一、第一組

二、第二組

三、第三組

四、会計室

064

13

第五條 巡迴工作隊設隊長一人由浙江省衛生處派充

第六條 巡迴工作隊設組長三人医師三人至五人工程員一人至二人主任護士一人公共衛生護士二人至四人護士（或医護員）四人至六人檢驗員一人至二人藥劑員一人至二人辦事員四人至七人衛生稽查長一人均由隊長遴請大隊長轉請衛生處核派医護助理員五人至八人衛生稽查三人至五人雇員若干人均由隊長派充分報大隊部衛生處備案

第七條 巡迴工作隊設主辦会計員一人佐理員一人雇員若干人承会計處之命並受隊長指揮監督辦理歲計会計事務其任免由会計處依法為之

第八條　巡迴工作隊對於傳染病之防治有宜施隔離由檢疫之必要時得商令駐在地政府臨時設置隔離所留檢所檢疫站等並由地方政府調派有關人員負責協助辦理以利防疫工作之推行

巡迴工作隊必要時得就原有人員配置兩个支隊支隊長即由組長中指定担任之

第九條　巡迴工作隊辦事細則由医療防疫大隊擬呈浙江省衛生處核定並轉呈省政府備案并施行

第十條　本規則由浙江省衛生處擬呈省政府核定施行並轉報行政院備案

066

14

三、疫情的统计

浙江省卫生处关于呈送该省一九四三年十二月中下旬收到各县疫情报告统计表致省政府的代电
（一九四四年一月二十一日）

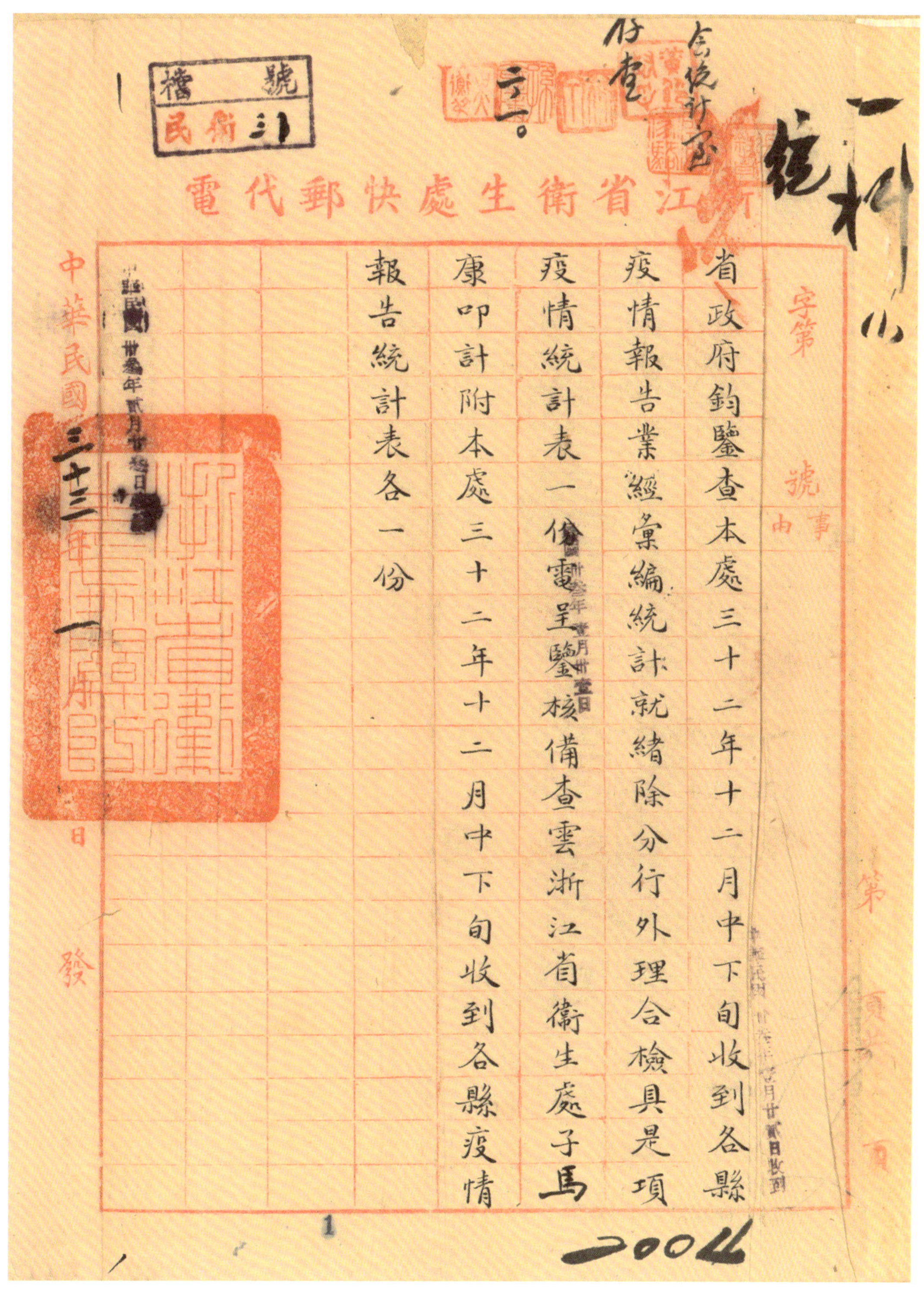
浙江省衛生處快郵代電

省政府鈞鑒：查本處三十二年十二月中下旬收到各縣疫情報告業經彙編統計就緒，除分行外，理合檢具是項疫情統計表一份，電呈鑒核備查。浙江省衛生處子馬康叩。

計附本處三十二年十二月中下旬收到各縣疫情報告統計表各一份

中華民國三十三年一月　日發

附：浙江省卫生处一九四三年十二月中下旬收到各县疫情报告统计表

浙江省衛生處[illegible]疫情報告統計表 3224 12月中旬　　第1頁

縣別	疫病／日期 月	旬	霍亂 患	死	傷寒 患	死	赤痢 患	死	斑疹傷寒 患	死	回歸熱 患	死	瘧疾 患	死	天花 患	死	白喉 患	死	猩紅熱 患	死	流行性腦脊髓膜炎 患	死	鼠疫 患	死	總計 患	死
[illegible]安	11	下											1												1	
													16												16	
〃	〃	中											11												11	
〃	〃	下											4												4	
蕭山	〃	中											10												10	
〃	〃	下											7												7	
義烏	〃	下											6												6	
〃	12	上											5												5	
[illegible]溪	〃	上											2												2	
新登	〃	上			1	1							9												10	1
[illegible]安	〃	上											3												3	
衢縣	11	中											7												7	
〃	〃	下											6												6	
淳安	〃	上											34												34	
	〃	中											53	1											53	1
〃	〃	下											38	1											38	1
江山	〃	中					1						2												3	
〃	〃	下					1						3												4	
龍[illegible]	12	上											18												18	
壽昌	〃	上											2												2	
三門	11	上											2												2	
〃	〃	中											4												4	
〃	〃	下											3												3	
仙居	9	上					3						20												23	
〃	〃	中					5						27												32	
〃	〃	下					11						31												42	
〃	10	上					1						5												6	
〃	〃	中											7												7	
〃	〃	下											5												5	
〃	11	上											3												3	
〃	〃	中											3												3	
〃	〃	下											2												2	
平陽	〃	下											14												14	
〃	12	上											11												11	
遂昌	〃	上											8												8	
景寧	〃	中											2												2	
松陽	〃	上											10												10	
慶元	11	上											10										6	4	16	4
〃	〃	中											17										3	2	20	2

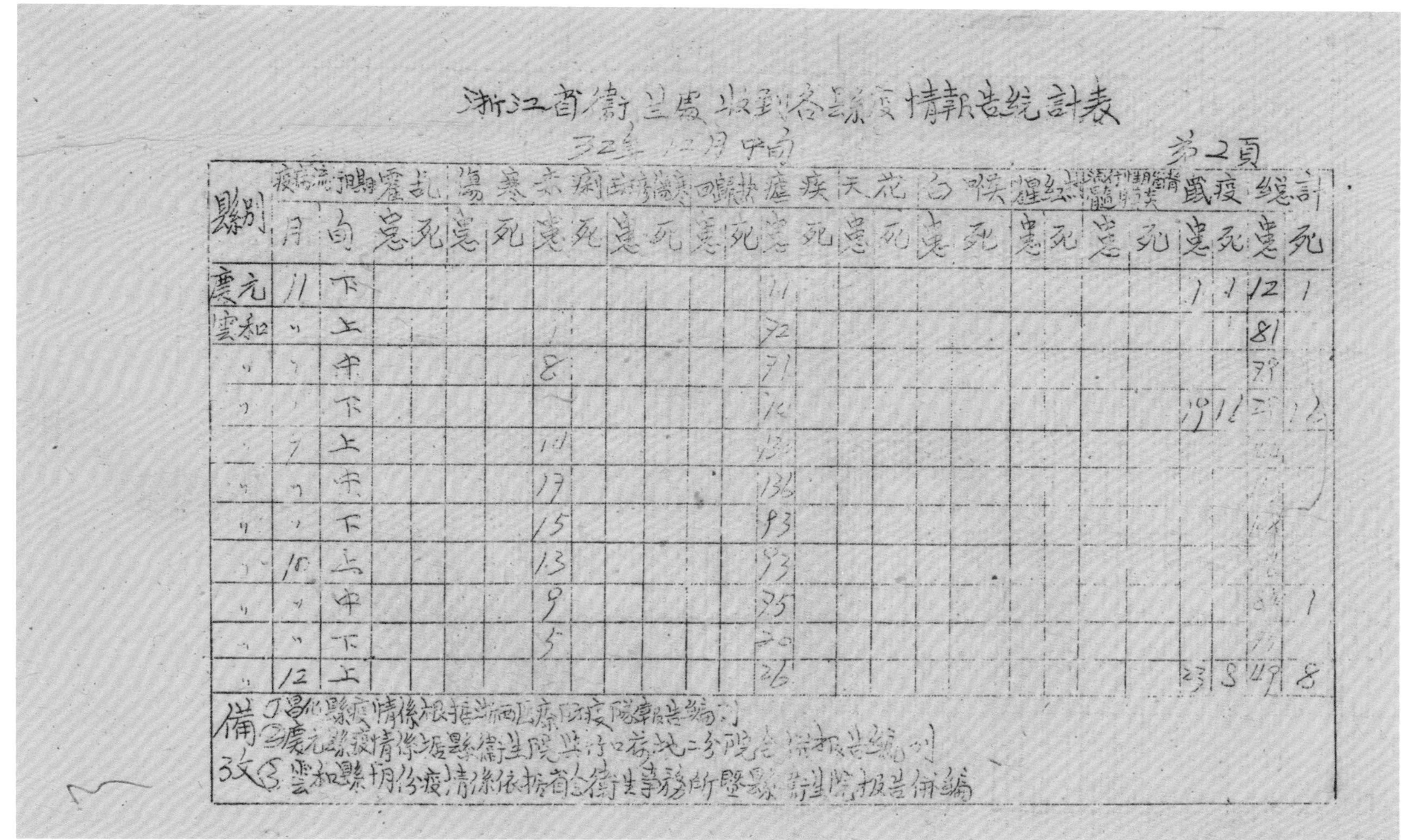

浙江省衛生處收到各縣疫情報告統計表

32年12月中旬　　第2頁

縣別	疫病流行期 月	旬	霍亂 患	霍亂 死	傷寒 患	傷寒 死	赤痢 患	赤痢 死	斑疹傷寒 患	斑疹傷寒 死	回歸熱 患	回歸熱 死	瘧疾 患	瘧疾 死	天花 患	天花 死	白喉 患	白喉 死	猩紅熱 患	猩紅熱 死	流行性腦脊髓膜炎 患	流行性腦脊髓膜炎 死	鼠疫 患	鼠疫 死	總計 患	總計 死
慶元	11	下											11										1	1	12	1
雲和	〃	上					1						72												81	
〃	〃	中					8						71												79	
〃	〃	下											14										19	11	[illegible]	[illegible]
〃	〃	上					11						13												[illegible]	
〃	〃	中					17						136												[illegible]	
〃	〃	下					15						93												[illegible]	
〃	10	上					13						93												[illegible]	
〃	〃	中					9						75												[illegible]	1
〃	〃	下					5						20												[illegible]	
〃	12	上											26										23	5	49	8

備考
(1)昌化縣疫情係根據浙西區衛生防疫隊報告編列
(2)慶元縣疫情係據縣衛生院與[illegible]二分院合併報告編列
(3)雲和縣十月份疫情係依據省立衛生事務所暨縣衛生院報告併編

浙江省衛生處收到各縣疫情報告統計表

三〇年12月下旬　　第1頁

縣別	月	旬	霍亂		傷寒		赤痢		斑疹傷寒		回歸熱		瘧疾		天花		白喉		猩紅熱		流行性腦脊髓膜炎		鼠疫		總計	
			患	死	患	死	患	死	患	死	患	死	患	死	患	死	患	死	患	死	患	死	患	死	患	死
於潛	9	上					1						116												117	
〃	〃	中					4						86												90	
〃	〃	下					2						90												92	
〃	10	上			1								53												54	
〃	〃	中											36												36	
〃	〃	下											48												48	
蕭山	12	上											9												9	
武康	6	上											12												12	
〃	〃	中											7												7	
〃	〃	下											9												9	
〃	7	上											11												11	
〃	〃	中											9												9	
〃	〃	下											14												14	
	8	上											10												10	
〃	〃	中											5												5	
浦江	10	上											100	1											100	1
〃	〃	中											58												55	

浙江省衛生處收到各縣疫情報告統計表

三二年 12月下旬　　　　第二頁

縣別	流行日期 月	旬	霍亂 患	霍亂 死	傷寒 患	傷寒 死	赤痢 患	赤痢 死	斑疹傷寒 患	斑疹傷寒 死	回歸熱 患	回歸熱 死	瘧疾 患	瘧疾 死	天花 患	天花 死	白喉 患	白喉 死	猩紅熱 患	猩紅熱 死	流行性腦脊髓膜炎 患	流行性腦脊髓膜炎 死	鼠疫 患	鼠疫 死	總計 患	總計 死
樂清	11	下											7												7	
〃	12	上	2										5												7	
遂昌	11	下					1						7												8	
〃	12	中					3						6												9	
縉雲	〃	上											3												3	
景寧	〃	上											5												5	
宣平	11	上											4												4	
〃	〃	中											4												4	
〃	12	上											2												2	
雲和	〃	中																					3	6	3	6

備考：
①本表係[illegible]十一各縣衛生院收到第二巡迴衛生工作隊之報告合併編列
②武康縣疫情至月下旬無疫病發現
③瑞安〃 〃 11月下旬〃 〃
④宣平〃 〃 係由第三巡迴衛生工作隊報告編列
⑤雲和縣鼠疫患死人數係根據省全區臨時防疫委員會報告編列死亡者六人均係上旬患病

浙江省卫生处关于呈送该省一九四四年一月份收到各县疫情报告统计表致省政府的代电（一九四四年二月十六日）

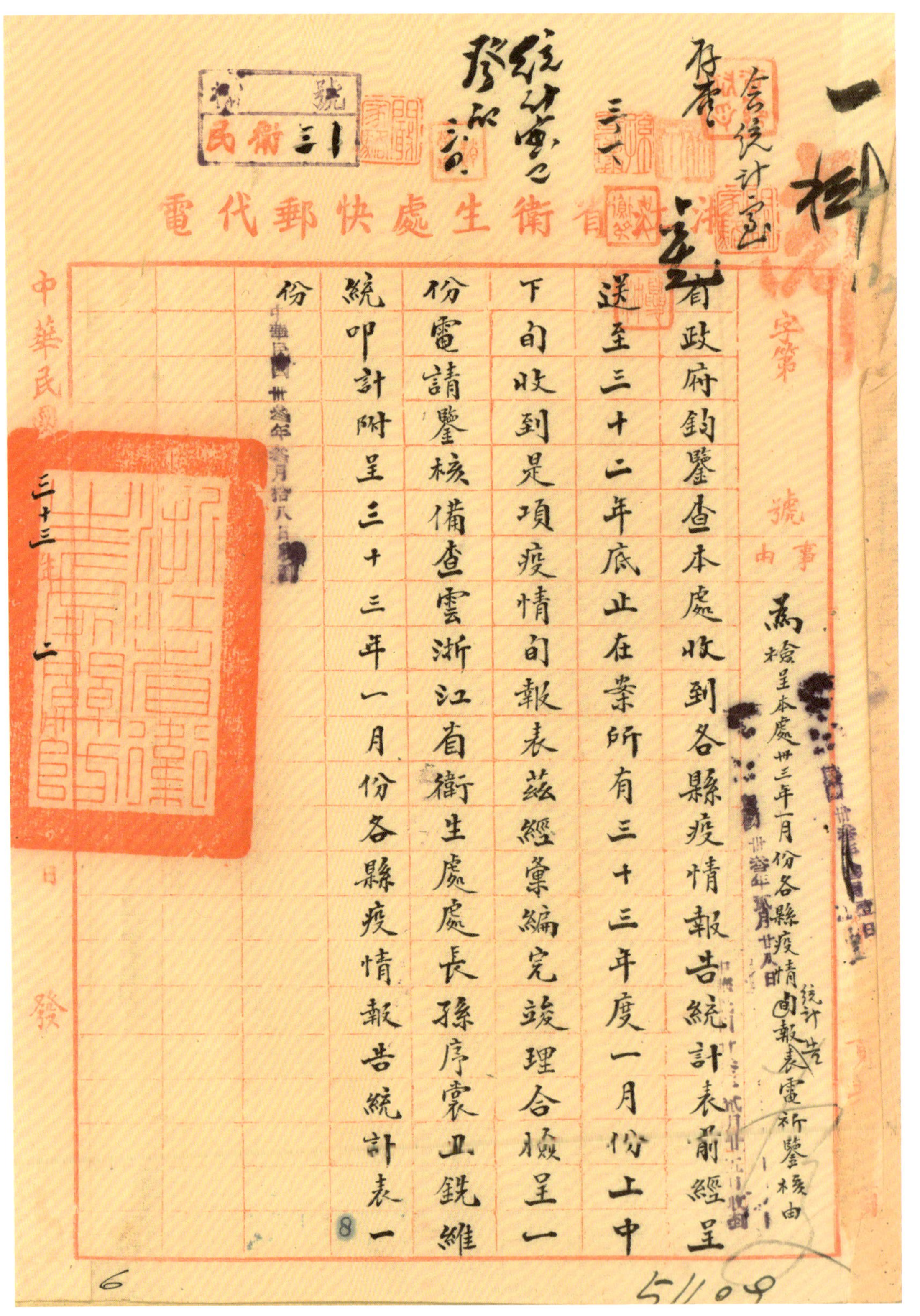

浙江省衛生處快郵代電

衛民（三）一三 號

字第 號

事由：為檢呈本處卅三年一月份各縣疫情報表電祈鑒核由

省政府鈞鑒：查本處收到各縣疫情報告統計表前經呈送至三十二年底止在案，所有三十三年度一月份上中下旬收到是項疫情旬報表茲經彙編完竣，理合檢呈一份，電請鑒核備查。浙江省衛生處處長孫序裘丑銑維叩

計附呈三十三年一月份各縣疫情報告統計表一份

中華民國卅叁年貳月拾八日

中華民國三十三年二月 日發

浙江省衛生處關防

附：浙江省卫生处收到一九四四年一月各县疫情报告统计表

浙江省衛生處收到各縣疫情報告統計表

33年1月上旬　　第全頁

縣別	流行疫病日期		霍亂		傷寒		赤痢		斑疹傷寒		回歸熱		瘧疾		天花		白喉		猩紅熱		流行性腦脊髓膜炎		鼠疫		總計	
	月	旬	患	死	患	死	患	死	患	死	患	死	患	死	患	死	患	死	患	死	患	死	患	死	患	死
分水	11	上			4								7	3			1								12	3
〃〃	〃	中					1						14	1											15	1
〃〃	〃	下							2				4												6	
永康	9	下					20						14												34	
湯溪	12	中											2												2	
磐安	〃	〃											2												2	
江山	12	上											2												2	
〃〃	〃	中											2												2	
龍游	〃	中											9												9	
瑞安	11	上					2				1		12												15	
〃〃	〃	中			1		2						[illegible]				3				1				23	
〃〃	〃	下									1		[illegible]				2								17	
麗水	9	上					5						25												30	
〃〃	〃	中					2						15												17	
〃〃	〃	下											35												35	
縉雲	12	中			1		2						8												11	
松陽	〃	〃											10										1	1	11	1
餘杭	11	上											2												2	
〃〃	〃	中											3												3	
〃〃	〃	下											2												2	
〃〃	10	上											2												2	
〃〃	〃	中					1						7												8	
〃〃	〃	下											5												5	
新登	12	中											5												5	

備攷

浙江省衛生處各縣疫情報告統計表

（收到）33年1月中旬　第1頁

縣別	疫病流行日期		霍亂		傷寒		赤痢		斑疹傷寒		回歸熱		瘧疾		天花		白喉		猩紅熱		流行性腦脊髓膜炎		鼠疫		總計	
	月	旬	患	死	患	死	患	死	患	死	患	死	患	死	患	死	患	死	患	死	患	死	患	死	患	死
臨安	12	中																			1				2	
於潛	10	上											17												17	
〃〃	〃	中											1												11	
〃〃	〃	下											48												48	
〃〃	11	上											30												30	
〃〃	〃	中											73												73	
〃〃	〃	下											80												80	
□山	12	中											8												8	
〃〃	〃	下											10												1	
新昌	11	上											11												11	
〃〃	〃	中											12												12	
〃〃	〃	下											15												15	
〃〃	12	上											17												17	
〃〃	〃	中					2						12												14	
〃〃	〃	下											10												[illegible]	
永康	12	上					3						7													
〃〃	〃	中					1						9				1								11	
〃〃	〃	下					2						5		1										8	
湯溪	12	[illegible]											7												3	
東陽	〃	上											14												14	
〃〃	〃	中											5												8	
桐廬	12	中											1												4	
〃〃	〃	下											3												3	
建德	12	上											11												11	
〃〃	〃	中											8													
〃〃	〃	下											12												12	
磐安	12	下											3												3	
衢縣	12	上											7												7	
〃〃	〃	中											3												3	
〃〃	12	下											5												5	
開化	8	上					8				1		23												37	
〃〃	11	上											1												1	
〃〃	〃	中											1												1	
〃〃	〃	下			1																				1	
〃〃	12	中											2												2	
〃〃	〃	下											1												1	

浙江省衛生處收到各縣疫情報告統計表

33年12月下旬　　第3頁

縣別	疫病流行日期		霍亂		傷寒		赤痢		斑疹傷寒		回歸熱		瘧疾		天花		白喉		猩紅熱		流行性腦脊髓膜炎		鼠疫		總計	
	月	旬	患	死	患	死	患	死	患	死	患	死	患	死	患	死	患	死	患	死	患	死	患	死	患	死
慶元	9	中																					2		2	
〃〃	〃	下																					1		1	
永嘉	12	上											11												11	
〃〃	〃	中											7												7	
〃〃	〃	下											9												9	
天台	12	中					1						33												34	
〃〃	〃	下											37	1											37	[illegible]

備攷：

1. 龍泉鼠疫患死人數係根據省巡防隊補報人數編列。
2. 慶元鼠疫患死人數係根據慶元縣臨時防疫處補報人數編列。

12

12

浙江省卫生处关于呈送《浙江省临时省会鼠疫流行图》致省政府的代电（一九四四年二月十九日）

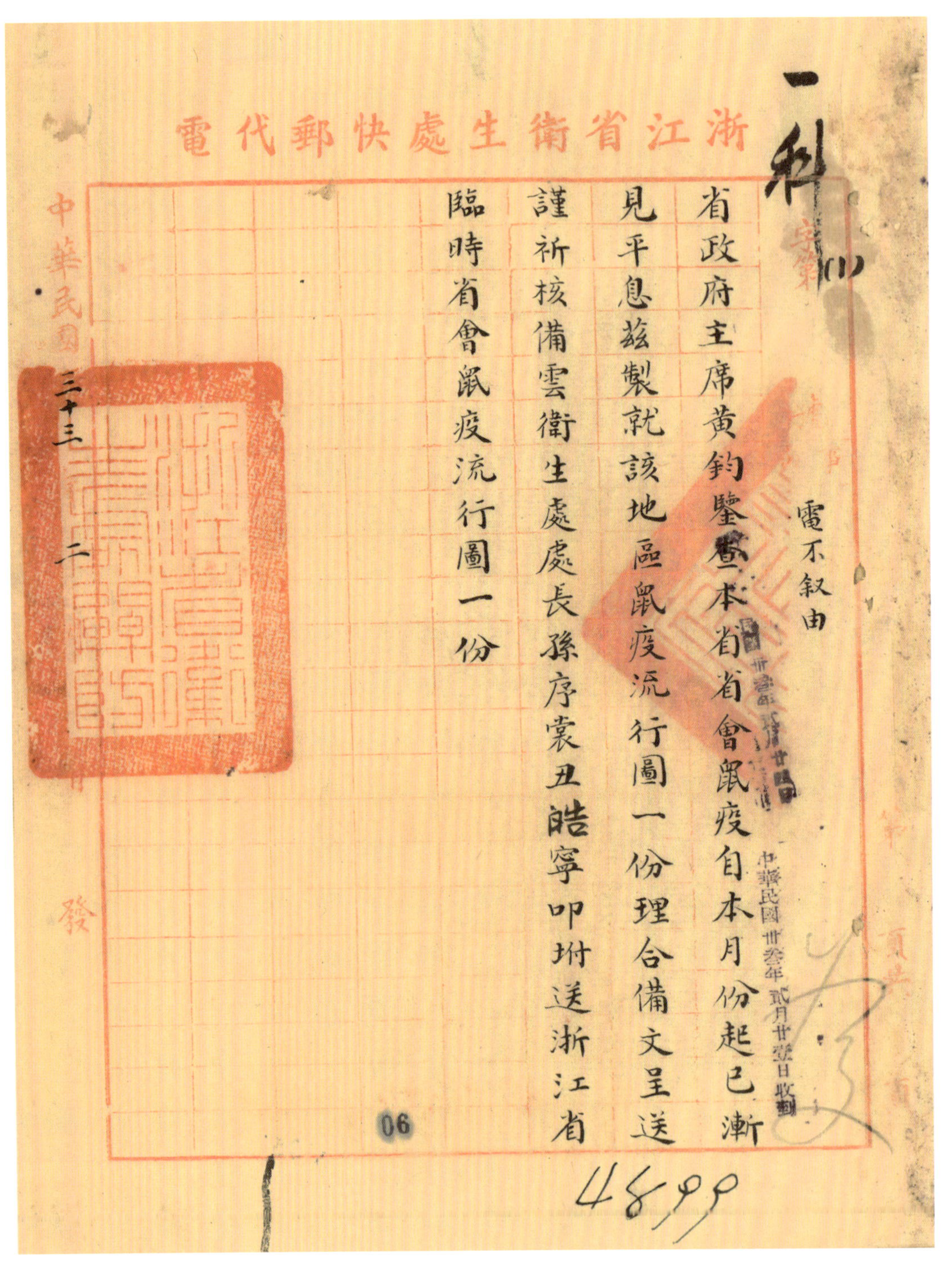

浙江省衛生處快郵代電

電不叙由

省政府主席黄鈞鑒：查本省省會鼠疫自本月份起已漸見平息，兹製就該地區鼠疫流行圖一份，理合備文呈送，謹祈核備。雲衛生處處長孫序裳丑皓寧叩。附送浙江省臨時省會鼠疫流行圖一份。

中華民國三十三年二月　日發

附：浙江省临时省会鼠疫流行图

浙江省卫生处关于呈送一九四三年度鼠疫病例记录表致省政府的代电（一九四四年三月一六日）

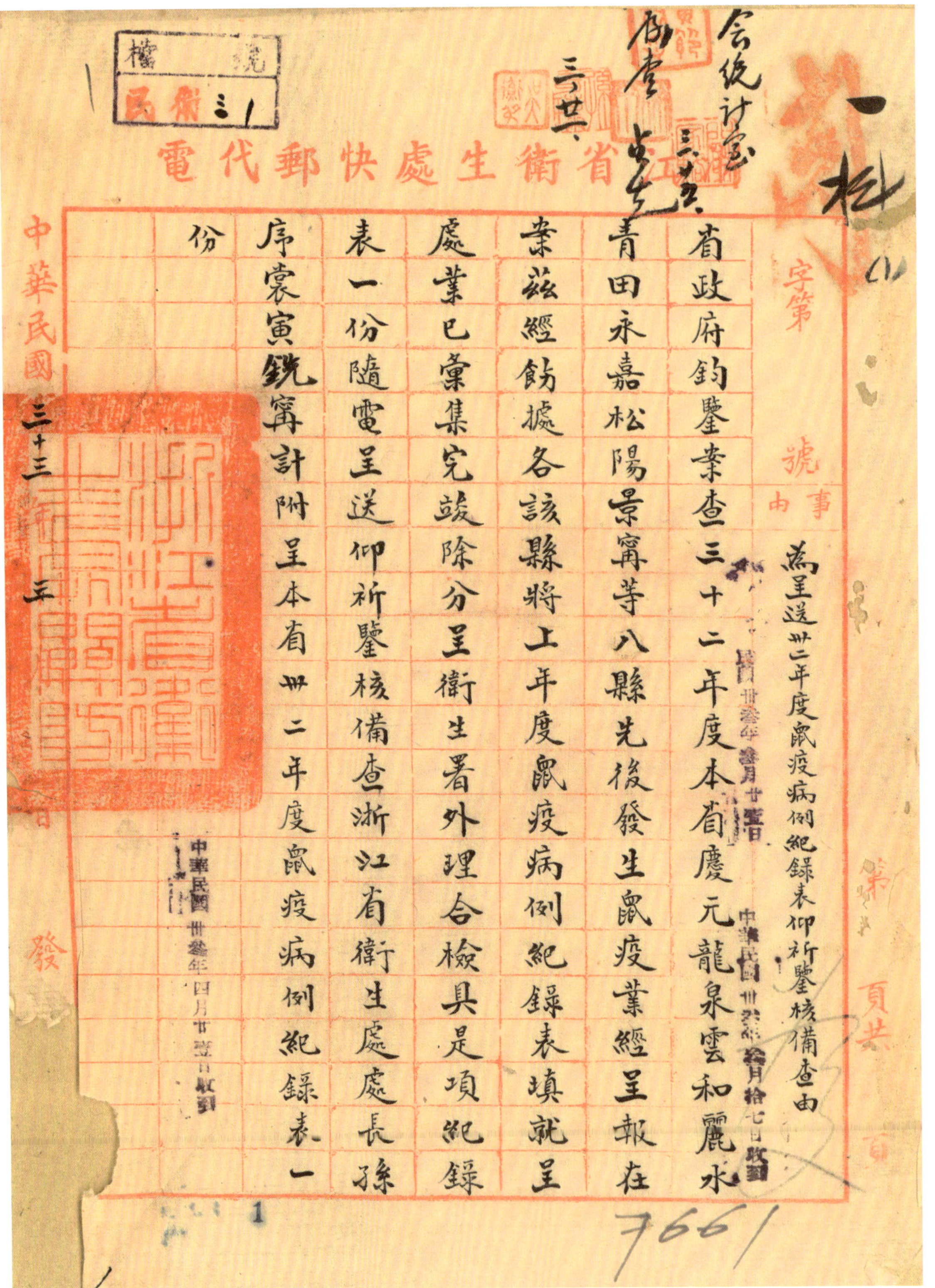

浙江省衛生處快郵代電

字第　號

事由：為呈送卅二年度鼠疫病例紀錄表仰祈鑒核備查由

省政府鈞鑒：案查三十二年度本省慶元、龍泉、雲和、麗水、青田、永嘉、松陽、景寧等八縣先後發生鼠疫，業經呈報在案。茲經飭據各該縣將上年度鼠疫病例紀錄表填就呈處，業已彙集完竣，除分呈衛生署外，理合檢具是項紀錄表一份，隨電呈送，仰祈鑒核備查。浙江省衛生處處長孫序裳寅銑寄。計附呈本省卅二年度鼠疫病例紀錄表一份。

中華民國三十三年三月　日發

中華民國卅叁年四月廿壹日收到

附：一九四三年度各县鼠疫发现病例记录表

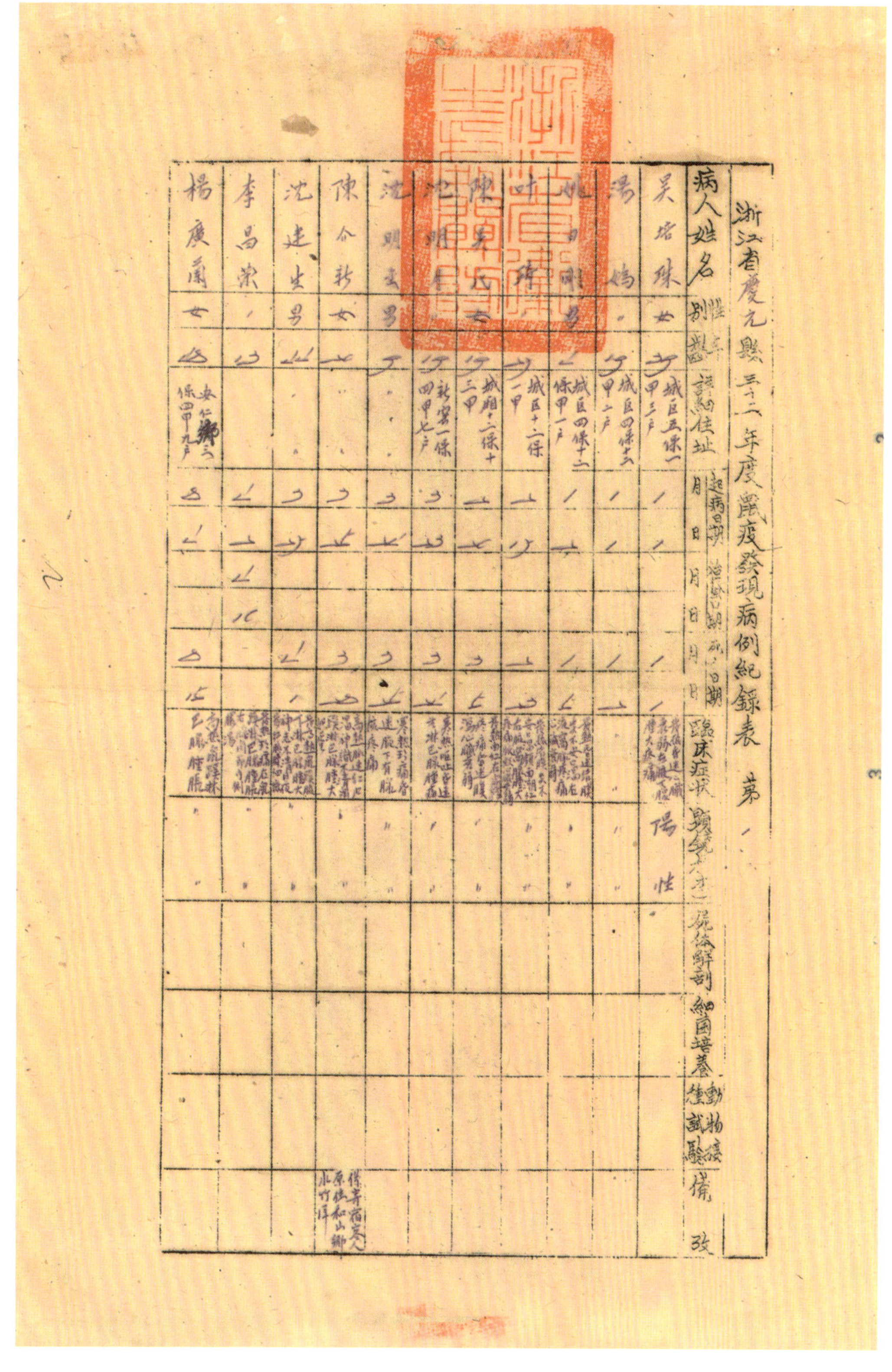

浙江省庆元县三十二年度鼠疫发现病例纪录表　第一

病人姓名	性别	年龄	详细住址	起病日期 月	日	治疗日期 月	日	死亡日期 月	日	临床症状	显微镜检查（涂片）	尸体解剖	细菌培养	动物接种试验	备考
吴培珠	女	[illegible]	城区五保一甲三户	[illegible]	[illegible]			[illegible]	[illegible]	[illegible]	阳性				
汤妈	〃	[illegible]	城区四保十六甲二户	[illegible]	[illegible]			[illegible]	[illegible]	〃	〃				
姚日明	男	[illegible]	城区四保十二甲一户	[illegible]	[illegible]			[illegible]	[illegible]	[illegible]	〃				
叶阿[illegible]	〃	[illegible]	城区十二保一甲	[illegible]	[illegible]			[illegible]	[illegible]	[illegible]	〃				
陈吴氏	女	[illegible]	城厢十二保十三甲	[illegible]	[illegible]			[illegible]	[illegible]	[illegible]	〃				
沈明仁	[illegible]	[illegible]	新窑一保四甲七户	[illegible]	[illegible]			[illegible]	[illegible]	[illegible]	〃				
沈明发	男	[illegible]	〃	[illegible]	[illegible]			[illegible]	[illegible]	[illegible]	〃				
陈介新	女	[illegible]	〃	[illegible]	[illegible]			[illegible]	[illegible]	[illegible]	〃				係寄宿客人 原住和山乡 水竹洋
沈建生	男	[illegible]	〃	[illegible]	[illegible]			[illegible]	[illegible]	[illegible]	〃				
李昌荣	〃	[illegible]	〃	[illegible]	[illegible]	[illegible]	[illegible]			[illegible]	〃				
杨庚兰	女	[illegible]	安仁乡三保四甲九户	[illegible]	[illegible]			[illegible]	[illegible]	[illegible]	〃				

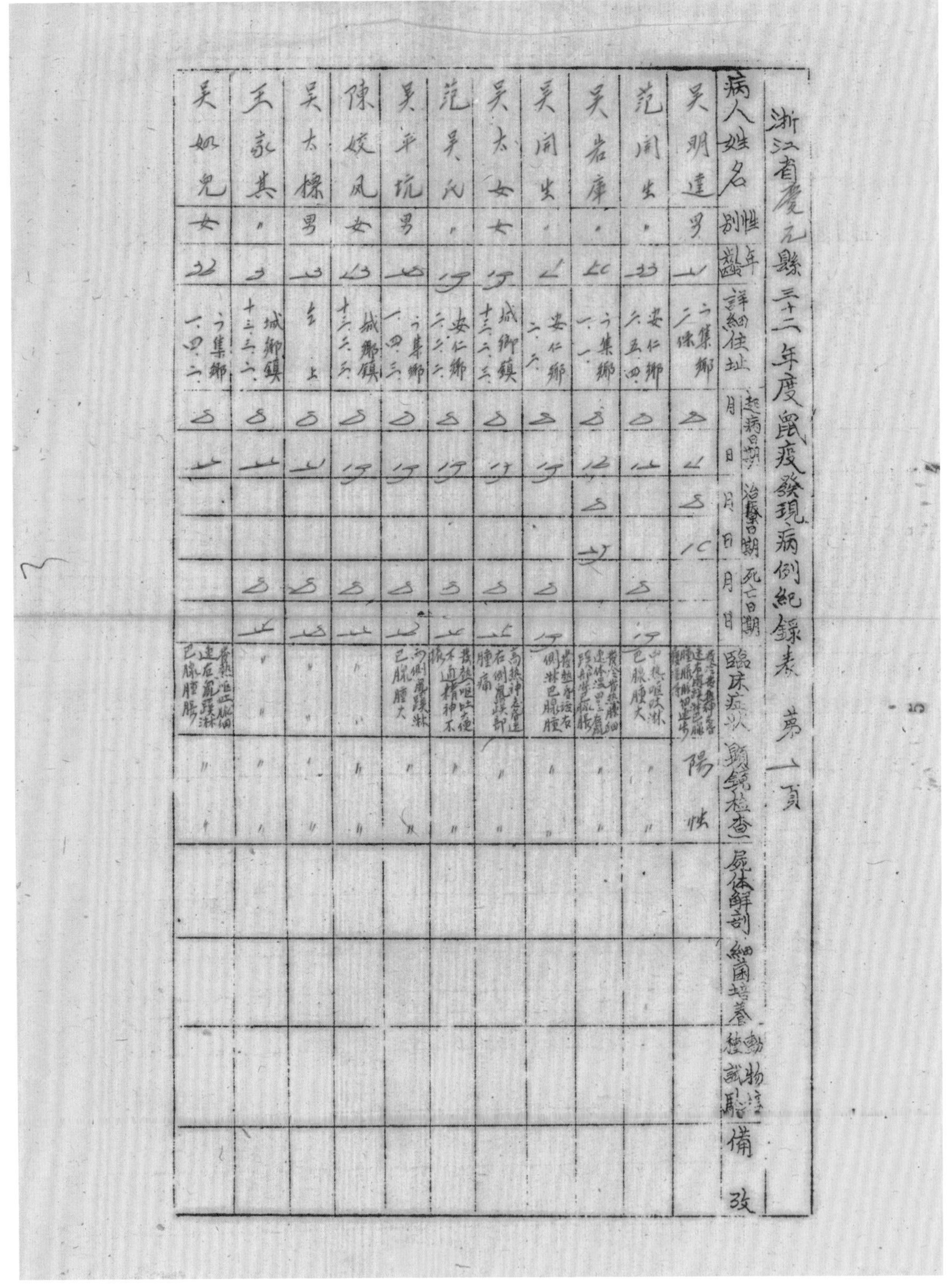

浙江省慶元縣三十二年度鼠疫發現病例紀錄表 第一頁

病人姓名	性别	年齡	詳細住址	起病日期 月	起病日期 日	治愈日期 月	治愈日期 日	死亡日期 月	死亡日期 日	臨床症狀	顯微鏡檢查	屍体解剖	細菌培養	動物接種試驗	備攷
吴明達	男	[illegible]	[illegible]集鄉 二保	[illegible]	[illegible]	[illegible]	[illegible]			發冷發熱神昏迷右鼠蹊淋巴腺腫脹脈細[illegible]	陽性				
范闹生	〃	[illegible]	安仁鄉 六五四	[illegible]	[illegible]			[illegible]	[illegible]	中熱嘔吐淋巴腺腫大	〃				
吴岩庠	〃	[illegible]	[illegible]集鄉 一一	[illegible]	[illegible]	[illegible]	[illegible]			發冷發熱脈細迷体溫四三度鼠蹊部淋巴腺脹	〃				
吴闹生	〃	[illegible]	安仁鄉 二六	[illegible]	[illegible]			[illegible]	[illegible]	發熱昏譫右側淋巴腺腫	〃				
吴太女	女	[illegible]	城鄉鎮 十三二三	[illegible]	[illegible]			[illegible]	[illegible]	高熱神志昏迷右側鼠蹊部腫痛	〃				
范吴氏	〃	[illegible]	安仁鄉 六六六	[illegible]	[illegible]			[illegible]	[illegible]	發熱嘔吐大便不通精神不振	〃				
吴平坑	男	[illegible]	[illegible]集鄉 一四三	[illegible]	[illegible]			[illegible]	[illegible]	兩側鼠蹊淋巴腺腫大	〃				
陳姣凤	女	[illegible]	城鄉鎮 十三六六	[illegible]	[illegible]			[illegible]	[illegible]	〃	〃				
吴太樑	男	[illegible]	仝上	[illegible]	[illegible]			[illegible]	[illegible]	〃	〃				
王家其	〃	[illegible]	城鄉鎮 十三三六	[illegible]	[illegible]			[illegible]	[illegible]	〃	〃				
吴奶兒	女	[illegible]	[illegible]集鄉 一四二	[illegible]	[illegible]					發熱嘔吐脈細迷左鼠蹊淋巴腺腫脹	〃				

浙江省慶元縣三十二年度鼠疫發現病例紀錄表　第[illegible]頁

病人姓名	性別	年齡	詳細住址	起病日期 月	日	診療日期 月	日	死亡日期 月	日	臨床症狀	顯微鏡檢查	屍体解剖	細菌培養	動物接種試驗	備考
吴淑姿	女	[illegible]	一集鄉一一九	[illegible]	[illegible]			[illegible]	[illegible]	高热[illegible]左鼠蹊淋巴腺腫脹	腺鼠疫陽性				
刘贵兵	〃	[illegible]	仝上一二〇	[illegible]	[illegible]			[illegible]	[illegible]	〃	陽性				
吴继象	男	[illegible]	城厢镇十三六	[illegible]	[illegible]			[illegible]	[illegible]	高热[illegible]左鼠蹊部淋巴腺腫大	〃				
吴枝奂	〃	[illegible]	一集鄉六十八	[illegible]	[illegible]			[illegible]	[illegible]	[illegible]	〃				
吴志兵	女	[illegible]	城厢十三三七	[illegible]	[illegible]			[illegible]	[illegible]	高热头痛淋巴腺腫大	〃				
李禹来	男	[illegible]	一集鄉一四八	[illegible]	[illegible]			[illegible]	[illegible]	高热精神萎靡[illegible]淋巴腺腫	〃				
吴禹荣	〃	[illegible]	城厢镇十三六六	[illegible]	[illegible]			[illegible]	[illegible]	中热头痛淋巴腺腫大	〃				
吴富荣	〃	[illegible]	仝上十三六六	[illegible]	[illegible]			[illegible]	[illegible]	高热昏迷鼠蹊部腺腫	〃				
周德禹	〃	[illegible]	仝上十三六七	[illegible]	[illegible]			[illegible]	[illegible]	疑似鼠疫					調查時已死亡
姚广枝	〃	[illegible]	縣政府	[illegible]	[illegible]			[illegible]	[illegible]	高热[illegible]已腺腫大[illegible]神志昏迷	腺鼠疫陽性				
叶永聪	女	[illegible]	一集鄉一四七	[illegible]	[illegible]			[illegible]	[illegible]	高热[illegible]左鼠蹊淋巴腺腫脹	陽性				

浙江省庆元县三十二年度鼠疫发现病例纪录表 第1页

病人姓名	性别	年龄	详细住址	起病日期 月	起病日期 日	治疗日期 月	治疗日期 日	死亡日期 月	死亡日期 日	临床症状	显微镜检查	尸体解剖	细菌培养	动物接种试验	备考
叶永珠	女	17	方集乡 一、四、六	8	30	9	7			发热，神志不清，大便泄泻	疑似鼠疫				
李文炳	男	45	仝上 一、五、	8	31	9	2			高热，右鼠蹊部淋巴腺肿大	腺鼠疫阳性				
李文安	〃	30	仝上 一、三、	8	31	9	2			高热，不省人事，右腋窝淋巴腺肿胀	〃 〃				
李高满	〃	12	仝上 六、八、	8	31	9	14			[illegible]	〃 〃				
周成娥	女	10	仝上 一、五、六	8	[illegible]	9	4			发热，右鼠蹊部淋巴腺肿	〃 〃				
吴如宝	〃	45	仝上 六、八、四、	9	2			9	10		可疑				
吴周兰	〃	15	仝上 六、八、三、	9	2			9	7	高热，头痛，颈部淋巴腺肿大	阳性				
朱健民	男	17	县政府	9	1	9	9			[illegible]	疑似鼠疫				
吴传燕	女	12	城厢镇 十三、六、七	9	1	9	2			[illegible]	腺鼠疫阳性				
杨长娥	〃	40	方集乡 一、五、	9	1			9	6	高热，淋巴腺肿胀	阳性				
王继来	男	12	城厢镇 十三、五、一	9	2	9	2			[illegible]	疑似鼠疫				

浙江省慶元縣三十二年度鼠疫發現病例紀錄表

第[illegible]頁

病人姓名	性別	年齡	詳細住址	起病日期 月	起病日期 日	治療日期 月	治療日期 日	死亡日期 月	死亡日期 日	臨床症狀	顯微鏡檢查	屍体解剖	細菌培養	動物接種試驗	備攷
黄[illegible]芝	女	[illegible]	六集鄉 一、五、六、	[illegible]	[illegible]			[illegible]	[illegible]	高热神志不清左鼠[illegible]淋巴腺腫痛	陽性				
刘必福	男	[illegible]	全上 一、六、一、	[illegible]	[illegible]			[illegible]	[illegible]	高热恶寒右鼠蹊淋巴腺腫痛	〃				
吴現識	〃	[illegible]	仝上 一、五、五、	[illegible]	[illegible]			[illegible]	[illegible]	中热頭痛精神不振兩側淋巴腺腫	〃				
吴月連	女	[illegible]	城廂 十六、二、三、	[illegible]	[illegible]			[illegible]	[illegible]	高热四三度[illegible]神志昏迷脈細速脈[illegible]	疑似鼠疫				
刘長娥	〃	[illegible]	全上 十三、六、九、	[illegible]	[illegible]	[illegible]	[illegible]			恶寒热左鼠蹊淋巴腺腫	腺鼠疫陽性				
吴烏米	男	[illegible]	仝上 三、六、	[illegible]	[illegible]			[illegible]	[illegible]	〃	陽性				
楊[illegible]学	〃	[illegible]	六集鄉 三、八、八、	[illegible]	[illegible]			[illegible]	[illegible]	高热不省人事[illegible]淋巴腺	腺鼠疫陽性				
蒋桂花	女	[illegible]	竹口区署	[illegible]	[illegible]	[illegible]	[illegible]			高热頭痛口渴眩暈[illegible]	〃				在竹口衛生分院治療
東溪兒	男	[illegible]	六集鄉 三、八、八、	[illegible]	[illegible]	[illegible]	[illegible]			高热[illegible]淋巴腺病	〃				
陳公祺	〃	[illegible]	竹口区署	[illegible]	[illegible]	[illegible]	[illegible]			[illegible]痛高热[illegible]淋巴腺腫痛	〃				在竹口衛生分院治療
周永娥	女	[illegible]	六集鄉 三、[illegible]、條	[illegible]	[illegible]			[illegible]	[illegible]	高热昏迷[illegible]紅腫迷淋巴腺腫	陽性				

10

11

12

13

浙江省慶元縣三十二年度鼠疫發現病例紀錄表 第[illegible]頁

病人姓名	性別	年齡	詳細住址	發病日期 月	日	治療日期 月	日	死亡日期 月	日	臨床症狀	顯微鏡檢查	屍体解剖	細菌培養	動物接種試驗	備考
沈元丙	男	[illegible]	和山鄉七、二、五	9	[illegible]			9	[illegible]	高熱昏睡、脉速、紅淋巴腺腫	陽性				
李心生	〃	[illegible]	下集鄉一、五、六	9	[illegible]			9	[illegible]	右鼠蹊淋巴腺腫痛	〃				
葉元榮	〃	[illegible]	仝上三、八、八	9	[illegible]	10	[illegible]			高熱脉搏細速、左股[illegible]淋巴腺腫	腺鼠疫陽性				
李成樹	〃	[illegible]	和山鄉七、一、九	9	[illegible]	10	[illegible]			發熱、鼠蹊淋巴腺腫大、眼紅	疑似鼠疫				
刘總文	〃	[illegible]	下集鄉五、一、六	9	[illegible]	10	[illegible]			高熱脉速、左股淋巴腺腫	腺鼠疫陽性				
刘家凤	女	[illegible]	仝上五、一、四	9	[illegible]	10	[illegible]			高熱兩側淋巴腺腫大、昏	陽性				
吳碌蓮	〃	[illegible]	仝上五、三、八	9	[illegible]	10	[illegible]			高熱右鼠蹊部腫痛	〃				
姚元娥	〃	[illegible]	和山鄉七、六、十八	9	[illegible]			9	[illegible]	頭痛脉速淋巴腺腫	〃				
魏氏	〃	[illegible]	仝上七、六、八	9	[illegible]			9	[illegible]	〃	〃				
黎順昌	男	[illegible]	下集鄉六、八、四	9	[illegible]	10	[illegible]			頭痛高熱脉細速、左股淋巴腺腫	腺鼠疫陽性				
張立蓮	女	[illegible]	仝上隔离病室	11	1	11	9			高熱脉細速、舌[illegible]、面紅、舌苔[illegible]、眼紅、呈昏迷	疑似鼠疫				

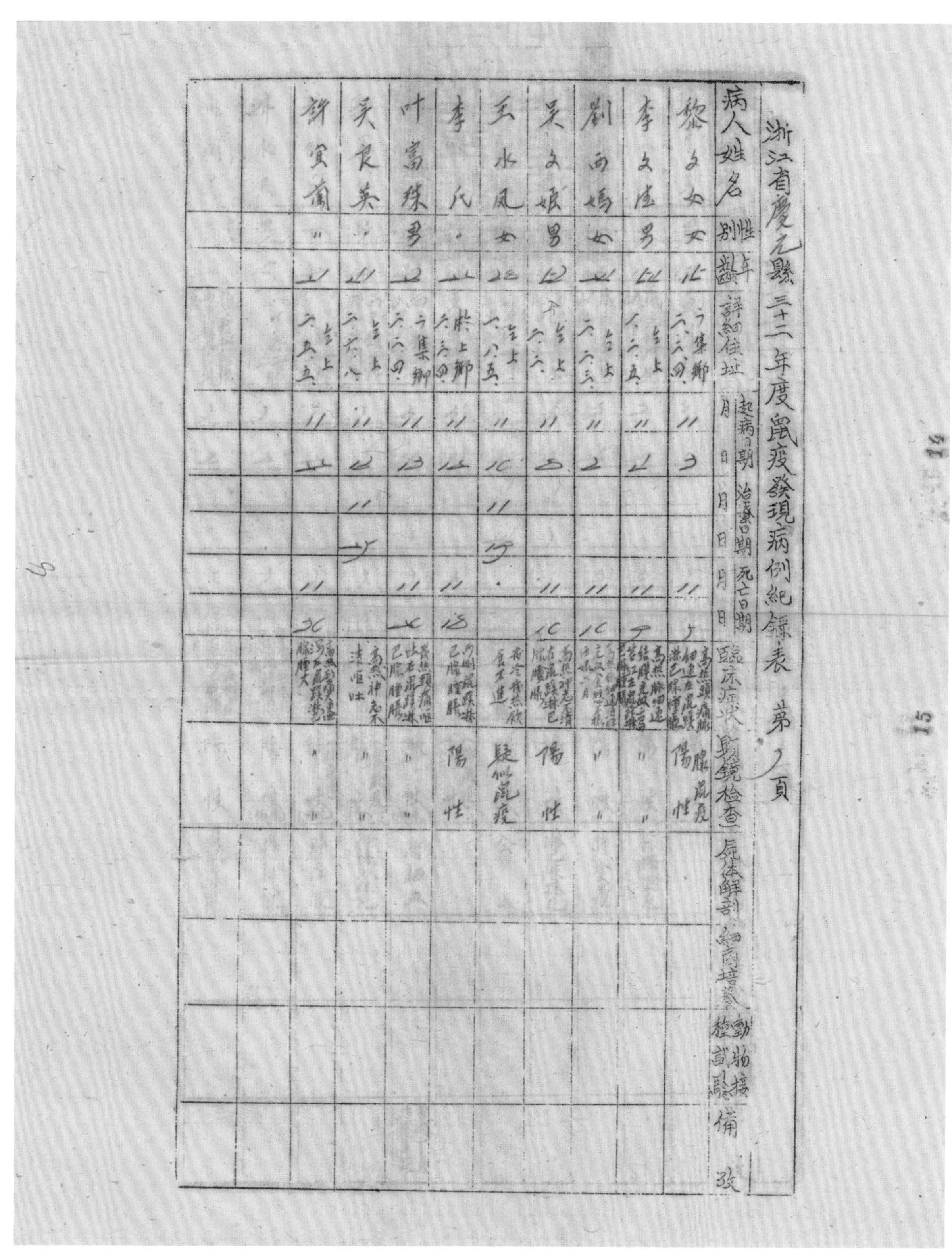

浙江省慶元縣三十二年度鼠疫發現病例紀錄表　第一頁

病人姓名	性別	年齡	詳細住址	起病日期 月	起病日期 日	治療日期 月	治療日期 日	死亡日期 月	死亡日期 日	臨床症狀	顯微鏡檢查	屍体解剖	細菌培養	動物接種試驗	備考
黎文女	女	17	三集鄉六六四	11	3			11	5	高熱頭痛脈細速左鼠蹊淋巴腺腫痛	腺鼠疫陽性				
李文達	男	22	仝上一二五	11	2			11	7	高熱脈細速結膜充血言語[illegible]左鼠蹊淋巴腺腫	〃 〃				
劉雨媽	女	20	仝上六二三	11	2			11	10	[illegible]	〃 〃				
吳文娘	男	12	仝上六六	11	8			11	10	高熱神志不清右鼠蹊淋巴腺腫脹	陽性				
王水凤	女	28	仝上一八五	11	10	11	17	·		發冷發熱飲食不進	疑似鼠疫				
李氏	〃	22	於上鄉六三四	11	14			11	18	兩側鼠蹊淋巴腺腫脹	陽性				
叶富珠	男	22	三集鄉六八四	11	13			11	16	發熱頭痛嘔吐右鼠蹊淋巴腺腫脹	〃 〃				
吳良英	〃	21	仝上二六八	11	12	11	17			高熱神志不清嘔吐	〃 〃				
許寶蘭	〃	21	仝上六五五	11	11			11	26	高熱頭痛嘔吐左鼠蹊淋巴腺腫大	〃 〃				

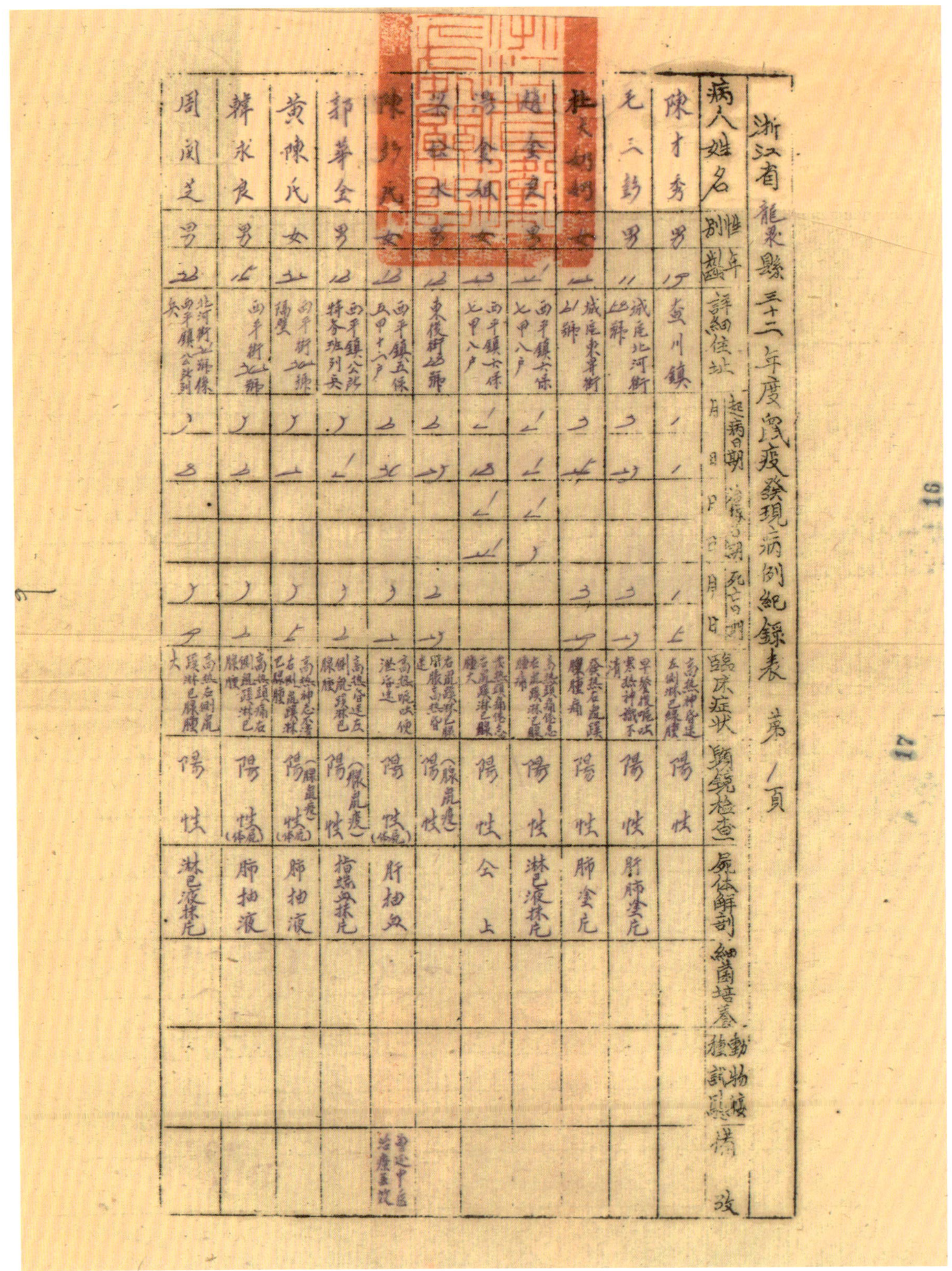

浙江省龍泉縣三十二年度鼠疫發現病例紀録表

第1頁

病人姓名	性別	年齡	詳細住址	起病日期 月	起病日期 日	治療日期 月	治療日期 日	死亡日期 月	死亡日期 日	臨床症狀	顯微鏡檢查	屍体解剖	細菌培養	動物接種試驗	備考
陳才秀	男	15	查川鎮	1	1			1	6	高熱神昏迷 左側淋巴腺腫	陽性				
毛三齡	男	11	城區北河街44號	3	3			3	3	早發寒熱嘔吐神識不清	陽性	肝肺塗片			
杜天娟娟	女	[illegible]	城區東昇街61號	3	[illegible]			3	[illegible]	發熱右鼠蹊腺腫痛	陽性	肺塗片			
趙金良	男	[illegible]	西平鎮六保七甲八戶	2	2	2	[illegible]			高熱頭痛昏迷 右鼠蹊淋巴腺腫痛	陽性	淋巴液抹片			
[illegible]金娟	女	[illegible]	西平鎮六保七甲八戶	2	[illegible]	2	[illegible]			發熱頭痛昏迷 左鼠蹊淋巴腺腫大	陽性	仝上			
[illegible]水	男	[illegible]	東後街63號	[illegible]	[illegible]			[illegible]	[illegible]	右鼠蹊淋巴腺腫 高熱昏迷	陽性（腺鼠疫）				
陳[illegible]氏	女	[illegible]	西平鎮五保五甲十八戶	[illegible]	[illegible]			[illegible]	[illegible]	高熱嘔吐便泄昏迷	陽性（体[illegible]）	肝抽血			曾延中医治療無效
郭華金	男	[illegible]	西平鎮公所特務班列兵	[illegible]	[illegible]			[illegible]	[illegible]	高熱昏迷左側鼠蹊淋巴腺腫	陽性（腺鼠疫）	指端血抹片			
黃陳氏	女	[illegible]	西平街36號 陽婆	[illegible]	[illegible]			[illegible]	[illegible]	高熱神志昏迷 右側鼠蹊淋巴腺腫	陽性（腺鼠疫）（体[illegible]）	肺抽液			
韓永良	男	[illegible]	西平街36號	[illegible]	[illegible]			[illegible]	[illegible]	高熱頭痛右側鼠蹊淋巴腺腫	陽性（体[illegible]）	肺抽液			
周閱芝	男	[illegible]	北河街62號 係西平鎮公所列兵	[illegible]	[illegible]			[illegible]	[illegible]	高熱右側鼠蹊淋巴腺腫大	陽性	淋巴液抹片			

浙江省龍泉縣三十二年度鼠疫發現病例紀錄表 第1頁

病人姓名	性别	年齡	詳細住址	起病日期	治療日期	死亡日期	臨床症狀	顯微鏡檢查	屍体解剖	細菌培養	動物接種	備考
管紘養	男	18	西平街30號	8月10日		8月18日	高熱右側腹下淋巴腺腫	陽性	淋巴液抹片			
范榴祥	男	11	河廠巷7號	8月11日		8月11日	高熱頭痛大便泄瀉	〃	肺抽液			屍体
汪遠香	女	21	西平街301號	8月14日		8月17日	高熱頭痛身有紫色斑	〃	肺抽液			屍体
洪怡山	男	13	金鐘巷7號	8月15日		8月18日	高熱右側鼠蹊淋巴腺腫	〃	指端血抹片			
汪綩雯	女	7	西平街41號	8月12日		8月17日	高熱嘔吐鼠蹊淋巴腺腫	〃	肺抽液			屍体
周灼良	女	11	東昇街20號	8月12日		8月11日	兩側鼠蹊淋巴腺腫	〃	抽肝液抹片			屍体
徐奇達	男	21	吉林巷7號	8月9日		8月9日	高熱昏迷神志不清	〃	淋巴液抹片			
黄文奎	男	6	衛生院	8月18日	8月13日		中熱倦怠胃滯便結	〃	指尖血抹片			
吴維娥	女	20	中山路	8月18日		8月21日	高熱頭痛倦怠	〃	指尖血抹片			
黄錫良	男	20	上涼亭	8月18日	8月13日		高熱大便泄瀉淋巴腺腫	〃	指端血抹片			
汪菊秋	女	7	西平街41號	8月17日	8月12日		高熱左側鼠蹊淋巴腺腫	〃	指尖血抹片			

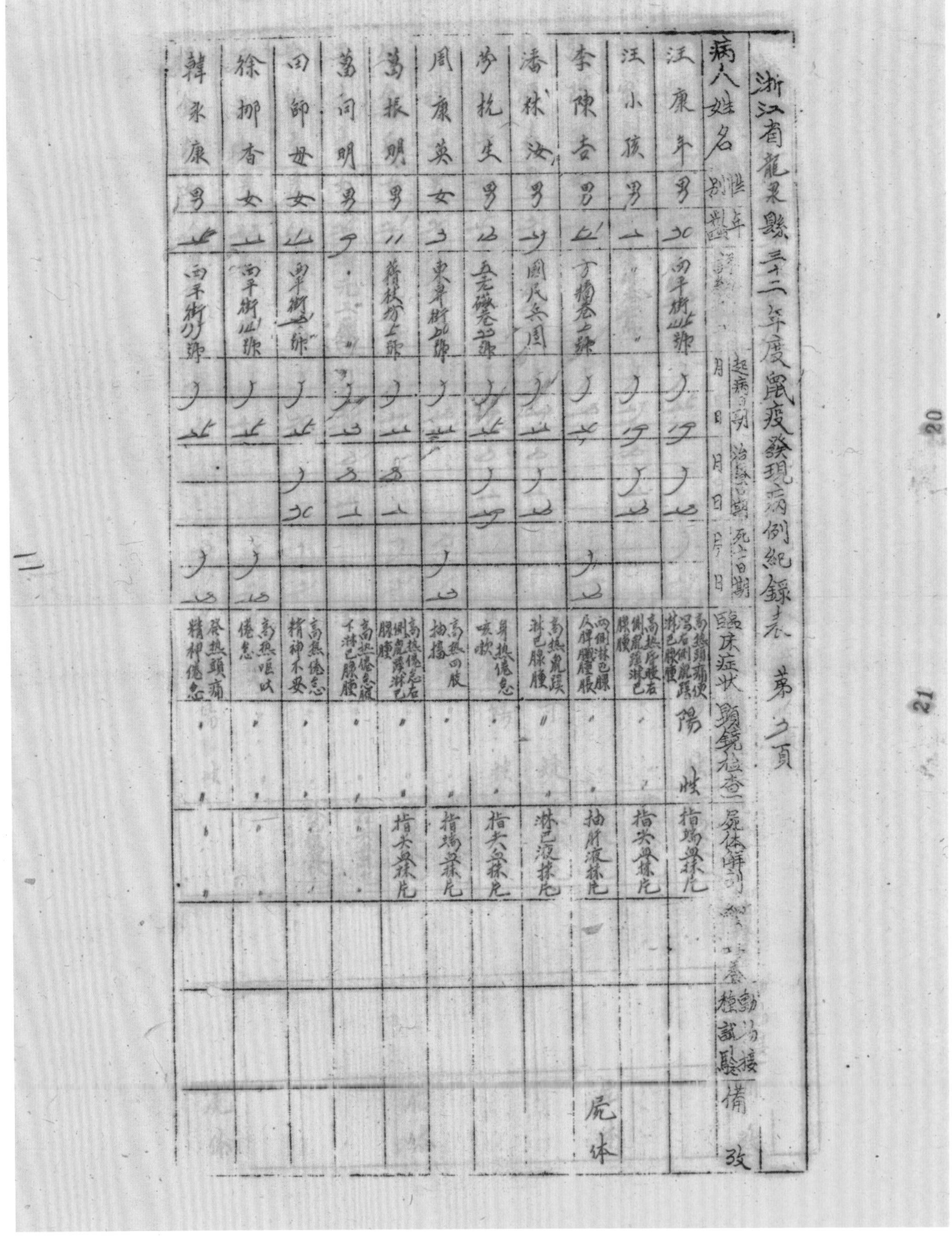

浙江省龍泉縣三十二年度鼠疫發現病例紀錄表 第[illegible]頁

病人姓名	性別	年齡	住址	起病日期 月	起病日期 日	治愈日期 月	治愈日期 日	死亡日期 月	死亡日期 日	臨床症狀	顯微鏡檢查	屍体解剖[illegible]	[illegible]	動物接種試驗	備攷
汪康年	男	[illegible]	西平街[illegible]號	[illegible]	[illegible]	[illegible]	[illegible]			高熱頭痛便瀉右側鼠蹊淋巴腺腫	陽性	指端血抹片			
汪小孩	男	〡	〃	[illegible]	[illegible]	[illegible]	[illegible]			高熱左腋右側鼠蹊淋巴腺腫	〃	指尖血抹片			
李陳杏	男	[illegible]	方橋巷[illegible]號	[illegible]	[illegible]			[illegible]	[illegible]	兩側淋巴腺及脾臟腫脹	〃	抽肝液抹片			屍体
潘林汝	男	[illegible]	國民兵團	[illegible]	[illegible]	[illegible]	[illegible]			高熱鼠蹊淋巴腺腫	〃	淋巴液抹片			
夢杭生	男	[illegible]	五老磯巷[illegible]號	[illegible]	[illegible]	[illegible]	[illegible]			身熱倦怠咳嗽	〃	指尖血抹片			
周康英	女	[illegible]	東昇街[illegible]號	[illegible]	[illegible]			[illegible]	[illegible]	高熱四肢抽搐	〃	指端血抹片			
葛振明	男	[illegible]	蔣杖坊[illegible]號	[illegible]	[illegible]	[illegible]	[illegible]			高熱倦怠右側鼠蹊淋巴腺腫	〃	指尖血抹片			
葛同明	男	[illegible]	〃	[illegible]	[illegible]	[illegible]	[illegible]			高熱倦怠頷下淋巴腺腫	〃				
田師母	女	[illegible]	西平街[illegible]號	[illegible]	[illegible]	[illegible]	[illegible]			高熱倦怠精神不安	〃				
徐挪杏	女	[illegible]	西平街[illegible]號	[illegible]	[illegible]			[illegible]	[illegible]	高熱嘔吐倦怠	〃	〃			
韓永康	男	[illegible]	西平街[illegible]號	[illegible]	[illegible]			[illegible]	[illegible]	發熱頭痛精神倦怠	〃	〃			

二

20

21

浙江省龍泉縣三十二年度鼠疫發現病例紀錄表　第乙頁

病人姓名	性別	年齡	詳細住址	起病日期 月	日	治療日期 月	日	死亡日期 月	日	臨床症狀	顯微鏡檢查	屍體解剖	細菌培養	動物接種試驗	備考
蔣三秋	男	〩	西平街〤〥號	〩	〦〤			〩	〢〩	高熱頭痛嘔吐神志不清	陽性	指端血抹片			
張宋元	男	〦〇	五老弄巷〢〧號	〩	〢〧	〥	一			中熱頭痛右側鼠蹊部淋巴腺腫	〃	指尖血抹片			
張陳芝	女	〡〥	集賢亭鋪	〩	〦〥			〩	〢〥	兩側淋巴腺腫昏迷紫黑色	〃	抽肝液抹片			屍体
趙源森	男	〦	西平街〢〧號	〩	〢〧	〥	一			高熱兩側鼠蹊部腺腫	可疑	指尖血抹片			
宋玉清	女	〦〥	西平街〢〧號	〩	〢〧	〥	一			高熱右側鼠蹊淋巴腺腫	陽性	〃			
龐松芝	男	〩〇	河廠街〢〧號	〩	〦〥			〥	〡	高熱昏迷抵神志不清	〃	淋巴血液抹片			
周金氏	女	〢〡	東昇街〥〇號	〩	〢〧			〩	〢〡	淋巴腺腫大	〃	肝液抹片			屍体
吳太太	女	〩〇	浙光工廠	〩	〩〇	〥	一			高熱嘔吐便瀉	〃	指尖血抹片			
葉借寿	男	〥〥	繡桂坊〥號	〩	〩〇			〩	〢〡	高熱左側腹股溝淋巴腺腫	〃	淋巴腺液抹片			
王昌鐵	男	〥〥	查川鎮	〩	〢〧			〩	〢〡	高熱鼠蹊淋巴腺腫大	〃				
楊金氏	女	〥〥	東昇街〢〥號	〥	〡			〥	〥	鼠蹊部腫痛	陽性				屍体

浙江省龍泉縣三十二年度鼠疫發現病例紀錄表　第[illegible]頁

病人姓名	性別	年齡	詳細住址	起病日期 月	起病日期 日	治療日期 月	治療日期 日	死亡日期 月	死亡日期 日	臨床症狀	顯微鏡檢查	死体解剖	細菌培養	動物接種試驗	備考
季太太	女	[illegible]	謝家巷[illegible]號	[illegible]	[illegible]			[illegible]	[illegible]	鼠蹊部腫痛	陽性				
徐海水	男	[illegible]	西平街	[illegible]	[illegible]	[illegible]	11			〃	〃				
劉松如	男	[illegible]	西平街[illegible]號	[illegible]	[illegible]	[illegible]	[illegible]			〃	〃				
連大含	男	[illegible]	蔣桂坊[illegible]號	[illegible]	[illegible]			[illegible]	[illegible]	〃	〃				屍体
彭水英	女	[illegible]	方情巷[illegible]號	[illegible]	[illegible]			[illegible]	[illegible]	〃	〃				屍体
吳寶香	女	[illegible]	西平街[illegible]號	[illegible]	[illegible]			[illegible]	[illegible]	頸部及鼠蹊部腫痛	〃				
郭品三	男	[illegible]	東昇街[illegible]號	[illegible]	[illegible]			[illegible]	[illegible]	鼠蹊部腫痛	〃				
蔣板權	男	[illegible]	孫易巷[illegible]號	[illegible]	[illegible]	[illegible]	[illegible]			〃	〃				
傅邦祥	男	[illegible]	本隊	[illegible]	[illegible]	[illegible]	[illegible]			〃	可疑				本隊勤工
呂永安	男	[illegible]	新兵征集所	[illegible]	[illegible]	[illegible]	[illegible]			〃	陽性				
顧金富	男	[illegible]	西平街[illegible]號	[illegible]	[illegible]	[illegible]	11			鼠蹊部腫痛	〃				

浙江省龍泉縣三十二年度鼠疫發現病例紀錄表 第[illegible]頁

病人姓名	性別	年齡	詳細住址	起病日期 月	日	治療日期 月	日	死亡日期 月	日	臨床症狀	鏡檢	屍體解剖	細菌培養	動物接種試驗	備考
王人權	男	[illegible]	查川六九	8	8			8	[illegible]	鼠蹊部腫痛	陽性				
潘福茂	男	[illegible]	西平街榮記茶店對面	8	9	8	[illegible]			〃	〃				
周玉氏	女	[illegible]	西平街[illegible]號	8	16	8	14			〃	〃				
吳正秀	女	[illegible]	石板巷	8	11	8	14			〃	〃				
儲葛齡芝	女	[illegible]	義泉林巷山號	8	[illegible]			8	13	〃	〃				屍体
周澤銳	男	[illegible]	查川六六	8	[illegible]			8	14						
郭奉召	男	31	西平街301號	8	13	8	17			腹瀉及鼠蹊部腫痛	陽性				
錢永迪	男	[illegible]	直接稅局	8	13	8	17			鼠蹊部腫痛	可疑				
王伯臣	男	20	城廂合作社	8	13	8	17			〃	陽性				
張奐珠	女	[illegible]	下林路[illegible]號	8	14	8	19			〃	〃				
葉青芝	女	[illegible]	稽核所[illegible]號	8	14	8	[illegible]			〃	〃				

浙江省龍泉縣三十二年度鼠疫發現病例紀錄表 第7頁

病人姓名	性別	年齡	詳細住址	起病日期 月	起病日期 日	治療日期 月	治療日期 日	死亡日期 月	死亡日期 日	臨床症狀	顯微鏡檢查	屍体解剖	細菌培養	動物接種試驗	備考
張迪禎	男	16	浙大	8	14	8	14			鼠蹊部腫痛	陽性				
朱陳英	女	6	東昇街6號	8	16			8	17	〃	〃				屍体
周功良	男	14	東昇街6號	8	16			8	17	〃	〃				屍体
嚴楚佩	女	17	賢德坊7號	8	17	8	14			〃	〃				
李鴻遇	男	37	直接稅局	8	17	8	18			〃	可疑				
張秀芝	女	26	查川一保一甲	8	17			8	18	〃	陽性				
石葉青	女	14	北河街6號	8	10	8	14			〃	可疑				
張汝翼	男	16	縣府	8	16	8	16			〃	陽性				
阮麗娟	女	31	劍池地方銀行	8	10	8	19			〃	〃				
葉芳齡	男	31	三江旅舍	8	17	8	14			〃	〃				
陳羅美	女	6	查川二六	8	16	9	16			高熱頭痛 鼠蹊部腫痛	〃				

浙江省龍泉縣三十二年度鼠疫發現病例紀錄表 第〥頁

病人姓名	性別	年齡	詳細住址	起病日期 月	起病日期 日	治療日期 月	治療日期 日	死亡日期 月	死亡日期 日	臨床症狀	顯微鏡檢查	屍体解剖	細菌培養	動物接種試驗	備考
汪仲舒	男	[illegible]	肩廠巷一號	〥	[illegible]	〥	[illegible]			鼠蹊部腫痛	可疑				
汪國成	女	[illegible]	〃	〥	[illegible]	〥	[illegible]			鼠蹊部腫痛	〃				
陳子明	男	[illegible]	查川六六	〥	[illegible]	[illegible]	[illegible]			〃	〃				
胡篤生	男	[illegible]	查川六七	〥	[illegible]			[illegible]	[illegible]	頸痛左側淋巴腺腫大	陽性				
王氏	女	[illegible]	查川六八	〥	[illegible]			〥	[illegible]	發熱頭暈淋巴腺腫痛	〃				
李品興	男	[illegible]	山頭路[illegible]號	〥	[illegible]	〥	[illegible]			腹瀉及鼠蹊部腫痛	〃				
吳連弟	女	[illegible]	西平街[illegible]號	〥	[illegible]	〥	[illegible]			鼠蹊部腫痛	可疑				
馮桂達	女	[illegible]	謝家巷一號	〥	[illegible]			〥	[illegible]	〃	〃				
李曹氏	女	[illegible]	西平街[illegible]號	〥	[illegible]	〥	[illegible]			〃	陽性				
龔方中	男	[illegible]	查川六七	〥	[illegible]			〥	[illegible]	〃	〃				
稽水妹	女	[illegible]	[illegible]秋巷[illegible]號	〥	[illegible]			〥	[illegible]	〃	〃				

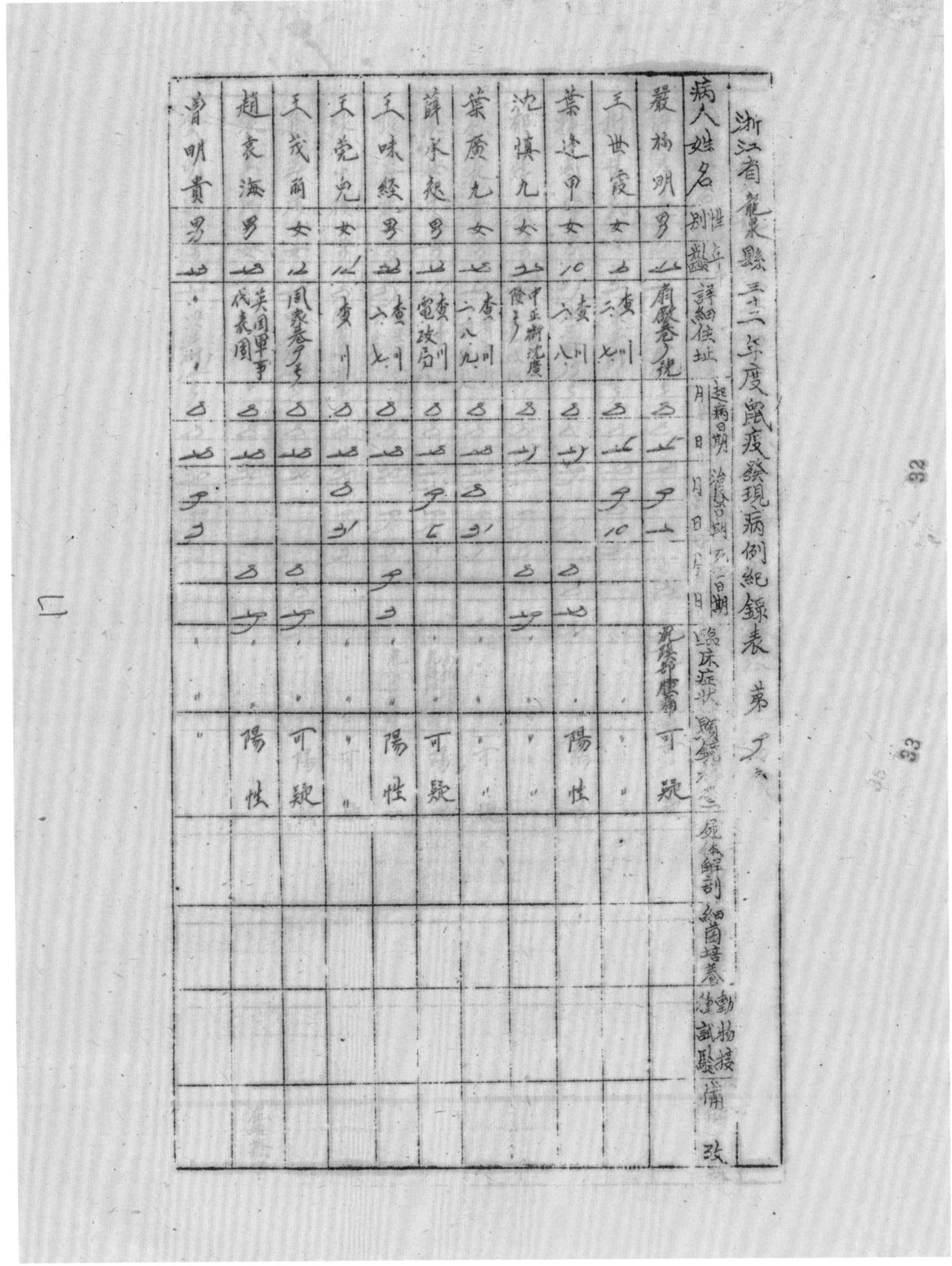

浙江省龍泉縣三十二年度鼠疫發現病例紀錄表 第〦、

病人姓名	性别	年齡	詳細住址	起病日期 月	起病日期 日	治療日期 月	治療日期 日	死亡日期 月	死亡日期 日	臨床症狀	顯微鏡檢查	屍体解剖	細菌培養	動物接種試驗	備考
嚴楊明	男	〢〤	廟殿巷〡號	〥	〡〤	〦	〡			鼠蹊部腫痛	可疑				
王世霞	女	〥	查川二、七	〥	〡〤	〦	10			〃	〃				
葉達甲	女	10	查川二、八	〥	〡〦			〥	〡〥	〃	陽性				
沈慎九	女	〢〢	中正街沈廣陰[illegible]	〥	〡〦			〥	〡〦	〃	〃				
葉廣九	女	〡〥	查川二、八、九	〥	〡〥	〥	〢〡			〃	〃				
薛承起	男	〡〤	查川電政局	〥	〡〥	〦	6			〃	可疑				
王味經	男	〢〢	查川二、七	〥	〡〥			〦	〢	〃	陽性				
王莞兒	女	〡〤	查川	〥	〡〥	〥	〢〡			〃	〃				
王茂爾	女	〤	風象巷[illegible]號	〥	〡〥			〥	〡〦	〃	可疑				
趙袁海	男	〡〥	英国軍事代表團	〥	〡〥			〥	〡〦	〃	陽性				
曾明貴	男	〡〥	〃	〥	〡〥	〦	〢			〃	〃				

浙江省龍泉縣三十二年度鼠疫發現病例紀錄表

第10頁

病人姓名	性別	年齡	詳細住址	起病日期 月	起病日期 日	治療日期 月	治療日期 日	死亡日期 月	死亡日期 日	臨床症狀	與鑑定之檢查	屍体解剖	細菌培養	動物接種試驗	備考
徐月長	男	[illegible]	東昇街[illegible]号	〥	[illegible]			〥	[illegible]	鼠蹊部腫痛	可疑				
謝根氏	女	[illegible]	東昇街[illegible]号	〥	[illegible]	〥	[illegible]			〃	〃				
韓國賢	男	[illegible]	北河街[illegible]号	〥	[illegible]			〥	〣〡	〃	陽性				
郁燁棠	男	[illegible]	查川電改局	〥	[illegible]	[illegible]	[illegible]			〃	〃				
孫長有	男	[illegible]	河南街硝磺处	〥	[illegible]	[illegible]	[illegible]			〃	可疑				
張汝才	男	[illegible]	查川六劉五	〥	[illegible]	[illegible]	[illegible]			高熱頭暈鼠蹊部腫痛	陽性				
張容慶	男	[illegible]	保安司令部办公所	〥	〣〇	[illegible]	[illegible]			鼠蹊部腫痛	〃				
張小孩	男	[illegible]	集賢亭巷[illegible]	〥	〣〇	[illegible]	[illegible]			〃	可疑				
孫寿珍	女	[illegible]	西昇街[illegible]号	〥	〣〇			〥	〣〡	〃	陽性				
張玉氏	女	[illegible]	〃	〥	〣〇					〃	〃				在治療中
金明達	男	[illegible]	東昇街[illegible]号	〥	〣〇	[illegible]	[illegible]			〃	〃				

34

35

16

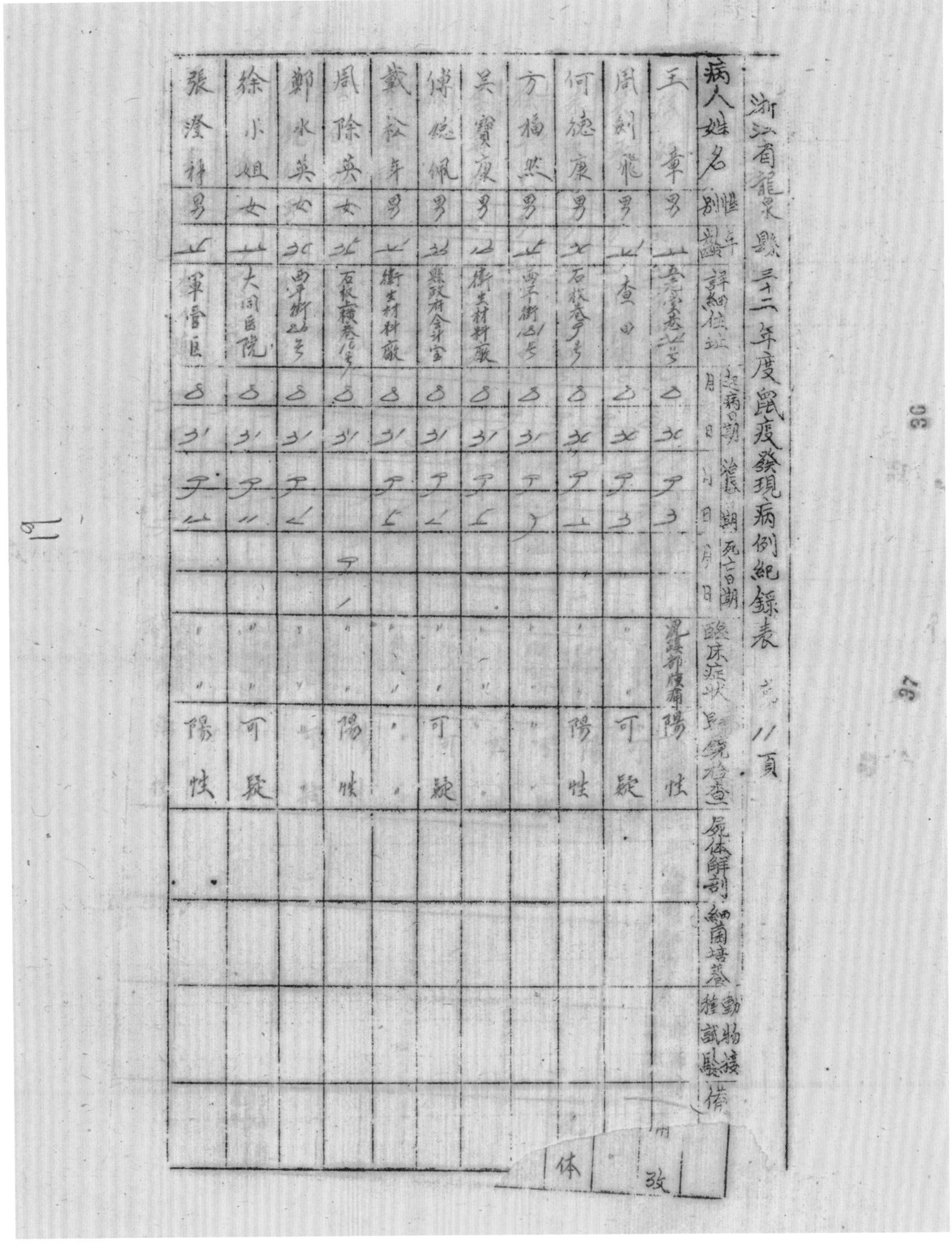

浙江省龙泉县三十二年度鼠疫发现病例纪录表　第11页

病人姓名	性别	年龄	详细住址	起病日期 月	起病日期 日	治疗日期 月	治疗日期 日	死亡日期 月	死亡日期 日	临床症状	显微镜检查	尸体解剖	细菌培养	动物接种试验	备考
王章	男	[illegible]	五六炎巷[illegible]号	8	30	9	[illegible]			淋巴腺部疼痛	阳性				
凤剑飞	男	[illegible]	查	8	30	9	[illegible]			〃	可疑				
何德康	男	[illegible]	石牧巷[illegible]号	8	30	9	[illegible]			〃	阳性				
方楠然	男	[illegible]	西平街181号	8	31	9	[illegible]			〃	〃				
吴宝康	男	[illegible]	卫生材料厂	8	31	9	[illegible]			〃	〃				
傅德佩	男	[illegible]	县政府会计室	8	31	9	[illegible]			〃	可疑				
戴松年	男	[illegible]	卫生材料厂	8	31	9	[illegible]			〃	〃				
凤除英	女	[illegible]	石板上横巷[illegible]号	8	31			9	1	〃	阳性				
郑水英	女	[illegible]	西平街26号	8	31	9	[illegible]			〃	〃				
徐小姐	女	[illegible]	大同医院	8	31	9	[illegible]			〃	可疑				
张登祥	男	[illegible]	军管区	8	31	9	[illegible]			〃	阳性				

体　孩

浙江省龍泉縣三十二年度鼠疫發現病例紀錄表 第　頁

病人姓名	性別	年齡	詳細住址	起病日期 月	日	發現日期 月	日	死亡日期 月	日	臨床症狀	顯微鏡檢查	屍体解剖	細菌培養	動物接種試驗	備攷
汪師母	女	32	大同醫院	8	31	9	8			鼠蹊部腫痛	可疑				
吳承官	男	6	縣府隔壁中心小學	9	1			9	1	高热頭痛神志不清淋巴腺腫痛	陽性				屍体
朱承總	男	32	五老巷32号	9	6	9	8			高热倦怠兩側鼠蹊部腫痛	可疑				
徐平忠	男	26	上京亭中國銀行	9	6	9	11			〃	陽性				
李菊花	女	66	北河街66号	9	3	9	26			高热倦怠嘔吐腓腫	可疑				
孫君	男	27	西平街262号	9	3	9	8			高热頭痛倦怠	〃				
黃國鈞	男	2	查川六七	9		9	7			〃	陽性				
金劍光	男	21	中正街文林紙店	9	3			9	8	高热兩側鼠蹊淋巴腺痛	可疑				
金鏡如	男	11	金鐘巷3号	9	3	9	10			發热頭痛嘔吐右側鼠蹊淋巴腺腫痛	〃				九月四日第二次檢驗結果係陽性
吳渝	女	9	中心小學隔壁	9	4	9	13			〃	〃				
吳阿堯	男	30	查川鎮	9	5	9	9			高热鼠蹊淋巴腺腫痛	陽性				

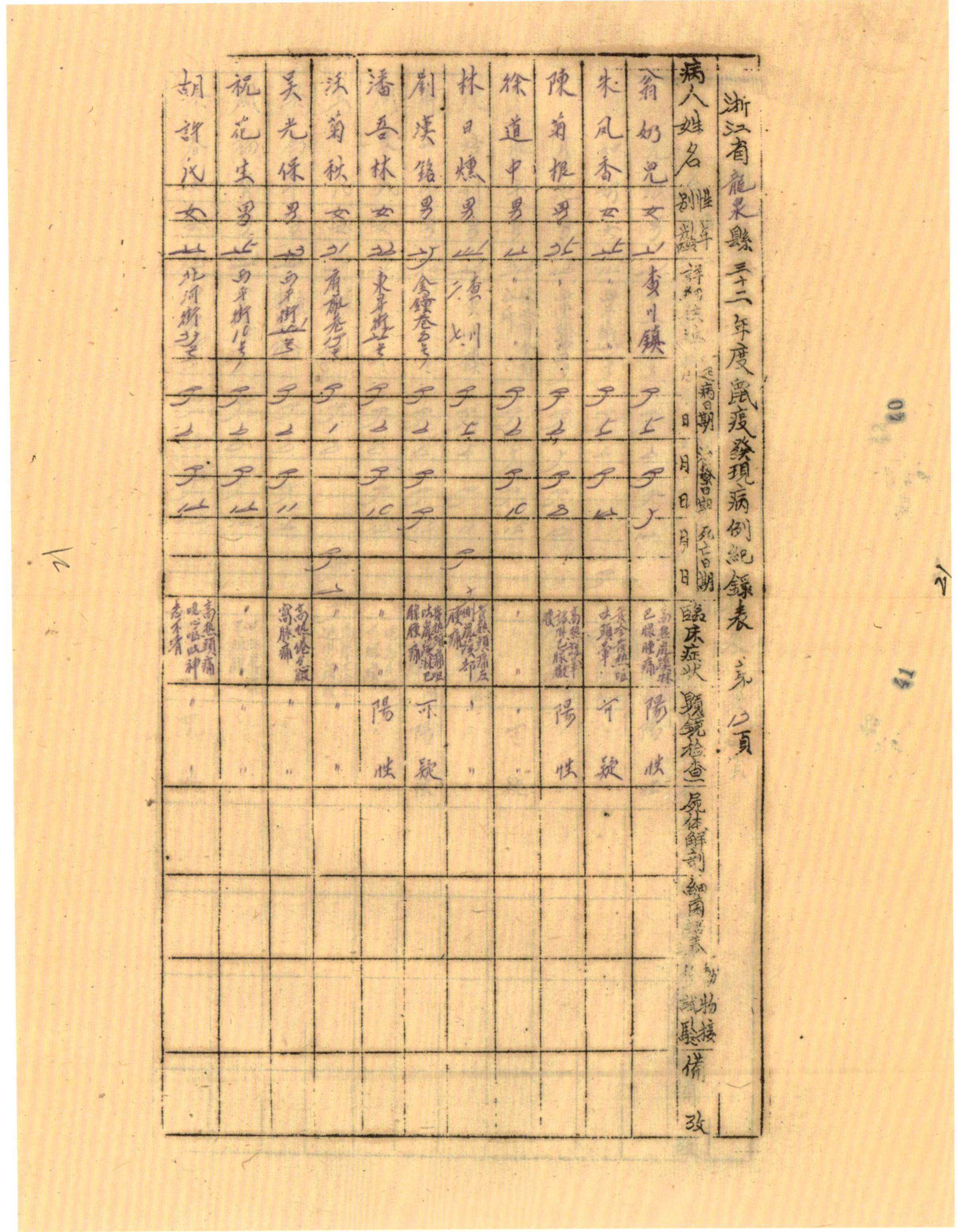

浙江省龍泉縣三十二年度鼠疫發現病例紀錄表 第 12 頁

病人姓名	性別	年齡	詳細住址	發病日期 月	日	入院日期 月	日	死亡日期 月	日	臨床症狀	顯微鏡檢查	屍体解剖	細菌培養	動物接種試驗	備考
翁奶兒	女	[illegible]	查田鎮	[illegible]	[illegible]	[illegible]	[illegible]			高熱鼠蹊淋巴腺腫痛	陽性				
朱风香	女	[illegible]	〃	[illegible]	[illegible]	[illegible]	[illegible]			發冷發熱嘔吐頭暈	可疑				
陳菊根	男	[illegible]	〃	[illegible]	[illegible]	[illegible]	8			高熱頭暈鼠蹊淋巴腺腫	陽性				
徐道中	男	[illegible]	〃	[illegible]	[illegible]	[illegible]	10			〃	〃				
林日燻	男	[illegible]	查田 [illegible]	[illegible]	[illegible]			[illegible]		高熱頭痛左側鼠蹊部腫痛	〃				
劉漢銘	男	[illegible]	金鐘巷[illegible]號	[illegible]	[illegible]	[illegible]	[illegible]			發熱頭痛嘔吐鼠蹊淋巴腺腫痛	可疑				
潘吾林	女	[illegible]	東平街[illegible]號	[illegible]	[illegible]	[illegible]	10			〃	陽性				
沃菊秋	女	[illegible]	[illegible]巷[illegible]號	[illegible]	1			[illegible]	[illegible]	〃	〃				
吳光保	男	[illegible]	西平街[illegible]號	[illegible]	[illegible]	[illegible]	11			高熱心悸腋痛	〃				
祝花生	男	[illegible]	西平街16號	[illegible]	[illegible]	[illegible]	[illegible]			〃	〃				
胡許氏	女	[illegible]	北河街[illegible]號	[illegible]	[illegible]	[illegible]	[illegible]			高熱頭痛嘔心嘔吐神志不清	〃				

浙江省龍泉縣三十二年度鼠疫發現病例紀錄表 第〡〢頁

病人姓名	性別	年齡	詳細住址	起病日期 月	起病日期 日	診斷日期 月	診斷日期 日	死亡日期 月	死亡日期 日	臨床症狀	顯微鏡檢查	屍體解剖	細菌培養	動物接種試驗	備考
鄧元猴	男	〦	中正街宮	〩	〦	〩	〦			高熱頭痛噁心嘔吐神志不清	陽性				
張如奶	女	〡〦	西平街[illegible]号	〩	〦			〩	〡	高熱昏迷神志不清知覺脫失	〃				
吳月池	男	〡〥	西[illegible]巷〢号	〩	〡	〩	〥			中热左側鼠蹊淋巴腺腫	〃				
詹承平	男	〣〦	保安司令部公所	〩	〡	〩	〡〦			〃	可疑				
皮培利	男	〡〥	查田鎮	〩	〦	〩	11			發冷發熱嘔吐噁心	〃				
寿文序	男	〡〦	〃	〩	〥	〩	13			高热左側淋巴腺腫	陽性				
周朱氏	女	〦〦	〃	〩	〥	〩	13			倦怠右淋巴腺腫	〃				
王氏	女	〢〡	查田	〩	〥			〩	〡	高热大便不通淋巴腺腫	〃				
洪[illegible]平	男	〡〦	查田衛生院	〩	〥	〩	〡〦			〃	〃				
周福有	男	〢〦	官頭[illegible]号	〩	〥	〩	〡〦			中热鼠蹊淋巴腺腫	〃				
洪春女	女	〡〥	西平街[illegible]号	〩	〥	〩	〡〦			〃	可疑				

42

43

22

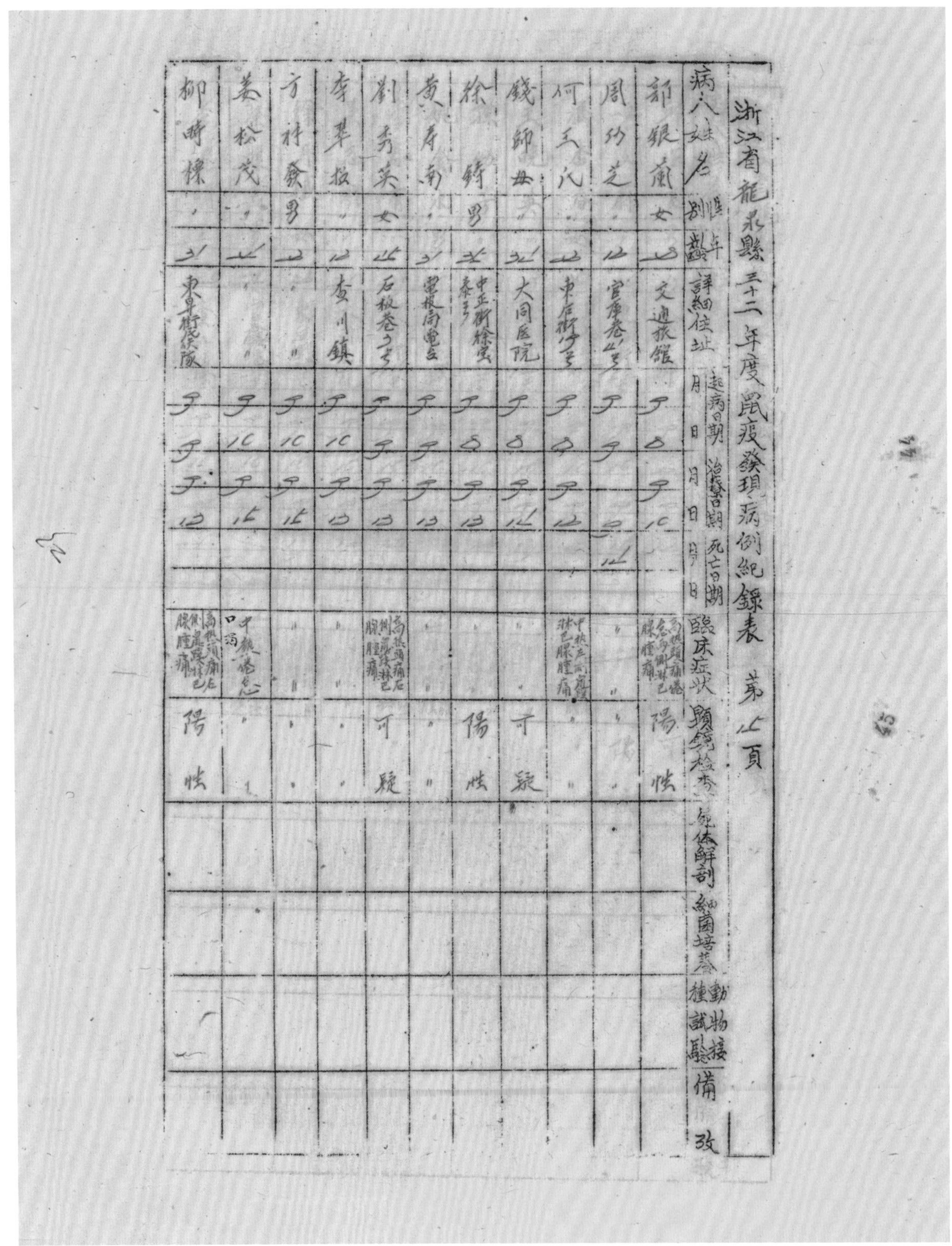

浙江省龍泉縣三十二年度鼠疫發現病例紀錄表 第12頁

病人姓名	性別	年齡	詳細住址	起病日期 月	起病日期 日	治療日期 月	治療日期 日	死亡日期 月	死亡日期 日	臨床症狀	顯微鏡檢查	屍体解剖	細菌培養	動物接種試驗	備考
鄭銀蘭	女	18	文通旅館	9	8	9	10			高熱頭痛倦怠右側淋巴腺腫痛	陽性				
周仍之		12	宮廨巷12号	9	9			9	12	〃	〃				
何三八	〃	20	東后街9号	9	8	9	12			中熱左腋窩淋巴腺腫痛	〃				
錢師母	〃	21	大同医院	9	8	9	11			〃	可疑				
徐鑄	男	26	中正街徐寶泰号	9	8	9	13			〃	陽性				
黃壽南	〃	31	電报局電台	9	9	9	13			〃	〃				
劉秀英	女	25	石板巷9号	9	9	9	13			高熱頭痛左側鼠蹊淋巴腺腫痛	可疑				
李翠枝	〃	12	查川鎮	9	10	9	13			〃	〃				
方祥發	男	20	〃	9	10	9	11			〃	〃				
姜松茂	〃	22	〃	9	10	9	11			中熱倦怠口渴	〃				
柳時棟	〃	31	東阜街保安隊	9	9	9	12			高熱頭痛左側鼠蹊淋巴腺腫痛	陽性				

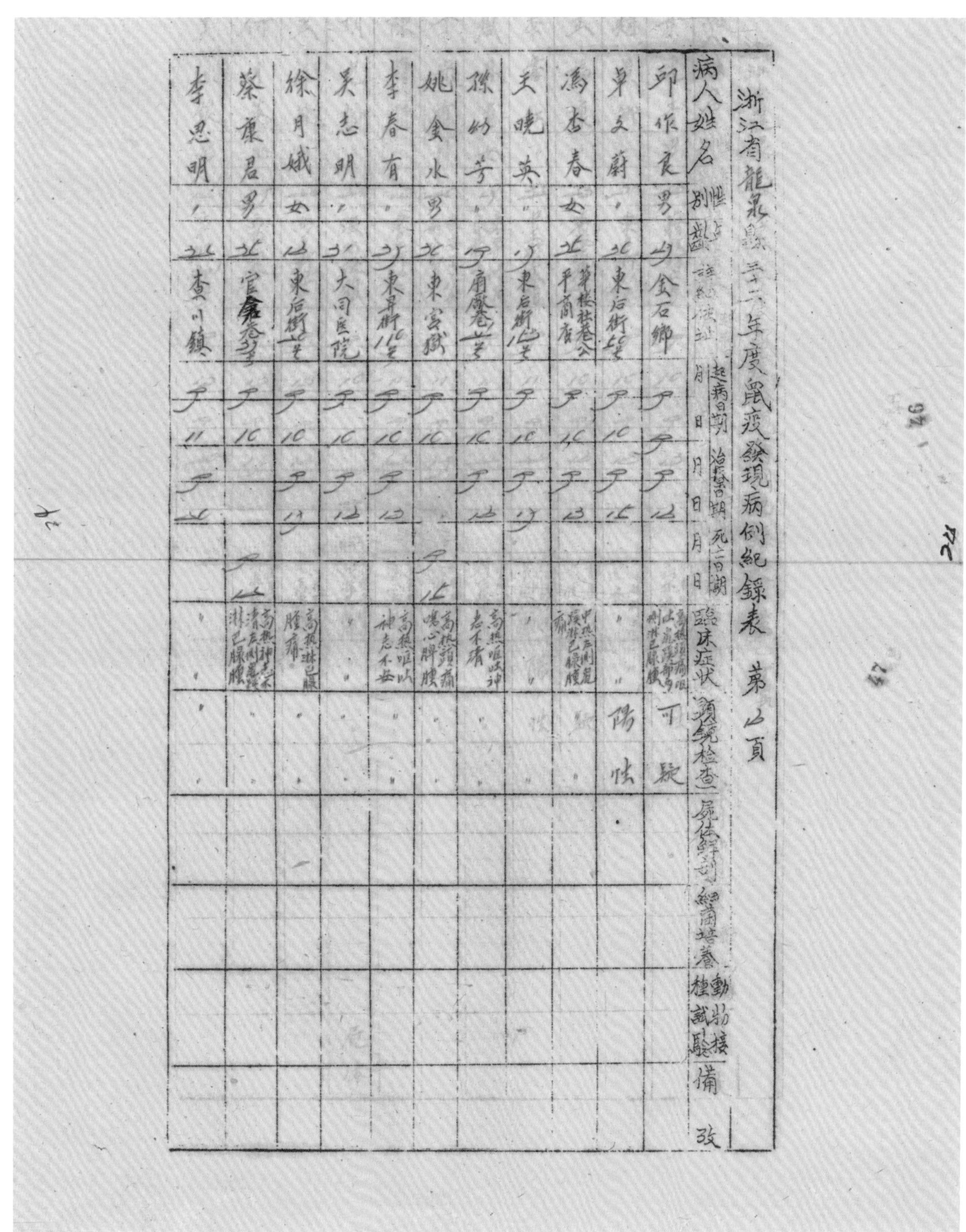

浙江省龍泉縣三十六年度鼠疫發現病例紀錄表　第〤頁

病人姓名	性別	年齡	詳細住址	起病日期 月	起病日期 日	治療日期 月	治療日期 日	死亡日期 月	死亡日期 日	臨床症狀	顯微檢查	屍體解剖	細菌培養	動物接種試驗	備考
邱作良	男	[illegible]	金石鄉	9	[illegible]	9	[illegible]			高熱頭痛咽[illegible]鼠蹊部右側淋巴腺腫	可疑				
卓文蔚	〃	26	東后街[illegible]號	9	10	9	16			〃	陽性				
馮杏春	女	26	華樓社巷公平商店	9	10	9	13			中熱左側鼠蹊淋巴腺腫痛	〃				
吳曉英	〃	[illegible]	東后街[illegible]號	9	10	9	[illegible]			〃	〃				
孫竹芳	〃	9	廟巷[illegible]號	9	10	9	[illegible]			高熱嘔吐神志不清	〃				
姚金水	男	26	東宮獄	9	10			9	16	高熱頭痛嘔心脾腫	〃				
李春有	〃	[illegible]	東昇街[illegible]號	9	10	9	12			高熱嘔吐神志不安	〃				
吳志明	〃	[illegible]	大同醫院	9	10	9	12			〃	〃				
徐月娥	女	[illegible]	東后街[illegible]號	9	10	9	[illegible]			高熱淋巴腺腫痛	〃				
蔡康君	男	26	官倉巷[illegible]號	9	10			9	[illegible]	高熱神志不清左側鼠蹊淋巴腺腫	〃				
李思明	〃	[illegible]	查田鎮	9	11	9	[illegible]			〃	〃				

浙江省龍泉縣三十二年度鼠疫發現病例紀錄表 第 9 頁

病人姓名	性別	年齡	詳細住址	起病日期（月/日）	治療日期（月/日）	死亡日期（月/日）	臨床症狀	顯微鏡檢查	屍体解剖	細菌培養	動物接種試驗	備攷
葉連青	男	13	稽杜坊6号	9/10	9/13		高熱，精神志不安	陽性				
趙景卿	〃	21	東昇街9号	9/10	9/13		高熱，神志不安	〃				
王福康	〃	13	芝梓巷44号	9/10	9/12		高熱，嘔吐，大便泄瀉	可疑				
李書紅	〃	31	中正街平安館	9/11	9/21		高熱頭痛，左側鼠蹊淋巴腺腫痛	陽性				
周琴秀	女	17	東昇街周家巷6号	9/11	9/21		身熱頭痛，頸下腺腫痛	〃				
丁崇有	男	16	保安司令部辦公所	9/11	9/17		高熱，右側鼠蹊淋巴腺腫痛	〃				
陳緯璞	〃	16	東昇街26号	9/11	9/21		高熱頭痛，倦怠嗜睡	〃				
胡光裕	〃	21	温州旅館	9/10		9/13	高熱，右側鼠蹊淋巴腺腫大	〃				屍体
王希敏	〃	13	西平街44号	9/13	9/12		高熱頭痛，倦怠嗜睡	〃				
何月英	女	17	西寧巷1号	9/13	9/17		中热，左側鼠蹊淋巴腺腫大	〃				
吳陵銀	男	14	東街27号	9/13	9/16			〃				

48 49 25

浙江省龍泉縣三十二年度鼠疫發現病例紀錄表 第10頁

病人姓名	性別	年齡	詳細住址	起病日期 月	起病日期 日	診斷日期 月	診斷日期 日	死亡日期 月	死亡日期 日	臨床症狀	顯微檢查	屍体解剖	細菌培養	動物接種試驗	備攷
李榮發	男	22	靈披杜巷11号	9	10	9	11			高熱右側鼠蹊部腺腫痛	陽性				
李炳根	〃	16	中山街25号	9	10	9	16			〃	〃				
林東英	女	37	小菜場	9	10	9	15			〃	〃				
葉女細	男	24	北河街34号	9	22	9	16			中熱右側鼠蹊部腺痛	〃				
顏友礼	〃	24	中山路44号	9	10	9	14			〃	〃				
李菊芬	女	31	中山路34号	9	10	9	14			〃	〃				
徐其英	男	21	東昇街天后宮自衛隊	9	10	9	16			高熱淋巴腺腫痛神志昏	〃				
鄧子平	〃	27	東昇街25號	9	10	9	10			〃	〃				
張純正	〃	16	縣政府	9	10	9	17			〃	〃				
吳燮廸	〃	31	東昇街天后宮自衛隊	9	10	9	17			高熱淋巴腺腫痛	〃				
王芬鈬	女	24	河南街25号	9	10	9	17			〃	〃				

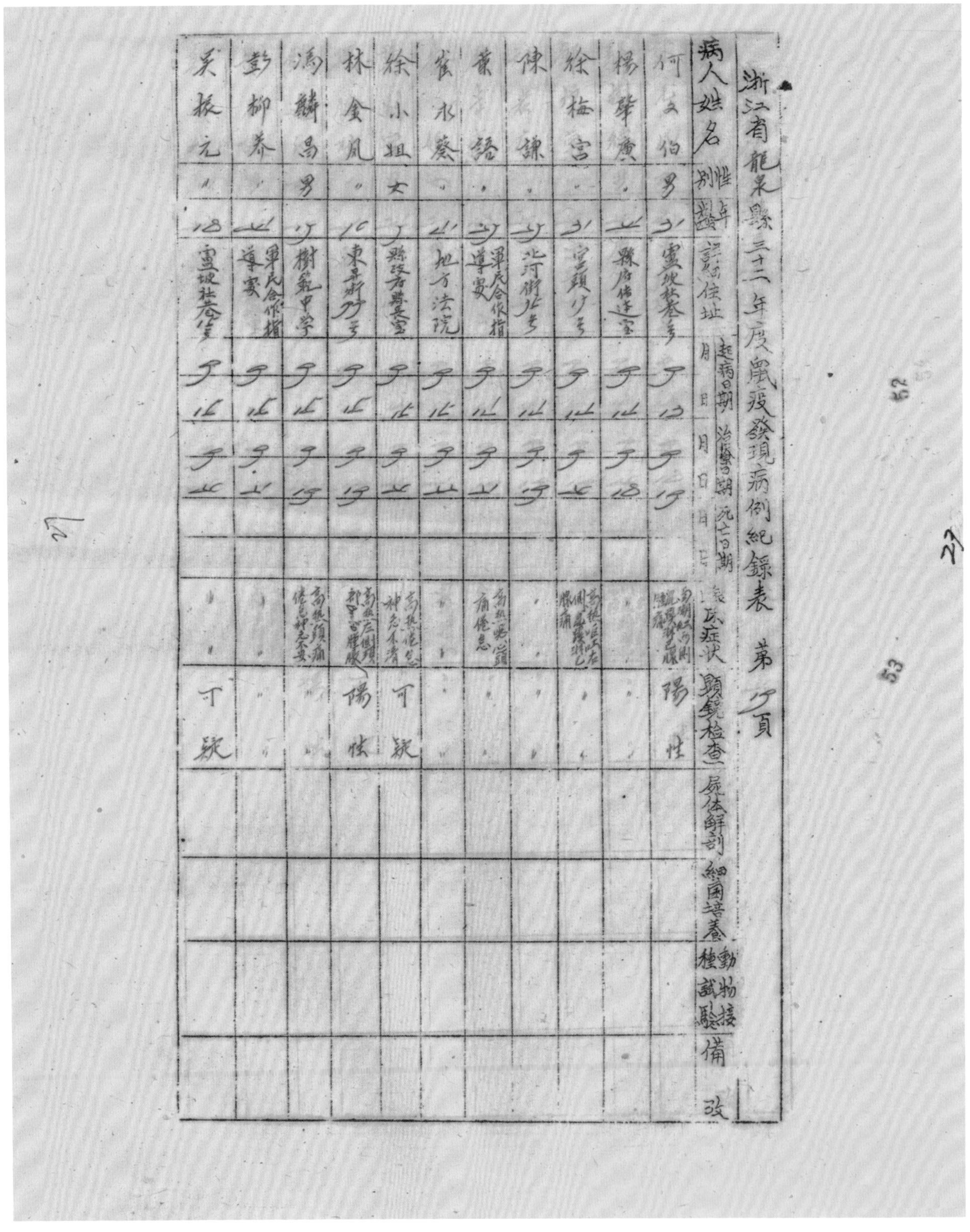

浙江省龍泉縣三十二年度鼠疫發現病例紀錄表　第17頁

病人姓名	性別	年齡	詳細住址	起病日期（月 日）	治療日期（月 日）	死亡日期（月 日）	臨床症狀	顯微鏡檢查	屍体解剖	細菌培養	動物接種試驗	備考
何文伯	男	31	靈坎社巷号	7 13	7 17		高熱頸右側淋巴腺腫痛	陽性				
楊聲賡	〃	22	縣府儲運室	7 14	7 18		〃	〃				
徐梅宮	〃	31	宮頭17号	7 14	7 16		高熱腋左側淋巴腺腫痛	〃				
陳謙	〃	17	北河街16号	7 14	7 17		〃	〃				
葉語	〃	27	軍民合作指導處	7 14	7 21		高熱、頭痛倦怠	〃				
崔水蔡	〃	22	地方法院	7 15	7 21		〃	〃				
徐小姐	女	7	縣政府縣長室	7 15	7 21		高熱倦怠神志不清	可疑				
林金鳳	〃	16	東平街77号	7 15	7 19		高熱左側頸部腋下腺腫	陽性				
馮麟昌	男	17	樹範中学	7 15	7 19		高熱頭痛倦怠神志不安	〃				
彭柳券	〃	22	軍民合作指導處	7 15	7 21		〃	〃				
吴振元	〃	18	靈坎社巷号	7 16	7 20		〃	可疑				

浙江省龍泉縣三十二年度鼠疫發現病例紀錄表 第[illegible]頁

病人姓名	性別	年齡	詳細住址	起病日期 月	起病日期 日	治療日期 月	治療日期 日	死亡日期 月	死亡日期 日	臨床症狀	顯微鏡檢查	屍體解剖	細菌培養	動物接種試驗	備考
林毛氏	女	[illegible]	東昇街[illegible]號	[illegible]	12	[illegible]	18			高熱右側[illegible]下腺腫痛	陽性				
駱樹德	男	[illegible]	廟廠巷[illegible]號	[illegible]	12	[illegible]	[illegible]			高熱頭痛右側鼠蹊淋巴腺腫	〃				
鄭增榮	〃	[illegible]	宮頭[illegible]號	[illegible]	12	[illegible]	17			身熱倦怠右側鼠蹊淋巴腺腫痛	〃				
劉岩友	〃	[illegible]	西平街[illegible]號	[illegible]	12	[illegible]	17			〃	〃				
周吉武	〃	18	仝上	[illegible]	12	[illegible]	17			身熱頭痛食慾不振	〃				
朱媽	女	[illegible]	縣政府會計室	[illegible]	12	[illegible]	[illegible]			高熱噁心嘔吐	〃				
莫剝官	男	[illegible]	北河街[illegible]號	[illegible]	12	[illegible]	[illegible]			〃	〃				
孫騰梓	〃	[illegible]	縣政府	[illegible]	12	[illegible]	17			〃	可疑				
錢邊氏	女	[illegible]	北河街13號	[illegible]	12	[illegible]	[illegible]			高熱倦怠大便泄瀉	陽性				
黃君馥	男	[illegible]	縣政府機要室	[illegible]	12	[illegible]	17			身熱倦怠頭暈出汗	〃				
鄭素純	〃	[illegible]	西堂巷1號	[illegible]	12	[illegible]	[illegible]			〃	〃				

浙江省龍泉縣三十二年度鼠疫發現病例紀錄表　第六頁

姓名	性別	年齡	詳細住址	起病日期 月	日	治療日期 月	日	死亡日期 月	日	臨床症狀	細菌檢查	屍体解剖	細菌培養	動物接種試驗	備考
杜如漸	男	[illegible]	縣公廳	[illegible]	[illegible]	[illegible]	[illegible]	[illegible]	[illegible]	高熱左側鼠蹊淋巴腺腫	陽性				
徐志豪	女	[illegible]	石板巷10號	[illegible]	[illegible]	[illegible]	[illegible]			〃	〃				
方張氏	〃	[illegible]	河南街難民館	[illegible]	[illegible]	[illegible]	[illegible]			高熱左側鼠蹊部腫痛	〃				
郁文成	男	[illegible]	浦城人(難民)	[illegible]	[illegible]	[illegible]	[illegible]			高熱頭痛咳嗽多痰	〃				
周光水	〃	[illegible]	馬軍兵校訓練班	[illegible]	[illegible]	[illegible]	[illegible]			〃	〃				
陳寶来	〃	[illegible]	北河街15號	[illegible]	[illegible]	[illegible]	[illegible]			〃	〃				
李炳根	〃	[illegible]	中正街31號	[illegible]	[illegible]	[illegible]	[illegible]			身熱頭痛倦怠	〃				
林小玫	女	[illegible]	宮頭14號	[illegible]	[illegible]	[illegible]	[illegible]			〃	〃				
姜成德	男	[illegible]	大同醫院	[illegible]	[illegible]	[illegible]	[illegible]			〃	〃				
袁木根		[illegible]	西平街建國文具店	[illegible]	[illegible]			[illegible]	[illegible]	高熱神志不清腋下腺腫痛眼直視	〃				
李蘇芝	女	[illegible]	金鐘巷14號	[illegible]	[illegible]	[illegible]	[illegible]			高熱頭痛神志不清	〃				

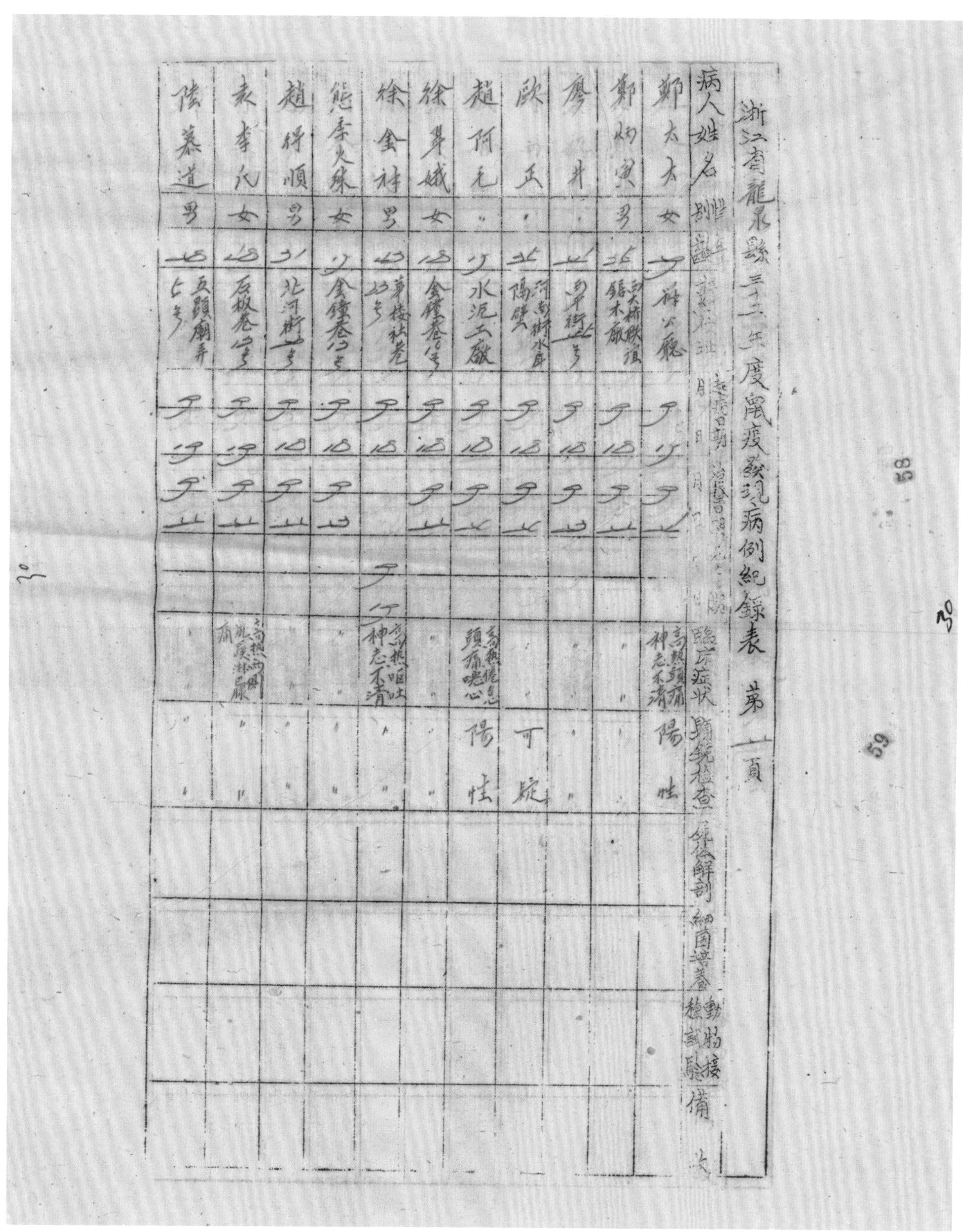

浙江省龍泉縣三十二年度鼠疫發現病例紀錄表 第[illegible]頁

病人姓名	性別	年齡	住址	起病日期 月	日	報告日期 月	日	月	日	臨床症狀	顯微鏡檢查	屍體解剖	細菌培養	動物接種試驗	備考
鄭太太	女	[illegible]	祥公廟	[illegible]	[illegible]	[illegible]	[illegible]			高熱頭痛 神志不清	陽性				
鄭炳寅	男	[illegible]	南大橋頭鋸木廠	[illegible]	[illegible]	[illegible]	[illegible]			〃	〃				
廖井	〃	[illegible]	西平街[illegible]號	[illegible]	[illegible]	[illegible]	[illegible]			〃	〃				
歐氏	〃	[illegible]	河南街水府陽[illegible]	[illegible]	[illegible]	[illegible]	[illegible]			〃	可疑				
趙阿毛	〃	[illegible]	水泥工廠	[illegible]	[illegible]	[illegible]	[illegible]			高熱倦怠 頭痛噁心	陽性				
徐昇娥	女	[illegible]	金鐘巷[illegible]號	[illegible]	[illegible]	[illegible]	[illegible]			〃	〃				
徐金祥	男	[illegible]	草樓社巷[illegible]號	[illegible]	[illegible]			[illegible]	[illegible]	高熱嘔吐 神志不清	〃				
熊季火妹	女	[illegible]	金鐘巷[illegible]號	[illegible]	[illegible]	[illegible]	[illegible]			〃	〃				
趙得順	男	[illegible]	北河街[illegible]號	[illegible]	[illegible]	[illegible]	[illegible]			〃	〃				
袁李氏	女	[illegible]	辰板巷[illegible]號	[illegible]	[illegible]	[illegible]	[illegible]			高熱兩側鼠蹊淋巴腺痛	〃				
陸慕道	男	[illegible]	五顯廟弄[illegible]號	[illegible]	[illegible]	[illegible]	[illegible]			〃	〃				

浙江省龍泉縣三十二年度 疫發現病例紀錄表 第 頁

病人姓名	性別	年齡	詳細住址	起病日期 月 日	就診日期 月 日	死亡日期 月 日	臨床症狀	顯微鏡檢查	屍体解剖	細菌培養	動物接種	附 備 考
鮑八哥	男	[illegible]	北河街13号	[illegible]	[illegible]		高熱、右側鼠蹊淋巴腺痛	陽性				
麥秋棉	〃	[illegible]	華樓街巷[illegible]号	[illegible]	[illegible]			〃				
吳旅光	〃	[illegible]	石板巷[illegible]号	[illegible]		[illegible]	高熱、右側鼠蹊淋巴腺腫	〃				
何雨人	〃	[illegible]	東后街[illegible]号	[illegible]	[illegible]			〃				
成青發	〃	[illegible]	宮頭18号	[illegible]	[illegible]		〃	〃				
張東妹	〃	[illegible]	國民兵團	[illegible]	[illegible]		高熱、昏迷、左側腋窩腫痛	〃				
陳阿風	女	[illegible]	西平街[illegible]号	[illegible]	[illegible]		高熱、右側腋淋巴腺腫痛	〃				
刘金川	男	[illegible]	東昇街[illegible]号	[illegible]		[illegible]	高熱、神志不清	〃				
潘有体	女	[illegible]	東后街[illegible]号	[illegible]	[illegible]		高熱、左側鼠蹊淋巴腺腫痛	〃				
丁水祥	男	[illegible]	大中旅	[illegible]		[illegible]	〃	〃				
邱有水	女	[illegible]	西平街口	[illegible]	[illegible]		高熱、嘔吐、惡心、神志不清	〃				

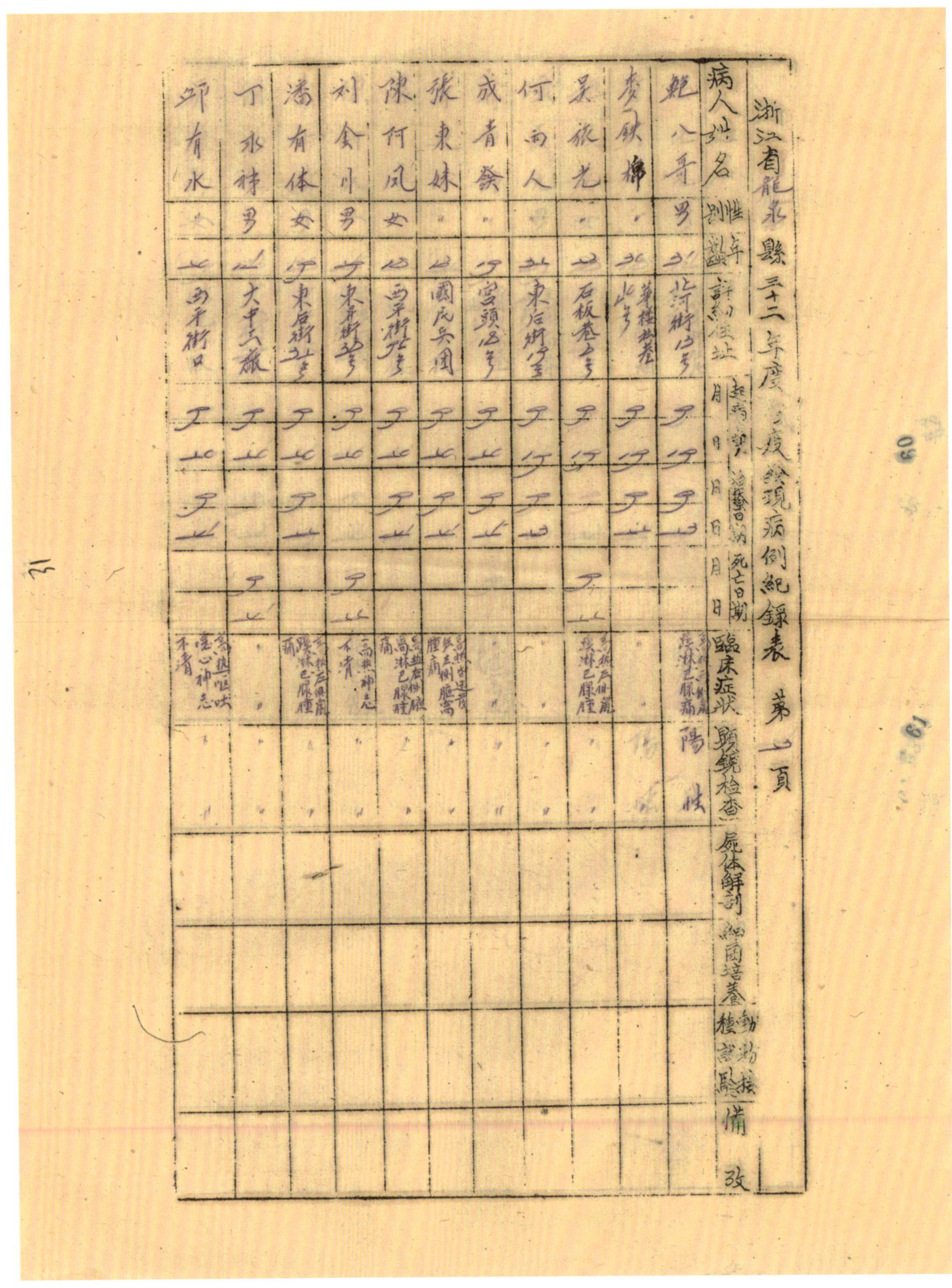

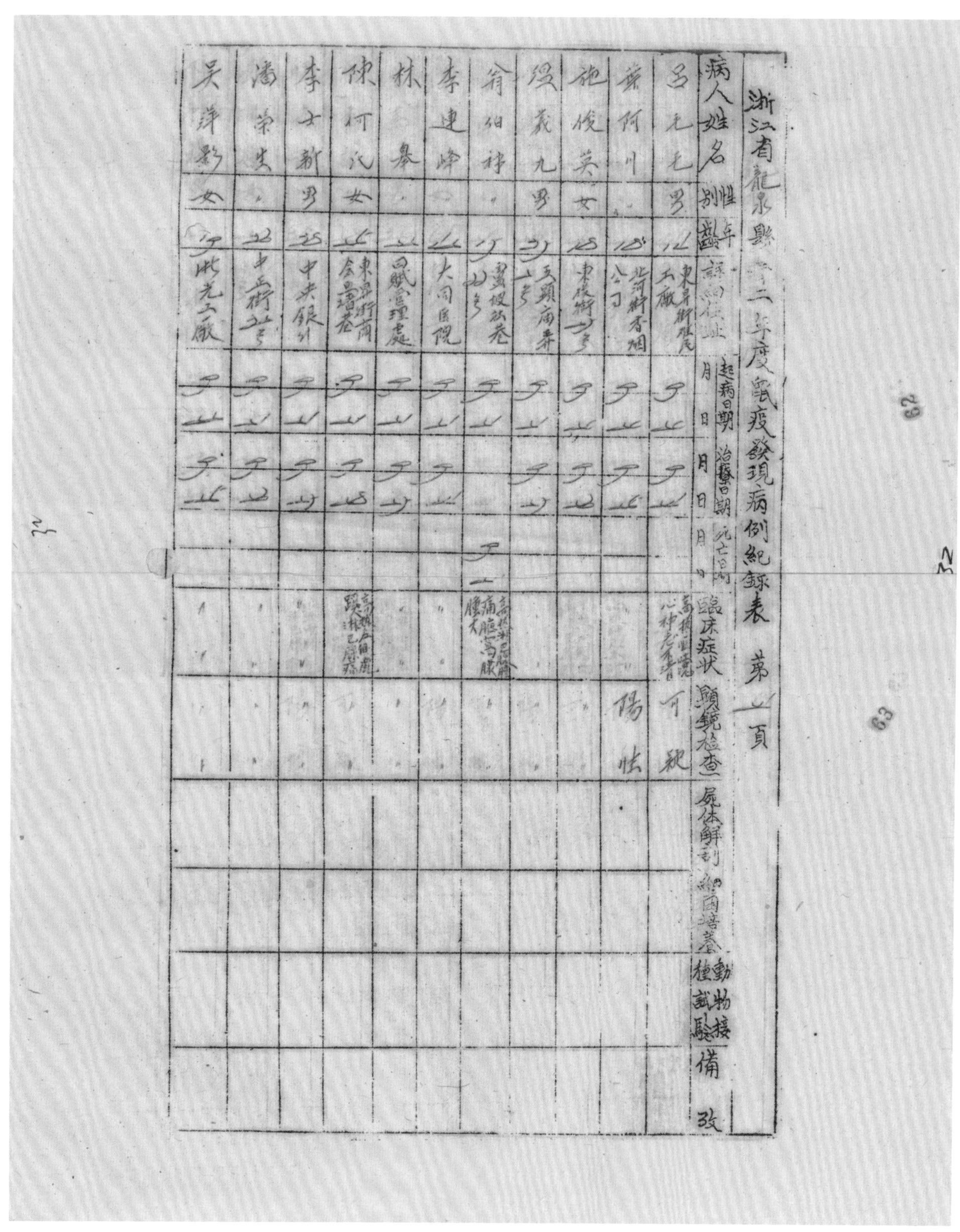

浙江省龍泉縣三十二年度鼠疫發現病例紀錄表 第[illegible]頁

病人姓名	性別	年齡	詳細住址	起病日期 月 日	治療日期 月 日	死亡日期 月 日	臨床症狀	顯微鏡檢查	屍体解剖	細菌培養	動物接種試驗	備攷
呂毛毛	男	[illegible]	東昇街难民工廠	[illegible]	[illegible]		高熱[illegible] 心神不清	可疑				
葉阿川	〃	[illegible]	北河街香烟公司	[illegible]	[illegible]			陽性				
施俊英	女	[illegible]	東後街[illegible]號	[illegible]	[illegible]			〃				
繆義九	男	[illegible]	五顯廟弄[illegible]號	[illegible]	[illegible]			〃				
翁伯梓	〃	[illegible]	[illegible]坡[illegible]巷[illegible]號	[illegible]		[illegible]	高熱[illegible]痛 腋[illegible]腫大	〃				
李連峰	〃	[illegible]	大同医院	[illegible]	[illegible]		〃	〃				
林桑	〃	[illegible]	田賦管理處	[illegible]	[illegible]		〃	〃				
陳何氏	女	[illegible]	東昇街商會[illegible]巷	[illegible]	[illegible]		高熱[illegible] 鼠蹊[illegible]腺腫	〃				
李女新	男	[illegible]	中央銀行	[illegible]	[illegible]		〃	〃				
潘榮生	〃	[illegible]	中正街[illegible]號	[illegible]	[illegible]		〃	〃				
吳萍影	女	[illegible]	此光工廠	[illegible]	[illegible]		〃	〃				

浙江省龍泉縣三十二年度鼠疫發現病例紀錄表 第[illegible]頁

病人姓名	性別	年齡	詳細住址	起病日期 月	起病日期 日	治愈日期 月	治愈日期 日	死亡日期 月	死亡日期 日	臨床症狀	顯微鏡檢查	屍體解剖	細菌培養	動物接種試驗	備考
吳乙青	男	[illegible]	縣政府	〩	[illegible]	〩	[illegible]			中熱嘔吐噁心	可疑				九月二十三日第二次複驗結果係陽性
樓六波	〃	[illegible]	熙春坊[illegible]號	〩	[illegible]	〩	[illegible]			高熱神志不清	陽性				
陳傑	〃	[illegible]	東后街外江印刷廠	〩	[illegible]	〩	[illegible]			中熱右側鼠蹊淋巴腺腫痛	可疑				
方正心	〃	[illegible]	石板巷[illegible]號	〩	[illegible]	〩	[illegible]			〃 〃	陽性				
胡崇法	〃	[illegible]	本隊	〩	[illegible]	〩	[illegible]			〃 〃	可疑				
李小妹	女	[illegible]	柳樹下[illegible]號	〩	[illegible]	〩	[illegible]			〃 〃	陽性				
李馬明	男	[illegible]	國民兵團部	〩	[illegible]	〩	[illegible]			高熱嘔吐右側鼠蹊淋巴腺腫	〃 〃				
周李林	〃	[illegible]	農民銀行	〩	[illegible]	〩	[illegible]			中熱嘔吐泄瀉	可疑				
祝光岳	〃	[illegible]	柳樹下[illegible]號	〩	[illegible]	〩	[illegible]			高熱兩側鼠蹊淋巴腺腫痛	陽性				
趙月娥	女	[illegible]	天后宮巷[illegible]號	〩	[illegible]	〩	[illegible]			〃 〃	〃 〃				
陳賀禧	男	[illegible]	緝私所	〩	[illegible]	〩	[illegible]			〃 〃	〃 〃				

浙江省龍泉縣三十二年度鼠疫發現病例紀錄表　第[illegible]頁

病人姓名	性別	年齡	詳細住址	起病日期 月	起病日期 日	治療日期 月	治療日期 日	死亡日期 月	死亡日期 日	臨床症狀	驗鏡檢查	屍体解剖	細菌培養	動物接種試驗	備攷
翁管氏	女	[illegible]	北河街[illegible]号	[illegible]	[illegible]	[illegible]	[illegible]			高热兩側鼠蹊淋巴腺腫痛	陽性				
黎益培	男	[illegible]	中正街大街墟同[illegible]和[illegible]号	[illegible]	[illegible]	[illegible]	[illegible]			〃	〃				
孫淦	〃	[illegible]	警察局	[illegible]	[illegible]	[illegible]	[illegible]			〃	〃				
陸小姐	女	[illegible]	[illegible]頭[illegible]号	[illegible]	[illegible]	[illegible]	[illegible]			中热嘔心食慾不振	可疑				
李科長	男	[illegible]	東岸西平联兵小李[illegible]進	[illegible]	[illegible]	[illegible]	[illegible]			高热神志不安淋巴腺腫痛	陽性				
李小姐	女	[illegible]	大同医院	[illegible]	[illegible]	[illegible]	[illegible]			高热兩側鼠蹊淋巴腺腫痛	〃				
趙存孝	男	[illegible]	縣政府会计室	[illegible]	[illegible]	[illegible]	[illegible]			〃	〃				
朱元良	〃	[illegible]	縣政府	[illegible]	[illegible]	[illegible]	[illegible]			〃	〃				
郭春春	〃	[illegible]	西街[illegible]号	[illegible]	[illegible]	[illegible]	[illegible]			〃	〃				
錢紹雨	〃	[illegible]	東后街11号	[illegible]	[illegible]			[illegible]	[illegible]	高热[illegible]神志不清	〃				
黃存如	〃	[illegible]	[illegible]光工厰	[illegible]	[illegible]	[illegible]	[illegible]			高热兩側鼠蹊淋巴腺腫痛	〃				

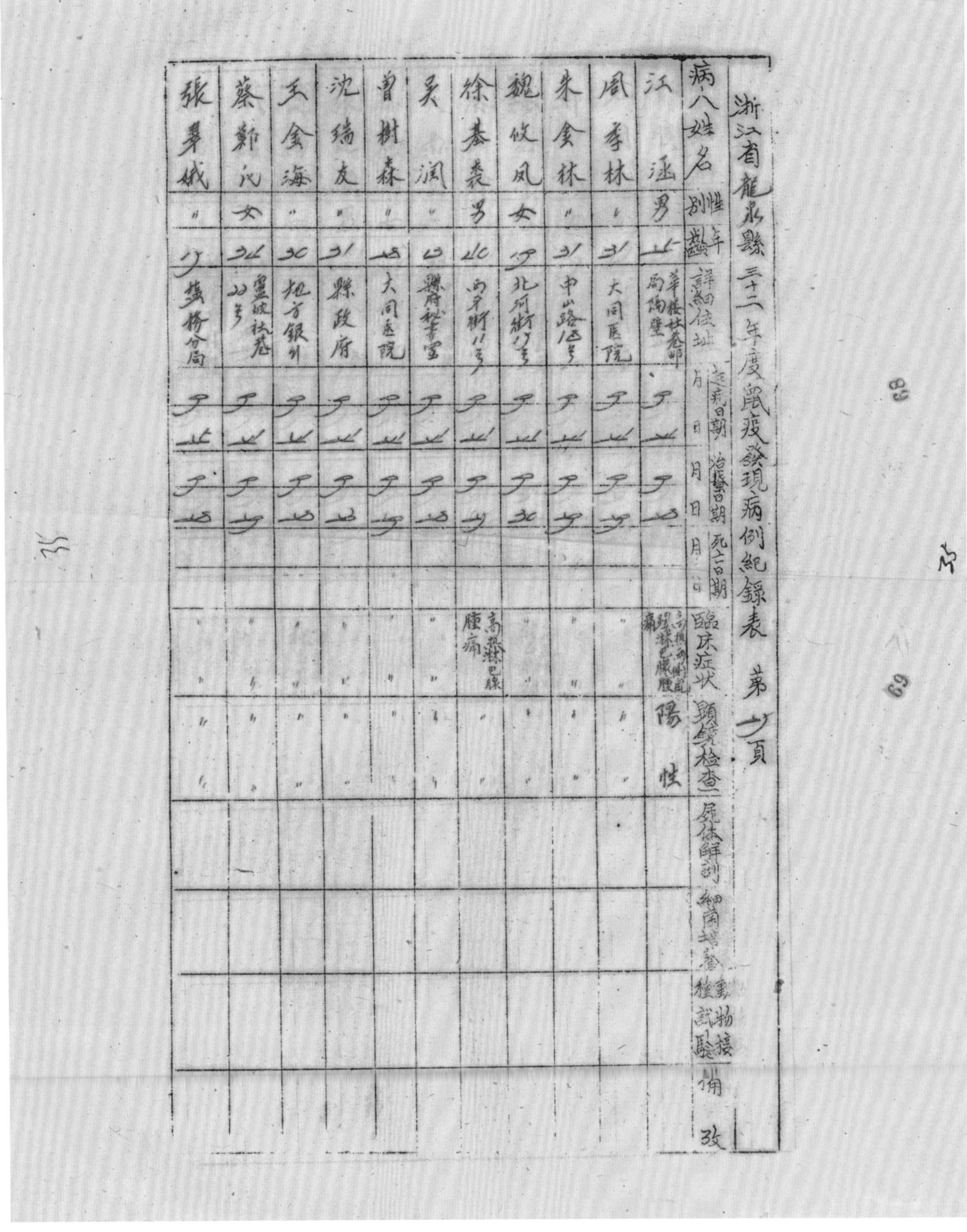

浙江省龍泉縣三十二年度鼠疫發現病例紀錄表 第〩頁

病人姓名	性别	年龄	詳細住址	發病日期 月	日	治療日期 月	日	死亡日期 月	日	臨床症狀	顯微鏡檢查	屍体解剖	細菌培養	動物接種試驗	備攷
江涵	男	[illegible]	華樓林巷口局陶壁	〩	[illegible]	〩	[illegible]			高熱頭痛鼠蹊淋巴腺腫痛	陽性				
周季林	〃	〣〡	大同醫院	〩	[illegible]	〩	[illegible]			〃	〃				
朱金林	〃	〣〡	中山路〡〣号	〩	[illegible]	〩	[illegible]			〃	〃				
魏攸凤	女	[illegible]	北河街[illegible]号	〩	[illegible]	〩	〣〇			〃	〃				
徐泰表	男	〢〇	[illegible]街〡〡号	〩	[illegible]	〩	[illegible]			高熱淋巴腺腫痛	〃				
吴澜	〃	[illegible]	縣府秘書室	〩	[illegible]	〩	[illegible]			〃	〃				
曾樹森	〃	[illegible]	大同醫院	〩	[illegible]	〩	[illegible]			〃	〃				
沈瑞友	〃	〣〡	縣政府	〩	[illegible]	〩	[illegible]			〃	〃				
王金海	〃	〣〇	地方銀行	〩	[illegible]	〩	[illegible]			〃	〃				
蔡鄭氏	女	〣〢	盤坡社巷〢〢号	〩	[illegible]	〩	[illegible]			〃	〃				
張翠娥	〃	[illegible]	[illegible]務分局	〩	[illegible]	〩	[illegible]			〃	〃				

浙江省龍泉縣三十二年度鼠疫發現病例紀錄表 第一七頁

病人姓名	性別	年齡	詳細住址	起病日期 月	日	治療日期 月	日	死亡日期 月	日	臨床症狀	顯微鏡檢查	屍体解剖	細菌培養	動物接種試驗	備攷
金順德	男	41	北河街41号	7	26	7	30			高熱淋巴腺腫痛	陽性				
毛國平	〃	16	大同医院	7	26	7	27			〃	〃				
鄭師母	女	37	〃	7	22	7	30			〃	〃				
楼忠沖	男	36	[illegible]師管区司令部	7	22	7	30			高熱嘔吐淋巴腺痛	〃				
蔡文卿	〃	31	西平街10号	7	22	7	30			〃	〃				
吳南生	〃	33	中正街南新布店	7	22	7	30			〃	〃				
孫綿綾	女	41	縣政府	7	22	7	27			〃	〃				
張達國	男	16	本家	7	22	7	27			〃	〃				勤文
傅尚德	〃	17	〃	7	22	7	30			高熱噁心神志不清	〃				〃
周紹溫	〃	31	東后街廿号	7	22	7	30			〃	〃				
游炳奎	〃	26	黃灌村龍易旅店	7	22	7	30			〃	〃				

浙江省龍泉縣三十二年度鼠疫發現病例紀錄表　第九頁

病人姓名	性別	年齡	詳細住址	起病日期 月	起病日期 日	治療日期 月	治療日期 日	死亡日期 月	死亡日期 日	臨床症狀	驗鏡檢查	屍体解剖	細菌培養	動物接種試驗	備考
黄貴泉	男	[illegible]	黄羅村龍乡康字	9	[illegible]	9	[illegible]			高热昏迷神志不清	陽性				
周水明	〃	[illegible]	西平街[illegible]号	9	19	10	1			〃	〃				
胡光宗	〃	[illegible]	田糧管理處	9	19	10	[illegible]			高热淋巴腺腫痛	〃				
程連生	〃	[illegible]	東后街八号	9	19	10	1			〃	〃				
蕭華叔	〃	[illegible]	田糧管理處	9	19	10	[illegible]			〃	〃				
呂榴生	〃	[illegible]	河南街[illegible]号	9	19	10	[illegible]			〃	〃				
詹小妹	女	[illegible]	北河街[illegible]号	9	19	10	[illegible]			〃	〃				
吳梅芳	〃	[illegible]	縣府看守所	9	19	10	[illegible]			〃	〃				
滕詠清	男	[illegible]	華嚴橋查處	9	19	10	[illegible]			〃	〃				
鄭岌清	〃	[illegible]	東后街[illegible]号	9	19	10	[illegible]			〃	〃				
林海聲	〃	[illegible]	河南街[illegible]号	9	19	10	[illegible]			〃	〃				

浙江省龍泉縣三十二年度鼠疫發現病例紀錄表 第 [illegible] 頁

病人姓名	性別	年齡	詳細住址	發病日期 月	發病日期 日	診斷日期 月	診斷日期 日	死亡日期 月	死亡日期 日	臨床症狀	顯微鏡檢查	屍体解剖	細菌培養	動物接種試驗	備考
馬文龍	男	[illegible]	東后街[illegible]號	〩	[illegible]			〩	[illegible]	高熱倦怠 神志不清	陽性				
儲萬志根	〃	[illegible]	中正街[illegible]號	〩	[illegible]	10	[illegible]			〃	〃				
孫祝文	女	[illegible]	義泉社巷[illegible]號	〩	[illegible]	10	〣			〃	〃				
胡氏	〃	[illegible]	東后街[illegible]號	〩	[illegible]	10	〡			〃	〃				
郭信夫	男	[illegible]	〃	〩	[illegible]	10	[illegible]			〃	〃				
鄭小寶	〃	[illegible]	華樓社巷[illegible]號	〩	[illegible]	10	[illegible]			〃	〃				
凌素瓊	女	[illegible]	東平街[illegible]號	〩	[illegible]	10	[illegible]			高熱倦怠 淋巴腺腫痛	〃				
葉現堂	男	[illegible]	〃	〩	[illegible]	10	[illegible]			〃	〃				
蔡文貴	〃	[illegible]	東后街[illegible]號	〩	[illegible]	10	[illegible]			〃	〃				
楊藝光	〃	[illegible]	縣政府	〩	[illegible]	10	〃			〃	〃				
歐維鬼	〃	[illegible]	東平街[illegible]號	〩	[illegible]	10	〩			〃	〃				

浙江省龍泉縣三十二年度鼠疫發現病例紀錄表　第31頁

病人姓名	性別	年齡	詳細住址	起病日期 月	起病日期 日	治療日期 月	治療日期 日	死亡日期 月	死亡日期 日	臨床症狀	顯微檢查	屍体解剖	細菌培養	動物接種試驗	備攷
柯青新	男	〩	本隊	〩	〨	10	11			高熱倦怠 巴腺腫痛	陽性				
陳光如	〃	〣	〃	〩	〨	10	11			〃	〃				
滕詠溪	〃	〢〤	[illegible]	〩	〨	10	13			〃	〃				
黃學齐	〃	〢〤	西平街一号	〩	〩	10	14			〃	可疑				
張維忠	女	〨	本隊	〩	〩	10	〩			〃	陽性				
柯隊長	男	〢〤	〃	〩	〩	10	〨			〃	可疑				
張副团長	〃	〢〢	國民兵团	〩	20	10	〩			〃	陽性				
黃大鶴	〃	〨	本隊	〩	20	10	〩			〃	〃				
靳煥康	〃	〢〤	樹範中学	〩	20	10	〨			〃	〃				
李太太	女	〨	保安司令部 辦公所	〩	20	10	〨			高熱淋巴 腺腫痛	〃				
盧耀	男	〩	大同医院	〩	20	10	〩			〃	〃				

96

27

浙江省龍泉縣三十二年度鼠疫發現病例紀錄表 第十一頁

病人姓名	性别	年齡	詳細住址	起病日期 月	起病日期 日	治療日期 月	治療日期 日	死亡日期 月	死亡日期 日	臨床症狀	顯微鏡檢查	屍体解剖	細菌培養	動物接種試験	備考
楼秋菊	女	[illegible]	河南街[illegible]号	10	1	10	[illegible]			中热 頭痛	陽性				
金粟然	男	[illegible]	華楼秋巷30号	10	1	10	[illegible]			高热 頭痛 倦怠 大便泄泻	〃				
施震虎	〃	[illegible]	中心小學	10	1	10	[illegible]			中热 淋巴腺痛	〃				
楊楊氏	女	[illegible]	官倉巷[illegible]号	10	1	10	[illegible]			中热 倦怠	〃				
陸阿五	男	[illegible]	石板巷[illegible]号	10	1	10	[illegible]			〃	〃				
蔡振声	女	[illegible]	大同医院	10	1	10	[illegible]			〃	〃				
吴光英	〃	[illegible]	郵政局	10	1	10	[illegible]			〃	〃				
龍德惠	男	[illegible]	英國軍事代表团	10	二	10	[illegible]			高热 淋巴腺腫	〃				
耿维康	〃	[illegible]	〃	10	二	10	[illegible]			中热 倦怠	〃				
朱聆	〃	[illegible]	田粮管理处	10	二	10	[illegible]			〃	〃				
季重光	〃	[illegible]	河南街11号	10	二	10	[illegible]			〃	〃				

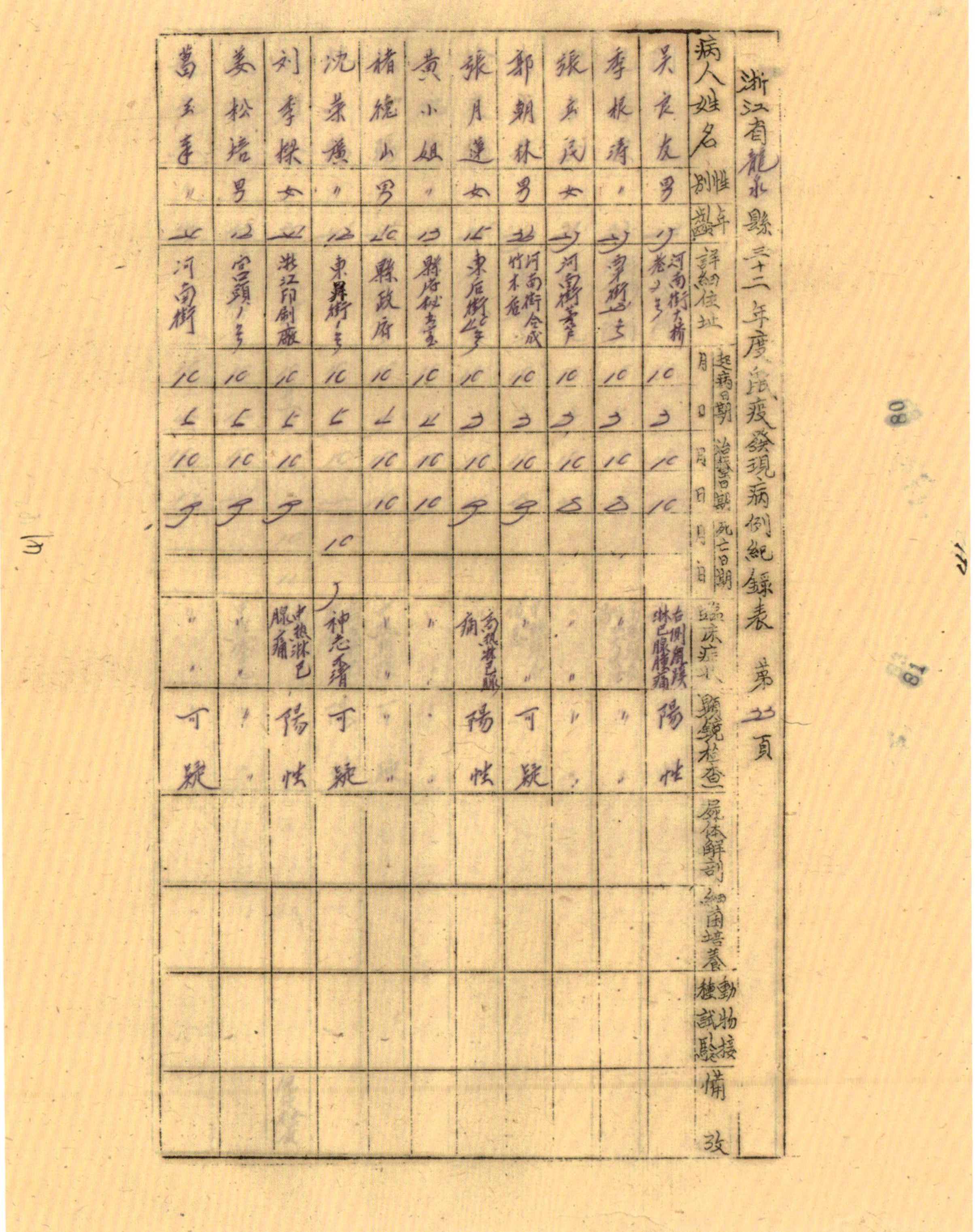

浙江省龍泉縣三十二年度鼠疫發現病例紀錄表　第22頁

病人姓名	性別	年齡	詳細住址	起病日期 月	起病日期 日	治療日期 月	治療日期 日	死亡日期 月	死亡日期 日	臨床症狀	顯微鏡檢查	屍体解剖	細菌培養	動物接種試驗	備攷
吴良友	男	17	河南街大橋巷2号	10	3	10	10			右側腹股淋巴腺腫痛	陽性				
李根清	〃	17	[illegible]街6号	10	3	10	8			〃	〃				
張兵民	女	17	河南街[illegible]	10	3	10	8			〃	〃				
郭朝林	男	22	河南街全成竹木店	10	3	10	9			〃	可疑				
張月蓮	女	15	東后街26号	10	3	10	9			高热淋巴腺痛	陽性				
黄小姐	〃	13	縣府秘書室	10	4	10	10			〃	〃				
褚槐山	男	26	縣政府	10	4	10	10			〃	〃				
沈菜廣	〃	12	東昇街1号	10	6			10		神志不清	可疑				
刘李楳	女	22	浙江印刷廠	10	6	10	9			中热淋巴腺痛	陽性				
姜松培	男	12	宫頭1号	10	6	10	9			〃	〃				
葛玉華	〃	26	河南街	10	6	10	9			〃	可疑				

浙江省龍泉縣三十二年度鼠疫發現病例紀錄表 第[illegible]頁

病人姓名	性別	年齡	詳細住址	起病日期 月	起病日期 日	治療日期 月	治療日期 日	死亡日期 月	死亡日期 日	臨床症狀	顯微鏡檢查	屍體解剖	細菌培養	動物接種試驗	備考
陶宓官	男	[illegible]	縣公所	10	[illegible]	10	10			高熱頭痛神志不清	陽性				
鮑楊棣	〃	[illegible]	特務大隊第一中隊	10	[illegible]	10	10			高熱頭痛嘔吐大便泄瀉	〃				
陳岩泆	〃	31	簡易師範	10	[illegible]	10	[illegible]			〃	〃				
袁成章	〃	[illegible]	亭街[illegible]號	10	[illegible]	10	[illegible]			中熱頭昏倦怠	〃				
徐定鶴	〃	[illegible]	縣府合宿	10	[illegible]	10	11			〃	〃				
童德崇	〃	[illegible]	辦公所	10	[illegible]	10	[illegible]			〃	〃				
林天賜	〃	[illegible]	東昇街[illegible]號	10	[illegible]	10	[illegible]			中熱頭痛	可疑				
林士賜	〃	[illegible]	〃	10	[illegible]	10	[illegible]			高熱淋巴腺痛	陽性				
林顯金	〃	[illegible]	下林路[illegible]號	10	月首			10	11	高熱神志不清	〃				屍体檢查
趙阿炎	〃	[illegible]	東昇街11號	10	[illegible]	10	[illegible]			中熱倦怠	〃				
趙光照	〃	[illegible]	〃	10	[illegible]	10	[illegible]			〃	〃				

浙江省龍泉縣三十二年度鼠疫發現病例紀錄表 第[illegible]頁

病人姓名	性别	年龄	詳細住址	起病日期 月	起病日期 日	治療日期 月	治療日期 日	死亡日期 月	死亡日期 日	臨床症狀	顯鏡檢查	屍体解剖	細菌培養	動物接種試驗	備攷
陳吉男	男	5	柳樹下六号	10	13	10	17			中熱倦怠	可疑				
張起功	〃	21	会館弄六号	10	13	10	17				〃				
朱柄四	〃	22	東后街六号	10	13	10	18			高热淋巴腺痛	陽性				
徐道心	〃	16	梅碩巷六号	10	13	10	19			〃	可疑				
王喜義	〃	13	庫門樓	10	14	10	18			〃〃	〃〃				
徐起伸	〃	17	国民兵团	10	16	10	16			〃〃	陽性				
伍師母	女	22	大同医院	10	15	10	18				〃〃				
郭喜生	男	27	河南街起宝亮	10	16			10	17	左側淋巴腺腫	〃〃				
安正其	〃	11	地方銀行	10	18	10	19			高热大便泄瀉	可疑				
林林福	〃	26	下林路八号	10	17	10	21			〃〃	陽性				
韓銀直	〃	15	河南街起義亮	10	17			10	21	脈膊細弱神志不清	〃〃				

浙江省龍泉縣三十二年度鼠疫發現病例紀錄表 第[illegible]頁

病人姓名	性別	年齡	詳細住址	起病日期 月	日	發現日期 月	日	死亡日期 月	日	臨床症狀	顯微檢查	屍体解剖	細菌培養	動物接種	備攷
鍾树林	男	[illegible]	婺州会館	10	[illegible]	10	[illegible]			高热淋巴腺腫痛	陽性				
吴官土	〃	[illegible]	大同医院	10	[illegible]			10	[illegible]	[illegible]	〃				
葉君	〃	[illegible]	〃	10	[illegible]	10	[illegible]			中热頭痛	可疑				
霍水根	〃	[illegible]	盘務弄	10	[illegible]	10	[illegible]			〃	〃				
徐凤愛	〃	[illegible]	下休路[illegible]号	10	[illegible]	10	31			中热倦怠	陽性				
譚建平	〃	[illegible]	北河街[illegible]号	10	[illegible]	11	1			〃	〃				
王容梅	女	[illegible]	西平街[illegible]号	11	[illegible]	11	11			高热淋巴腺腫脹	〃				
吴皖生	男	[illegible]	夫人庙[illegible]号	11	[illegible]	11	11			〃	可疑				
盧玉龍	〃	[illegible]	東昇街[illegible]号	11	[illegible]	11	11			高热四肢痠痛	陽性				
錢偉庵	〃	[illegible]	河南街[illegible]号	11	[illegible]	11	16			高热頭痛神志不清	可疑				
沈棒賢	〃	[illegible]	大洋房	11	[illegible]	11	[illegible]			〃	〃				

浙江省龍泉縣三十二年度鼠疫[illegible]病例紀錄表　第[illegible]頁

病人姓名	性別	年齡	詳細住址	起病日期 月	起病日期 日	[illegible]日期 月	[illegible]日期 日	死亡日期 月	死亡日期 日	臨床症狀	顯微鏡檢查	屍體解剖	細菌培養	動物接種試驗	備攷
錢卯母	女	[illegible]	[illegible]街舊巷	11	[illegible]	11	[illegible]			高热頭痛神志不清	陽性				
刘叶氏	〃	[illegible]	棋盤山脚	11	[illegible]	11	11			高热左側鼠蹊淋巴腺痛	〃				
肖長心	男	[illegible]	北河街[illegible]号	11	[illegible]	11	[illegible]			高热頭痛神志不清	〃				
湯馬根	〃	[illegible]	河南街大船頭	11	月上旬			11	[illegible]	左鼠蹊腺腫脹	〃	抽肝液			屍体
金君	〃	[illegible]	大同医院	11	月上旬			11	[illegible]	高热[illegible]痛淋巴腺腫痛	〃				
姚茅長	〃	[illegible]	[illegible]大	11	[illegible]	11	[illegible]			高热淋巴腺腫痛	〃				
刘友蓮	女	[illegible]	中正街[illegible]号	11	[illegible]	11	[illegible]			高热神志不清舌被白苔	〃				
徐[illegible]氏	〃	[illegible]	大同医院	11	[illegible]	11	[illegible]			高热神志昏迷	可疑				
俞小孩	男	[illegible]	陽高医院	11	[illegible]	11	[illegible]			〃	〃				
郭生邨	〃	[illegible]	河南街[illegible]号	11	11			11	[illegible]	左鼠蹊淋巴腺腫痛体温[illegible]	陽性				
李建国	〃	[illegible]	建国[illegible]	11	[illegible]	11	[illegible]			高热淋巴腺痛	〃				

浙江省龍泉縣三十二年度鼠疫發現病例紀錄表　第[illegible]頁

病人姓名	性別	年齡	詳細住址	起病日期 月	起病日期 日	治療日期 月	治療日期 日	死亡日期 月	死亡日期 日	臨床症状	顯微鏡檢查	屍体解剖	細菌培養	動物接種試驗	備考
曾許氏	女	11	淞大附近	11	[illegible]	11	[illegible]			頭痛四肢無力淋巴腺腫痛	陽性				
王月英	〃	17	盧華社巷	11	[illegible]	11	[illegible]			高熱頭痛四肢酸痛	可疑				
何祈金	男	[illegible]	魏坡社巷	11	18	11	[illegible]			〃	陽性				
徐鑫	〃	[illegible]	江西会館	11	[illegible]			11	[illegible]	高熱淋巴腺腫痛	〃				
曾君	〃	[illegible]	淞大附近	11	[illegible]	11	[illegible]			〃	〃				
鄭漢章	〃	[illegible]	河南街九号	11	[illegible]			11	[illegible]	高熱右腹淋巴腺腫	〃				
陳培坤	〃	[illegible]	大同医院	11	[illegible]	11	[illegible]			頭痛淋巴腺腫	〃				
顧潘氏	女	[illegible]	大洋房[illegible]号	11	[illegible]	11	[illegible]			高熱左側鼠蹊淋巴腺腫	〃				
顧柏清	男	16	〃	11	[illegible]	[illegible]	1			高熱淋巴腺腫痛	〃				
章志成	〃	31	地方法院	11	[illegible]			11	[illegible]	高熱昏迷敗血性	〃				
袁許氏	女	[illegible]	[illegible]街[illegible]号	11	[illegible]	[illegible]	[illegible]			〃	可疑				

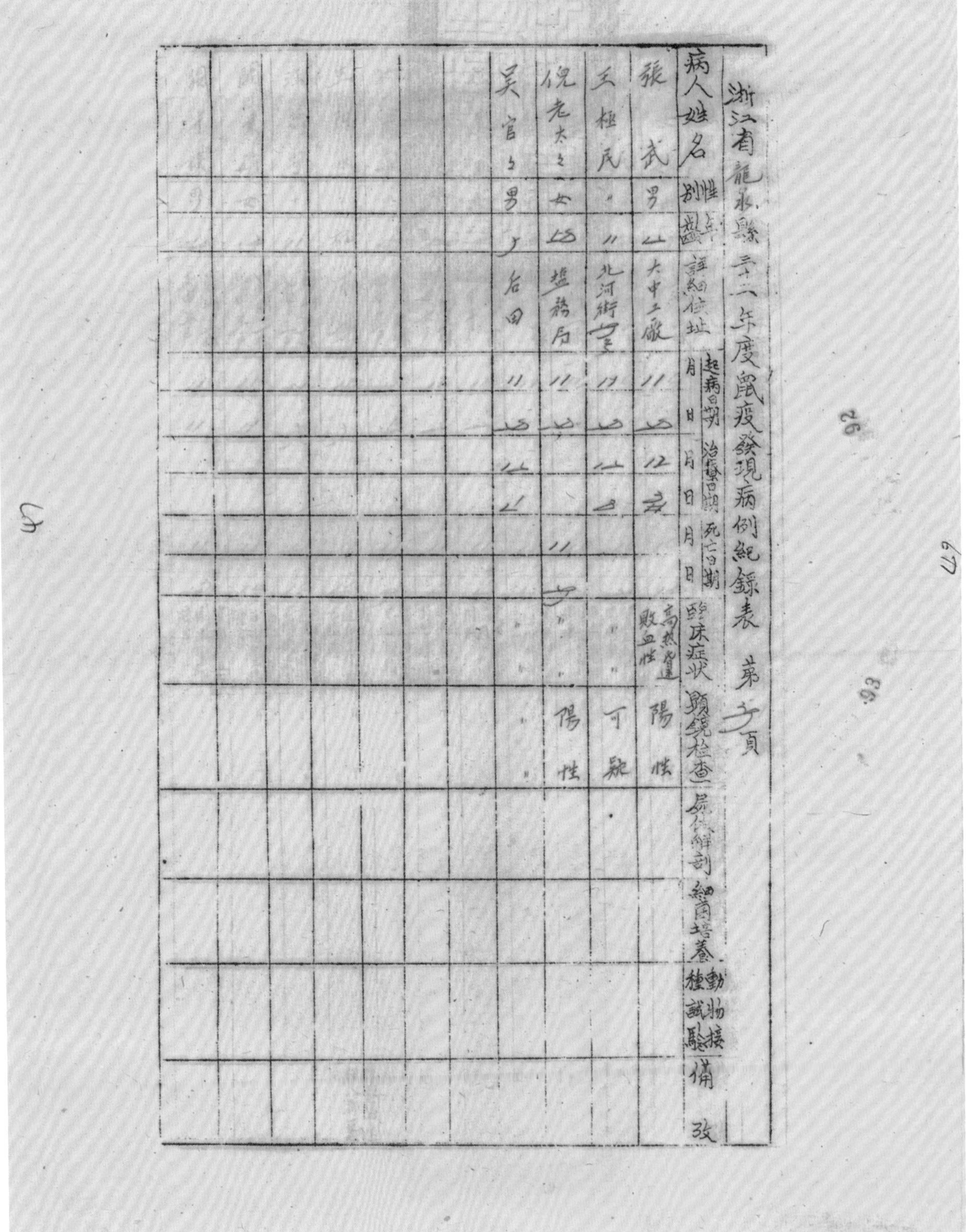

浙江省龍泉縣三十二年度鼠疫發現病例紀錄表 第〦頁

病人姓名	性別	年齡	詳細住址	起病日期 月	起病日期 日	治療日期 月	治療日期 日	死亡日期 月	死亡日期 日	臨床症狀	顯微鏡檢查	屍體解剖	細菌培養	動物接種試驗	備考
張武	男	[illegible]	大中工廠	11	[illegible]	12	[illegible]			高熱[illegible] 敗血性	陽性				
王極民	〃	〃	北河街[illegible]	11	[illegible]	[illegible]	[illegible]			〃	可疑				
倪老太太	女	[illegible]	鹽務局	11	[illegible]			11	[illegible]	〃	陽性				
吳官官	男	〦	后田	11	[illegible]	[illegible]	[illegible]			〃	〃				

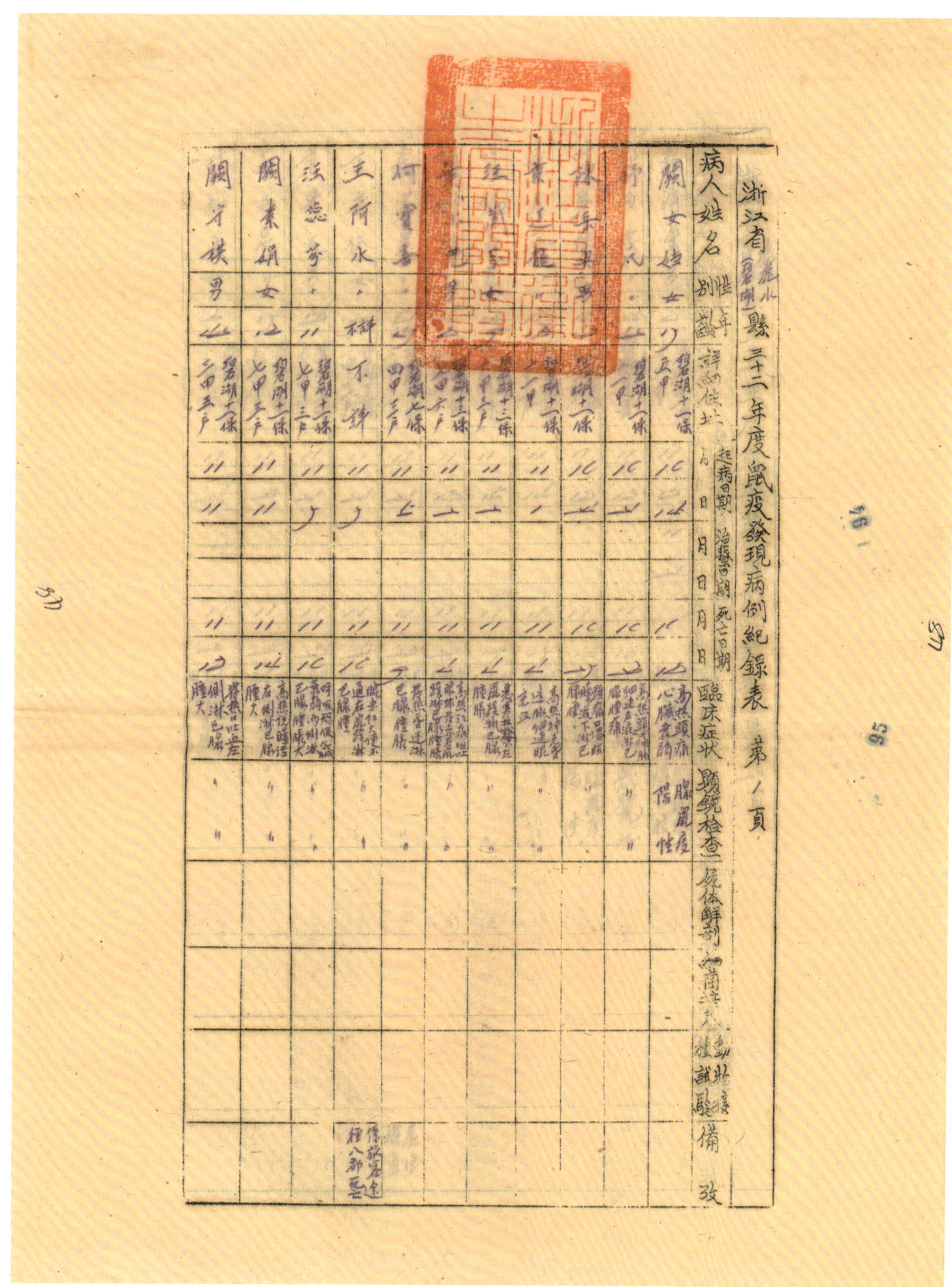

浙江省麗水(碧湖)縣三十二年度鼠疫發現病例紀錄表 第1頁

病人姓名	性別	年齡	詳細住址	起病日期 月	起病日期 日	治療日期 月	治療日期 日	死亡日期 月	死亡日期 日	臨床症狀	顯微鏡檢查	屍体解剖	細菌培養	動物接種試驗	備考
闕女娃	女	[illegible]	碧湖十一保五甲	10	[illegible]			10	[illegible]	高熱頭痛心臟衰弱	腺鼠疫陽性				
[illegible]	[illegible]	[illegible]	碧湖十一保一甲	10	[illegible]			10	[illegible]	高熱頭痛脈細迷昏淋巴腺腫痛	〃				
[illegible]	[illegible]	[illegible]	碧湖十一保[illegible]	10	[illegible]			10	[illegible]	頸痛口渴呼吸[illegible]淋巴腺腫	〃				
[illegible]	[illegible]	[illegible]	碧湖十一保一甲	11	[illegible]			11	[illegible]	高熱神志昏迷脈細速眼充血	〃				
[illegible]	[illegible]	[illegible]	碧湖十三保甲三戶	11	[illegible]			11	[illegible]	惡寒頭痛左鼠蹊淋巴腺腫脹	〃				
[illegible]	[illegible]	[illegible]	碧湖十三保六戶	11	[illegible]			11	[illegible]	高熱口渴眼球發赤鼠蹊淋巴腺腫脹	〃				
何寶喜	[illegible]	[illegible]	碧湖七保四甲三戶	11	[illegible]			11	[illegible]	發熱昏迷淋巴腺腫脹	〃				
王阿水	〃	不詳	不詳	11	[illegible]			11	10	脈細大便不通右鼠蹊淋巴腺腫	〃				係旅客途經八都死亡
汪恣芳	〃	〃	碧湖十一保七甲三戶	11	[illegible]			11	10	呼吸短促昏迷兩側淋巴腺腫大	〃				
闕素娟	女	[illegible]	碧湖十一保七甲三戶	11	11			11	14	高熱說譫語右側淋巴腺腫大	〃				
闕才鉷	男	[illegible]	碧湖十一保三甲五戶	11	11			11	[illegible]	發熱口吐血左側淋巴腺腫大	〃				

浙江省麗水（碧湖）縣三十二年度鼠疫發現病例紀錄表 第一頁

病人姓名	性別	年齡	詳細住址	起病日期 月	起病日期 日	治愈日期 月	治愈日期 日	死亡日期 月	死亡日期 日	臨床症狀	顯微鏡檢查	屍体解剖	細菌培養	動物接種試驗	備考
聶清堂	男	〥	碧湖十一保十六甲	〡〡	〥	〡〡	〢〤			發熱口渴[illegible]不醒淋巴腺腫	腺鼠疫陽性				
郭向棠	〃	〢〤	碧湖區署	〡〡	〡〣			〡〡	〡〥	高熱口吐[illegible]淚下淋巴腺腫	疑似肺鼠疫				
叶翠珠	女	〡〥	碧湖上街十二号	〡〡	〡〣			〡〡	〡〤	高熱口吐鮮血咳嗽淋巴腺腫	腺鼠疫陽性				
李月英	〃	〡〥	碧湖十一保三甲二戶	〡〡	〡〤			〡〡	[illegible]	發熱頭痛[illegible]細血右股淋巴腺腫脹	〃				
叶锡寿	男	〥	碧湖九保	〡〡	〡〤			〡〡	[illegible]	高熱[illegible]亡	〃				
胡树敌	〃	[illegible]	碧湖四保七甲一戶	〡〡	〡〥			〡〡	〢〤	發熱頭痛眩暈右鼠蹊淋巴腺腫大	〃				
李瑩星	〃	[illegible]	碧湖十三保一甲十一戶	〡〡	〢〤			〡〡	〢〥	發熱右鼠蹊淋巴腺腫大	〃				屍体檢查
方宗仙	女	[illegible]	碧湖十三保六甲十一戶	〡〡	〢〤			〡〡	〢〤	高熱[illegible]吐左鼠蹊淋巴腺腫大	〃				
章奕文	男	[illegible]	碧湖十五保十一甲六戶	〡〡	〢〤			〡〡	〢〥	發熱口渴吐血兩側鼠蹊淋巴腺腫	〃				
吕文泉	〃	[illegible]	碧湖四保三甲九戶	〡〡	〢〥			〡〡	〢〤	高熱頭痛不[illegible]淋巴腺腫	〃				
叶和英	女	〥	碧湖十五保三甲一戶	〡〡	〢〤			〡〡	〢〤	高熱神志不清眼充血左鼠蹊淋巴腺腫脹	〃				

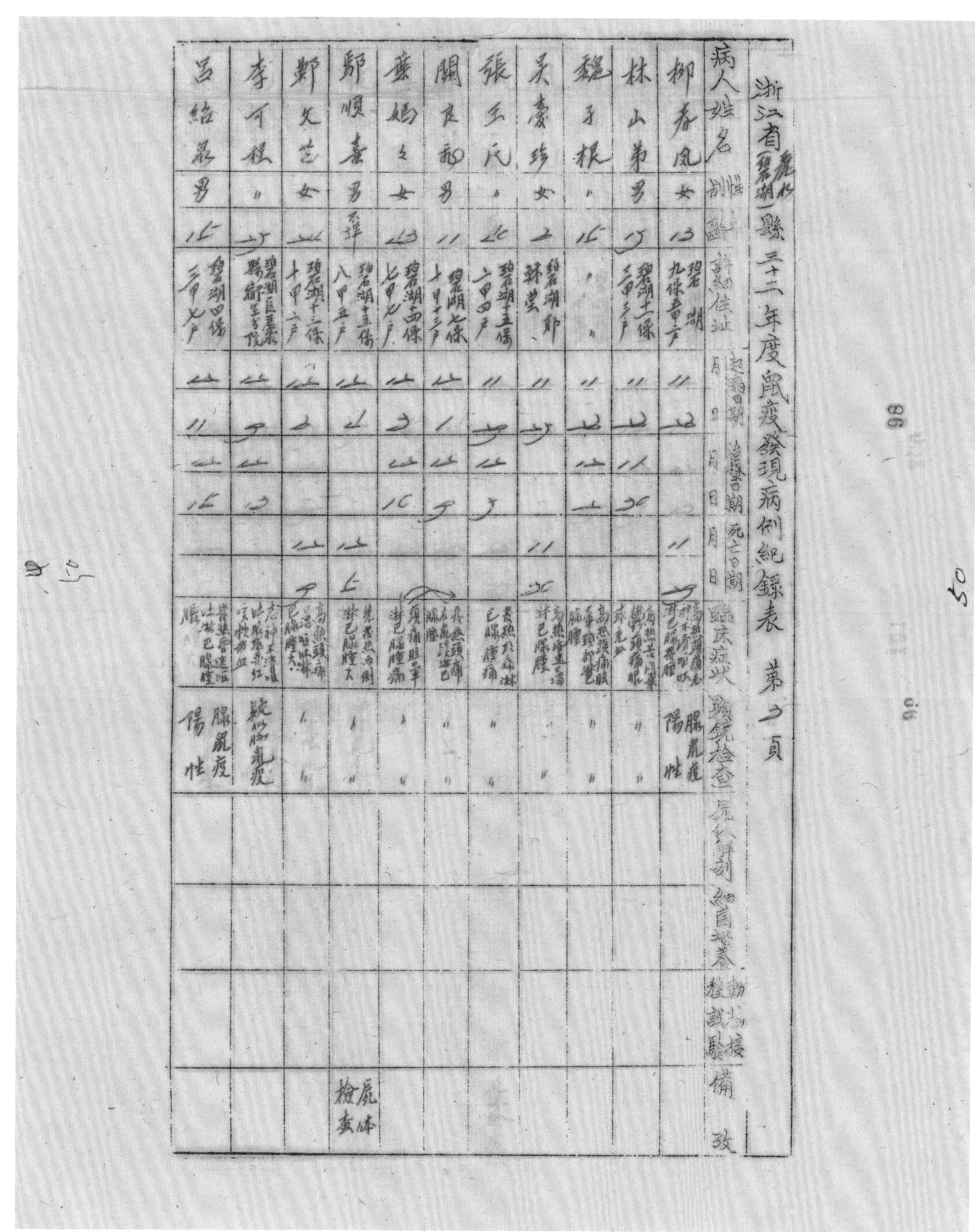

浙江省麗水（碧湖）縣三十二年度鼠疫發現病例紀錄表　第[illegible]頁

病人姓名	性別	年齡	詳細住址	起病日期 月	日	治療日期 月	日	死亡日期 月	日	臨床症狀	顯微鏡檢查	屍體解剖	細菌培養	動物接種	備攷
柳春鳳	女	13	碧湖九保五甲六戶	11	12			11	[illegible]	高熱頭痛、神不清、咽吼、淋巴腺腫	腺鼠疫陽性				
林山弟	男	17	碧湖十一保三甲三戶	11	12	11	30			高熱苦悶、囈語、頭痛、眼球充血	〃 〃				
魏子根	〃	16	〃	11	12	12	1			高熱頭痛、股部頸部淋巴腺腫	〃 〃				
吳麥珍	女	2	碧湖鄉[illegible]	11	27			11	30	高熱、昏迷、嘔吐、淋巴腺腫	〃 〃				
張王氏	〃	26	碧湖十五保二甲四戶	11	29	12	7			發熱頭痛、淋巴腺腫痛	〃 〃				
關良和	男	11	碧湖七保十甲十三戶	12	1	12	7			發熱頭痛、左鼠蹊淋巴腺腫	〃 〃				
葉嫣文	女	23	碧湖十四保七甲七戶	12	3	12	10			頭痛、眩暈、淋巴腺腫痛	〃 〃				
鄒順喜	男	不詳	碧湖十五保八甲五戶	12	4			12	6	發熱、兩側淋巴腺腫大	〃 〃				屍体檢查
鄭文芝	女	22	碧湖十三保十甲六戶	12	2			12	7	高熱頭痛、口渴、嘔吐、淋巴腺腫大	〃 〃				
李可根	〃	25	碧湖區署縣衛生院	12	7	12	3			神志不清、嘔吐、眼結赤紅、咳嗽吐血	疑似肺鼠疫				
呂給義	男	16	碧湖四保三甲七戶	12	11	12	16			發熱、昏迷、嘔吐、淋巴腺腫脹	腺鼠疫陽性				

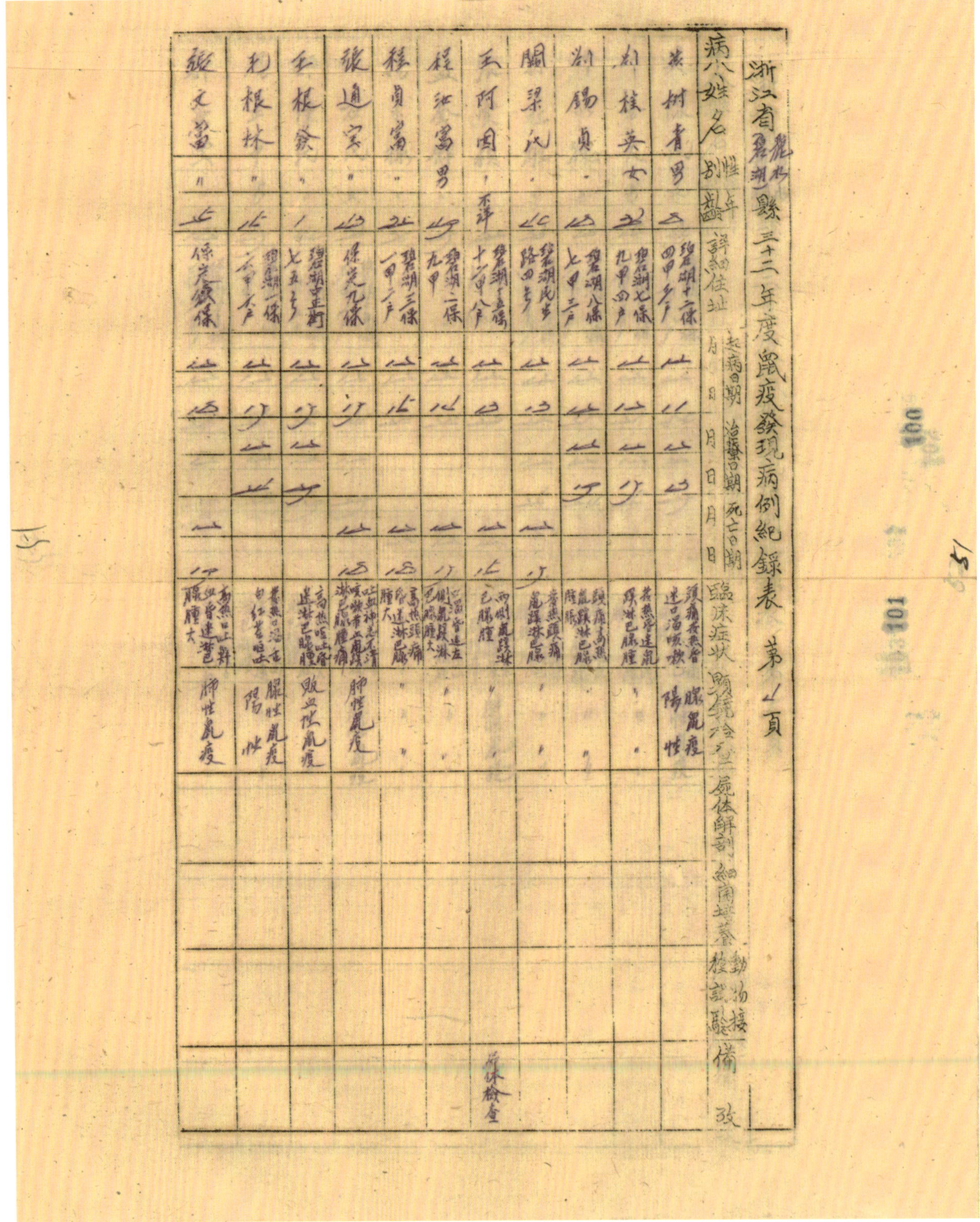

浙江省麗水縣（碧湖）三十二年度鼠疫發現病例紀錄表　第1頁

病人姓名	性別	年齡	詳細住址	起病日期 月	起病日期 日	治療日期 月	治療日期 日	死亡日期 月	死亡日期 日	臨床症狀	顯微鏡檢查	屍体解剖	細菌培養	動物接種試驗	備攷
張樹青	男	[illegible]	碧湖十二保四甲[illegible]戶	[illegible]	[illegible]	[illegible]	[illegible]			頭痛發熱昏迷口渴咳嗽	腺鼠疫陽性				
劉桂英	女	[illegible]	碧湖七保九甲四戶	[illegible]	[illegible]	[illegible]	[illegible]			發熱昏迷鼠蹊淋巴腺腫	〃				
劉錫貞	〃	[illegible]	碧湖八保七甲三戶	[illegible]	[illegible]	[illegible]	[illegible]			頭痛高熱鼠蹊淋巴腺腫脹	〃				
關梁氏	〃	[illegible]	碧湖民生路四号	[illegible]	[illegible]			[illegible]	[illegible]	發熱頭痛鼠蹊淋巴腺	〃				
王阿囡	〃	不詳	碧湖十五保十六甲八戶	[illegible]	[illegible]			[illegible]	[illegible]	兩側鼠蹊淋巴腺腫	〃				屍体檢查
程洪富	男	[illegible]	碧湖二保九甲	[illegible]	[illegible]			[illegible]	[illegible]	口渴昏迷左側鼠蹊淋巴腺腫大	〃				
程貞富	〃	[illegible]	碧湖三保一甲一戶	[illegible]	[illegible]			[illegible]	[illegible]	高熱頭痛昏迷淋巴腺腫大	〃				
張通宝	〃	[illegible]	保定九保	[illegible]	[illegible]			[illegible]	[illegible]	吐血神志不清咳嗽帯血鼠蹊淋巴腺腫痛	肺性鼠疫				
王根發	〃	[illegible]	碧湖中正街七五号	[illegible]	[illegible]	[illegible]	[illegible]			高熱嘔吐昏迷淋巴腺腫	敗血性鼠疫				
毛根林	〃	[illegible]	碧湖一保六甲六戶	[illegible]	[illegible]	[illegible]	[illegible]			發熱口渴舌白紅暈嘔吐	腺性鼠疫陽性				
張文富	〃	[illegible]	保定[illegible]保	[illegible]	[illegible]			[illegible]	[illegible]	高熱口渴昏迷吐血腺腫大	肺性鼠疫				

浙江省（麗水/碧湖）縣三十二年度鼠疫發現病例紀錄表 第七頁

病人姓名	性別	年齡	住址	發病日期 月	發病日期 日	治療日期 月	治療日期 日	死亡日期 月	死亡日期 日	臨床症狀	顯微鏡檢查	屍體解剖	細菌培養	動物接種試驗	備考
吴陳氏	女	[illegible]	碧湖十三保十甲八户	[illegible]	[illegible]	[illegible]	[illegible]			高熱頭痛鼠蹊淋巴腺腫	腺性鼠疫				
叶喜大	男	[illegible]	碧湖十五保三甲一户	[illegible]	[illegible]	[illegible]	[illegible]			發熱昏迷口渴淋巴腺腫	〃				
叶以德	〃	[illegible]	碧湖十四保三甲一户	[illegible]	[illegible]	[illegible]	[illegible]			微熱口渴左淋巴腺腫脹	〃				
林廷雄	〃	[illegible]	碧湖中正街四十五号	[illegible]	[illegible]	[illegible]	[illegible]			高熱脉細速單[illegible]淋巴腺腫大	〃				
張雲楨	〃	[illegible]	保定九保	[illegible]	[illegible]			[illegible]	[illegible]	高熱神志不清吐[illegible]巴腺腫痛	腺性鼠疫				
藍金醇	〃	[illegible]	〃	[illegible]	[illegible]			[illegible]	[illegible]	高熱昏迷吐血左淋巴腺腫	〃				
楊木禄	〃	[illegible]	〃	[illegible]	[illegible]			[illegible]	[illegible]	〃	〃				
叶石氏	女	[illegible]	碧湖十五保三甲一户	[illegible]	[illegible]	[illegible]	[illegible]			高熱頭痛脉細速左股淋巴腺腫	腺性鼠疫				
鄭陳氏	〃	[illegible]	碧湖十四保三甲五户	[illegible]	[illegible]	[illegible]	[illegible]			高熱昏迷大便不通右股淋巴腺腫	〃				
湯正中	男	[illegible]	碧湖二保九甲	[illegible]	[illegible]	[illegible]	[illegible]			發熱神志尚清大便不通淋巴腺腫	〃				
鄭世實	〃	[illegible]	碧湖中正街三十三号	[illegible]	[illegible]	[illegible]	[illegible]			發寒發熱口渴眼球充血	〃				

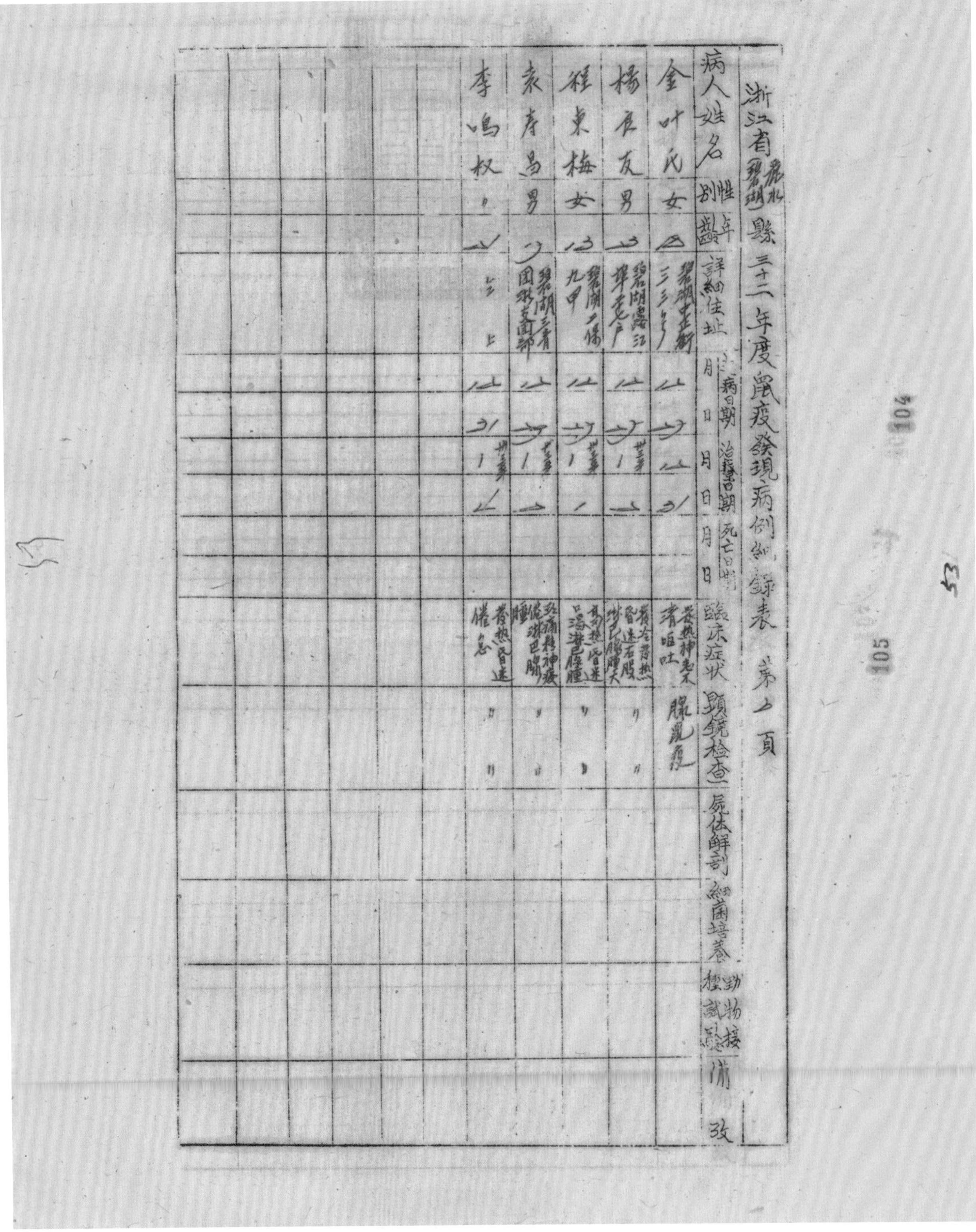

浙江省丽水（碧湖）县三十二年度鼠疫发现病例细录表 第 页

病人姓名	性别	年龄	详细住址	发病日期 月	发病日期 日	治疗日期 月	治疗日期 日	死亡日期 月	死亡日期 日	临床症状	显镜检查	尸体解剖	细菌培养	动物接种试验	清[illegible]改
金叶氏	女	[illegible]	碧湖中正街三三号	[illegible]	[illegible]	[illegible]	[illegible]			发热神志不清呕吐	腺鼠疫				
杨良友	男	[illegible]	碧湖溪江埠老户	[illegible]	[illegible]	〡 卅三年	[illegible]			发冷发热昏迷右股淋巴腺肿大	〃 〃				
程东梅	女	[illegible]	碧湖一保九甲	[illegible]	[illegible]	〡 卅三年	〡			高热昏迷口渴淋巴腺肿	〃 〃				
袁寿昌	男	[illegible]	碧湖三青团[illegible]商部	[illegible]	[illegible]	〡 卅三年	[illegible]			头痛精神疲倦淋巴腺肿	〃 〃				
李鸣权	〃	[illegible]	仝上	[illegible]	[illegible]	〡 卅三年	[illegible]			发热昏迷倦怠	〃 〃				

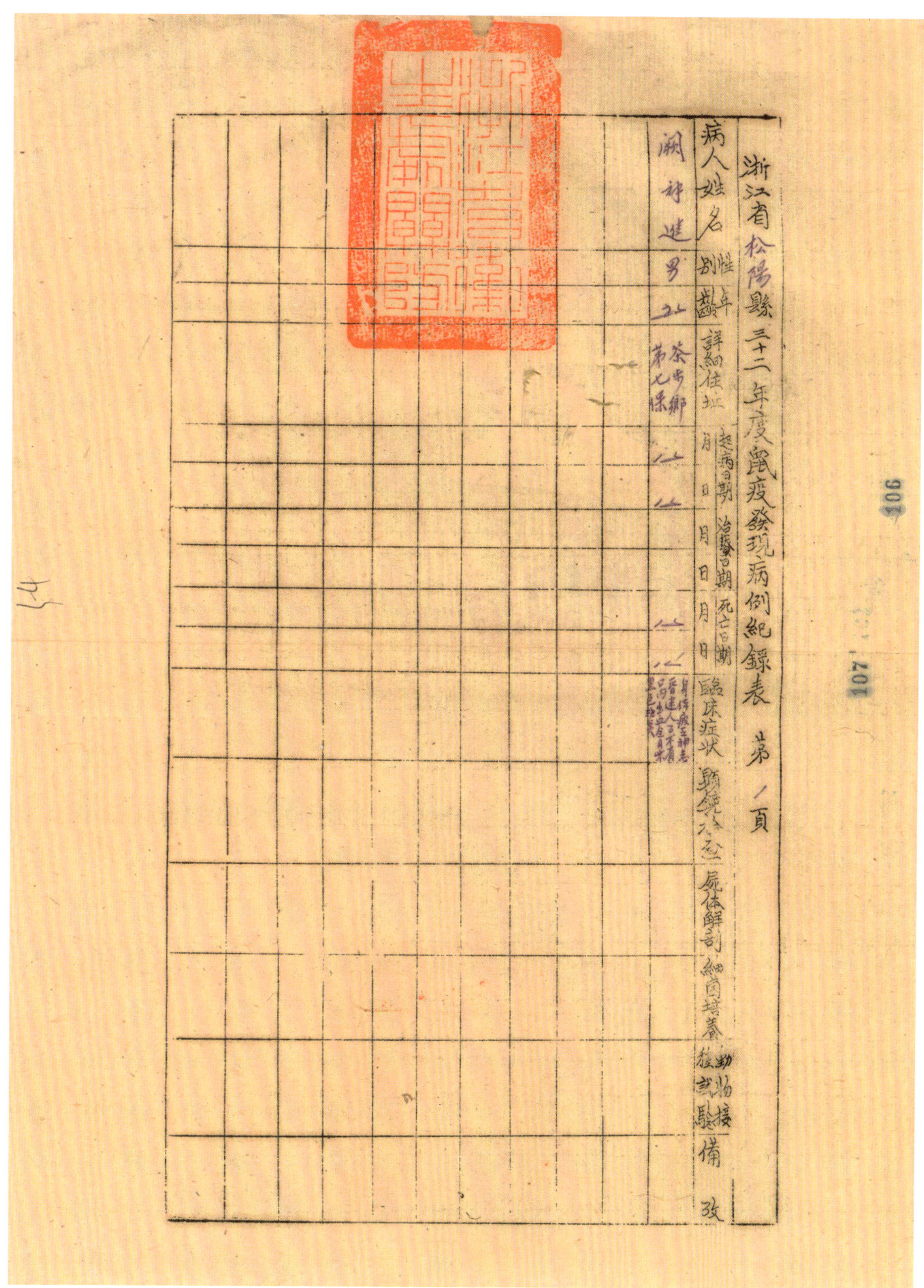

浙江省松陽縣三十二年度鼠疫發現病例紀錄表　第1頁

病人姓名	性別	年齡	詳細住址	起病日期 月	起病日期 日	治療日期 月	治療日期 日	死亡日期 月	死亡日期 日	臨床症狀	顯微鏡檢查	屍体解剖	細菌培養	動物接種試驗	備考
闕祥進	男	21	茶步鄉第七保	11	11			11	11	身体發熱神志昏迷人事不省口渴出血全身紫黑色斑點					

14

106

107

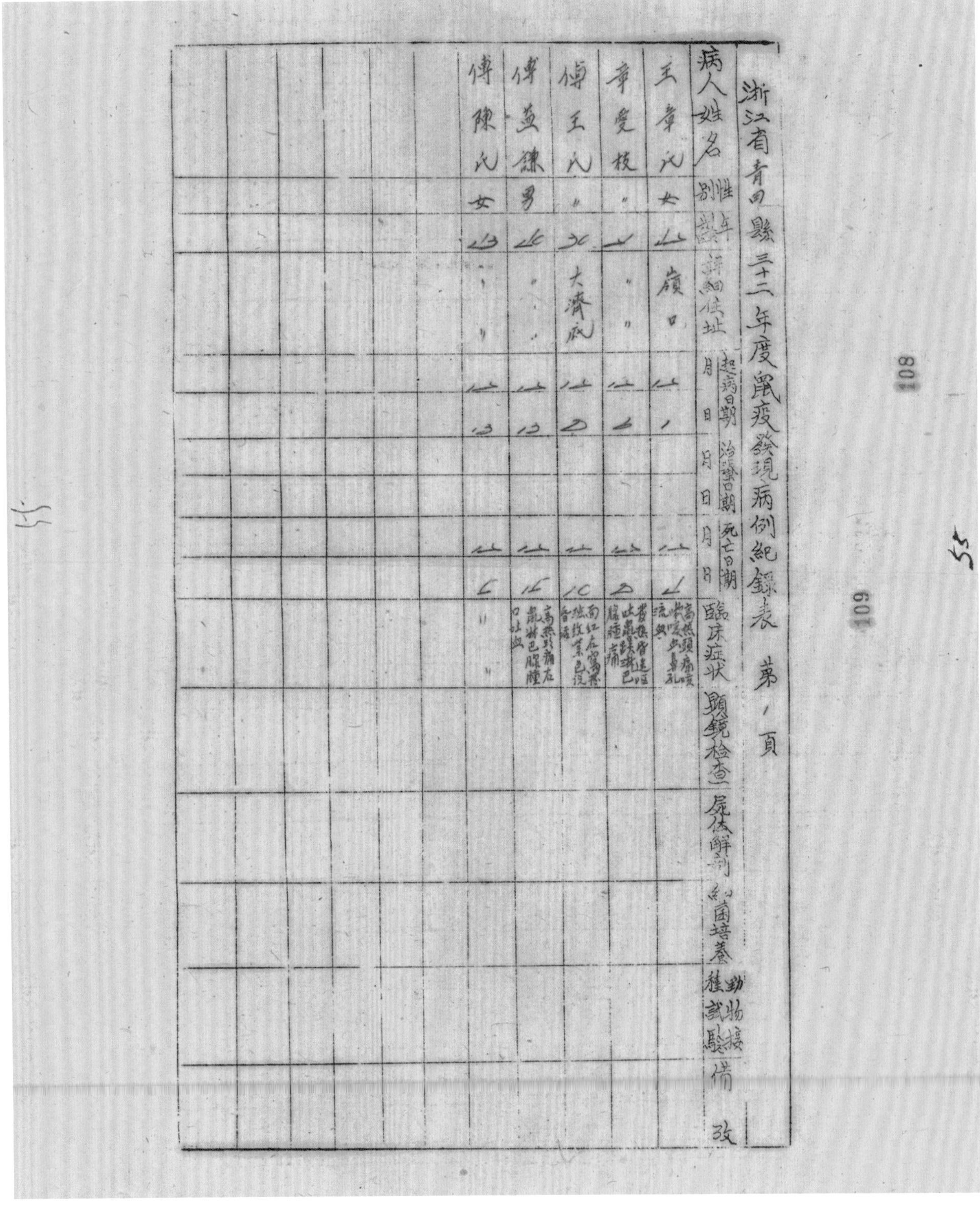

浙江省青田縣三十二年度鼠疫發現病例紀錄表 第1頁

病人姓名	性別	年齡	詳細住址	起病日期 月	起病日期 日	治療日期 月	治療日期 日	死亡日期 月	死亡日期 日	臨床症狀	顯微鏡檢查	屍體解剖	細菌培養	動物接種試驗	備攷
王章氏	女	[illegible]	嶺口	[illegible]	[illegible]			[illegible]	[illegible]	高熱頭痛咳嗽咳出鼻孔流血					
章受枝	〃	[illegible]	〃	[illegible]	[illegible]			[illegible]	[illegible]	發熱昏迷嘔吐鼠蹊淋巴腺腫痛					
傅王氏	〃	[illegible]	大濟底	[illegible]	[illegible]			[illegible]	[illegible]	面紅左窩黑斑紋紫色說昏語					
傅蓝謙	男	[illegible]	〃	[illegible]	[illegible]			[illegible]	[illegible]	高熱頭痛左鼠蹊淋巴腺腫口吐血					
傅陳氏	女	[illegible]	〃	[illegible]	[illegible]			[illegible]	[illegible]	〃 〃					

55

108

109

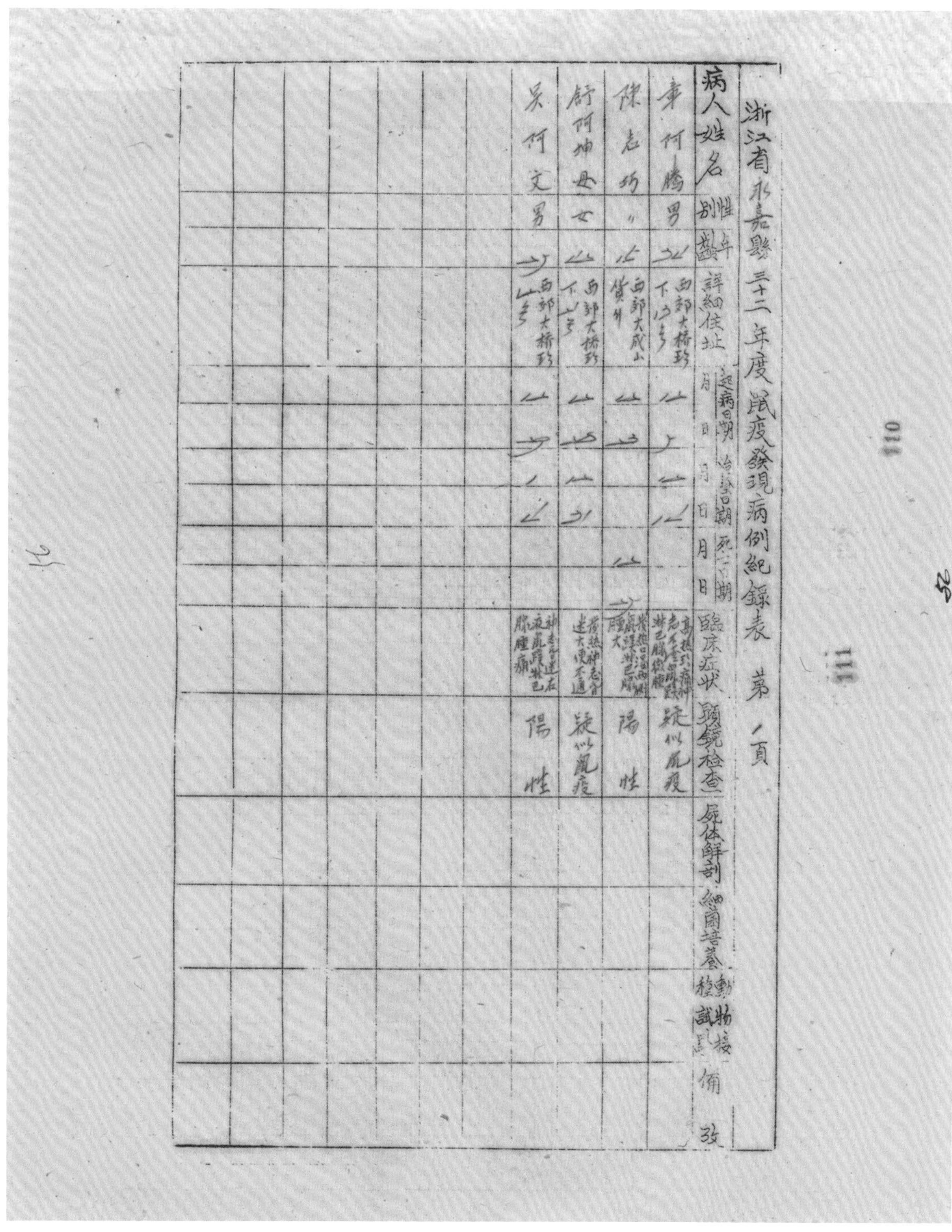

浙江省永嘉縣三十二年度鼠疫發現病例紀錄表 第1頁

病人姓名	性別	年齡	詳細住址	起病日期 月	起病日期 日	治療日期 月	治療日期 日	死亡日期 月	死亡日期 日	臨床症狀	顯微鏡檢查	屍体解剖	細菌培養	動物接種試驗	備考
李阿勝	男	[illegible]	西郊大橋頭下山乡	[illegible]	[illegible]	[illegible]	[illegible]			高熱[illegible]神志不清[illegible]鼠蹊淋巴腺[illegible]腫	疑似鼠疫				
陳志坊	〃	[illegible]	西郊大成山貨州	[illegible]	[illegible]			[illegible]	[illegible]	發熱口渴[illegible]鼠蹊[illegible]淋巴腺腫大	陽性				
舒阿坤母	女	[illegible]	西郊大橋頭下山乡	[illegible]	[illegible]	[illegible]	[illegible]			發熱神志昏迷大便不通	疑似鼠疫				
吳阿文	男	[illegible]	西郊大橋頭山乡	[illegible]	[illegible]	[illegible]	[illegible]			神志昏迷右鼠蹊淋巴腺腫痛	陽性				

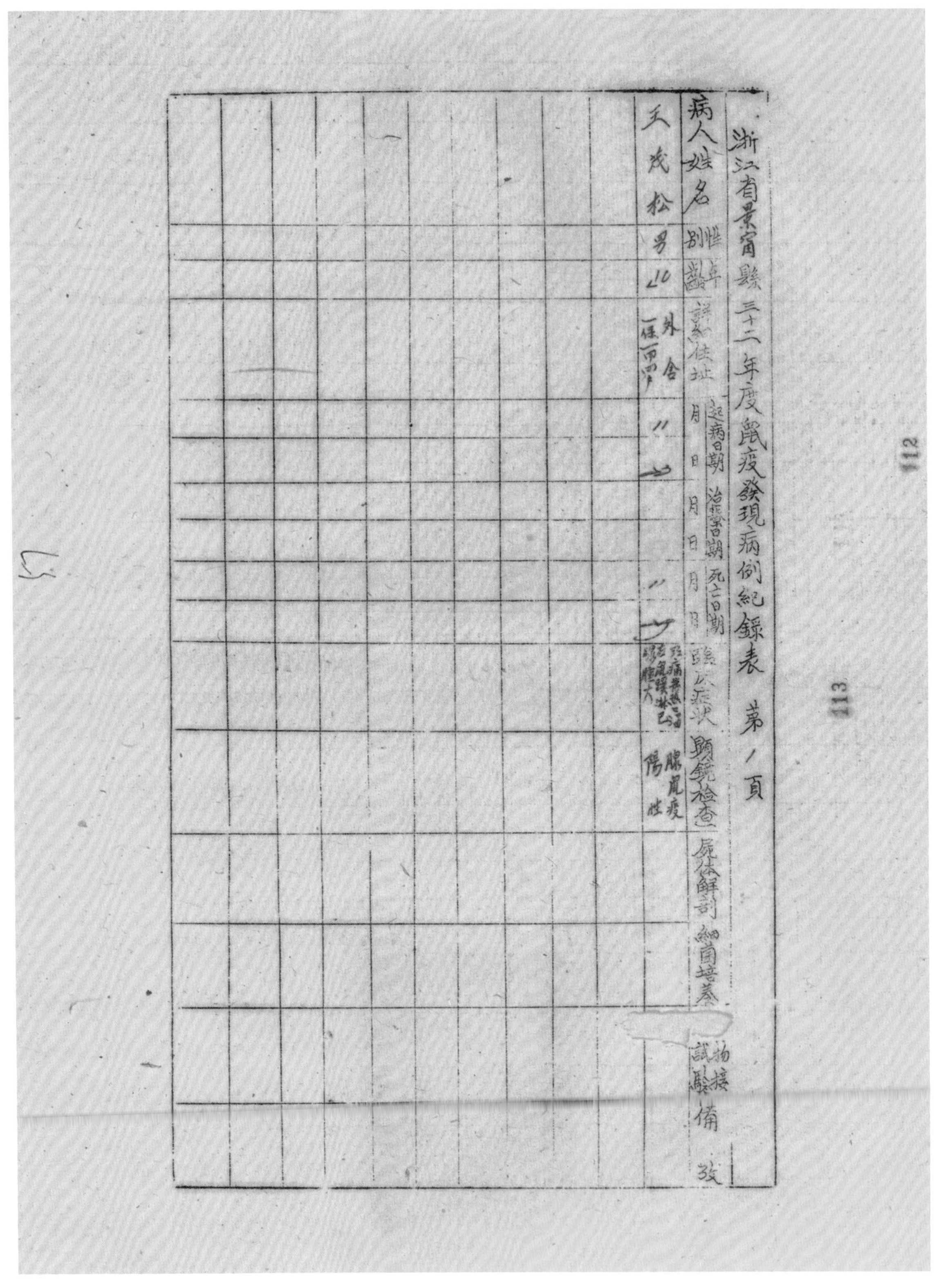

浙江省景宁县三十二年度鼠疫发现病例纪录表　第1页

病人姓名	性别	年龄	详细住址	起病日期 月 日	治疗日期 月 日	死亡日期 月 日	临床症状	显微检查	尸体解剖	细菌培养	动物接种试验	备考
王茂松	男	20	外舍一保一甲	11 [illegible]		11 [illegible]	头痛发热[illegible]淋巴腺肿大	腺鼠疫阳性				

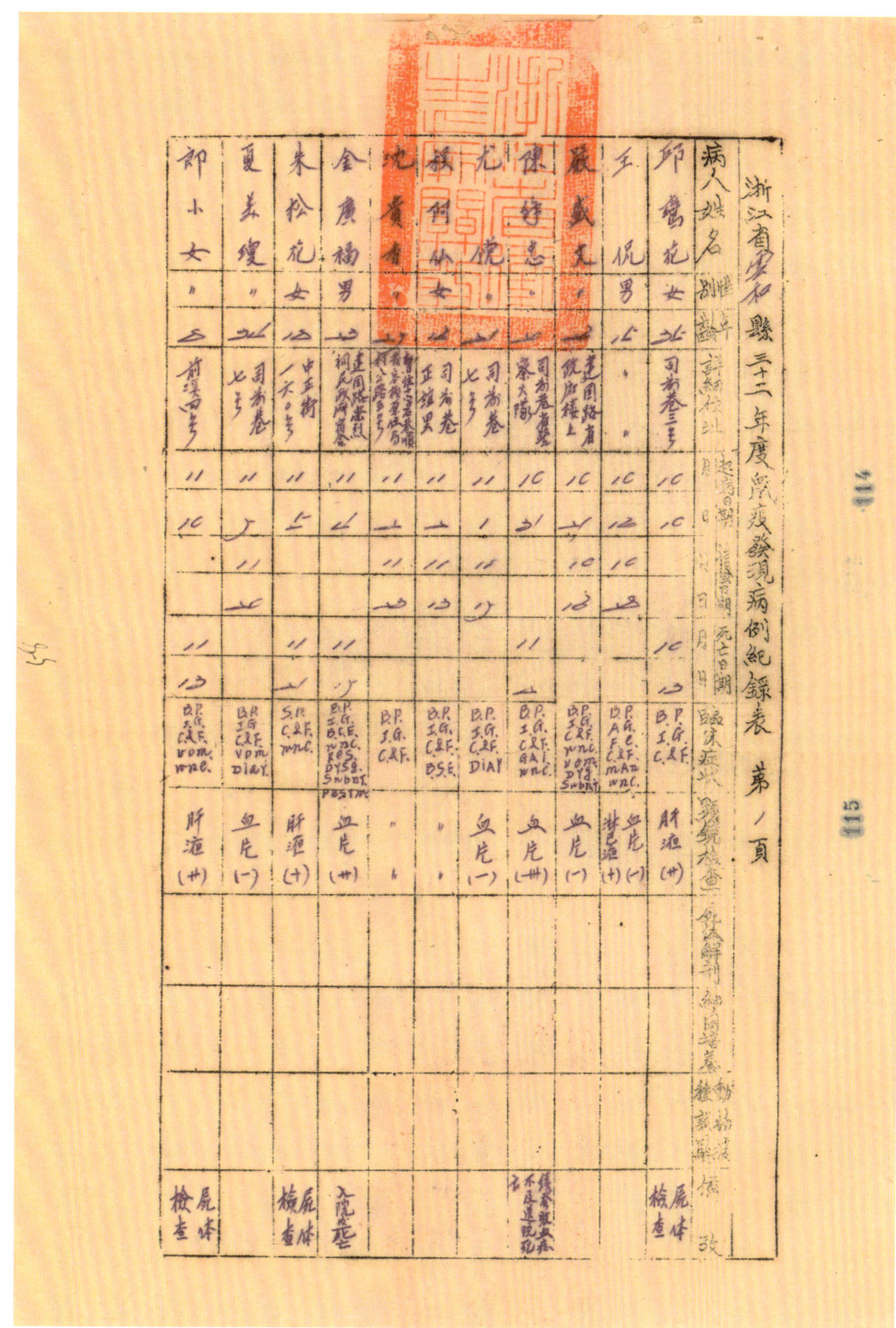

浙江省雲和縣三十二年度鼠疫發現病例紀錄表 第1頁

病人姓名	性別	年齡	詳細住址	起病日期 月	日	診斷日期 月	日	死亡日期 月	日	臨床症狀	顯微鏡檢查	解剖	細菌培養	動物接種	備攷
邱寶花	女	[illegible]	司前巷三号	10	10			10	[illegible]	B.P. I.G. C.&F.	肝涶(卌)				屍体檢查
王倪	男	[illegible]	〃	10	[illegible]	10	[illegible]			B.P. A.G. F.C. C.&F. MAD. WNC.	淋巴液(+) 血片(-)				
嚴盛文	〃	[illegible]	建國路省銀行樓上	10	[illegible]	10	[illegible]			B.P. I.G. C.&F. WNC. VOM. DYS. SUBDT.	血片(-)				
陳好志	〃	[illegible]	司前巷省警察大隊	10	[illegible]			11	[illegible]	B.P. I.G. C.&F. GAI. WNC.	血片(卌)				[illegible]不及進院死亡
尤倪	〃	[illegible]	司前巷七号	11	1	11	[illegible]			B.P. I.G. C.&F. DIAY	血片(-)				
[illegible]利小女	女	[illegible]	司前巷正維里	11	[illegible]	11	[illegible]			B.P. I.G. C.&F. B.S.E.	〃				
沈貴貴	〃	[illegible]	[illegible]	11	[illegible]	11	[illegible]			B.P. I.G. C.&F.	〃				
金庚福	男	[illegible]	建國路[illegible]	11	[illegible]			11	[illegible]	B.P. I.G. B.C.E. WNC. RES. DYS. SUBDT. PESTM.	血片(卌)				入院[illegible]
朱松花	女	[illegible]	中正街一六〇号	11	[illegible]			11	[illegible]	S.P. C.&F. WNC.	肝涶(十)				屍体檢查
夏[illegible]纓	〃	[illegible]	司前巷七号	11	[illegible]	11	[illegible]			B.P. I.G. C.&F. VDM. DIAY.	血片(-)				
郎小女	〃	[illegible]	前溪四号	11	10			11	[illegible]	B.P. I.G. C.&F. VOM. WNC.	肝涶(卌)				屍体檢查

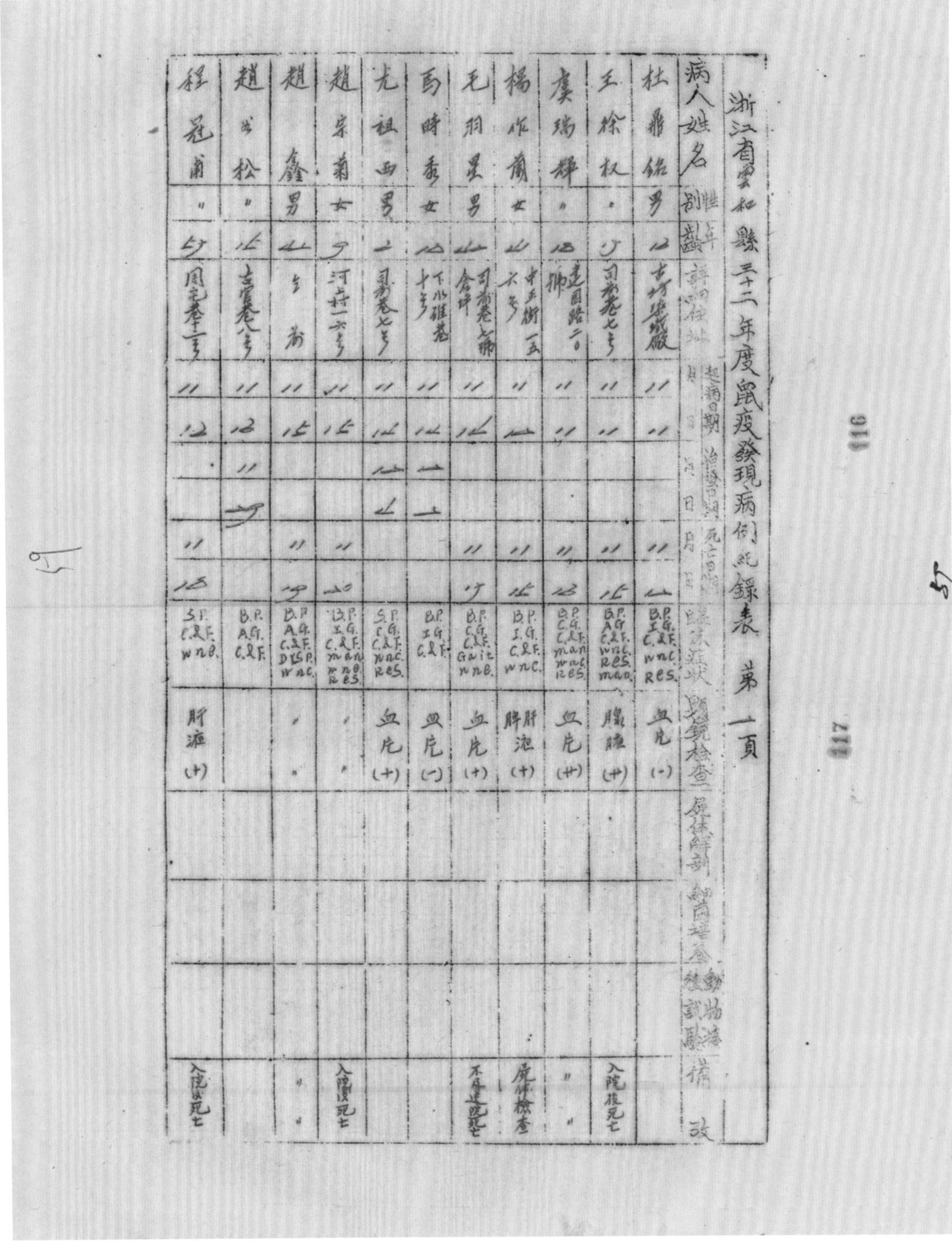

浙江省雲和縣三十二年度鼠疫發現病例紀錄表　第一頁

病人姓名	性別	年齡	詳細住址	起病日期 月	日	治療日期 月	日	死亡日期 月	日	臨床症狀	細菌檢查	屍體解剖	細菌培養	動物接種試驗	備考
杜鼎銘	男	[illegible]	古竹[illegible]	11	[illegible]			11	[illegible]	B.P. I.G. C.&F. wnc. RES.	血片(-)				
王徐杈	〃	[illegible]	司前巷七号	11	[illegible]			11	[illegible]	B.P. A.G. C.&F. wnc. RES. man.	腺腫(卅)				入院後死亡
虞瑞輝	〃	[illegible]	建国路二〇號	11	[illegible]			11	[illegible]	B.P. C.G. C.&F. man wnc. RES.	血片(卅)				〃
楊作蘭	女	[illegible]	中正街一五六号	11	[illegible]			11	[illegible]	B.P. I.G. C.&F. wnc.	脾肝泡(+)				屍体檢查
毛羽星	男	[illegible]	司前巷七號倉坪	11	[illegible]			11	[illegible]	B.P. C.G. C.&F. Gait wnB.	血片(+)				不及進院死亡
馬時秀	女	[illegible]	下小雅巷十号	11	[illegible]	[illegible]	[illegible]			B.P. I.G. C.&F.	血片(-)				
尤祖西	男	[illegible]	司前巷七号	11	[illegible]	[illegible]	[illegible]			S.P. C.G. C.&F. wnc. Res.	血片(+)				
趙宗菊	女	[illegible]	河上村一六号	11	[illegible]			11	[illegible]	B.P. I.G. C.&F. man wnB. RES.	〃 〃				入院後死亡
趙鑫	男	[illegible]	〃 前	11	[illegible]			11	[illegible]	B.P. A.G. C.&F. DESP. wnc.	〃 〃				〃 〃
趙〃松	〃	[illegible]	古宮巷八号	11	[illegible]	11	[illegible]			B.P. A.G. C.&F.					
程冠甫	〃	[illegible]	周宅巷十二号	11	[illegible]			11	[illegible]	S.P. C.&F. wnB.	肝液(+)				入院後死亡

浙江省雲和縣三十二年度鼠疫發現病例紀錄表　第[illegible]頁

病人姓名	性別	年齡	詳細住址	起病日期 月	起病日期 日	治療日期 月	治療日期 日	死亡日期 月	死亡日期 日	臨床症狀	顯微鏡檢查	屍体解剖	細菌培養	動物接種試驗	備攷
徐周氏	女	[illegible]	建國路[illegible]号	11	[illegible]	[illegible]	[illegible]			B.P. I.G. C.&F. wnc. Res. DYSP.	血片(一)				
項新花	〃	[illegible]	河上村[illegible]号	11	[illegible]	11	[illegible]			B.P. A.G. C.&F.					
趙慶凡	男	[illegible]	〃	11	[illegible]	11	[illegible]			B.P. A.G. C.&F.	血片(一)				
魏雷声	〃	[illegible]	梅山垠1号	11	[illegible]			11	[illegible]	S.P. C.&F. wnc.	肝液(十)				屍体檢查
李世根	〃	[illegible]	下水碓巷[illegible]号	11	[illegible]			11	[illegible]	B.P. I.G. C.&F. wnc.	〃				〃
來襄	〃	[illegible]	中正街[illegible]号	11	[illegible]			11	[illegible]	S.P. C.&F. wnc. Res.	肝液(卄)				〃
杜給和	〃	[illegible]	周唐巷七号省農會	11	[illegible]	11	[illegible]			B.P. I.G. C.&F.	血片(一)				
錢思言	〃	[illegible]	陽溪[illegible]号	11	[illegible]	11	[illegible]			B.P. I.G. C.&F.	〃				
李秋英	女	[illegible]	中正街[illegible]号	11	[illegible]	[illegible]	[illegible]			B.P. I.G. C.&F.	〃				
樓運發	男	[illegible]	復興路[illegible]号	11	[illegible]			11	[illegible]	B.P. I.G. C.&F. wnc.	肝液(卄)				屍体檢查
沈永茂	〃	不詳	金坤湖人	11	[illegible]			11	[illegible]	S.P. ?	〃				〃

118

119

浙江省雲和縣三十二年度鼠疫發現病例紀錄表　第〡頁

病人姓名	性别	年齡	詳細住址	起病日期 月	日	治愈日期 月	日	死亡日期 月	日	臨床症狀	顯微鏡檢查	屍體解剖	細菌培養	動物接種	備攷
潘學孝	男	〡〇	中正街〣〥号	〃	〡〩	〃	〢〇			B.P. I.G. C.&F.	血片(一)				
董細女	女	〡〣	関廟巷〤〥号	〃	〡〩			〃	〡〩	S.P. C.&F. vom. wnc. man. Res.	血片(卄)				不及進院死亡
盧林氏	〃	〢〦	建国路〡〥号	〃	〡〩			〃	〡〩	B.P. A.G. C.&F. wnc. DYSP. Subnt.	血片(十)				入院後死亡
林庚女	〃	〥〦	中正街〡〡〥号	〃	〡〇			〃	〡〡	B.P. I.G. C.&F. wne.	〃				不及進院死亡
何桂蓮	〃	〡〧	东寺交通處	〃	〡〇	〃	〢〡			B.P. I.G. C.&F.	〃				
林隆女	〃	〡〦	中正街〡〡号	〃	〡〇			〃	〡〡	B.P. I.G. C.&F. wnc. Res.	血片(±)				不及進院死亡
祝水銀	男	〡〧	建国路禾鲁菜場	〃	〡〇	〡〡	〩			B.P. I.G. C.&F.	血片(一) 痰(一)				
包另發	〃	〡〡	建国路余城民众教育館	〃	〡〩			〃	〢〡	B.P. I.G. C.&F. wne.	血片(十)				入院後死亡
劉鬼女	女	〦〇	司前巷丘谊里〢号	〃	〢〇			〃	〢〇	B.P. A.G. C.&F. wnc.	血片(一)				不及住院死亡
姜秉曦	男	〡〦	中正街林府氏銀匠	〃	〢〡			〃	〢〡	B.P. C.&F. pne. BISP. wnc.	血痰(卅)				屍体檢查經DR.POLLI[illegible]作解剖證
鮑俊遠	〃	〦	中正街〡〤〇号	〃	〢〡	〡〡	〩			B.P. A.G. C.&F. Coma.	血片(一)				

浙江省云和县三十二年度鼠疫发现病例纪录表 第七页

病人姓名	性别	年龄	详细住址	起病日期 月	起病日期 日	诊断日期 月	诊断日期 日	死亡日期 月	死亡日期 日	临床症状	显微镜检查	尸体解剖	细菌培养	动物接种试验	备注
房德法	男	[illegible]	周宅巷[illegible]号	11	[illegible]	11	[illegible]			B.P. I.G. C.&F.	血片(一)				
黄锦林	〃	[illegible]	中正街[illegible]号	11	[illegible]			11	[illegible]	B.P. I.G. C.&F. DYSS. WNC.	血片(十)				不及送院死亡
朱甬生	〃	[illegible]	阆宅巷[illegible]号	11	[illegible]	[illegible]	[illegible]			B.P. C.G. C.&F.	血片(一)				
朱土德	〃	[illegible]	中正街[illegible]号	11	[illegible]	[illegible]	[illegible]			B.P. I.G. C.&F. WNC. SwbnT.	血片(十)				
红德金	〃	[illegible]	[illegible]第十三号边	11	[illegible]	[illegible]	[illegible]			B.P. C.G. C.&F.	血片(一)				
魏成菊	女	[illegible]	赵姓巷[illegible]号	11	[illegible]			11	[illegible]	B.P. I.G. C.&F. DiaY. CYa. DYSP.	〃 〃				
萧贞槐	男	[illegible]	九郎巷一号	11	[illegible]	[illegible]	[illegible]			B.P. C.G. C.&F.	〃 〃				
蓝雨霖	〃	[illegible]	中正街[illegible]号	11	[illegible]	[illegible]	[illegible]			B.P. I.G. C.&F.	〃 〃				
廖树生	〃	[illegible]	中正街[illegible]号	11	[illegible]			11	[illegible]	B.P. I.G. C.&F. WNC. RES.	〃 〃				入院后死亡
蓝采环	女	[illegible]	九郎巷一号	11	[illegible]	[illegible]	[illegible]			B.P. I.G. C.&F. WNC.	血片 腺(一)(一)				
贵诵芳	男	[illegible]	鹅食巷[illegible]号	11	[illegible]			11	[illegible]	S.P. C.&F. WNC.	口涎 肝液 (十)				尸体检查 [illegible] 诊断为败血症

浙江省云和县三十二年度鼠疫发现病例纪录表 第乙页

病人姓名	性别	年龄	详细住址	起病日期 月	起病日期 日	治疗日期 月	治疗日期 日	死亡日期 月	死亡日期 日	临床症状	显微镜检查	尸体解剖	细菌培养	动物接种试验	备考
张阿妹	女	[illegible]	建国路[illegible]号	[illegible]	[illegible]	[illegible]	〡			B.P. I.G. C&F.	血片(一)				
年小	男	[illegible]	中正街雉勤里	[illegible]	[illegible]			〡〡	[illegible]	S.P. Diav. vom. wne. Coma.	肝涵(十)				尸体检查
林椰生	〃	[illegible]	吴娃巷[illegible]号	〡〡	[illegible]			[illegible]	[illegible]	S.P. wne. Coma. DYSP.	肝涵(十)				〃
孙芝英	女	[illegible]	下水碓巷[illegible]号	〡〡	[illegible]	[illegible]	[illegible]			B.P. A.G. C&F.	血片(一)				
王给根	男	[illegible]	高溪[illegible]号	〡〡	[illegible]	[illegible]	[illegible]			B.P. I.G. C&F. wnc. man. Res. Del.	〃				
王金戴竹	女	[illegible]	司前巷[illegible]号	〡〡	[illegible]	[illegible]	[illegible]			B.P. (P.Ol) C.G. C&F.	〃				
许林氏	〃	[illegible]	赵娃巷[illegible]号	[illegible]	[illegible]			[illegible]	[illegible]	B.P. I.G. C&F. wnc.	〃				未及送院死亡
朱镇花	〃	[illegible]	周宪巷[illegible]号	[illegible]	[illegible]	[illegible]	[illegible]			B.P. A.G. C&F. vom. Diav.	〃				
廖苎花	〃	[illegible]	周虔巷[illegible]号	[illegible]	[illegible]			[illegible]	[illegible]	S.P. C&F. wne. Coma.	肝涵(卅)				尸体检查
高赞天	男	[illegible]	中正街[illegible]号	[illegible]	[illegible]			[illegible]	[illegible]	B.P. C.G. C&F. wnc. Res. Del. Cra. DYSg.	血片(一)				入院后死亡
魏月仙	女	[illegible]	上横巷草篷底	[illegible]	[illegible]	[illegible]	[illegible]			B.P. I.G. C&F. vom. Diav.	〃 〃				

浙江省雲和縣三十二年度鼠疫發現病例紀錄表　第7頁

病人姓名	性別	年齡	詳細住址	起病日期 月	起病日期 日	治愈日期 月	治愈日期 日	死亡日期 月	死亡日期 日	臨床症狀	顯微鏡檢查	屍体解剖	細菌培養	動物接種試驗	備考
吴岳誉	女	[illegible]	吴姓巷[illegible]号	[illegible]	[illegible]						血片(-) 痰(-)				檢查後逃避他處
謝金氏	〃	[illegible]	中正街[illegible]号	[illegible]	[illegible]			[illegible]	[illegible]	B.P. I.G. C.&F. von. Diay Wes.	血片(-)				入院後死亡
劉克友	男	[illegible]	建國路省政府	[illegible]	[illegible]	[illegible]	[illegible]			B.P. I.G. C.&F. W.nc. man. Res. Del. Dysa.	〃				
麻德富	〃	[illegible]	中正街[illegible]号	[illegible]	[illegible]	[illegible]	[illegible]			B.P. I.G. C.&F. W.nc. man. Res. Del.	〃				
馮友吳	〃	[illegible]	九部巷10号	[illegible]	[illegible]	[illegible]	[illegible]			B.P. I.G. C.&F.	〃 〃				
叶永心	〃	[illegible]	関廟巷10号省船聯会	[illegible]	[illegible]	[illegible]	〃			B.P. I.G. C.&F.	血片(+)				
吴元鎬	〃	[illegible]	古竹[illegible]号	[illegible]	[illegible]			[illegible]	10	S.P. W.nc. Diss. Disr. Swbnt. Cya.	血痰(-) 血片(卄)				入院後死亡
王江氏	女	[illegible]	中正街[illegible]号	[illegible]	[illegible]			[illegible]	11	S.P. C.&F. W.nc.	肝漉(+)				屍体檢查
吴永道	男	[illegible]	古竹[illegible]号	[illegible]	[illegible]			[illegible]	9	S.P. C.&F. W.nc. Cra.	肝漉(卄)				〃 〃
厲為良	〃	[illegible]	古竹[illegible]号	[illegible]	[illegible]	[illegible]	[illegible]			B.P. I.G. C.&F.	血片(-)				
叶雲塘	〃	[illegible]	中正街[illegible]号	[illegible]	[illegible]	[illegible]	[illegible]			B.P. I.G. C.&F.	〃 〃				

浙江省雲和縣三十二年度鼠疫發現病例紀錄表 第5頁

病人姓名	性别	年齡	詳細住址	起病日期 月	起病日期 日	治愈日期 月	治愈日期 日	死亡日期 月	死亡日期 日	臨床症狀	顯微鏡檢查	屍体解剖	細菌培養	動物接種試驗	備考
錢康土	男	[illegible]	陽溪寮[illegible]號	11	[illegible]			11	13	B.P. I.G. C.&F. coma DYSP. W.[illegible]	血片(−)				屍体檢查
陳雪孟	女	[illegible]	前巷[illegible]號	11	[illegible]			11	11	B.P. I.G. C.&F. wne. cra.	〃 〃				〃
陳志高	男	[illegible]	古竹[illegible]號對面	11	[illegible]			11	11	B.P. I.G. C.&F. wnc.	肝液(+)				〃
徐全土	〃	[illegible]	新民里1號	11	[illegible]			11	10	B.P. I.G. C.&F. wnc. man. res.	肝液(卄)				〃
叶祖明	〃	[illegible]	中正街[illegible]號	11	10			11	12	S.P. C.&F. DYSP. wne.	血片(±)				入院後死亡
黃光偉	〃	[illegible]	古竹[illegible]號	11	10			11	11	B.P. I.G. C.&F. Diar. wnc. DYSP.	血片(+)				〃
王隻氏	女	[illegible]	貴溪山边	11	10			11	[illegible]	S.P. C.&F. wne. DYSS. DYSP.	血片(卄)				不及送院死亡
何國與	男	[illegible]	和平巷[illegible]號	11	20	11	[illegible]			B.P. C.G. C.&F. wnc.	血片(−)				
韓黃氏	女	[illegible]	上字右巷順發客棧	11	20	11	[illegible]			B.P. (P.m) I.G. C.&F.	〃 〃				
薛士輝	男	[illegible]	前溪寺倉庫	11	20	1華	1			P.P. C.&F. BI.SP. AP.g. Cya.	血痰(+)				顯微鏡檢查經Dr. Pollitzer鑑定
王鴻年	〃	[illegible]	縣前街[illegible]號	11	[illegible]	11	[illegible]			B.P. I.G. C.&F. Diar. AP.g.	血片(−)				

浙江省雲和縣三十二年度鼠疫發現病例紀錄表 第 頁

病人姓名	性別	年齡	詳細住址	起病日期 月	起病日期 日	檢舉日期 月	檢舉日期 日	死亡日期 月	死亡日期 日	臨床症狀	顯微鏡檢查	屍体解剖	細菌培養	動物接種試驗	備考
李宏志	男	[illegible]	前巷[illegible]号	12	[illegible]			12	[illegible]	B.P. I.G. C.&F. W.N.C. man. vom. Subn.T. Crg.	血片 (一)				入院後死亡
田世州	女	[illegible]	抗戰路[illegible]号	12	[illegible]			12	[illegible]	S.P. C.&F. W.N.C.	肝涸 (+)				屍体檢查
廖郭珠夭	〃	[illegible]	古竹[illegible]号	12	[illegible]			12	[illegible]	S.P. C.&F. vom. W.N.C.	肝涸 (卄)				〃
吳如菊	〃	[illegible]	中正街[illegible]号	12	[illegible]			12	[illegible]	B.P. I.G. C.&F. W.N.C. man. Res. DYSP. Subn.T.	血片 (一)				入院後死亡
周剛發	男	[illegible]	周宅巷[illegible]号	12	[illegible]	12	[illegible]			B.P. A.G. C.&F. Diar.	〃 〃				
陳作平	〃	[illegible]	古竹[illegible]号	12	[illegible]	33年 1	1			B.P. A.G. C.&F. man.	〃 〃				
辛夏渠	女	[illegible]	南門巷[illegible]号	12	[illegible]			12	[illegible]	B.P. I.G. C.&F. Diar. DYSP. Subn.T. W.N.C.	〃 〃				入院後死亡
徐真瑜	〃	[illegible]	建國路五号	12	[illegible]	33年 1	[illegible]			B.P. I.G. S.&F. vom.	〃 〃				
韋士培	男	[illegible]	中正街[illegible]号	12	[illegible]			33年 1	1	B.P. C.G. C.&F. W.N.C. DYSP. man. Res. Cya.	痰 (+) 血片 (+)				入院後死亡
金亮	〃	[illegible]	建國路[illegible]号	12	[illegible]	33年 1	[illegible]			B.P. I.G. C.&F. vom.	血片 (一)				
徐竹梘	〃	[illegible]	第六保后山	12	[illegible]			12	30	S.P. C.&F. W.N.C. DYSP. Res. Cyn.	〃 〃				入院後死亡

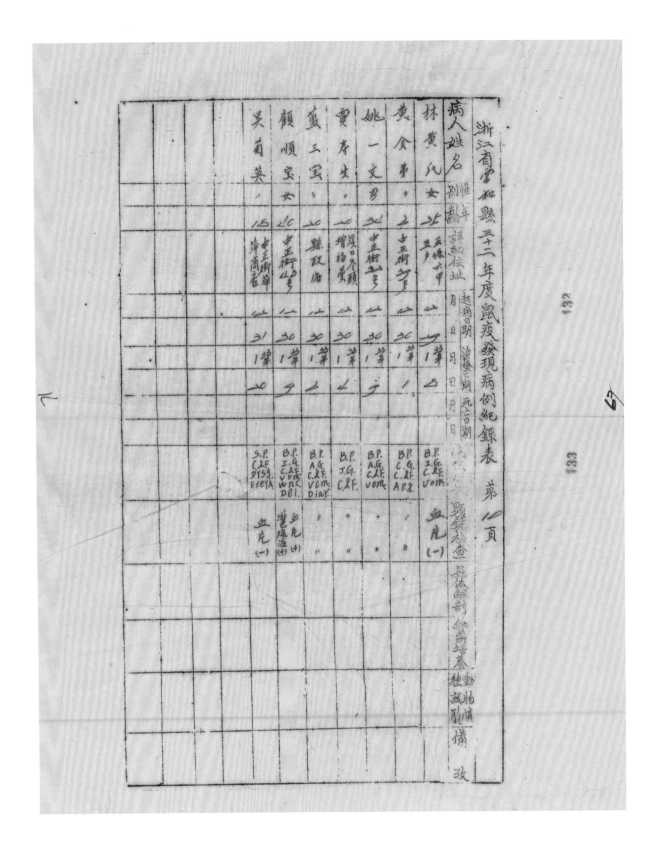

浙江省雲和縣三十二年度鼠疫發現病例紀錄表　第10頁

病人姓名	性別	年齡	詳細住址	起病日期 月	起病日期 日	治療日期 月	治療日期 日	死亡日期 月	死亡日期 日	病狀	顯微鏡檢查	屍體解剖	細菌培養	動物試驗	備攷
林黄氏	女	25	五條六甲五户	11	29	1 33年	5			B.P. I.G. C.&F. vom.	血片(一)				
黄余弟	〃	2	中正街35號	11	30	1 33年	1			B.P. C.G. C.&F. A.P.g.	〃				
姚一文	男	30	中正街31號	11	30	1 33年	7			B.P. A.G. C.&F. vom.	〃				
賈壽生	〃	20	溪口全頭增福堂	11	30	1 33年	4			B.P. I.G. C.&F.	〃				
藍三宝	〃	20	縣政府	11	30	1 33年	2			B.P. A.G. C.&F. Vom. Diar.	〃				
顧順宝	女	16	中正街44號	11	30	1 33年	9			B.P. I.G. C.&F. V.vom. W.n.c. Del.	血片(+) 淋巴腺液(+)				
吴菊英	〃	15	中正街華洋商店	11	31	1 33年	10			S.P. C.&F. DYSg. ExeYA	血片(一)				

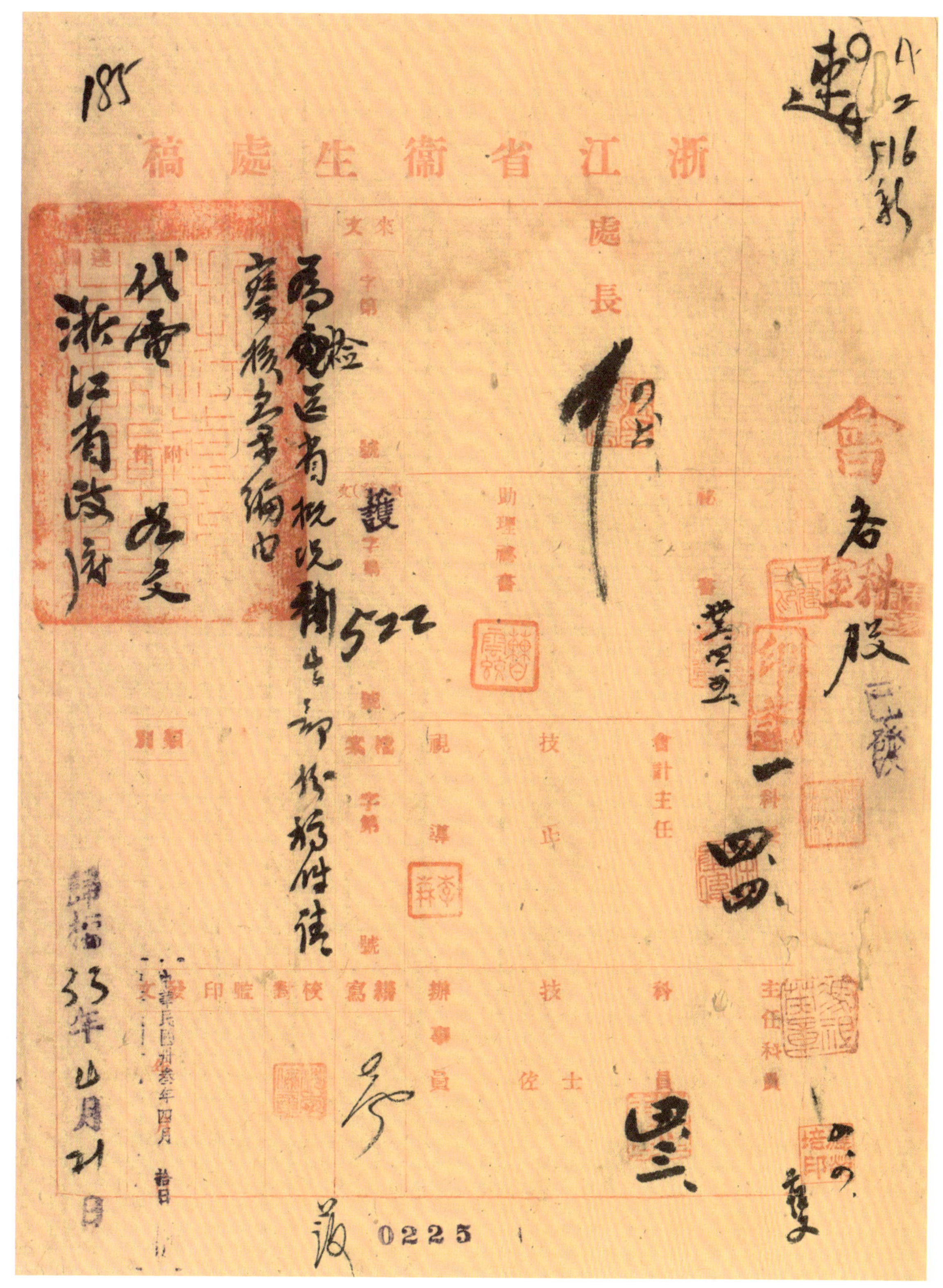
浙江省衛生處稿

代電 浙江省政府

為電檢送省概況衛生部份稿件請察核彙編由

中華民國卅叁年四月拾日

0225

浙江省卫生处关于检送省概况卫生部门稿件致省政府的代电（一九四四年四月十日）

浙江省政府鈞鑒：案奉鈞府卅二年十一月丑寶16888號代電檢發中央黨政考核委員會轉頒各省概況目錄草案，仰就主管部門簡述送府彙編等因，並抄發省概況目錄草案暨地方自治實施方案各一份。旋奉鈞府三十三年三月丑寶6661號代電催即編送各等因，奉經遵將本處主管部門省概況編就，理合檢呈一份，仰祈鑒核彙編核轉！浙江省衛生處處長丑護叩。附呈送省概況衛生部門稿件一份

186

浙江省概況

十二、省政府

午 衛生處及其直屬機關

省衛生處成立於民國二十九年九月，直隸於省政府，下設秘書室、第一、二、三、四、四科，及會計室，為省衛生行政之主管機關。

本省於民國十八年，就民政廳設主管衛生之第五科，是為本省衛生行政組織之肇始。二十四年由科改擴充為衛生實驗處，抗戰後，省當局播遷，處境維艱，裁撤衛生實驗處，仍於民政廳設技術

1944.

室，主办卫生行政。是年九月，改组为民政厅卫生处。廿九年，集中成立省卫生处。

省卫生处成立之初，设有卫生试验所、浙西卫生院、瑞云卫生院等三直属机关。三十年，新设省会卫生事务所、第九区中心卫生院及临时防疫队二队，卫生材料库一所。三十一年，将临时防疫队改组为省医疗防疫队，扩充省卫生试验所、省会卫生事务所、第九区中心卫生院等机构之人员及设备，浙西卫生院改组为浙西中心卫生院并加扩充，续增设省立医院、第一、十两区联合中

187

二

心衛生院及第六、四、五、八等區中心衛生院，省醫藥器材經理委員會，省衛生材料廠，衛生巡迴醫療團等直屬機關，三四擬辦案呈年人出料加強處業務，設置第一、第六、第三輔助醫院三所，此為本省衛生處成立以來省級業務機構與革經過。

迄本年五月，各區中心衛生院奉令裁撤，乃將第八區中心衛生院改組為省立第一傳染病院，第九區中心衛生院改組為省立第二傳染病院（旋歸併省醫療防疫隊），浙西中心衛生院及第十兩區聯合中心衛生院改組為浙西醫療防疫隊，第四區中心衛生院改組為第

一、巡迴衛生工作隊，第二區中心衛生院改組為第二巡迴衛生工作隊，並省立醫院附設傳染病部，以第五區中心衛生院裁餘經費撥充，增設綜有金傳染病院。第二、第三兩輔助醫院，先後予以裁撤。另於浙東行署所在地成立浙東衛生處移時，衛生處並增設防疫人員訓練班一處，此外將衛生巡迴精[illegible]團、衛生試驗所、衛生材料廠等機關酌予充實。醫藥器材經理委員會，則依照衛生署戰時醫藥器材經理委員會成例，改組為戰時醫藥器材經理委員會，並由衛生處直轄衛生材料庫改隸後合，經此調整，本省省級衛生業務機構，直隸於省衛生處者，計有省立醫院、省會衛生事務所、衛生試驗所、衛生材料廠、省會傳染病院、省立第一傳染病院、省立醫療防疫隊一二等、戰時醫藥器材經理委員會、衛生巡迴醫團、防疫人員訓練班、第一巡迴衛生工作隊、第二巡迴衛生工作隊、滇緬衛生事務所、滇西醫療防疫隊、第一輔助醫院等十五單位、

十三　省政

丑　民政

七、衛生

軍醫政

（一）醫藥管理：歷年均遵中央法令，務須切實辦理。本年爭領戰時醫療藥品配售銷暨低價管理辦法，除補充規定，並為適應本省地方情形，另訂本省醫藥技術人員及醫院藥商註冊規則，醫藥器材購領轉銷辦法，通飭施行。對各級醫藥衛生人員、醫院、診所、藥商、及各級醫療機關醫藥器材之購領轉銷，均予嚴密管理。

本年核准補領職業證書者，醫師、藥師

免一人，核給中醫證書者七十二人，嗣奉令頒發醫師證、藥劑師證、助產士證，經通飭各縣市及各級衛生事機關知照，嗣後關於醫事人員領證，概由考試院依法辦理。

（二）動員衛生人員。本年奉令頒發衛生人員動員實施辦法，當經通飭各縣遵辦，旋經調查冊報者，武義等三十六縣，情形特殊，准請免報者，松陽等九縣，及三區無開業動員衛生人員請免予查報者，景寧等十縣，在調查中者衢縣等二十一縣。

（三）实施医疗救济：1.本年四月，因省会医疗机关力量未见充实，在省会设有省立医院分院，嗣以省会医务繁剧，十一月间将省立医院总院自景宁迁，并订定省府及所属各机关员工免费诊疗办法，予以救济。2.本年中央拨发振款五十万元，经分配交灾区较重县份，并由卫生处药委会配售药品，发交县份办理救济。3.本年省府拨援龙游同乡筹振会医药救济款一百五十万元，经与有关机关洽商均拨交县份办理施振。

（四）供应医药器材：由卫生处战时医药器材经理委员

會，對各級衛生醫療機關之醫藥器材之供應，辦理以來，頗著成績。本年繼向衛生署戰時醫藥器材經理委員會訂購大量器材，經運廣後，迄年終，供應器材價值達四百萬元以上。復會同承辦中央防疫處委託經銷各種疫苗血清及本省衛生試驗所製造之霍亂疫苗、瘧苗等防疫藥品，為數亦鉅。

（五）衛生材料之製造：本省衛生材料廠成立以來，出品逐有增加，本年為求衛生材料之自給自足，經令飭該廠計劃整理，並自專田，積極展開製造工作。

六、衛生試驗：衛生試驗所自三年充實後，工作極為緊張，本年出產痘苗供給本省需用不虞缺乏，霍亂疫苗出品亦屬不少，其他各種疫苗血清亦在研製中。本年重要化驗工作，計有溫處吸毒癮犯鑑定案二起、寧屬、松陽嗎啡鑑定案二起，其他衛生試驗工作，均隨時辦理。

七、指導衛生行政：本省衛生處設有衛生巡迴指導團，年來對於衛生行政之指導，由該團積極辦理，本年以後該團原有人員已少，經增調來一部人

191

負責後方工作，培養督導效能、

(四)協助戰時後方衛生勤務：本省於三十一年接辦營養軍人出醫中心業務，設有輔助醫院三所，去年將第二、第三兩院裁撤，第一輔助醫院仍設後方接收第三十兵站醫院後送之傷患，治癒後辦理歸隊。

乙、保健

(一)改善環境衛生：本省於各縣推行環境衛生工作，改善，年來極為注意，歷年均訂有辦法，督飭各縣切實實施，去年經訂定各縣改良飲水實

口记录存据

致函

施办法，通饬遵办。三十二年奉颁卫生署长手订全国公厕建设方案，经翻印图样，加订推行公厕建设计划大纲，通饬各县遵办，现据呈报兴办者计有嘉兴等三十余县。对不洁厕所及民众不卫生行为，亦已通饬各警察部令予以取缔整理。（省会曾据卫生经费会有关卫生之部分，予以补助卫生院通过预定计划，卫生处派员按月督导，计已完成新建公厕所三只，垃圾车一辆，垃圾箱十二只，改良厕所三座，各主城区之街水沟西段三十四年按于战后建周路疏浚流水予以疏浚。）

（二）实施卫生教育：本年元旦，卫生处举行卫生展览会一次，八月间举行夏令卫生展览会一次，三十三年省会附近乡村放映通俗卫生常识幻灯，又在省立丽水民教馆特辟卫生展览室一间，以供普济群众卫生常识。此外并编印各项预防传染病小丛书，分发各县等

192

长、嘉、宣、綦、丹等各县份，又通令各县政府遵照本年中央公布之全国卫生运动实施办法，切实举办[卅三年度全国卫生运动]。

（三）推广妇婴卫生：于三十三年省府卫生实施纲要内订定省县卫生机关增设产房，推行乡村妇婴卫生办法，督饬各县政府办理、

（四）改善学校卫生：[illegible]设置省县学校卫生委员会，设置计划草案，送教育厅会签呈省政府会议通过，即将付诸实施，一面督饬各县改善学校卫生、

（五）兼办营养改进运动：设营养改进运动委员会

三、與農業改進所計劃籌備營養植物示範農場，一面請飭各縣衛生院與當地有關機關商籌營養植物示範農場及示範食堂等，發動營養改進運動。

（八）舉辦健康活動提高衛生觀念：一、本年內成立民族健康運動委員會，舉辦衛生學術講演，衛生常識講座，民眾健康檢查，放映衛生教育影片，發動各報特刊，舉行健康老人座談會，與該會推動球類比賽及其他有關民族健康活動。

丙、防疫

㈠本省疫病流行情形：本省各縣年來幾於每年均有流行性腦脊髓膜炎、瘧疾、赤痢、傷寒、天花、霍亂、回歸熱、白喉等疫病之流行，尤以流行性腦脊髓膜炎、瘧疾、赤痢為甚，年來嚴事防治，一經發現，旋告撲滅，惟鼠疫一病，於二十七年十月發現於慶元縣，至二十八年三月，疫勢稍告轉機，七月，忽二病例發現。二十九年五六月間，又起第二次流行，且波及龍泉小梅鎮。是年十月十一月，鄞衢二縣先後發現鼠疫，鄞縣經防治後，即告撲滅，衢縣於三十年三月再發流行，六月，疫勢漸殺，但終難根絶。即發生現鼠疫時，有患者二人，自疫區逃至慈谿，病發死亡，幸防堵嚴密，未致播染。慶元於三十年春季第三次流行，三旦復及龍泉查田、龍慶兩縣是後年有流行。三十年十月，義烏發現鼠疫，且波及諸暨、蘇溪及東陽、八相殿、金田寺鄉村，此後亦未能根除。三十二年慶元鼠疫再熾，龍泉亦繼續流行，三十三年由兩縣而雲和，而碧湖，而吉田、永嘉、松陽、宣平、麗水、景寧，均先後發現，浙東一帶兩縣亦紛紛亦有流行，傳播甚廣，據……

麗水抗戰期間，向浙江推進，均

業務案、檢疫工作、配合實施預防注射、菌苗注射，未消滅，及滅蚤、滅鼠，對於敵人細菌戰事實上收效甚大。

（二）一般防疫設施：1.訂定防疫計劃，分飭各縣遵辦。2.本年十月，成立省會臨時防疫委員會，調整省級防疫機構，並指飭各縣設置防疫機構。3.春季遂安、淳安、開化、常山、桐廬、龍游、壽昌、衢縣等縣腦脊髓膜炎流行甚熾，秋季湯溪、龍游等縣瘧疾流行甚劇，均經派員攜帶協助，並積極籌藥品以資救濟，疫勢始熄。其他傳染病如霍亂、傷寒、赤痢、天花、回歸熱、白喉等，各地亦間有發現，經隨時指飭各縣嚴密防範，均未流行。4.以飭

（五）各衛生機關對當地之特殊地方病加以研究防治。（六）由衛生試驗所大量製造痘苗，及霍亂、傷寒、斑疹疫苗，俾各縣各級衛生機關應用，其不敷數量及鼠疫苗，則向中央衛生試驗所購買供給。

（三）訓練防疫人員：本年為適應事實上需要，由衛生處在雲和、麗水等設防疫人員訓練班，第一期學員二十人，業已結業。雲和縣並加強防疫訓練班，亦已結業。

（四）防治各地鼠疫：

1、龍泉：一月份發生鼠疫病例，四月中旬，疫勢

195

平息，該縣臨時防疫處於三月結束，防疫工作由省醫療防疫隊、縣衛生院接辦。六月下旬，疫勢復熾，經衛生處派員督導，積極展開防治工作。

7、慶元：慶元自疫勢再發，至四月中旬，無病人發現，該縣防疫處於六月底結束，八月間再發流行，經衛生處派員督導防治，疫勢漸殺。

8、雲和：八月中旬城郊河上村發現疫鼠，經迅速實施緊急處置，未發現病人，十月上旬，城底又發現第一例病人，經當會臨時防疫委員會積極防治，並呈准中央撥發防疫經費一百萬元，並派分隊駐守實伯力士來甬協助，至十二月底發現病人一百六例，死亡五十一例。

4. 永康：十二月六日發現第一病例，經由署派專員偕同省衛生處科長前往指導，疫勢旋告撲滅。

5. 麗水碧湖區：該區十月間發現鼠疫病例，經該縣衛生院會同有關機關設立碧湖臨時防疫處，負責防治，十一月間，又派有醫療防疫隊前往協助。

6. 景寧：該縣十一月下旬發現鼠疫病人一例，嗣後未有發現。

196

丁、松陽：十二月間曾發現疑似鼠疫病例，經指飭施行適當防治方法，隨予撲滅。

戊、青田：十二月發現類似鼠疫病例，經注意防堵，未傳染。

己、壽昌：據十二月間據該縣衛生院報告，二月間曾發現鼠疫病例，惟地點與傳染情形，該縣衛生院曾派員前往調查，相機設法防治。

浙江省卫生处关于呈送该省各县一九四四年度一、二月各旬疫情统计表致省政府的代电（一九四四年四月二十五日）

浙江省衛生處快郵代電

事由：為電呈本省各縣卅三年一月上旬至二月下旬各旬疫情統計表仰祈核備由

浙江省政府鈞鑒：查本處收到本省各縣卅三年一月上旬起至二月下旬止各旬疫情旬報業經彙編統計完竣，除分行外，理合檢具是項統計表各一份，電呈鈞核備查。

浙江省衛生處卯有維叩

計附浙江省各縣卅三年一月上旬起至二月下旬止逐旬疫情統計表各一份

中華民國卅三年四月　日發

附：一九四四年一、二月浙江省各县疫情统计表

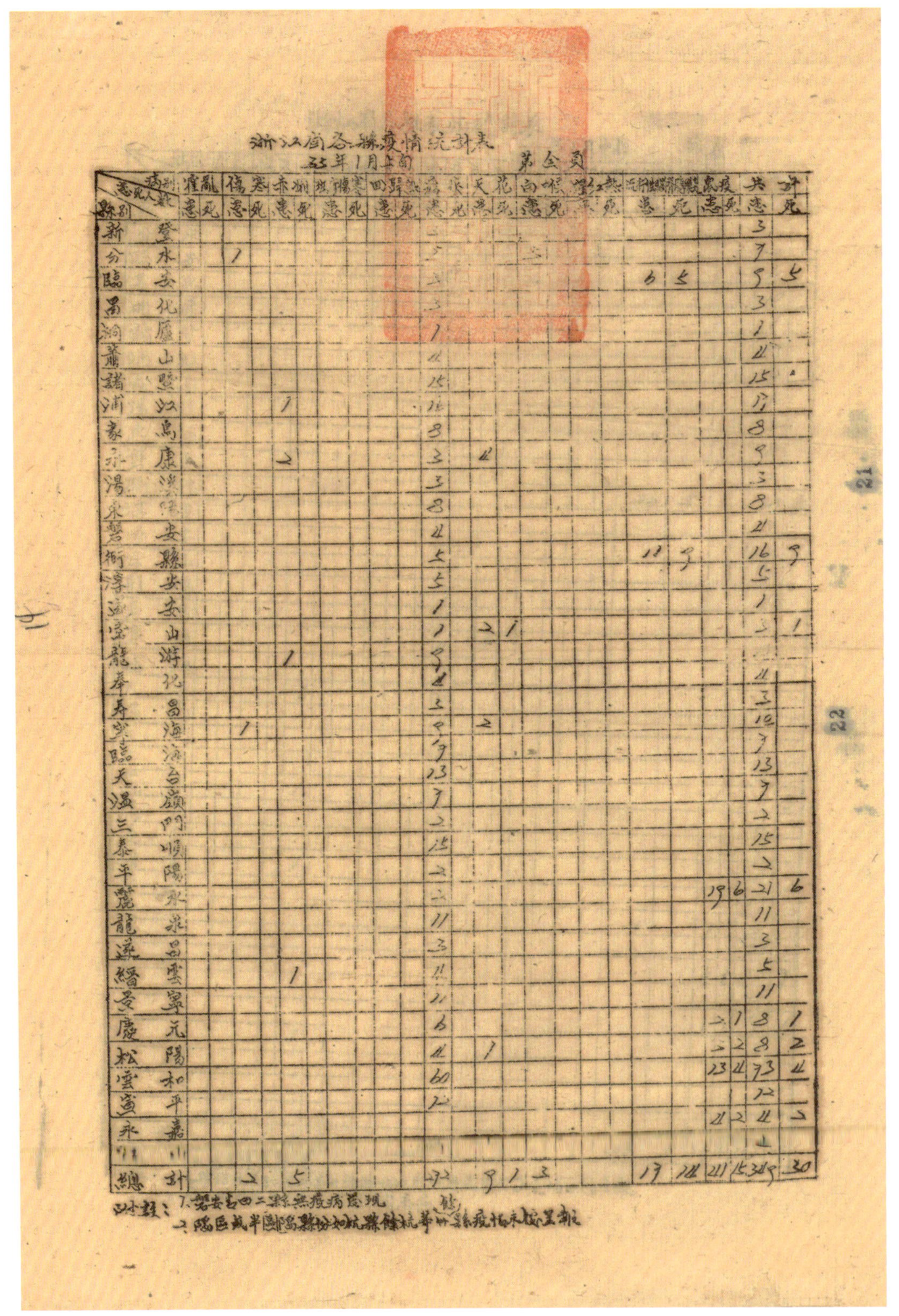

浙江省各縣疫情統計表

33年1月上旬　　　　第　頁

病別／患死人數／縣別	霍亂		傷寒		赤痢		斑疹傷寒		回歸熱		瘧疾		天花		白喉		猩紅熱		流行性腦脊髓膜炎		鼠疫		共計	
	患	死	患	死	患	死	患	死	患	死	患	死	患	死	患	死	患	死	患	死	患	死	患	死
新登											3												3	
分水			1								5				[illegible]								7	
臨安											3								6	5			9	5
昌化											3												3	
桐廬											1												1	
蕭山											4												4	
諸曁											15												15	
浦江					1						16												17	
義烏											8												8	
永康					2						3		4										9	
湯溪											3												3	
東陽											8												8	
磐安											4												4	
衢縣											5								11	9			16	9
淳安											5												5	
遂安											1												1	
常山											1		2	1									3	1
龍游					1						9												[illegible]	
奉化											4												4	
壽昌											3												3	
寧海			1								7		2										10	
臨海											7												7	
天台											13												13	
溫嶺											7												7	
三門											2												2	
泰順											15												15	
平陽											2												2	
麗水											2										19	6	21	6
龍泉											11												11	
遂昌											3												3	
縉雲					1						4												5	
景寧											11												11	
慶元											6										2	1	8	1
松陽											4		1								2	2	8	2
雲和											60										23	4	73	4
宣平											2												2	
永嘉																					4	2	4	2
[illegible]											1												1	
總計			2		5						272		9	1	3				17	14	21	15	329	30

附註：1.磐安、壽昌二縣無疫病發現

2.淪陷區域半淪陷縣份如杭縣、餘杭等卅餘縣疫情未據呈報

浙江省各縣疫情統計表

33年1月中旬　第全頁

病別／患死人數／縣別	霍亂		傷寒		赤痢		斑疹傷寒		回歸熱		瘧疾		天花		白喉		猩紅熱		流行性腦脊髓膜炎		鼠疫		共計	
	患	死	患	死	患	死	患	死	患	死	患	死	患	死	患	死	患	死	患	死	患	死	患	死
新登									1		5												6	
分水											2	1											2	1
臨安											6												6	
昌化											10												10	
桐廬											1												1	
諸暨											25												29	
浦江											12												12	
義烏											6												6	
湯溪											2												2	
東陽											11												11	
磐安											1												1	
衢縣											2								26	5			33	5
淳安											7												7	
遂安											2												2	
常山											2												2	
龍游											7												7	
壽昌			1	1							1												2	1
寧海											16		1										17	
臨海											11												11	
天台					1						35												36	
溫嶺											12												[illegible]	
三門											4												4	
平陽											3												3	
麗水					1						5										21	8	29	8
龍泉											6												6	
遂昌											7												7	
縉雲					1						4												5	
景寧											17												17	
慶元											2								1		1		3	
松陽											20												20	
雲和											26										6	7	32	7
宣平											19												19	
永嘉																					1	1	1	1
江山					1						1												2	
奉化											6												6	
總計			1	1	4				1		300	1	1						26	5	29	16	362	23

附註：一、吉田縣無疫病發現
二、杭縣餘杭長興吳興等卅餘縣以地處陷區或半陷區疫情未據呈報
三、雲和縣鼠疫死亡者有一人係上旬患病

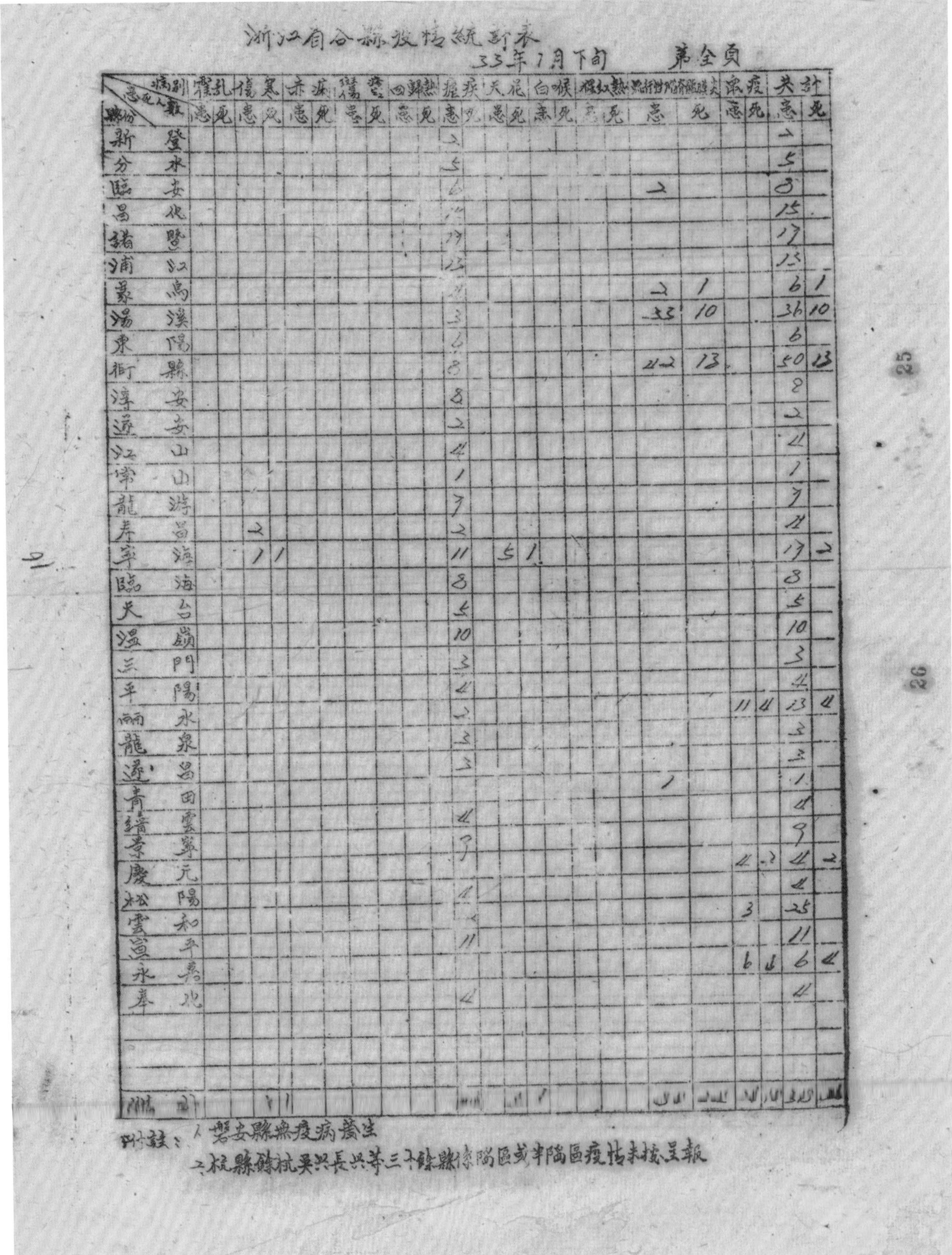

浙江省各縣疫情統計表

33年7月下旬　　第全頁

病別／患死人數／縣份	霍亂		傷寒		赤痢		斑疹傷寒		回歸熱		瘧疾		天花		白喉		猩紅熱		流行性腦脊髓膜炎		鼠疫		共計	
	患	死	患	死	患	死	患	死	患	死	患	死	患	死	患	死	患	死	患	死	患	死	患	死
新登											2												2	
分水											5												5	
臨安											6								2				8	
昌化											15												15	
諸暨											17												17	
浦江											15												15	
義烏											4								2	1			6	1
湯溪											3								33	10			36	10
東陽											6												6	
衢縣											8								42	13			50	13
淳安											8												8	
遂安											2												2	
江山											4												4	
常山											1												1	
龍游											7												7	
壽昌			2								2												4	
寧海			1	1							11		5	1									17	2
臨海											8												8	
天台											5												5	
溫嶺											10												10	
三門											3												3	
平陽											4												4	
麗水											2										11	4	13	4
龍泉											3												3	
遂昌											3												3	
青田																			1				1	
縉雲											4												4	
景寧											7												9	
慶元																					4	2	4	2
松陽											4												4	
雲和											[illegible]										3		25	
宣平											11												11	
永嘉																					6	4	6	4
奉化											4												4	
總計			3	1							[illegible]		[illegible]	1					[illegible]	[illegible]	[illegible]	[illegible]	[illegible]	[illegible]

附註：一、磐安縣無疫病發生

二、杭縣餘杭吳興長興等三十餘縣係淪陷區或半淪陷區疫情未據呈報

浙江省各縣疫情統計表

33年2月上旬　　第叁頁

病別 / 患死人數 / 縣別	霍亂 患	霍亂 死	傷寒 患	傷寒 死	赤痢 患	赤痢 死	斑疹傷寒 患	斑疹傷寒 死	回歸熱 患	回歸熱 死	瘧疾 患	瘧疾 死	天花 患	天花 死	白喉 患	白喉 死	猩紅熱 患	猩紅熱 死	流行性腦脊髓膜炎 患	流行性腦脊髓膜炎 死	鼠疫 患	鼠疫 死	共計 患	共計 死
新登			1								0								13	12			14	12
分水							1				3												4	
臨安											2								1				3	
昌化											27												27	
桐廬											1												1	
諸暨											24												24	
浦江											14												14	
義烏											3								3	3			6	3
蘭溪											3								100	67			103	67
東陽											4												4	
衢縣											7								18	8			25	8
淳安			1								7												8	
遂安																			2				2	
江山											1												1	
常山											8												8	
龍游											14												14	
壽昌											2												2	
寧海			2								10		19	1									31	1
臨海											17												17	
天台											31												31	
溫嶺											7												7	
三門											7												7	
瑞安			1		1						14				1		1						18	
麗水											15								7		9	1	31	1
龍泉											1												1	
遂昌											2												2	
青田																			1		2	3	4	3
縉雲					2						7												9	
景寧											5												5	
慶元											1										1		2	
松陽											11												11	
雲和											15											1	15	1
宣平											2												2	
永嘉																					3	2	3	2
奉化											3												3	
總計			5		3		1				268		19	1	1		1		145	90	16	7	459	98

附註 一、雲和縣鼠疫死亡1人係1月下旬患病
二、磐安縣無疫病發生
三、杭縣餘杭富陽區域半陷區縣份疫情未據呈報

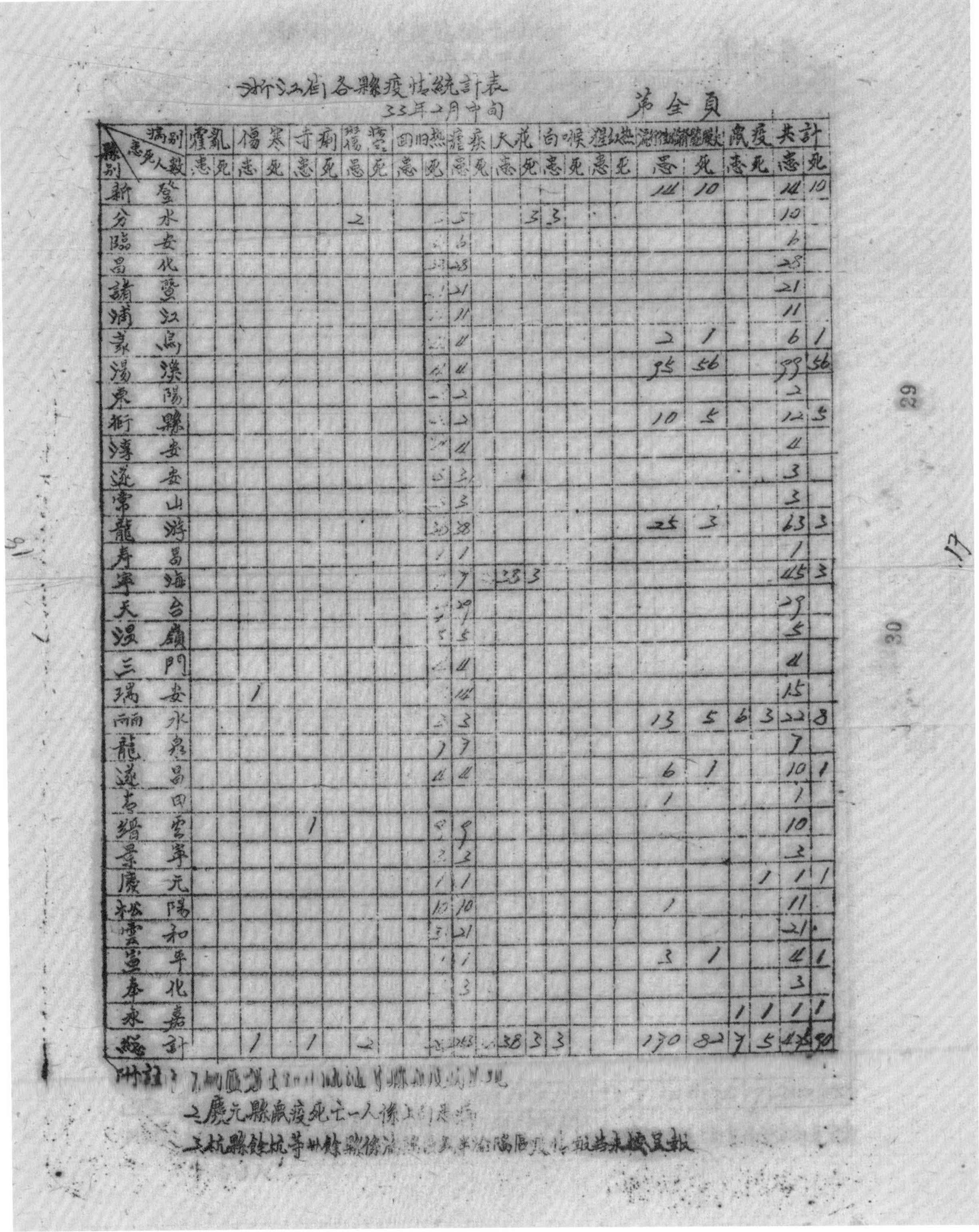

浙江省各縣疫情統計表

三十三年二月中旬

第 全 頁

病別／患死人數／縣別	霍亂		傷寒		赤痢		副傷寒		回歸熱		瘧疾		天花		白喉		猩紅熱		流行性腦脊髓膜炎		鼠疫		共計	
	患	死	患	死	患	死	患	死	患	死	患	死	患	死	患	死	患	死	患	死	患	死	患	死
新登																			14	10			14	10
分水							2				5			3	3								10	
臨安											6												6	
昌化											28												28	
諸暨											21												21	
浦江											11												11	
義烏											4								2	1			6	1
湯溪											4								35	56			39	56
東陽											2												2	
衢縣											2								10	5			12	5
淳安											4												4	
遂安											3												3	
常山											3												3	
龍游											38								25	3			63	3
壽昌											1												1	
寧海											7		38	3									45	3
天台											29												29	
溫嶺											5												5	
三門											4												4	
瑞安			1								14												15	
麗水											3								13	5	6	3	22	8
龍泉											7												7	
遂昌											4								6	1			10	1
青田																			1				1	
縉雲					1						9												10	
景寧											3												3	
慶元											1											1	1	1
松陽											10								1				11	
雲和											21												21	
宣平											1								3	1			4	1
奉化											3												3	
永嘉																					1	1	1	1
總計			1		1		2				263		38	3	3				170	82	7	5	[illegible]	90

附註：一、[illegible]

二、慶元縣鼠疫死亡一人係上[illegible]

三、杭縣餘杭等卅餘縣係淪陷[illegible]報尚未據呈報

浙江省各縣疫病統計表

33年2月下旬

第全頁

縣別 \ 病別	霍亂		傷寒		赤痢		斑疹傷寒		回歸熱		瘧疾		天花		白喉		猩紅熱		流行性腦脊髓膜炎		鼠疫		共計	
患死人數	患	死	患	死	患	死	患	死	患	死	患	死	患	死	患	死	患	死	患	死	患	死	患	死
新登																			9	2			9	2
分水											1	1											1	1
臨安																			2	2			2	2
昌化											19												19	
諸暨											27												27	
浦江											12												12	
義烏											3								1	1			4	1
湯溪											6								39	47			45	47
東陽											2												2	
衢縣											9								18	10			27	10
磐安											2												2	
淳安											8												8	
遂安											2								1				3	
江山											2		24	2					1				27	3
常山											4												4	
龍游											13								26	2			39	2
壽昌											1												1	
寧海											6		15										21	
臨海			1																				1	
天台											27												27	
溫嶺											6												6	
三門											5												5	
瑞安			1		1						19												21	
麗水											10				1	1			16	1	2		29	2
龍泉											6												6	
遂昌											9								6	2			15	2
青田															1				2				3	
縉雲					1						8												9	
景寧											2												2	
慶元											4		1								1		6	
松陽											6								7	4	1		14	4
雲和											17										1		18	
宣平											2									4	2		4	4
永嘉																					2	2	2	2
總計			2		2						333	1	40	[illegible]	2	1			228	75	9	2	423	83

附註：一、杭縣餘杭等卅餘縣係屬陷區或半陷區疫情報告未據呈報

二、湯溪縣本旬發生流行性腦脊髓膜炎者39人中已有34人死亡五人尚在治療中上旬患病於本旬死亡者則有13人

浙江省卫生处关于该省发生脑脊髓膜炎防治经过并检送病人统计表致省政府的代电（一九四四年五月十七日）

浙江省衛生處快郵代電

衛字第四五二號

由：為電復本省發生腦脊髓膜炎防治經過祈核備

浙江省政府主席黄鈞鑒：案奉鈞府本年卯篠華代電內開：「本省第二十二次黨政聯席會議省黨部提議：日前本省各縣腦膜炎症流行甚廣，人民罹此疫死亡者數已不少，擬請由省衛生處迅籌有效辦法普遍防治，並電請中央補助醫藥及防治經費，以弭疫勢而維民命，請核議案。經決議：由省黨部省政府分請中央補助葯品及經費，防治事項交衛生處從速辦理等語紀錄在卷。除電請中央補助葯品及經費外，關於防治事項合行電仰該處

中華民國　年　月　日

浙江省衛生處快郵代電

字第　號
事由

遵照從速辦理具報等因奉此自應遵辦查本省此次流行流行性腦脊髓膜炎於本年一月下旬湯溪首先發現病例本處據報後以傳染堪虞即經電飭駐宣平省醫療防疫隊第一巡廻工作隊派員攜帶藥械就近馳往該縣協助防治以杜蔓延並以預防重於治療之原則除請鈞府即行通電各區縣政府嚴密注意並限制各種非必要之集合及禁止公共娛樂如演劇等以資防範外一面復由本處分發是項傳染病之預防小冊通飭各級衛生醫

中華民國　年　月　日發

浙江省衛生處快郵代電

字第　號

事由

療機關儘量翻印廣事宣傳以增加民衆預防之常識並商請各報亦予刊載此項預防常識而收宏效惟因是項傳染病發生縣份相繼而起流行頗速截至四月份止本處先後據報已有湯溪蕭山餘杭龍游海寧富陽寧海於潛臨安遂昌衢縣松陽諸暨景寧宣平吳興麗水蘭谿遂安嵊縣武義孝豐樂清壽昌東陽常山永康雲和龍泉淳安德清仙居青田江山分水泰順天台縉雲杭縣上虞義烏建德開化象山臨海新登慶元等四十七縣其中以湯

中華民國　年　月

浙江省衛生處快郵代電

字第　號

事由

溪衢縣龍游等縣疫情較為嚴重三月間處長出席東南防疫會議時曾親往江山衢縣湯溪遂昌松陽等縣指示防治方針並撥發藥品其他各縣亦經本處撥發藥品並派員協助防治疫勢現已漸行戢止內據湯溪縣等卅一縣所送一至四月份疫情旬報表統計患者共二八九〇人死亡者共一〇一九人餘十八縣正在催報中理合檢具是項統計表一份報請核備雲浙江省衛生處辰篠寧叩

附統計表一份

中華民國三十三年五月　日發

010

附：浙江省一九四四年度流行性脑脊髓膜炎病人统计表

浙江省卅三年度流行性腦脊髓膜炎病人統計表

縣別＼患死人數＼流行日期	一月份		二月份		三月份		四月份		共計		備攷
	患	死	患	死	患	死	患	死	患	死	
湯溪	33	10	234	170	703	310	354	129	1324	619	該縣患死人數列入到四月中旬止
麗水			36	6	107	11	83	12	226	29	
龍游			51	5	120	7	54	1	225	13	該縣患死人數列入到四月中旬止
衢縣	77	27	48	23					125	50	該縣三四兩月份尚未據報
東陽					98	48	11	1	109	49	該縣患死人數列入到四月中旬止
新登			36	24	49	31	22	7	107	62	仝上
永康			1		72	13	160	17	233	30	
松陽			8	4	33	17	29	2	70	23	
雲和					21	9	47	2	68	11	
壽昌					44	12			44	12	該縣四月上中旬無發現
遂昌			12	3	23	2	9	2	44	7	該縣患死人數列入到四月中旬止
常山					32	17			32	17	該縣四月份尚未據報
縉雲					25	4	7	2	32	6	該縣患死人數列入到四月中旬止
青田	1		4		26	2			31	2	該縣四月份尚未據報
宣平			7	3	9	6	6	2	22	11	
江山			1		14		50	21	65	21	該縣患死人數列入到四月中旬止

011

6

縣別											備考
義烏	2	1	6	5	4	3	1	1	13	10	該縣患死人數列入到四月上旬止
臨安	8	5	3	2					11	7	該縣三四月份尚未據報
泰順					8	7	11	10	19	17	該縣患死人數列入到四月中旬止
景寧					11	7	6		17	7	
諸暨					10	1			10	1	該縣四月份尚未據報
分水					7	1			7	1	仝上
建德			9	2	7	1	1		17	3	該縣患死人數列入到四月上旬止
樂清					3	2			3	2	該縣四月份尚未據報
遂安			3						3		該縣三四月份尚未據報
寧海							2		2		該縣人數列入到四月中旬止
臨海					1	1			1	1	該縣四月份尚未據報
慶元					1	1			1	1	仝上
天台					1				1		仝上
富陽					15	3			15	3	仝上
蘭谿			13	4					13	4	該縣自三月份起始發現
總計	123	43	470	251	1444	516	853	209	2890	1019	本表患死人數係根據疫情旬報表編列

浙江省卫生处关于呈送该省一九四四年度三月份各县疫情旬报表致省政府的代电（一九四四年五月二十日）

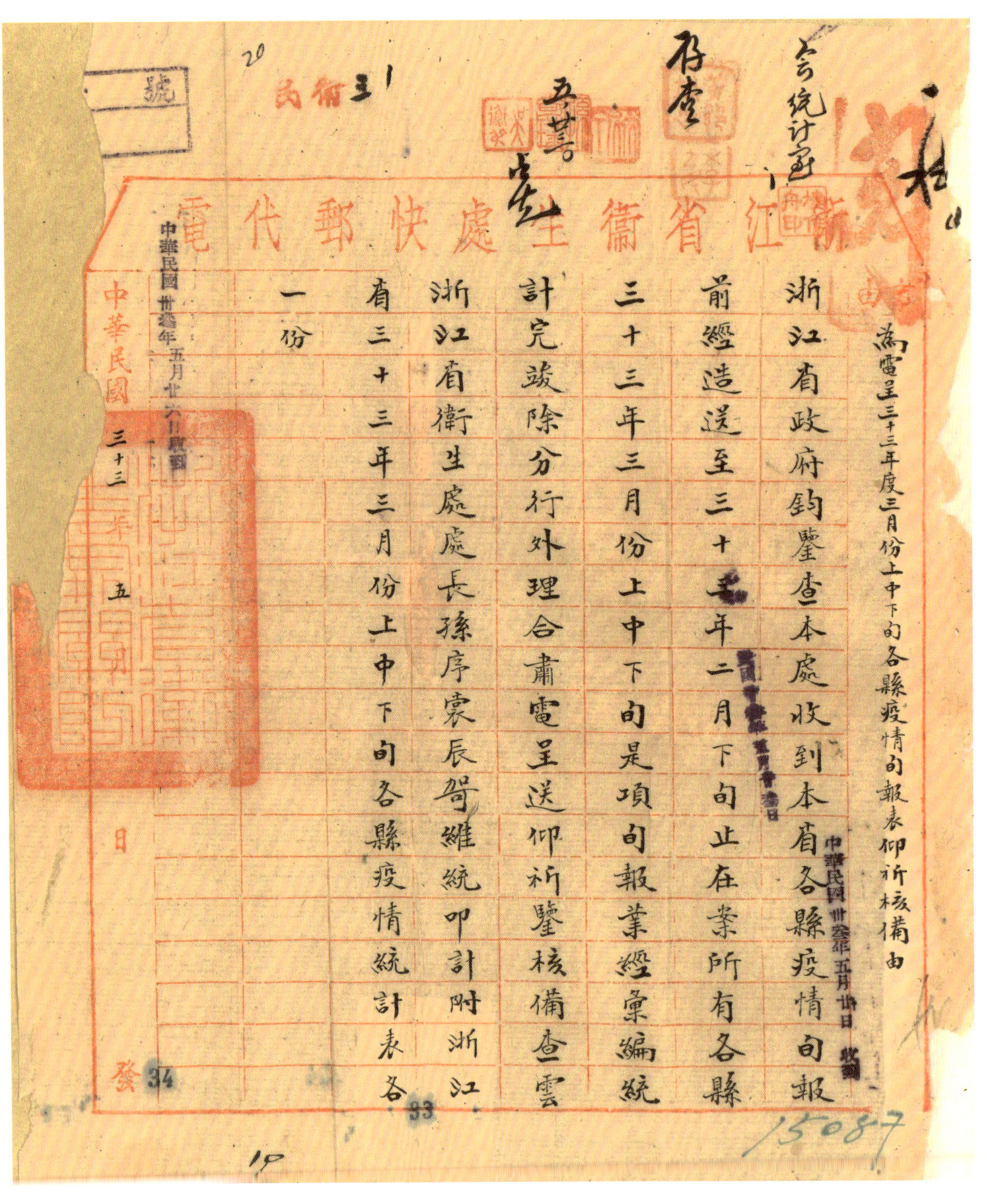
浙江省衛生處快郵代電

為電呈三十三年度三月份上中下旬各縣疫情旬報表仰祈核備由

浙江省政府鈞鑒：查本處收到本省各縣疫情旬報前經造送至三十三年二月下旬止在案，所有各縣三十三年三月份上中下旬是項旬報業經彙編統計完竣，除分行外，理合肅電呈送，仰祈鑒核備查。雲浙江省衛生處處長孫序裳辰哿維統叩。計附浙江省三十三年三月份上中下旬各縣疫情統計表各一份

中華民國三十三年五月 日發

浙江省各縣疫情報告統計表
33年3月上旬

第全頁

病名 患死人數 縣別	霍亂		傷寒		赤痢		斑疹傷寒		回歸熱		瘧疾		天花		白喉		猩紅熱		流行性腦脊髓膜炎		鼠疫		共計	
	患	死	患	死	患	死	患	死	患	死	患	死	患	死	患	死	患	死	患	死	患	死	患	死
新登			1								6								12	7			19	7
昌化											21												21	
桐廬											3												3	
諸暨											3												3	
湯溪											19								185	80			[illegible]	80
江山											7								1				8	
常山											7								3	4			10	4
龍游											20								30	3			50	8
壽昌			2																19	10			21	10
寧海											19		3										22	
天台											26												26	
溫嶺											17												17	
麗水											21								41	6	4		66	6
遂昌											11								5	1			16	1
青田											12								3				15	
縉雲											5								7	1			12	1
景寧											6												6	
松陽											5		1						6	1			12	1
宣平																			6	4			6	4
永康													2	1					20	3			22	4
淳安											4												4	
奉化											2												2	
三門											2		20	10									22	10
慶元											4											1	4	1
分水			1		2						11		3						6	1			23	1
於潛											32												32	
富陽											2								5	1			7	1
義烏											4								2	1			6	1
東陽											4								14	6			18	6
建德			1																				1	
蘭谿			1								8	1											9	1
臨海											5												5	
永嘉											6	1							9	4	1		15	5
樂清																			1	1			1	1
泰順											14								5	5			19	5
雲和											16										1		17	
磐安											4		3	1									7	1
總計			6		2						338	2	[illegible]	[illegible]					386	139	6	1	760	154

附註：1.慶元縣鼠疫死亡一人係2月下旬患病
2.[illegible]縣站共卅餘縣[illegible]未據呈報

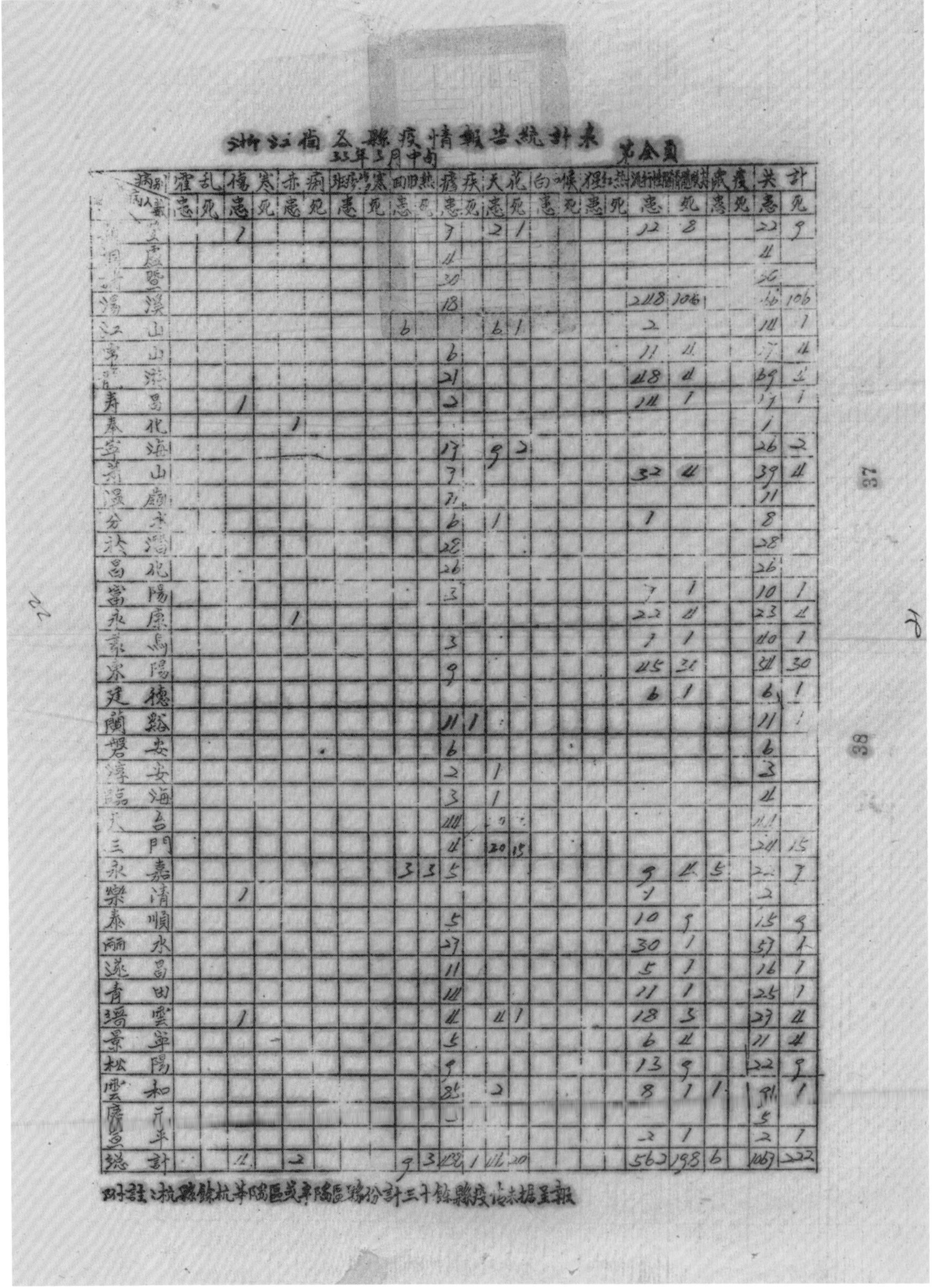

浙江省各縣疫情報告統計表

三十三年三月中旬　第　頁

病別 / 病人數 / 縣別	霍亂		傷寒		赤痢		斑疹傷寒		回歸熱		瘧疾		天花		白喉		猩紅熱		流行性腦脊髓膜炎		鼠疫		共計	
	患	死	患	死	患	死	患	死	患	死	患	死	患	死	患	死	患	死	患	死	患	死	患	死
[illegible]			1								7		2	1					12	8			22	9
桐廬											4												4	
諸暨											20												20	
湯溪											18								248	106			266	106
江山									6				6	1					2				14	1
常山											6								11	4			17	4
龍游											21								48	4			69	4
壽昌			1								2								14	1			17	1
奉化					1																		1	
寧海											17		9	2									26	2
象山											7								32	4			39	4
溫嶺											11												11	
分水											6		1						1				8	
於潛											28												28	
昌化											26												26	
富陽											3								7	1			10	1
永康					1														22	4			23	4
武義											3								7	1			10	1
東陽											9								45	31			34	30
建德																			6	1			6	1
蘭谿											11	1											11	1
磐安											6												6	
淳安											2		1										3	
臨海											3		1										4	
天台											11												11	
三門											4		20	15									24	15
永嘉									3	3	5								9	4	5		22	7
樂清			1																1				2	
泰順											5								10	9			15	9
麗水											27								30	1			57	1
遂昌											11								5	1			16	1
青田											14								11	1			25	1
縉雲			1								4		4	1					18	3			27	4
景寧											5								6	4			11	4
松陽											9								13	9			22	9
雲和											25		2						8	1	1		31	1
慶元											[illegible]												5	
宣平																			2	1			2	1
總計			4		2				9	3	132	1	44	20					562	198	6		1063	222

附註：杭縣、餘杭[illegible]等計三十餘縣疫情未據呈報

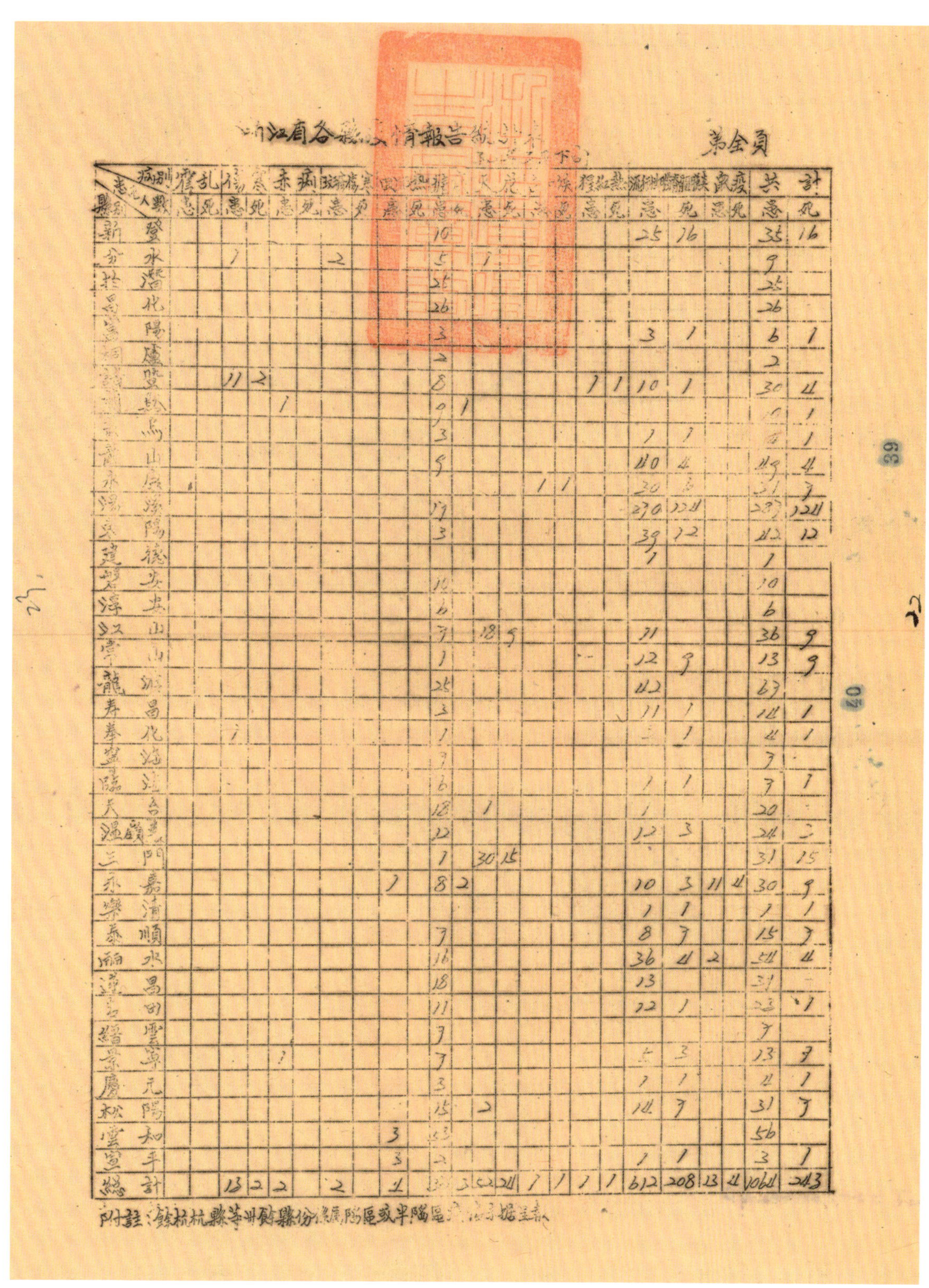

浙江省各縣疫情報告統計表

（[illegible]下旬）

第全頁

病別／患死人數／縣別	霍亂		傷寒		赤痢		斑疹傷寒		回歸熱		[illegible]		天花		白喉		猩紅熱		流行性腦脊髓膜炎		鼠疫		共計	
	患	死	患	死	患	死	患	死	患	死	患	死	患	死	患	死	患	死	患	死	患	死	患	死
新登											10								25	16			35	16
分水			1				2				5		1										9	
於潛											25												25	
昌化											26												26	
富陽											3								3	1			6	1
桐廬											2												2	
諸暨			11	2							8						1	1	10	1			30	4
嵊縣					1						9	1											10	1
義烏											3								1	1			[illegible]	1
蕭山											9								40	4			49	4
永康															1	1			30	3			31	3
湯溪											17								270	124			287	124
東陽											3								39	12			42	12
建德																			1				1	
遂安											10												10	
淳安											6												6	
江山											7		18	9					11				36	9
常山											1								12	9			13	9
龍游											25								42				67	
壽昌											3								11	1			14	1
奉化			1								1								2	1			4	1
寧海											7												7	
臨海											6								1	1			7	1
天台											18		1						1				20	
溫嶺											22								12	3			24	3
三門											1		30	15									31	15
永嘉									1		8	2							10	3	11	4	30	9
樂清																			1	1			1	1
泰順											7								8	7			15	7
麗水											16								36	4	2		54	4
遂昌											18								13				31	
青田											11								22	1			23	1
縉雲											7												7	
景寧					1						7								5	3			13	3
慶元											3								1	1			4	1
松陽											15		2						14	7			31	7
雲和									3		53												56	
宣平									3		2								1	1			3	1
總計			13	2	2		2		4		[illegible]	3	52	24	1	1	1	1	612	208	13	4	1064	243

附註：餘杭杭縣等卅餘縣份係淪陷區或半淪陷區[illegible]未據呈報

浙江省卫生处关于呈送本省一九四四年度四月份各县疫情旬报表致省政府的代电（一九四四年六月九日）

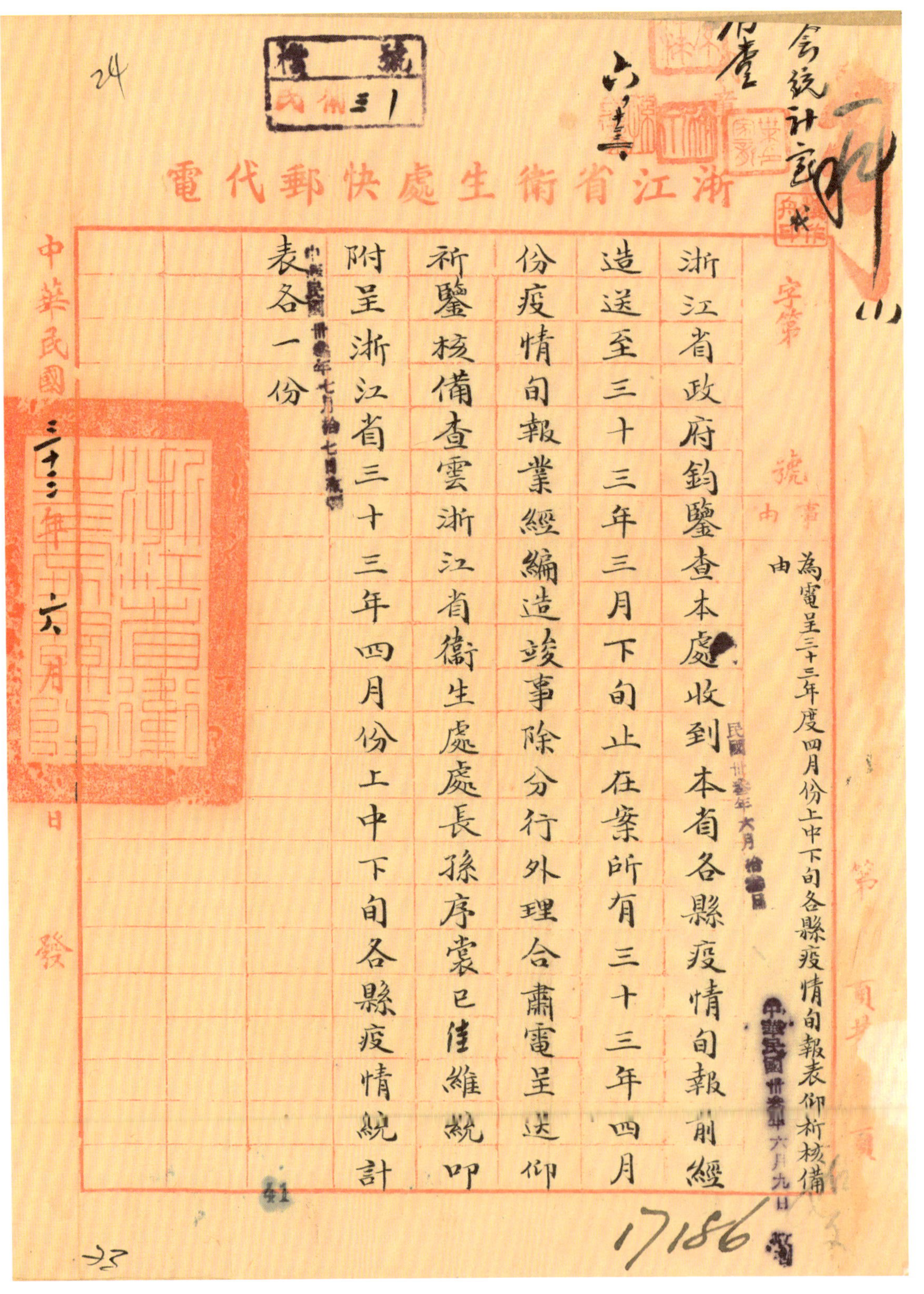

浙江省衛生處快郵代電

字第　號

事由：為電呈三十三年度四月份上中下旬各縣疫情旬報表仰祈核備由

浙江省政府鈞鑒：查本處收到本省各縣疫情旬報，前經造送至三十三年三月下旬止在案。所有三十三年四月份疫情旬報業經編造竣事，除分行外，理合肅電呈送，仰祈鑒核備查。雲浙江省衛生處處長孫序裳巳佳維䘏叩

附呈浙江省三十三年四月份上中下旬各縣疫情統計表各一份

中華民國三十三年六月　日發

附：一九四四年四月浙江省各县疫情报告统计表

浙江省各縣疫情報告統計表

33年4月上旬

第全頁

縣別 \ 病別	霍亂		傷寒		赤痢		斑疹傷寒		回歸熱		瘧疾		天花		白喉		猩紅熱		流行性腦脊髓膜炎		鼠疫		共計	
	患	死	患	死	患	死	患	死	患	死	患	死	患	死	患	死	患	死	患	死	患	死	患	死
餘杭									1		2								3				6	
新登					1						8								10	4			19	4
分水			1		1		2				8												12	
臨安											6								1				7	
於潛											6												6	
昌化											9												9	
蕭山											9								[illegible]	2			33	2
東陽																			7				7	
義烏											2								1	1			3	1
磐安											3												3	
蘭谿											10												10	
永康					1						2				1	1			62	9			66	8
宣平											5								5	1			10	1
湯溪											29								185	31			214	31
遂安									8										4				12	
江山			1						2										6	1			9	1
龍游											14								37	1			51	1
奉化	1										2								6	2			9	2
寧海											15								2				17	
天台											26								11	3			37	3
溫嶺											10								5	4			15	4
三門			1								7		11	2									19	2
永嘉			1	1							1								10	6	17	3	29	11
泰順											14								3	3			17	3
麗水(碧湖)									1		2								13	6	1		17	6
龍泉											1								2				3	
遂昌											2								7	2			9	2
青田											11								5				16	
縉雲											4								4	2			8	2
景寧											5								3				8	
松陽											15								14	1			29	1
雲和									4		64								13				81	
建德			1								1								1				3	
淳安											2												2	
總計	1		5	1	3		2		16		313								414	117	18	3	810	125

附註：1.桑清縣無疫病發現 2.淪陷區疫情未報各縣均未編列

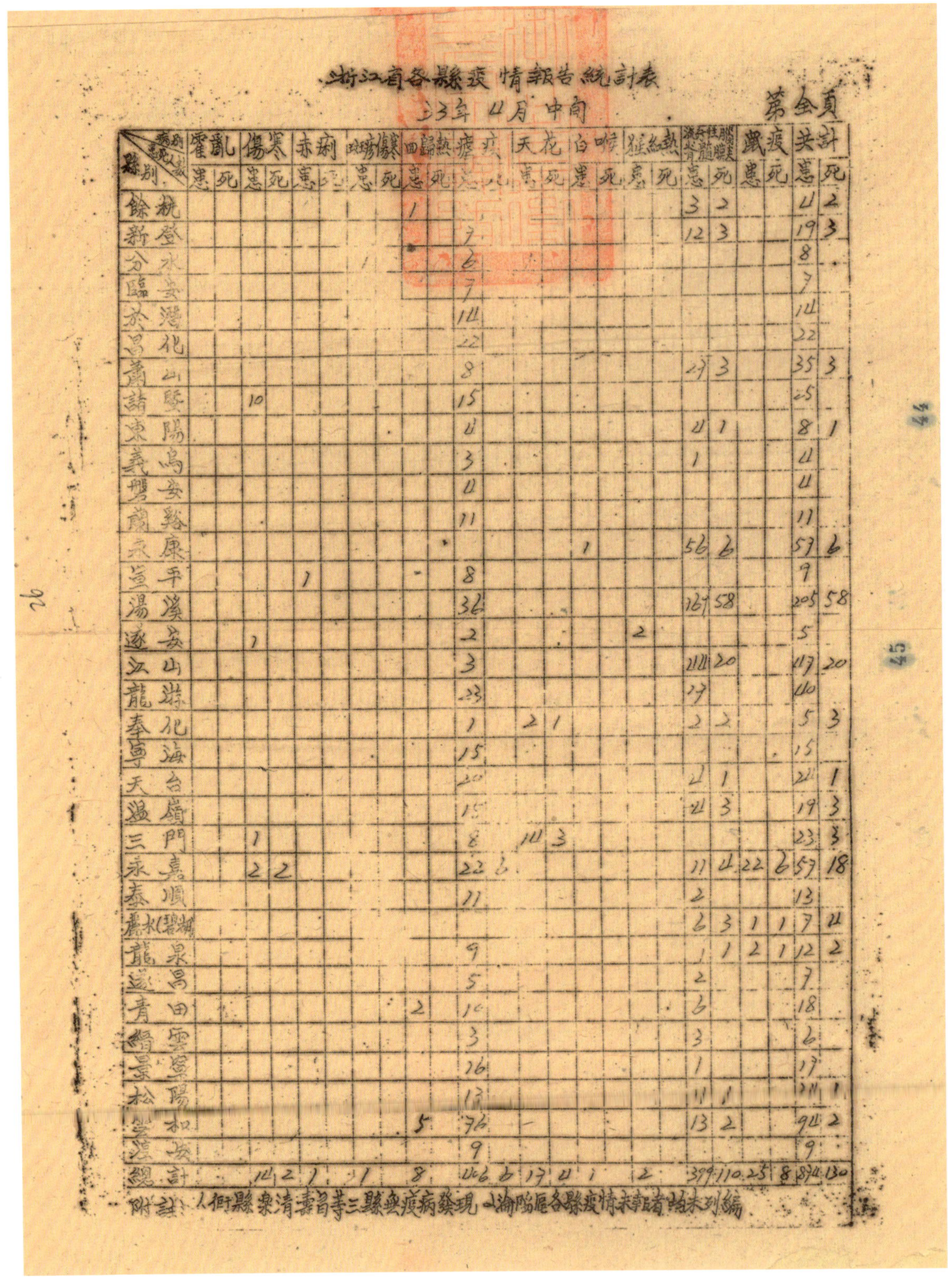

浙江省各縣疫情報告統計表

三三年四月中旬　　第全頁

病別/患死人數/縣別	霍亂		傷寒		赤痢		副傷寒		回歸熱		瘧疾		天花		白喉		猩紅熱		流行性腦脊髓膜炎		鼠疫		共計	
	患	死	患	死	患	死	患	死	患	死	患	死	患	死	患	死	患	死	患	死	患	死	患	死
餘杭									1										3	2			4	2
新登											7								12	3			19	3
分水							1				6												8	
臨安											7												7	
於潛											14												14	
昌化											22												22	
蕭山											8								27	3			35	3
諸暨			10								15												25	
東陽											4								4	1			8	1
義烏											3								1				4	
磐安											4												4	
蘭谿											11												11	
永康															1				56	6			57	6
宣平					1						8												9	
湯溪											36								169	58			205	58
遂安			1								2						2						5	
江山											3								114	20			117	20
龍游											23								17				40	
奉化											1		2	1					2	2			5	3
寧海											15												15	
天台											20								4	1			24	1
溫嶺											15								4	3			19	3
三門			1								8		14	3									23	3
永嘉			2	2							22	6							11	4	22	6	57	18
泰順											11								2				13	
麗水(碧湖)																			6	3	1	1	7	4
龍泉											9								1	1	2	1	12	2
遂昌											5								2				7	
青田									2		10								6				18	
縉雲											3								3				6	
景寧											16								1				17	
松陽											13								1	1			14	1
雲和									5		76								13	2			94	2
淳安											9												9	
總計			14	2	1		1		8		466	6	17	4	1		2		399	110	25	8	874	130

附註：一、衢縣、樂清、壽昌等三縣無疫病發現，二、淪陷區各縣疫情未報者均未列編

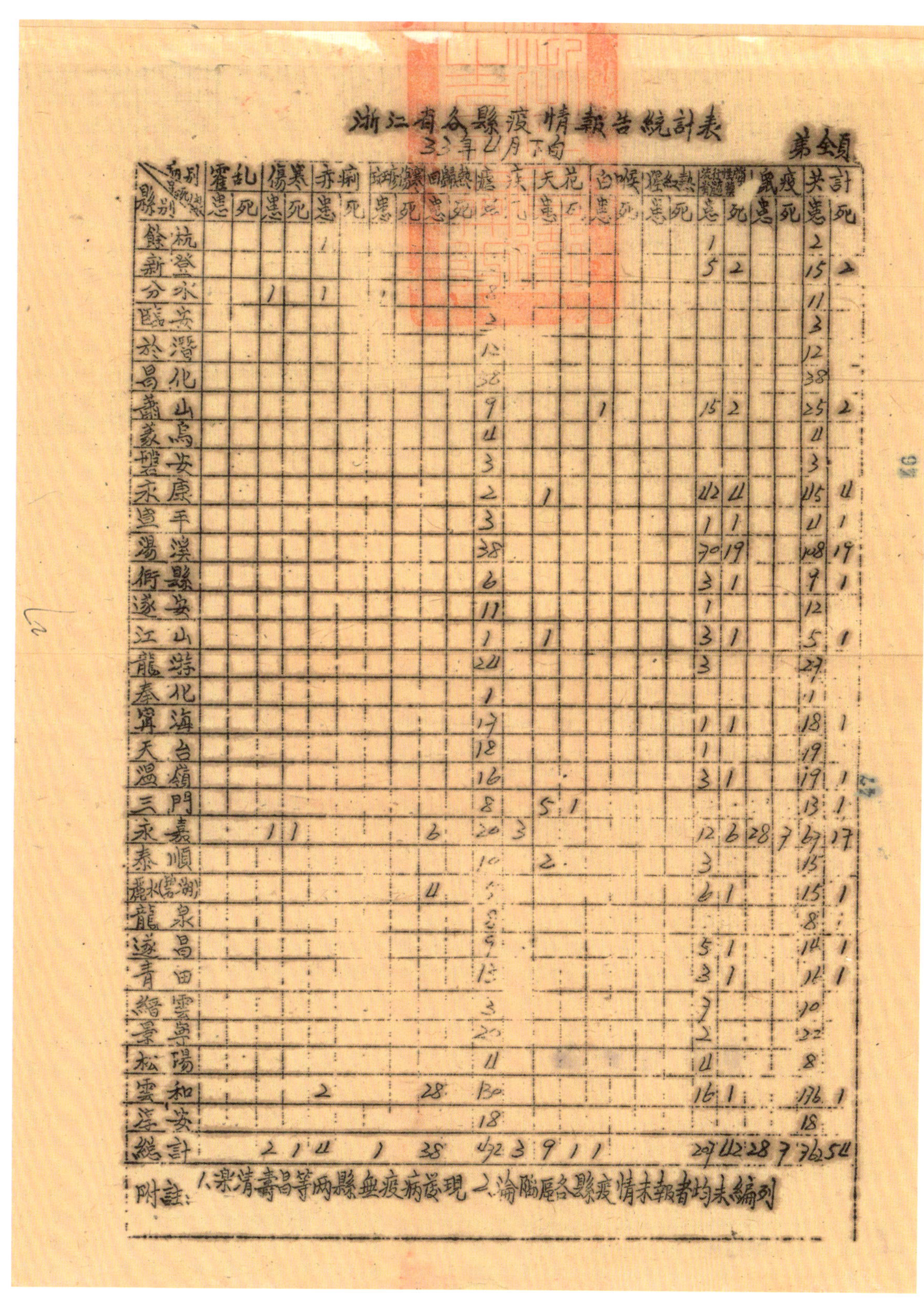

浙江省各縣疫情報告統計表

33年4月下旬

第全頁

病別 患死人數 縣別	霍乱		傷寒		赤痢		斑疹傷寒		回歸熱		瘧疾		天花		白喉		猩紅熱		流行性腦脊髓膜炎		鼠疫		共計	
	患	死	患	死	患	死	患	死	患	死	患	死	患	死	患	死	患	死	患	死	患	死	患	死
餘杭					1														1				2	
新登																			5	2			15	2
分水			1		1		1				8												11	
臨安											3												3	
於潛											12												12	
昌化											38												38	
蕭山											9				1				15	2			25	2
義烏											4												4	
磐安											3												3	
永康											2		1						42	4			45	4
宣平											3								1	1			4	1
湯溪											38								70	19			108	19
衢縣											6								3	1			9	1
遂安											11								1				12	
江山											1		1						3	1			5	1
龍游											24								3				27	
奉化											1												1	
寧海											17								1	1			18	1
天台											18								1				19	
溫嶺											16								3	1			19	1
三門											8		5	1									13	1
永嘉			1	1					6		20	3							12	6	28	7	67	17
泰順											10		2						3				15	
麗水(碧湖)									4		5								6	1			15	1
龍泉											8												8	
遂昌											9								5	1			14	1
青田											13								3	1			16	1
縉雲											3								7				10	
景寧											20								2				22	
松陽											4								4				8	
雲和					2				28		130								16	1			176	1
淳安											18												18	
總計			2	1	4		1		38		492	3	9	1	1				207	42	28	7	762	54

附註：1.樂清壽昌等兩縣無疫病發現 2.淪陷區各縣疫情未報者均未編列

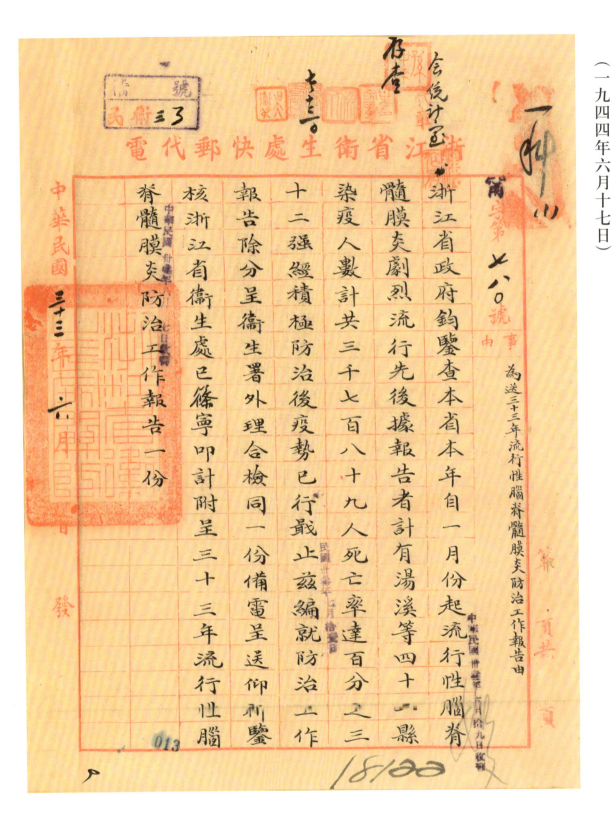

浙江省卫生处关于呈送浙江省一九四四年流行性脑脊髓膜炎防治工作报告致省政府的代电（一九四四年六月十七日）

衛三ㄋ號

浙江省衛生處快郵代電

衛字第七八〇號

事由：為送三十三年流行性腦脊髓膜炎防治工作報告由

浙江省政府鈞鑒：查本省本年自一月份起流行性腦脊髓膜炎劇烈流行，先後據報告者計有湯溪等四十一縣，染疫人數計共三千七百八十九人，死亡率達百分之三十二強，經積極防治後疫勢已行戢止。茲編就防治工作報告，除分呈衛生署外，理合檢同一份備電呈送，仰祈鑒核。浙江省衛生處巳篠寧叩。計附呈三十三年流行性腦脊髓膜炎防治工作報告一份。

中華民國三十三年六月　日發

浙江省三十三年流行性腦脊髓膜炎防治工作報告表

縣別	流行起訖時間	流行地區	患者數	死亡人數	防治措施	備攷
湯溪	本年一月下旬起至五月上旬止	洋埠鎮中族鎮合塘鎮	一四〇	六三九	省指示防治方針撥發疫苗及治療藥品並飭派縣衛生院人員手之省醫療防疫隊第一分隊防疫人員協同縣衛生院辦理尤著重於各鄉鎮之巡迴防治工作	一、省衛生處於接各縣報告有本病流行之後當即呈府通飭各區縣盡量限制演劇集會等舉動以杜蔓延並編印流行性腦脊髓膜炎預防方法小冊一種分發各縣以期灌輸民眾防疫知識增加防治之功效 二、玉環縣亦曾據報告發現是否確實飭查尚未據復未予列入
衢縣	本年一月上旬起至四月份止	琅塘鄉烏石鄉篆豐鄉航埠鎮	一二八	五一	省衛生處長曾親臨指導督飭縣衛生院積極防治一面並撥發治療用藥	
肖山	本年二月份起至四月份止	河上鎮	一八九	三一	由縣負責防治	
龍游	本年二月中旬起至五月份止	官潭鄉	二三六	一三	省衛生處長曾親臨督導並撥發治療用藥飭縣防治	
餘杭	本年一月份起至五月上旬止	三和鄉浮里鄉	一九五	二七	指示方針由縣負責防治並飭浙西衛生事務所就近撥發治療藥品協助	
臨安	本年一月份起至四月份止	青山鄉錦城鎮	一四	八	指示方針由縣負責防治	
富陽	本年二月份起至三月份止	大源鎮場口鎮	二九	六	指示方針由縣負責防治	
遂昌	本年二月中旬起至四月份止	新溪鄉之長路灣蕉川馬埠	四九	八	省衛生處長曾親臨督導並撥發治療用藥飭縣防治	

松陽	本年二月份中旬起至五月上旬止	城廂鎮	七三	二四	指示方針並核撥治療用藥飭縣防治	
諸暨	本年三月上旬起至三月下旬止	西南鄉	一〇	一	指示方針，飭令縣負責防治	
景寧	本年三月份中旬起至四月份止	沙灣、金道、化間之七里村	一七	七	指示方針由省立醫院分院會同縣衛生院積極防治並撥發治療用藥	
宣平	本年二月中旬起至四月份止	西塘鄉一帶	二二	二	撥發治療用藥，防疫醫防隊第一分隊會同縣衛生院防治	
麗水	本年三月份上旬起至五月中旬止	白塔頭、城廂鎮、碧湖鎮、沙溪鄉	一七二	二八	指示方針，撥發治療用藥，由省醫防隊及縣衛生院分區工作	
蘭谿	本年二月份起至三月份上旬止	東北各鄉	一三	四	由縣負責防治	
遂安	本年二月上旬起至四月份止	城區及東北各鄉	三三	三	由縣依照指示方針防治	
樂清	本年三月上旬起至三月下旬止	城區	三	二	由縣衛生院積極防治	
壽昌	本年三月份起至五月上旬止	城廂鎮及鄉區	四六	一三	指示方針，由縣負責防治	
東陽	本年三月上旬起至[illegible]月中旬止	西北及西南各鄉鎮	二一五	四九	由縣依照指示方針實施防治	
常山	本年三月份上旬起至三月份下旬止	城區及西南鄉	三二	一七	由縣負責防治	
永康	本年二月中旬起至四月下旬止	清渭鎮及城區	二三三	三〇	指示方針並核撥治療藥品，由縣負責防治	
雲和	本年二月中旬起至五月下旬止	城區、陸田、長田、象山、下徐	八二	一六	由省會衛生事務所、省立醫院暨縣衛生院協同防治	

015

龍泉	本年三月中旬起至四月下旬止	城區及附近鄉村	七	二	指示方針[illegible]衛生院會同省區防疫[illegible]協助防治	
青田	本年二月下旬起至四月下旬止	南田東山鄉	四五	三	由縣負責防治	
江山	本年三月下旬起至五月中旬止	城區及南鄉	八〇	二二	指示治針並撥款治療並[illegible]縣衛生院防治	
分水	本年三月上旬起至三月下旬止	東北區	七		指示方針由縣負責防治	
泰順	本年三月上旬起至四月下旬止	城區及百丈口	三四	二六	[illegible]會同縣衛生院[illegible]鎮[illegible]醫師[illegible]行預防	
					[illegible]接種及宣傳一般普通衛生常識積極防治並撥款治療用藥	
天台	本年三月下旬起至四月下旬止	城區後街頭	一六	四	由縣負責防治	
臨海	本年三月份中旬發現	城區	一	一	由縣衛生院依照防治方法實施	
新登	本年二月上旬起至五月上旬止	依公鄉北部永昌埠近一帶	一三	六五	指示方針由縣負責防治並飭[illegible]衛生事務所就近協助	
建德	本年二月中旬起至四月上旬止	城區	七	三	由縣負責防治	
縉雲	本年三月上旬起至五月中旬止	舒洪區岩下[illegible]鎮區	四六	六	指示方針由縣積極防治	
義烏	本年一月下旬起至四月中旬止	佛堂鄉等	一四	九	由縣負責防治	
慶元	本年三月下旬起至四月下旬止	竹口五都蘇山李竹坪等鄉及城區	二〇	一五	指示方針撥款治療用藥由縣衛生院積極巡迴防治	

016

永嘉	本年一月下旬起至四月下旬止	城区	六二	二八	指示方针并指导治疗用药，劝令本省第一传染病院协仝县卫生院防治
瑞安	本年三月上旬起至三月下旬止	城区及东乡	九		由[illegible]发动积极防治，[illegible]医院[illegible]均尽力协助
温岭	本年三月下旬起至五月上旬止	城区及附近乡	二九	一三	指示方针由县防治
奉化	本年三月中旬起至五月中旬止	南乡	一三	五	由县实施防治
新昌	本年三月中旬起至五月中旬止	西南乡	一四	五	由县实施防治
海宁	本年三月上旬起至四月下旬止	东北各乡	一〇六	三	由县负责防治
武义	本年三月下旬至四月上旬	溪上乡、新宅镇、头许、里村一带	二一	二	指示方针由省医防队第一分队协同县卫生院实施防治
宁海	本年四月中旬至三月下旬	西南、东南各乡	四	二	饬县负责防治
嵊县	本年三月上旬至五月下旬	崇仁、[illegible]摩石、黄[illegible]等乡	三七	九	仝前

017

浙江省卫生处关于呈送该省一九四四年度五月份各县疫情旬报表致省政府的代电（一九四四年九月十九日）

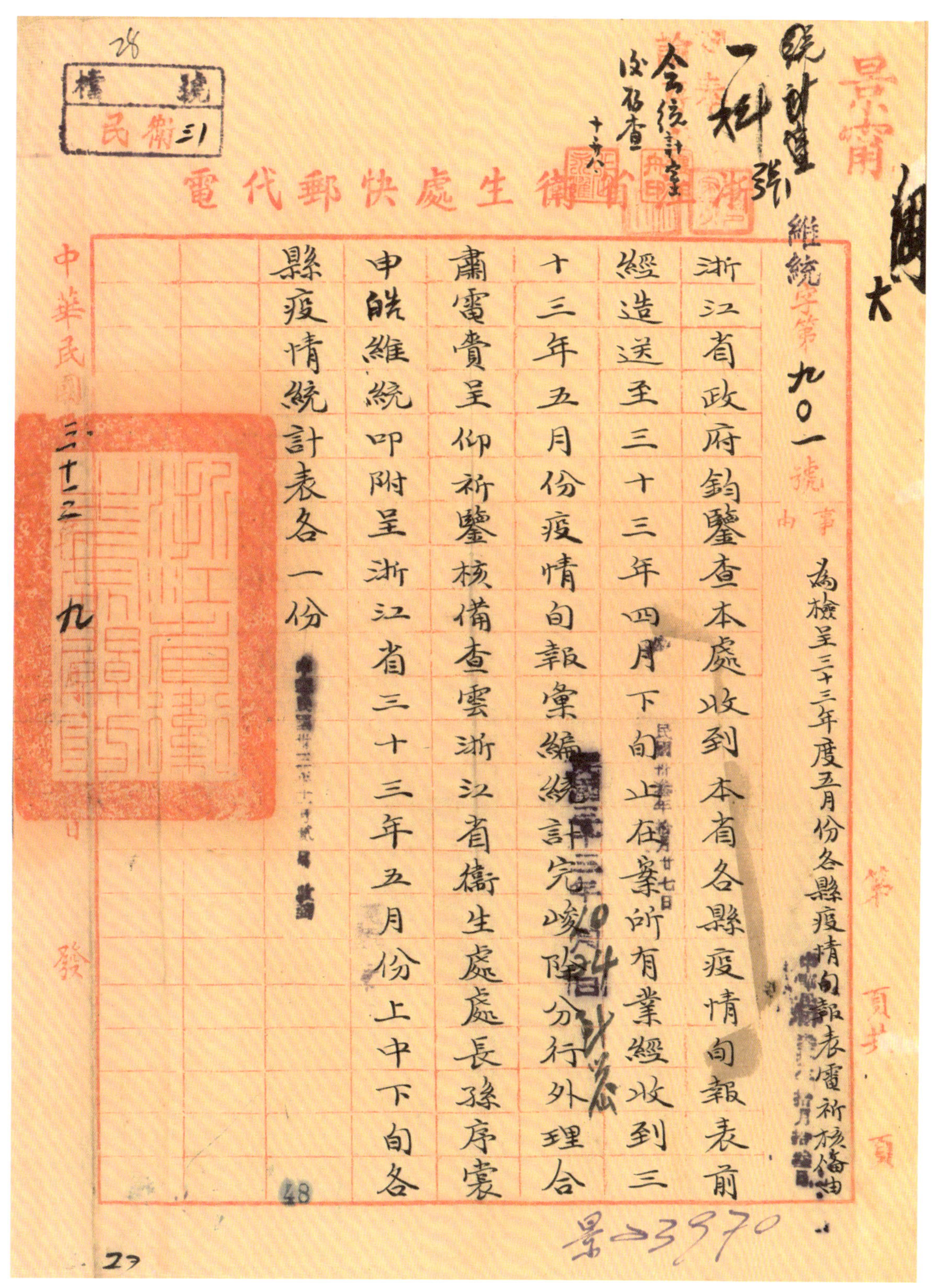

浙江省衛生處快郵代電

維統字第九〇一號

事由：為檢呈三十三年度五月份各縣疫情旬報表電祈核備由

浙江省政府鈞鑒：查本處收到本省各縣疫情旬報表，前經造送至三十三年四月下旬止在案，所有業經收到三十三年五月份疫情旬報，彙編統計完竣，除分行外，理合肅電賚呈，仰祈鑒核備查。雲浙江省衛生處處長孫序裳申皓維統叩。附呈浙江省三十三年五月份上中下旬各縣疫情統計表各一份。

中華民國三十三年九月　日發

附：一九四四年五月浙江省各县疫情报告统计表

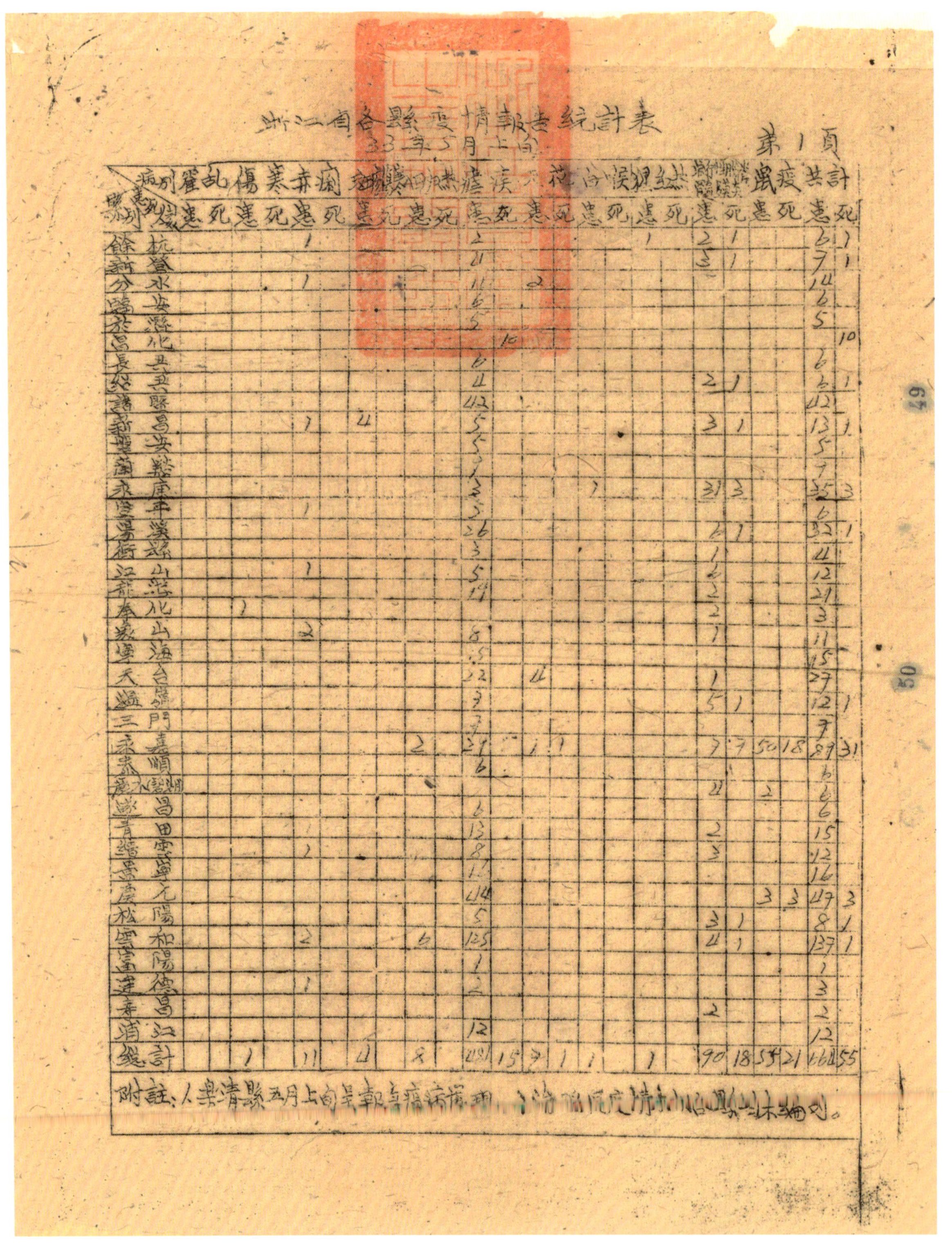

浙江省各縣疫情報告統計表

33年5月上旬

第1頁

縣別＼病別	霍亂		傷寒		赤痢		斑疹傷寒		回歸熱		瘧疾		天花		白喉		猩紅熱		流行性腦脊髓膜炎		鼠疫		共計	
	患	死	患	死	患	死	患	死	患	死	患	死	患	死	患	死	患	死	患	死	患	死	患	死
餘杭					1						2						1		2	1			6	1
新登											4								3	1			7	1
分水					1						11		2										14	
臨安											6												6	
於潛											5												5	
昌化												10												10
長興											6												6	
孝豐											4								2	1			6	1
諸暨											42												42	
新昌					1		4				5								3	1			13	1
淳安											5												5	
蘭谿											7												7	
永康											3				1				31	3			35	3
宣平					1						5												6	
湯溪											26								6	1			32	1
衢縣											3								1				4	
江山					1						5								6				12	
龍游											19								2				21	
奉化			1																2				3	
象山					2						8								1				11	
寧海											15												15	
天台											22		4						1				27	
仙居											7								5	1			12	1
三門											7												7	
永嘉									2		27		1	1					7	7	50	18	87	31
泰順											6												6	
麗水（碧湖）																			4		2		6	
遂昌											6												6	
青田											13								2				15	
縉雲					1						8								3				12	
景寧											16												16	
慶元											44										3	3	47	3
松陽											5								3	1			8	1
雲和					2				6		125								4	1			137	1
富陽											1												1	
建德					1						2												3	
壽昌																			2				2	
浦江											12												12	
總計			1		11		4		8		481	15	7	1	1		1		90	18	55	21	664	55

附註：1.樂清縣五月上旬呈報疾病[illegible]……未編列。

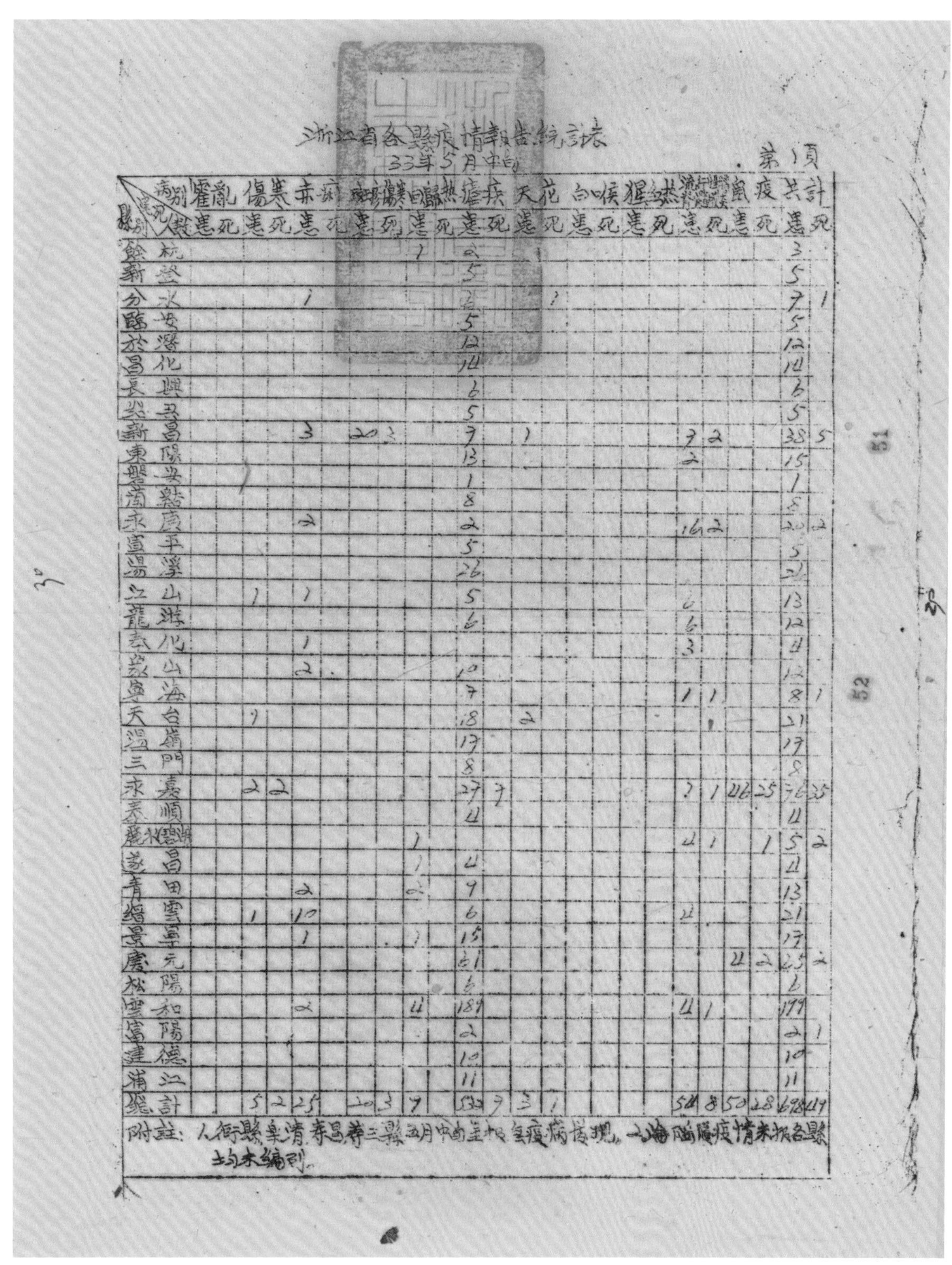

浙江省各縣疫情報告統計表

33年5月中旬

第1頁

病別 / 縣別	霍亂 患	霍亂 死	傷寒 患	傷寒 死	赤痢 患	赤痢 死	斑疹傷寒 患	斑疹傷寒 死	回歸熱 患	回歸熱 死	瘧疾 患	瘧疾 死	天花 患	天花 死	白喉 患	白喉 死	猩紅熱 患	猩紅熱 死	流行性腦脊髓膜炎 患	流行性腦脊髓膜炎 死	鼠疫 患	鼠疫 死	共計 患	共計 死
餘杭									1		2												3	
新登											5												5	
分水					1						5			1									7	1
臨安											5												5	
於潛											12												12	
昌化											14												14	
長興											6												6	
武康											5												5	
新昌					3		20	3			7		1						7	2			38	5
東陽											13								2				15	
磐安											1												1	
蘭谿											8												8	
永康					2						2								16	2			20	2
宣平											5												5	
湯溪											26												26	
江山			1		1						5								6				13	
龍游											6								6				12	
奉化					1														3				4	
象山					2						10												12	
寧海											7								1	1			8	1
天台			1								18		2										21	
溫嶺											17												17	
三門											8												8	
永嘉			2	2							27	7							1	1	46	25	76	35
泰順											4												4	
麗水									1										4	1		1	5	2
遂昌									1		4												4	
青田					2				2		9												13	
縉雲			1		10						6								4				21	
景寧					1				1		15												17	
慶元											21										4	2	25	2
松陽											6												6	
雲和					2				4		189								4	1			199	
富陽											2												2	1
建德											10												10	
浦江											11												11	
總計			5	2	25		20	3	9		532	9	3	1					54	8	50	28	698	44

附註：一、衢縣、樂清、壽昌等三縣五月中旬呈報無疫病發現。二、淪陷暨疫情未報各縣均未編列。

51

52

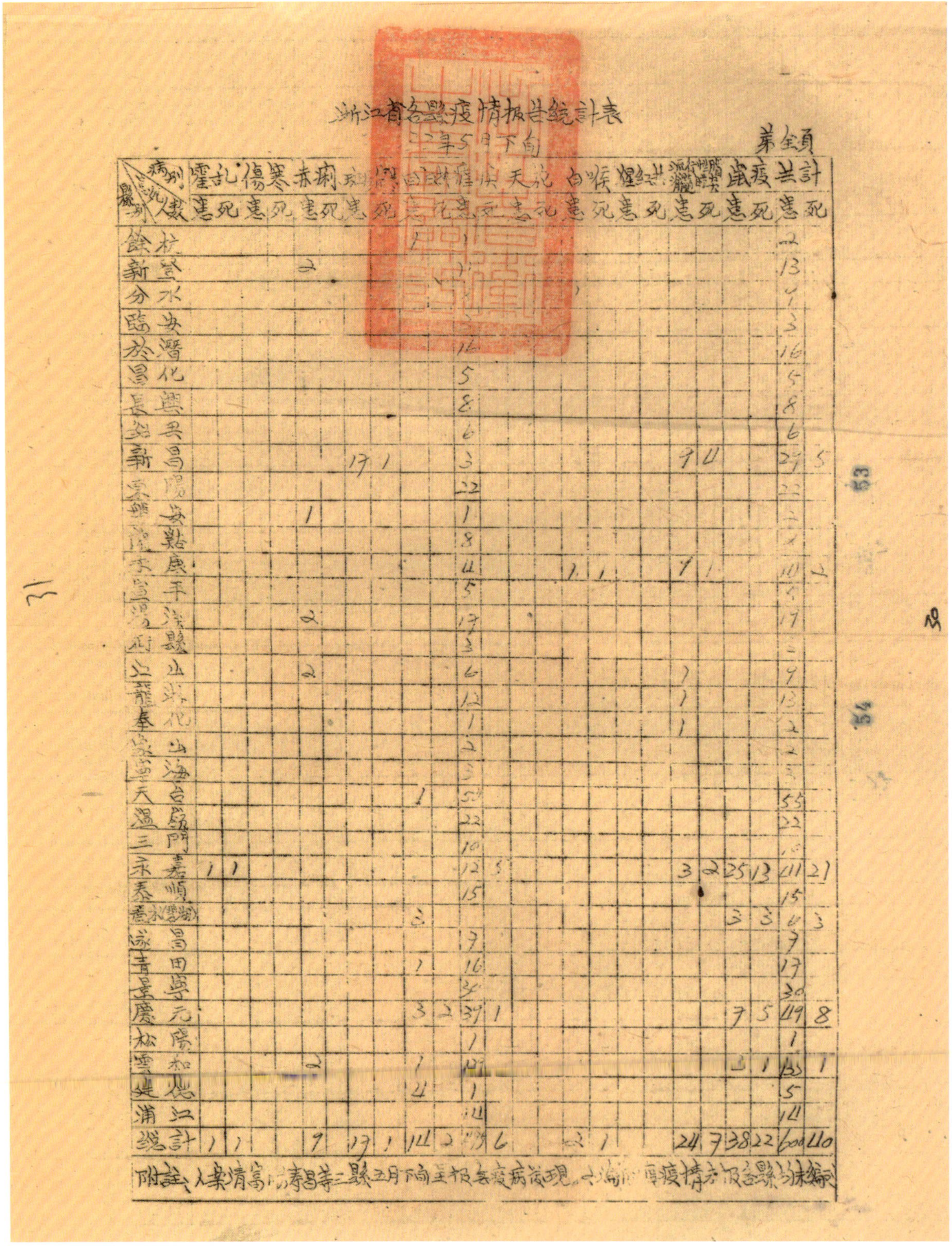

浙江省各縣疫情報告統計表

[illegible]年5月下旬

第全頁

縣別＼病別＼人數	霍亂 患	霍亂 死	傷寒 患	傷寒 死	赤痢 患	赤痢 死	斑疹傷寒 患	斑疹傷寒 死	回歸熱 患	回歸熱 死	瘧疾 患	瘧疾 死	天花 患	天花 死	白喉 患	白喉 死	猩紅熱 患	猩紅熱 死	流行性腦脊髓膜炎 患	流行性腦脊髓膜炎 死	鼠疫 患	鼠疫 死	共計 患	共計 死
餘杭									1		1												2	
新登					2						[illegible]												13	
分水											[illegible]												4	
臨安											3												3	
於潛											16												16	
昌化											5												5	
長興											8												8	
安吉											6												6	
新昌							17	1			3								9	4			29	5
東陽											22												22	
[illegible]安					1						1												2	
[illegible]											8												8	
永康											4				1	1			4	1			10	2
宣平											5												5	
湯溪					2						17												17	
衢縣											3												3	
江山					2						6								1				9	
龍游											12								1				13	
奉化											1								1				2	
象山											2												2	
寧海											3												3	
天台									1		54												55	
溫嶺											22												22	
三門											10												10	
永嘉	1	1									12	5							3	2	25	13	41	21
泰順											15												15	
[illegible]									3												3	3	6	3
遂昌											7												7	
青田									1		16												17	
景寧											34												30	
慶元									3	2	39	1									7	5	49	8
松陽											1												1	
雲和					2				1		[illegible]										3	1	13	1
建德									4		1												5	
浦江											14												14	
總計	1	1			9		17	1	14	2	479	6			2	1			24	7	38	22	600	110

附註、[illegible]等三縣五月下旬呈報無疫病發現、[illegible]疫情未報各縣均未編列

浙江省卫生处关于呈送该省一九四四年度六至八月份各县疫情报告统计表致省政府的代电
（一九四四年十二月三十日）

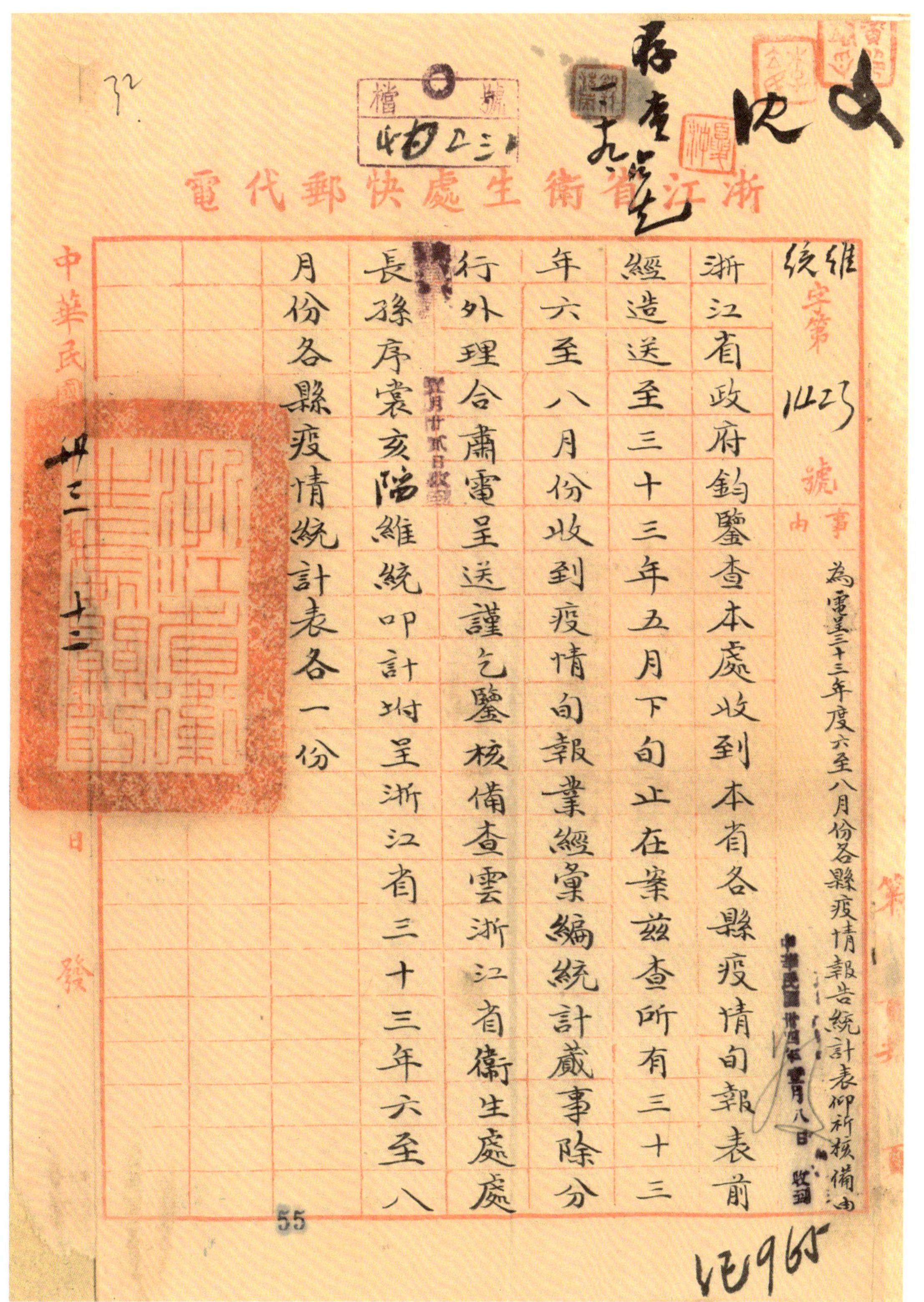

浙江省衛生處快郵代電

維統字第1435號

事由：為電呈三十三年度六至八月份各縣疫情報告統計表仰祈核備由

浙江省政府鈞鑒：查本處收到本省各縣疫情旬報表，前經造送至三十三年五月下旬止在案。茲查所有三十三年六至八月份收到疫情旬報，業經彙編統計蕆事，除分行外，理合肅電呈送，謹乞鑒核備查。雲浙江省衛生處處長孫序裳亥陷維統叩。計附呈浙江省三十三年六至八月份各縣疫情統計表各一份。

中華民國卅三年十二月　日發

附：一九四四年六至八月浙江省各县疫情报告统计表

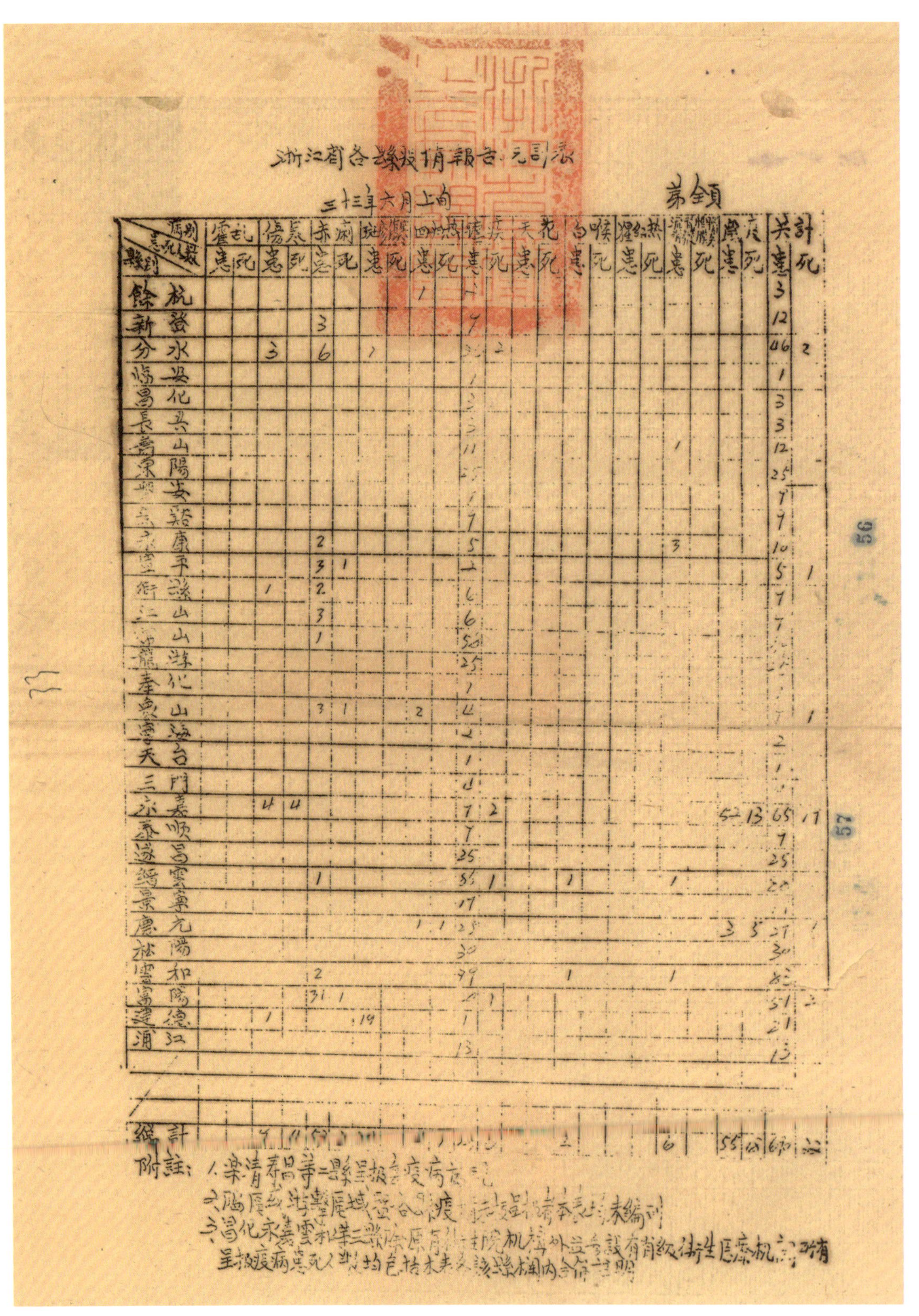

浙江省各縣疫情報告統計表

三十三年六月上旬　　第全頁

縣別 \ 病別 患死人數	霍亂 患	霍亂 死	傷寒 患	傷寒 死	赤痢 患	赤痢 死	斑疹傷寒 患	斑疹傷寒 死	回歸熱 患	回歸熱 死	瘧疾 患	瘧疾 死	天花 患	天花 死	白喉 患	白喉 死	猩紅熱 患	猩紅熱 死	流行性腦脊髓膜炎 患	流行性腦脊髓膜炎 死	鼠疫 患	鼠疫 死	共計 患	共計 死
餘杭									1		[illegible]												3	
新登					3						9												12	
分水			3		6		1				[illegible]	2											46	2
臨安											1												1	
昌化											3												3	
長興											3												3	
蕭山											11								1				12	
東陽											25												25	
[illegible]安											7												7	
湯谿											7												7	
永康					2						5								3				10	
宣平					3	1					1												5	1
衢縣			1		2						6												7	
江山					3						6												7	
常山					1						50												[illegible]	
龍游											25												[illegible]	
奉化											7												[illegible]	
象山					3	1			2		4												7	1
寧海											2												2	
天台											1												1	
三門											[illegible]												[illegible]	
永嘉			4	4							7	2									52	13	65	17
泰順											7												7	
遂昌											25												25	
縉雲					1						8	1			1				1				20	
景寧											17												[illegible]	
慶元									1	1	25										3	5	27	1
松陽											30												30	
雲和					2						79				1				1				83	
富陽					31	1					[illegible]	1											51	2
建德			1				19				1												21	
浦江											13												13	
總計			[illegible]	[illegible]	[illegible]	[illegible]	[illegible]		[illegible]	[illegible]	[illegible]	[illegible]			2				6		55	[illegible]	[illegible]	[illegible]

附註：1.樂清壽昌等二縣呈報無疫病[illegible]
2.臨海[illegible]等[illegible]縣[illegible]疫[illegible]呈報[illegible]未編列
3.昌化永嘉雲和等三縣除原有衛生院機構外並另設有省級衛生醫療機構[illegible]呈報疫病患死人數均包括在該縣欄內合併註明

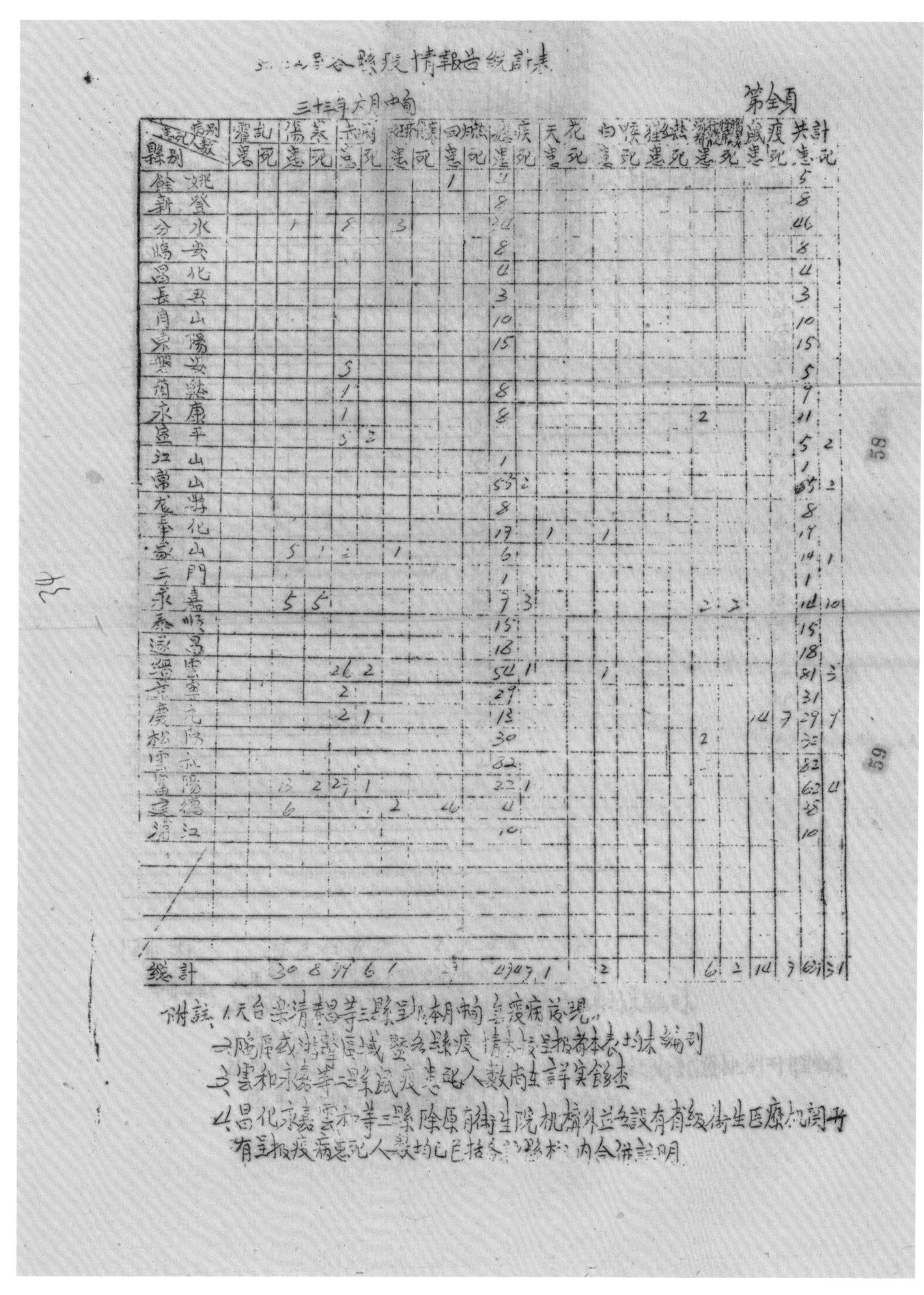

[illegible]各縣疫情報告統計表

三十三年六月中旬　　第全頁

縣別＼病別／患死人數	霍亂		傷寒		赤痢		斑疹傷寒		回歸熱		瘧疾		天花		白喉		猩紅熱		流行性腦脊髓膜炎		鼠疫		共計	
	患	死	患	死	患	死	患	死	患	死	患	死	患	死	患	死	患	死	患	死	患	死	患	死
餘姚									1		4												5	
新登											8												8	
分水			1		8		3				24												46	
臨安											8												8	
昌化											4												4	
長興											3												3	
蕭山											10												10	
東陽											15												15	
[illegible]安					5																		5	
蘭谿					1						8												9	
永康					1						8								2				11	
宣平					5	2																	5	2
江山											1												1	
常山											53	2											53	2
龍游											8												8	
奉化											17		1		1								19	
象山			5	1	2		1				6												14	1
三門											1												1	
永嘉			5	5							7	3							2	2			14	10
泰順											15												15	
遂昌											18												18	
縉雲					26	2					54	1			1								81	3
景寧					2						29												31	
慶元					2	1					13										14	7	29	7
松陽											30								2				32	
雲和											82												82	
[illegible]陽			13	2	27	1					22	1											62	4
建德			6				2		46		4												58	
浦江											10												10	
總計			30	8	94	6	1		[illegible]		494	7	1		2				6	2	14	7	[illegible]	31

附註：1.天台樂清泰順等三縣呈報本月中旬無疫病發現。
2.淪陷或游擊區域暨各縣疫情未經呈報者本表均未編列
3.雲和永嘉等二縣鼠疫患死人數尚在詳實調查
4.昌化永嘉雲和等三縣除原有衛生院機構外並各設有有級衛生醫療機關所有呈報疫病患死人數均已包括各該縣欄內合併註明

59

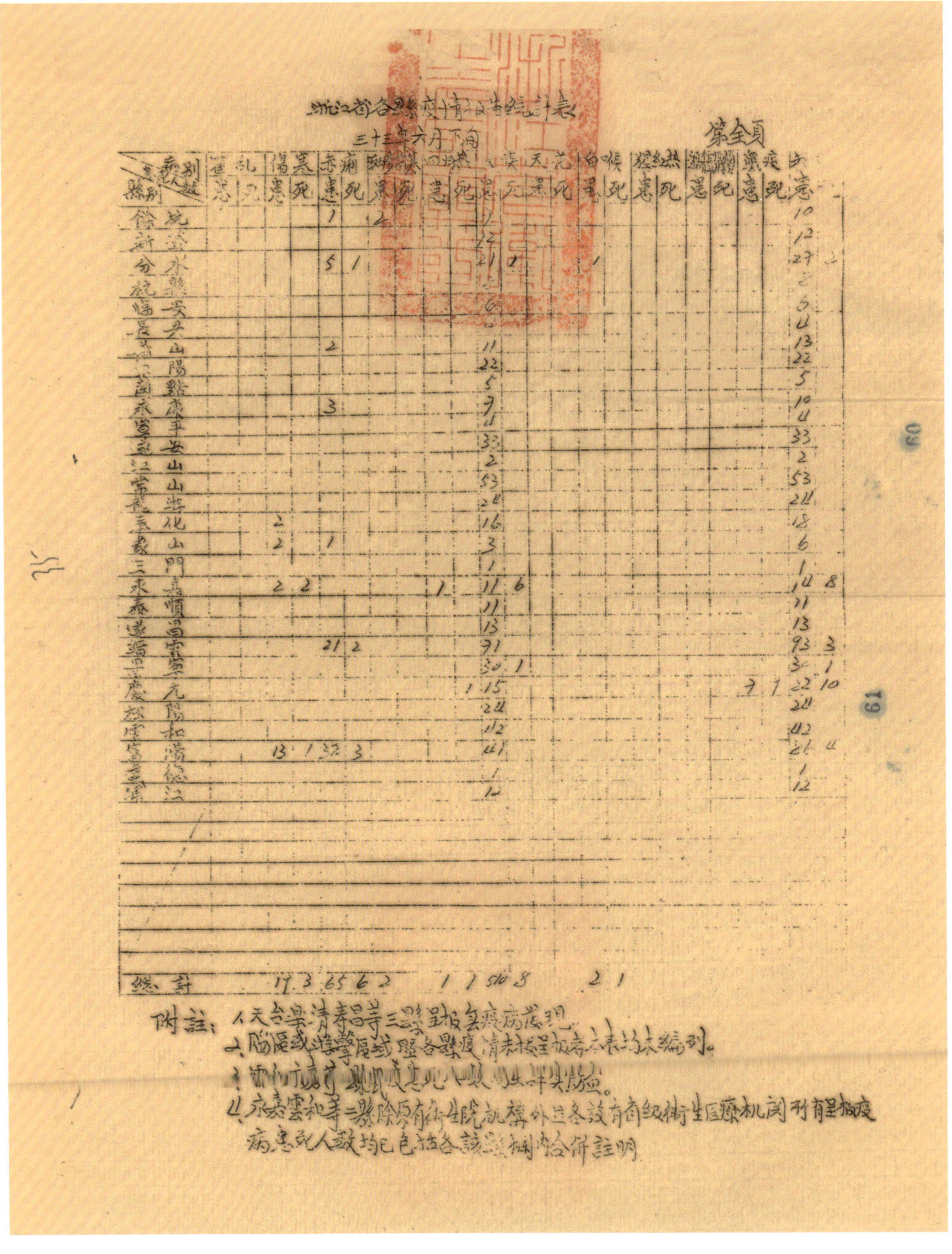

浙江省各縣疫情旬報統計表

三十三年六月下旬

第全頁

縣別＼病別人數	霍亂患	霍亂死	傷寒患	傷寒死	赤痢患	赤痢死	斑疹傷寒患	斑疹傷寒死	回歸熱患	回歸熱死	瘧疾患	瘧疾死	天花患	天花死	白喉患	白喉死	猩紅熱患	猩紅熱死	流行性腦脊髓膜炎患	流行性腦脊髓膜炎死	鼠疫患	鼠疫死	共計患	共計死
餘杭					1		2				7												10	
新登											12												12	
分水					5	1					21	1			1								27	2
杭縣											2												2	
臨安											6												6	
長興											4												4	
蕭山					2						11												13	
富陽											22												22	
蘭谿											5												5	
永康					3						7												10	
宣平											4												4	
遂安											33												33	
江山											2												2	
常山											53												53	
龍游											24												24	
昌化			2								16												18	
象山			2		1						3												6	
三門											1												1	
永嘉			2	2					1		11	6											14	8
泰順											11												11	
遂昌											13												13	
縉雲					21	2					71												93	3
景寧											30	1											30	1
慶元										1	15										7	1	22	10
松陽											24												24	
雲和											42												42	
[illegible]溪			13	1	32	3					41												26	4
[illegible]											1												1	
[illegible]江											12												12	
總計			17	3	65	6	2		1	1	510	8			2	1								

附註：1、天台樂清壽昌等三縣呈報無疫病發現。
2、臨海武義等屬或暨各縣疫情未據呈報者本表均未編列。
3、[illegible]
4、永嘉雲和等二縣除原有衛生院統計外並各設有省級衛生醫療機關所有呈報疫病患死人數均已包括各該縣欄內合併註明。

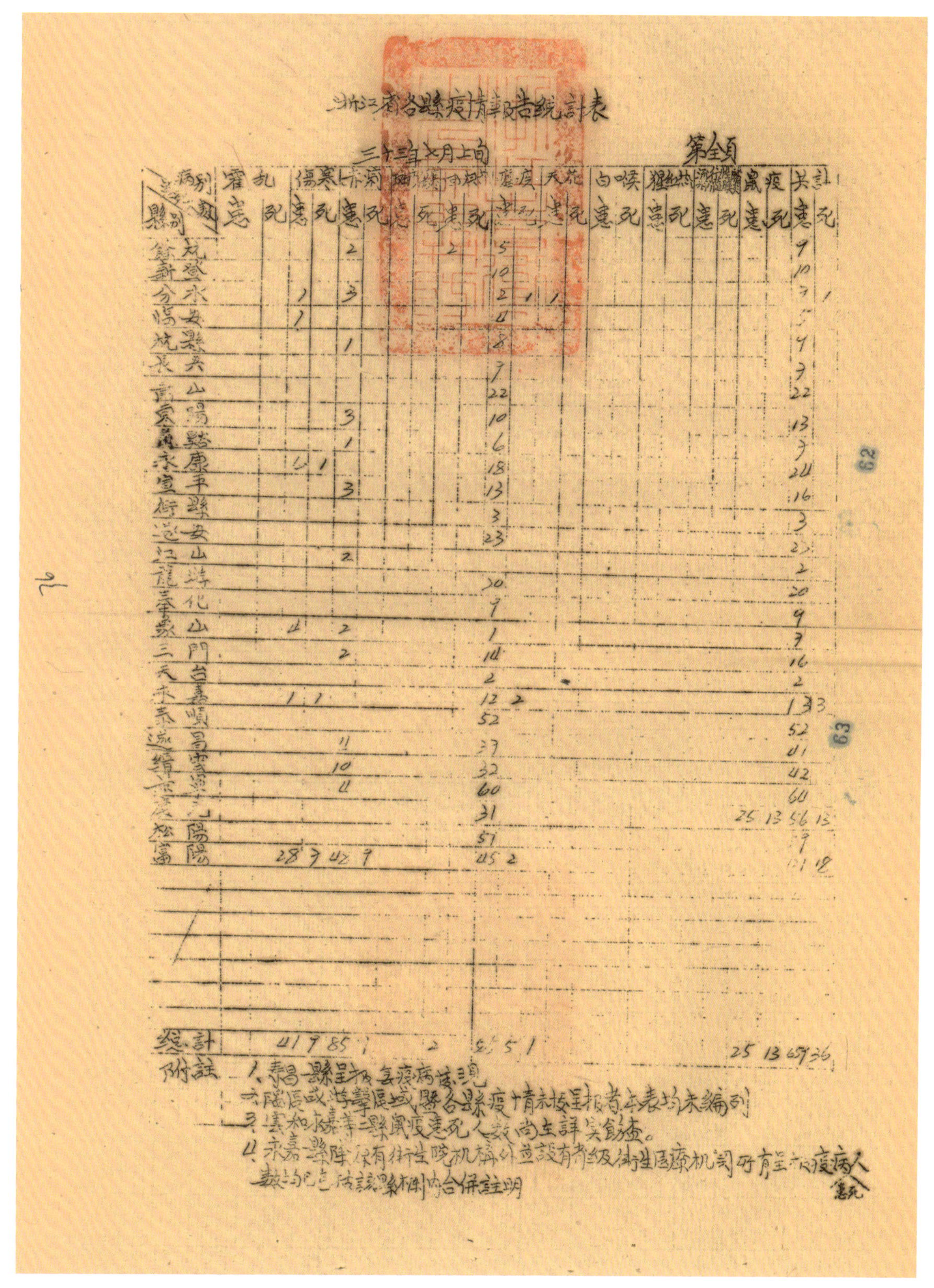

浙江省各縣疫情報告統計表

三十三年七月上旬　　第全頁

病別／患死人數／縣別	霍亂		傷寒		赤痢		斑疹傷寒		回歸熱		瘧疾		天花		白喉		猩紅熱		流行性腦脊髓膜炎		鼠疫		共計	
	患	死	患	死	患	死	患	死	患	死	患	死	患	死	患	死	患	死	患	死	患	死	患	死
餘杭					2				2		5												9	
新登											10												10	
分水			1		3						2	1	1										7	1
臨安			1								4												5	
杭縣					1						8												9	
長興											7												7	
武山											22												22	
東陽					3						10												13	
蘭谿					1						6												7	
永康			4	1							18												22	
宣平					3						13												16	
衢縣											3												3	
遂安											23												23	
江山					2																		2	
龍游											20												20	
奉化											9												9	
象山			4		2						1												7	
三門					2						14												16	
天台											2												2	
永嘉			1	1							12	2											13	3
泰順											52												52	
遂昌					4						37												41	
縉雲					10						32												42	
景寧					4						60												60	
慶元											31										25	13	56	13
松陽											57												57	
富陽			28	7	42	9					45	2											[illegible]	18
總計			41	7	85	1			2		[illegible]	5	1								25	13	659	36

附註　1、壽昌縣呈報無疫病發現
2、淪陷區域、游擊區域暨各縣疫情未據呈報者本表均未編列
3、雲和、慶元等二縣鼠疫患死人數尚在詳實調查。
4、永嘉縣除原有衛生院機構外並設有省級衛生醫療機關所有呈報疫病人（患死）數均已包括該縣數字內合併註明

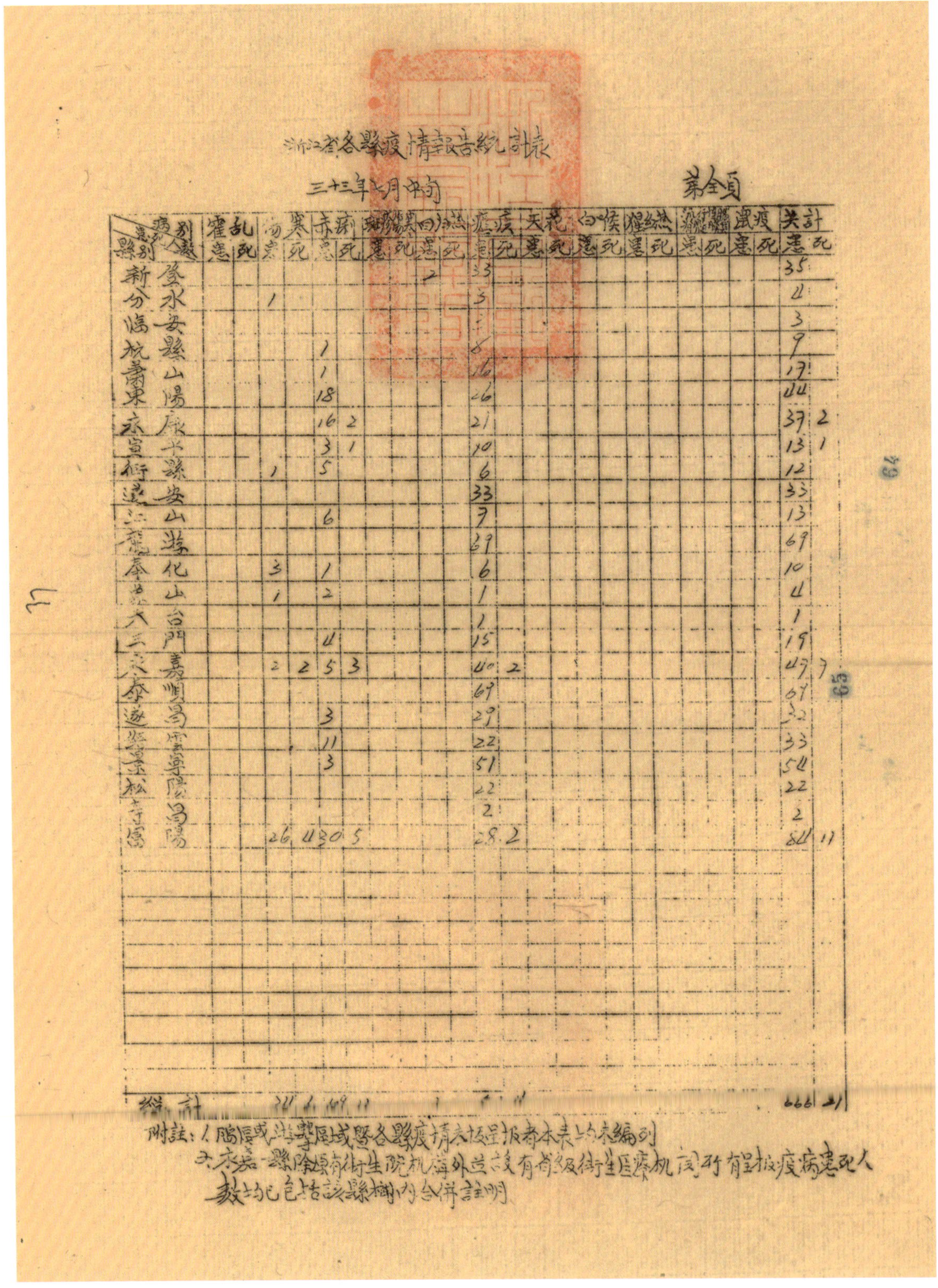

浙江省各縣疫情報告統計表

三十三年七月中旬　　第全頁

縣別 \ 病別 人數	霍亂 患	霍亂 死	傷寒 患	傷寒 死	赤痢 患	赤痢 死	斑疹傷寒 患	斑疹傷寒 死	回歸熱 患	回歸熱 死	瘧疾 患	瘧疾 死	天花 患	天花 死	白喉 患	白喉 死	猩紅熱 患	猩紅熱 死	流行性腦脊髓膜炎 患	流行性腦脊髓膜炎 死	鼠疫 患	鼠疫 死	共計 患	共計 死
新登									2		33												35	
分水			1								3												4	
臨安											3												3	
杭縣					1						8												9	
蕭山					1						16												17	
東陽					18						26												44	
永康					16	2					21												37	2
宣平					3	1					10												13	1
衢縣			1		5						6												12	
遂安											33												33	
江山					6						7												13	
龍游											69												69	
奉化			3		1						6												10	
象山			1		2						1												4	
天台											1												1	
三門					4						15												19	
永嘉			2	2	5	3					40	2											47	7
泰順											69												69	
遂昌					3						29												32	
縉雲					11						22												33	
景寧					3						51												54	
松陽											22												22	
壽昌											2												2	
富陽			26	4	30	5					28	2											84	11
總計			34	6	109	11			1		[illegible]	[illegible]											666	21

附註：1.臨時或游擊區域暨各縣疫情未據呈報者本表上均未編列

2.永嘉一縣除縣衛生院機構外並設有省級衛生醫療機關所有呈報疫病患死人數均已包括該縣欄內合併註明

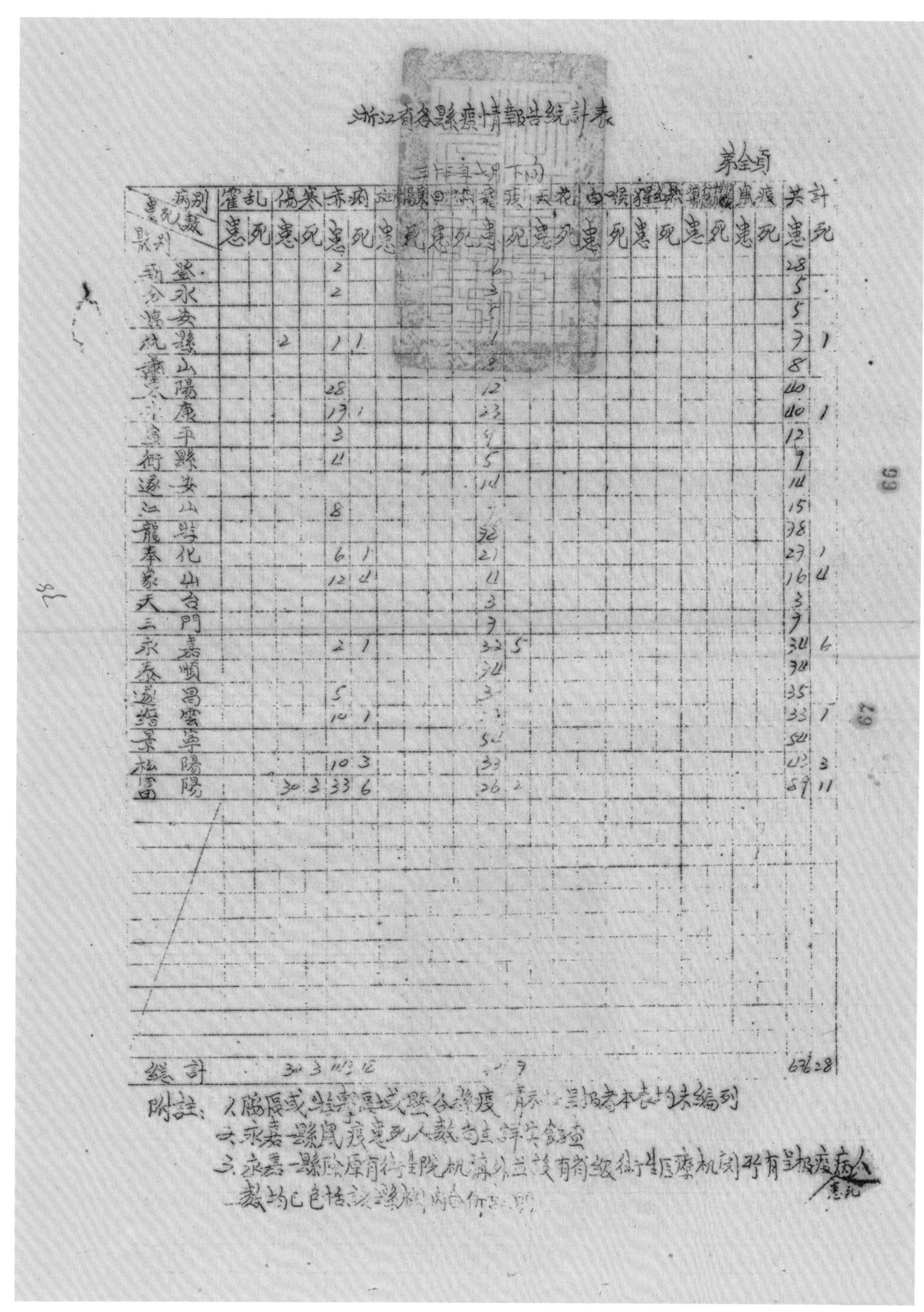

浙江省各縣疫情報告統計表

三十一年七月下旬

第[illegible]頁

病別 / 患死人數 / 縣別	霍亂		傷寒		赤痢		斑疹傷寒		回歸熱		瘧疾		天花		白喉		猩紅熱		流行性腦脊髓膜炎		鼠疫		共計	
	患	死	患	死	患	死	患	死	患	死	患	死	患	死	患	死	患	死	患	死	患	死	患	死
新登					2						6												28	
分水					2						3												5	
淳安											5												5	
杭縣			2		1	1					1												7	1
蕭山											8												8	
東陽					28						12												40	
永康					19	1					23												40	1
宣平					3						9												12	
衢縣					4						5												9	
遂安											14												14	
江山					8						7												15	
龍游											32												38	
奉化					6	1					21												27	1
象山					12	4					4												16	4
天台											3												3	
三門											7												7	
永嘉					2	1					32	5											34	6
泰順											34												34	
遂昌					5						30												35	
縉雲					10	1					[illegible]												33	1
景寧											54												54	
松陽					10	3					33												43	3
富陽			30	3	33	6					26	2											89	11
總計			30	3	113	12					[illegible]	7											676	28

附註：一、臨安、[illegible]、[illegible]寧、[illegible]各縣疫情未呈報者本表均未編列
二、永嘉一縣鼠疫患死人數尚在詳實覆查
三、永嘉一縣除原有衛生院機構外並設有省級衛生醫療機關所有呈報疫病人（患死）數均已包括該縣欄內合併註明

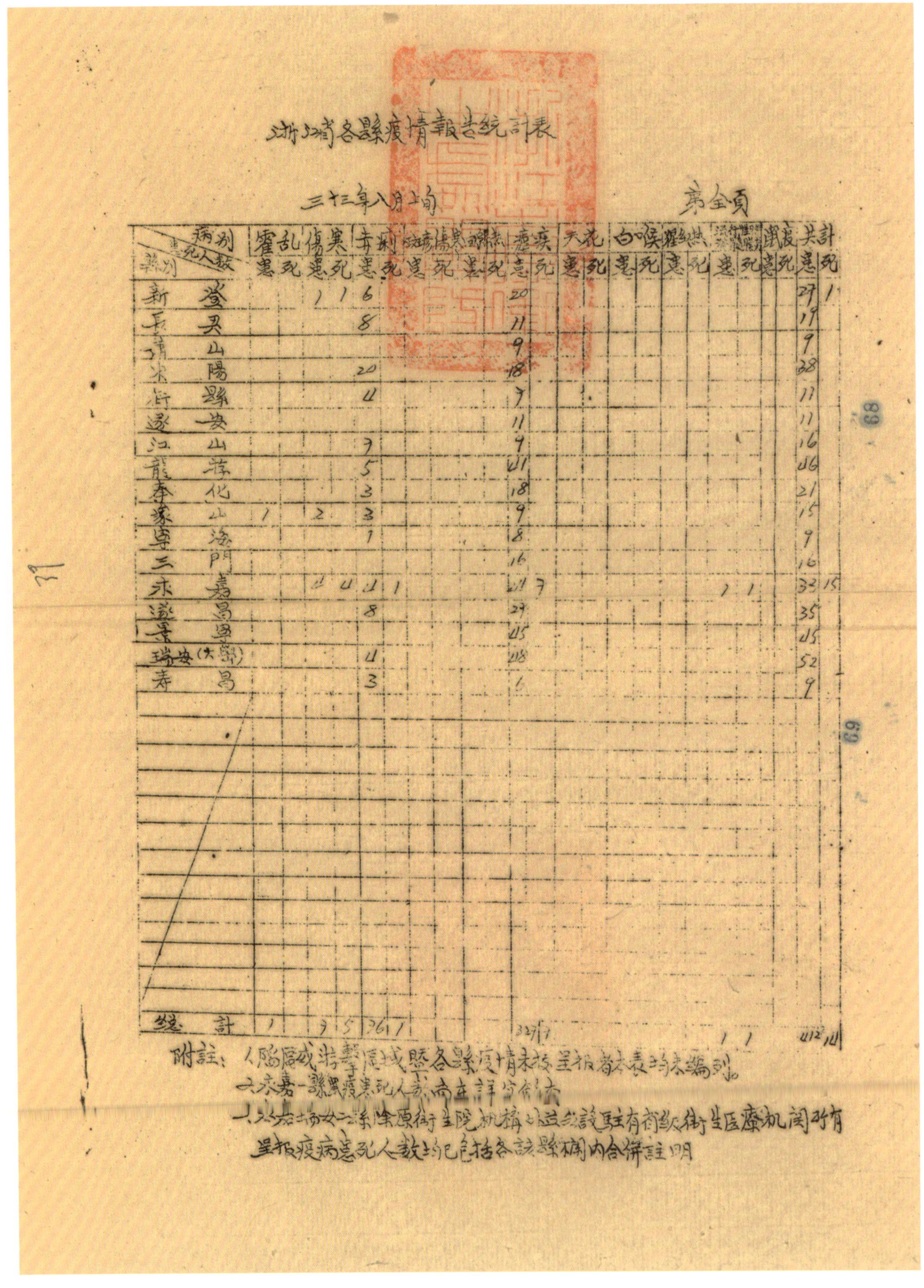

浙江省各縣疫情報告統計表

三十三年八月上旬　　　　第全頁

縣別＼病別＼患死人數	霍亂 患	霍亂 死	傷寒 患	傷寒 死	赤痢 患	赤痢 死	斑疹傷寒 患	斑疹傷寒 死	回歸熱 患	回歸熱 死	瘧疾 患	瘧疾 死	天花 患	天花 死	白喉 患	白喉 死	猩紅熱 患	猩紅熱 死	流行性腦脊髓膜炎 患	流行性腦脊髓膜炎 死	鼠疫 患	鼠疫 死	共計 患	共計 死
新登			1	1	6						20												27	1
長興					8						11												19	
常山											9												9	
松陽					20						18												38	
衢縣					4						7												11	
遂安											11												11	
江山					7						9												16	
龍游					5						41												46	
奉化					3						18												21	
象山	1		2		3						9												15	
寧海					1						8												9	
三門											16												16	
永嘉			4	4	4	1					24	7							1	1			33	15
遂昌					8						27												35	
景寧											45												45	
瑞安（大部）					4						48												52	
壽昌					3						6												9	
總計	1		7	5	76	1					327	7							1	1			412	16

附註：一、臨時戒嚴或淪陷各縣疫情未據呈報者本表均未編列。
二、永嘉一縣疫患死人數尚在詳查中
三、永嘉、瑞安二縣除原衛生院機構外並分設駐有省級衛生醫療機關所有呈報疫病患死人數均已包括各該縣欄內合併註明

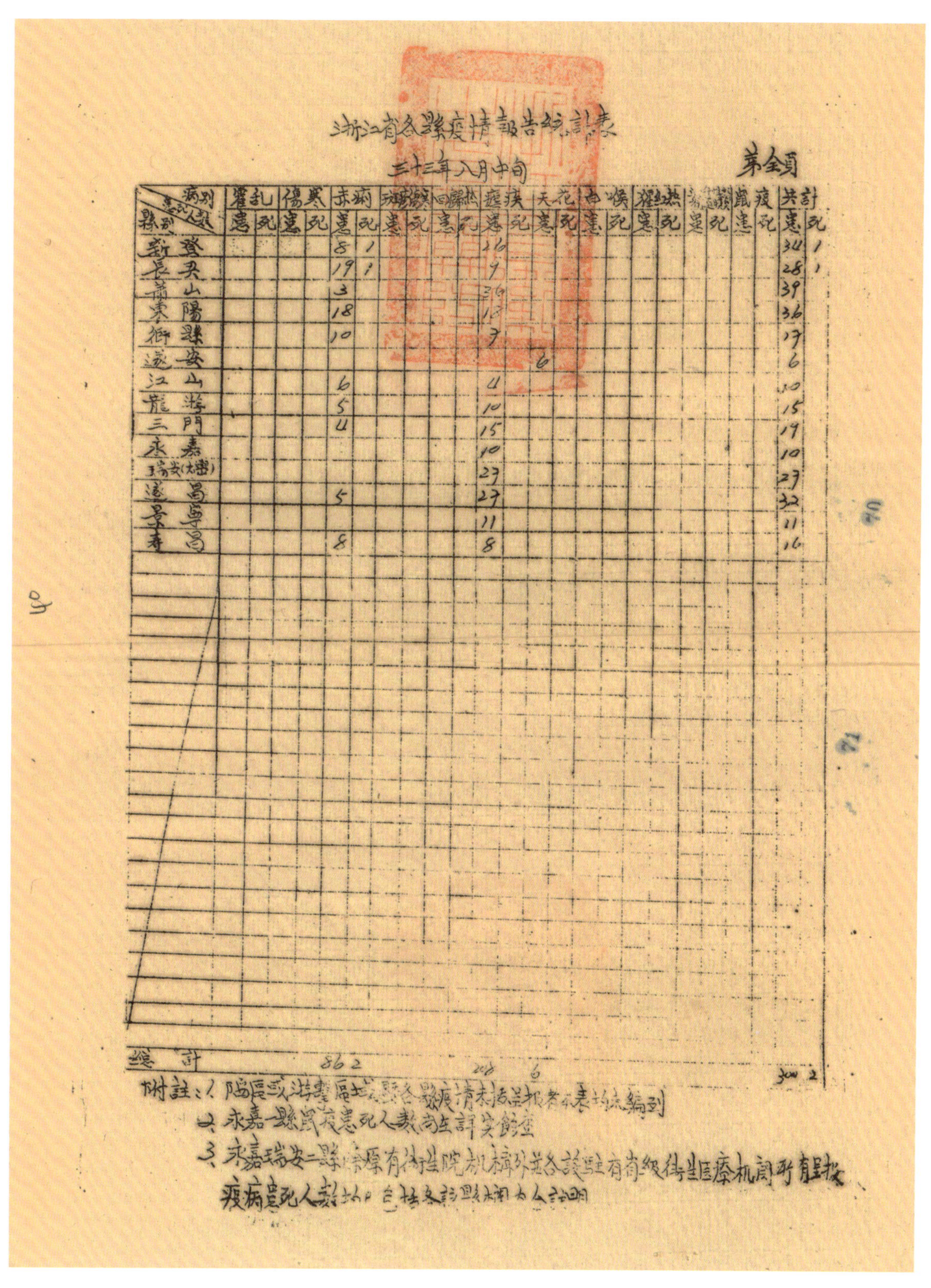

浙江省各縣疫情報告統計表

三十三年八月中旬

第全頁

病別 患死人數 縣別	霍乱		傷寒		赤痢		斑疹傷寒		回歸熱		瘧疾		天花		白喉		猩紅熱		流行性腦脊髓膜炎		鼠疫		共計	
	患	死	患	死	患	死	患	死	患	死	患	死	患	死	患	死	患	死	患	死	患	死	患	死
新登					8	1					26												34	1
長興					19	1					9												28	1
蕭山					3						36												39	
東陽					18						18												36	
衢縣					10						7												17	
遂安													6										6	
江山					6						4												10	
龍游					5						10												15	
三門					4						15												19	
永嘉											10												10	
瑞安(大峃)											27												27	
遂昌					5						27												32	
景寧											11												11	
壽昌					8						8												16	
總計					86	2					208		6										300	2

附註：1.陷區或游擊區域各縣疫情未據呈報者本表均未編列

2.永嘉一縣鼠疫患死人數尚在詳實調查

3.永嘉瑞安二縣除原有衛生院報告外並各該縣駐有省級衛生醫療機關所有呈報疫病患死人數均已包括在該縣欄內合併註明

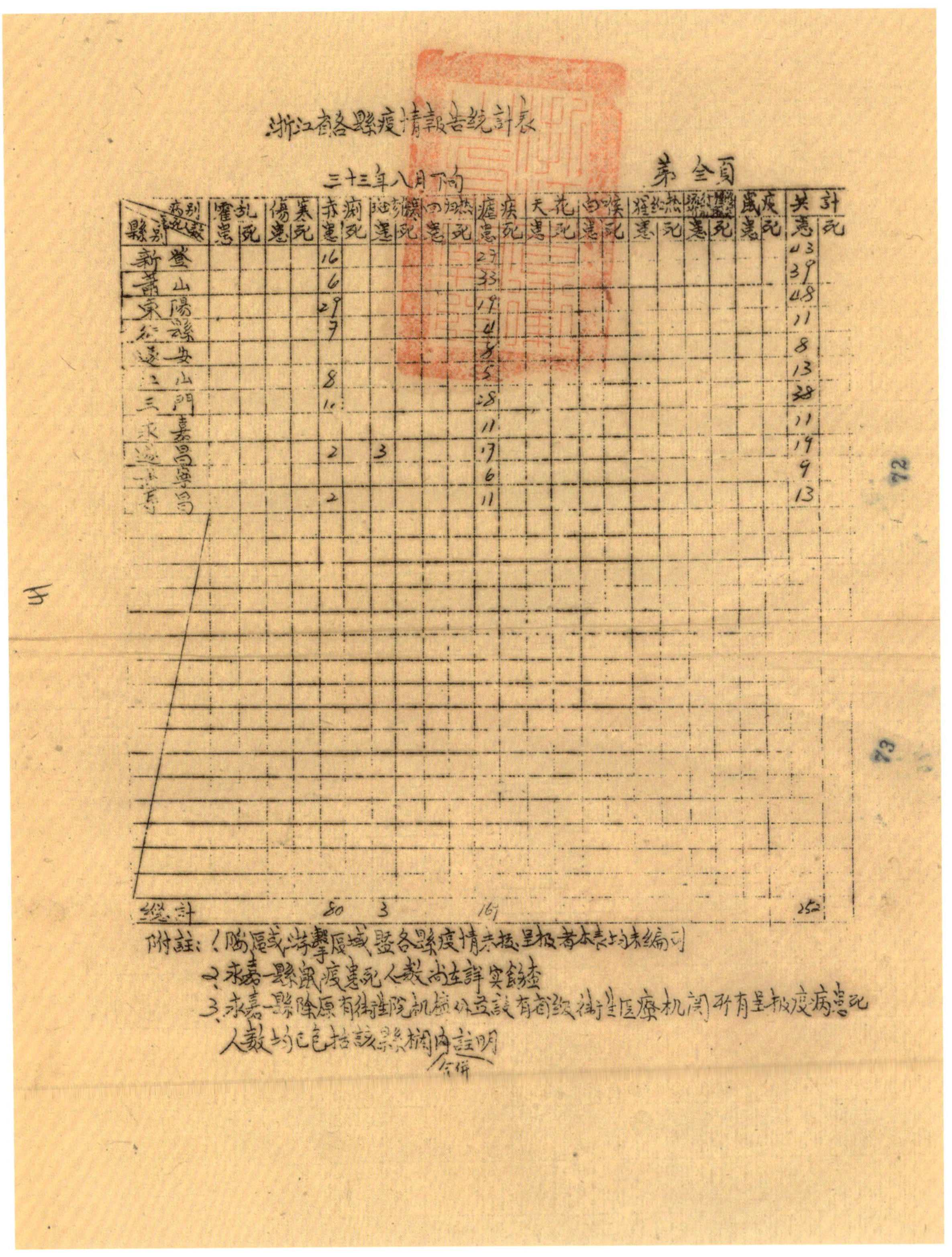

浙江省各縣疫情報告統計表

三十三年八月下旬　　第全頁

病別 患死人數 縣別	霍亂		傷寒		赤痢		斑疹傷寒		回歸熱		瘧疾		天花		白喉		猩紅熱		流行性腦脊髓膜炎		鼠疫		共計	
	患	死	患	死	患	死	患	死	患	死	患	死	患	死	患	死	患	死	患	死	患	死	患	死
新登					16						27												43	
蕭山					6						33												39	
東陽					29						19												48	
於潛					7						4												11	
遂安											8												8	
江山					8						5												13	
三門					10						28												38	
永嘉											11												11	
遂昌					2		3				17												19	
景寧											6												9	
壽昌					2						11												13	
總計					80		3				169												252	

附註：1.淪陷或游擊區域暨各縣疫情未據呈報者本表均未編列

2.永嘉一縣鼠疫患死人數尚在詳實調查

3.永嘉一縣除原有衛生院机構外並設有省級衛生医療机関所有呈報疫病患死人數均已包括該縣欄內合併註明

72

73

浙江省卫生处编制《浙江省各县疫情总报告表》（一九四四年）

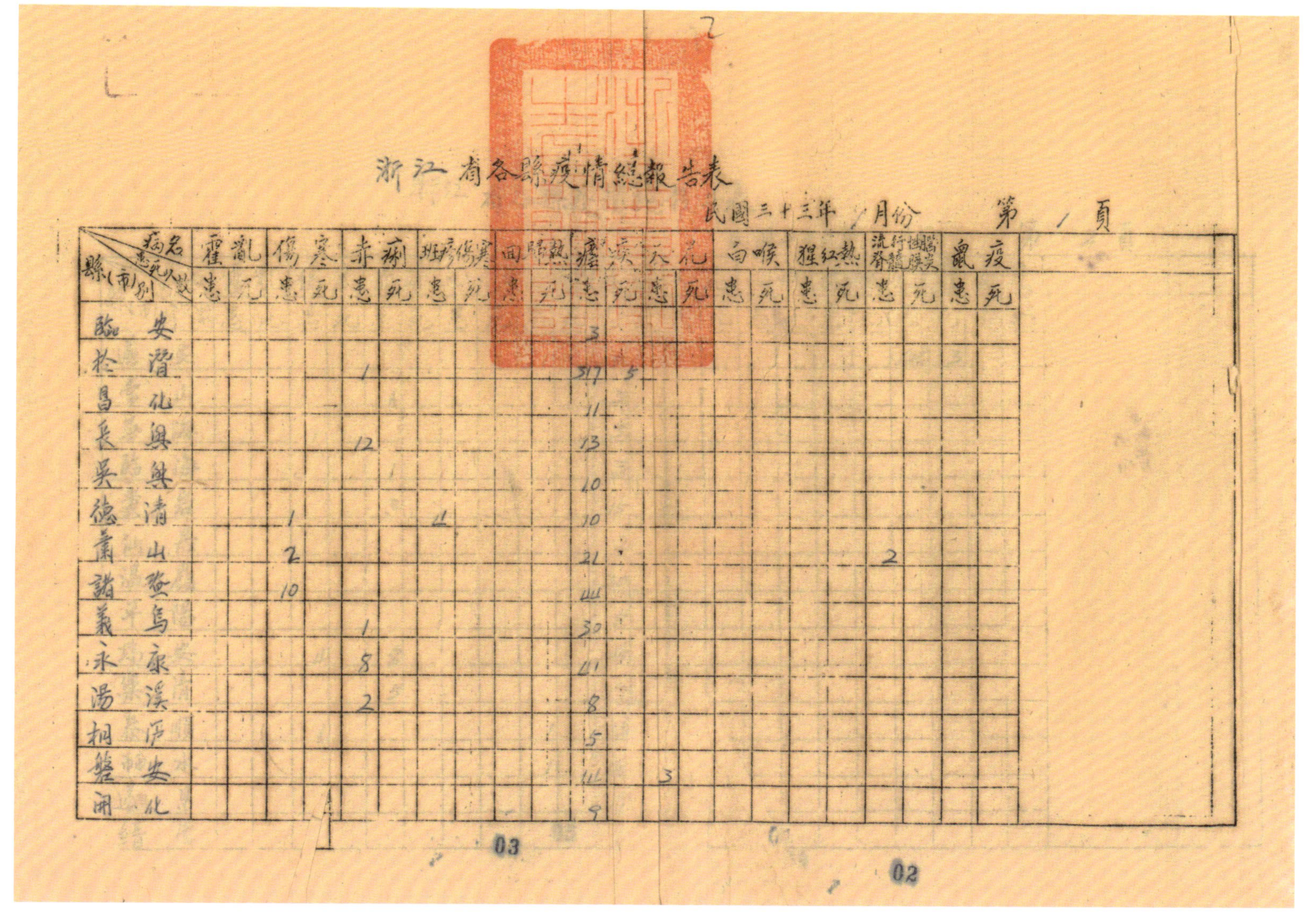

浙江省各縣疫情總報告表

民國三十三年 1 月份　第 1 頁

病名 / 患死人數 / 縣(市)別	霍亂		傷寒		赤痢		斑疹傷寒		回歸熱		瘧疾		天花		白喉		猩紅熱		流行性腦脊髓膜炎		鼠疫		
	患	死	患	死	患	死	患	死	患	死	患	死	患	死	患	死	患	死	患	死	患	死	
臨安											3												
於潛					1						317	5											
昌化											11												
長興					12						13												
吳興											10												
德清			1				4				10												
蕭山			2								21								2				
諸暨			10								44												
義烏					1						30												
永康					8						41												
湯溪					2						8												
桐廬											5												
磐安											44		3										
開化											9												

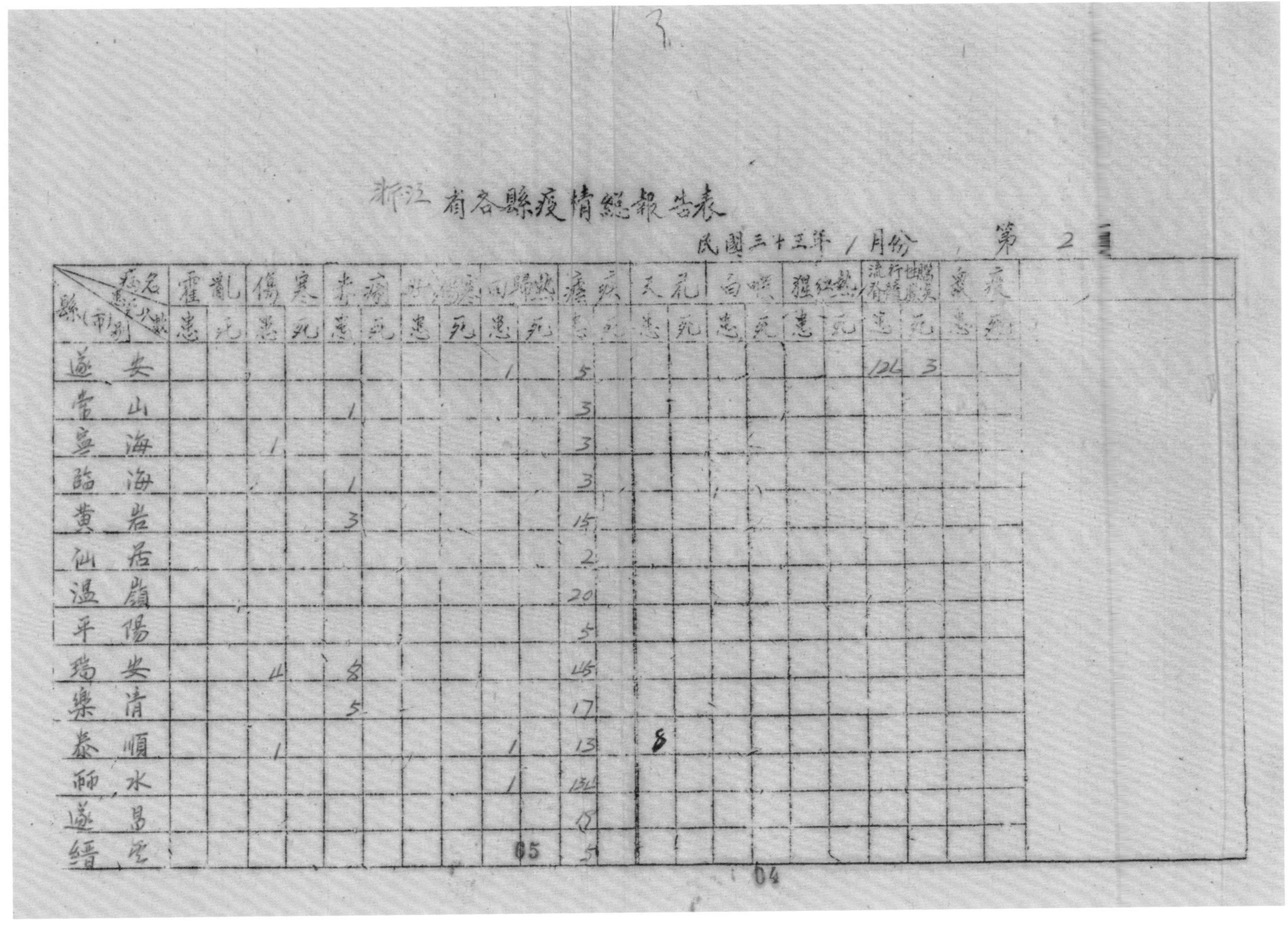

3

浙江省各縣疫情總報告表

民國三十三年1月份　第2

病名 / 患死人數 / 縣(市)別	霍亂		傷寒		赤痢		斑疹傷寒		回歸熱		瘧疾		天花		白喉		猩紅熱		流行性腦脊髓膜炎		鼠疫	
	患	死	患	死	患	死	患	死	患	死	患	死	患	死	患	死	患	死	患	死	患	死
遂安									1		5								124	3		
常山					1						3											
寧海			1								3											
臨海					1						3											
黃岩					3						15											
仙居											2											
溫嶺											20											
平陽											5											
瑞安			4		8						45											
樂清					5						17											
泰順			1						1		13		8									
麗水									1		134											
遂昌											12											
縉雲									65		5											

04

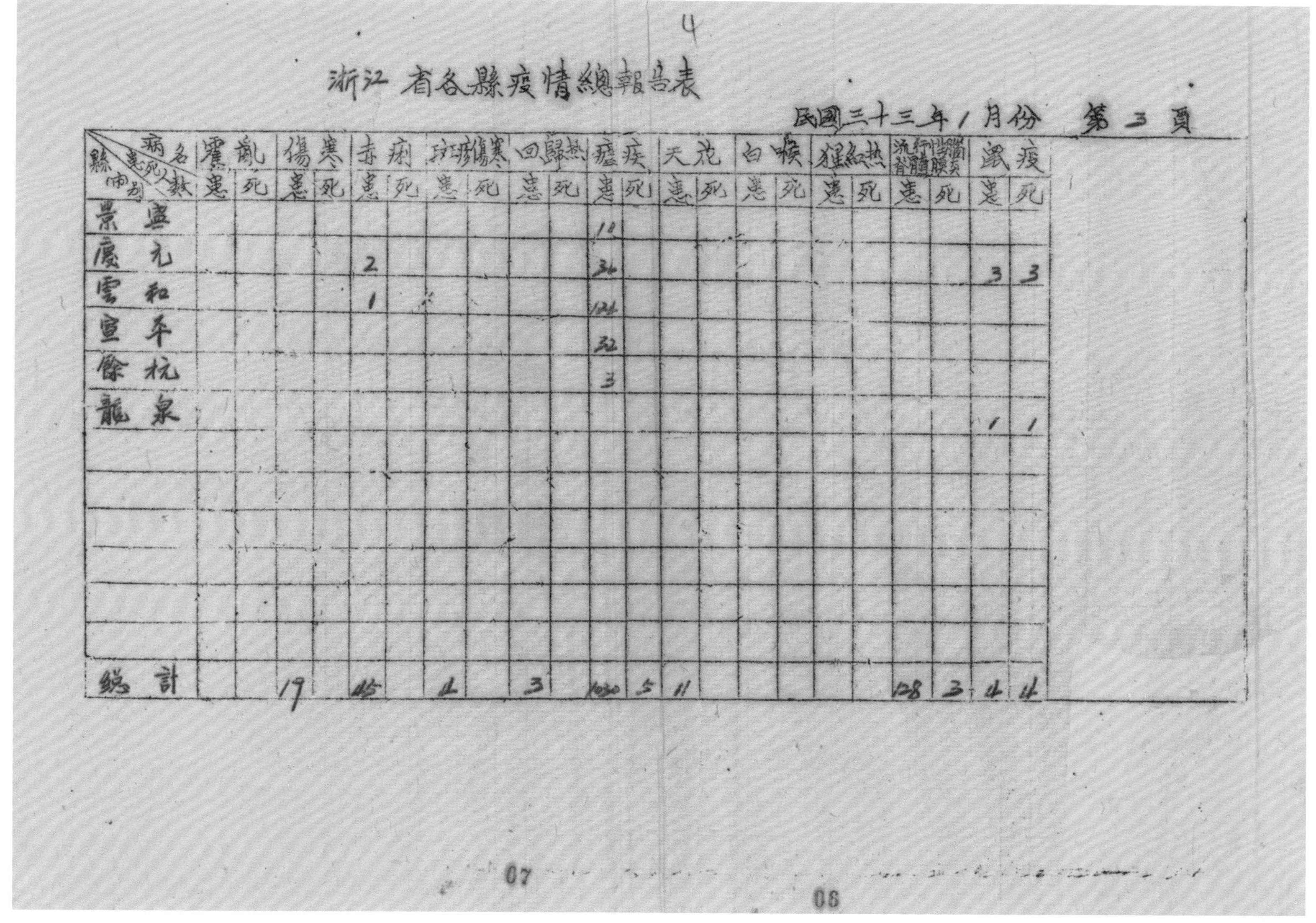

4

浙江省各縣疫情總報告表

民國三十三年1月份　第3頁

病名 / 患死人數 / 縣市別	霍亂		傷寒		赤痢		斑疹傷寒		回歸熱		瘧疾		天花		白喉		猩紅熱		流行性腦脊髓膜炎		鼠疫	
	患	死	患	死	患	死	患	死	患	死	患	死	患	死	患	死	患	死	患	死	患	死
景寧											10											
慶元					2						34										3	3
雲和					1						124											
宣平											32											
餘杭											3											
龍泉																					1	1
總計			17		45		4		3		1030	5	11						128	3	4	4

07

06

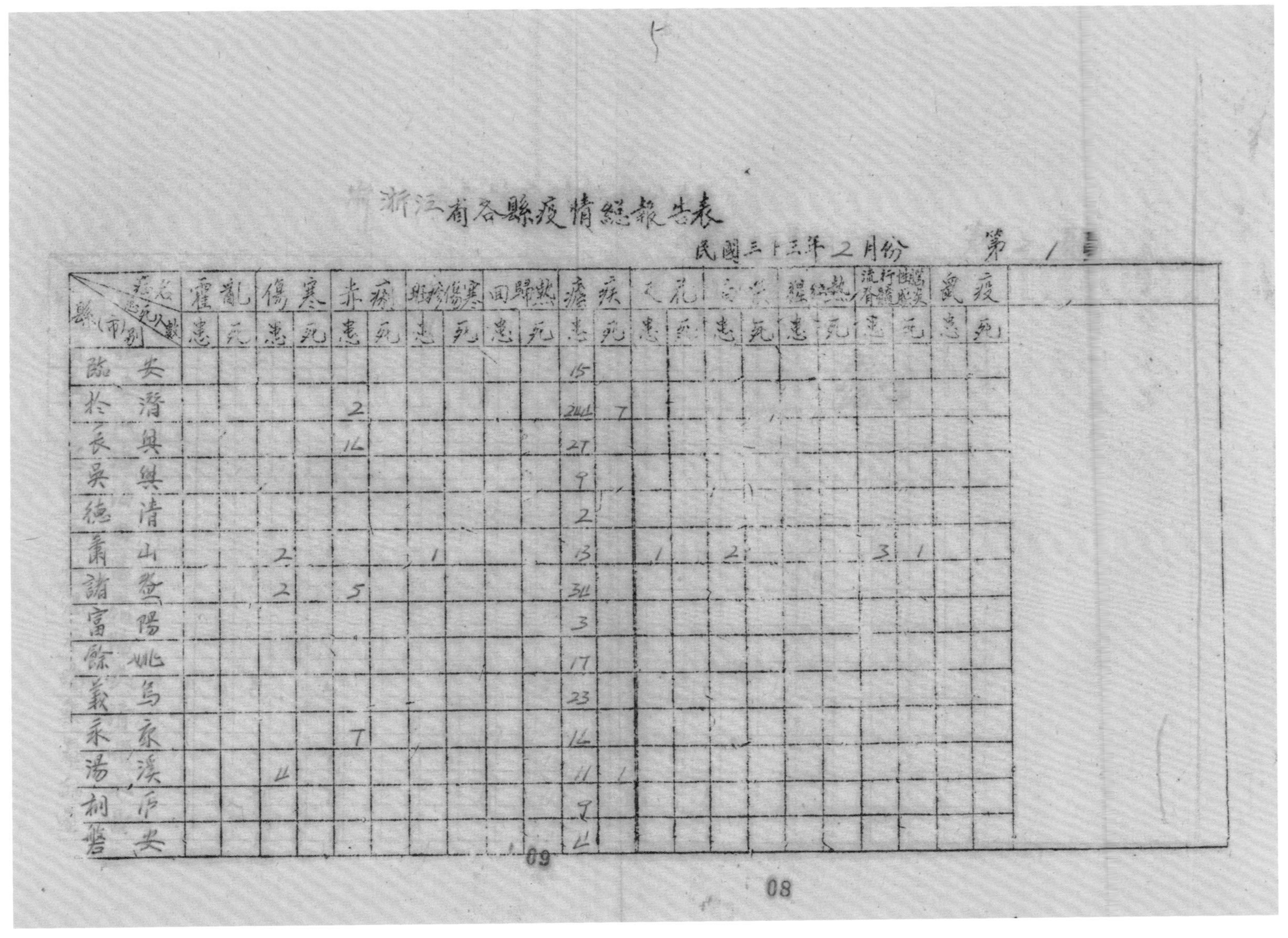

浙江省各县疫情总报告表

民国三十三年2月份　第1号

病名/患死人数/县（市）别	霍乱		伤寒		赤痢		斑疹伤寒		回归热		疟疾		天花		白喉		猩红热		流行性脑脊髓膜炎		鼠疫		
	患	死	患	死	患	死	患	死	患	死	患	死	患	死	患	死	患	死	患	死	患	死	
临安											15												
於潜					2						244	7											
长兴					14						27												
吴兴											9												
德清											2												
萧山			2				1				13		1		2				3	1			
诸暨			2		5						34												
富阳											3												
余姚											17												
义乌											23												
永康					7						14												
汤溪			4								11	1											
桐庐											7												
磐安											4												

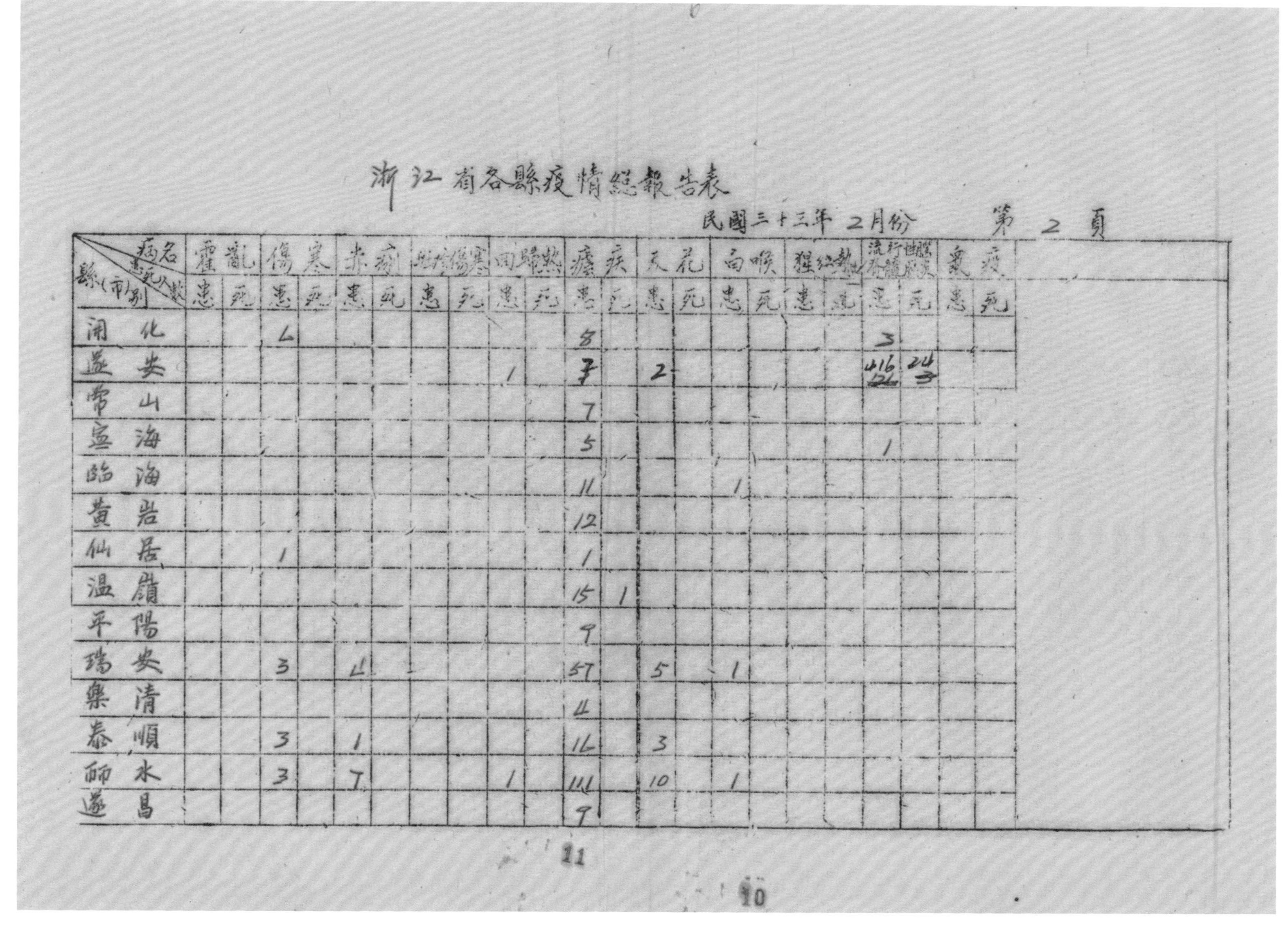

浙江省各縣疫情總報告表

民國三十三年 2月份　　第 2 頁

縣（市）別 ＼ 病名 患死人數	霍亂 患	霍亂 死	傷寒 患	傷寒 死	赤痢 患	赤痢 死	斑疹傷寒 患	斑疹傷寒 死	回歸熱 患	回歸熱 死	瘧疾 患	瘧疾 死	天花 患	天花 死	白喉 患	白喉 死	猩紅熱 患	猩紅熱 死	流行性腦脊髓膜炎 患	流行性腦脊髓膜炎 死	鼠疫 患	鼠疫 死
開化			4								8								3			
遂安									1		7		2						416 22	24 3		
常山											7											
寧海											5								1			
臨海											11				1							
黄岩											12											
仙居			1								1											
温嶺											15	1										
平陽											9											
瑞安			3		4						57		5		1							
樂清											4											
泰順			3		1						16		3									
麗水			3		7				1		111		10		1							
遂昌											9											

11

10

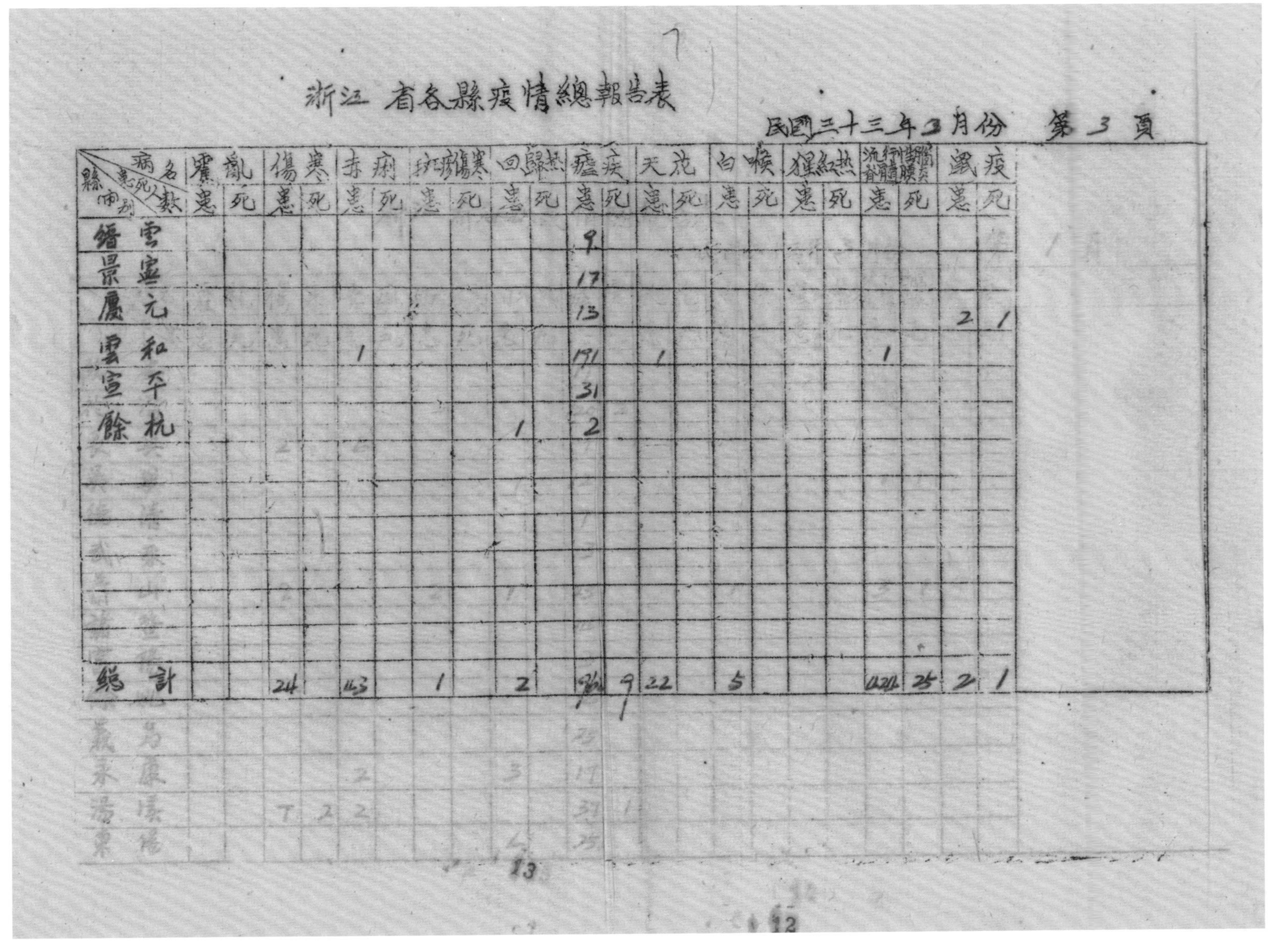

浙江省各縣疫情總報告表

民國三十三年3月份 第3頁

縣市別＼病名＼患死人數	霍亂		傷寒		赤痢		斑疹傷寒		回歸熱		瘧疾		天花		白喉		猩紅熱		流行性腦脊髓膜炎		鼠疫	
	患	死	患	死	患	死	患	死	患	死	患	死	患	死	患	死	患	死	患	死	患	死
縉雲											9											
景寧											17											
慶元											13										2	1
雲和					1						171		1						1			
宣平											31											
餘杭									1		2											
總計			24		143		1		2		[illegible]	9	22		5				1221	25	2	1

浙江省各縣疫情總報告表

民國三十三年3月份　　第1頁

縣（市）別 ＼ 病名 患死人數	霍亂 患	霍亂 死	傷寒 患	傷寒 死	赤痢 患	赤痢 死	斑疹傷寒 患	斑疹傷寒 死	回歸熱 患	回歸熱 死	瘧疾 患	瘧疾 死	天花 患	天花 死	白喉 患	白喉 死	猩紅熱 患	猩紅熱 死	流行性腦脊髓膜炎 患	流行性腦脊髓膜炎 死	鼠疫 患	鼠疫 死
臨安											17											
於潛											120	2										
長興			2		6						7											
吳興											12								1	1		
德清											7											
武康											3											
蕭山			2				2		1		23				1				3	1		
諸暨											14											
富陽											3											
餘姚											36											
義烏											25											
永康					2				3		17											
湯溪			7	2	2						37	1										
東陽									4		25											

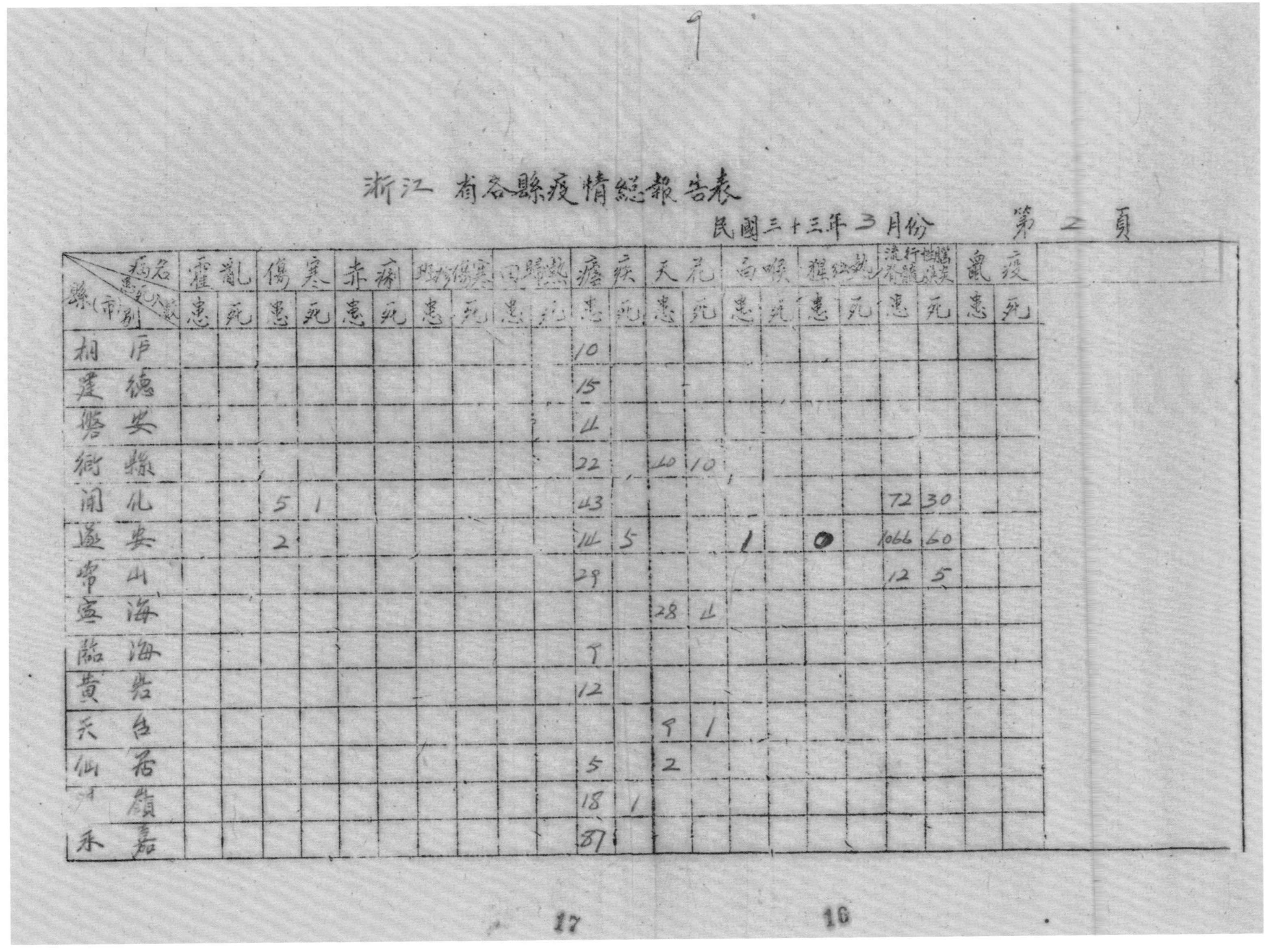

9

浙江省各縣疫情總報告表

民國三十三年3月份　第2頁

病名 患死人數 縣(市)別	霍亂		傷寒		赤痢		斑疹傷寒		回歸熱		瘧疾		天花		白喉		猩紅熱		流行性腦脊髓膜炎		鼠疫	
	患	死	患	死	患	死	患	死	患	死	患	死	患	死	患	死	患	死	患	死	患	死
桐廬											10											
建德											15											
淳安											4											
衢縣											22		40	10								
開化			5	1							43								72	30		
遂安			2								14	5			1		0		1066	60		
常山											29								12	5		
定海													28	4								
臨海											7											
黄岩											12											
天台													9	1								
仙居											5		2									
溫嶺											18	1										
永嘉											87											

17　　16

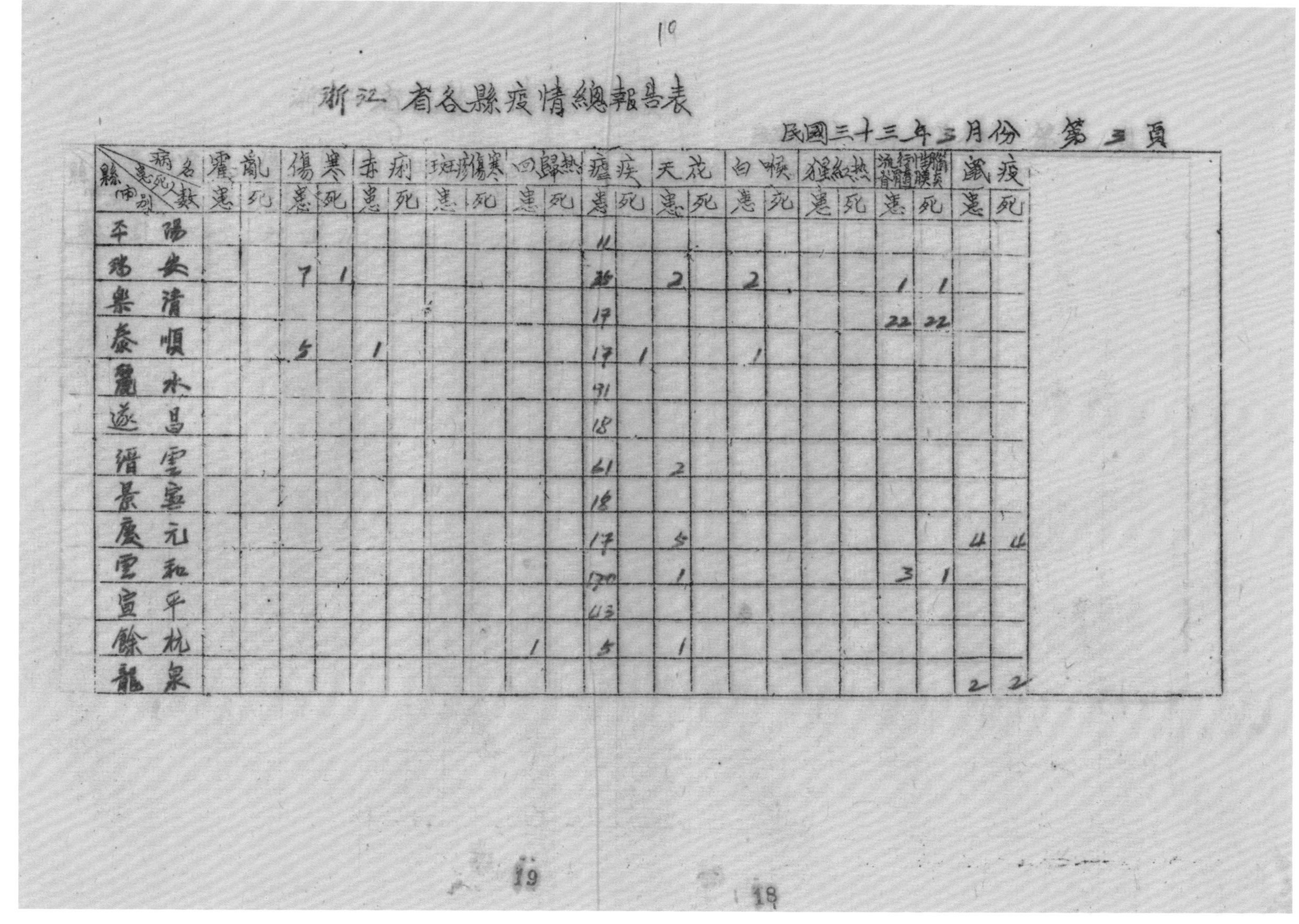

10

浙江省各縣疫情總報告表

民國三十三年三月份　第三頁

縣市別＼病名／患死人數	霍亂 患	霍亂 死	傷寒 患	傷寒 死	赤痢 患	赤痢 死	斑疹傷寒 患	斑疹傷寒 死	回歸熱 患	回歸熱 死	瘧疾 患	瘧疾 死	天花 患	天花 死	白喉 患	白喉 死	猩紅熱 患	猩紅熱 死	流行性腦脊髓膜炎 患	流行性腦脊髓膜炎 死	鼠疫 患	鼠疫 死
平陽											11											
瑞安			7	1							35		2		2				1	1		
樂清											17								22	22		
泰順			5		1						17	1			1							
麗水											91											
遂昌											18											
縉雲											61		2									
景寧											18											
慶元											17		5								4	4
雲和											170		1						3	1		
宣平											113											
餘杭									1		5		1									
龍泉																					2	2

19

18

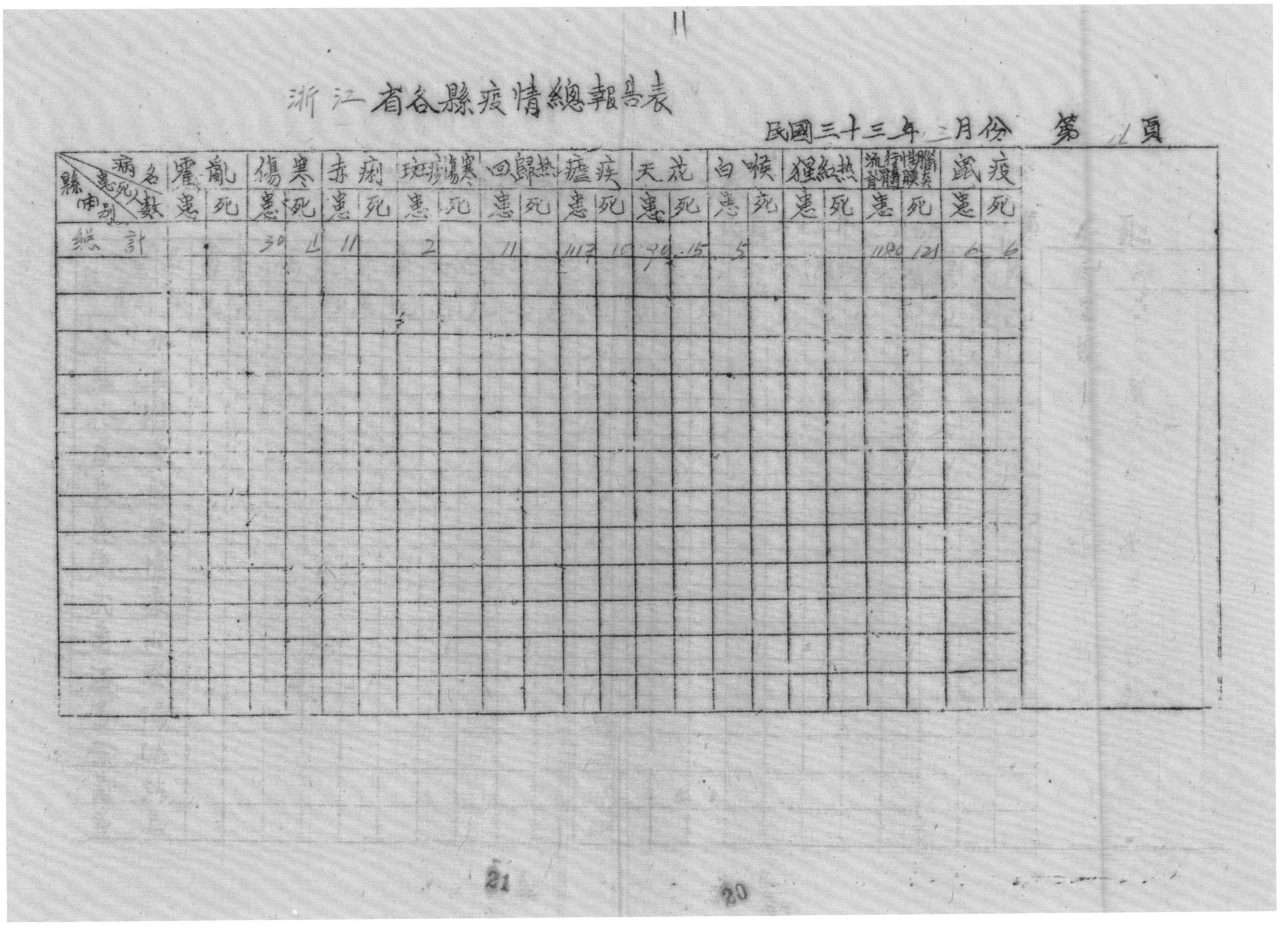

11

浙江省各縣疫情總報告表

民國三十三年二月份　第1頁

縣(市)別 \ 患死人數 \ 病名	霍亂		傷寒		赤痢		斑疹傷寒		回歸熱		瘧疾		天花		白喉		猩紅熱		流行性腦脊髓膜炎		鼠疫	
	患	死	患	死	患	死	患	死	患	死	患	死	患	死	患	死	患	死	患	死	患	死
總計			30	4	11		2		11		1117	10	30	15	5				1180	121	6	6

21

20

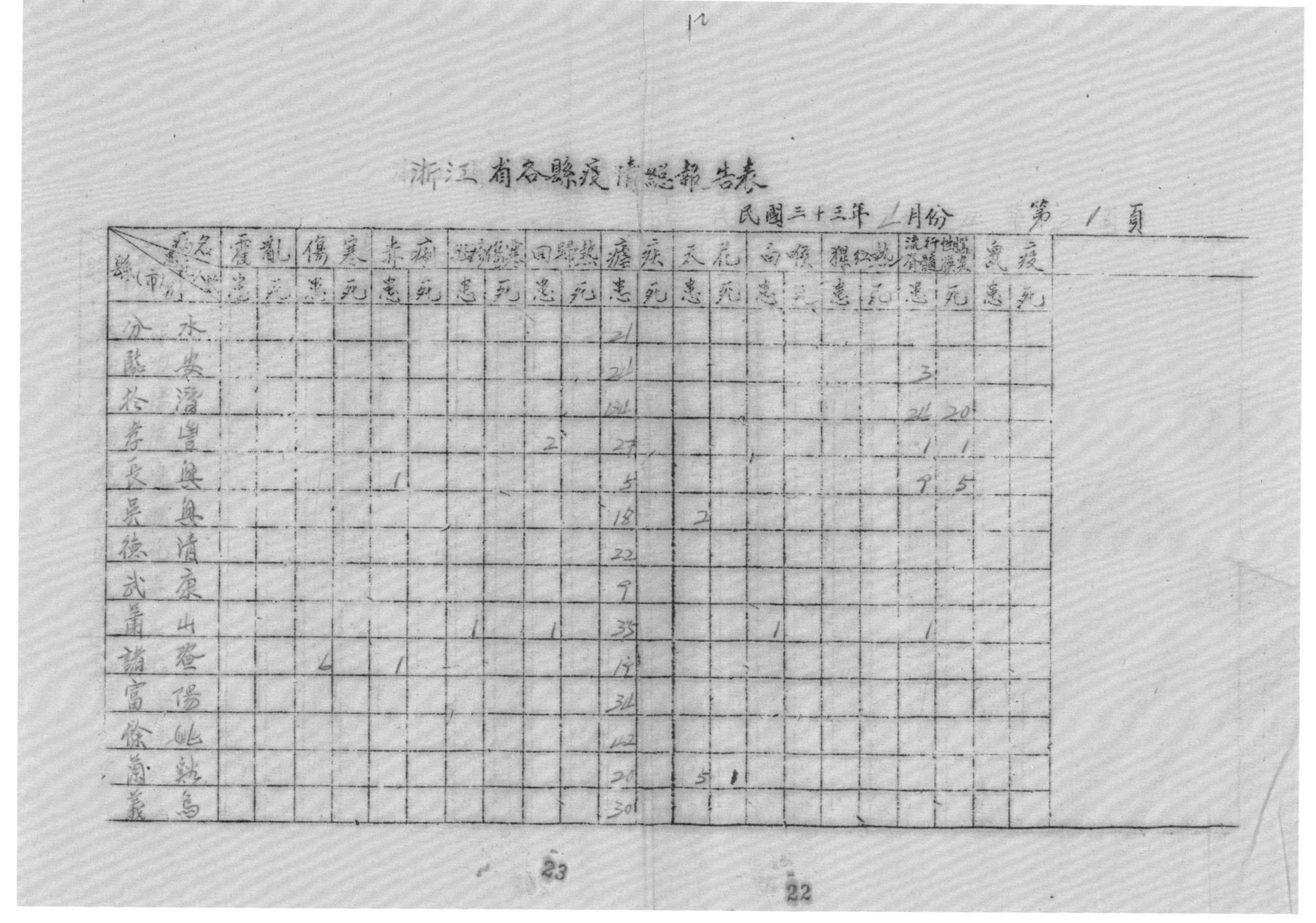

12

浙江省各縣疫情總報告表

民國三十三年 2 月份　　第 1 頁

縣（市）別＼病名	霍亂		傷寒		赤痢		斑疹傷寒		回歸熱		瘧疾		天花		白喉		猩紅熱		流行性腦脊髓膜炎		鼠疫	
	患	死	患	死	患	死	患	死	患	死	患	死	患	死	患	死	患	死	患	死	患	死
分水											21											
臨安											24								3			
於潛											124								24	20		
孝豐									2		27								1	1		
長興					1						5								9	5		
吳興											18		2									
德清											22											
武康											9											
蕭山							1		1		35				1				1			
諸暨			6		1						19											
富陽											34											
餘姚											142											
蘭谿											20		5	1								
義烏											30											

23　　22

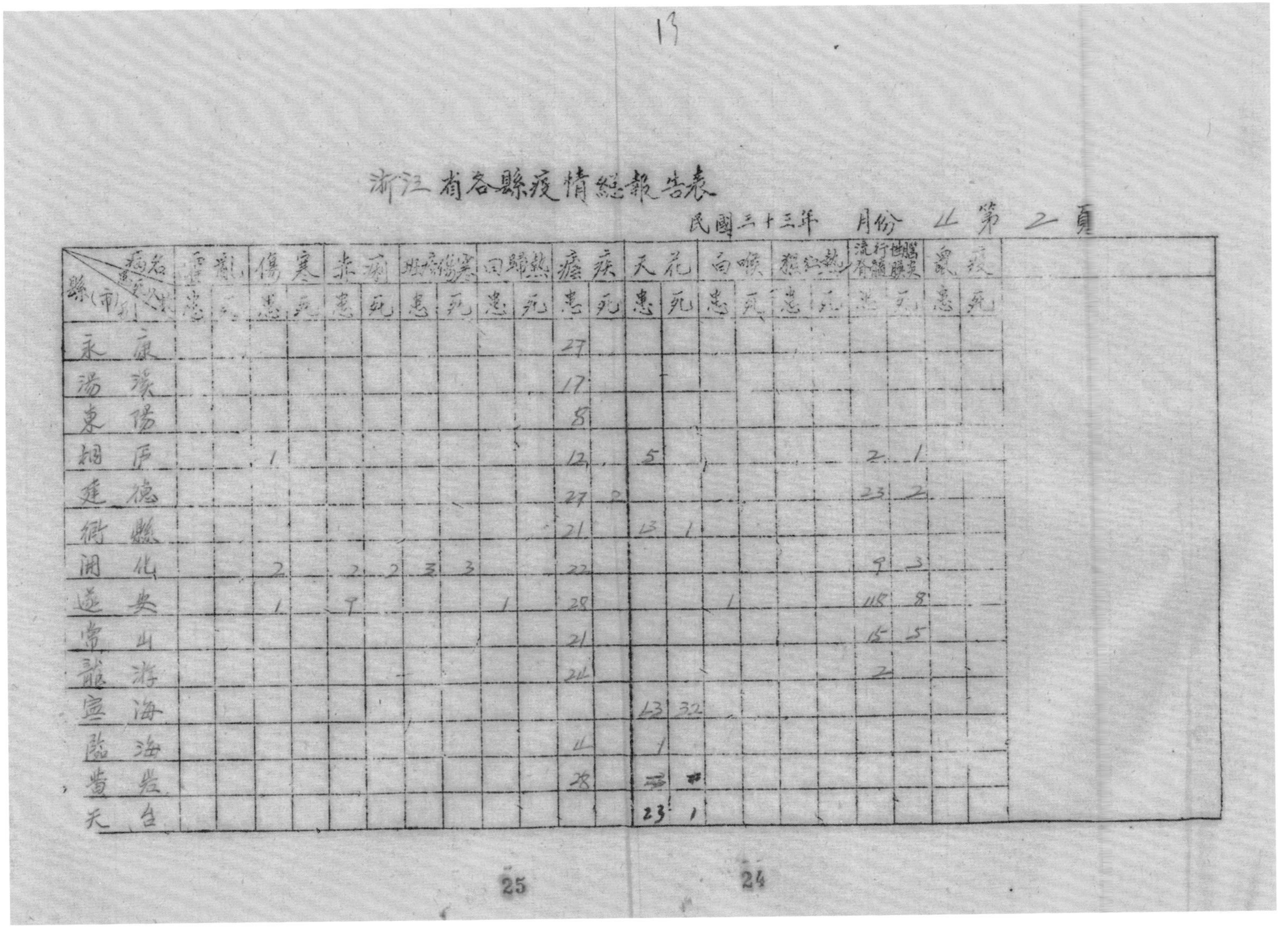

13

浙江省各縣疫情總報告表

民國三十三年 月份 4 第 2 頁

縣（市）別 \ 病名 / 患死人數	霍亂 患	霍亂 死	傷寒 患	傷寒 死	赤痢 患	赤痢 死	斑疹傷寒 患	斑疹傷寒 死	回歸熱 患	回歸熱 死	瘧疾 患	瘧疾 死	天花 患	天花 死	白喉 患	白喉 死	猩紅熱 患	猩紅熱 死	流行性腦脊髓膜炎 患	流行性腦脊髓膜炎 死	鼠疫 患	鼠疫 死
永康											27											
湯溪											17											
東陽											8											
桐廬			1								12		5						2	1		
建德											27	2							23	2		
衢縣											21		13	1								
開化			2		2	2	3	3			22								9	3		
遂安			1		7				1		28				1				115	8		
常山											21								15	5		
龍游											24								2			
寧海													43	32								
臨海											4		1									
黄岩											28		[illegible]	[illegible]								
天台													23	1								

25　24

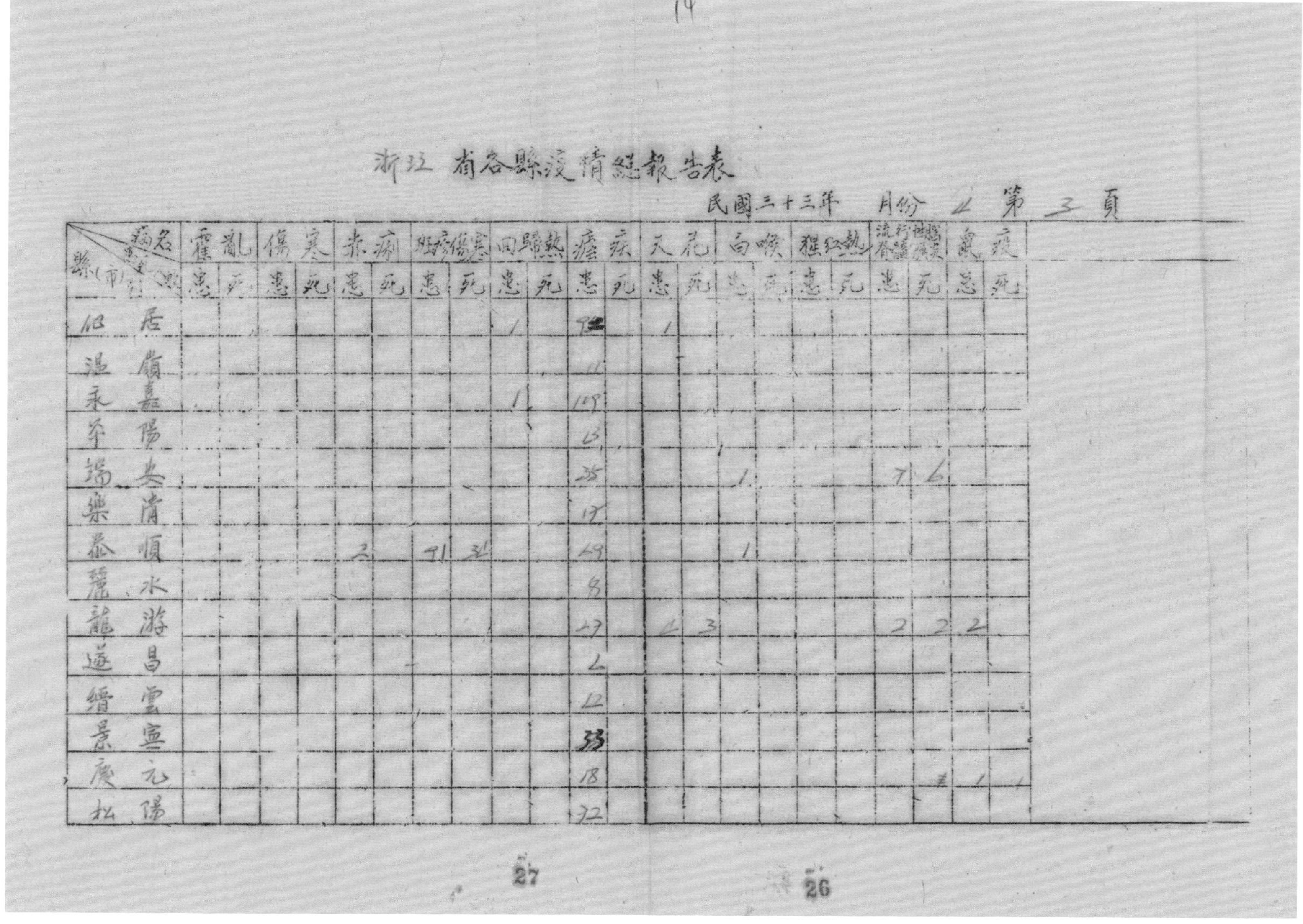

14

浙江省各縣疫情總報告表

民國三十三年　月份　第三頁

病名 縣(市)別	霍亂 患	霍亂 死	傷寒 患	傷寒 死	赤痢 患	赤痢 死	斑疹傷寒 患	斑疹傷寒 死	回歸熱 患	回歸熱 死	瘧疾 患	瘧疾 死	天花 患	天花 死	白喉 患	白喉 死	猩紅熱 患	猩紅熱 死	流行性腦脊髓膜炎 患	流行性腦脊髓膜炎 死	鼠疫 患	鼠疫 死
仙居									1		12		1									
溫嶺											11											
永嘉									1		108											
平陽											63											
瑞安											25				1				7	6		
樂清											17											
泰順					2		71	31			69				1							
麗水											8											
龍游											47		6	3					2	2	2	
遂昌											6											
縉雲											12											
景寧											33											
慶元											18									3	1	1
松陽											32											

27　26

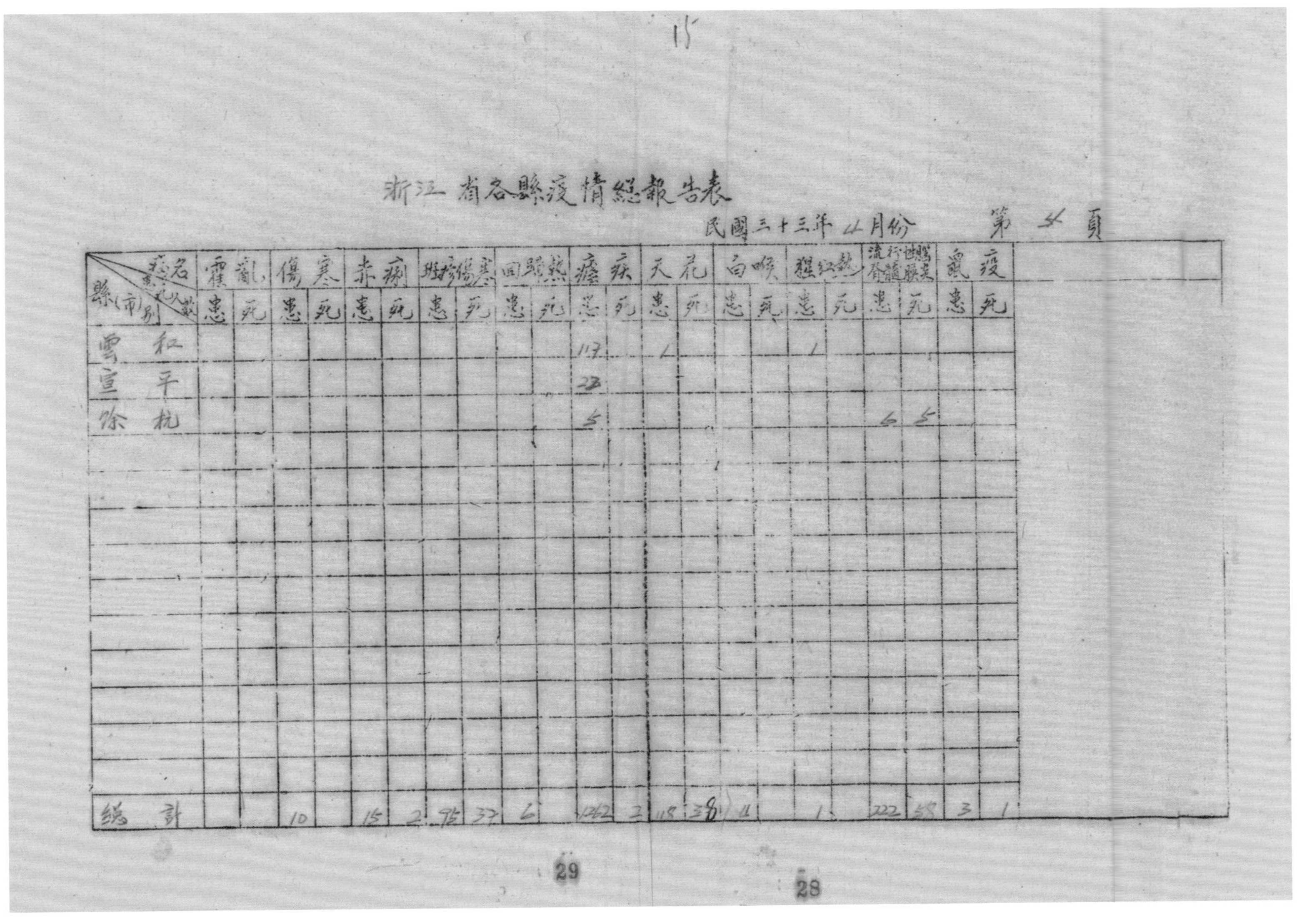

15

浙江省各縣疫情總報告表

民國三十三年四月份　第4頁

病名 / 患死人數 / 縣(市)別	霍亂 患	霍亂 死	傷寒 患	傷寒 死	赤痢 患	赤痢 死	斑疹傷寒 患	斑疹傷寒 死	回歸熱 患	回歸熱 死	瘧疾 患	瘧疾 死	天花 患	天花 死	白喉 患	白喉 死	猩紅熱 患	猩紅熱 死	流行性腦脊髓膜炎 患	流行性腦脊髓膜炎 死	鼠疫 患	鼠疫 死
雲和											117		1				1					
宣平											23											
餘杭											5								6	5		
總計			10		15	2	95	37	6		1262	2	118	38	11		1		222	58	3	1

29

28

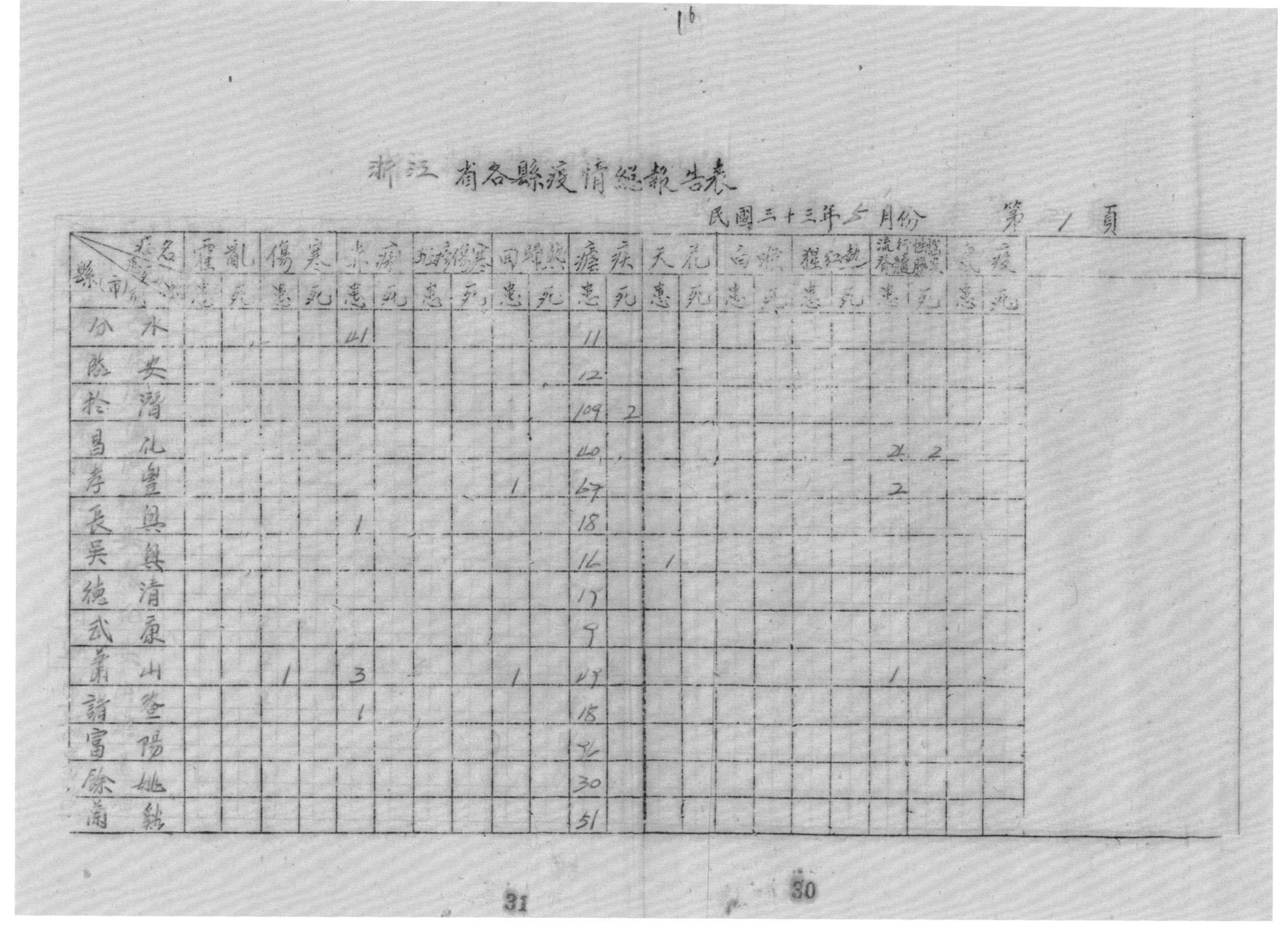

16

浙江省各縣疫情總報告表

民國三十三年5月份　　第1頁

病名 / 縣（市）名	霍亂 患	霍亂 死	傷寒 患	傷寒 死	赤痢 患	赤痢 死	斑疹傷寒 患	斑疹傷寒 死	回歸熱 患	回歸熱 死	瘧疾 患	瘧疾 死	天花 患	天花 死	白喉 患	白喉 死	猩紅熱 患	猩紅熱 死	流行性腦脊髓膜炎 患	流行性腦脊髓膜炎 死	鼠疫 患	鼠疫 死
分水					41						11											
遂安											12											
於潛											109	2										
昌化											40								2	2		
孝豐									1		67								2			
長興					1						18											
吳興											16		1									
德清											17											
武康											9											
蕭山			1		3				1		47								1			
諸暨					1						18											
富陽											26											
餘姚											30											
蘭谿											51											

31　30

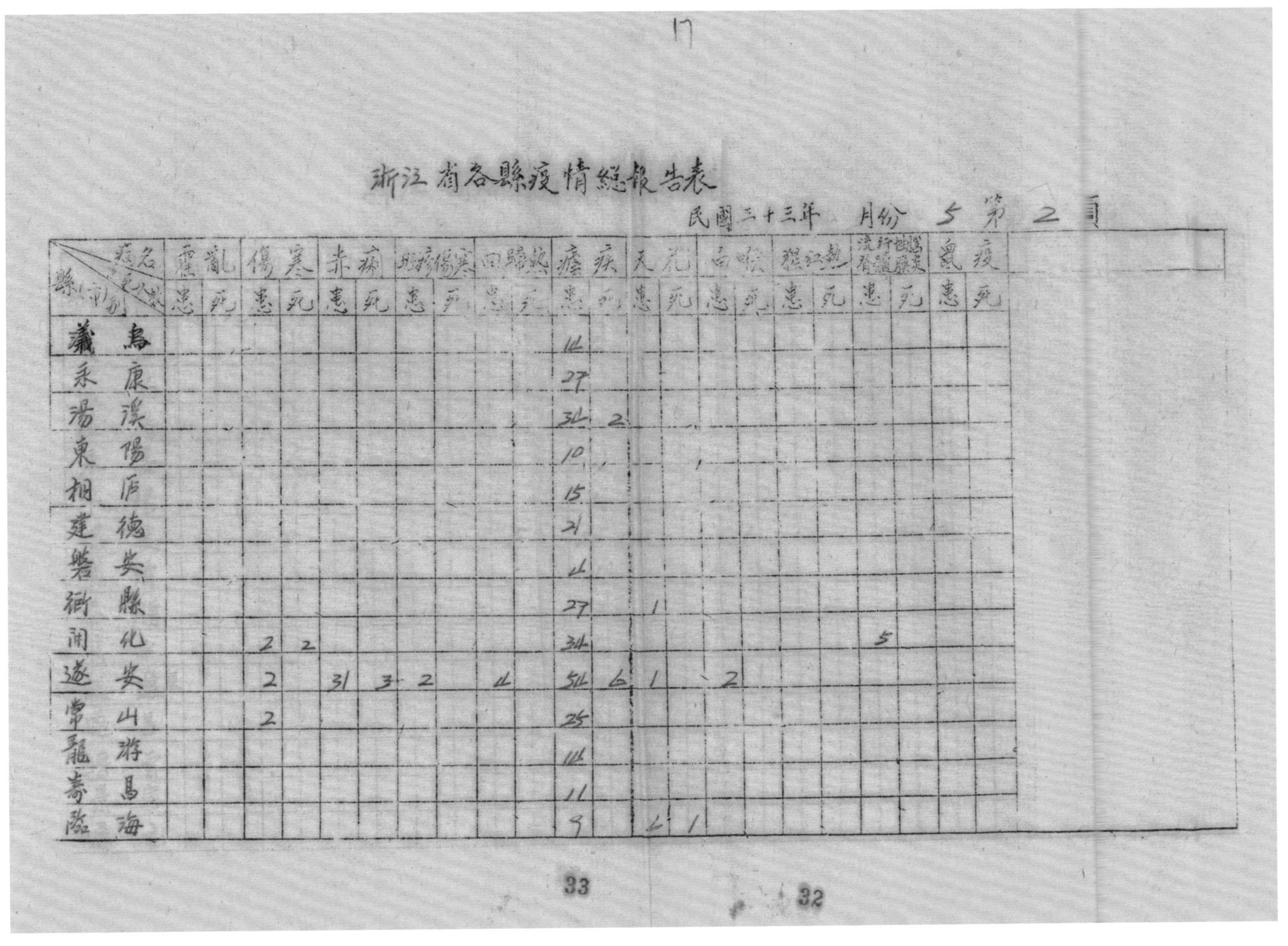

17

浙江省各縣疫情總報告表

民國三十三年 5 月份 第 2 頁

縣（市）別 \ 病名 人數	霍亂		傷寒		赤痢		斑疹傷寒		回歸熱		瘧疾		天花		白喉		猩紅熱		流行性腦脊髓膜炎		鼠疫	
	患	死	患	死	患	死	患	死	患	死	患	死	患	死	患	死	患	死	患	死	患	死
義烏											14											
永康											27											
湯溪											34	2										
東陽											10											
桐廬											15											
建德											21											
磐安											4											
衢縣											27		1									
開化			2	2							34								5			
遂安			2		31	3	2		4		54	6	1		2							
常山			2								25											
龍游											14											
壽昌											11											
臨海											9		6	1								

33 32

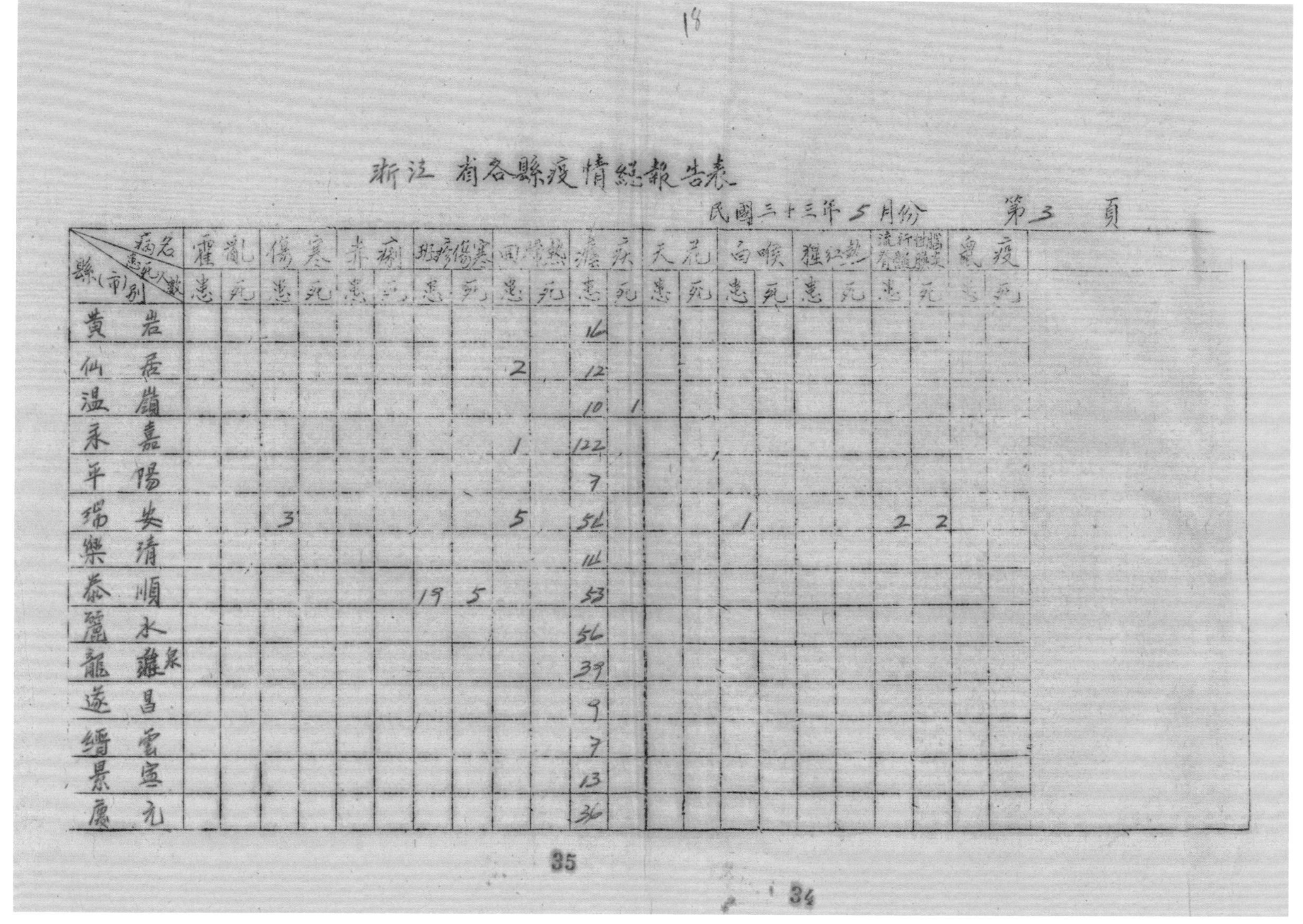

18

浙江省各縣疫情總報告表

民國三十三年5月份　　第3頁

病名 / 患死人數 / 縣(市)别	霍亂		傷寒		赤痢		斑疹傷寒		回歸熱		瘧疾		天花		白喉		猩紅熱		流行性腦脊髓膜炎		鼠疫	
	患	死	患	死	患	死	患	死	患	死	患	死	患	死	患	死	患	死	患	死	患	死
黄岩											16											
仙居									2		12											
温嶺											10	1										
永嘉									1		122											
平陽											7											
瑞安			3						5		56				1				2	2		
樂清											11											
泰順							19	5			53											
麗水											56											
龍泉											39											
遂昌											9											
縉雲											7											
景寧											13											
慶元											36											

35

34

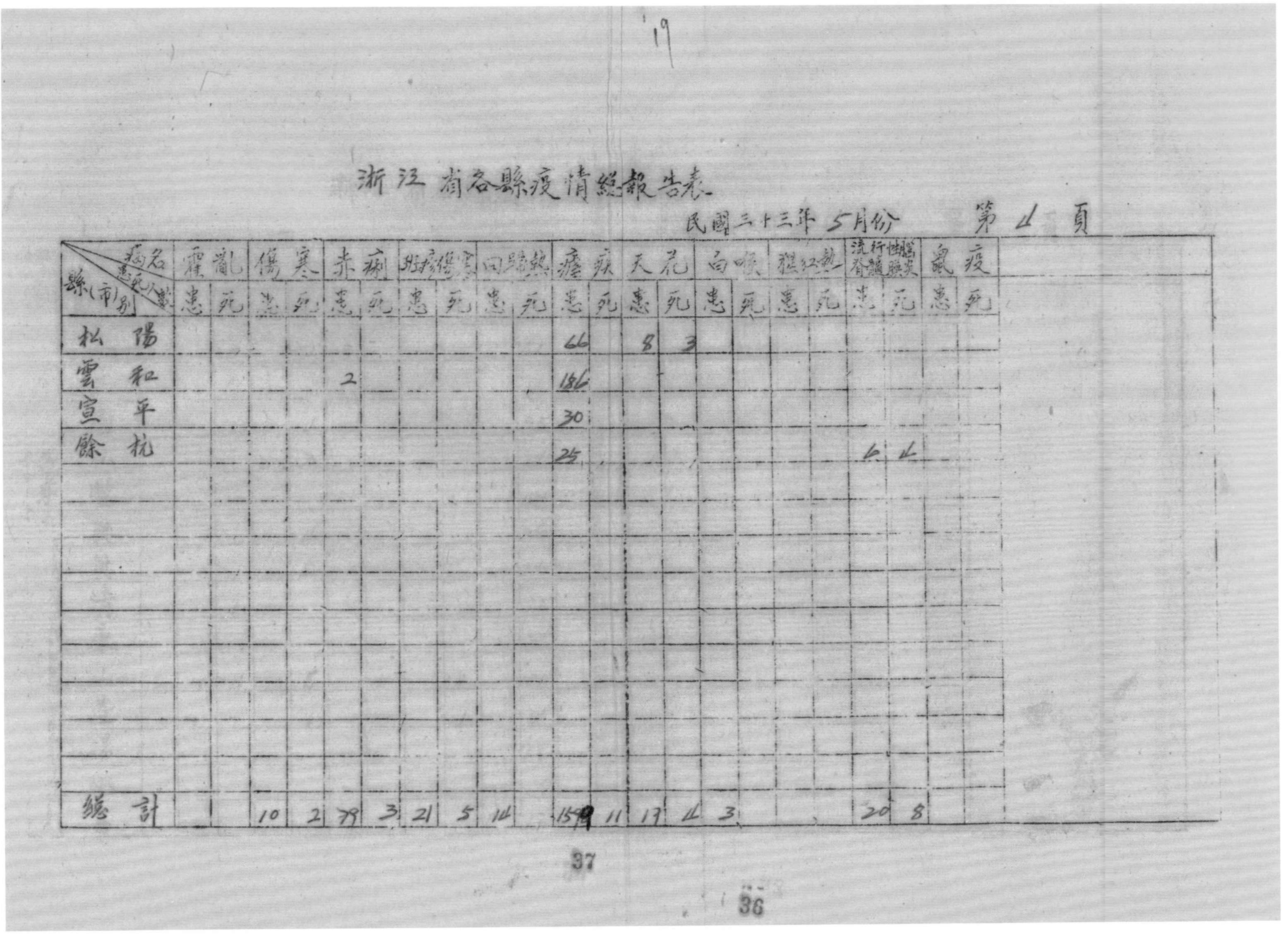

19

浙江省各縣疫情總報告表

民國三十三年5月份　第4頁

病名 / 患死人數 / 縣(市)別	霍亂		傷寒		赤痢		斑疹傷寒		回歸熱		瘧疾		天花		白喉		猩紅熱		流行性腦脊髓膜炎		鼠疫	
	患	死	患	死	患	死	患	死	患	死	患	死	患	死	患	死	患	死	患	死	患	死
松陽											66		8	3								
雲和					2						186											
宣平											30											
餘杭											25								4	4		
總計			10	2	79	3	21	5	14		1599	11	17	4	3				20	8		

37

36

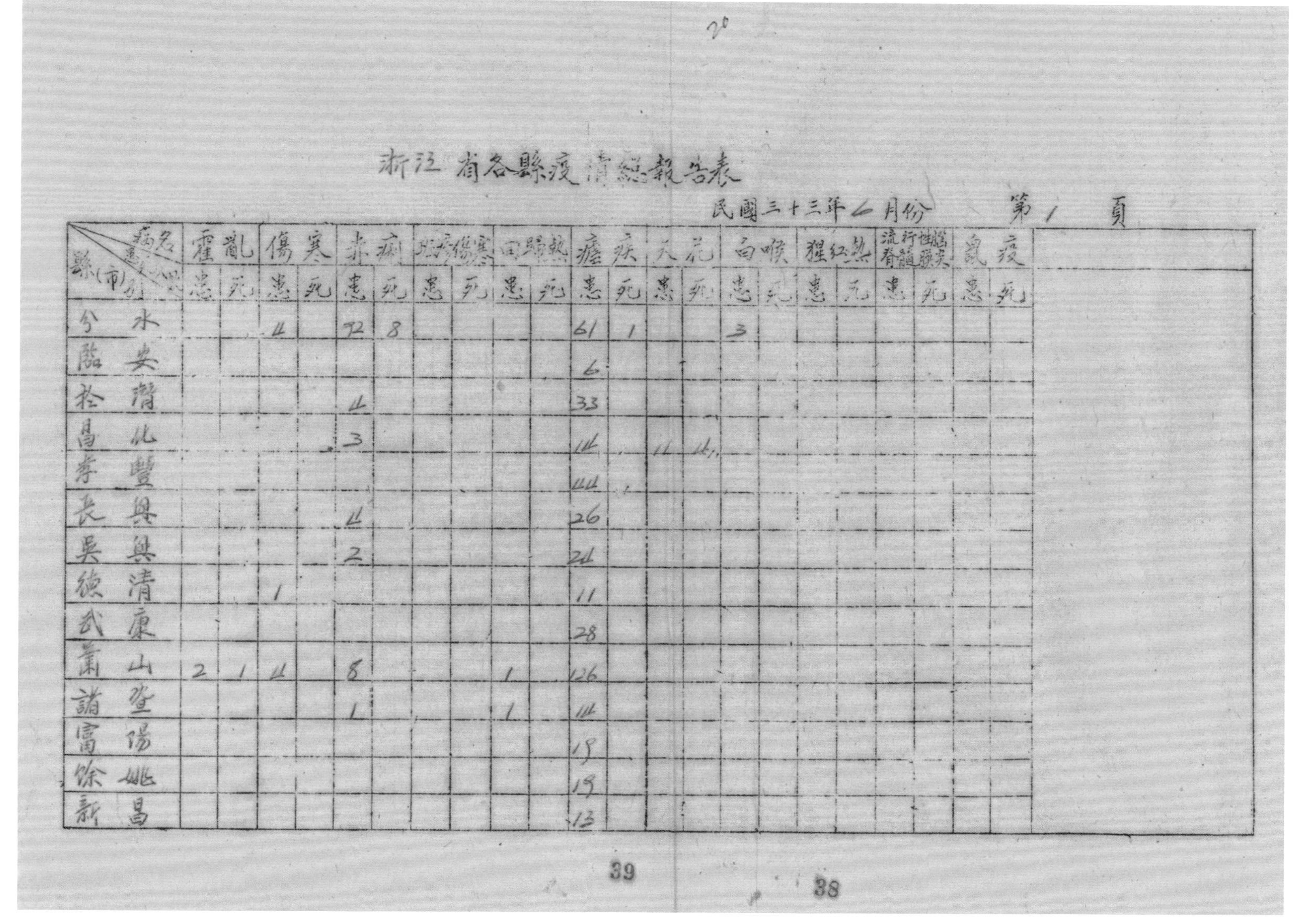

浙江省各縣疫情總報告表

民國三十三年6月份　第1頁

病名 / 患死人數 / 縣(市)別	霍亂		傷寒		赤痢		斑疹傷寒		回歸熱		瘧疾		天花		白喉		猩紅熱		流行性腦脊髓膜炎		鼠疫		
	患	死	患	死	患	死	患	死	患	死	患	死	患	死	患	死	患	死	患	死	患	死	
分水			4		72	8					61	1			3								
臨安											6												
於潛					4						33												
昌化					3						14		11	4									
孝豐											44												
長興					4						26												
吳興					2						24												
德清			1								11												
武康											28												
蕭山	2	1	4		8				1		126												
諸暨					1				1		14												
富陽											19												
餘姚											19												
新昌											13												

39　38

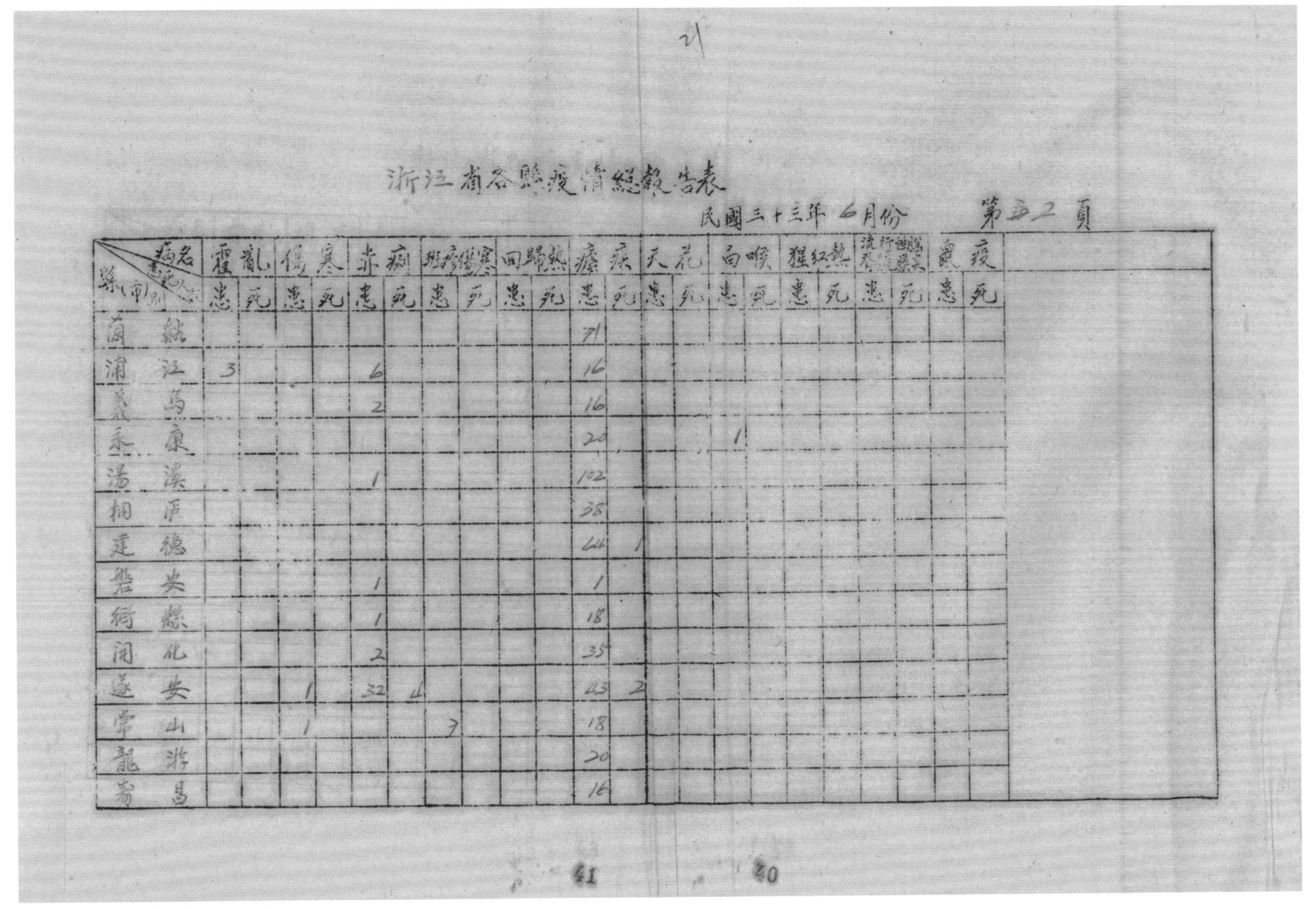

21

浙江省各縣疫情總報告表

民國三十三年6月份　第2頁

病名 / 患死人數 / 縣(市)別	霍亂 患	霍亂 死	傷寒 患	傷寒 死	赤痢 患	赤痢 死	斑疹傷寒 患	斑疹傷寒 死	回歸熱 患	回歸熱 死	瘧疾 患	瘧疾 死	天花 患	天花 死	白喉 患	白喉 死	猩紅熱 患	猩紅熱 死	流行性腦脊髓膜炎 患	流行性腦脊髓膜炎 死	鼠疫 患	鼠疫 死	
蘭谿											71												
浦江	3				6						16												
義烏					2						16												
永康											20				1								
湯溪					1						102												
桐廬											38												
建德											44	1											
磐安					1						1												
縉雲					1						18												
開化					2						35												
遂安			1		32	4					43	2											
常山			1				7				18												
龍游											20												
壽昌											16												

41　40

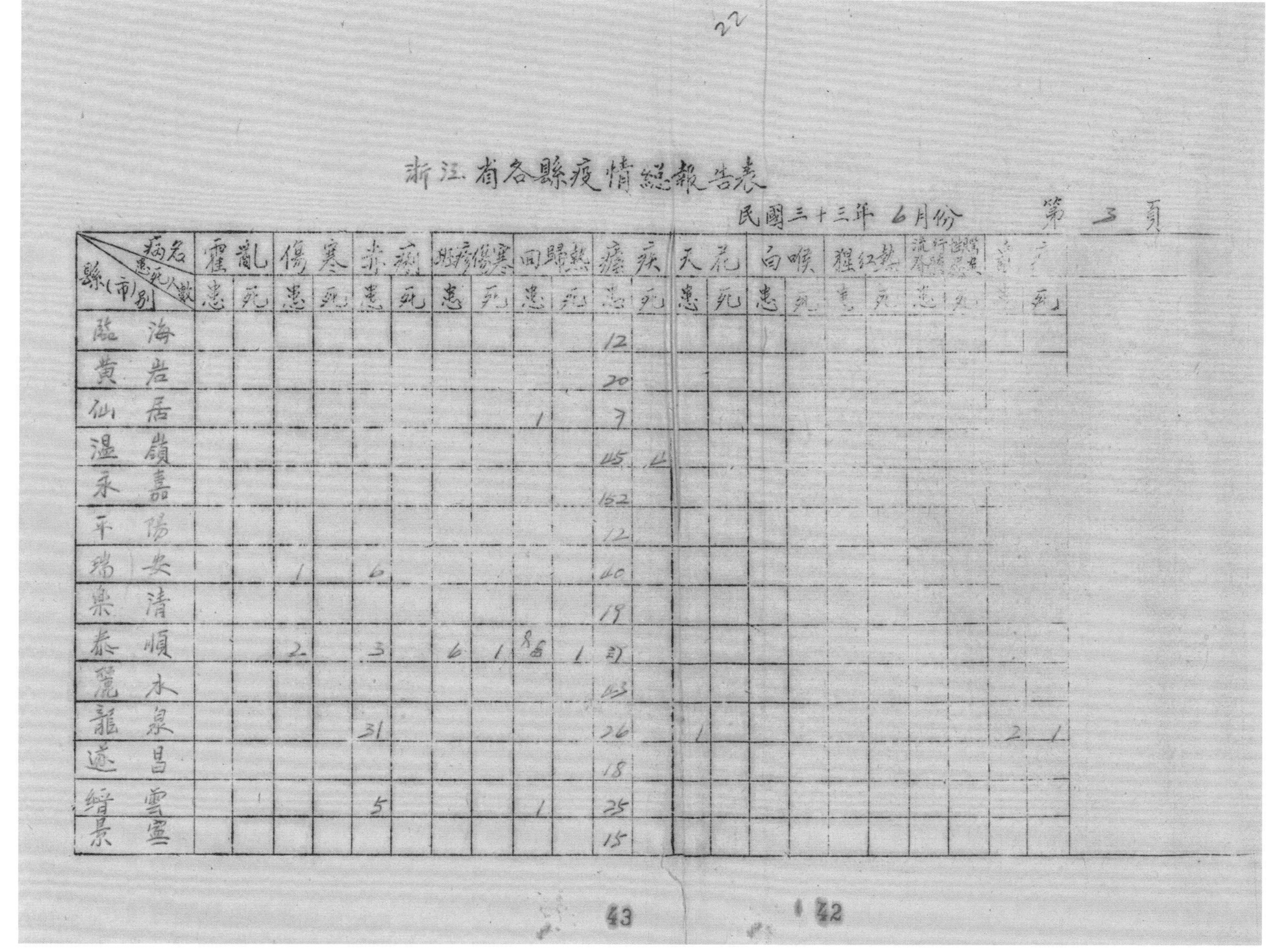

22

浙江省各縣疫情總報告表

民國三十三年6月份　　第3頁

縣(市)別 \ 病名 \ 患死人數	霍亂		傷寒		赤痢		斑疹傷寒		回歸熱		瘧疾		天花		白喉		猩紅熱		流行性腦脊髓膜炎		[illegible]	
	患	死	患	死	患	死	患	死	患	死	患	死	患	死	患	死	患	死	患	死	患	死
臨海											12											
黄岩											20											
仙居									1		7											
温嶺											45	2										
永嘉											152											
平陽											12											
瑞安			1		6						40											
樂清											19											
泰順			2		3		6	1	8 6	1	37											
麗水											43											
龍泉					31						26		1								2	1
遂昌											18											
縉雲		1			5				1		25											
景寧											15											

43　　42

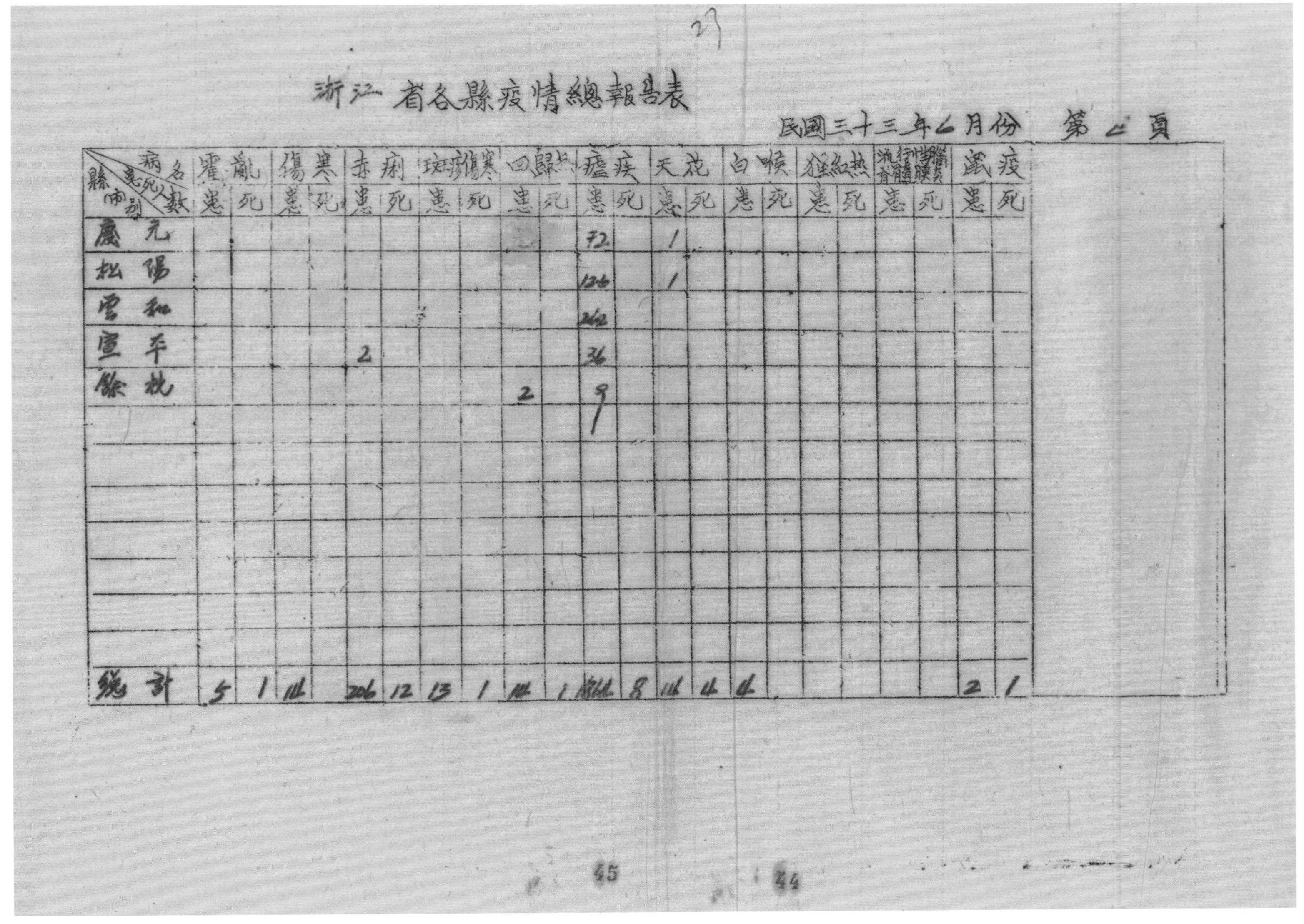

27

浙江省各縣疫情總報告表

民國三十三年六月份　第六頁

縣(市)別 \ 患死人數 \ 病名	霍亂 患	霍亂 死	傷寒 患	傷寒 死	赤痢 患	赤痢 死	斑疹傷寒 患	斑疹傷寒 死	回歸熱 患	回歸熱 死	瘧疾 患	瘧疾 死	天花 患	天花 死	白喉 患	白喉 死	猩紅熱 患	猩紅熱 死	流行性腦脊髓膜炎 患	流行性腦脊髓膜炎 死	鼠疫 患	鼠疫 死
慶元											72		1									
松陽											126		1									
雲和											262											
宣平					2						36											
餘杭									2		9											
總計	5	1	16		206	12	13	1	16	1	1866	8	16	6	6						2	1

45

44

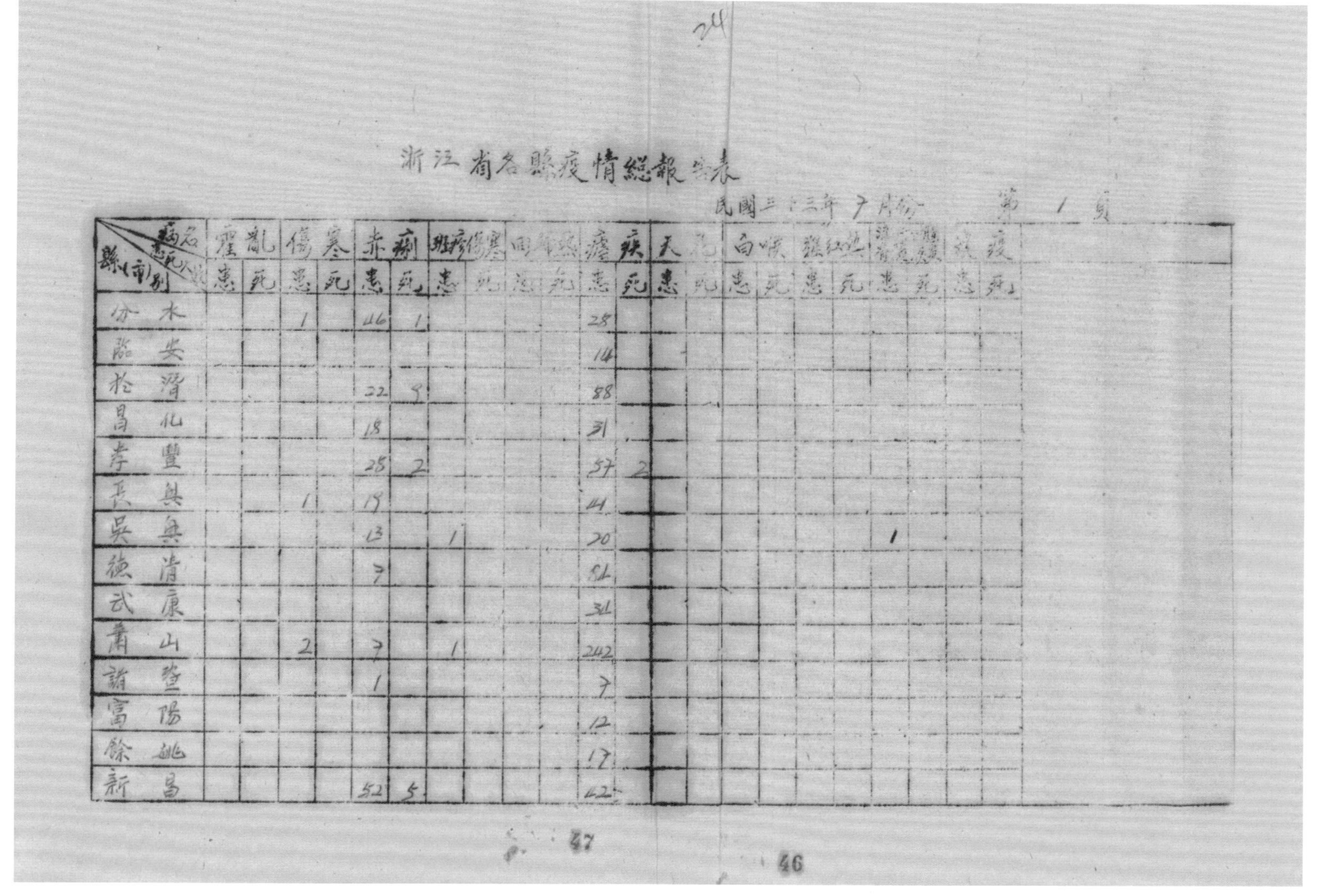

24

浙江省各縣疫情總報告表

民國三十三年?月份　　第1頁

縣（市）別 \ 病名 \ 患死人數	霍亂 患	霍亂 死	傷寒 患	傷寒 死	赤痢 患	赤痢 死	斑疹傷寒 患	斑疹傷寒 死	回歸熱 患	回歸熱 死	瘧疾 患	瘧疾 死	天花 患	天花 死	白喉 患	白喉 死	猩紅熱 患	猩紅熱 死	流行性腦脊髓膜炎 患	流行性腦脊髓膜炎 死	鼠疫 患	鼠疫 死
分水			1		46	1					28											
臨安											14											
於潛					22	8					88											
昌化					18						31											
孝豐					25	2					57	2										
長興			1		19						44											
吳興					13		1				20								1			
德清					7						84											
武康											34											
蕭山			2		7		1				242											
諸暨					1						7											
富陽											12											
餘姚											17											
新昌					52	5					42											

47　46

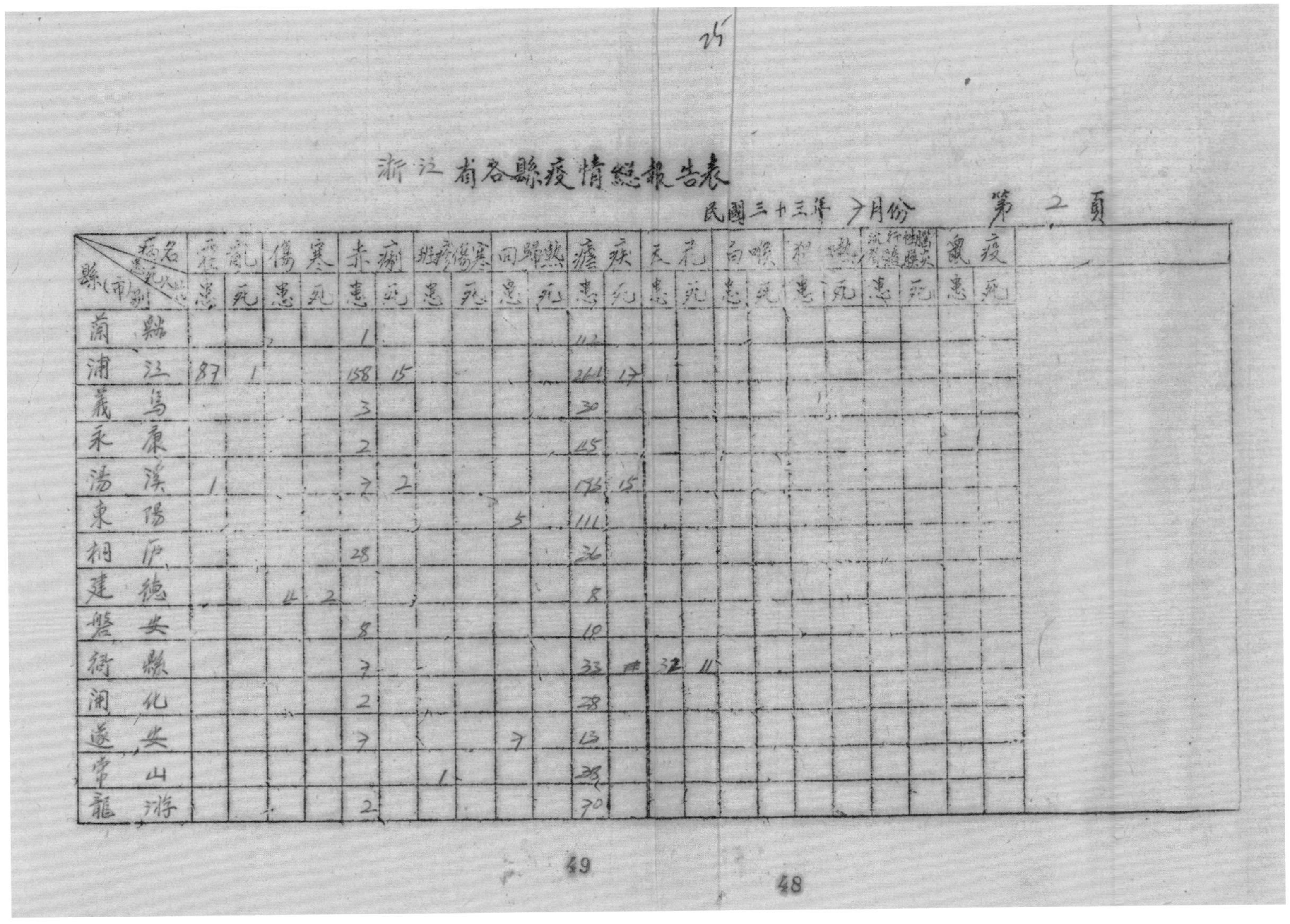

25

浙江省各縣疫情總報告表

民國三十三年7月份 第2頁

病名／患死人數／縣（市）別	霍亂		傷寒		赤痢		斑疹傷寒		回歸熱		瘧疾		天花		白喉		猩紅熱		流行性腦脊髓膜炎		鼠疫	
	患	死	患	死	患	死	患	死	患	死	患	死	患	死	患	死	患	死	患	死	患	死
蘭谿					1						112											
浦江	87	1			158	15					264	17										
義烏					3						30											
永康					2						45											
湯溪	1				7	2					173	15										
東陽									5		111											
桐廬					28						26											
建德			4	2							8											
磐安					8						10											
衢縣					7						33	[illegible]	32	11								
開化					2						28											
遂安					7				7		13											
常山							1				38											
龍游					2						70											

49

48

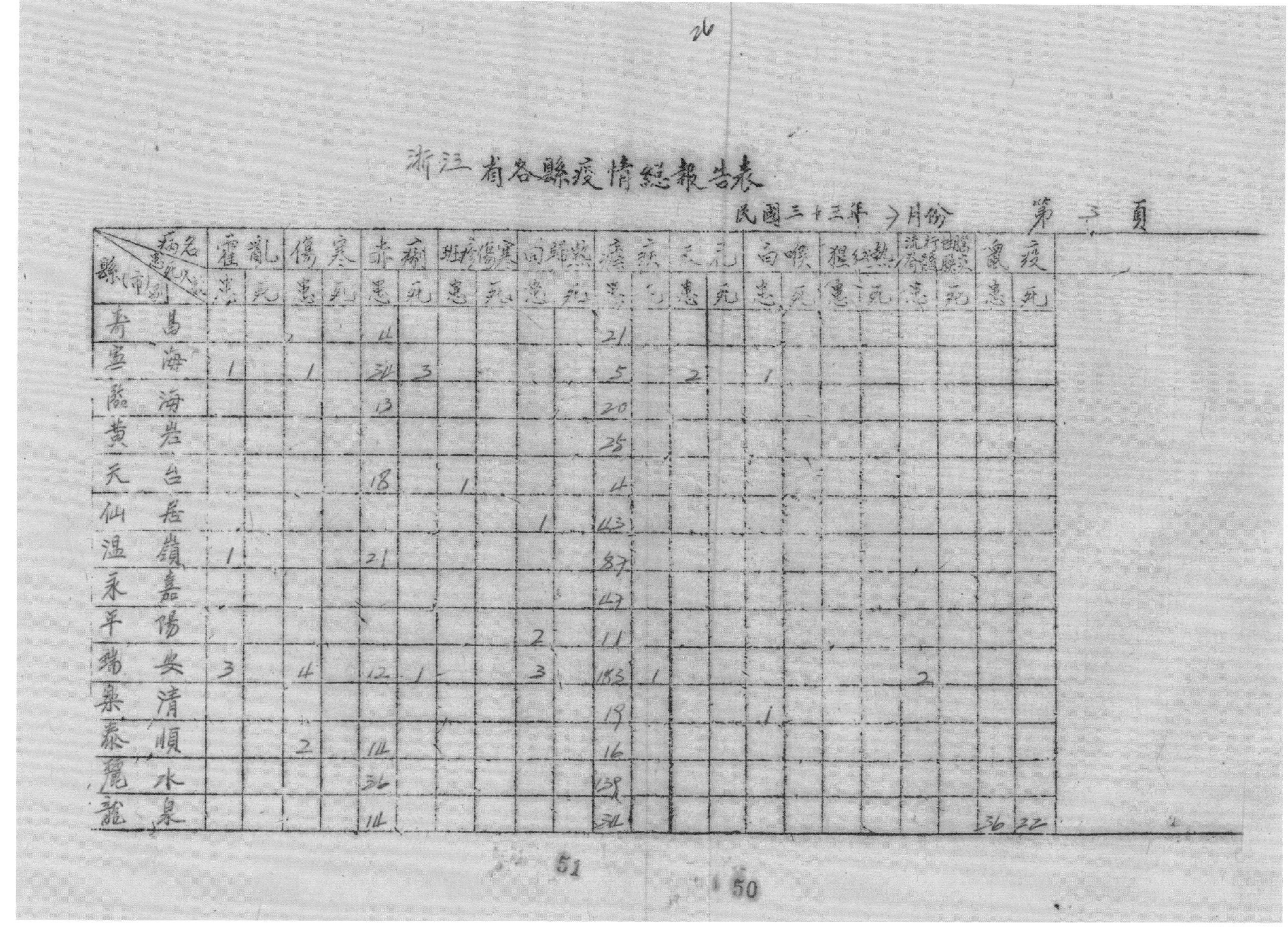

26

浙江省各縣疫情總報告表

民國三十三年七月份　第三頁

縣(市)別＼病名＼患死人數	霍亂 患	霍亂 死	傷寒 患	傷寒 死	赤痢 患	赤痢 死	斑疹傷寒 患	斑疹傷寒 死	回歸熱 患	回歸熱 死	瘧疾 患	瘧疾 死	天花 患	天花 死	白喉 患	白喉 死	猩紅熱 患	猩紅熱 死	流行性腦脊髓膜炎 患	流行性腦脊髓膜炎 死	鼠疫 患	鼠疫 死
壽昌					4						21											
寧海	1		1		34	3					5		2		1							
臨海					13						20											
黃岩											25											
天台					18		1				4											
仙居									1		43											
溫嶺	1				21						87											
永嘉											47											
平陽									2		11											
瑞安	3		4		12	1			3		183	1							2			
樂清											19				1							
泰順			2		14						16											
麗水					36						138											
龍泉					14						34										36	22

51　50

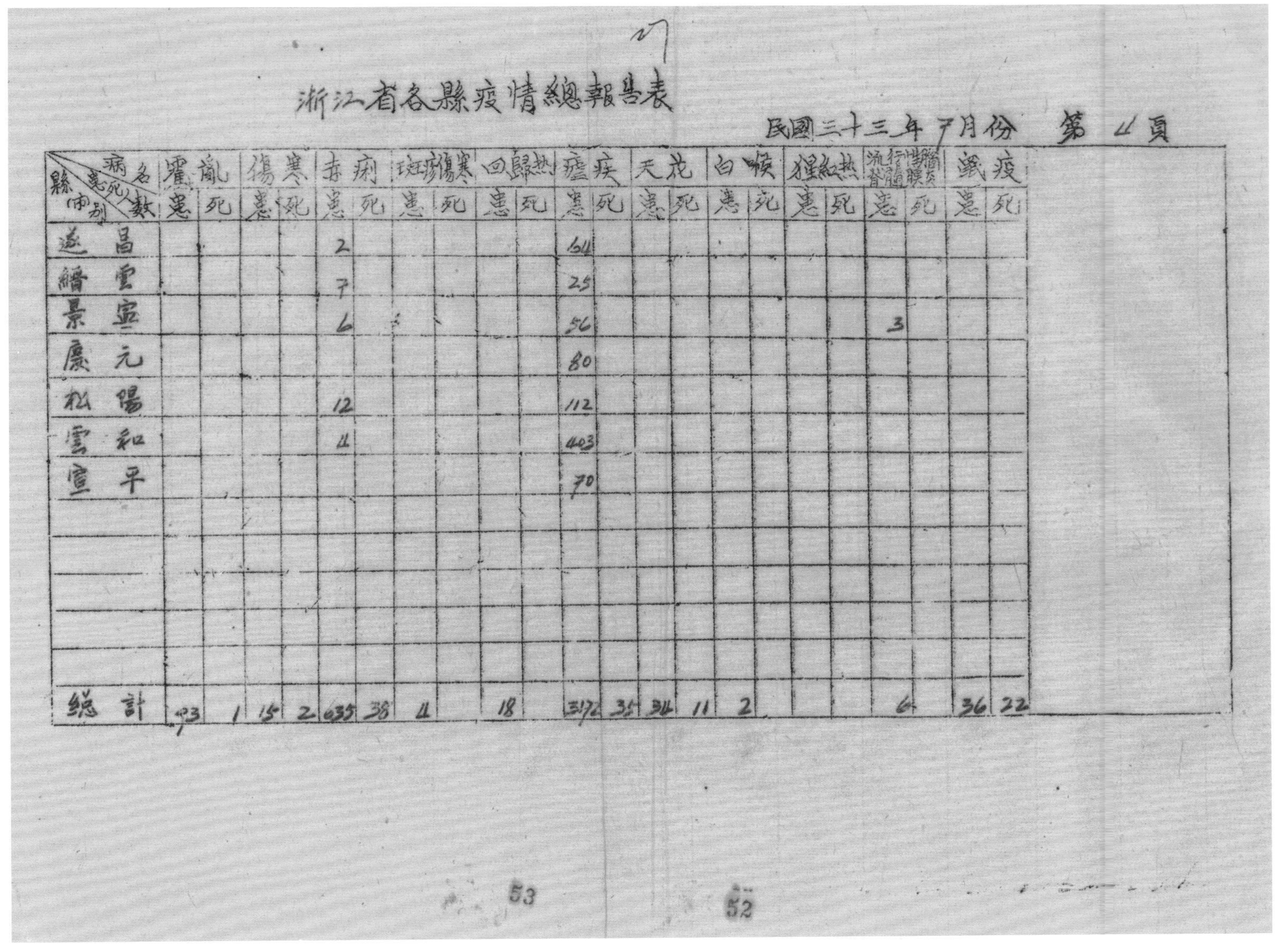

27

浙江省各縣疫情總報告表

民國三十三年7月份　第4頁

縣(市)別 \ 病名 \ 患死人數	霍亂		傷寒		赤痢		斑疹傷寒		回歸熱		瘧疾		天花		白喉		猩紅熱		流行性腦脊髓膜炎		鼠疫	
	患	死	患	死	患	死	患	死	患	死	患	死	患	死	患	死	患	死	患	死	患	死
遂昌					2						64											
縉雲					7						25											
景寧					6						56								3			
慶元											80											
松陽					12						112											
雲和					4						403											
宣平											70											
總計	93	1	15	2	635	38	4		18		3172	35	34	11	2				6		36	22

53

52

浙江省各縣疫情總報告表

民國三十二年5月份　第1頁

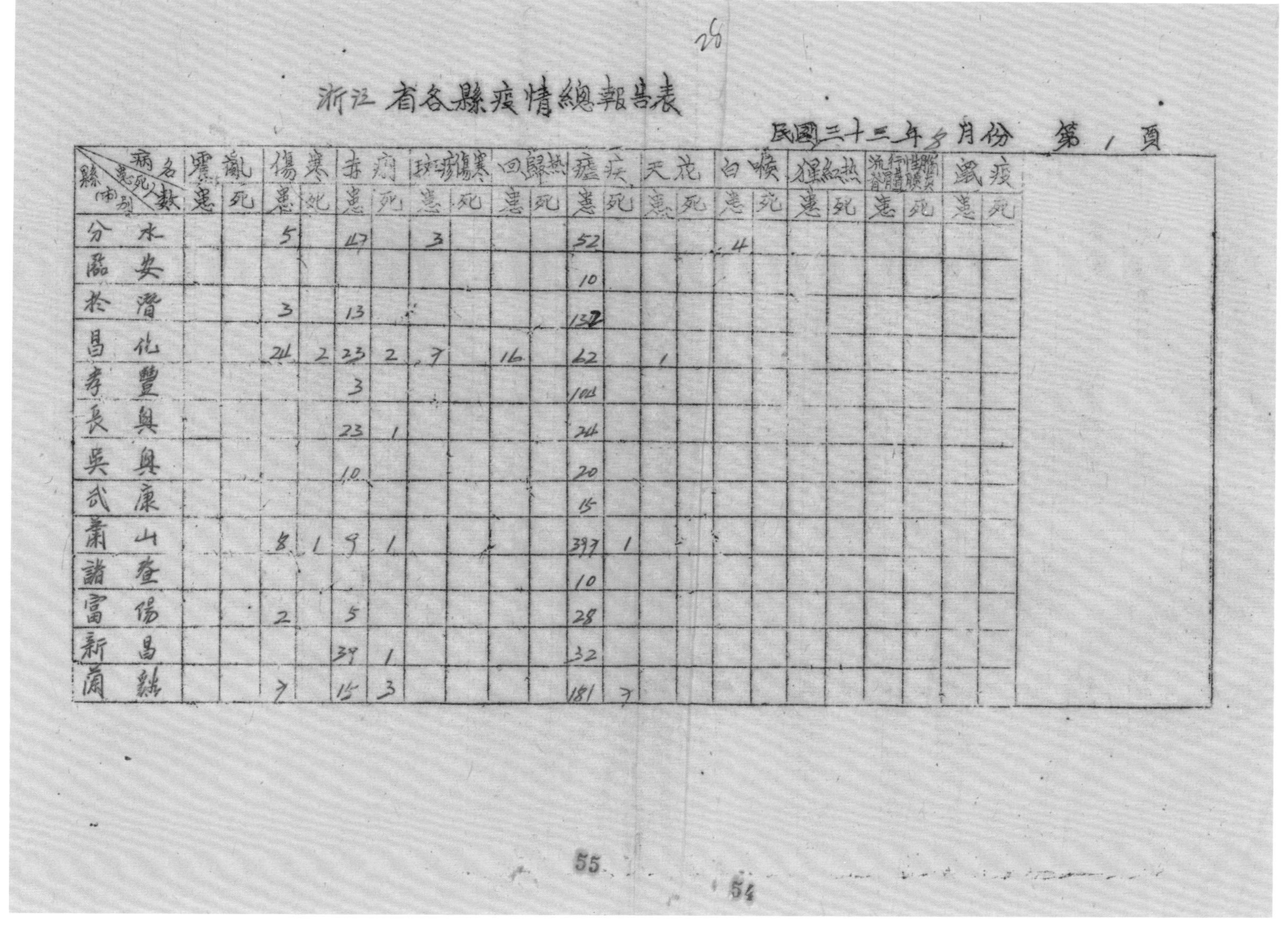

縣（市）別 \ 病名 患死人數	霍亂		傷寒		赤痢		斑疹傷寒		回歸熱		瘧疾		天花		白喉		猩紅熱		流行性腦脊髓膜炎		鼠疫		
	患	死	患	死	患	死	患	死	患	死	患	死	患	死	患	死	患	死	患	死	患	死	
分水			5		47		3				52				4								
臨安											10												
於潛			3		13						132												
昌化			24	2	23	2	7		16		62		1										
孝豐					3						101												
長興					23	1					24												
吳興					10						20												
武康											15												
蕭山			8	1	9	1					397	1											
諸暨											10												
富陽			2		5						28												
新昌					37	1					32												
蘭谿			7		15	3					181	7											

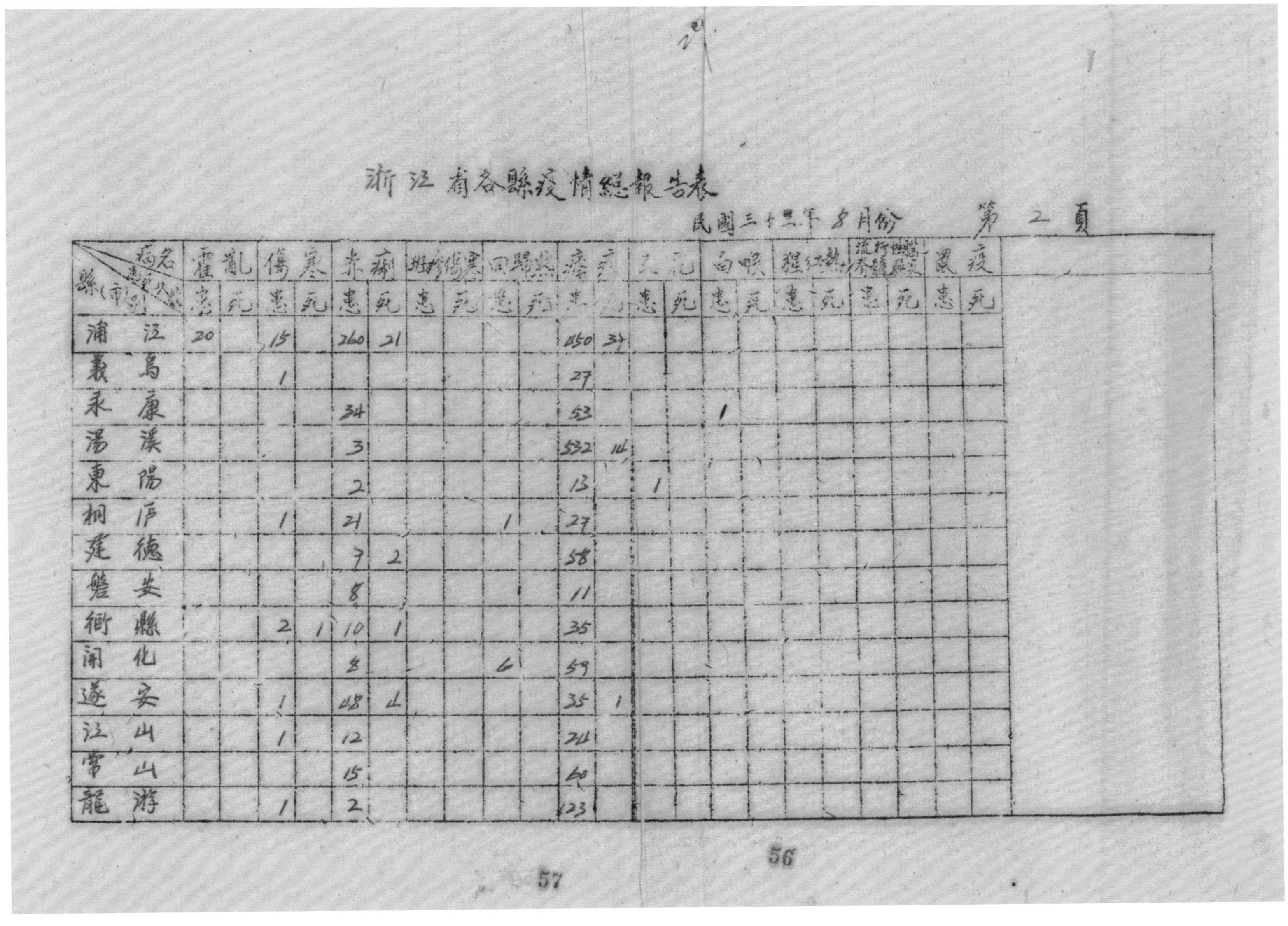

浙江省各縣疫情總報告表

民國三十四年8月份　第二頁

病名 患死人數 縣(市)別	霍亂		傷寒		赤痢		斑疹傷寒		回歸熱		瘧疾		天花		白喉		猩紅熱		流行性腦脊髓膜炎		鼠疫	
	患	死	患	死	患	死	患	死	患	死	患	死	患	死	患	死	患	死	患	死	患	死
浦江	20		15		260	21					450	34										
義烏			1								27											
永康					34						53				1							
湯溪					3						532	16										
東陽					2						13		1									
桐廬			1		21				1		27											
建德					7	2					58											
磐安					8						11											
衢縣			2	1	10	1					35											
開化					8				6		59											
遂安			1		48	4					35	1										
江山			1		12						241											
常山					15						60											
龍游			1		2						123											

57　56

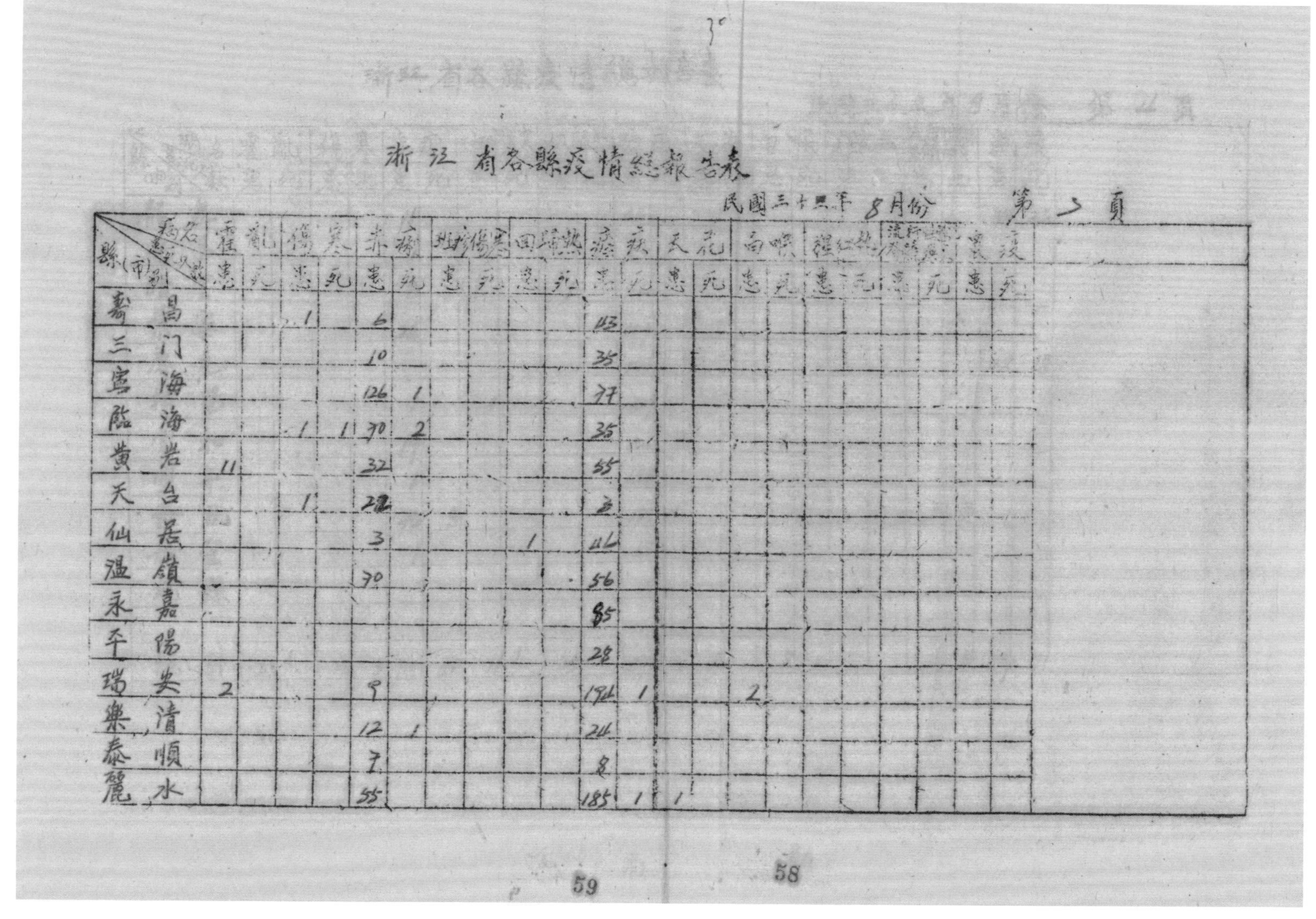

浙江省各縣疫情總報告表

民國三十四年 8月份　第 2 頁

縣(市)別 \ 病名	霍亂 患	霍亂 死	傷寒 患	傷寒 死	赤痢 患	赤痢 死	斑疹傷寒 患	斑疹傷寒 死	回歸熱 患	回歸熱 死	瘧疾 患	瘧疾 死	天花 患	天花 死	白喉 患	白喉 死	猩紅熱 患	猩紅熱 死	流行性腦脊髓膜炎 患	流行性腦脊髓膜炎 死	鼠疫 患	鼠疫 死
壽昌			1		6						43											
三门					10						35											
寧海					126	1					37											
臨海			1	1	70	2					35											
黃岩	11				32						55											
天台			1		22						3											
仙居					3				1		44											
溫嶺					70						56											
永嘉											85											
平陽											28											
瑞安	2				9						194	1			2							
樂清					12	1					24											
泰順					7						8											
麗水					55						185	1	1									

59　58

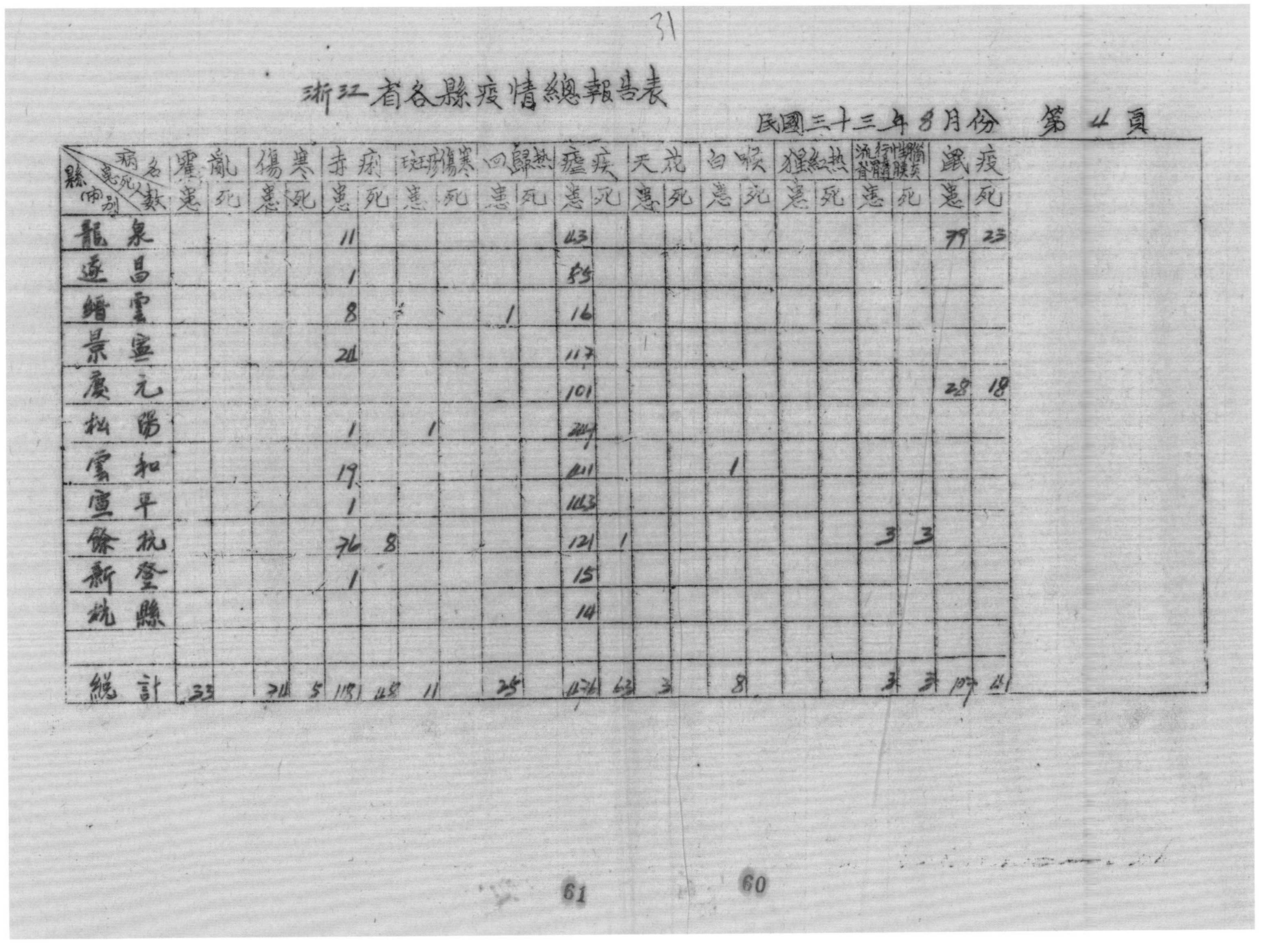

31

浙江省各縣疫情總報告表

民國三十三年8月份　第4頁

病名 患死人數 縣（市）別	霍亂		傷寒		赤痢		斑疹傷寒		回歸熱		瘧疾		天花		白喉		猩紅熱		流行性腦脊髓膜炎		鼠疫	
	患	死	患	死	患	死	患	死	患	死	患	死	患	死	患	死	患	死	患	死	患	死
龍泉					11						43										79	23
遂昌					1						55											
縉雲					8				1		16											
景寧					21						117											
慶元											101										28	18
松陽					1		1				204											
雲和					19						111				1							
宣平					1						143											
餘杭					76	8					121	1							3	3		
新登					1						15											
杭縣											14											
總計	33		711	5	1151	158	11		25		1276	63	3		8				3	3	107	41

61　60

32

浙江省各縣疫情總報告表

民國二十二年9月份　第1頁

病名 患死人數 縣(市)別	霍亂		傷寒		赤痢		斑疹傷寒		回歸熱		瘧疾		天花		白喉		猩紅熱		流行性腦脊髓膜炎		鼠疫		
	患	死	患	死	患	死	患	死	患	死	患	死	患	死	患	死	患	死	患	死	患	死	
分水			4	1	14	1	2				53				2								
臨安					1						34												
於潛					10		4				542												
昌化			29	3	8	2	13		32		93												
杭縣					4						75												
長興					6						32												
蕭山			3		6						82	1											
諸暨			3		15						101												
富陽											57												
新昌	4		2		31	1					61		1										
蘭谿											54	1											
浦江			102	7							127	14											
義烏					1						27												

63

62

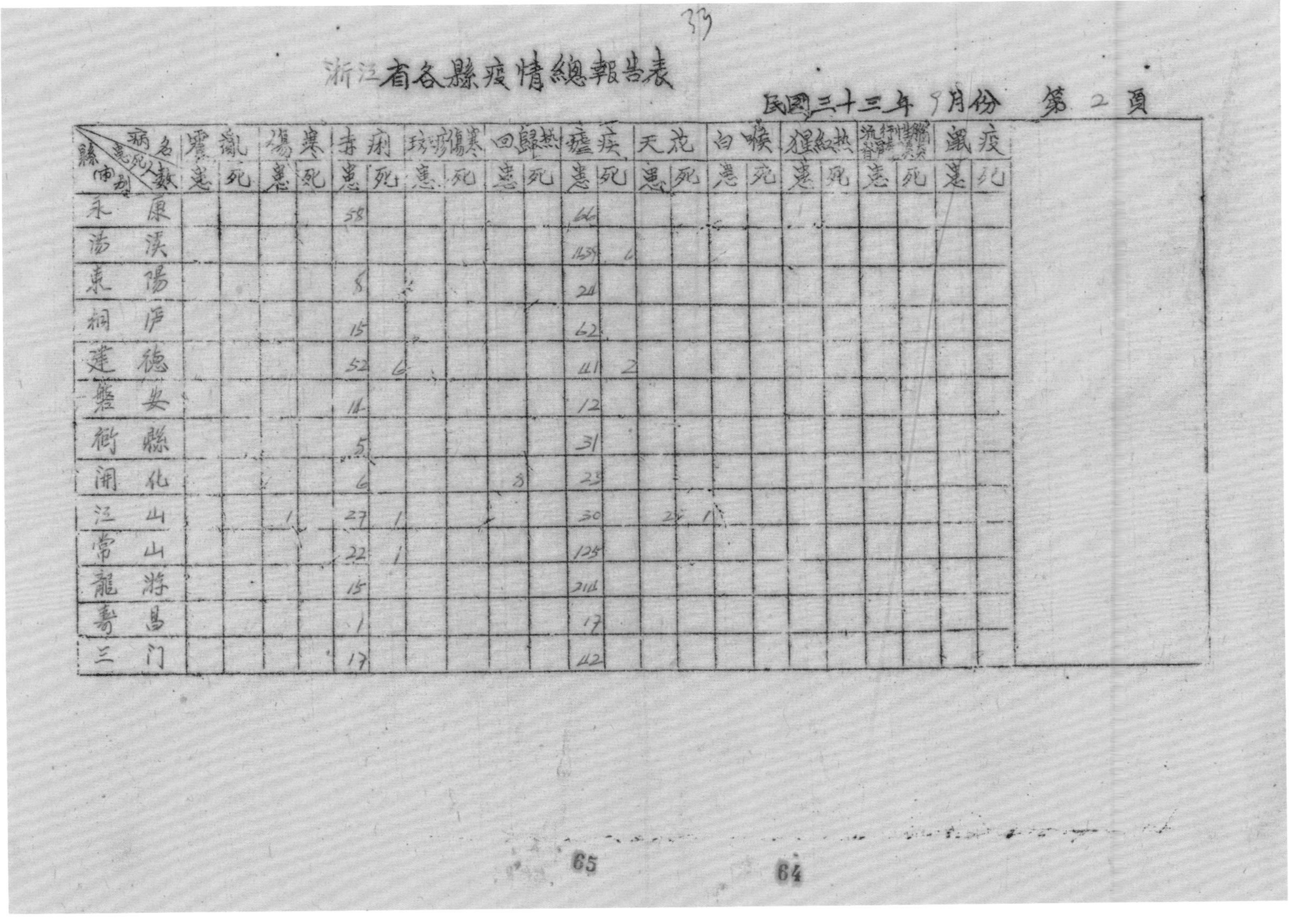

33

浙江省各縣疫情總報告表

民國三十三年9月份　第2頁

縣(市)別＼病名＼患死人數	霍亂 患	霍亂 死	傷寒 患	傷寒 死	赤痢 患	赤痢 死	斑疹傷寒 患	斑疹傷寒 死	回歸熱 患	回歸熱 死	瘧疾 患	瘧疾 死	天花 患	天花 死	白喉 患	白喉 死	猩紅熱 患	猩紅熱 死	流行性腦脊髓膜炎 患	流行性腦脊髓膜炎 死	鼠疫 患	鼠疫 死	
永康					58						66												
湯溪											1139	6											
東陽					8						211												
桐廬					15						62												
建德					52	6					41	2											
磐安					14						12												
衢縣					5						31												
開化					6				3		23												
江山			1		27	1					30		2	1									
常山					22	1					125												
龍游					15						214												
壽昌					1						17												
三门					17						42												

65　64

浙江省各縣疫情總報告表

民國三十三年9月份　第三頁

病名 / 患死人數 / 縣市別	霍亂 患	霍亂 死	傷寒 患	傷寒 死	赤痢 患	赤痢 死	斑疹傷寒 患	斑疹傷寒 死	回歸熱 患	回歸熱 死	瘧疾 患	瘧疾 死	天花 患	天花 死	白喉 患	白喉 死	猩紅熱 患	猩紅熱 死	流行性腦脊髓膜炎 患	流行性腦脊髓膜炎 死	鼠疫 患	鼠疫 死
寧海			8		37	2					55											
臨海			[illegible]	[illegible]	39	6					68	2										
天台			1		10						8											
仙居					19						38											
溫嶺					32						33											
永嘉											83											
平陽											21											
瑞安			3	1	10	1			3		138				1							
樂清					15						20											
麗水			1		101	1					207											
龍泉			2		8						57										219	22
遂昌											219											
縉雲			1		7						20											

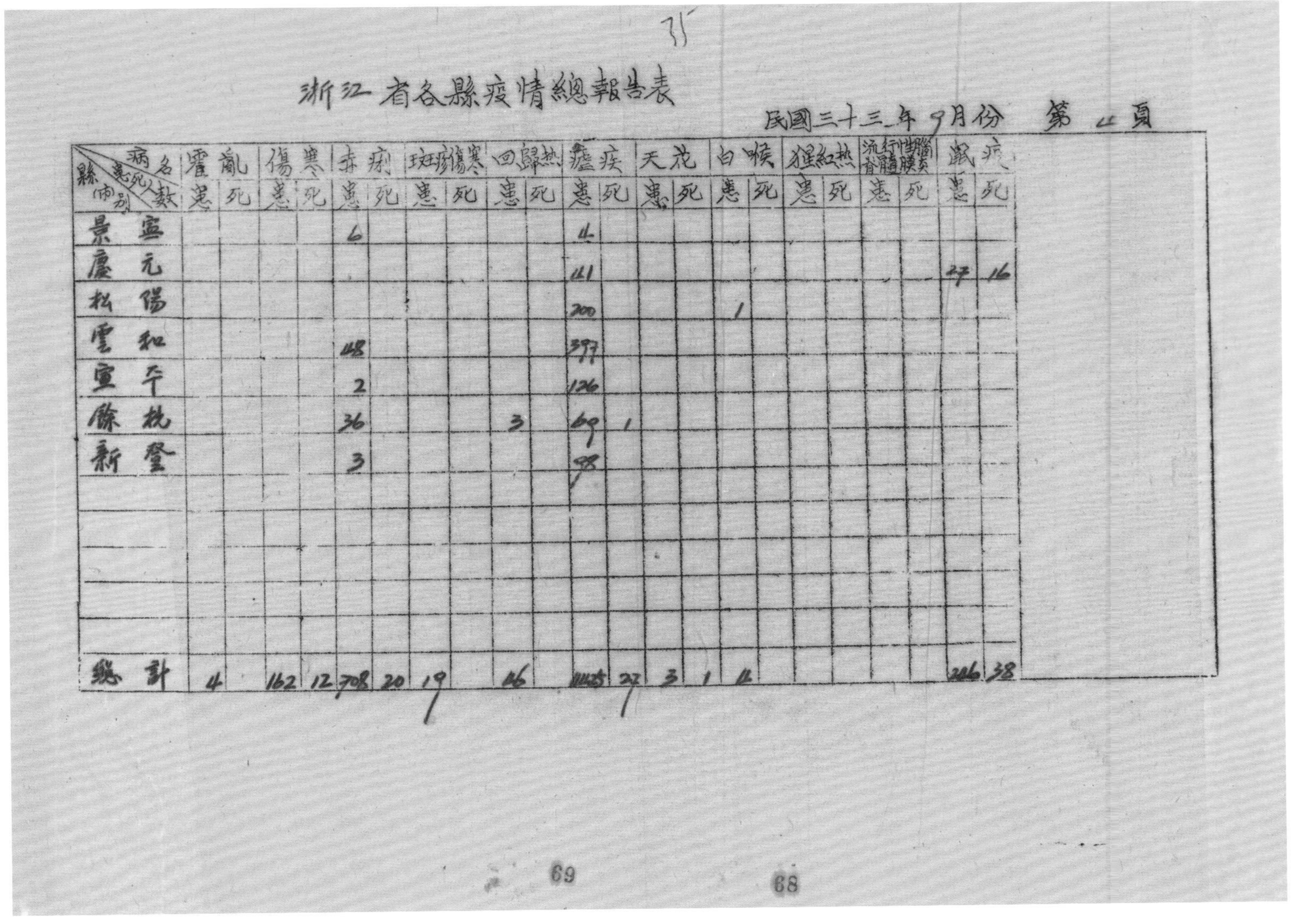

35

浙江省各縣疫情總報告表

民國三十三年9月份　第4頁

病名 / 患死人數 / 縣(市)別	霍亂		傷寒		赤痢		斑疹傷寒		回歸熱		瘧疾		天花		白喉		猩紅熱		流行性腦脊髓膜炎		鼠疫	
	患	死	患	死	患	死	患	死	患	死	患	死	患	死	患	死	患	死	患	死	患	死
景寧					6						4											
慶元											141										27	16
松陽											200				1							
雲和					148						397											
宣平					2						126											
餘杭					36				3		69	1										
新登					3						98											
總計	4		162	12	708	20	19		46		11425	27	3	1	4						226	38

69

68

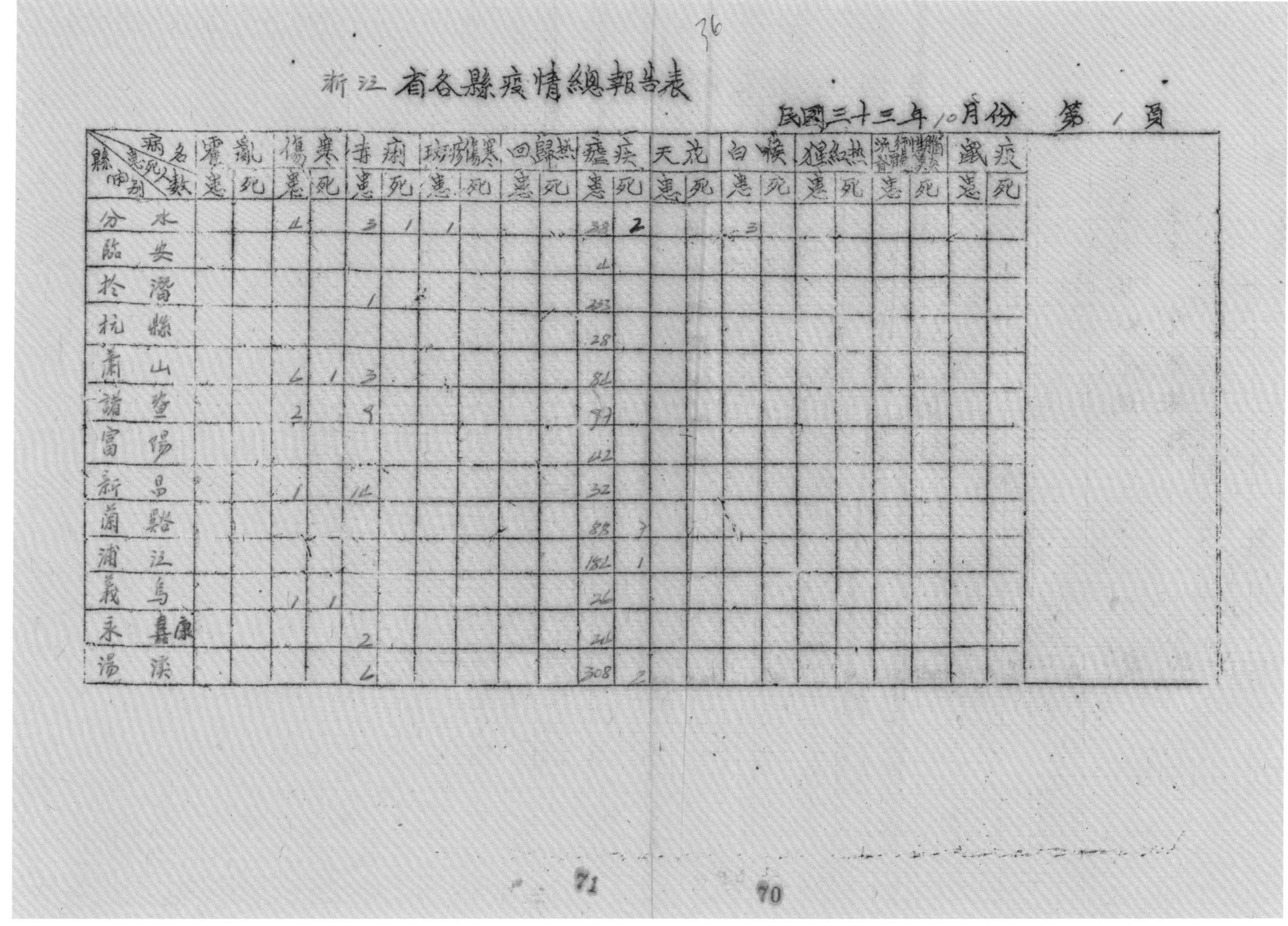

36

浙江省各縣疫情總報告表

民國三十三年10月份　第1頁

病名/患死人數/縣(市)別	霍亂		傷寒		赤痢		斑疹傷寒		回歸熱		瘧疾		天花		白喉		猩紅熱		流行性腦脊髓膜炎		鼠疫		
	患	死	患	死	患	死	患	死	患	死	患	死	患	死	患	死	患	死	患	死	患	死	
分水			4		3	1	1				38	2			3								
臨安											4												
於潛					1						233												
杭縣											28												
蕭山			4	1	3						84												
諸暨			2		9						77												
富陽											42												
新昌			1		14						32												
蘭谿											88	7											
浦江											182	1											
義烏			1	1							26												
永康					2						24												
湯溪					4						308	2											

71　70

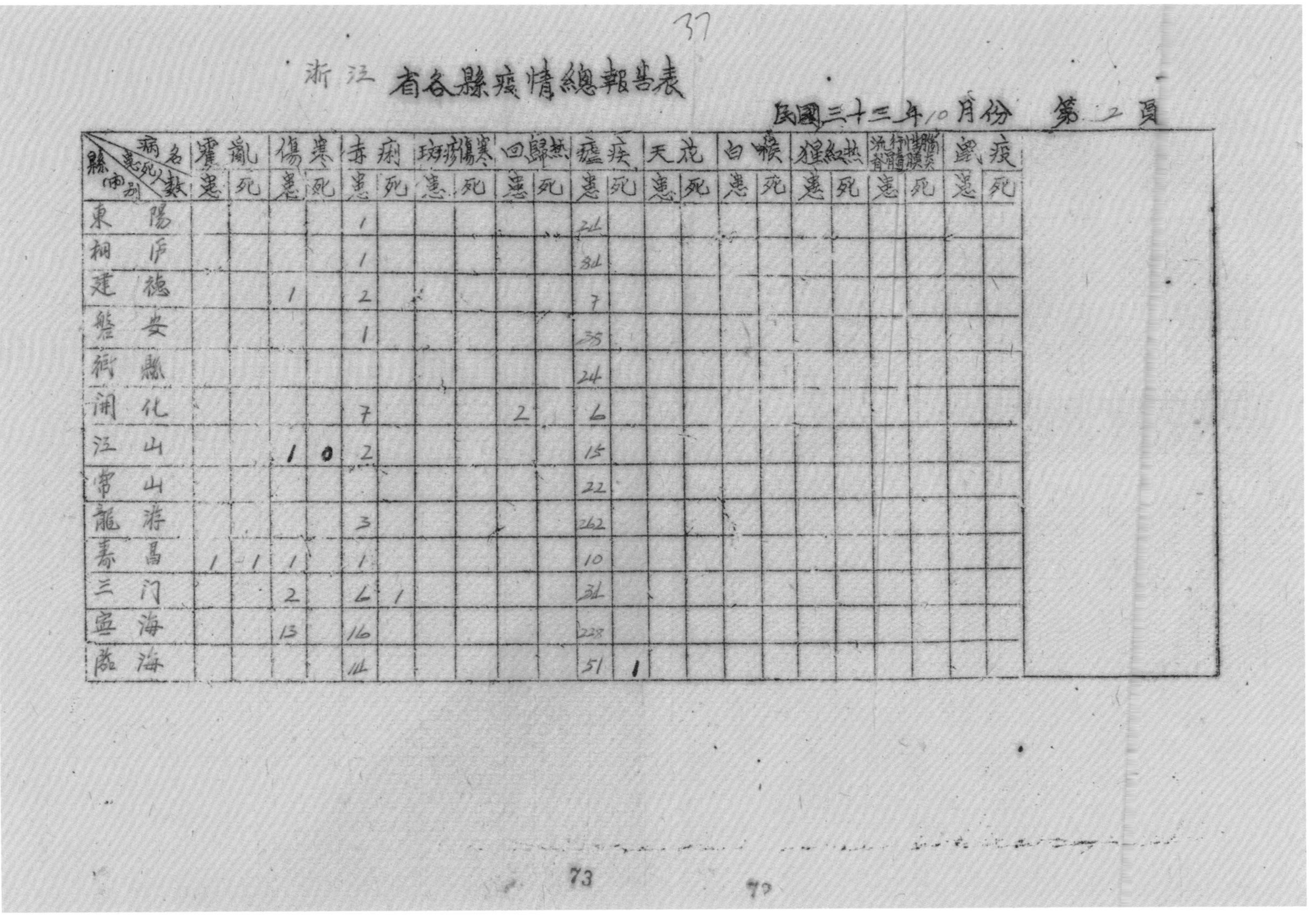

37

浙江省各縣疫情總報告表

民國三十三年10月份 第2頁

縣（市）別 \ 患死人數 \ 病名	霍亂 患	霍亂 死	傷寒 患	傷寒 死	赤痢 患	赤痢 死	斑疹傷寒 患	斑疹傷寒 死	回歸熱 患	回歸熱 死	瘧疾 患	瘧疾 死	天花 患	天花 死	白喉 患	白喉 死	猩紅熱 患	猩紅熱 死	流行性腦脊髓膜炎 患	流行性腦脊髓膜炎 死	鼠疫 患	鼠疫 死
東陽					1						24											
桐廬					1						84											
建德			1		2						7											
磐安					1						35											
衢縣											24											
開化					7				2		6											
江山			1	0	2						15											
常山											22											
龍游					3						262											
壽昌	1	1	1		1						10											
三门			2		6	1					34											
寧海			13		16						228											
臨海					14						51	1										

73

38

浙江省各縣疫情總報告表

民國三十二年10月份 第3頁

病名/患死人數/縣市別	霍亂 患	霍亂 死	傷寒 患	傷寒 死	赤痢 患	赤痢 死	斑疹傷寒 患	斑疹傷寒 死	回歸熱 患	回歸熱 死	瘧疾 患	瘧疾 死	天花 患	天花 死	白喉 患	白喉 死	猩紅熱 患	猩紅熱 死	流行性腦脊髓膜炎 患	流行性腦脊髓膜炎 死	鼠疫 患	鼠疫 死
黄岩					1						37											
天台					8						17											
仙居					1						17											
温嶺					10						16											
永嘉											35											
平陽											57											
瑞安			1		10						112	1			1				1	1		
樂清	1										22											
泰順											36											
麗水			1	1	7						63	2			1						3	3
龍泉			1		9						82										50	5
遂昌					3						129											
縉雲					1						15											

75

74

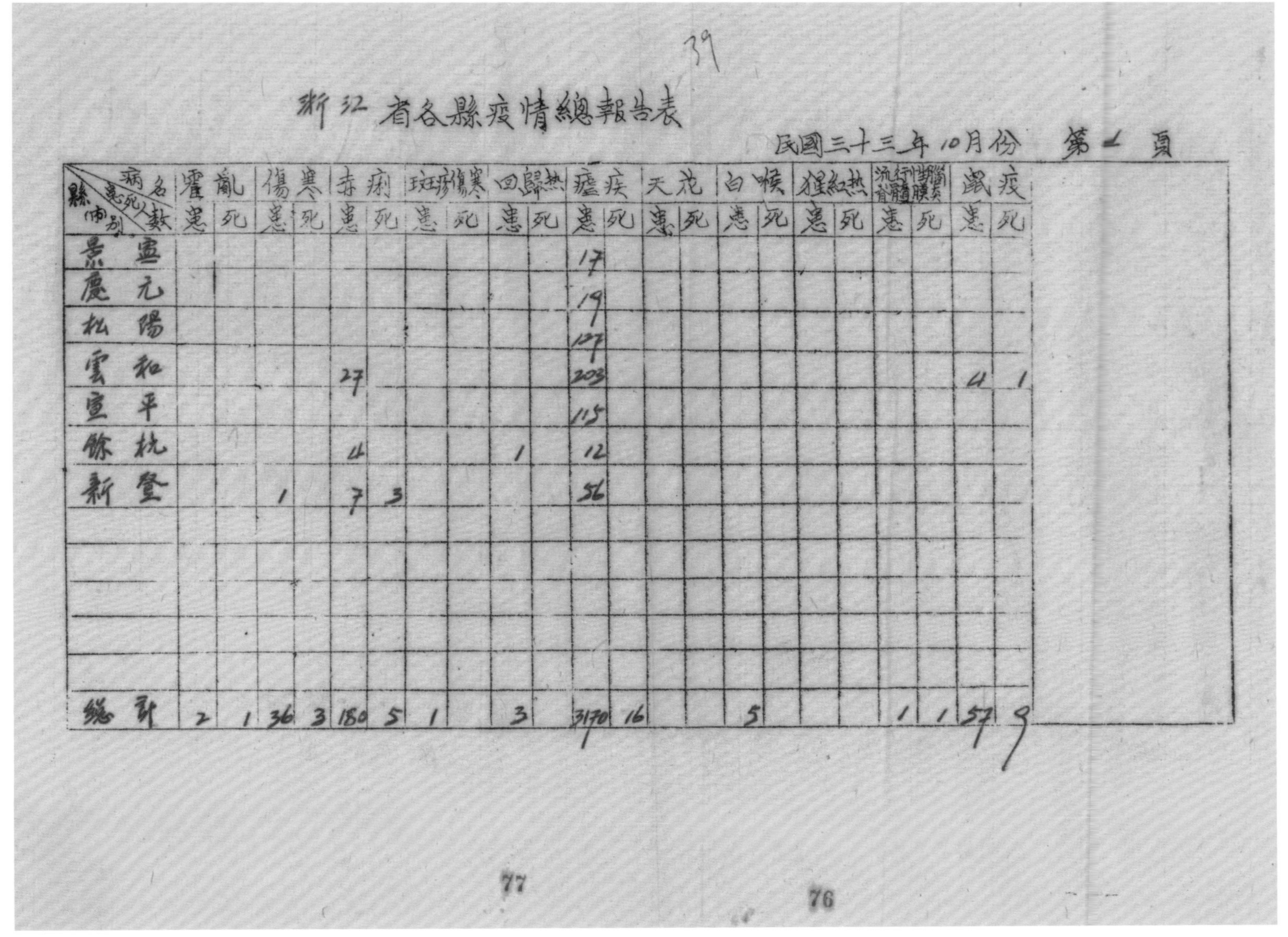

39

浙江省各縣疫情總報告表

民國三十三年10月份　第2頁

病名 / 患死人數 / 縣(市)別	霍亂 患	霍亂 死	傷寒 患	傷寒 死	赤痢 患	赤痢 死	斑疹傷寒 患	斑疹傷寒 死	回歸熱 患	回歸熱 死	瘧疾 患	瘧疾 死	天花 患	天花 死	白喉 患	白喉 死	猩紅熱 患	猩紅熱 死	流行性腦脊髓膜炎 患	流行性腦脊髓膜炎 死	鼠疫 患	鼠疫 死
景寧											17											
慶元											19											
松陽											127											
雲和					27						203										4	1
宣平											115											
餘杭					4				1		12											
新登			1		7	3					56											
總計	2	1	36	3	180	5	1		3		3170	16			5				1	1	57	9

77　76

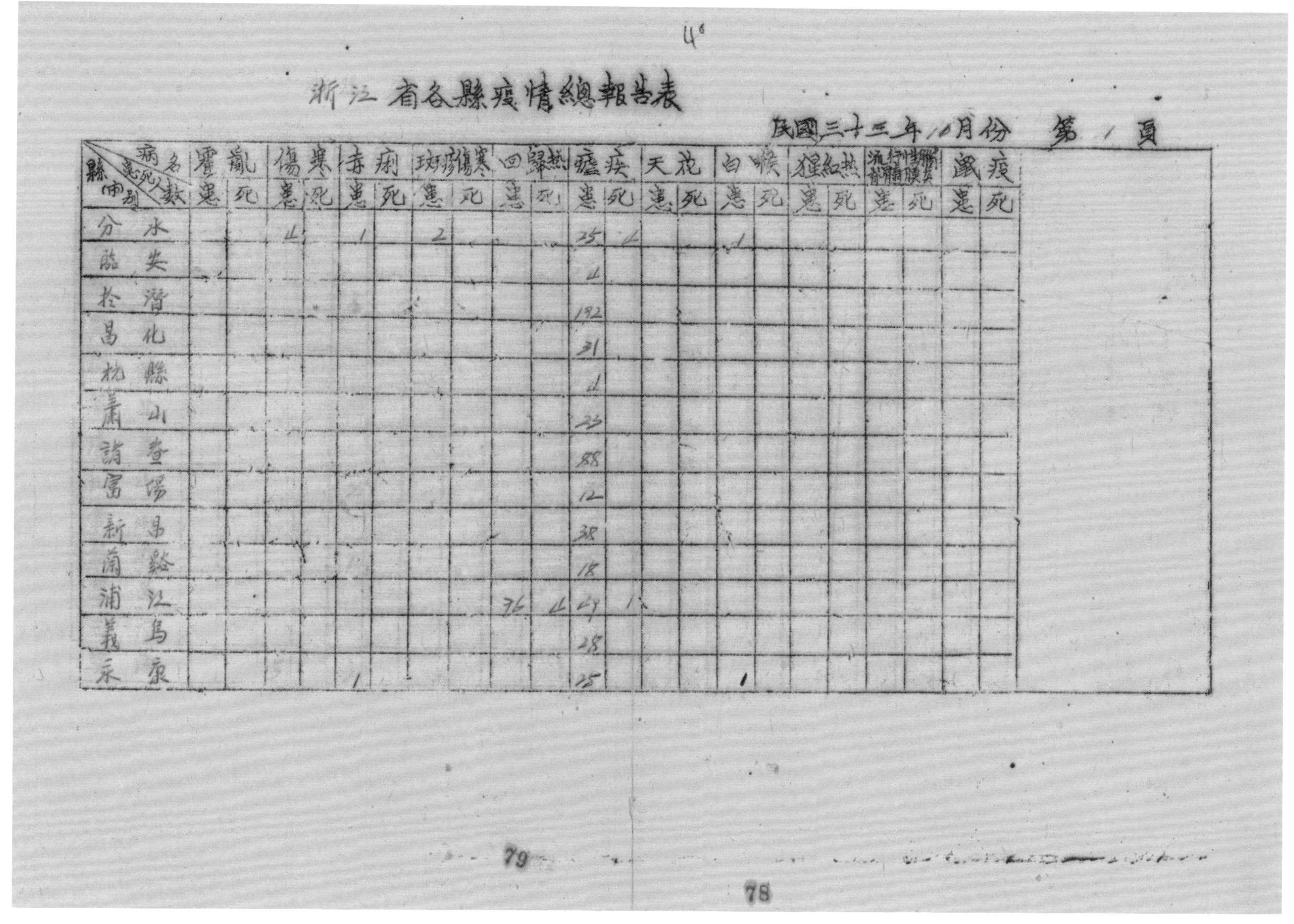

40

浙江省各縣疫情總報告表

民國三十三年10月份　第1頁

縣（市）別	霍亂 患	霍亂 死	傷寒 患	傷寒 死	赤痢 患	赤痢 死	斑疹傷寒 患	斑疹傷寒 死	回歸熱 患	回歸熱 死	瘧疾 患	瘧疾 死	天花 患	天花 死	白喉 患	白喉 死	猩紅熱 患	猩紅熱 死	流行性腦脊髓膜炎 患	流行性腦脊髓膜炎 死	鼠疫 患	鼠疫 死
分水			4		1		2				25	4			1							
臨安											4											
於潛											192											
昌化											31											
杭縣											4											
蕭山											23											
諸暨											88											
富陽											12											
新登											38											
蘭谿											18											
浦江									76	4	47	1										
義烏											28											
永康					1						25				1							

79

78

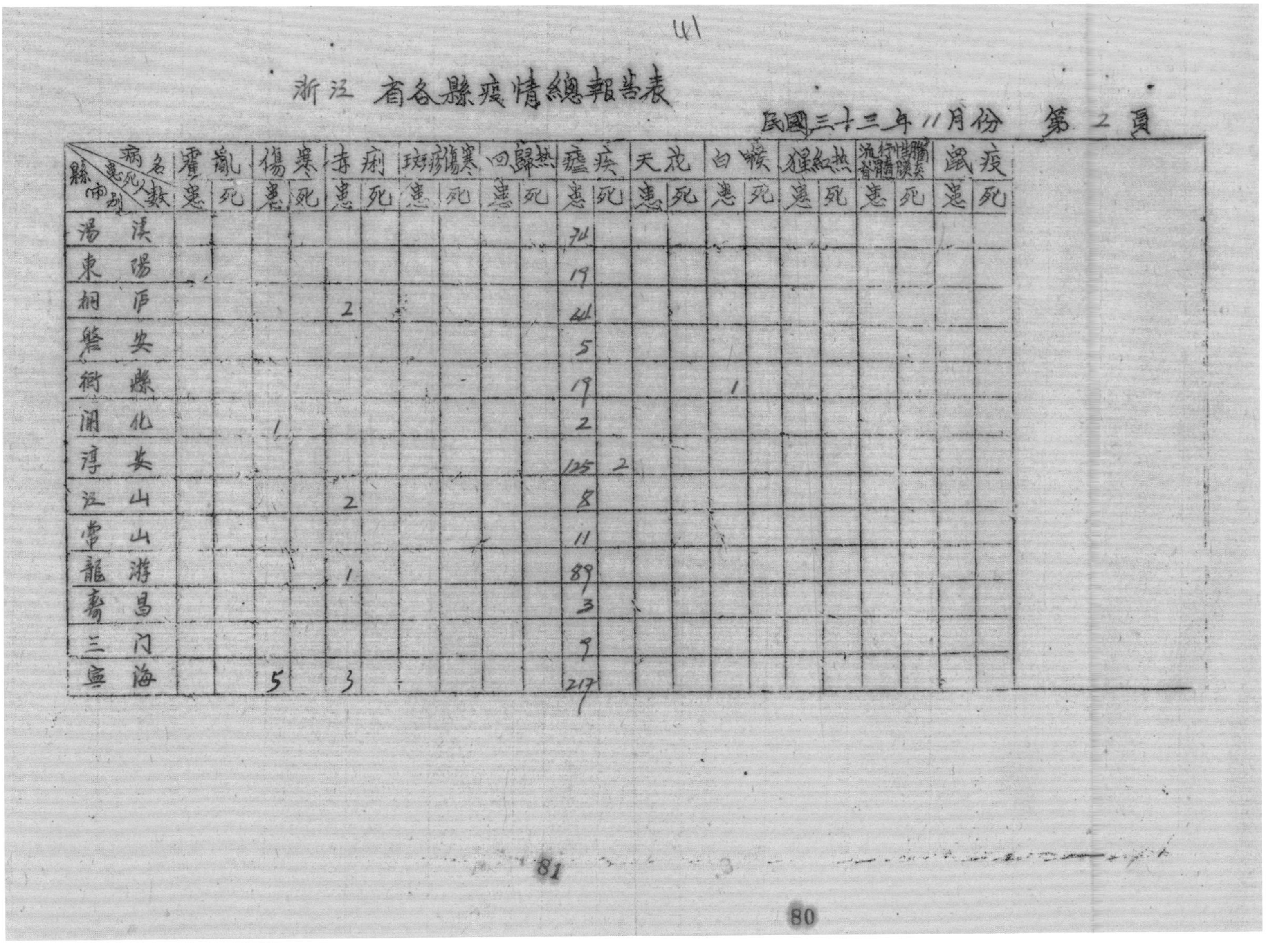

41

浙江省各縣疫情總報告表

民國三十三年11月份　第2頁

病名 患死人數 縣市別	霍亂		傷寒		赤痢		斑疹傷寒		回歸熱		瘧疾		天花		白喉		猩紅熱		流行性腦脊髓膜炎		鼠疫	
	患	死	患	死	患	死	患	死	患	死	患	死	患	死	患	死	患	死	患	死	患	死
湯溪											71											
東陽											19											
桐廬					2						44											
遂安											5											
衢縣											19				1							
開化			1								2											
淳安											125	2										
江山					2						8											
常山											11											
龍游					1						89											
壽昌											3											
三門											9											
寧海			5		3						217											

81

80

浙江省各縣疫情總報告表

民國三十三年11月份　第3頁

病名／患死人數／縣(市)別	霍亂 患	霍亂 死	傷寒 患	傷寒 死	赤痢 患	赤痢 死	斑疹傷寒 患	斑疹傷寒 死	回歸熱 患	回歸熱 死	瘧疾 患	瘧疾 死	天花 患	天花 死	白喉 患	白喉 死	猩紅熱 患	猩紅熱 死	流行性腦脊髓膜炎 患	流行性腦脊髓膜炎 死	鼠疫 患	鼠疫 死
臨海					5	1					21	1										
黃岩											33											
天台			2	[illegible]	4						3											
仙居											8											
温嶺			1		2						43											
永嘉											29											
平陽											56											
瑞安			1		4				2		51				6				1			
樂清											15											
泰順											49											
麗水																					44	20
龍泉					1						28	1									31	7
遂昌					2						40											

83

82

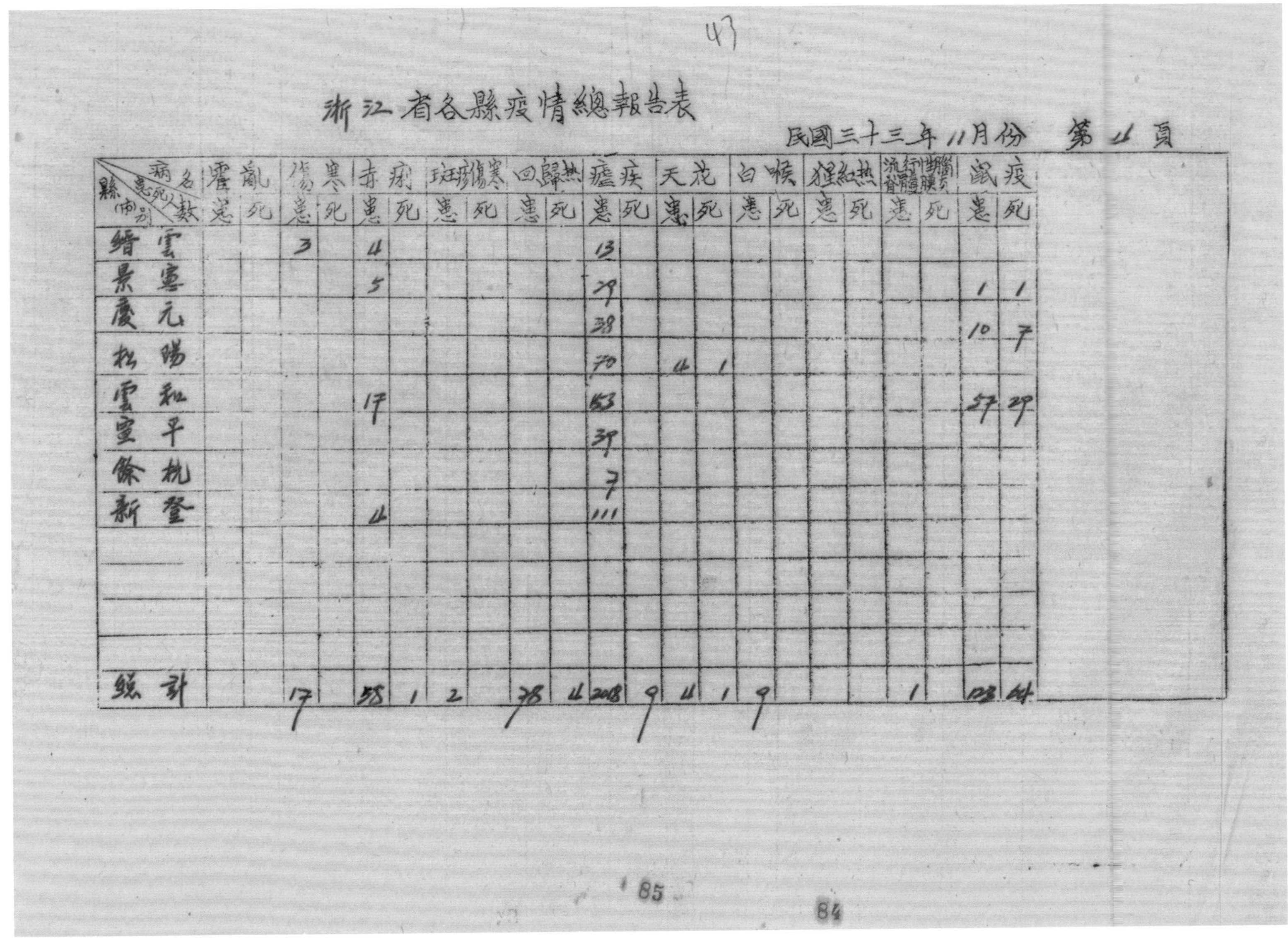

47

浙江省各縣疫情總報告表

民國三十三年11月份　第4頁

縣(市)別 \ 患死人數 \ 病名	霍亂 患	霍亂 死	傷寒 患	傷寒 死	赤痢 患	赤痢 死	斑疹傷寒 患	斑疹傷寒 死	回歸熱 患	回歸熱 死	瘧疾 患	瘧疾 死	天花 患	天花 死	白喉 患	白喉 死	猩紅熱 患	猩紅熱 死	流行性腦脊髓膜炎 患	流行性腦脊髓膜炎 死	鼠疫 患	鼠疫 死
縉雲			3		4						13											
景寧					5						29										1	1
慶元											38										10	7
松陽											70		4	1								
雲和					17						153										57	29
宣平											37											
餘杭											7											
新登					4						111											
總計			17		58	1	2		78	4	2018	9	4	1	9				1		128	64

85

84

44

浙江省各縣疫情總報告表

民國三十三年12月份 第1頁

病名 患死人數 縣別	霍亂 患	霍亂 死	傷寒 患	傷寒 死	赤痢 患	赤痢 死	斑疹傷寒 患	斑疹傷寒 死	回歸熱 患	回歸熱 死	瘧疾 患	瘧疾 死	天花 患	天花 死	白喉 患	白喉 死	猩紅熱 患	猩紅熱 死	流行性腦脊髓膜炎 患	流行性腦脊髓膜炎 死	鼠疫 患	鼠疫 死
分水			4		1		5				26	1			3							
臨安											1								1			
昌化											14								2	2		
蕭山											27											
諸暨											53											
富陽											3											
新昌					2						37											
蘭谿											19											
浦江											81											
義烏											5											
永康					6						21		1		1							
湯溪											7											
東陽											25											

87 86

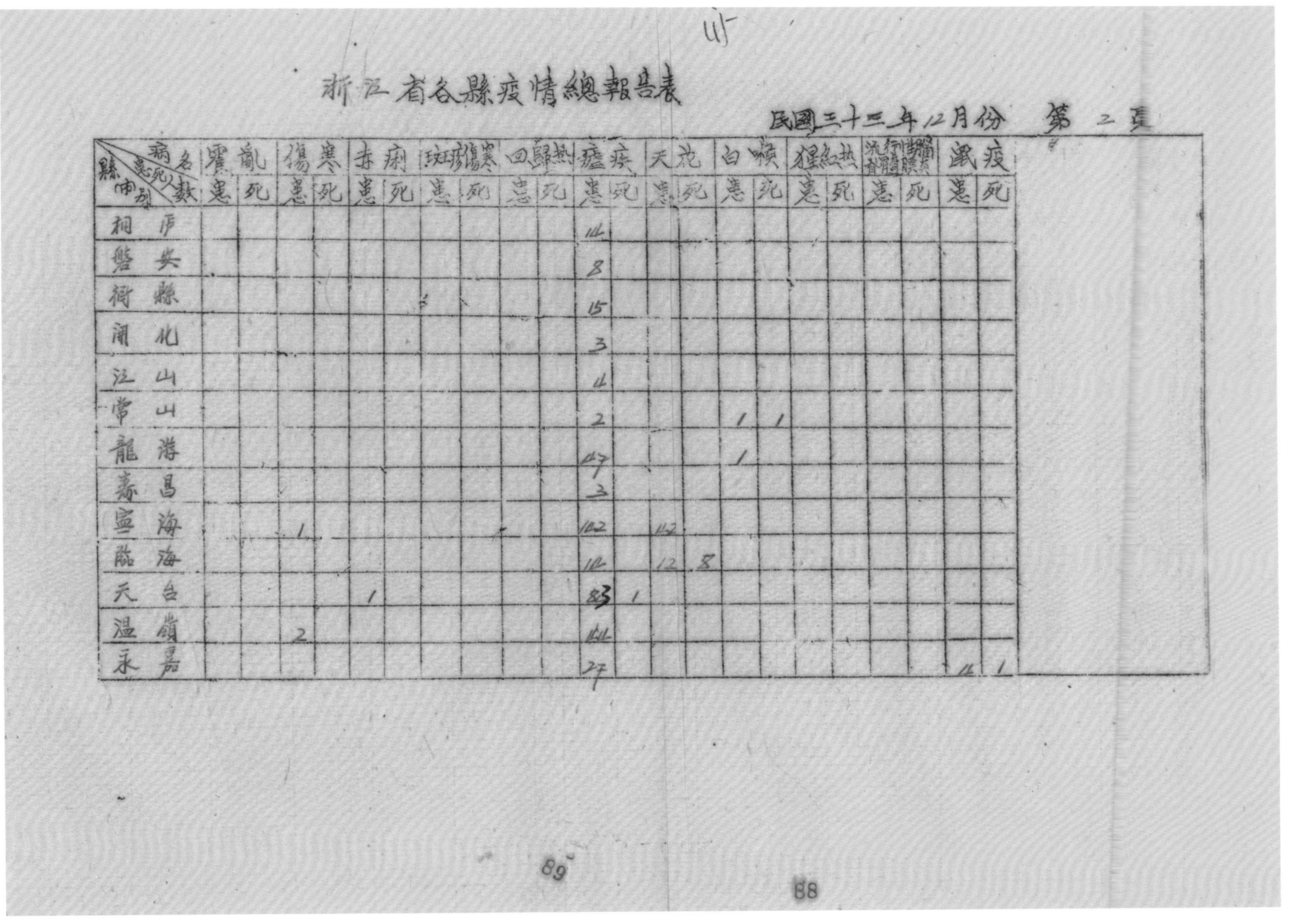

115

浙江省各县疫情总报告表

民国三十三年12月份　第二页

病名 / 患死人数 / 县(市)别	霍乱		伤寒		赤痢		斑疹伤寒		回归热		疟疾		天花		白喉		猩红热		流行性脑脊髓膜炎		鼠疫		
	患	死	患	死	患	死	患	死	患	死	患	死	患	死	患	死	患	死	患	死	患	死	
桐庐											11												
磐安											8												
衢县											15												
開化											3												
江山											4												
常山											2				1	1							
龙游											47				1								
寿昌											3												
宁海			1								102		112										
临海											11		12	8									
天台					1						83	1											
温岭			2								111												
永嘉											27										16	1	

89

88

46

浙江省各縣疫情總報告表

民國三十三年12月份　第3頁

縣（市）別＼患死人數＼病名	霍亂		傷寒		赤痢		斑疹傷寒		回歸熱		瘧疾		天花		白喉		猩紅熱		流行性腦脊髓膜炎		鼠疫		
	患	死	患	死	患	死	患	死	患	死	患	死	患	死	患	死	患	死	患	死	患	死	
平陽											27												
瑞安					6						57				6								
樂清	2										9	1											
泰順											36												
麗水																					33	11	
遂昌					3						21												
縉雲			1		3						17												
景寧											20												
慶元											25												
松陽											31										1	1	
雲和											115										115	21	
宣平											22												
新登			1	1							18												

91

90

45

浙江省各縣疫情總報告表

民國三十三年12月份　第4頁

病名 / 患死人數 / 縣(市)別	霍亂		傷寒		赤痢		斑疹傷寒		回歸熱		瘧疾		天花		白喉		猩紅熱		流行性腦脊髓膜炎		鼠疫	
	患	死	患	死	患	死	患	死	患	死	患	死	患	死	患	死	患	死	患	死	患	死
建德											31											
青田																					5	5
總計	2		9	1	22		5				1186	3	55	8	12	1			3	2	88	39

附註：

(一) 嘉興、嘉善、海寧、崇德、桐鄉、平湖、吳興、長興、德清、武康、孝豐十一縣，係屬淪陷區，因無衛生機構，疫情報告從缺

(二) 其他游擊區及戰地[illegible]游擊區各縣，如紹興、象山、嵊縣、上虞、金華、武義、永康、[illegible]安吉等縣，各縣疫情報告往往仍未報送

(三) 長興、吳興等少數縣份因[illegible]九月份以後報告尚未呈送[illegible]

浙江省卫生处关于呈送该省各县一九四四年度一月上旬至八月下旬补报疫情报告统计表致省政府的代电（一九四五年四月十二日）

浙江省衛生處快郵代電

事由：為檢呈三十三年度一月上旬至八月下旬止本省各縣補報疫情報告統計表電請核備由

浙江省政府鈞鑒：查本處收到各縣疫情旬報表，前經造報至三十三年十二月份止在案。茲將三十三年一月上旬至八月下旬各縣補報疫情旬報表彙編統計，藏事除分報衛生署外，理合備電呈送，仰祈鑒核備查。雲浙江省衛生處處長孫序裳卯文維統叩。計附呈三十三年一月上旬至八月下旬止浙江省各縣補報疫情報告統計表十三頁。

中華民國卅四年四月　日發

附：一九四四年一月上旬至八月下旬浙江省各县补报疫情报告统计表

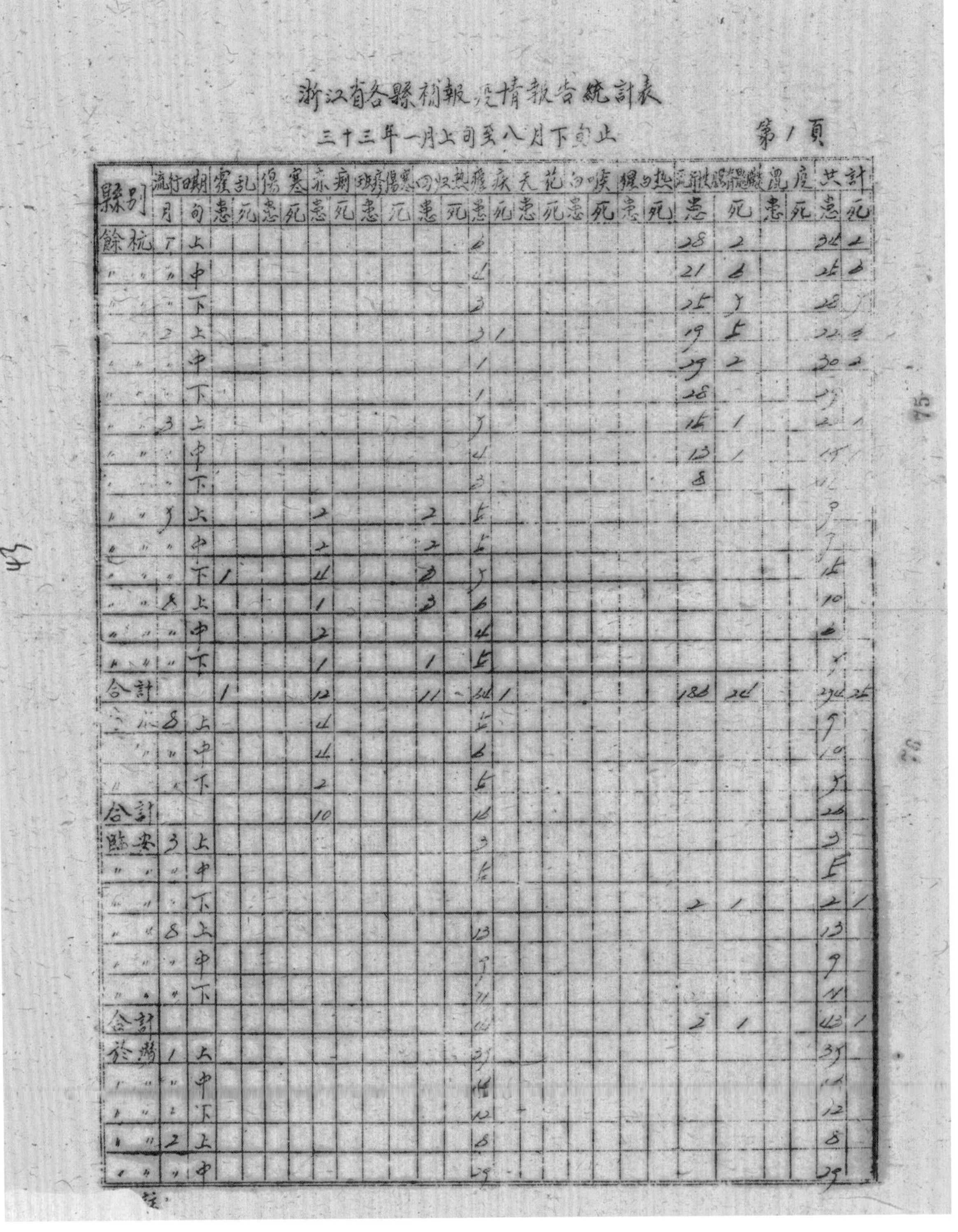

浙江省各縣補報疫情報告統計表

三十三年一月上旬至八月下旬止　　第1頁

縣別	月	旬	霍亂 患	霍亂 死	傷寒 患	傷寒 死	赤痢 患	赤痢 死	斑疹傷寒 患	斑疹傷寒 死	回歸熱 患	回歸熱 死	瘧疾 患	瘧疾 死	天花 患	天花 死	白喉 患	白喉 死	猩紅熱 患	猩紅熱 死	流行性腦脊髓膜炎 患	流行性腦脊髓膜炎 死	鼠疫 患	鼠疫 死	共計 患	共計 死
餘杭	1	上											6								28	2			34	2
〃	〃	中											4								21	6			25	6
〃	〃	下											3								25	7			28	7
〃	2	上											3	1							19	5			22	[illegible]
〃	〃	中											1								29	2			30	2
〃	〃	下											1								28				29	
〃	3	上											7								14	1			21	1
〃	〃	中											4								13	1			17	[illegible]
〃	〃	下											3								8				11	
〃	5	上					2				2		5												9	
〃	〃	中					2				2		6												[illegible]	
〃	〃	下	1				4				3		5												[illegible]	
〃	8	上					1				3		6												10	
〃	〃	中					2						4												6	
〃	〃	下					1				1		5												7	
合計			1				12				11		54	1							186	24			274	25
[illegible]	8	上					4						5												9	
〃	〃	中					4						6												10	
〃	〃	下					2						5												7	
合計							10						16												26	
臨安	3	上											3												3	
〃	〃	中											5												5	
〃	〃	下																			2	1			2	1
〃	8	上											13												13	
〃	〃	中											9												9	
〃	〃	下											11												11	
合計													41								2	1			43	1
於潛	1	上											35												35	
〃	〃	中											14												14	
〃	〃	下											12												12	
〃	2	上											8												8	
〃	〃	中											29												29	

註：

浙江省各縣補報疫情報告統計表

三十二年一月上旬至十一月下旬止　　第二頁

縣別	流行日期		霍亂		傷寒		赤痢		斑疹傷寒		回歸熱		瘧疾		天花		白喉		猩紅熱		流行性腦脊髓膜炎		鼠疫		共計	
	月	旬	患	死	患	死	患	死	患	死	患	死	患	死	患	死	患	死	患	死	患	死	患	死	患	死
於潛	2	下											22												22	
合計													104												104	
昌化	6	下											17												17	
〃 〃	7	上					1						10												11	
〃 〃	〃	中					2						17												19	
〃 〃	〃	下					2						9												11	
〃 〃	8	上					4						10												14	
〃 〃	〃	中					3	1					9												12	1
〃 〃	〃	下					2						13												15	
合計							14	1					87												101	
杭縣	1	上											17												17	
〃 〃	〃	中											2												2	
〃 〃	〃	下											11												11	
〃 〃	2	上											10												10	
〃 〃	〃	中											8								3	3			11	3
〃 〃	〃	下											9								18	6			27	6
〃 〃	3	上											12								56	26			68	26
〃 〃	〃	中											9								66	40			75	40
〃 〃	〃	下											4								62	29			66	29
〃 〃	4	上											12	1							88	48			100	49
〃 〃	〃	中											8								19	4			27	4
〃 〃	〃	下											5								4				9	
〃 〃	5	上											14												14	
〃 〃	〃	中											16												16	
〃 〃	〃	下											8												8	
〃 〃	6	上					2	1					17												19	1
〃 〃	〃	中					2	1					12												14	1
〃 〃	8	上			2								6												8	
〃 〃	〃	中			1	1	1						9												11	1
〃 〃	〃	下					1						6												7	
合計					3	1	6	2					205	1							316	156			520	[illegible]
壽昌	11	上					2						10												12	

附註：

45

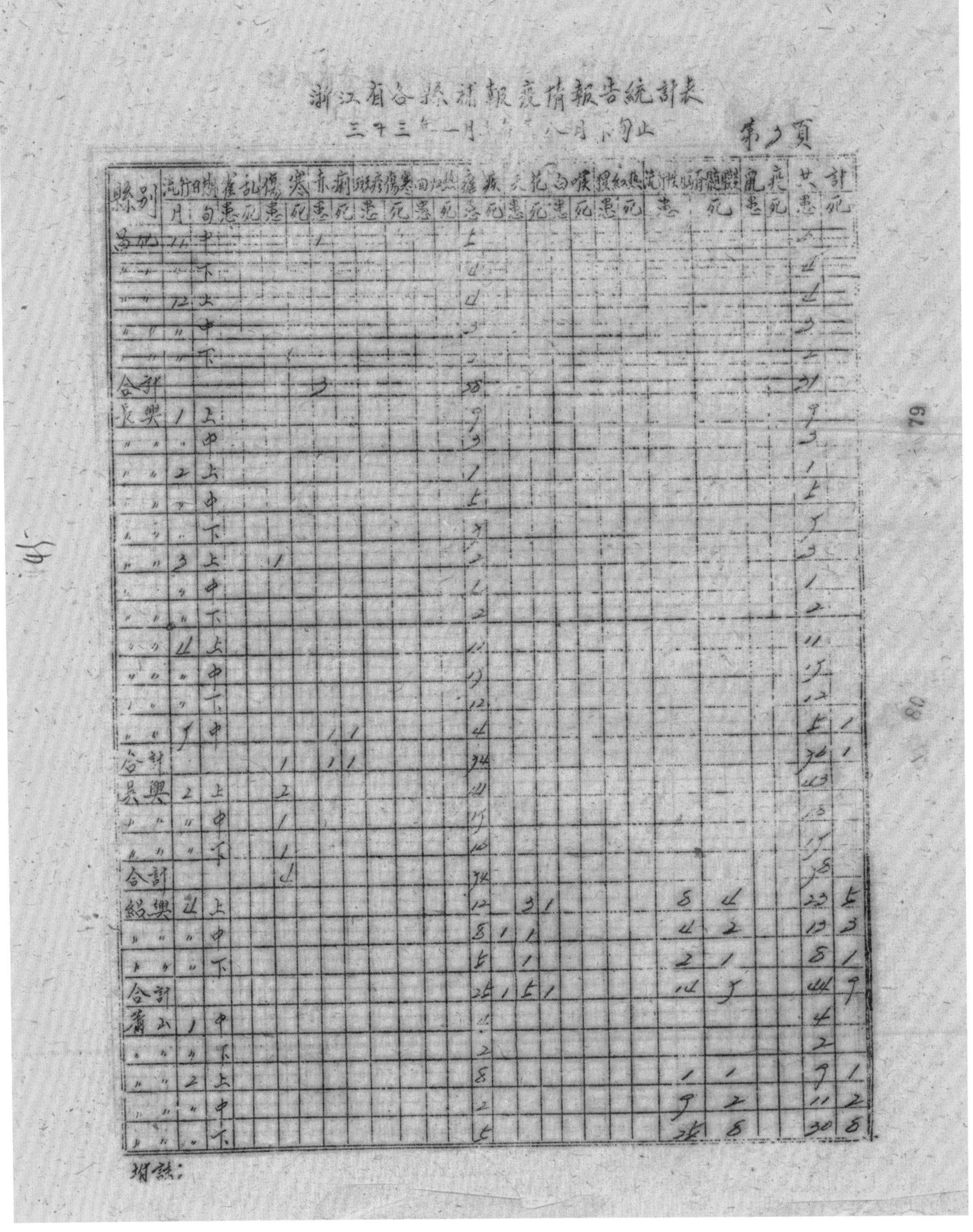

浙江省各縣補報疫情報告統計表

三十三年一月至八月下旬止　　第7頁

縣別	流行日期		霍亂		傷寒		赤痢		斑疹傷寒		回歸熱		瘧疾		天花		白喉		猩紅熱		流行性腦脊髓膜炎		鼠疫		共計	
	月	旬	患	死	患	死	患	死	患	死	患	死	患	死	患	死	患	死	患	死	患	死	患	死	患	死
昌化	11	中					1						5												6	
〃	〃	下											4												4	
〃	12	上											4												4	
〃	〃	中											3												3	
〃	〃	下				1							2												2	
合計							2						18												21	
長興	1	上											9												9	
〃	〃	中											3												3	
〃	2	上											1												1	
〃	〃	中											5												5	
〃	〃	下											7												7	
〃	3	上			1								2												3	
〃	〃	中											1												1	
〃	〃	下											2												2	
〃	4	上											11												11	
〃	〃	中											17												17	
〃	〃	下											12												12	
〃	5	中					1	1					4												5	1
合計					1		1	1					74												76	1
吳興	2	上			2								41												43	
〃	〃	中			1								17												18	
〃	〃	下			1								16												17	
合計					4								74												78	
紹興	4	上											12		3	1					8	4			23	5
〃	〃	中											8	1	1						4	2			13	3
〃	〃	下											5		1						2	1			8	1
合計													25	1	5	1					14	7			44	9
蕭山	1	中											4												4	
〃	〃	下											2												2	
〃	2	上											8								1	1			9	1
〃	〃	中											2								9	2			11	2
〃	〃	下											5								25	8			30	8

附註：

79

80

浙江省各縣補報法定傳染病患者統計表

三十三年一月上旬至八月下旬止

第4頁

縣別	流行日期		霍亂		傷寒		赤痢		斑疹傷寒		回歸熱		瘧疾		天花		白喉		猩紅熱		流行性腦脊髓膜炎		鼠疫		共計	
	月	旬	患	死	患	死	患	死	患	死	患	死	患	死	患	死	患	死	患	死	患	死	患	死	患	死
蕭山	7	上											8								16	3			24	3
〃〃	6	上											11								5	2			16	
〃〃	〃	中											14								9	3			23	3
〃〃	〃	下											18								3	1			21	1
合計													72								65	20			140	20
新昌	7	上											4		7	1									11	1
〃〃	〃	中											9		15	2					5	2			29	4
〃〃	〃	下											12	1	8						3	1			22	2
〃〃	4	上					1						12		9	2					2	1			26	3
〃〃	〃	中					1						18	1	8	1					1				28	2
〃〃	〃	下					3						14		3						3	1			23	1
〃〃	6	上											2		4										6	
〃〃	〃	中											2		3										5	
〃〃	〃	下					3						2		1										6	
〃〃	7	上					4						4												8	
〃〃	〃	中					5						6	1											11	1
〃〃	〃	下					4	1					6	1											10	2
〃〃	8	上					7	1					6	1											13	2
〃〃	〃	中	2				6	1					8	2											16	3
〃〃	〃	下	7	2	2		8	2					7	1											26	5
合計			9	2	2		46	5					116	8	44	6					14	5			239	28
東陽	4	下					1						18								4				23	
合計							1						18								4				23	
磐安	6	下													2		1	1							3	1
〃〃	7	上															1								1	
〃〃	〃	中											3												3	
〃〃	〃	下											2				1								3	
〃〃	8	上					2																		2	
〃〃	〃	中					1	1					1												2	1
〃〃	〃	下					3	1						1											3	2
合計							6	2					6	1	2		3	1							17	4
蘭谿	1	上											8	2											8	2

附註：

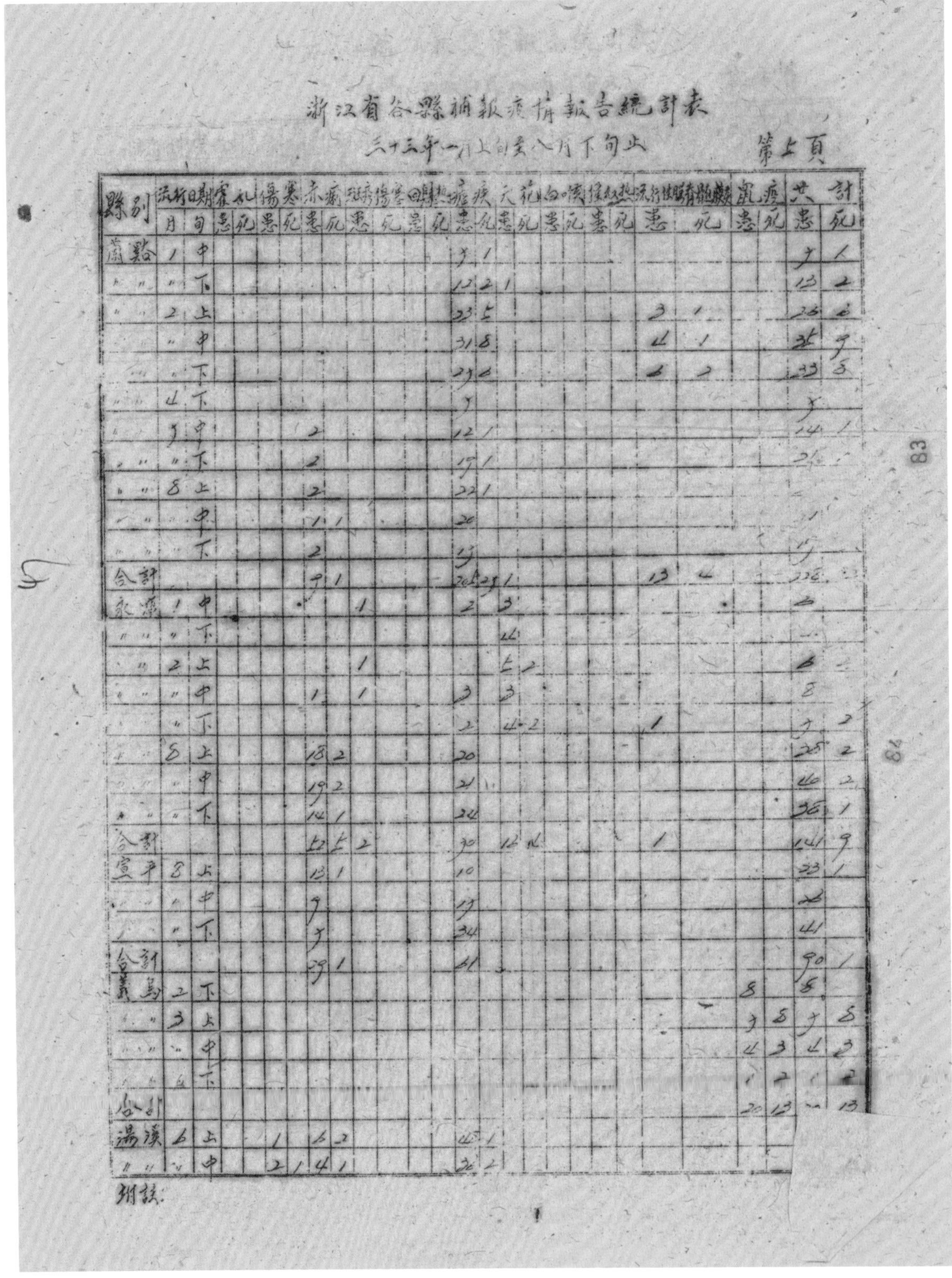

浙江省各縣補報疫情報告統計表

三十三年一月上旬至八月下旬止　　第七頁

縣別	流行日期		霍亂		傷寒		赤痢		斑疹傷寒		回歸熱		瘧疾		天花		白喉		猩紅熱		流行性腦脊髓膜炎		鼠疫		共計	
	月	旬	患	死	患	死	患	死	患	死	患	死	患	死	患	死	患	死	患	死	患	死	患	死	患	死
蘭谿	1	中											5	1											5	1
〃〃	〃	下											12	2	1										13	2
〃〃	2	上											23	5							3	1			26	6
	〃	中											31	8							4	1			35	9
	〃	下											27	6							6	2			33	8
〃〃	4	下											5												5	
〃〃	7	中					2						12	1											14	1
〃〃	〃	下					2						19	1											21	[illegible]
〃〃	8	上					2						22	1											[illegible]	
〃〃	〃	中					1	1					20												[illegible]	
〃〃	〃	下					2						15												17	
合計							9	1					201	25	1						13	4			228	[illegible]
永康	1	中							1				2		3										6	
〃〃	〃	下													4										[illegible]	
〃〃	2	上							1						5	2									6	
〃〃	〃	中					1		1				3		3										8	
	〃	下											2		4	2					1				7	2
〃	8	上					18	2					20												38	2
〃〃	〃	中					19	2					21	1											40	2
〃〃	〃	下					14	1					24												38	1
合計							52	5	2				70		18	4					1				141	9
宣平	8	上					13	1					10												23	1
〃〃	〃	中					9						17												26	
〃	〃	下					7						34												41	
合計							29	1					61												90	1
義烏	2	下																					8		8	
〃	3	上																					7	8	7	8
〃〃	〃	中																					4	3	4	3
〃〃	6	下																					1	2	1	2
合計																							20	13	[illegible]	13
湯溪	6	上			1		6	2					20	1												
〃〃	〃	中			2	1	4	1					26	2												

附註：

83

84

浙江省各縣旬報疫情報告統計表

三十三年一月上旬至八月下旬止　　第1頁

縣別	流行月	日期旬	霍亂患	霍亂死	傷寒患	傷寒死	赤痢患	赤痢死	斑疹傷寒患	斑疹傷寒死	回歸熱患	回歸熱死	瘧疾患	瘧疾死	天花患	天花死	白喉患	白喉死	猩紅熱患	猩紅熱死	流行性腦脊髓膜炎患	流行性腦脊髓膜炎死	鼠疫患	鼠疫死	共計患	共計死
蘭溪	6	下					8	2					48	2											56	4
〃	7	上			1		8	2					70	1											79	3
〃	〃	中			2		7	2					73	4											82	6
〃	〃	下			1		10	3					69	1											80	4
〃	8	上			4	1	12	2					88	4											104	5
〃	〃	中			3		16	2					75	2											94	4
〃	〃	下			3	1	13	3					61	3											77	[illegible]
合計					17	3	82	17					484	21											583	[illegible]
遂安	2	上											5								8	2			13	[illegible]
		中											3								12	1			15	1
		下											1		2						5				8	
〃	5	上											6		3										9	
〃	〃	中											8		2	1									[illegible]	1
	〃	下											2												2	
〃	6	上											6												6	
〃		中											7												7	
合計													38		7	1					25	2			70	4
麗水	4	下											18												18	
〃	5	上							1				25												26	
〃	〃	中											25												25	
〃	〃	下											37												37	
〃	7	上											44												44	
〃	〃	中											37												37	
〃	〃	下											48												48	
〃	8	上											41												41	
〃	〃	中											49												49	
〃	〃	下											48												48	
合計									1				340												341	
龍游	8	下					4						32												36	
合計							4						32												36	
泰順	8	中					3						19												22	
〃	〃	下			1		1		-				18												20	

附註：

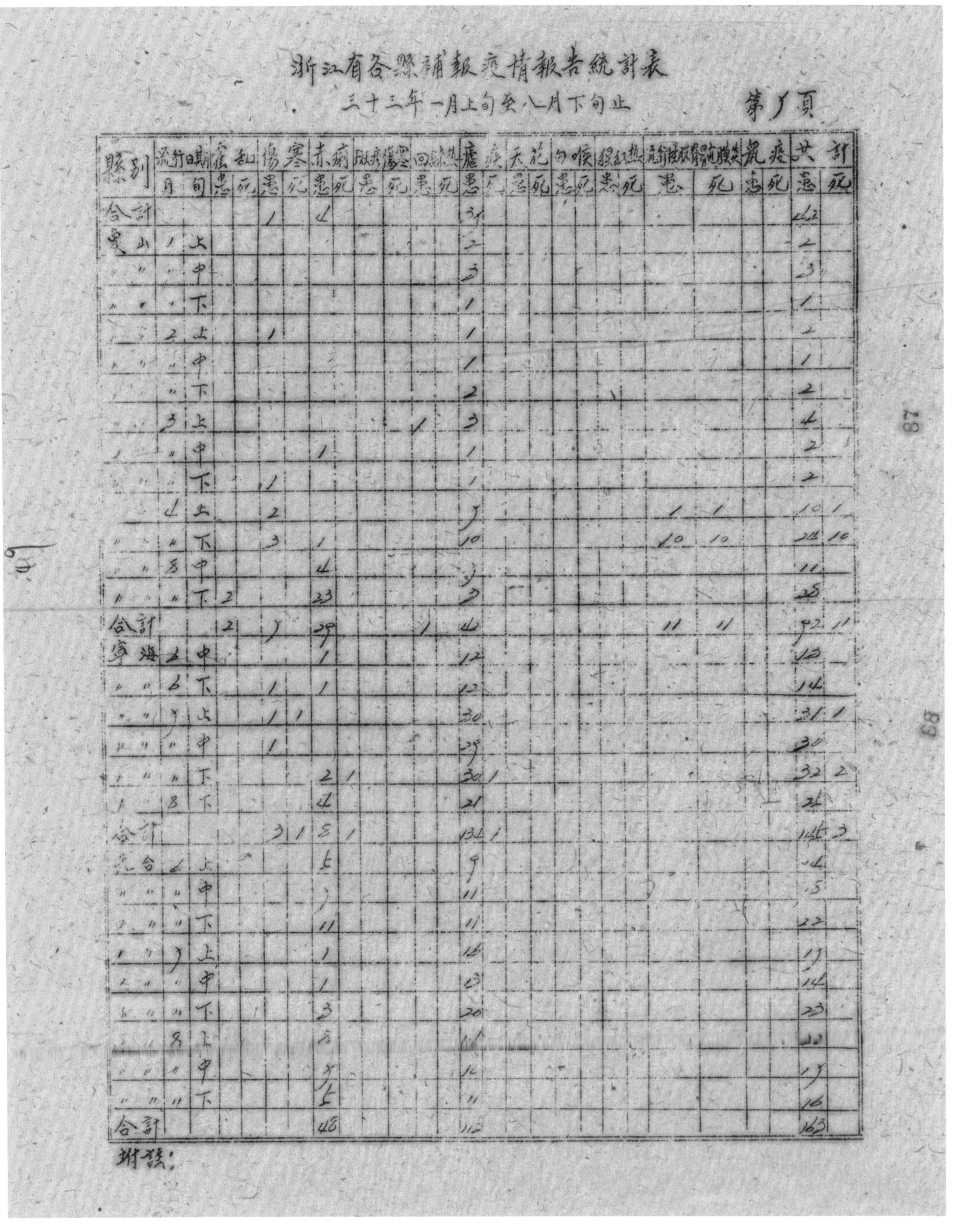

浙江省各縣補報疫情報告統計表

三十三年一月上旬至八月下旬止　　第7頁

縣別	流行日期		霍亂		傷寒		赤痢		副傷寒		回歸熱		瘧疾		天花		白喉		猩紅熱		流行性腦脊髓膜炎		鼠疫		共計	
	月	旬	患	死	患	死	患	死	患	死	患	死	患	死	患	死	患	死	患	死	患	死	患	死	患	死
合計					1		4						37												42	
象山	1	上											2												2	
〃	〃	中											3												3	
〃	〃	下											1												1	
〃	2	上			1								1												2	
〃	〃	中											1												1	
〃	〃	下											2												2	
〃	3	上									1		3												4	
〃	〃	中					1						1												2	
〃	〃	下			1								1												2	
〃	4	上			2								7								1	1			10	1
〃	〃	下			3		1						10								10	10			24	10
〃	8	中					4						7												11	
〃	〃	下	2				23						3												28	
合計			2		7		29				1		42								11	11			92	11
寧海	6	中					1						12												13	
〃	6	下			1		1						12												14	
〃	7	上			1	1							30												31	1
〃	〃	中			1								29												30	
〃	〃	下					2	1					30	1											32	2
〃	8	下					4						21												25	
合計					3	1	8	1					134	1											145	3
定海	6	上					5						9												14	
〃	〃	中					7						11												18	
〃	〃	下					11						11												22	
〃	7	上					1						16												17	
〃	〃	中					1						13												14	
〃	〃	下					3						20												23	
〃	8	上					[illegible]						[illegible]												[illegible]	
〃	〃	中					7						10												17	
〃	〃	下					5						11												16	
合計							48						112												163	

附註：

浙江省各縣補報疫情統計表

三十三年一月上旬至八月下旬止　　第五頁

縣別	流行日期		霍亂		傷寒		赤痢		副傷寒		回歸熱		瘧疾		天花		白喉		猩紅熱		流行性腦脊髓膜炎		鼠疫		共計	
	月	旬	患	死	患	死	患	死	患	死	患	死	患	死	患	死	患	死	患	死	患	死	患	死	患	死
臨海	4	上					10														2				12	
〃〃	4	中					1						4								2				7	
〃〃	〃	下											3								2				5	
〃〃	5	上											4												4	
〃〃	〃	中											4								7	1			11	1
〃〃	〃	下											3								8	3			11	3
	6	上					1				2		7												10	
〃〃	〃	中					2				1		3												6	
〃〃	〃	下					1				1		5												7	
〃〃	7	上					6						8												14	
〃〃	〃	中					4				1		5						2	1					12	1
〃〃	〃	下					5						5												10	
〃〃	8	上					3						11													
〃〃	〃	中					5						7								1				13	
〃〃	〃	下					5						3												8	
合計							33				5		72						2	1	22	4			134	5
三門	8	上											16												16	
〃〃	〃	中					4						15												19	
〃〃	〃	下					10						28												38	
合計							14						59												[illegible]	
永嘉	1	上											6	1									3	3	9	4
〃〃	〃	中											4	1	2	1							1		7	2
〃〃	〃	下											6	4							1	1		1	7	6
〃〃	2	上			1	1							5	2									1	1	7	4
〃〃	〃	中				1							9	5											10	6
〃〃	〃	下			2	2							6	1									1		9	3
〃〃	3	上																						1		1
〃〃	〃	中																					1	1	1	1
〃〃	4	上																					1		1	
〃〃	〃	中																					3	3	3	3
〃〃	〃	下																					12	8	12	8
〃〃	5	上																					17	5	17	5

附註：

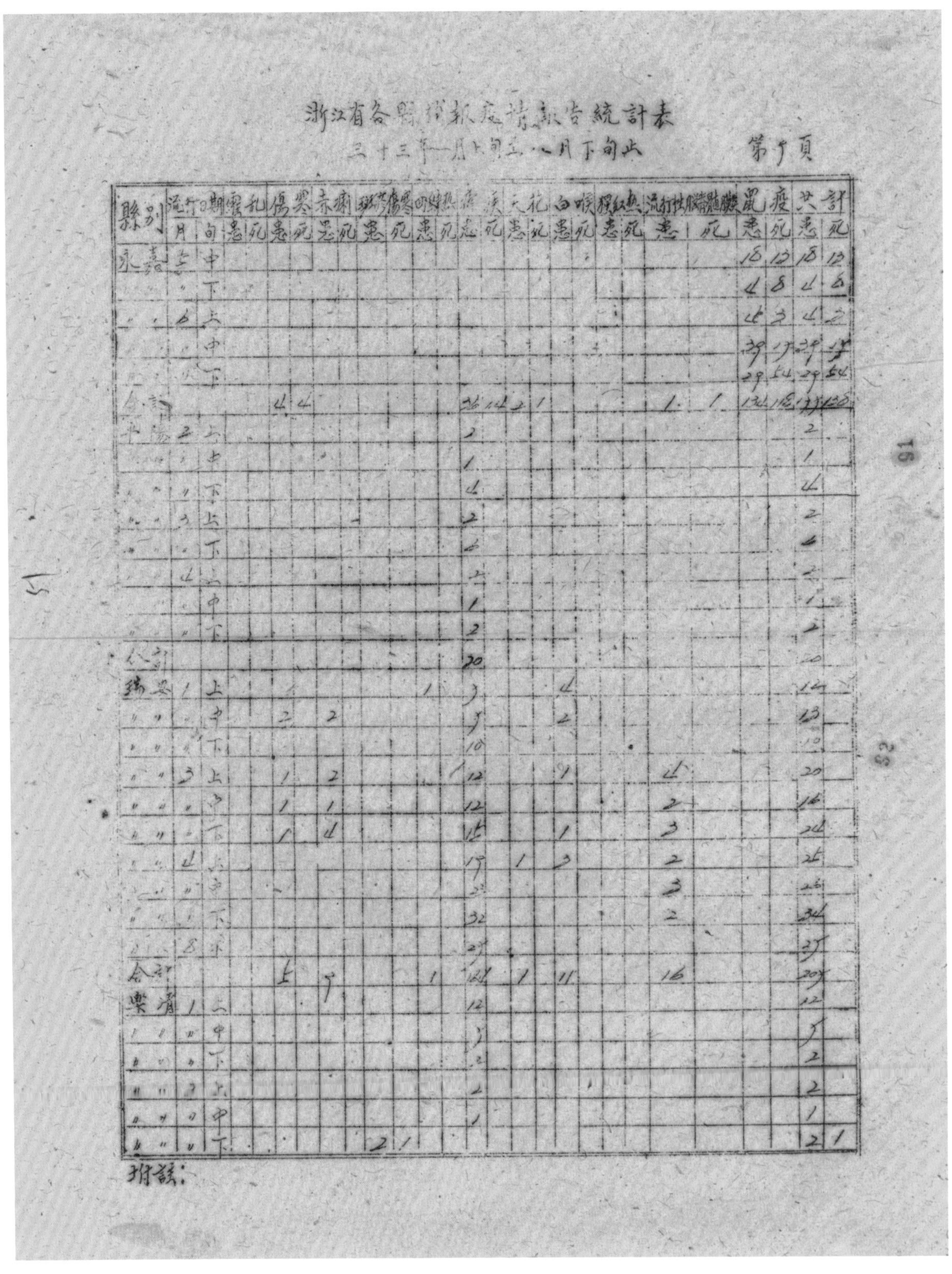

浙江省各縣[illegible]報疫情報告統計表

三十三年一月上旬至八月下旬止　　第[illegible]頁

縣別	流行日期		霍亂		傷寒		赤痢		斑疹傷寒		回歸熱		瘧疾		天花		白喉		猩紅熱		流行性腦脊髓膜炎		鼠疫		共計	
	月	旬	患	死	患	死	患	死	患	死	患	死	患	死	患	死	患	死	患	死	患	死	患	死	患	死
永嘉	[illegible]	中																					18	12	18	12
〃	〃	下																					4	8	4	6
〃	6	上																					4	3	4	2
〃	〃	中																					39	17	39	17
〃	〃	下																					29	54	29	54
合計					4	4							36	14	2	1					1	1	134	112	[illegible]	130
平陽	2	上											2												2	
〃	〃	中											1												1	
〃	〃	下											4												4	
〃	3	上											2												2	
〃	〃	下											4												4	
〃	4	上											2												2	
〃	〃	中											1												1	
〃	〃	下											2												2	
合計													20												20	
瑞安	1	上									1		7				4								14	
〃	〃	中			2		2						7				2								13	
〃	〃	下											10												10	
〃	3	上			1		2					1	12				7				4				20	
〃	〃	中			1		1						12								2				16	
〃	〃	下			1		4						15				1				3				24	
〃	4	上											17		1		3				2				26	
〃	〃	中											22								3				26	
〃	〃	下											32								2				34	
〃	8	下											27												27	
合計					5		7				1		124		1		11				16				207	
樂清	1	上											12												12	
〃	〃	中											5												5	
〃	〃	下											2												2	
〃	2	上											2												2	
〃	〃	中											1												1	
〃	〃	下							2	1															2	1

附註：

浙江省各縣補報疫情報告統計表

三十三年一月上旬至八月下旬止　　　　第10頁

縣別	流行日期 月	旬	霍亂 患	霍亂 死	傷寒 患	傷寒 死	赤痢 患	赤痢 死	斑疹傷寒 患	斑疹傷寒 死	回歸熱 患	回歸熱 死	瘧疾 患	瘧疾 死	天花 患	天花 死	白喉 患	白喉 死	猩紅熱 患	猩紅熱 死	流行性腦脊髓膜炎 患	流行性腦脊髓膜炎 死	鼠疫 患	鼠疫 死	共計 患	共計 死
合計									2	1	—		24												26	1
泰順	1	中											8												8	
〃	〃	下											14												14	
〃	2	上											4												4	
〃	〃	中											15												15	
〃	〃	下											17												17	
〃	8	上					2						110	1											112	1
〃	〃	中											98												98	
〃	〃	下											130												[illegible]	
合計							2						435	1											[illegible]	1
麗水	4	上											11								6				17	
〃	〃	中									2		8								5				15	
〃	〃	下											9								1				10	
〃	5	上					3						39												42	
〃	〃	中					4						46												50	
〃	〃	下					1						43												44	
〃	6	上					3						35												38	
〃	〃	中					2						54										1	1	57	1
〃	〃	下					2						66										6	3	74	3
〃	7	上					6						46										4	4	56	4
〃	〃	中					14	4					70										5	2	89	6
〃	〃	下					15						36										1	4	52	4
〃	8	上					15						68										9	8	92	8
〃	〃	中					11						51										16	4	78	4
〃	〃	下																					16	24	16	24
合計							37	4			2		652								14		58	50	733	54
龍泉	3	上											5												5	
〃	〃	中											2								1				3	
〃	〃	下											11								3				14	
合計													24								4				28	
青田	1	上											12												12	
〃	〃	中											11												11	

坿註：

浙江省各縣補報疫情報告統計表

三十三年一月下旬至八月下旬止　　第11頁

縣別	流行日期		霍亂		傷寒		赤痢		斑疹傷寒		回歸熱		瘧疾		天花		白喉		猩紅熱		流行性腦脊髓膜炎		鼠疫		共計	
	月	旬	患	死	患	死	患	死	患	死	患	死	患	死	患	死	患	死	患	死	患	死	患	死	患	死
青田	1	下											6												6	
〃	2	上											12												12	
〃	〃	中											8												8	
〃	〃	下											12												12	
〃	3	上					1				1		23												[illegible]	
〃	〃	中					7						18								1				26	
〃	〃	下					1						17												[illegible]	
〃	4	上	1	1			1						21	1											23	2
〃	〃	中											24												24	
〃	〃	下					3	1					21	2											24	3
〃	5	上					2				1		24												[illegible]	
〃	〃	中					3						22												25	
〃	〃	下					2						51	1											[illegible]	1
合計			1	1			20	1			2		292	4							1				316	6
縉雲	8	上					10						12												22	
〃	〃	中					13						17												20	
〃	〃	下			6								15												21	
合計					6		23						44												73	
慶元	6	上											10												10	
〃	〃	中											14										5		19	
〃	〃	下											12										3	3	15	3
〃	7	中											23	1									7	16	30	17
〃	〃	下											25										13	10	38	10
〃	8	上											27	2									11	8	38	10
〃	〃	中											19										13	9	32	9
〃	〃	下											21										22	10	43	10
合計													151	3									74	56	225	59
松陽	8	上					3						54												57	
〃	〃	中					2						66												68	
〃	〃	下					4						57												61	
合計							9						177												186	
雲和	1	下											22												22	

附註：

浙江省各縣補報疫情報告統計表

三十三年一月上旬至八月下旬止　　第12頁

縣別	流行時期		霍亂		傷寒		赤痢		斑疹傷寒		回歸熱		瘧疾		天花		白喉		猩紅熱		流行性腦脊髓膜炎		鼠疫		共計	
	月	旬	患	死	患	死	患	死	患	死	患	死	患	死	患	死	患	死	患	死	患	死	患	死	患	死
雲和	2	上											15												15	
〃〃	〃	中											18												18	
〃〃	〃	下											14												14	
〃〃	5	下											15												15	
〃〃	6	上					5						77												82	
〃〃	〃	中					2						63												65	
〃〃	〃	下					7				1		71								1				80	
〃〃	7	上					7						123												130	
〃〃	〃	中			1		13						212												226	
〃〃	〃	下					12						287										1		300	
〃〃	8	上					20						142											1	162	1
〃〃	〃	中					20						142												162	
〃〃	〃	下											154												154	
合計					1		85				1		1341								1		1	1	1432	1
富陽	1	上											5												5	
〃〃	〃	中											2												2	
〃〃	〃	下											1												1	
〃〃	2	上											2								4				6	
〃〃	〃	中											4								7	1			11	1
〃〃	〃	下											3								3	2			6	2
〃〃	4	上											1												1	
〃〃	〃	中											1												1	
〃〃	8	上			5		2						34												42	
〃〃	〃	下					1						24												25	
合計					5		3						78								14	3			100	3
建德	1	下											3												3	
〃〃	2	中											3								6	2			9	2
〃〃	〃	下											2								3				5	
〃〃	4	中											3												3	
〃〃	〃	下											1												1	
〃〃	7	上					2						10												12	
〃〃	〃	中			1		1						12												14	

附註：

97

98

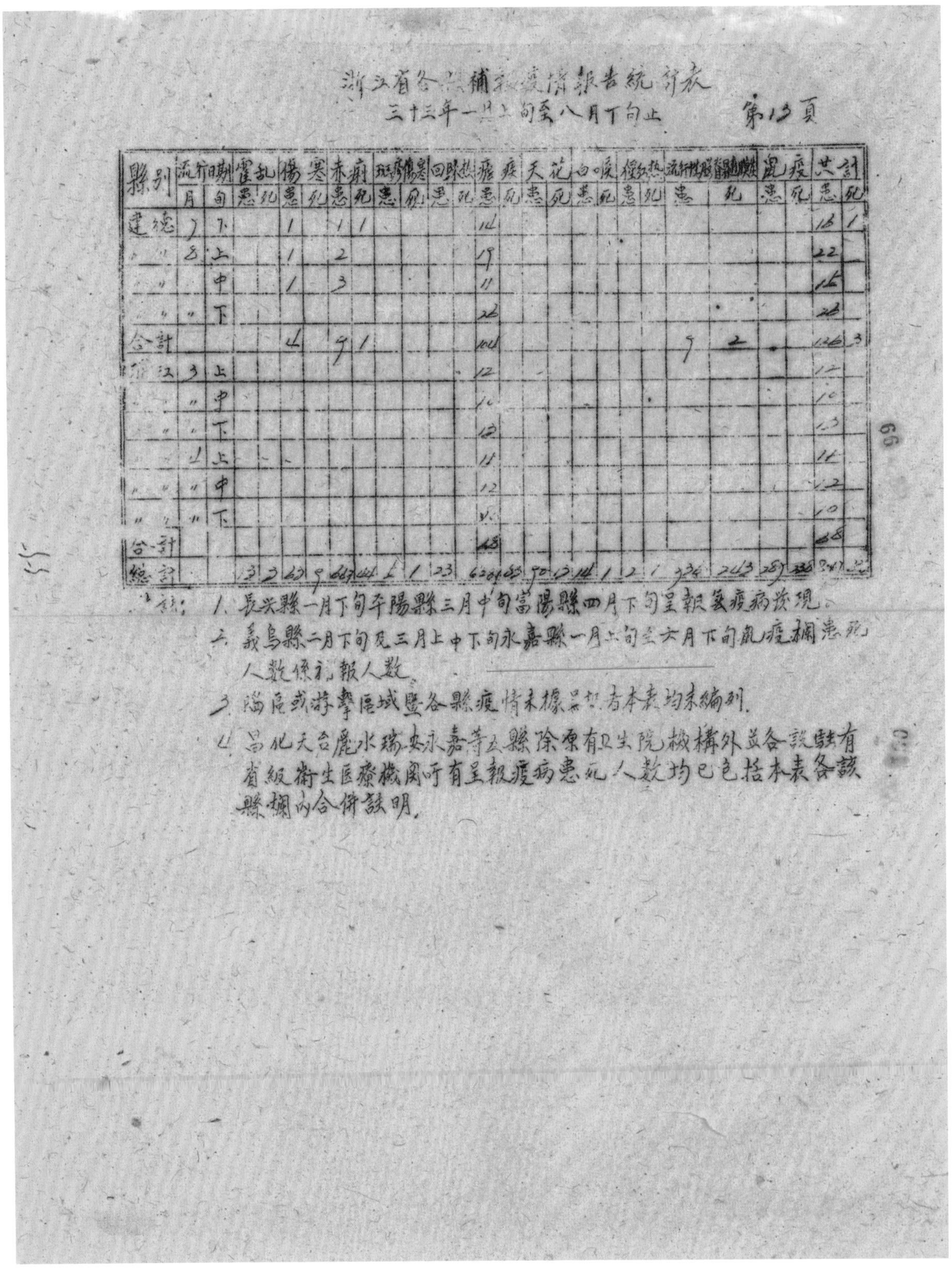

浙江省各縣補報疫情報告統計表

三十三年一月上旬至八月下旬止　　第13頁

縣別	流行日期		霍乱		傷寒		赤痢		斑疹傷寒		回歸熱		瘧疾		天花		白喉		猩紅熱		流行性腦脊髓膜炎		鼠疫		共計	
	月	旬	患	死	患	死	患	死	患	死	患	死	患	死	患	死	患	死	患	死	患	死	患	死	患	死
建德	7	下			1		1	1					14												16	1
〃	8	上			1		2						19												22	
〃		中			1		3						11												16	
〃	〃	下											26												26	
合計					4		9	1					104								9	2			126	3
浦江	3	上											12												12	
〃	〃	中											10												10	
〃	〃	下											13												13	
〃	4	上											11												11	
〃	〃	中											12												12	
〃	〃	下											10												10	
合計													68												68	
總計			13	3	63	9	667	44	6	1	23		6284	85	90	13	14	1	2	1	734	243	287	336	[illegible]	[illegible]

註：1、長兴縣一月下旬平陽縣三月中旬富陽縣四月下旬呈報無疫病發現。

2、義烏縣二月下旬及三月上中下旬永嘉縣一月上旬至六月下旬鼠疫欄患死人數係補報人數。

3、淪陷或游擊區域暨各縣疫情未據呈報者本表均未編列。

4、昌化天台麗水瑞安永嘉等五縣除原有衛生院機構外並各該縣有省級衛生醫療機關所有呈報疫病患死人數均已包括本表各該縣欄內合併註明。

浙江省卫生处关于检送该省各县一九四四年度九至十二月份逐旬疫情报告统计表致省政府的呈（一九四五年四月十四日）

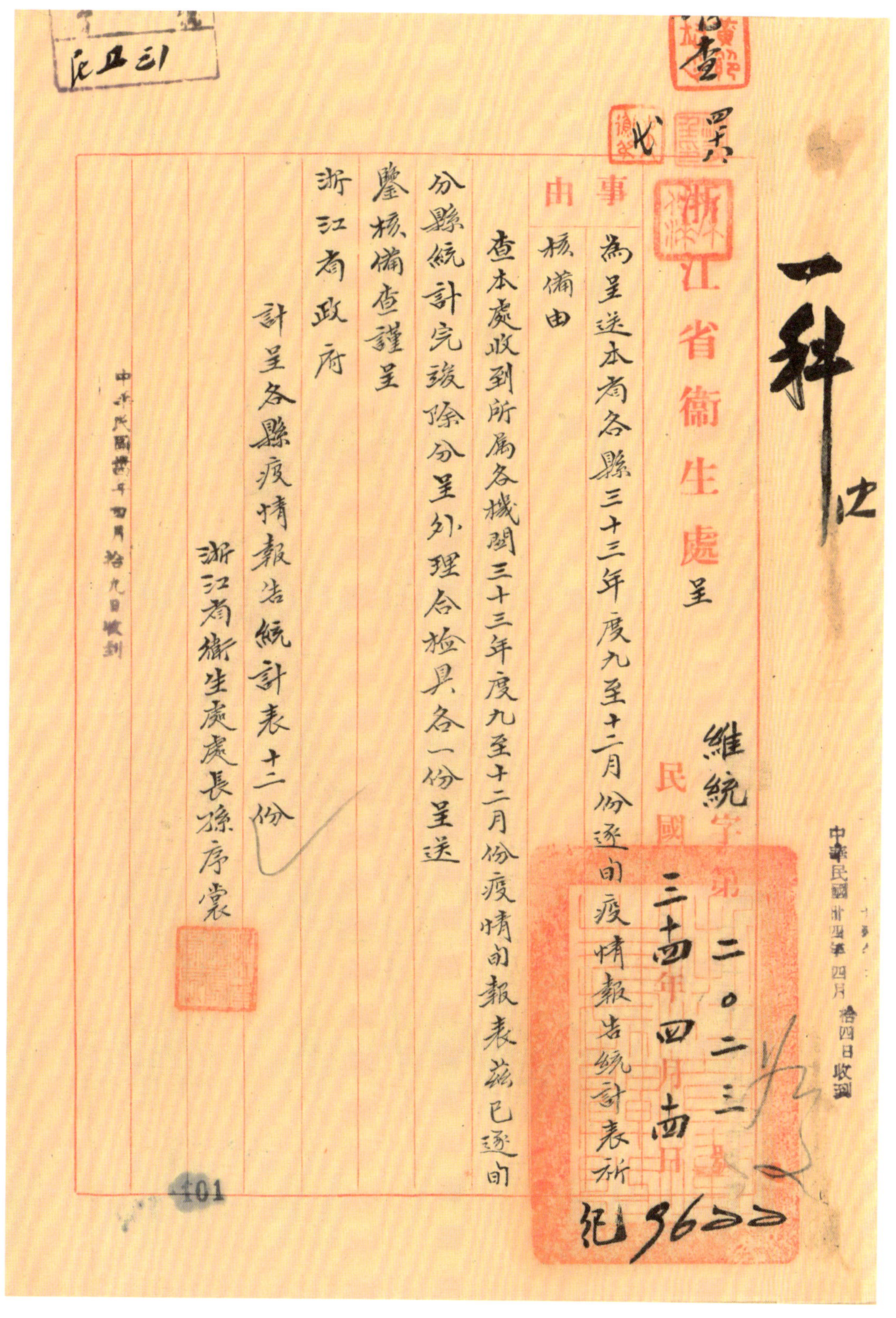

浙江省衞生處 呈 維統字第二〇二三號

民國三十四年四月十四日

事由：為呈送本省各縣三十三年度九至十二月份逐旬疫情報告統計表祈核備由

查本處收到所屬各機關三十三年度九至十二月份疫情旬報表茲已逐旬分縣統計完竣除分呈外理合檢具各一份呈送

鑒核備查謹呈

浙江省政府

計呈各縣疫情報告統計表十二份

浙江省衞生處處長孫序裳

中華民國卅四年四月拾四日收到

中華民國卅四年四月拾九日收到

附：一九四四年九至十二月浙江省各县疫情报告统计表

浙江省各縣疫情報告統計表

三十三年度九月上旬　　第一頁

病別 患死人數 縣別	霍亂		傷寒		赤痢		副傷寒		回歸熱		瘧疾		天花		白喉		猩紅熱		流行性腦脊髓膜炎		鼠疫		共計	
	患	死	患	死	患	死	患	死	患	死	患	死	患	死	患	死	患	死	患	死	患	死	患	死
餘杭									1		3												4	
新登					24	12					[illegible]												60	12
分水					5						10												15	
臨安											7												7	
昌化						1					19												19	1
杭縣			1		1		1				15												18	
蕭山					4						47												51	
東陽			1		7						9												17	
磐安											1				2	1							3	1
蘭谿					2						10												12	
永康					19	1					24												43	1
宣平					4						17												21	
湯溪			4	1	7	2					55	4											66	7
衢縣			4	2							6												10	2
遂安											1												1	
江山					15						23												38	
常山											48												48	
龍游					6						26												32	
天台					6						12												18	
奉化			1		1						18												20	
象山					50						3												53	
寧海			1		4						24												29	
臨海					10						7												17	
黃岩					4						14												18	
三門			1		5						15												21	
瑞安					5						12												17	
泰順											110								1				111	
麗水					5						13										40	28	58	28
遂昌					26						[illegible]												120	
青田											37												37	
縉雲					7						17												24	
景寧					4						10												14	
慶元											25										11	6	36	6
松陽					5						19												24	
雲和					3						68												71	
富陽			4		3						32												39	

浙江省各縣疫情報告統計表

三十三年度九月上旬　　第二頁

病別／患死人數／縣別	霍亂		傷寒		赤痢		斑疹傷寒		回歸熱		瘧疾		天花		白喉		猩紅熱		流行性腦脊髓膜炎		鼠疫		共計	
	患	死	患	死	患	死	患	死	患	死	患	死	患	死	患	死	患	死	患	死	患	死	患	死
建德			1	1	1						8												10	1
壽昌			1								18												19	
龍泉																					20	10	20	10
總計	/	/	19	4	468	16	1	/	1	/	903	4	/	/	2	1	/	/	1	/	71	44	1511	89

附註：1. 瑞安數字係第一傳染病院呈報　2. 龍泉數字係省医療防疫隊呈報

3. 昌化數字係浙西衛生事務所呈報　4. 雲和欄內係省會衛生事务所省會傳染病院及雲和縣衛生院合計數字　5. 天台欄內係浙東衛生事务所与天台縣衛生院合計數字

6. 未經收到各直附屬机関報告縣份疫情俟報到後再行續編

7. 陷區或游擊區暨各縣疫情未據呈報者本表均未編列

浙江省各縣疫情報告統計表

三十三年度九月中旬 第一頁

病別／患死人數／縣別	霍亂		傷寒		赤痢		副傷寒		回歸熱		瘧疾		天花		白喉		猩紅熱		流行性腦脊髓膜炎		鼠疫		共計	
	患	死	患	死	患	死	患	死	患	死	患	死	患	死	患	死	患	死	患	死	患	死	患	死
餘杭					1						3												4	
新登					10	3					17												27	3
分水					7						5												12	
臨安											13												13	
昌化					1						28												29	
杭縣			2		4						10												16	
蕭山					1						36												37	
東陽					6						7												13	
淳安					3						1												4	
蘭谿					2						12	1											14	1
永康					18	1					19												37	1
宣平					1						14												15	
湯溪			6	3	6	1					48												60	6
衢縣					3						5												8	
遂安			1								1												2	
江山	1		2		6						15												24	
常山											47	1											47	1
龍游					4						[illegible]												53	
天台					3						14												17	
奉化					1						36								1				38	
象山					30						11												41	
寧海			2		3						29												34	
臨海					8																		8	
黃岩					6						26												32	
三门					1						20												21	
瑞安					3						16												19	
泰順											173								1	1			174	1
麗水					23						32	2									64	49	119	51
遂昌					21	1					62												83	1
青田											41												41	
縉雲					5						14												19	
景寧					4						18												22	
慶元											39										2	1	41	3
松陽					11						16												27	
雲和					1						74										2	2	77	2
富陽			1		4						21												26	
建德					2						2												4	
壽昌					1						7												8	
龍泉																					27	11	27	11
總計	1	/	14	3	205	6	/	[illegible]	/	/	835	8	/	/	/	/	/	/	2	1	94	63	1300	81

附註：（與九月上旬同）

浙江省各縣疫情報告統計表 三十三年度九月下旬 第一頁

病別／患死人數／縣別	霍亂		傷寒		赤痢		斑疹傷寒		回歸熱		瘧疾		天花		白喉		猩紅熱		流行性腦脊髓膜炎		鼠疫		共計	
	患	死	患	死	患	死	患	死	患	死	患	死	患	死	患	死	患	死	患	死	患	死	患	死
餘杭									1		6												7	
新登			1		10						3												14	
分水					4						11												15	
臨安											12												12	
昌化											13												13	
杭縣			1		3						5												9	
蕭山					3						47												50	
東陽			1		5						7												13	
淳安					3		4	1															7	1
蘭谿					1						17												18	
永康					15						18												33	
宣平					3						6												9	
湯溪			2	1	5	1					38	1											45	3
衢縣					4						7												11	
~~遂安~~																								
江山					4						5												9	
常山					1						21												22	
龍游					5						28												33	
天台					5						9												14	
奉化			1		7						13												21	
象山	1				28						8												37	
寧海			2		6						30												38	
臨海					14																		14	
黃岩					11						[illegible]												[illegible]	
三門			1		6						14												21	
瑞安	1		1		3						12												17	
泰順											24												24	
麗水					14						35										60	66	109	66
遂昌					25						106												131	
青田					1						35												36	
縉雲					6						13												19	
景寧					2						22												24	
慶元											18										3	3	21	3
松陽					7						15												22	
雲和											30												30	
富陽			1		1						29												31	
建德					2						3												5	
壽昌			2	1	2						20												24	1
龍泉																					31	16	31	16
總計	2	/	13	2	203	1	4	1	1	/	1066	1	/	/	/	/	/	/	/	/	94	85	[illegible]	90

附註：1.瑞安數字係第一傳染病院呈報 2.龍泉數字係省防疫隊呈報 3.昌化數字係浙西衛生事務所呈報 4.雲和欄內係省會衛生事務所省會傳染病院及雲和縣衛生院合計數字 5.天台欄內係浙東衛生事務所與天台縣衛生院合計數字 6.本期收到各直轄屬机關報告縣份疫情俟彙到後再行補編 7.[illegible]浙東區暨各縣疫情未據呈報者本表均未編列

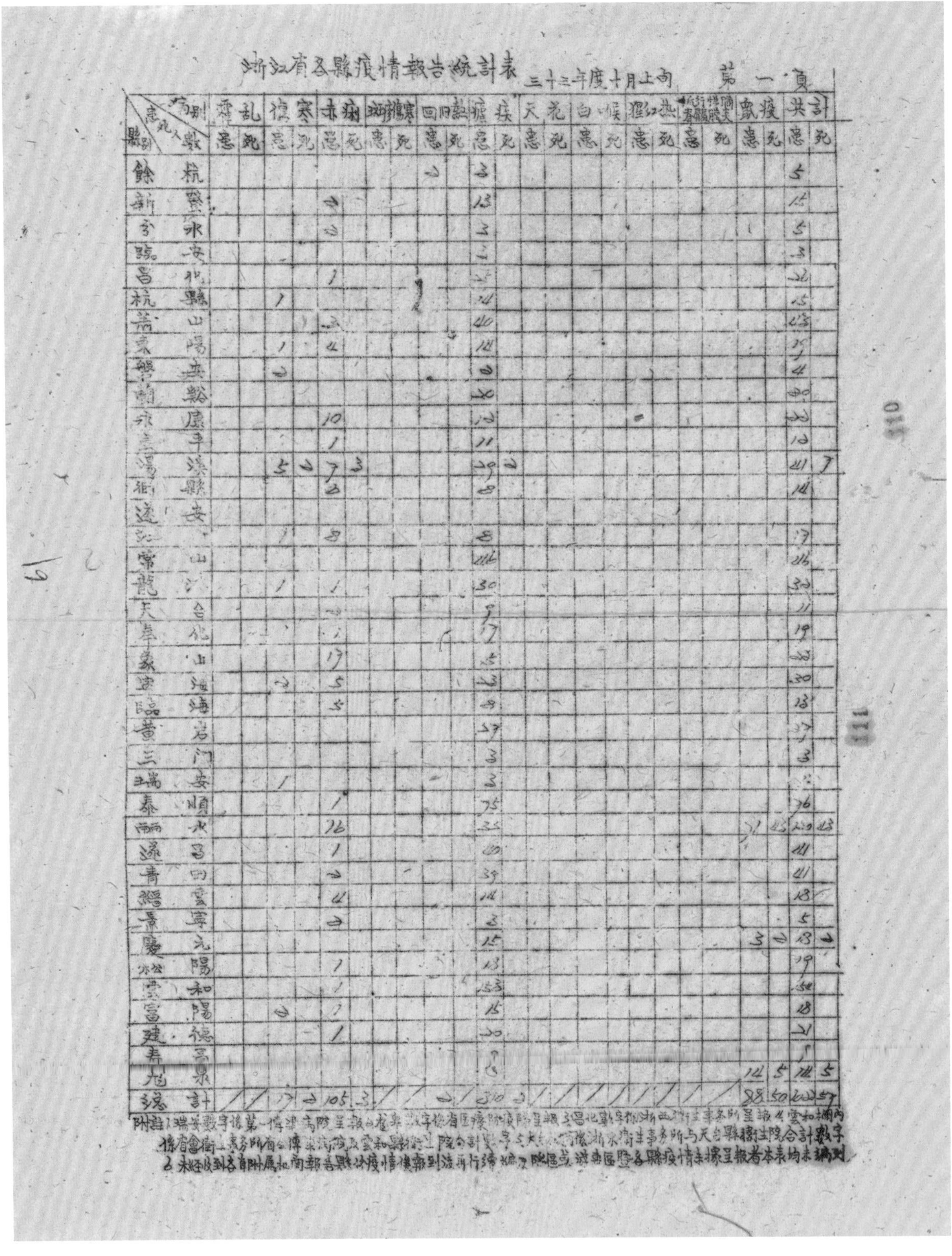

浙江省各縣疫情報告統計表　三十三年度十月上旬　第一頁

縣別	霍亂 患	霍亂 死	傷寒 患	傷寒 死	赤痢 患	赤痢 死	斑疹傷寒 患	斑疹傷寒 死	回歸熱 患	回歸熱 死	瘧疾 患	瘧疾 死	天花 患	天花 死	白喉 患	白喉 死	猩紅熱 患	猩紅熱 死	流行性腦脊髓膜炎 患	流行性腦脊髓膜炎 死	鼠疫 患	鼠疫 死	共計 患	共計 死
餘杭									2		3												5	
新登					2						13												15	
分水					2						3												5	
臨安											3												3	
昌化					1						25												26	
杭縣			1								14												15	
蕭山					3						40												43	
東陽			1		4						14												19	
紹興			2								2												4	
蘭谿											20												20	
永康					10						12												22	
宣平					1						11												12	
湯溪			5	2	7	3					29	2											41	7
衢縣					2						8												14	
遂安																								
江山			1		8						8												17	
常山											26												26	
龍游			1		1						30												32	
天台					2						9												11	
奉化					2						17												19	
象山					17						5												22	
寧海			2		5						23												30	
臨海					5						8												13	
黃岩											37												37	
三门											3												3	
瑞安			1								3												[illegible]	
泰順					1						75												76	
麗水					26						35										71	43	[illegible]	43
遂昌					1						40												41	
青田					2						39												41	
縉雲					4						14												18	
景寧					2						3												5	
慶元											15										3	2	18	2
松陽					1						18												19	
雲和					1						153												154	
富陽			2		1						15												18	
建德					1						20												21	
壽昌											[illegible]												[illegible]	
龍泉											8										14	5	[illegible]	5
總計	/	/	17	2	105	3	/	/	2	/	810	2	/	/	/	/	/	/	/	/	88	50	1022	57

附註：1.瑞安數字係第一傳染病院呈報，2.奉化數字係省立醫院防疫隊呈報，3.昌化數字係浙西衛生事务所呈報，4.雲和、[illegible]數字係省會衛生事务所[illegible]及雲和縣衛生院合計數字，5.天台數字係浙東衛生事务所与天台縣衛生院合計數字，6.未經收到各省附屬机關報告縣份疫情俟報到後再行補編，7.陷區或游击區暨各縣疫情未據呈報者本表均未編列。

浙江省各縣疫情報告統計表 三十三年度十月中旬　　第一頁

病別 / 患死人數 / 縣別	霍亂		傷寒		赤痢		斑疹傷寒		回歸熱		瘧疾		天花		白喉		猩紅熱		流行性腦脊髓膜炎		鼠疫		共計	
	患	死	患	死	患	死	患	死	患	死	患	死	患	死	患	死	患	死	患	死	患	死	患	死
餘杭									1		5												6	
新登											11												11	
分水																								
臨安											4												4	
昌化					1						29												30	
杭縣					1						10												11	
蕭山					3						45												48	
東陽											28												28	
磐安					1						4	1											5	1
蘭谿											48	10											48	10
永康					11						9												20	
宣平					1						17												18	
湯溪			6	2	8	3					28	2											42	7
衢縣											1												1	
遂安																								
江山			1		2						7												10	
常山											55												55	
龍游											75												75	
天台					1						9												10	
奉化			1		1		1				14												17	
象山					12						18												30	
寧海			2		7						19												28	
臨海											12				3								15	
黃岩											28												28	
三門											2												2	
瑞安	1										36												[illegible]	
泰順											56												56	
麗水					15						83										111	83	209	83
遂昌					1						33												34	
青田							1				33	1											34	1
縉雲			2	1	3						5												10	1
景寧					[illegible]						1												2	
慶元											9												9	
松陽					3						16												19	
雲和					3						136												139	
富陽			2		3						19												24	
建德					1						17												18	
壽昌			1								16								1				18	
龍泉																					7	7	7	7
總計	1	/	15	3	83	3	2	/	1	/	[illegible]	14	/	/	3	/	/	/	1	/	118	89	1116	109

附註：1.瑞安數字係第一傳染病院呈報 2.龍泉數字係省[illegible]防疫隊呈報 3.昌化數字係浙西衛生事务所呈報 4.雲和欄內係省會衛生事务所省会傳染病院及雲和縣衛生院合計數字 5.天台欄內係浙東衛生事务所与天台縣衛生院合計數字 6.未經收到各直轄屬机關報告縣份疫情俟報到後再行續編 7.陷區或游擊區各縣疫情未據呈報者本表均未編列。

浙江省各縣疫情報告統計表 三十三年度十月下旬 第一頁

縣別 \ 病別	霍亂		傷寒		赤痢		斑疹傷寒		回歸熱		瘧疾		天花		白喉		猩紅熱		流行性腦脊髓膜炎		鼠疫		共計	
	患	死	患	死	患	死	患	死	患	死	患	死	患	死	患	死	患	死	患	死	患	死	患	死
餘杭									2		5												7	
新登					3						16												19	
分水					1						3												4	
臨安											3												3	
昌化											16												16	
杭縣					3						12												15	
蕭山											35												35	
東陽											8												8	
磐安					2						5												7	
蘭谿											21	1											21	1
永康					6						4												10	
宣平					2						30												32	
湯溪			3	1	6	2					17	1											26	4
衢縣					1						1												2	
遂安																								
江山					6						22												28	
常山					2	1					36												38	1
龍游											70												70	
天台					2						8												10	
奉化			1								1												2	
象山					8						7												15	
寧海			3		7						35												45	
臨海					1						7												8	
黃岩											43												43	
三門											5												5	
瑞安					5						31				1	1							37	1
泰順											56												56	
麗水					21						35										79	98	135	98
遂昌											23												23	
青田					1						36				1	1							38	1
縉雲					5						6												11	
景寧					2						32												34	
慶元											15	1									11	9	26	10
松陽											11												11	
雲和					6						173										1	1	180	1
富陽					2						15												17	
[illegible]											10												10	
壽昌											24												24	
龍泉																					10	5	10	5
總計	/		7	1	92	3	/		2	/	897	3	/		2	2	/		/		101	113	1101	122

附註 1.瑞安數字係第一傳染病院呈報 2.龍泉數字係省區防疫隊呈報 3.昌化數字係該縣衛生事務所呈報 4.雲和縣內係省會衛生事務所省會傳染病院及雲和縣衛生院合計數字 5.天台縣內係浙東衛生事務所與天台縣衛生院合計數字 6.未經收到各直屬機關報告縣份疫情俟報到後再行續編 7.臨[illegible]永嘉[illegible]暨各縣疫情未據呈報者本表均未編列

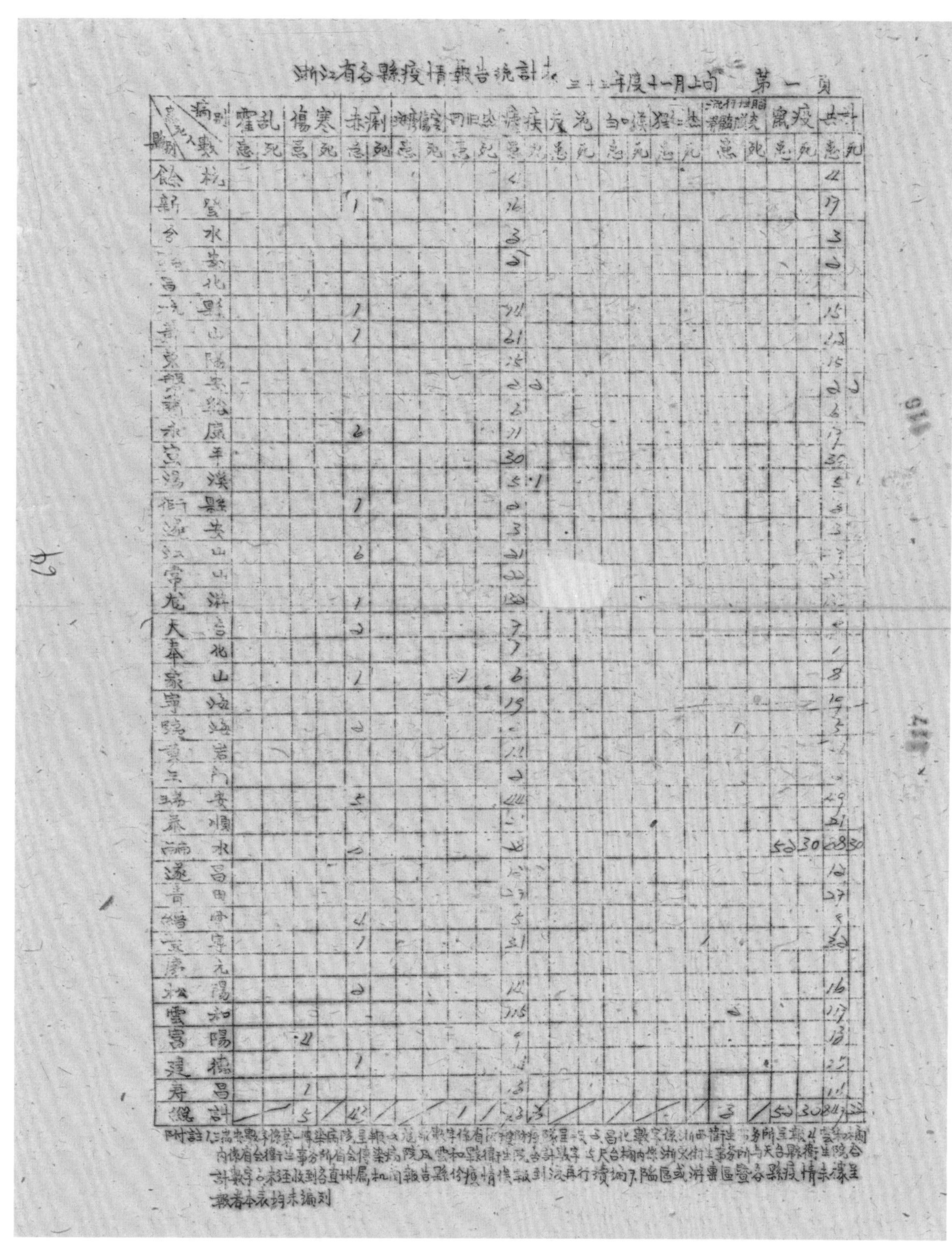

浙江省各縣疫情報告統計表 三十二年度十一月上旬 第一頁

縣別	霍亂 患	霍亂 死	傷寒 患	傷寒 死	赤痢 患	赤痢 死	斑疹傷寒 患	斑疹傷寒 死	回歸熱 患	回歸熱 死	瘧疾 患	瘧疾 死	天花 患	天花 死	白喉 患	白喉 死	猩紅熱 患	猩紅熱 死	流行性腦脊髓膜炎 患	流行性腦脊髓膜炎 死	鼠疫 患	鼠疫 死	共計 患	共計 死
餘杭											4												4	
新登					1						16												17	
分水											3												3	
淳安											2												2	
昌化																								
杭縣					1						14												15	
蕭山					1						21												22	
東陽											15												15	
臨安											2	2											2	2
義烏											6												6	
永康					2						11												13	
宣平											30												30	
湯溪											5	1											5	1
衢縣					1						2												3	
遂安											3												3	
江山					6						21												27	
常山											22												22	
龍游					1						22												23	
天台					2						7												[illegible]	
奉化											1												1	
象山					1				1		6												8	
寧海											19												19	
臨海					2						2								1				5	
黃岩											12												[illegible]	
三門											2												2	
瑞安					5						24												29	
泰順											21												21	
麗水					2						4										52	30	58	30
遂昌											12												12	
青田											27												27	
縉雲					4						5												9	
景寧					1						21								1				23	
慶元																								
松陽					2						14												16	
雲和											15												17	
富陽			4								9												13	
建德					1						[illegible]												25	
壽昌			1								10												11	
總計	/	/	5	/	42	/	/	/	1	/	[illegible]3	3	/	/	/	/	/	/	3	/	52	30	811	32

附註：1.以上數字係第一傳染病院呈報 2.以上數字係省防疫隊呈報 3.昌化數字係浙西衛生事務所呈報 4.雲和欄內係省會衛生事務所省會傳染病院及雲和縣衛生院合計數字 5.天台欄內係浙東衛生事務所與天台縣衛生院合計數字 6.未經收到各直屬機關報告縣份疫情俟報到後再行續編 7.陷區或游擊區暨各縣疫情未據呈報者本表均未編列

[illegible]　三十三年度十一月中旬　第一頁

病别／患死人數／縣别	霍亂		傷寒		赤痢		斑疹傷寒		回歸熱		瘧疾		天花		白喉		猩紅熱		流行性腦脊髓膜炎		鼠疫		共計	
	患	死	患	死	患	死	患	死	患	死	患	死	患	死	患	死	患	死	患	死	患	死	患	死
餘杭									1		2												3	
新登											17												17	
分水											2												2	
臨安											3												3	
昌化																								
杭縣											[illegible]												5	
高山											20												20	
東陽											22												12	
磐安											1												1	
蘭谿											6												6	
永康					6						10												16	
宣平					1						21												22	
湯溪											6	1											6	1
衢縣																								
遂安																								
江山			1		10						65												76	
常山											18												18	
龍游											197												197	
天台					1						5												6	
奉化											2												2	
象山					2						5												7	
寧海											20												20	
臨海					2						3												5	
黃岩											19												19	
三门											1												1	
瑞安											32								1				33	
泰順											29												29	
麗水					5						27										20	25	52	25
遂昌											6												6	
青田					1						31												32	
縉雲					3						4										1	1	8	1
景寧					5						13												18	
慶元																								
松陽					4						9												13	
雲和											100								1		2	1	103	1
富陽			2		1						[illegible]												19	
建德					2						20												22	
壽昌			1								[illegible]												16	
總計	/	/	4	/	23	/	/	/	/	/	[illegible]	/	/	/	/	/	/	/	2	/	23	27	865	28

附註：1.瑞安數字係第一傳染病院呈報 2.龍泉數字係[illegible]防疫隊呈報 3.昌化數字係浙西衛生事務所呈報 4.雲和本旬內係有省衛生事務所省會傳染病院及雲和縣衛生院合計數字 5.天台本旬內係浙東衛生事務所與天台縣衛生院合計數字 6.未經收到各直屬機關報告聲明疫情俟[illegible]到後再行續編 7.[illegible]暨各縣疫情未據呈報者本表均未編列

縣別＼病名＼人數	霍亂 患	霍亂 死	傷寒 患	傷寒 死	痢疾 患	痢疾 死	斑疹傷寒 患	斑疹傷寒 死	回歸熱 患	回歸熱 死	瘧疾 患	瘧疾 死	天花 患	天花 死	白喉 患	白喉 死	猩紅熱 患	猩紅熱 死	流行性腦脊髓膜炎 患	流行性腦脊髓膜炎 死	鼠疫 患	鼠疫 死	共計 患	共計 死
餘杭											2												2	
新登											14												14	
分水											6												6	
臨安											1												1	
昌化																								
杭縣											7												7	
蕭山											22												22	
東陽											13												13	
磐安									2														2	
蘭谿					2						7												9	
永康					2						5												7	
宣平											7												7	
湯溪											4												4	
衢縣											1												1	
遂安																								
江山					2						6												8	
常山																								
龍游											28												28	
天台											6												6	
奉化															1								1	
象山											3												3	
寧海			1								20												21	
臨海					5						2												7	
黃岩											20		6	1									26	1
三門											4												4	
瑞安					2						60												62	
泰順											19												19	
麗水					1						48				—						12	10	61	10
遂昌											11												11	
青田											27												27	
縉雲					4						5												9	
景寧					3	1					7												10	1
慶元																								
松陽					1						16												17	
雲和											78											1	78	1
富陽			5		1						18												24	
建德											14												14	
壽昌											22												22	
總計	/	/	6	/	21	1	/	/	2	/	[illegible]	/	6	1	1	/	/	/	/	/	12	11	604	13

附註：1.瑞安數字係第一傳染病院呈報。2.蕭山數字係省[illegible]呈報。3.昌化數字係浙西衛生事務所呈報。4.雲和塲內係省會衛生事務所[illegible]院及雲和縣衛生院合計。5.天台縣[illegible]係浙東衛生事務所與天台縣衛生院合計數字。6.未經列入者[illegible]雲和[illegible]縣疫情[illegible]各縣疫情未據呈報者本表均未編列。

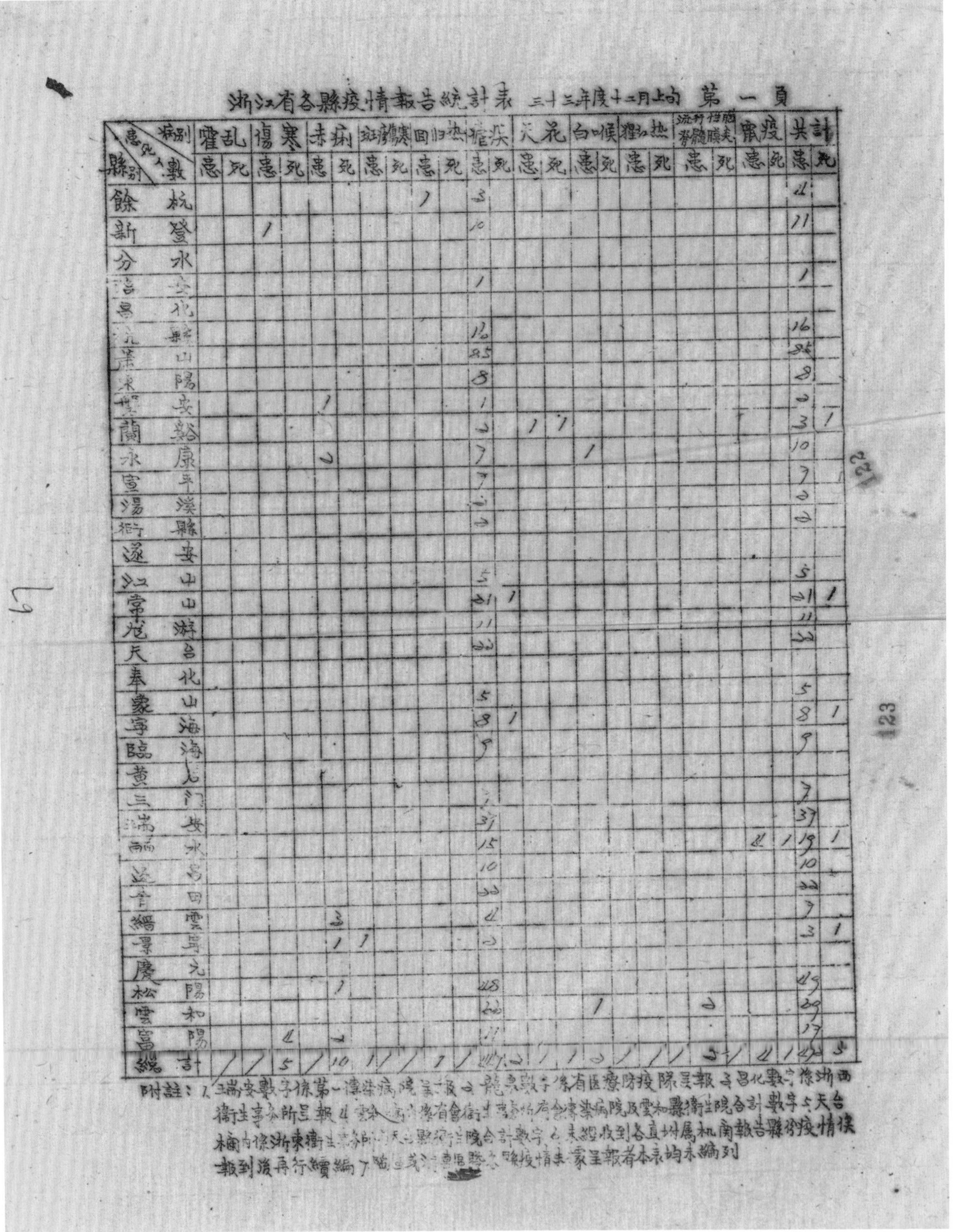

浙江省各縣疫情報告統計表 三十三年度十二月上旬 第一頁

縣別＼病別	霍乱 患	霍乱 死	傷寒 患	傷寒 死	赤痢 患	赤痢 死	斑疹傷寒 患	斑疹傷寒 死	回归热 患	回归热 死	瘧疾 患	瘧疾 死	天花 患	天花 死	白喉 患	白喉 死	猩红热 患	猩红热 死	流行性腦脊髓膜炎 患	流行性腦脊髓膜炎 死	鼠疫 患	鼠疫 死	共計 患	共計 死
餘杭									1		3												4	
新登			1								10												11	
分水																								
淳安											1												1	
昌化																								
杭縣											16												16	
蕭山											25												25	
東陽											8												8	
[illegible]安					1						1												2	
蘭谿											2		1	1									3	1
永康					2						7				1								10	
宣平											7												7	
湯溪											2												2	
衢縣											2												2	
遂安																								
江山											5												5	
常山											21	1											21	1
龍游											11												11	
天台											22												22	
奉化																								
象山											5												5	
寧海											8	1											8	1
臨海											9												9	
黄岩																								
三门											7												7	
瑞安											37												37	
龍泉											15										4	1	19	1
遂昌											10												10	
青田											22												22	
縉雲					3						4												7	
景寧					1	1					2												3	1
慶元																								
松陽					1						48												49	
雲和											22				1				2				29	
富陽			4		2						11												17	
總計	/	/	5	/	10	1	/	/	1	/	[illegible]	2	1	1	2	/	/	/	2	/	4	1	[illegible]	5

附註：1.瑞安數字係第一傳染病院呈報 2.龍泉數字係省医療防疫隊呈報 3.昌化數字係浙西衛生事务所呈報 4.雲和[illegible]係省會衛生事务所、省會傳染病院及雲和縣衛生院合計數字 5.天台欄內係浙東衛生事务所、天台縣衛生院合計數字 6.未經收到各直屬机關報告縣份疫情俟報到後再行續編 7.臨安、[illegible]等縣疫情未蒙呈報者本表均未編列

浙江省各縣疫情報告統計表　三十三年度十二月中旬　第一頁

病別 / 患死人數 / 縣別	霍乱 患	霍乱 死	傷寒 患	傷寒 死	赤痢 患	赤痢 死	斑疹傷寒 患	斑疹傷寒 死	回归热 患	回归热 死	瘧疾 患	瘧疾 死	天花 患	天花 死	白喉 患	白喉 死	猩紅熱 患	猩紅熱 死	流行性腦脊髓膜炎 患	流行性腦脊髓膜炎 死	鼠疫 患	鼠疫 死	共計 患	共計 死
餘杭									2		4												6	
新登											11												11	
分水					1						2												3	
臨安											2												2	
昌化																								
杭縣											18												18	
蕭山											27												[illegible]	
東陽											5												5	
[illegible]安															1								[illegible]	
[illegible]											3												[illegible]	
永康					1						3				1								5	
宣平											6												6	
湯溪											1												1	
衢縣											2												2	
遂安																								
江山			1		1						3												5	
常山											21												21	
龍游											8												8	
天台											16												16	
奉化											1												1	
象山											7												7	
寧海											15												15	
臨海											6												6	
黃岩																								
三門											3												3	
瑞安					2						45												47	
麗水					1						20				1								22	
遂昌											6												6	
青田					1						19												20	
縉雲					2						4												6	
景寧					2						3												5	
慶元																								
松陽					1						11												12	
雲和											62								2				64	
富陽			1								5												6	
總計	/	/	2	/	12	/	/	/	2	/	321?	/	/	/	3	/	/	/	2	/	/	/	36?	/

附註：1.瑞安數字係第一傳染病院呈報　2.龍泉數字係省衛生防疫隊呈報　3.昌化數字係浙西衛生事務所呈報　4.雲和欄內係省會衛生事務所省會傳染病院及雲和縣衛生院合計數字　5.天台欄內係浙東衛生事務所與天台縣衛生院合計數字　6.未經收到各直附屬機關報告縣份疫情俟報到後再行續編　7.臨區或游擊區暨各縣疫情未據呈報者本表均未編列

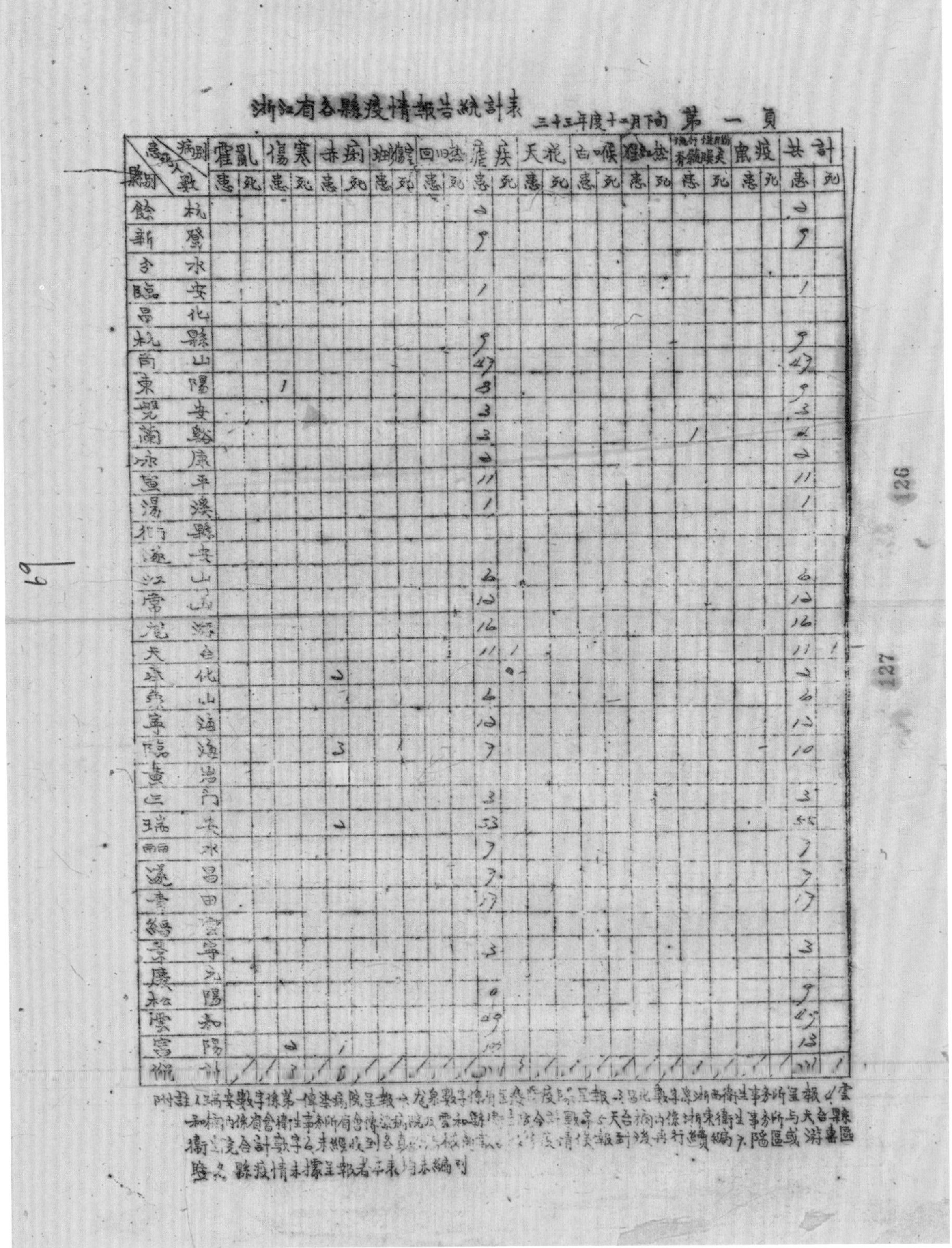

浙江省各縣疫情報告統計表　　三十三年度十二月下旬　第一頁

縣別＼病別患死人數	霍亂		傷寒		赤痢		斑疹傷寒		回歸熱		瘧疾		天花		白喉		猩紅熱		流行性腦脊髓膜炎		鼠疫		共計	
	患	死	患	死	患	死	患	死	患	死	患	死	患	死	患	死	患	死	患	死	患	死	患	死
餘杭											2												2	
新登											9												9	
分水																								
臨安											1												1	
昌化																								
杭縣											9												9	
蕭山											47												47	
東陽			1								8												9	
[illegible]安											3												3	
蘭谿											3								1				4	
永康											2												2	
宣平											11												11	
湯溪											1												1	
衢縣																								
遂安																								
江山											6												6	
常山											12												12	
龍游											16												16	
天台											11	1											11	1
奉化					2																		2	
象山											6												6	
寧海											12												12	
臨海					3						7												10	
黃巖																								
三門											3												3	
瑞安					2						53												55	
麗水											7												7	
遂昌											7												7	
青田											17												17	
縉雲																								
景寧											3												3	
慶元																								
松陽											9												9	
雲和											49												47	
富陽			2		1						10												13	
總計	/	/	3	/	8	/	/	/	/	/	[illegible]	1	/	/	/	/	/	/	/	/	/	/	[illegible]	1

附註：1.瑞安數字係第一傳染病院呈報 2.龍泉數字係省巡迴醫療防疫隊呈報 3.昌化數字係浙西衛生事務所呈報 4.雲和欄內係省會衛生事務所省會傳染病院及雲和縣衛生院合計數字 5.天台欄內係浙東衛生事務所與天台縣衛生院合計數字 6.未經收到各[illegible]疫情俟報到後再行續編 7.陷區或游擊區暨各縣疫情未據呈報者本表均未編列

浙江省卫生处关于呈送该省一九四四年度鼠疫发现病例记录表及鼠疫病人统计表致省政府的代电
（一九四五年九月六日）

浙江省衛生處快郵代電

事由：為電呈本省卅三年度鼠疫發現病例紀錄表及鼠疫病人統計表仰祈鑒核備查由

省政府鈞鑒：案查三十三年度本省雲和、慶元、永嘉、龍泉、麗水、青田、松陽、義烏、縉雲等九縣先後發生鼠疫，業經呈報在案。茲經飭據各縣將上年度鼠疫發現病例紀錄表填就呈處，業已彙編完竣，除分呈衛生署外，理合檢具是項紀錄表壹份隨電呈送，仰祈鑒核備查。浙江省衛生處處長孫序東申魚寧叩。附呈本省三十三年度鼠疫病人統計表及鼠疫發現病例紀錄表各一份

中華民國卅四年九月　日

附：浙江省一九四四年度鼠疫病人统计表

浙江省三十三年度鼠疫病人统计表

流行日期 \ 患死人数 \ 县别		雲和 患	雲和 死	慶元 患	慶元 死	永嘉 患	永嘉 死	麗水 患	麗水 死	龍泉 患	龍泉 死	青田 患	青田 死	松陽 患	松陽 死	義烏 患	義烏 死	縉雲 患	縉雲 死	總計 患	總計 死
1月份	上	13	4	2	1	7	5	19	6					3	2			1		44	18
	中	6	7	1		2	1	21	8											30	16
	下	3		4	2	6	5	[illegible]	4											21	21
	共計	22	11	7	2	15	11	[illegible]	18					2	2					78	45
2月份	上		1	1		4	3	9	1			3	3							17	8
	中					1	1	6	3											7	5
	下	1		1		3	3	2						1		8				16	2
	共計	1	1	2	1	8	6	17	4			3	3	1		8				40	15
3月份	上	1			1	1	1	4								7	8			13	10
	中	1				6	1									4	3			11	4
	下					11	4	2								1	2			14	6
	共計	2			1	18	6	6								12	13			38	20
4月份	上					18	3	1												19	3
	中			5		25	9	1	1	2	1									33	11
	下			3	3	40	15													43	18
	共計			8	3	83	27	2	1	2	1									95	32
5月份	上			3	3	67	23	2												72	26
	中			4	2	64	38		1											68	41
	下			7	5	29	21	3	3											39	29
	共計			14	10	160	82	5	4											179	96
6月份	上			3	5	56	16													59	21
	中			14	7	125	45	1	1											146	53
	下			7	9	144	92	6	3											157	104
	共計			24	21	325	153	7	4											356	178
7月份	上			25	13	97	46	4	4											126	63
	中			7	16	56	34	5	2											68	52
	下	4		13	10	41	15	1	4	1	1									57	30
	共計	1		45	39	194	95	10	10	1	1									251	145
8月份	上		1	11	8	16	10	9	8	1	1									37	28
	中			13	9	11	4	15	4											40	17
	下			22	10	1	3	16	24											39	37
	共計		1	46	27	28	17	41	36	1	1									116	82
9月份	上			11	6			40	28	20	10									71	44
	中	2	2	2	1			64	49	21	11									85	63
	下			3	3			60	66	37	16									94	85
	共計	2	2	16	10			164	143	78	37									260	193

10月份	上			3	2			31	43	14	5									88	50
	中							111	52	7	7									112	89
	下	1	1	11	9			79	98	10	5									101	113
	共計	1	1	14	11			261	222	31	17									307	252
11月份	上			18	9	3	1	52	30	10	7									83	47
	中	2	1	23	20	9	1	20	25	5	4							1	1	60	52
	下		1	12	[illegible]	10	2	12	10		1									34	35
	共計	2	2	53	[illegible]	22	4	84	65	15	12							1	1	177	137
12月份	上			2	1	3	3	4	4											13	8
	中				1																1
	下																				
	共計			2	2	3	3	4	4											13	9
合	計	21	18	225	181	856	404	252	510	128	69	3	3	4	2	30	13	1	1	1930	1203
備	考	松陽青田縉雲三縣發現之病例係由雨水碧湖等處傳染 永嘉全年患者為976人死亡537人内患者120人死亡135人無病例紀錄故未列入本表内																			

浙江省省会卫生事务所关于陈报办理防疫经过及检疫人员名单致省政府的代电（一九四五年九月二十四日）

浙江省省會衛生事務所快郵代電

衛字第一八〇四號

事由：奉電縷陳本所辦理防疫經過情形附已派往杭州檢疫人員名單祈 鑒核由

浙江省政府主席黄鈞鑒：奉鈞府申馬華代電飭本所綫行回杭加强防治鼠疫工作，現據報該所人員已在分批遷移，應將已遷者職别姓名及現在可能到達地點列單報查等因。奉查本所恢復臨時防疫大隊以來，正在積極推行防疫工作，繼奉鈞府未養生寧代電及衛生處未世寧代電，均以省會還杭爲防制鼠疫蔓延緊急措施，飭本所在杭附近或其他衛要地點設置防疫站，遵照切實辦理等因，旋又奉衛生處申東寧代電略以查省會還杭各

中華民國　年　月　日發

18

浙江省省會衛生事務所快郵代電

保字第一八〇〇號

機關人員行將開始分批移動為防制雲和鼠疫傳播起見該所應儘先出發依照省府本年未養2500p生寧代電之指示在杭州附近設置檢疫站實施檢疫工作以策安全至該所原兼任省會臨時防疫大隊在該所未行動前所有關于雲和防治鼠疫事宜應與該縣政府縣衛生院暨中央第六巡迴醫防隊以及省第一醫療隊等各機關妥行接洽交代等因曾于九月一日召集各有關機關舉行緊急會議並承衛生處處長孫蒞會指示尅日由縣組織

中華民國　年　月　日發

第二頁共五頁

19

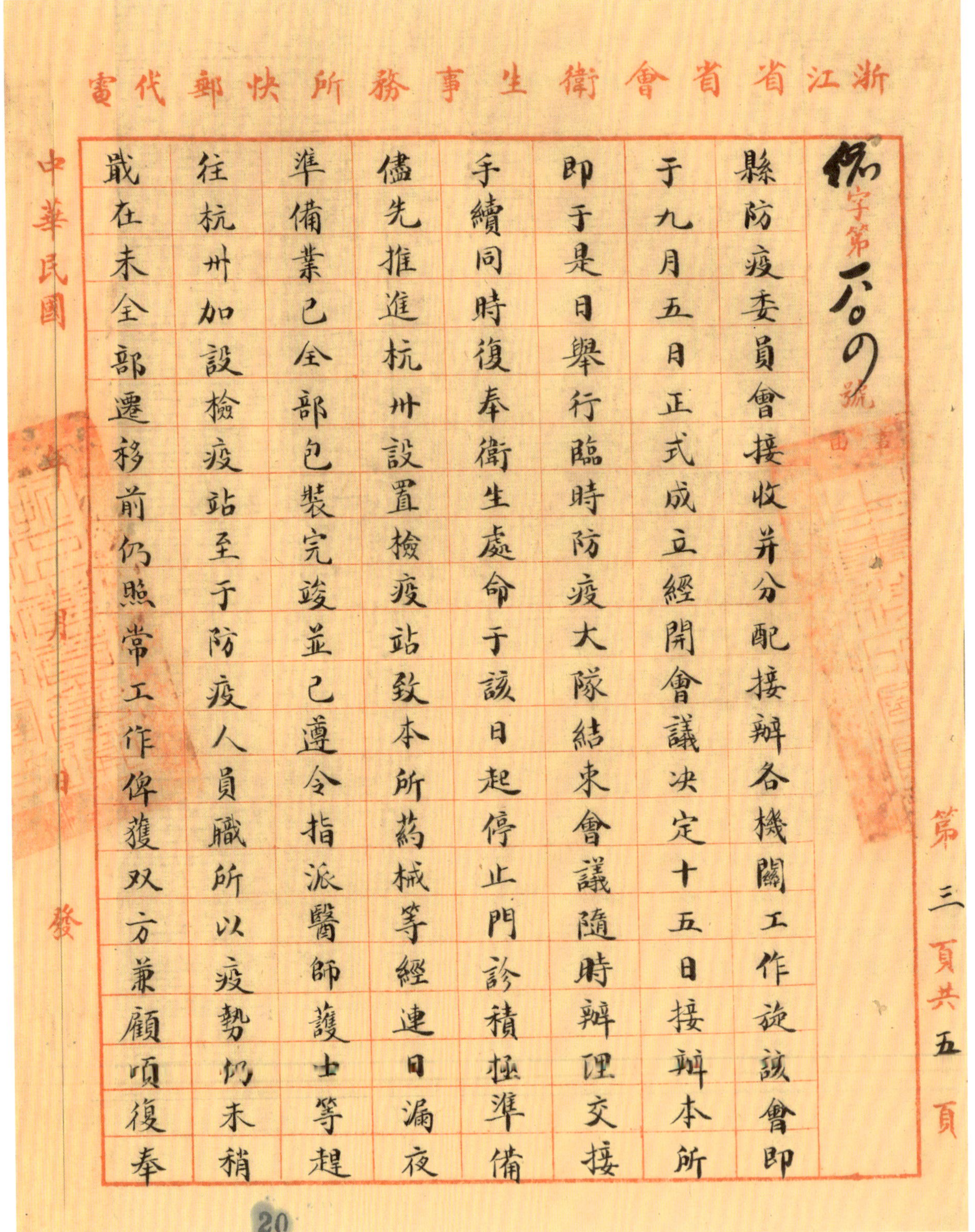

浙江省會衛生事務所快郵代電

[illegible]字第一八〇九號

第三頁共五頁

縣防疫委員會接收并分配接辦各機關工作旋該會即于九月五日正式成立經開會議决定十五日接辦本所即于是日舉行臨時防疫大隊結束會議隨時辦理交接手續同時復奉衛生處命于該日起停止門診積極準備儘先推進杭州設置檢疫站致本所藥械等經連日漏夜準備業已全部包裝完竣並已遵令指派醫師護士等趕往杭州加設檢疫站至于防疫人員職所以疫勢仍未稍戢在未全部遷移前仍照常工作俾獲双方兼顧頃復奉

中華民國　年　月　日發

20

浙江省省會衛生事務所快郵代電

衛字第一八〇の號

由

第四頁共五頁

衛生處中養寧代電略以雲和疫勢日趨嚴重經省府委員會第1424次會議該所應仍暫留雲工作等因仰將原有担任防疫工作人員仍暫留雲協同縣防疫委員會中央醫防隊暨省一醫療隊等從事積極防治等因遵即將本所全部防疫人員分組協同各防疫機關繼續參加城區及黃水碓等處挨戶消毒並另派醫師護士檢驗員等分別協助省第二醫院及隔離病室暨省一醫防隊工作奉電前因理合將本所先後辦理該項經過情形一併縷陳

中華民國　年　月　日發

21

浙江省會衛生事務所快郵代電

衛字第一八〇四號

并將已派往杭州担任檢疫人員列單電請鑒核浙江省省會衛生事務所兼所長朱國基叩申週印附名單一份

第五頁共五頁

中華民國卅年九月　日發

32

附：浙江省省会卫生事务所行动人员名单

浙江省省會衛生事務所行動人員名單

職別	姓名	啟程日期	前往到達地點	備攷
衛生工程師	陳士傀	卅四、八、廿三	杭州	隨同主席行轅行動
護士	朱鳳寶	卅四、八、廿	〃	〃
衛生稽查長	何一平	卅四、九、七	〃	來電接稱已在杭州六和塔設置檢疫站檢疫
辦事員	周體楠	卅四、九、七	〃	〃
衛生員	邱叙忠	卅四、九、七	〃	〃
主任醫師	吳士魁 莊仁傑	卅四、九、十九	龍游	擬加設檢疫站多處於杭州其他衝要地點
醫師	金作礪	卅四、九、十九	〃	〃
護士	楊素芳 楊仁英	卅四、九、十九	〃	〃

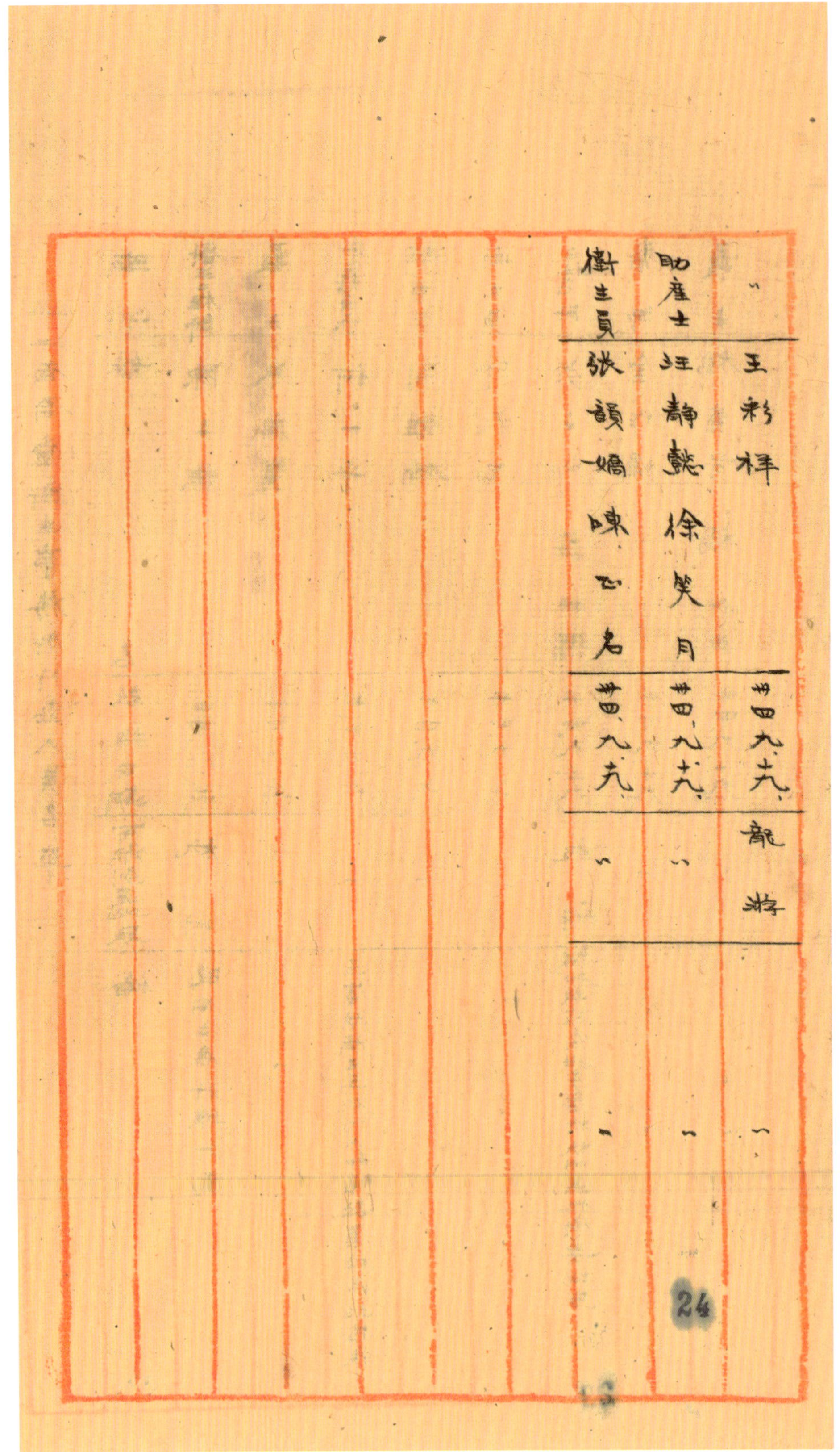

〃	王彩祥	卅四、九、十九、	龍游	〃
助産士	汪静懿 徐笑月	卅四、九、十九、	〃	〃
衛生員	張韻嬌 陳正名	卅四、九、十九、	〃	〃

24

浙江省卫生处关于呈送该省一九四五年四至九月份各县疫情报告统计表及一至三月份各县补报疫情报告统计表致省政府的代电（一九四五年十二月二十四日）

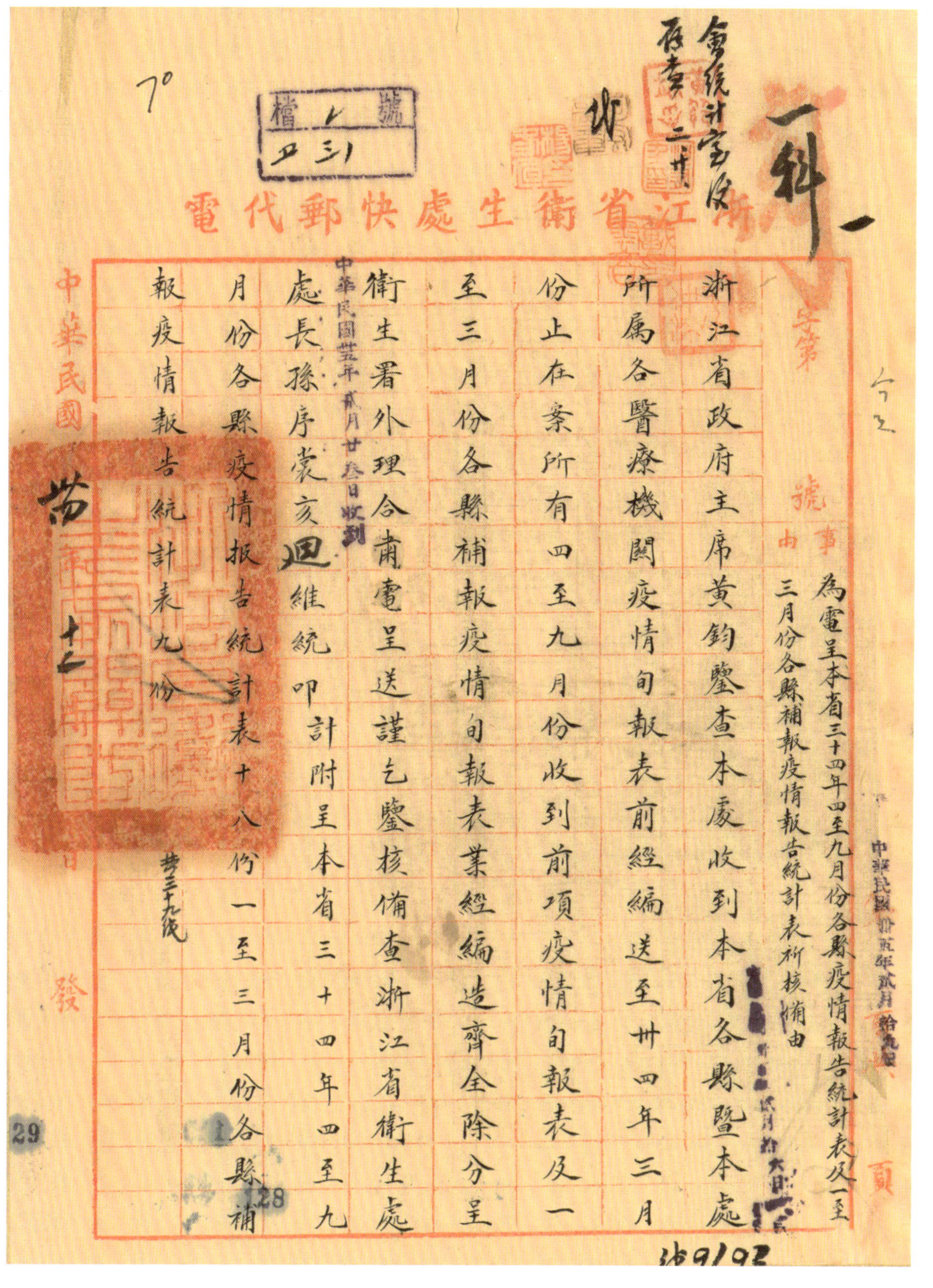

浙江省衛生處快郵代電

事由：為電呈本省三十四年四至九月份各縣疫情報告統計表及一至三月份各縣補報疫情報告統計表祈核備由

浙江省政府主席黄鈞鑒：查本處收到本省各縣暨本處所屬各醫療機關疫情旬報表前經編送至卅四年三月份止在案。所有四至九月份收到前項疫情旬報表及一至三月份各縣補報疫情旬報表業經編造齊全，除分呈衛生署外，理合肃電呈送，謹乞鑒核備查。浙江省衛生處處長孫序裳亥迴維統叩。計附呈本省三十四年四至九月份各縣疫情報告統計表十八份，一至三月份各縣補報疫情報告統計表九份。

中華民國 年 月 日發

附一：一九四五年四至九月份浙江省各县疫情报告统计表

浙江省各縣疫情報告統計表

34年度4月份上旬　　P. 1.

縣別	霍亂 患	霍亂 死	傷寒 患	傷寒 死	赤痢 患	赤痢 死	斑疹傷寒 患	斑疹傷寒 死	回歸熱 患	回歸熱 死	瘧疾 患	瘧疾 死	天花 患	天花 死	白喉 患	白喉 死	猩紅熱 患	猩紅熱 死	流行性腦脊髓膜炎 患	流行性腦脊髓膜炎 死	鼠疫 患	鼠疫 死	共計 患	共計 死
新登											13												13	
分水											2												2	
昌化											2												2	
紹興																			5				5	
蕭山			3	2	3	1	2	1			22						1						31	4
諸暨											2												2	
新昌											2								9				11	
東陽											2												2	
義烏											4												4	
磐安											1								8	2			9	2
蘭谿											5												5	
永康					4						5								7	1			16	1
宣平											10												10	
湯溪											4	1											4	1
武義											11				1	1			5	1			17	2
衢縣																			1				1	
開化											7												7	
遂安			2		1						2												5	
江山											12								2				14	
常山											3												3	
龍游											16								5	2			[illegible]	4
奉化																			2				3	
象山											1												1	
天台					2						35								4	2			41	2
臨海											1								7				8	
黄岩											19								3				22	
仙居											3								[illegible]				2	
溫嶺			1								2								8				11	
三門			2								1												3	
平陽											1								22	2			27	[illegible]
瑞安			1		4				2		18				1				[illegible]	1			30	
麗水									3		2										2	2	[illegible]	2
遂昌											3								2				5	
青田									7	1	5								1				13	1

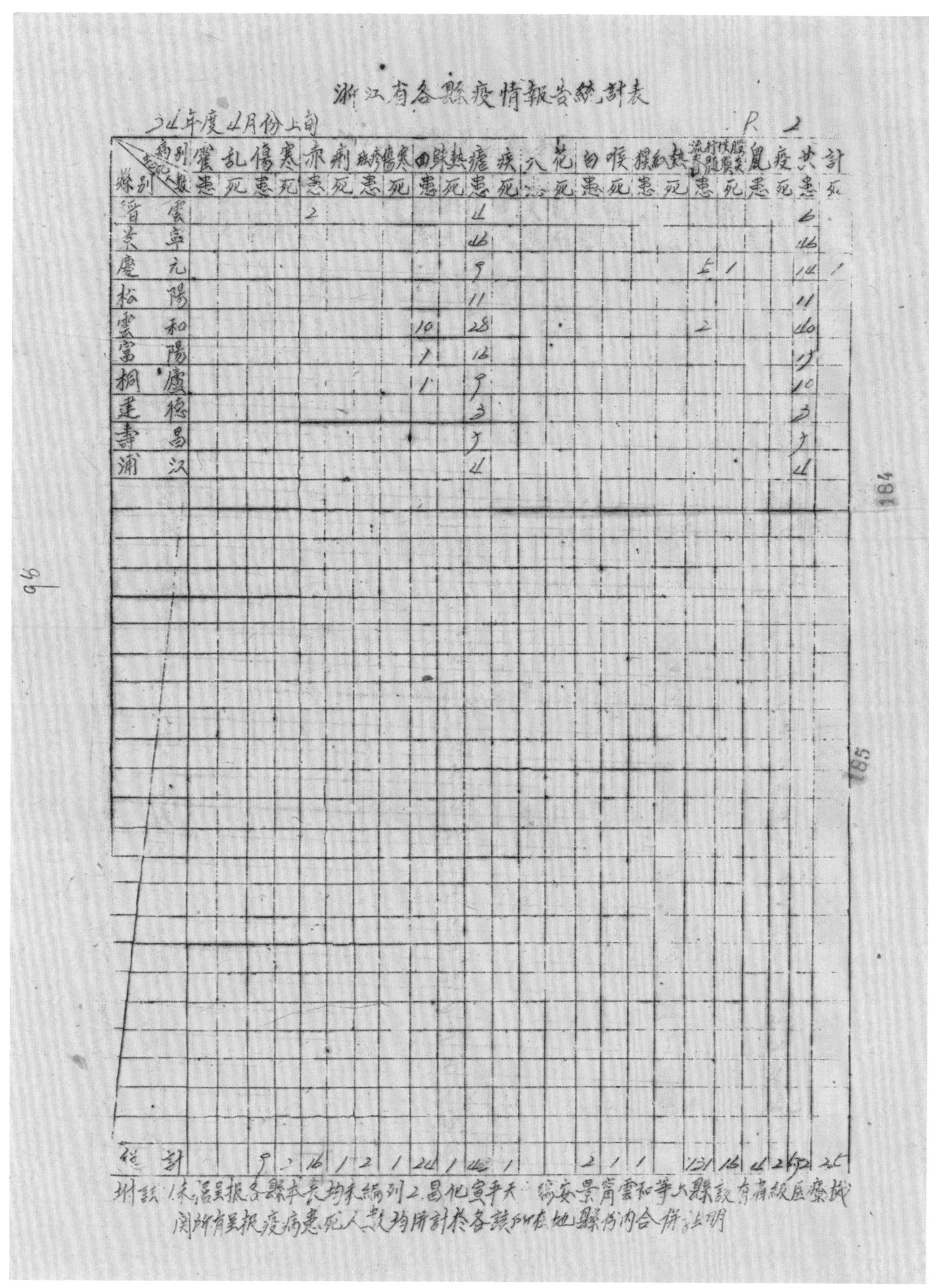

浙江省各縣疫情報告統計表

34年度4月份上旬　　　　P. 2

縣別 \ 病別 / 患死人數	霍亂 患	霍亂 死	傷寒 患	傷寒 死	赤痢 患	赤痢 死	斑疹傷寒 患	斑疹傷寒 死	回歸熱 患	回歸熱 死	瘧疾 患	瘧疾 死	天花 患	天花 死	白喉 患	白喉 死	猩紅熱 患	猩紅熱 死	流行性腦脊髓膜炎 患	流行性腦脊髓膜炎 死	鼠疫 患	鼠疫 死	共計 患	共計 死
縉雲					2						4												6	
景寧											46												46	
慶元											9								5	1			14	1
松陽											11												11	
雲和									10		28								2				40	
富陽									1		12												13	
桐廬									1		9												10	
建德											3												3	
壽昌											7												7	
浦江											4												4	
總計			9	2	16	1	2	1	24	1	46	1			2	1	1		131	16	4	2	192	25

附註：依據呈報各縣本表均未編列之昌化、宣平、天[illegible]、遂安、景寧、雲和等六縣設有省級醫療機關，所有呈報疫病患死人數均併計於各該所在地縣份內合併註明

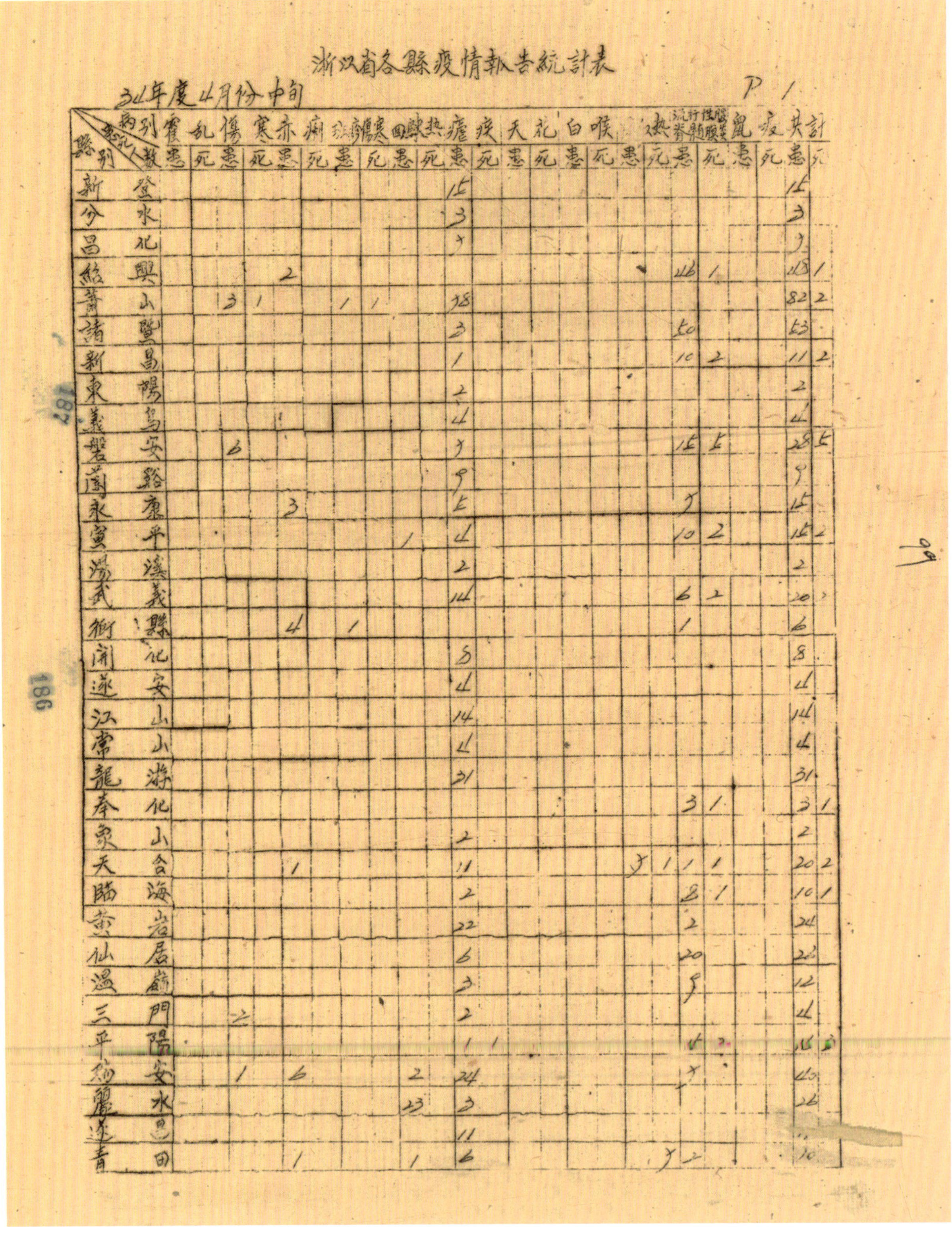

浙江省各縣疫情報告統計表

34年度4月份中旬　　　　P 1

縣別	霍亂		傷寒		赤痢		斑疹傷寒		回歸熱		瘧疾		天花		白喉		猩紅熱		流行性腦脊髓膜炎		鼠疫		共計	
	患	死	患	死	患	死	患	死	患	死	患	死	患	死	患	死	患	死	患	死	患	死	患	死
新登											15												15	
分水											3												3	
昌化											7												7	
紹興					2														46	1			48	1
蕭山			3	1			1	1			78												82	2
諸暨											3								50				53	
新昌											1								10	2			11	2
東陽											2												2	
義烏											4												4	
磐安			6								7								15	5			28	5
蘭谿											9												9	
永康					3						5								7				15	
宣平									1		4								10	2			15	2
湯溪											2												2	
武義											14								6	2			20	2
衢縣					4		1												1				6	
開化											8												8	
遂安											4												4	
江山											14												14	
常山											4												4	
龍游											31												31	
奉化																			3	1			3	1
象山											2												2	
天台					1						11						7	1	1	1			20	2
臨海											2								8	1			10	1
黃岩											22								2				24	
仙居											6								20				26	
溫嶺											3								9				12	
三門			2								2												4	
平陽											1	1							14	2			15	3
瑞安			1		6				2		24								7				40	
麗水									23		3												26	
遂昌											11												[illegible]	
青田					1				1		6							7	2				10	

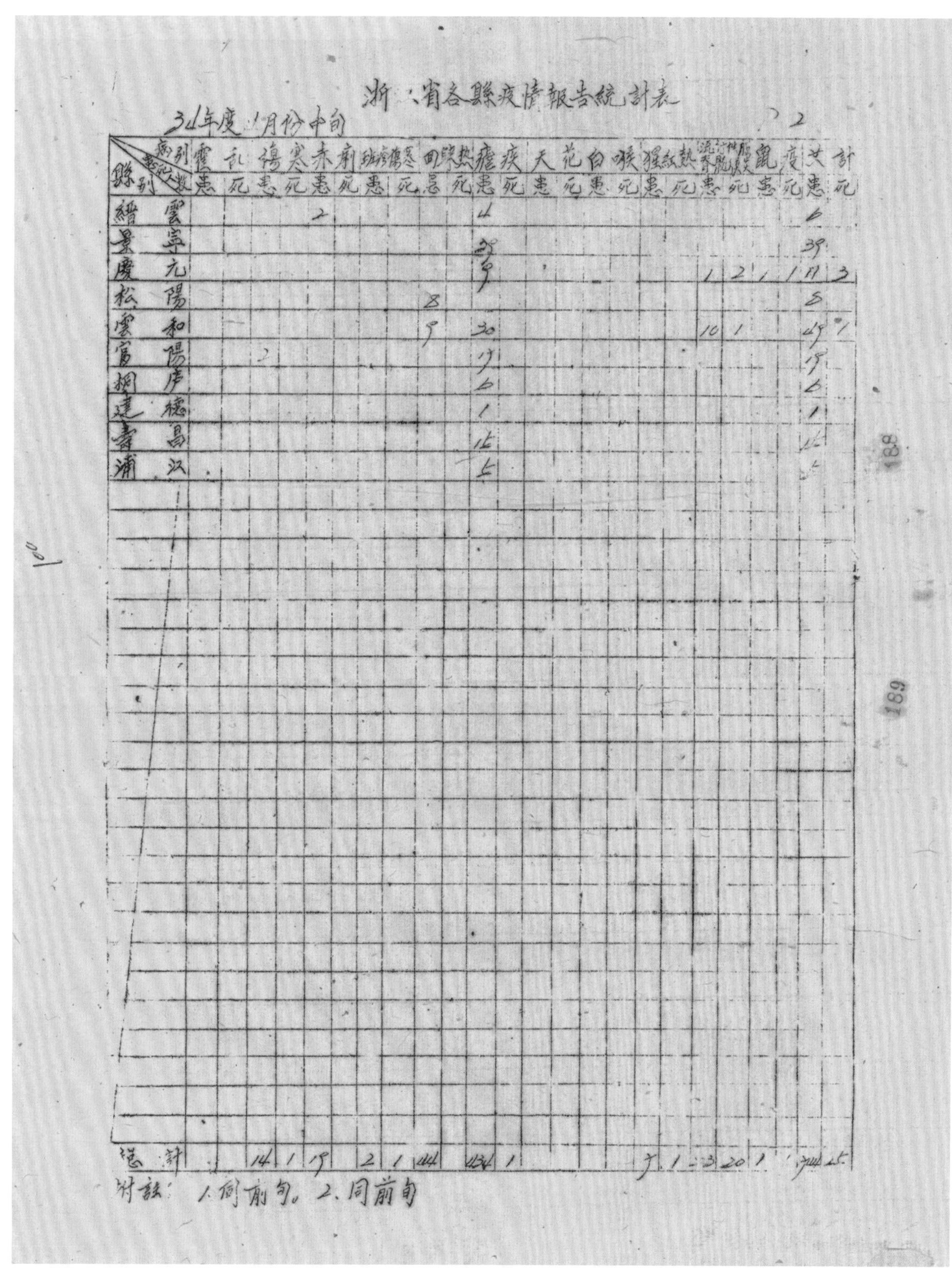

浙江省各縣疫情報告統計表

34年度1月份中旬　　72

縣別 \ 病別 \ 患死人數	霍亂 患	霍亂 死	傷寒 患	傷寒 死	赤痢 患	赤痢 死	斑疹傷寒 患	斑疹傷寒 死	回歸熱 患	回歸熱 死	瘧疾 患	瘧疾 死	天花 患	天花 死	白喉 患	白喉 死	猩紅熱 患	猩紅熱 死	流行性腦脊髓膜炎 患	流行性腦脊髓膜炎 死	鼠疫 患	鼠疫 死	共計 患	共計 死
縉雲					2						4												6	
景寧											39												39	
慶元											9								1	2	1	1	11	3
松陽									8														8	
雲和									9		30								10	1			49	1
富陽			2								17												19	
桐廬											6												6	
建德											1												1	
壽昌											16												16	
浦江											5												5	
總計			14	1	19		2	1	44		434	1					7	1	23	20	1		744	25

附註：1.同前旬。2.同前旬

100

188

189

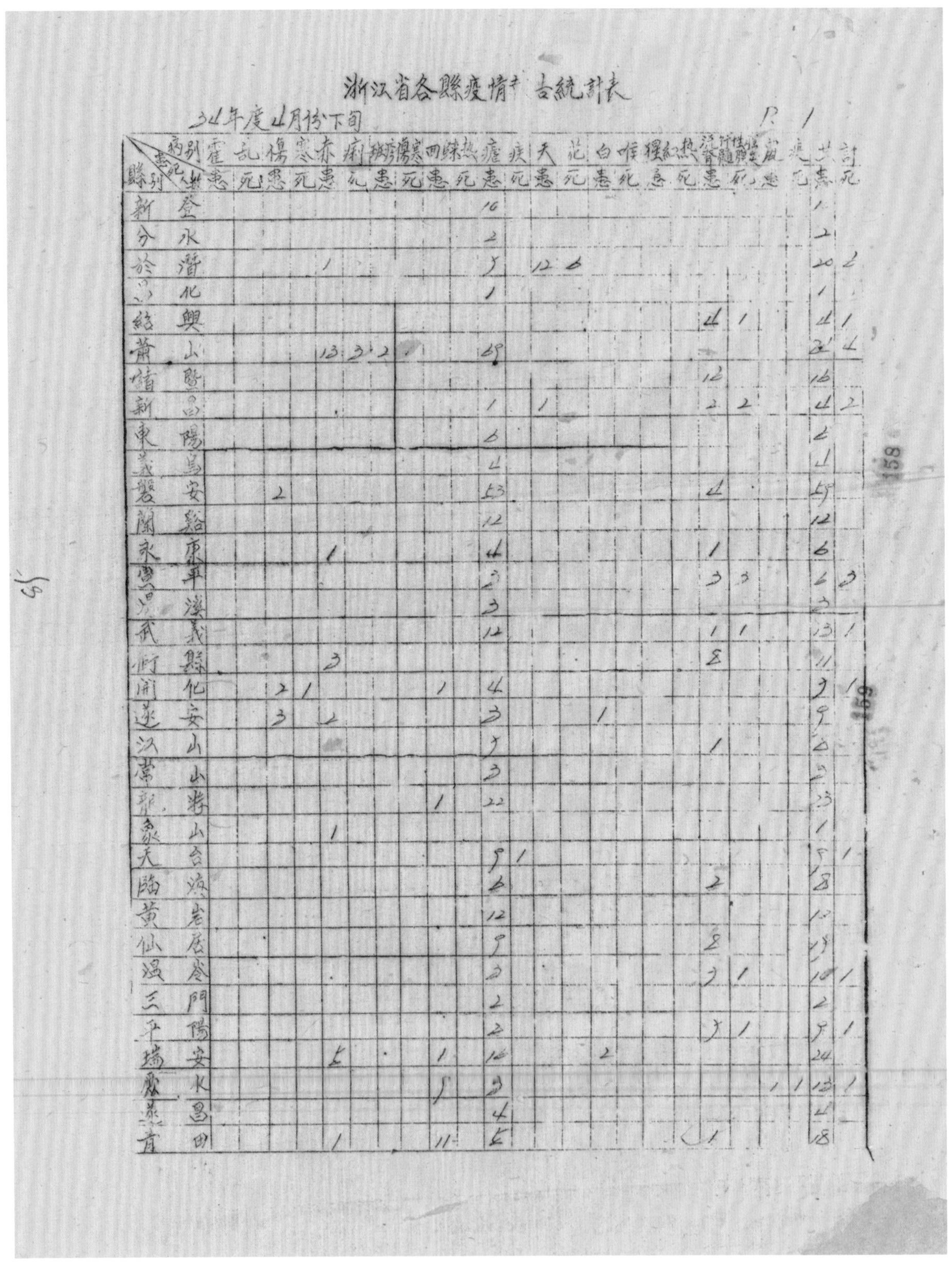

浙江省各縣疫情旬統計表

34年度4月份下旬　　P. 1

縣別＼病別	霍亂 患	霍亂 死	傷寒 患	傷寒 死	赤痢 患	赤痢 死	斑疹傷寒 患	斑疹傷寒 死	回歸熱 患	回歸熱 死	瘧疾 患	瘧疾 死	天花 患	天花 死	白喉 患	白喉 死	猩紅熱 患	猩紅熱 死	流行性腦脊髓膜炎 患	流行性腦脊髓膜炎 死	鼠疫 患	鼠疫 死	共計 患	共計 死
新登											16												16	
分水											2												2	
於潛					1						5		12	6									20	2
昌化											1												1	
紹興																			4	1			4	1
蕭山					13	3	2				58												8	4
諸暨																			16				16	
新昌											1		1						2	2			4	2
東陽											6												6	
義烏											4												4	
磐安			2								53								4				59	
蘭谿											12												12	
永康					1						4								1				6	
宣平											3								3	3			6	3
湯溪											3												3	
武義											12								1	1			13	1
衢縣					3														8				11	
開化			2	1					1		4												7	1
遂安			3		2						3				1								9	
江山											5								1				6	
常山											3												3	
龍泉									1		22												23	
象山					1																		1	
天台											9	1											9	1
臨海											6								2				8	
黃岩											12												12	
仙居											9								8				17	
溫嶺											3								3	1			10	1
三門											2												2	
平陽											2								5	1			7	1
瑞安					5				1		16				2								24	
麗水									5		3										1	1	13	1
景寧											4												4	
青田					1				11		5								1				18	

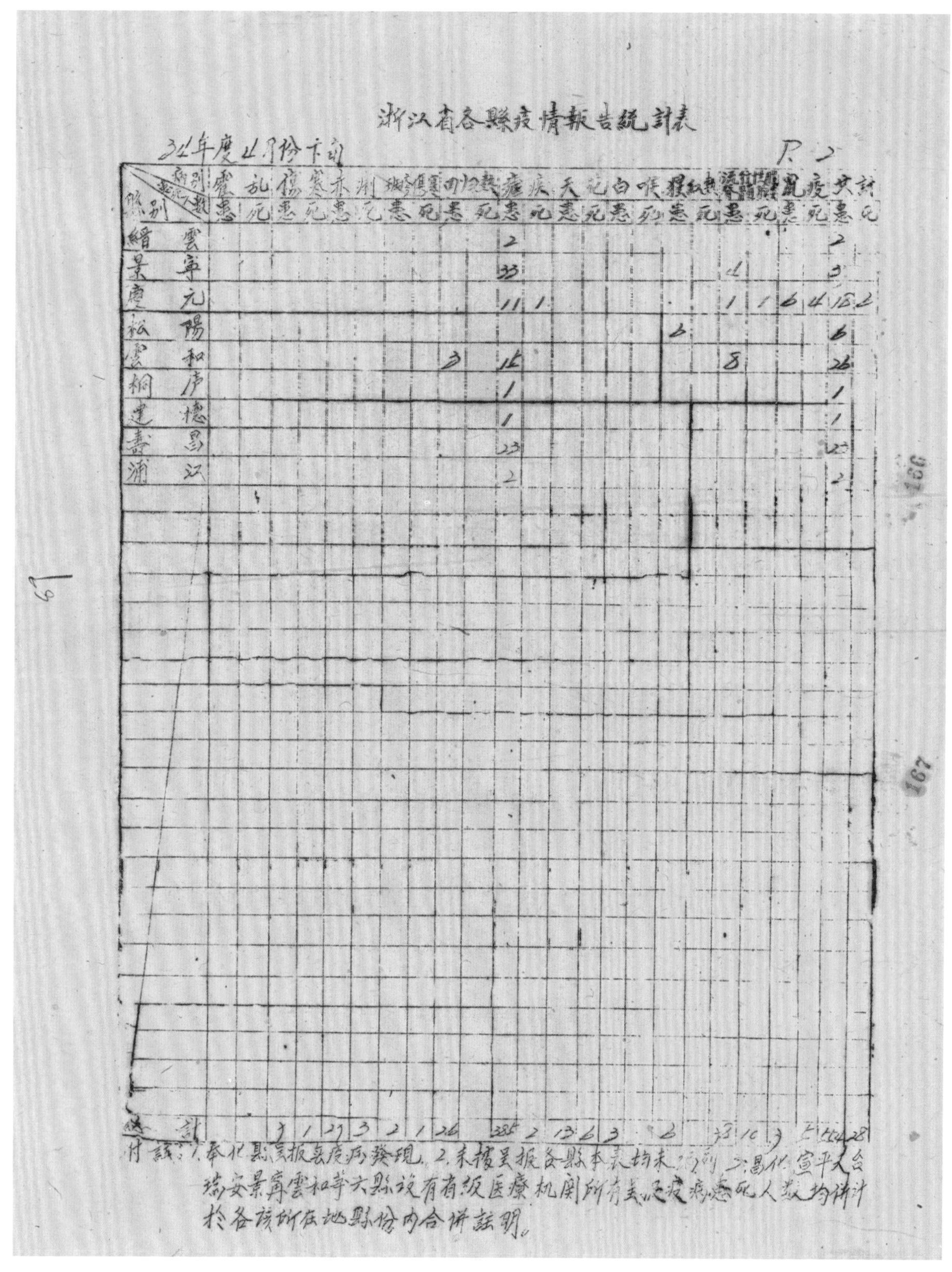

浙江省各縣疫情報告統計表

34年度4月份下旬　　　　P.2

縣別 \ 病別 \ 患死人數	霍亂 患	霍亂 死	傷寒 患	傷寒 死	赤痢 患	赤痢 死	斑疹傷寒 患	斑疹傷寒 死	回歸熱 患	回歸熱 死	瘧疾 患	瘧疾 死	天花 患	天花 死	白喉 患	白喉 死	猩紅熱 患	猩紅熱 死	流行性腦脊髓膜炎 患	流行性腦脊髓膜炎 死	鼠疫 患	鼠疫 死	共計 患	共計 死
縉雲											2												2	
景寧											33								4				3	
慶元											11	1							1	1	6	4	18	2
松陽																	6						6	
雲和									3		15								8				26	
桐廬											1												1	
建德											1												1	
壽昌											23												23	
浦江											2												2	
總計			7	1	27	3	2	1	26		335	2	13	6	3		6		33	16	7	5	544	28

付註：1.奉化縣呈報無疫病發現。2.未據呈報各縣本表均未列入。3.昌化宣平天台瑞安景寧雲和等六縣設有省級醫療機關所有其他疫病患死人數均併計於各該所在地縣份內合併註明。

69

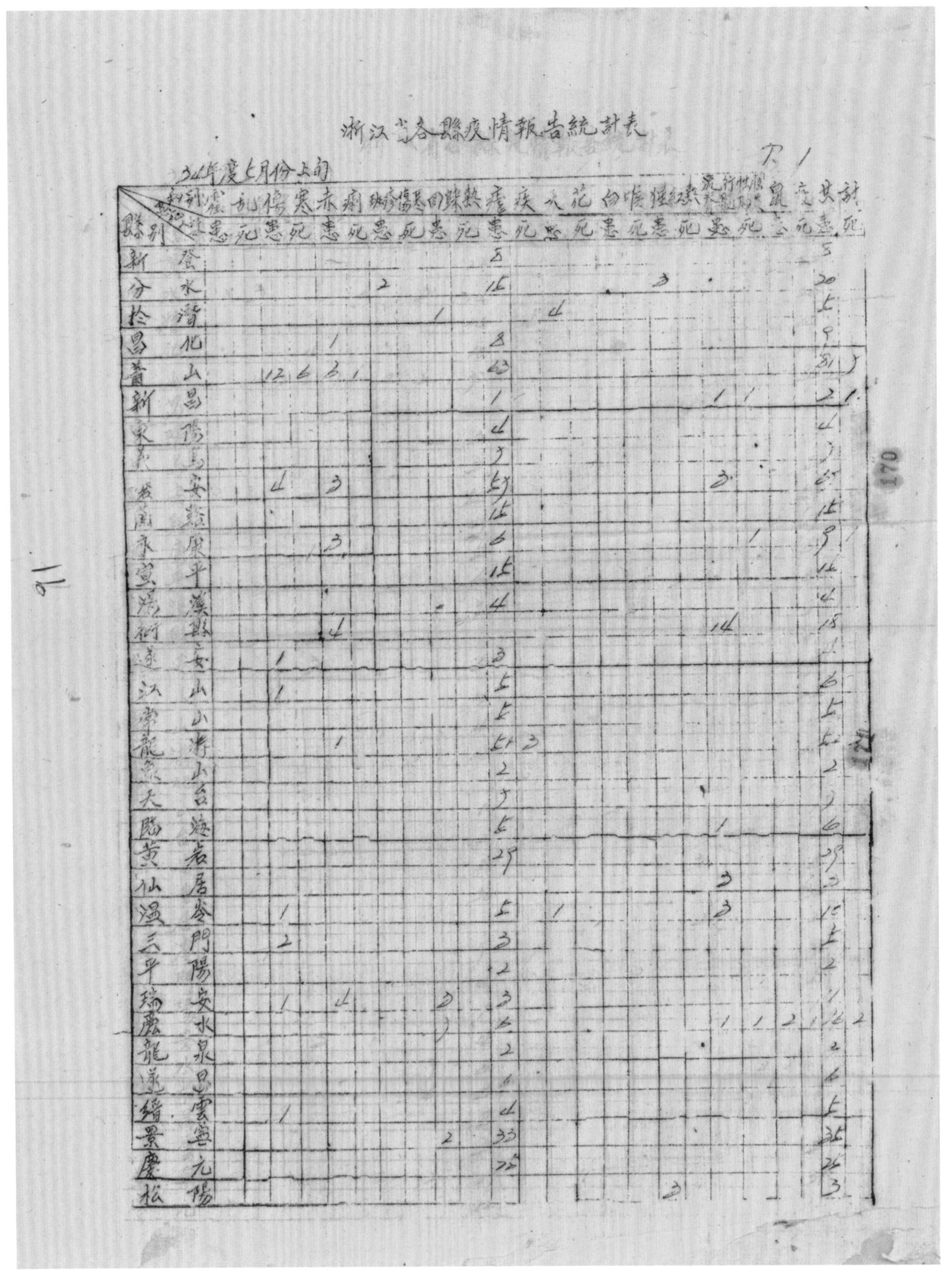

浙江省各縣疫情報告統計表

P.1

34年度七月份上旬

疫別/縣別	霍亂 患	霍亂 死	傷寒 患	傷寒 死	赤痢 患	赤痢 死	斑疹傷寒 患	斑疹傷寒 死	回歸熱 患	回歸熱 死	瘧疾 患	瘧疾 死	天花 患	天花 死	白喉 患	白喉 死	猩紅熱 患	猩紅熱 死	流行性腦脊髓膜炎 患	流行性腦脊髓膜炎 死	鼠疫 患	鼠疫 死	共計 患	共計 死
新登											5												5	
分水							2				16						3						20	
於潛									1				4										5	
昌化					1						8												9	
蕭山			12	6	3	1					63												81	7
新昌											1								1	1			2	1
東陽											4												4	
義烏											7												7	
淳安			4		3						57								3				67	
蘭谿											16												16	
永康					3						6									1			9	1
宣平											15												14	
湯溪											4												4	
衢縣					4														14				18	
遂安			1								3												4	
江山			1								5												6	
常山											5												5	
龍游					1						5	3											6	
象山											2												2	
天台											7												7	
臨海											5								1				6	
黃岩											27												27	
仙居																			3				3	
溫嶺			1								5		1						3				10	
三門			2								3												5	
平陽											2												2	
瑞安			1		4				3		3												11	
麗水									1		6								1	1	2	1	10	2
龍泉											2												2	
遂昌											6												6	
縉雲			1								4												5	
景寧									2		33												35	
慶元											25												25	
松陽																	3						3	

16

170

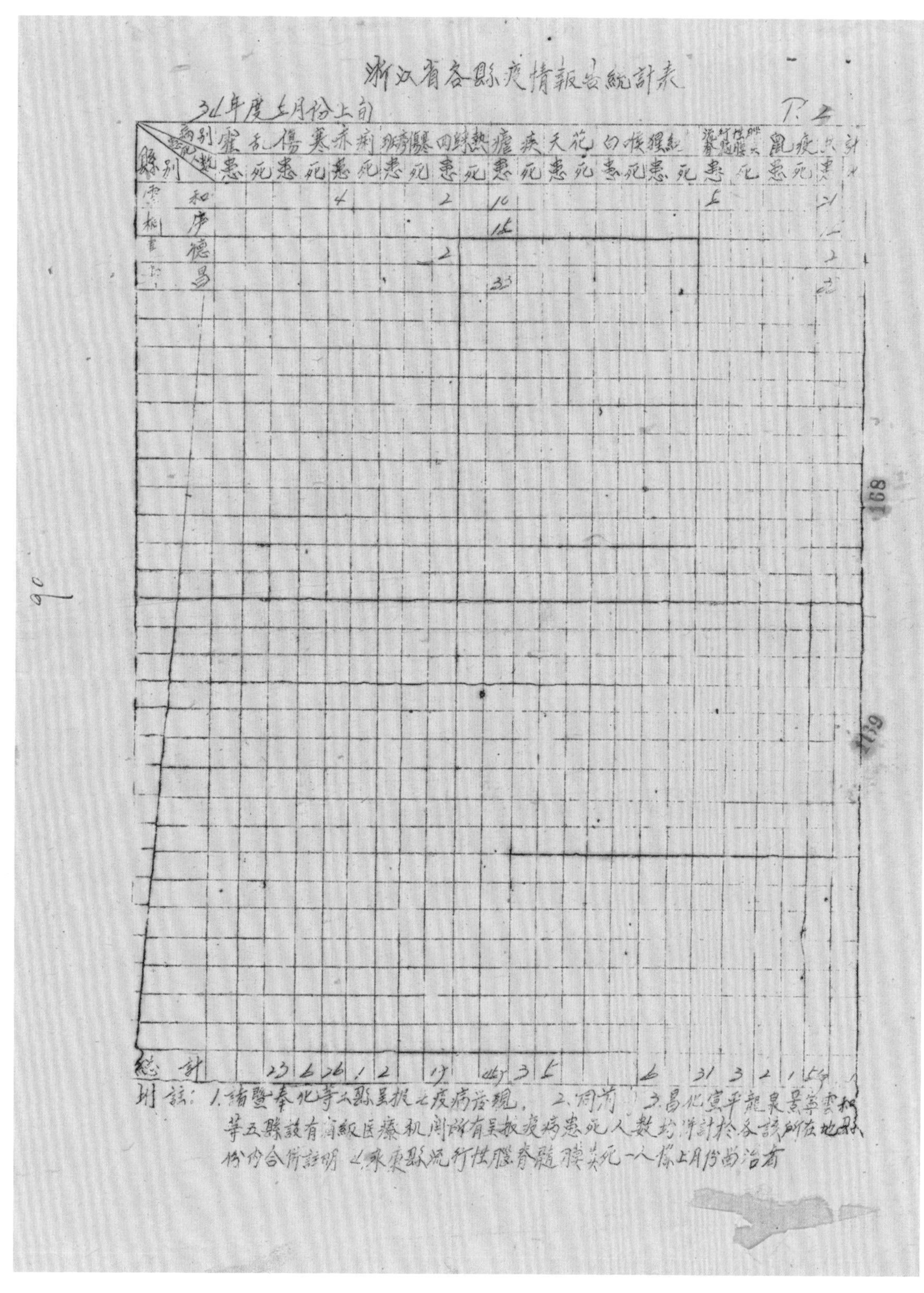

浙江省各縣疫情報告統計表

31年度5月份上旬　　P. 2

縣別＼病別＼患死人數	霍亂患	霍亂死	傷寒患	傷寒死	赤痢患	赤痢死	斑疹傷寒患	斑疹傷寒死	回歸熱患	回歸熱死	瘧疾患	瘧疾死	天花患	天花死	白喉患	白喉死	猩紅熱患	猩紅熱死	流行性腦脊髓膜炎患	流行性腦脊髓膜炎死	鼠疫患	鼠疫死	計患	計死
雲和					4				2		10								5				21	
桐廬											16												16	
建德									2														2	
義烏											33												33	
總計			23	6	26	1	2		17		46	3	5				6		31	3	2	1	159	

附註：1.諸暨奉化等六縣呈報無疫病發現，2.同前，3.昌化宣平龍泉景寧雲和等五縣該有省級医療机關所有呈報疫病患死人數均併計於各該所在地縣份內合併註明 4.永康縣流行性腦脊髓膜炎死一人係上月份尚治者

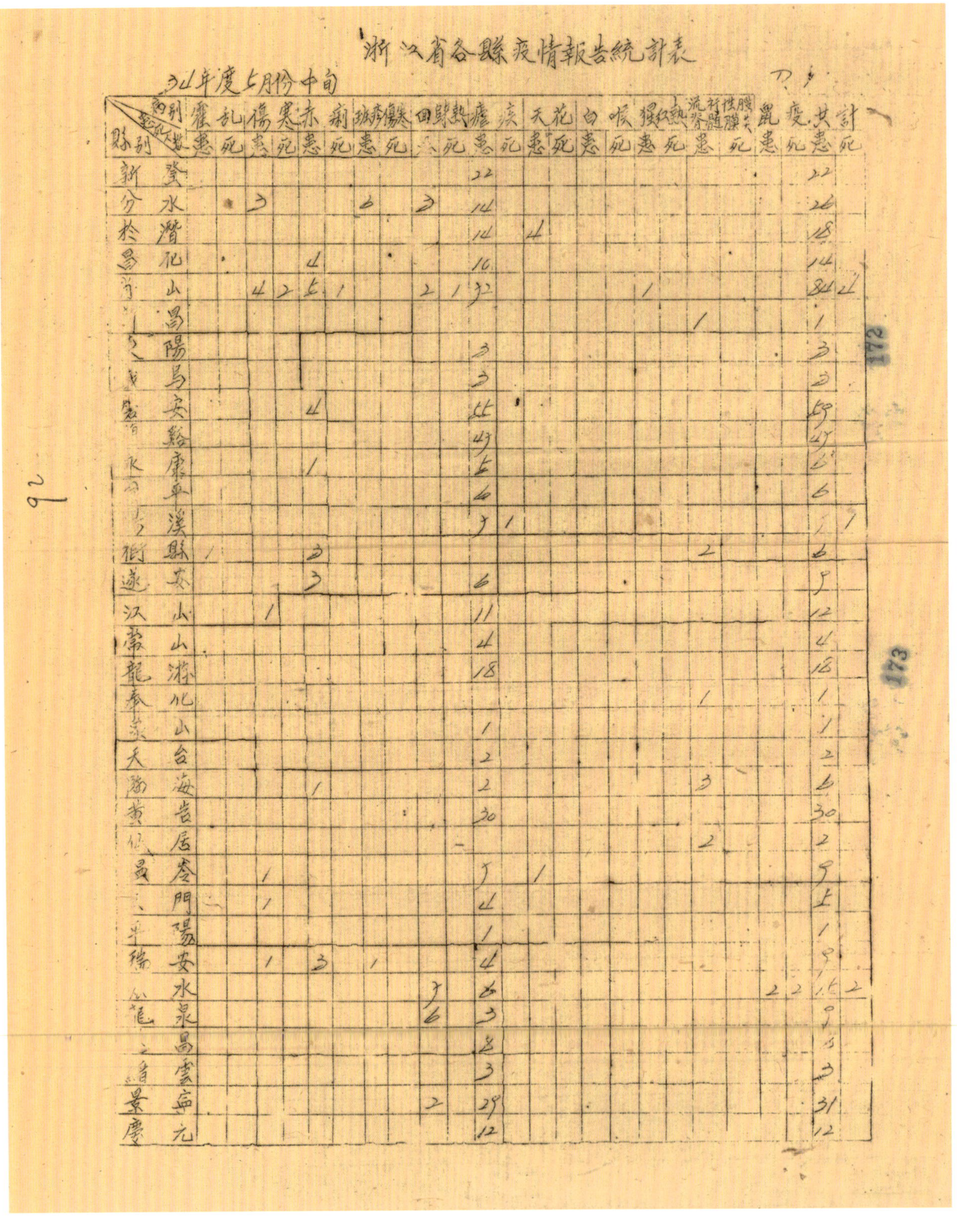

浙江省各縣疫情報告統計表

34年度5月份中旬

縣別 \ 病別 \ 患死人數	霍亂 患	霍亂 死	傷寒 患	傷寒 死	赤痢 患	赤痢 死	斑疹傷寒 患	斑疹傷寒 死	回歸熱 患	回歸熱 死	瘧疾 患	瘧疾 死	天花 患	天花 死	白喉 患	白喉 死	猩紅熱 患	猩紅熱 死	流行性腦脊髓膜炎 患	流行性腦脊髓膜炎 死	鼠疫 患	鼠疫 死	共計 患	共計 死
新登											22												22	
分水			3				6		3		14												26	
於潛											14		4										18	
昌化					4						10												14	
蕭山			4	2	5	1			2	1	32						1						44	4
新昌																			1				1	
東陽											3												3	
義烏											3												3	
[illegible]安					4						55												59	
蘭谿											47												47	
永康					1						5												6	
宣平											6												6	
湯溪											7	1											7	1
衢縣	1				3														2				6	
遂安					3						6												9	
江山			1								11												12	
常山											4												4	
龍游											18												18	
開化																			1				1	
象山											1												1	
天台											2												2	
臨海					1						2								3				6	
黃岩											30												30	
仙居																			2				2	
溫嶺			1								7		1										9	
三門			1								4												5	
平陽											1												1	
瑞安			1		3		1				4												9	
麗水									7		7										2	2	16	2
龍泉									6		3												9	
遂昌											8												8	
縉雲											3												3	
景寧									2		29												31	
慶元											12												12	

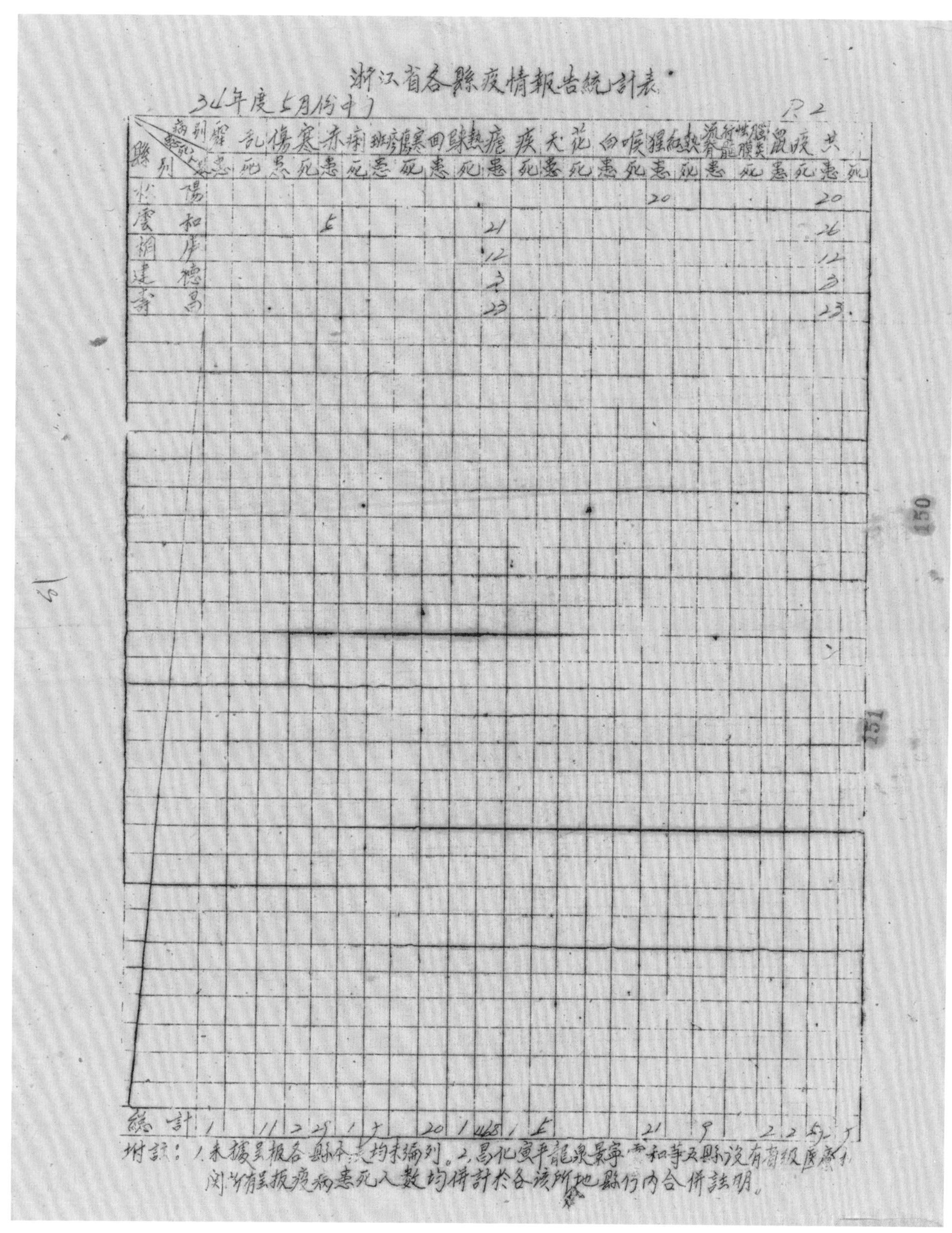

浙江省各縣疫情報告統計表

34年度5月份中　　R2

病別 / 患死人數 / 縣別	霍亂 患	霍亂 死	傷寒 患	傷寒 死	赤痢 患	赤痢 死	斑疹傷寒 患	斑疹傷寒 死	回歸熱 患	回歸熱 死	瘧疾 患	瘧疾 死	天花 患	天花 死	白喉 患	白喉 死	猩紅熱 患	猩紅熱 死	流行性腦脊髓膜炎 患	流行性腦脊髓膜炎 死	鼠疫 患	鼠疫 死	共計 患	共計 死
松陽																	20						20	
雲和					5						21												26	
桐廬											12												12	
建德											3												3	
壽昌											23												23	
總計	1		11	2	25	1	7		20	1	468	1	5				21		9		2	2	[illegible]	5

附註：1.未據呈報各縣本表均未編列。2.昌化宣平龍泉景寧雲和等五縣設有省級衛生院所呈報疫病患死人數均併計於各該所在地縣份內合併註明。

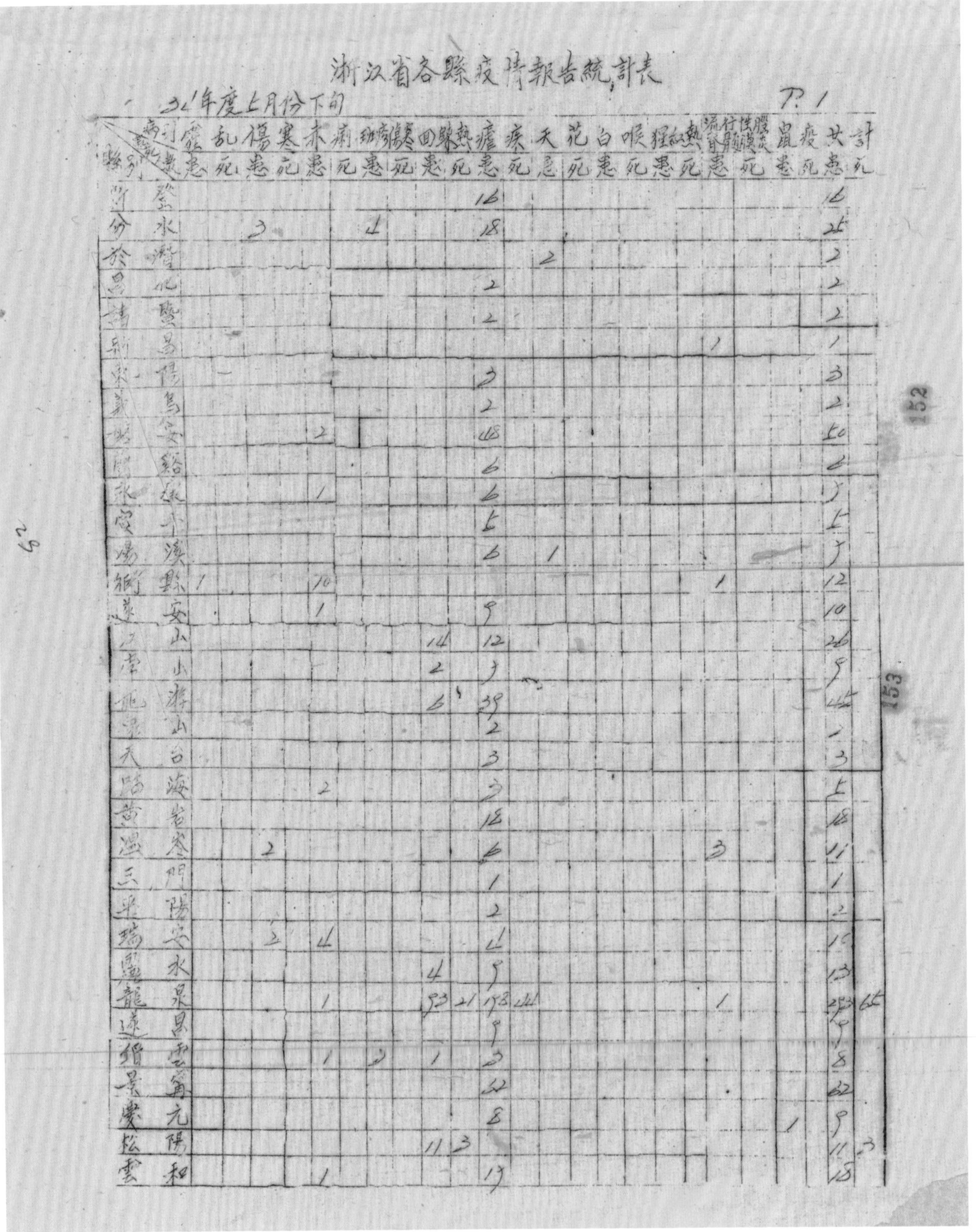

浙江省各縣疫情報告統計表

31年度七月份下旬　　　　P. 1

縣別 \ 病別 / 患死數	霍乱 患	霍乱 死	傷寒 患	傷寒 死	赤痢 患	赤痢 死	斑疹傷寒 患	斑疹傷寒 死	回歸熱 患	回歸熱 死	瘧疾 患	瘧疾 死	天花 患	天花 死	白喉 患	白喉 死	猩紅熱 患	猩紅熱 死	流行性腦脊髓膜炎 患	流行性腦脊髓膜炎 死	鼠疫 患	鼠疫 死	共計 患	共計 死
[illegible]											16												16	
分水			3				4				18												25	
於潛													2										2	
昌化											2												2	
諸暨											2												2	
新昌																			1				1	
東陽											3												3	
義烏											2												2	
[illegible]安					2						48												50	
蘭谿											6												6	
永康					1						6												7	
宣平											5												5	
湯溪											6		1										7	
衢縣	1				10														1				12	
遂安					1						9												10	
江山									14		12												26	
常山									2		7												9	
龍游									6		38												44	
象山											2												2	
天台											3												3	
臨海					2						3												5	
黃岩											18												18	
溫嶺			2								6								3				11	
三門											1												1	
平陽											2												2	
瑞安			2		4						4												10	
麗水									4		9												13	
龍泉					1				53	21	178	44							1				233	65
遂昌											9												9	
縉雲					1		2		1		3												8	
景寧											32												32	
慶元											8										1		9	
松陽									11	3													11	3
雲和					1						17												18	

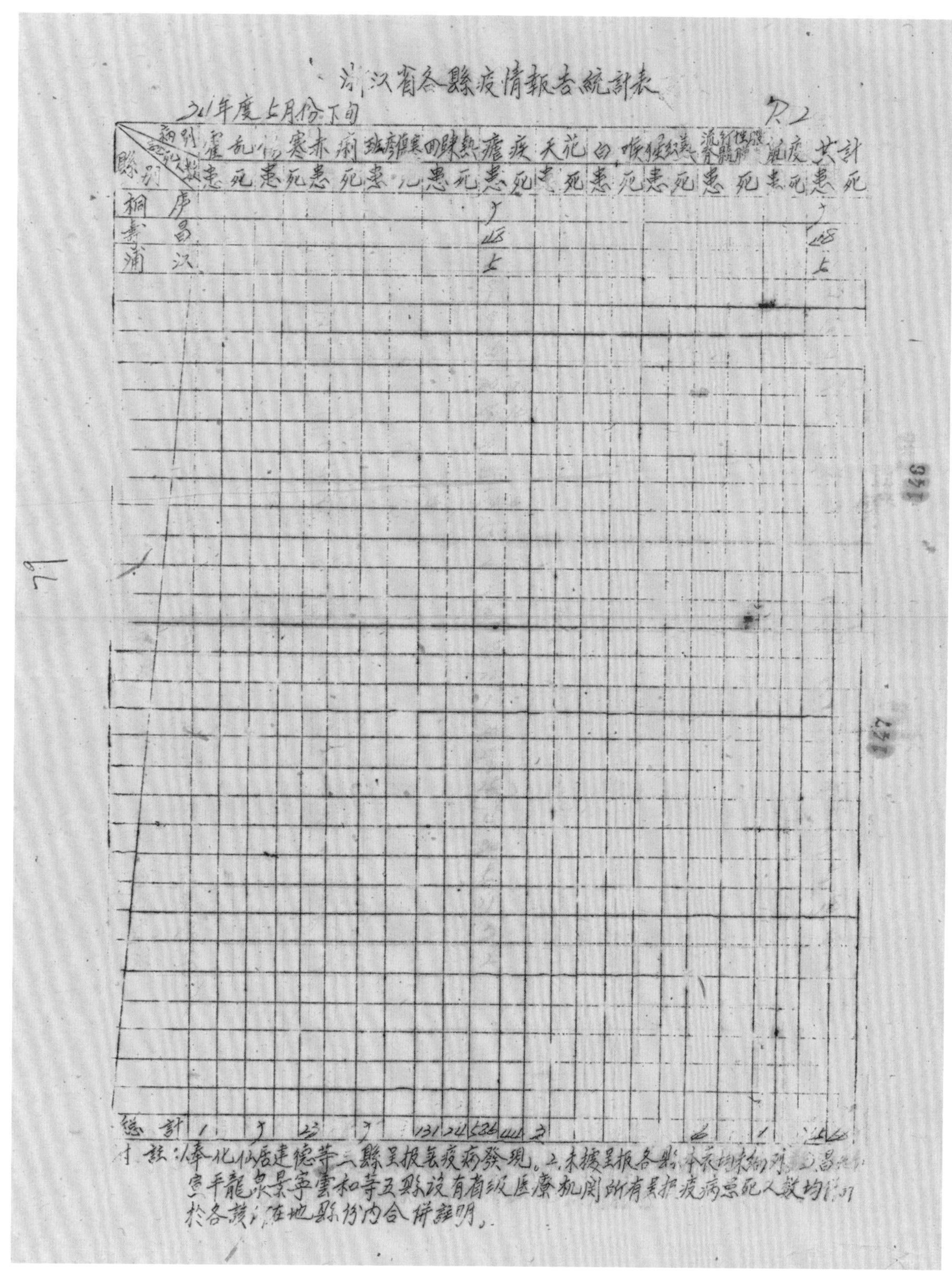

浙江省各縣疫情報告統計表

31年度七月份下旬　　R.2

縣別＼病別/患死人數	霍亂 患	霍亂 死	傷寒 患	傷寒 死	赤痢 患	赤痢 死	斑疹傷寒 患	斑疹傷寒 死	回歸熱 患	回歸熱 死	瘧疾 患	瘧疾 死	天花 患	天花 死	白喉 患	白喉 死	猩紅熱 患	猩紅熱 死	流行性腦脊髓膜炎 患	流行性腦脊髓膜炎 死	鼠疫 患	鼠疫 死	共計 患	共計 死
桐廬											[illegible]												[illegible]	
壽昌											[illegible]												[illegible]	
浦江											[illegible]												[illegible]	
總計	1		[illegible]		[illegible]		[illegible]		131	24	536	444	2					[illegible]		1			[illegible]	

附註：1.奉化仙居建德等三縣呈报無疫病發現。2.未據呈报各縣本表均未列入。3.昌化宣平龍泉景寧雲和等五縣設有省級医療机関所有其报疫病患死人數均[illegible]於各該所在地縣份内合併註明。

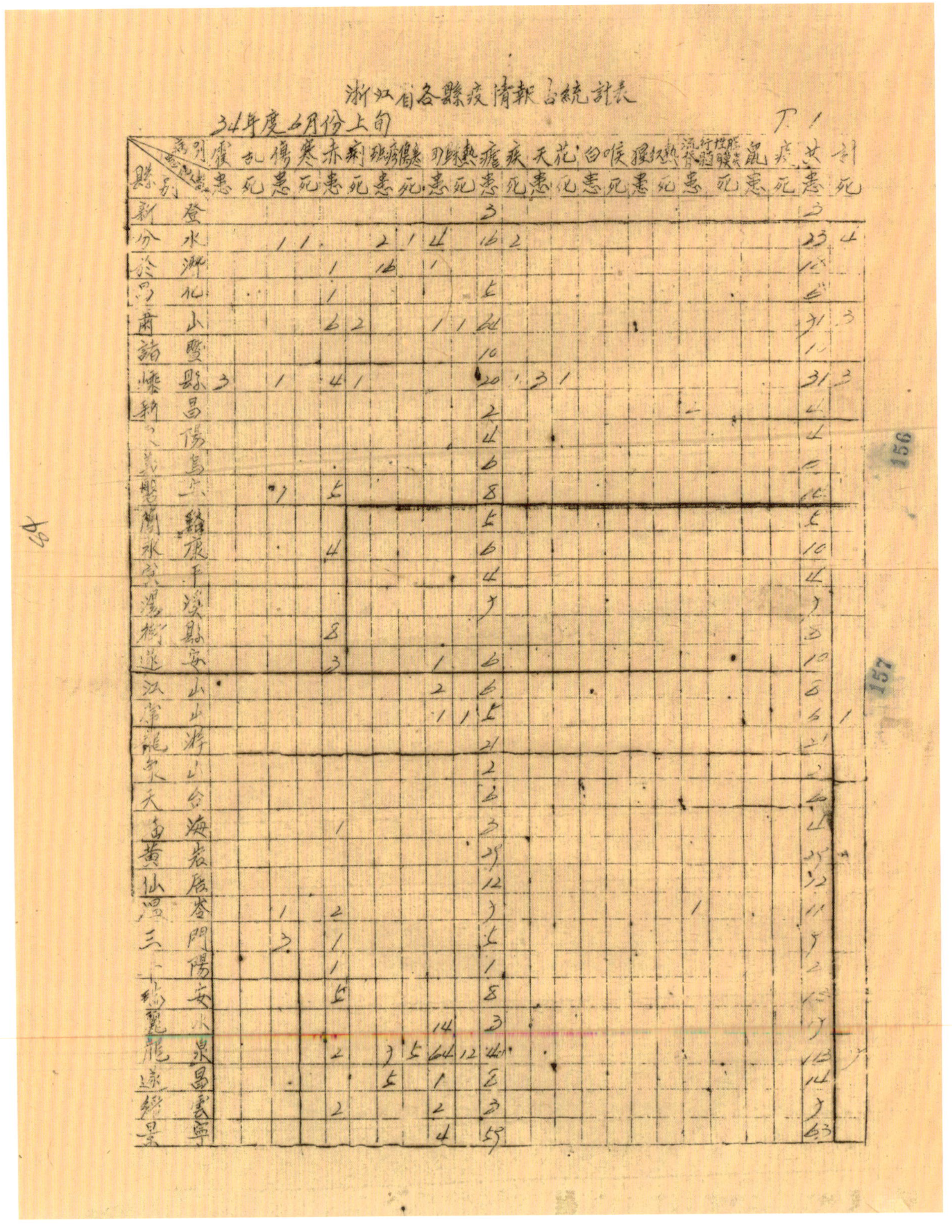

浙江省各縣疫情報告統計表

34年度6月份上旬　　丁1

病別／縣別	霍亂 患	霍亂 死	傷寒 患	傷寒 死	赤痢 患	赤痢 死	斑疹傷寒 患	斑疹傷寒 死	回歸熱 患	回歸熱 死	瘧疾 患	瘧疾 死	天花 患	天花 死	白喉 患	白喉 死	猩紅熱 患	猩紅熱 死	流行性腦脊髓膜炎 患	流行性腦脊髓膜炎 死	鼠疫 患	鼠疫 死	共計 患	共計 死
新登											3												3	
分水			1	1			2	1	4		16	2											23	4
於潛					1		16		1														18	
昌化					1						5												6	
蕭山					6	2			1	1	24												31	3
諸暨											10												10	
嵊縣	3		1		4	1					20	1	3	1									31	3
新昌											2								2				4	
[illegible]陽											4												4	
義烏											6												6	
磐安			1		5						8												14	
蘭谿											5												5	
永康					4						6												10	
宣平											4												4	
湯溪											7												7	
衢縣					8																		8	
遂安					3				1		6												10	
江山									2		6												8	
常山									1	1	5												6	1
龍游											21												21	
象山											2												2	
天台											6												6	
臨海					1						3												4	
黄岩											25												25	
仙居											12												12	
温嶺			1		2						7								1				11	
三門			3		1						5												9	
[illegible]陽					1						1												2	
瑞安					5						8												13	
麗水									14		3												17	
龍泉					2		7	5	64	12	40												113	17
遂昌							5		1		8												14	
縉雲					2				2		3												7	
景寧									4		59												63	

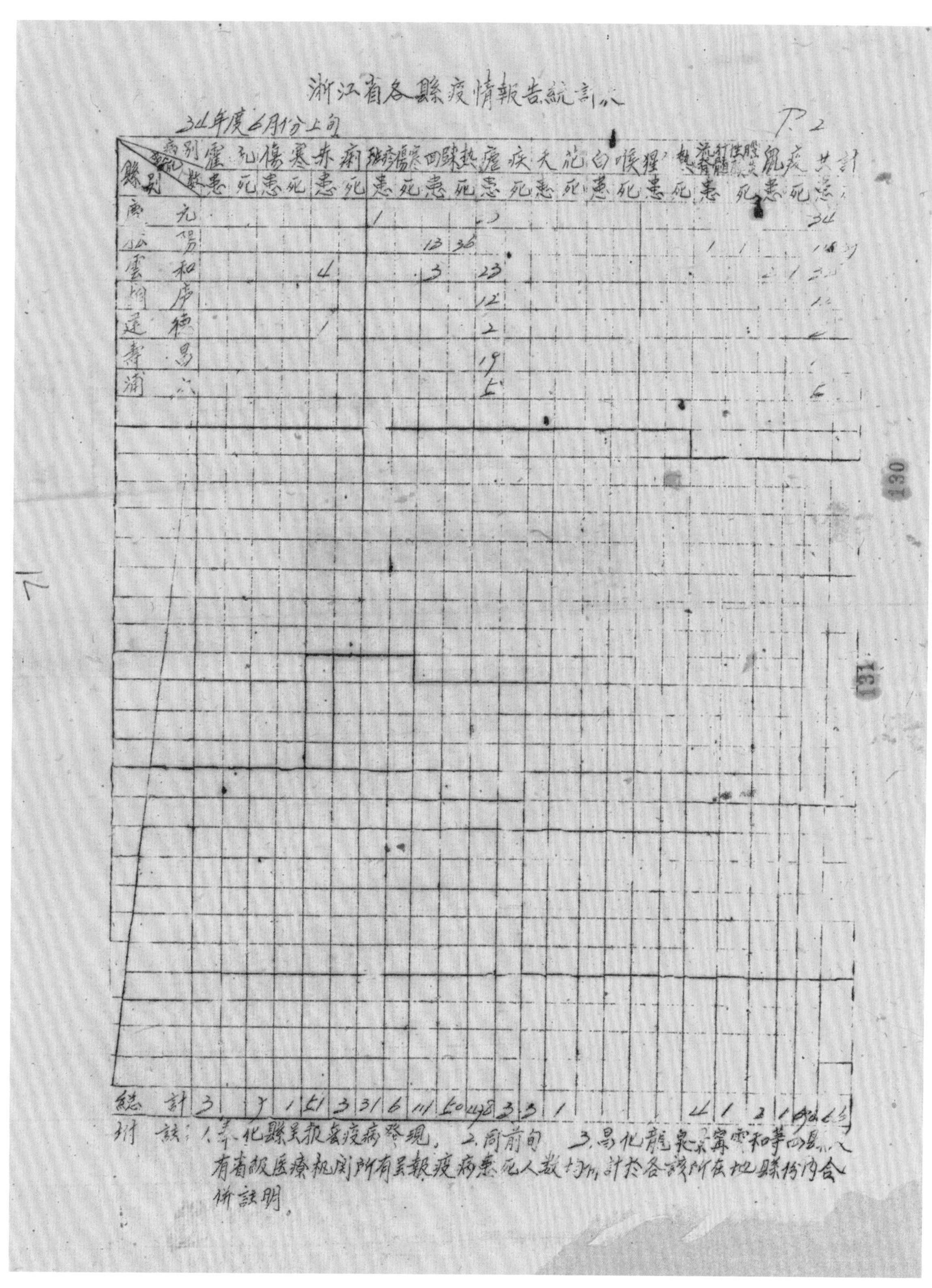

浙江省各縣疫情報告統計表

34年度6月份上旬　　　　P.2

縣別 \ 病別 \ 患死數	霍亂		傷寒		赤痢		斑疹傷寒		回歸熱		瘧疾		天花		白喉		猩紅熱		流行性腦脊髓膜炎		鼠疫		共計	
	患	死	患	死	患	死	患	死	患	死	患	死	患	死	患	死	患	死	患	死	患	死	患	死
慶元							1				2												34	
松陽									13	36									1	1			14	[illegible]
雲和					4				3		23										2	1	[illegible]	
景寧											12												12	
遂昌					1						2												[illegible]	
壽昌											19												[illegible]	
浦江											5												5	
總計	3		7	1	51	3	31	6	11	50	448	3	3	1					4	1	2	1	[illegible]	[illegible]

附註：1.奉化縣呈報無疫病發現。2.同前旬　3.昌化、龍泉、景寧、雲和等四縣，有省級醫療機關所有呈報疫病患死人數均已計於各該所在地縣份內，合併註明。

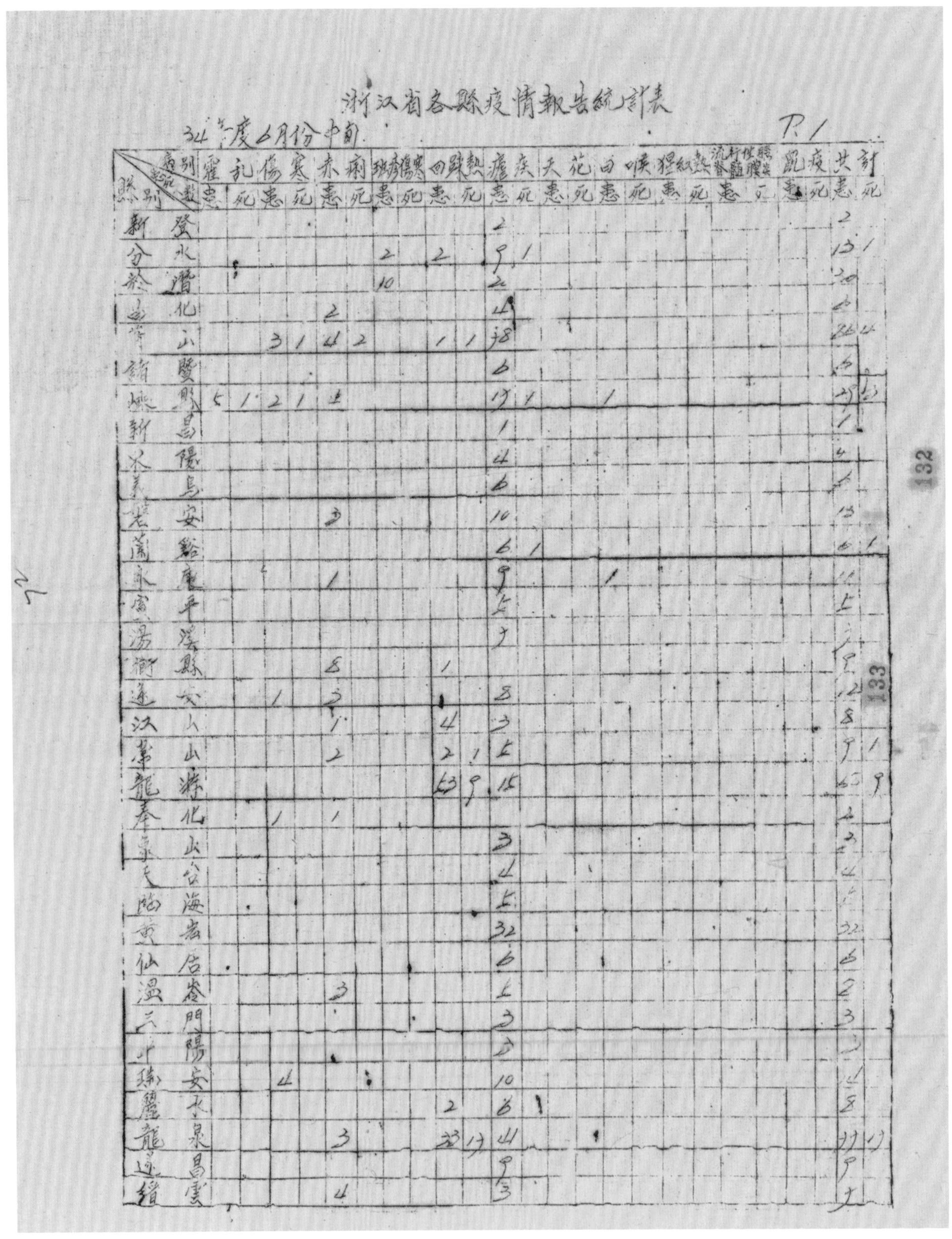

浙江省各縣疫情報告統計表

34年度6月份中旬　　P.1

縣別＼病別＼患死數	霍亂		傷寒		赤痢		斑疹傷寒		回歸熱		瘧疾		天花		白喉		猩紅熱		流行性腦脊髓膜炎		鼠疫		共計	
	患	死	患	死	患	死	患	死	患	死	患	死	患	死	患	死	患	死	患	死	患	死	患	死
新登											2												2	
分水							2		2		9	1											13	1
於潛							10				2												20	
昌化					2						4												6	
蕭山			3	1	4	2			1	1	18												26	4
諸暨											6												6	
嵊縣	5	1	2	1	2						17	1			1								27	3
新昌											1												1	
東陽											4												4	
義烏											6												6	
[illegible]安					3						10												13	
蘭谿											6	1											6	1
永康					1						9				1								11	
宣平											5												5	
湯溪											7												7	
衢縣					8				1														9	
遂安			1		3						8												12	
江山					1				4		3												8	
常山					2				2	1	5												9	1
龍游									63	9	15												[illegible]	9
奉化			1		1																		2	
象山											3												3	
天台											4												4	
臨海											5												5	
黄岩											32												32	
仙居											6												6	
溫嶺					3						5												8	
三門											3												3	
平陽											3												3	
瑞安			4								10												14	
麗水									2		8	1											8	
龍泉					3				23	17	41												[illegible]	17
遂昌											9												9	
縉雲					4						3												7	

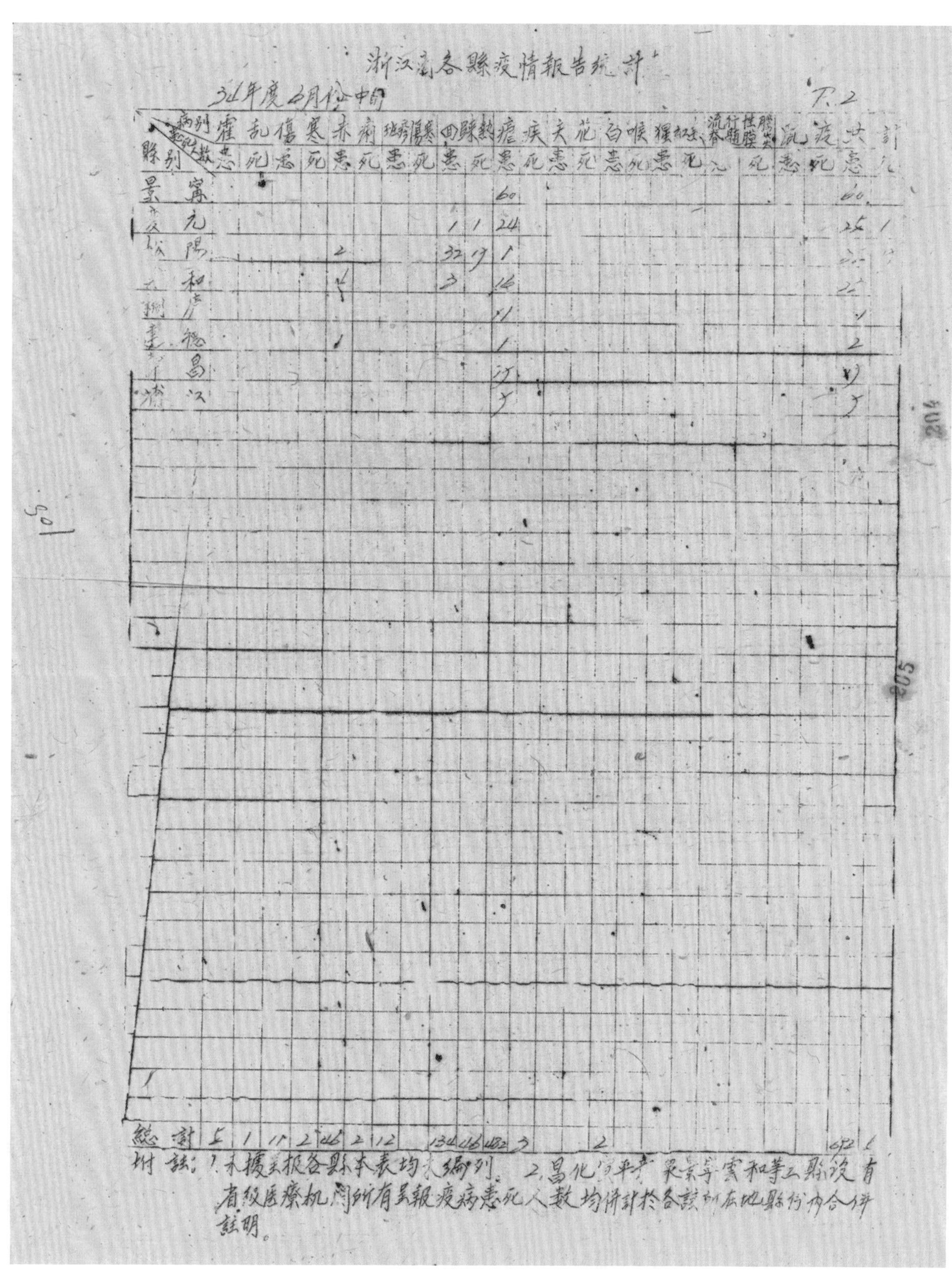

浙江省各縣疫情報告統計

34年度6月份中旬　　　　P.2

縣別	霍亂 患	霍亂 死	傷寒 患	傷寒 死	赤痢 患	赤痢 死	斑疹傷寒 患	斑疹傷寒 死	回歸熱 患	回歸熱 死	瘧疾 患	瘧疾 死	天花 患	天花 死	白喉 患	白喉 死	猩紅熱 患	猩紅熱 死	流行性腦脊髓膜炎 患	流行性腦脊髓膜炎 死	鼠疫 患	鼠疫 死	共計 患	共計 死
景寧											60												60	
慶元									1	1	24												26	1
松陽					2				32	17	1												[illegible]	
雲和					1				3		16												[illegible]	
[illegible]											11												1	
[illegible]德					1						1												2	
[illegible]島											35												[illegible]	
[illegible]江											5												5	
總計	5	1	11	2	46	2	12		134	46	482	3			2								672	1

附註：1.未據呈報各縣本表均未編列。2.昌化、[illegible]平、[illegible]、景寧、雲和等五縣設有省級醫療機關，所有呈報疫病患死人數均併計於各該所在地縣份內，合併註明。

105

204

205

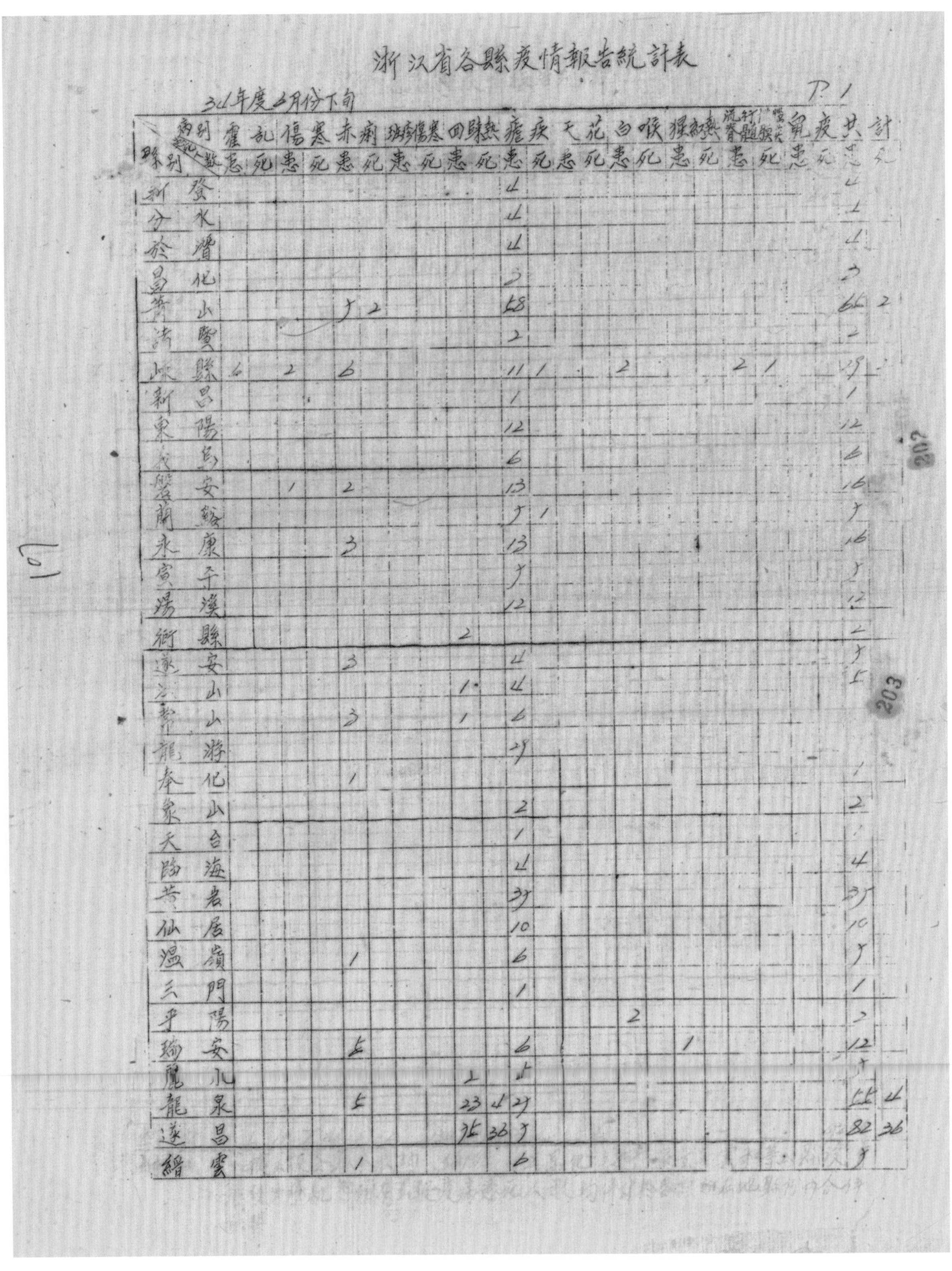

浙江省各縣疫情報告統計表

34年度4月份下旬　　P. 1

縣別＼病別＼患死人數	霍亂 患	霍亂 死	傷寒 患	傷寒 死	赤痢 患	赤痢 死	斑疹傷寒 患	斑疹傷寒 死	回歸熱 患	回歸熱 死	瘧疾 患	瘧疾 死	天花 患	天花 死	白喉 患	白喉 死	猩紅熱 患	猩紅熱 死	流行性腦脊髓膜炎 患	流行性腦脊髓膜炎 死	鼠疫 患	鼠疫 死	共計 患	共計 死
新登											4												4	
分水											4												4	
於潛											4												4	
昌化											3												3	
蕭山					7	2					58												66	2
諸暨											2												2	
嵊縣	6		2		6						11	1			2				2	1			27	
新昌											1												1	
東陽											12												12	
義烏											6												6	
磐安			1		2						13												16	
蘭谿											7	1											7	
永康					3						13												16	
宣平											7												7	
湯溪											12												12	
衢縣									2														2	
遂安					3						4												7	
江山									1		4												5	
常山					3				1		6													
龍游											27													
奉化					1																		1	
象山											2												2	
天台											1												1	
臨海											4												4	
黃岩											37												37	
仙居											10												10	
溫嶺					1						6												7	
三門											1												1	
平陽															2								2	
瑞安					5						6						1						12	
麗水									2		5												7	
龍泉					5				23	4	27												55	4
遂昌									75	36	7												82	36
縉雲					1						6												7	

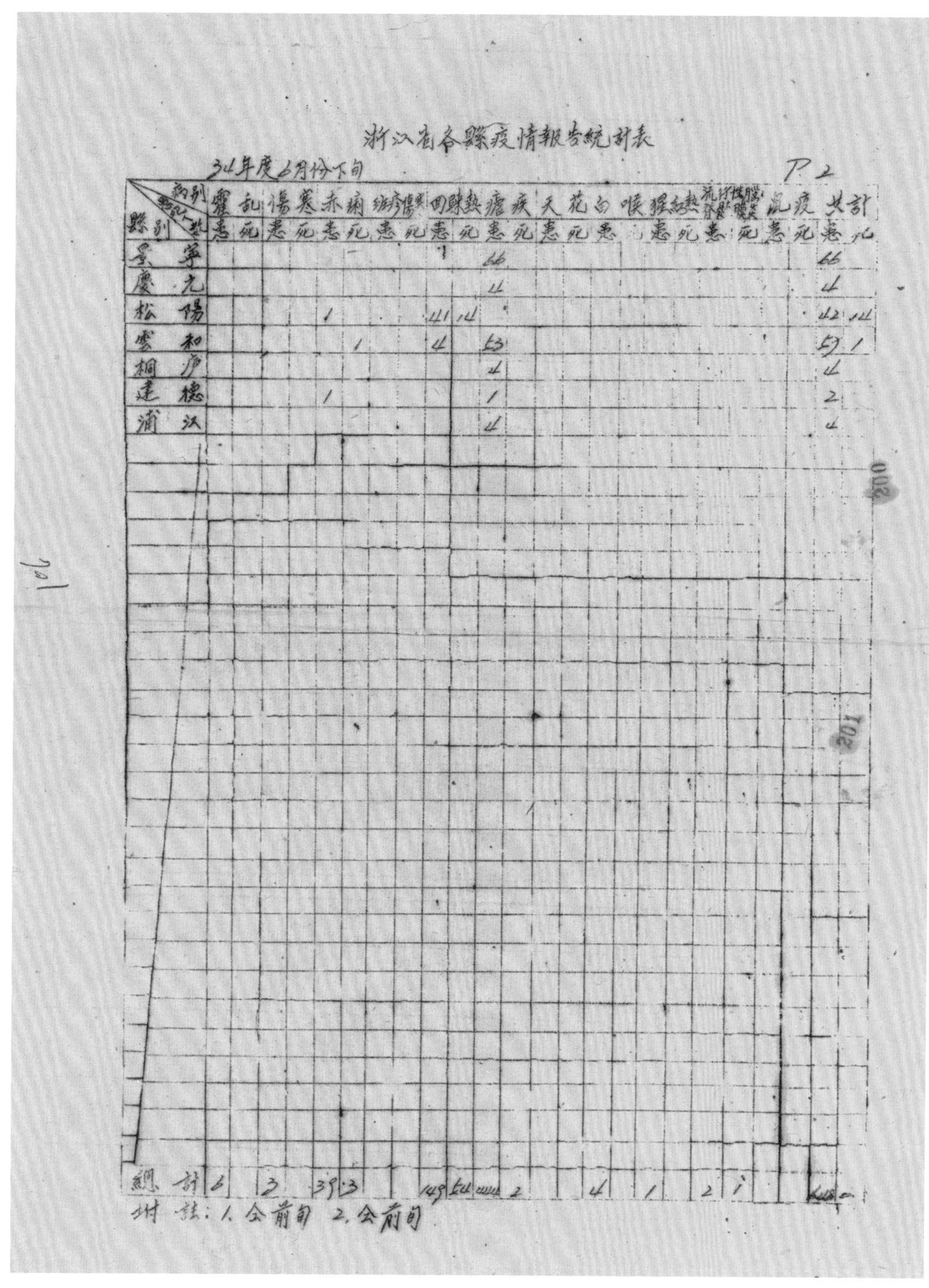

浙江省各縣疫情報告統計表

34年度6月份下旬　　　　　　　　　　　P.2

縣別＼病別/患死人數	霍亂 患	霍亂 死	傷寒 患	傷寒 死	赤痢 患	赤痢 死	斑疹傷寒 患	斑疹傷寒 死	回歸熱 患	回歸熱 死	瘧疾 患	瘧疾 死	天花 患	天花 死	白喉 患	白喉 死	猩紅熱 患	猩紅熱 死	流行性腦脊髓膜炎 患	流行性腦脊髓膜炎 死	鼠疫 患	鼠疫 死	共計 患	共計 死
景寧											66												66	
慶元											4												4	
松陽					1				41	14													42	14
雲和						1			4		53												57	1
桐廬											4												4	
建德					1						1												2	
浦江											4												4	
總計	6		3		39	3			149	54	[illegible]	2			4		1		2	1			[illegible]	

附註：1.仝前旬　2.仝前旬

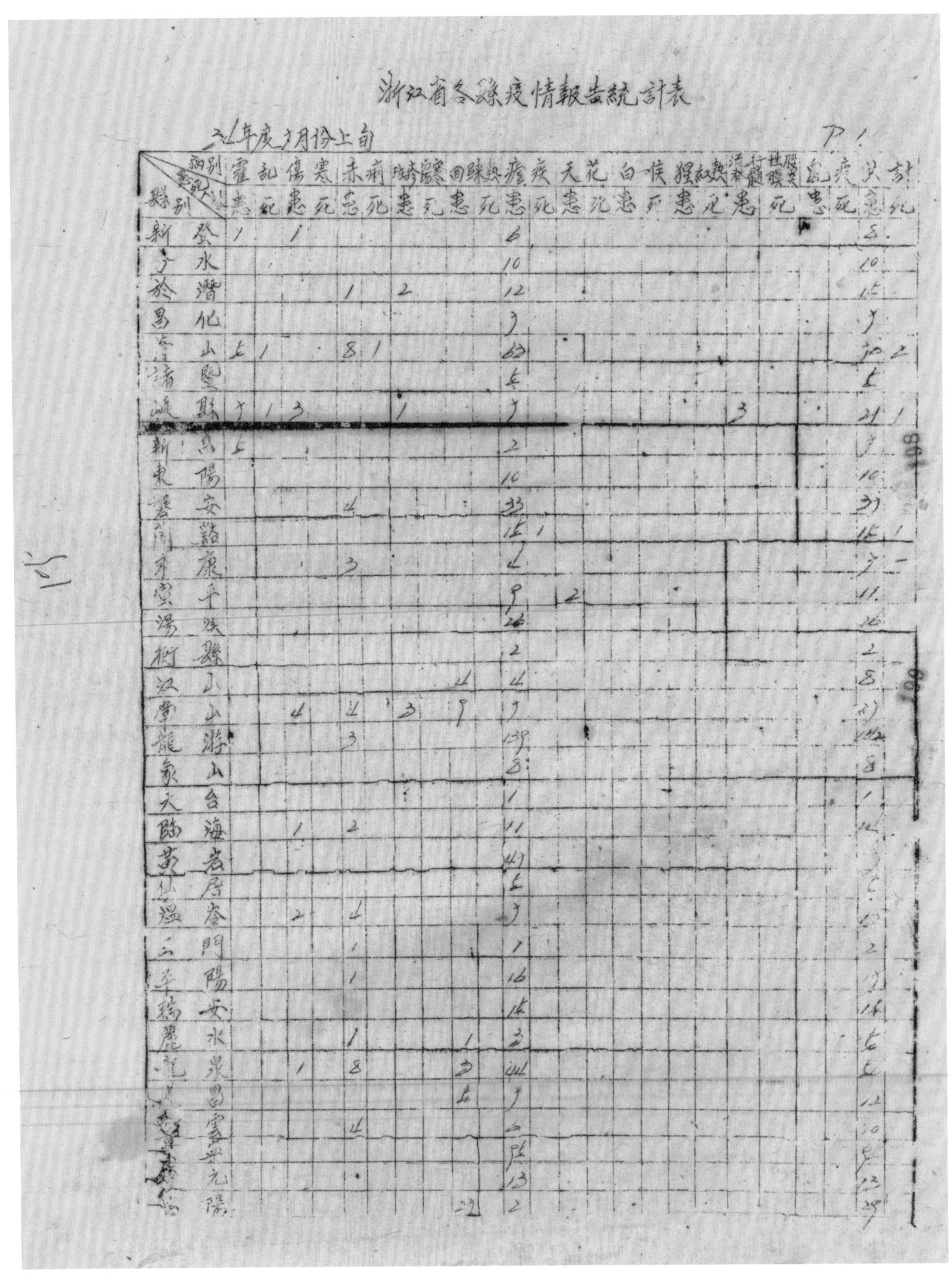

浙江省各县疫情报告统计表

31年度7月份上旬　　P.1

县别	霍乱 患	霍乱 死	伤寒 患	伤寒 死	赤痢 患	赤痢 死	斑疹伤寒 患	斑疹伤寒 死	回归热 患	回归热 死	疟疾 患	疟疾 死	天花 患	天花 死	白喉 患	白喉 死	猩红热 患	猩红热 死	流行性脑脊髓膜炎 患	流行性脑脊髓膜炎 死	鼠疫 患	鼠疫 死	共计 患	共计 死
新登	1		1								6												8	
分水											10												10	
於潜					1		2				12												15	
昌化											7												7	
萧山	6	1			8	1					63												[illegible]	2
诸暨											6												6	
嵊县	7	1	3				1				7								3				21	1
新昌	6										2												8	
东阳											10												10	
遂安					4						33												37	
[illegible]路											15	1											15	1
[illegible]康					3						4												7	-
宣平											9		2										11	
汤溪											26												26	
衢县											2												2	
江山									4		4												8	
常山			4		4		3		9		7												27	
龙游					3						139												142	
象山											8												8	
天台											1												1	
临海			1		2						11												14	
黄岩											47												[illegible]	
仙居											6												6	
温岭			2		4						7												13	
三门					1						1												2	
平阳					1						16												17	
瑞安											16												16	
丽水					1				1		3												5	
龙泉			1		8				2		44												[illegible]	
[illegible]昌									6		7												12	
[illegible]云					4						6												10	
[illegible]平											[illegible]												[illegible]	
庆元											13												13	
[illegible]阳									22		2												25	

806

807

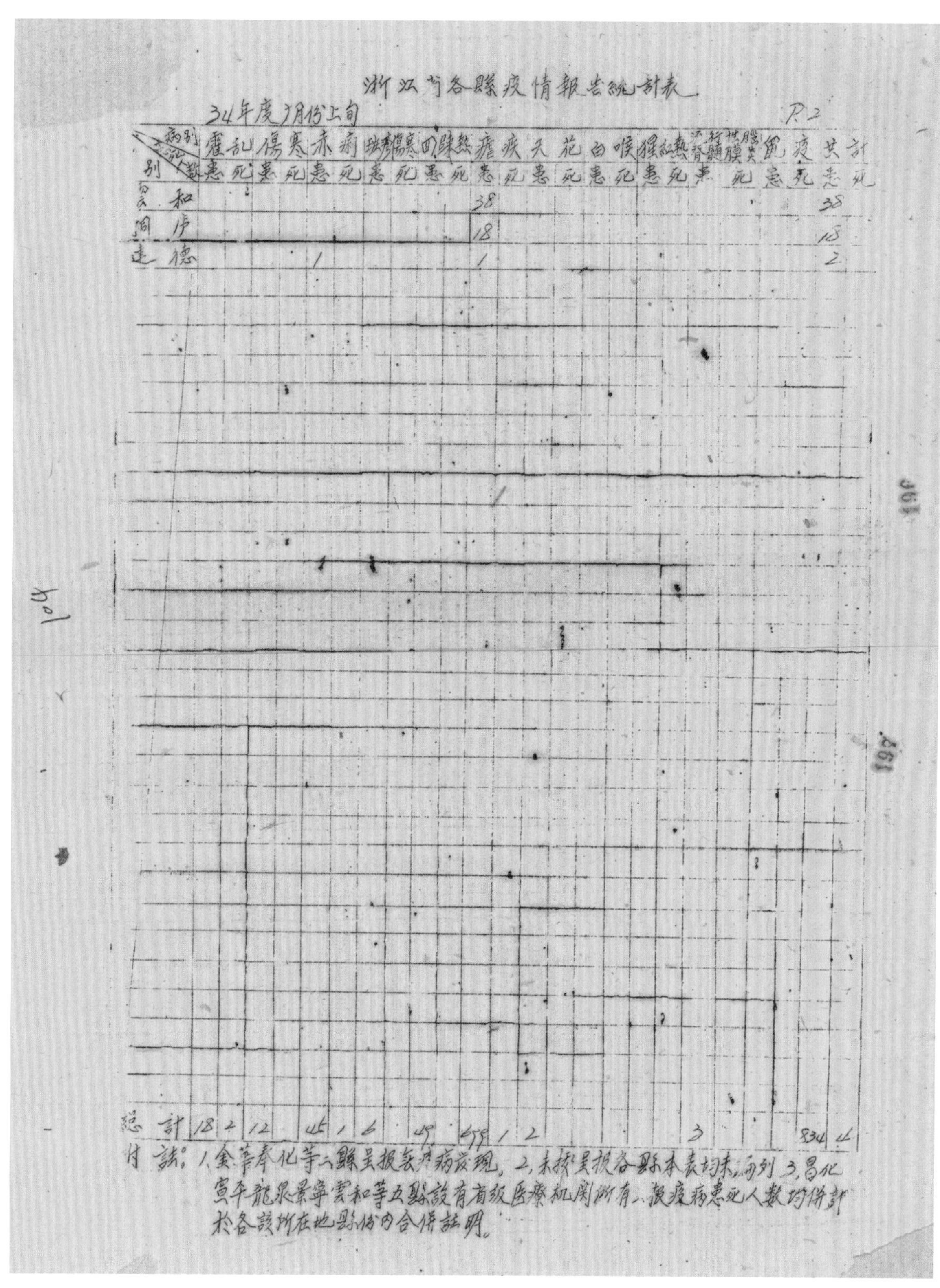

浙江省各縣疫情報告統計表

34年度7月份上旬　　P.2

縣別＼病別＼人數	霍亂 患	霍亂 死	傷寒 患	傷寒 死	赤痢 患	赤痢 死	斑疹傷寒 患	斑疹傷寒 死	回歸熱 患	回歸熱 死	瘧疾 患	瘧疾 死	天花 患	天花 死	白喉 患	白喉 死	猩紅熱 患	猩紅熱 死	流行性腦脊髓膜炎 患	流行性腦脊髓膜炎 死	鼠疫 患	鼠疫 死	共計 患	共計 死
雲和											38												38	
桐廬											18												18	
建德					1						1												2	
總計	18	2	12		45	1	6		49		655	1	2						3				834	4

附註：1.金華奉化等二縣呈報無疫病發現。2.未據呈報各縣本表均未列入 3.昌化宣平龍泉景寧雲和等五縣設有省級醫療機關所有一般疫病患死人數均併計於各該所在地縣份內合併註明。

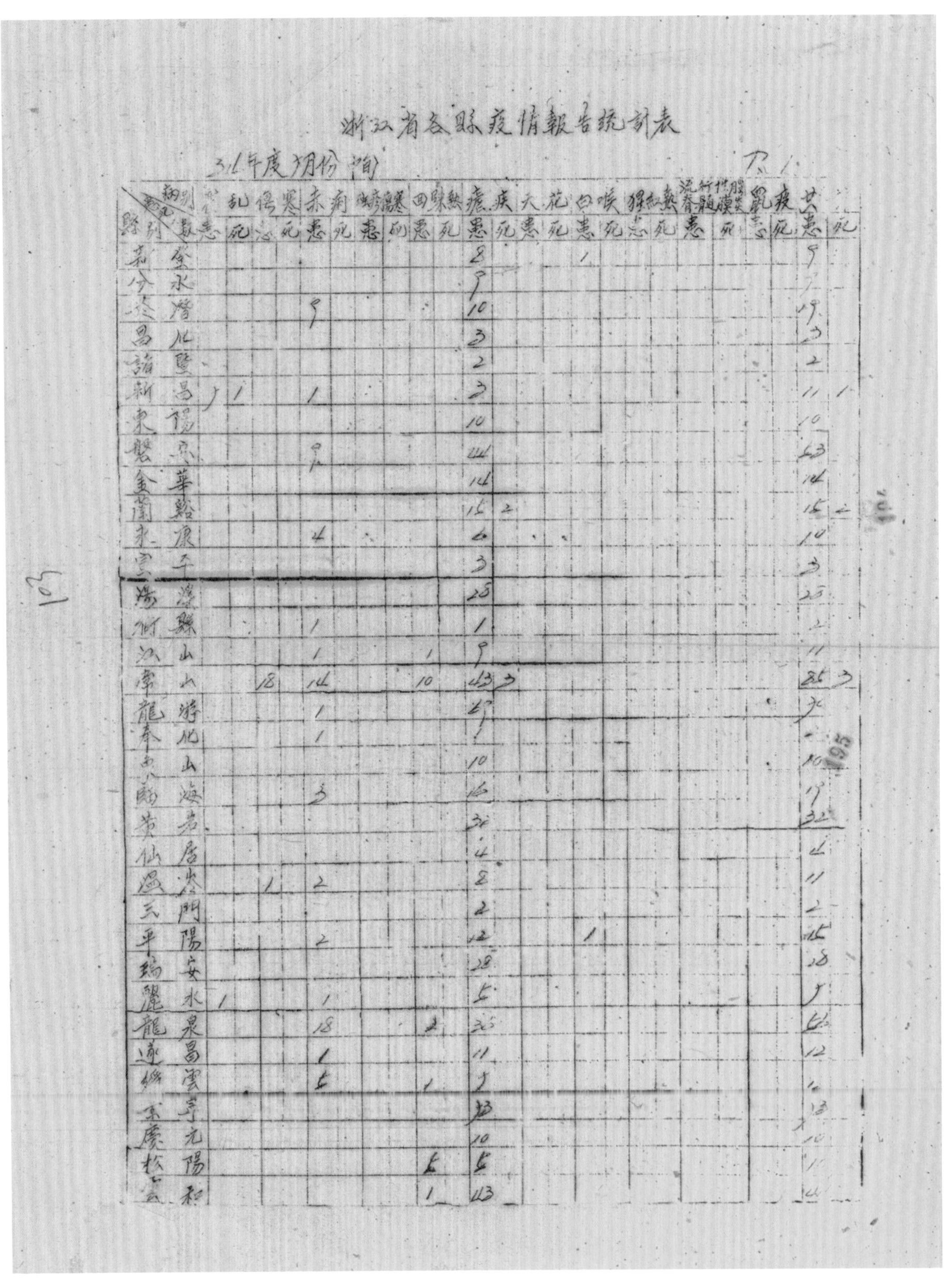

浙江省各縣疫情報告統計表

31年度7月份（旬）　P.1

縣別 \ 病別 人數	霍亂 患	霍亂 死	傷寒 患	傷寒 死	赤痢 患	赤痢 死	斑疹傷寒 患	斑疹傷寒 死	回歸熱 患	回歸熱 死	瘧疾 患	瘧疾 死	天花 患	天花 死	白喉 患	白喉 死	猩紅熱 患	猩紅熱 死	流行性腦脊髓膜炎 患	流行性腦脊髓膜炎 死	鼠疫 患	鼠疫 死	共 患	共 死
新登											8				1								9	
分水											7												7	
於潛					9						10												19	
昌化											3												3	
諸暨											2												2	
新昌	1	1			1						3												11	1
東陽											10												10	
磐安					9						44												53	
金華											14												14	
蘭谿											15	2											15	2
永康					4						6												10	
宣平											3												3	
湯溪											25												25	
衢縣					1						1												2	
江山					1				1		9												11	
常山			18		14				10		43	3											85	3
龍游					1						27												[illegible]	
奉化					1						1												[illegible]	
象山											10												10	
臨海					3						14												17	
黄岩											32												32	
仙居											4												4	
溫嶺			1		2						8												11	
三門											2												2	
平陽					2						12				1								15	
瑞安											28												28	
麗水	1				1						5												7	
龍泉					18				2		35												55	
遂昌					1						11												12	
縉雲					5				1		7												[illegible]	
景寧											13												13	
慶元											10												10	
松陽									5		5												[illegible]	
雲和									1		43												44	

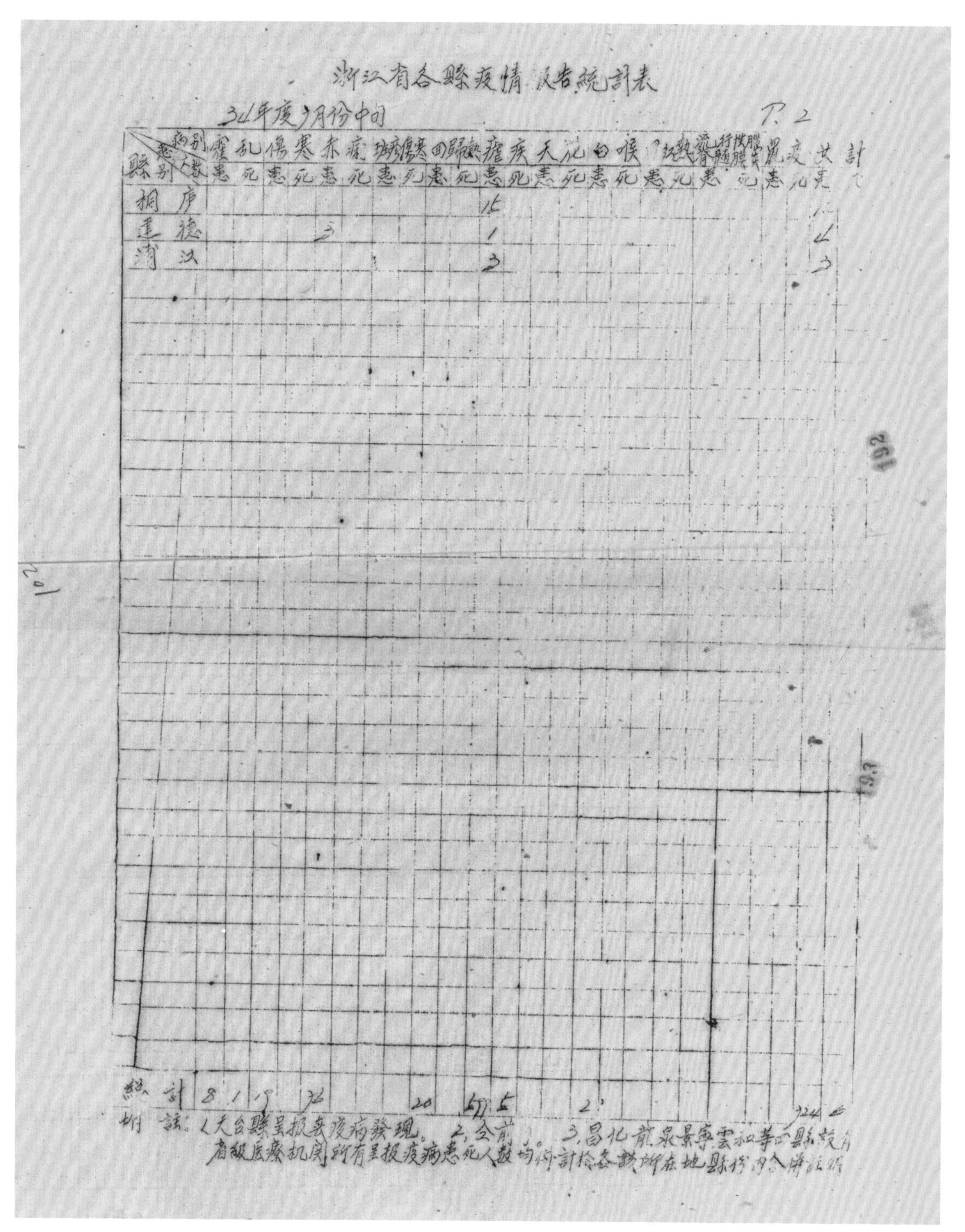

浙江省各縣疫情报告統計表

34年度7月份中旬　　　　P. 2

病别 / 患死人数 / 縣别	霍乱 患	霍乱 死	傷寒 患	傷寒 死	赤痢 患	赤痢 死	斑疹傷寒 患	斑疹傷寒 死	回歸熱 患	回歸熱 死	瘧疾 患	瘧疾 死	天花 患	天花 死	白喉 患	白喉 死	猩紅熱 患	猩紅熱 死	流行性腦脊髓膜炎 患	流行性腦脊髓膜炎 死	鼠疫 患	鼠疫 死	共計 患	共計 死
桐庐											15												[illegible]	
建德					3						1												4	
浦江											2												3	
總計	8	1	19		36				20		651	5			2								724	[illegible]

說明：1.天台縣呈报無疫病發現。2.全省 3.昌化龍泉景寧雲和等四縣故有
省級医療机関所有呈报疫病患死人数均併計於各該所在地縣份內合併註明

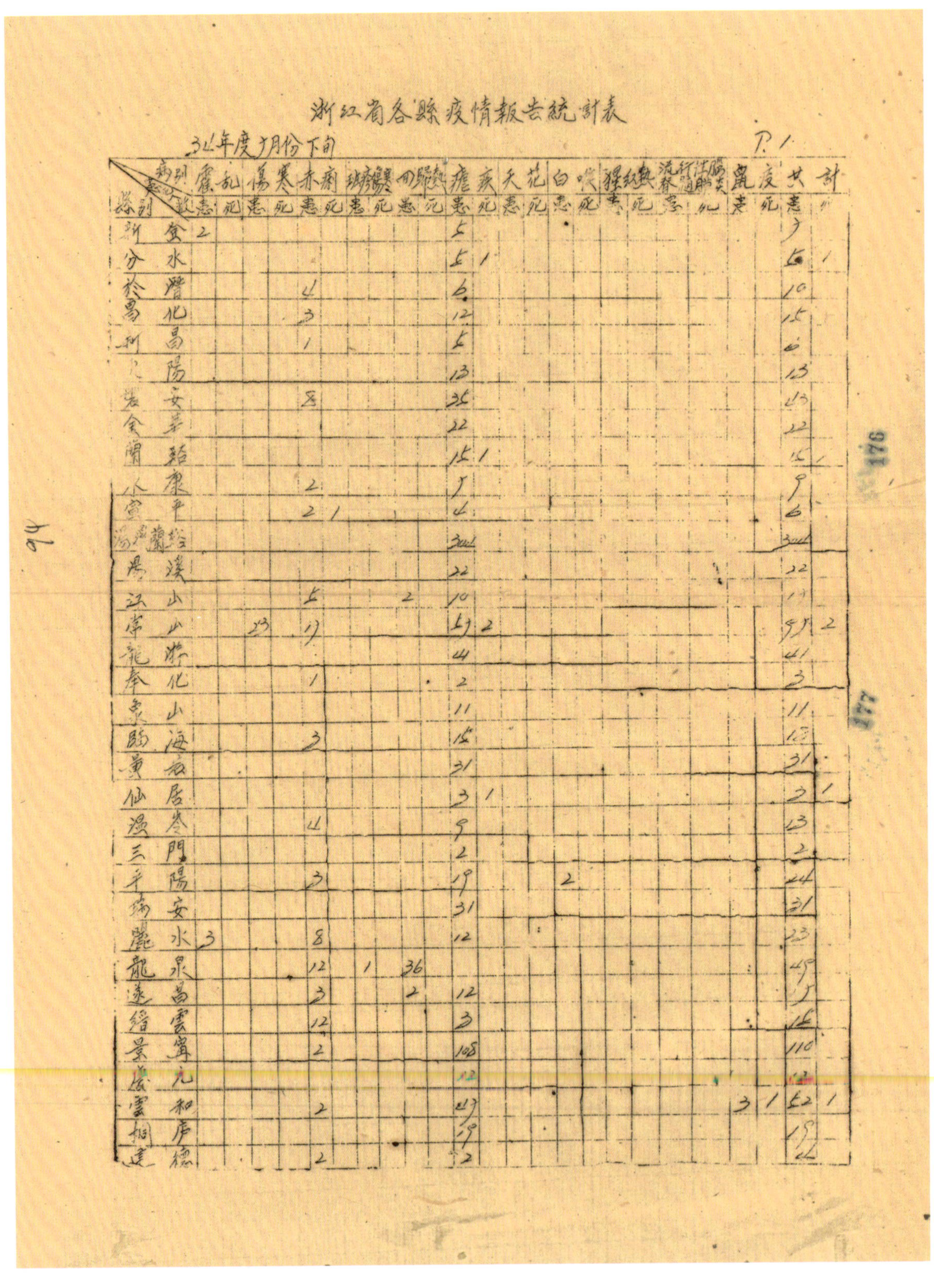

浙江省各縣疫情報告統計表

31年度7月份下旬　　P. 1

縣別	霍亂		傷寒		赤痢		斑疹傷寒		回歸熱		瘧疾		天花		白喉		猩紅熱		流行性腦脊髓膜炎		鼠疫		共計	
	患	死	患	死	患	死	患	死	患	死	患	死	患	死	患	死	患	死	患	死	患	死	患	死
新登	2										5												7	
分水											5	1											5	1
於潛					4						6												10	
昌化					3						12												15	
新昌					1						5												6	
[illegible]陽											13												13	
[illegible]安					8						35												43	
金華											22												22	
蘭谿											15	1											15	1
永康					2						7												9	
宣平					2	1					4												6	
[illegible]											300												300	
[illegible]溪											22												22	
江山					5				2		10												17	
常山			23		17						17	2											57	2
龍游											44												41	
奉化					1						2												3	
象山											11												11	
臨海					3						15												18	
黃岩											31												31	
仙居											3	1											3	1
溫嶺					4						9												13	
三門											2												2	
平陽					3						19				2								24	
瑞安											31												31	
麗水	3				8						12												23	
龍泉					12		1		36														49	
遂昌					3				2		12												17	
縉雲					12						3												15	
景寧					2						108												110	
慶元											12												12	
雲和					2						47										3	1	52	1
桐廬											19												19	
建德					2						2												4	

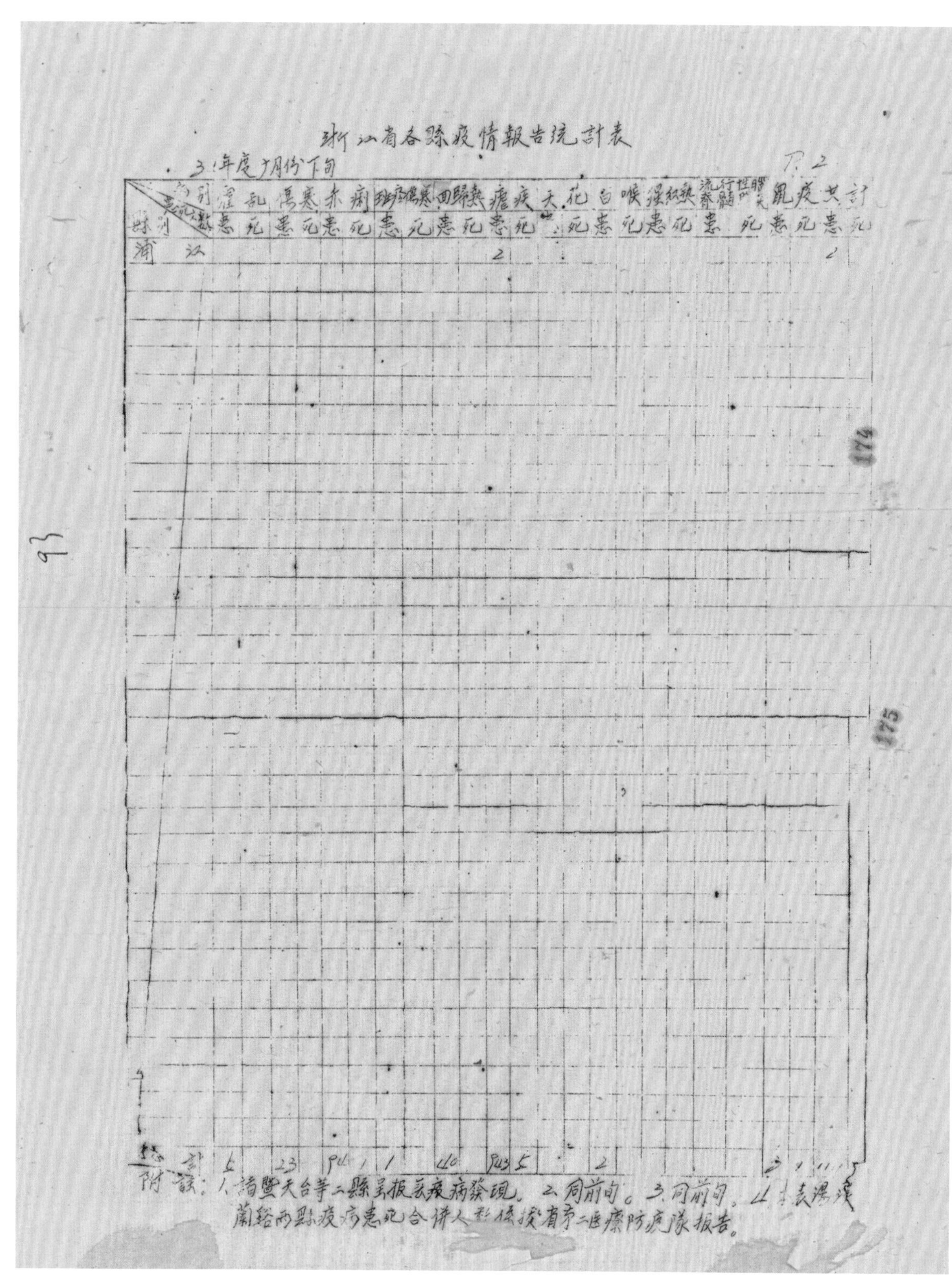

浙江省各縣疫情報告統計表

31年度7月份下旬　　P.2

縣別	霍亂 患	霍亂 死	傷寒 患	傷寒 死	赤痢 患	赤痢 死	斑疹傷寒 患	斑疹傷寒 死	回歸熱 患	回歸熱 死	瘧疾 患	瘧疾 死	天花 患	天花 死	白喉 患	白喉 死	猩紅熱 患	猩紅熱 死	流行性腦脊髓膜炎 患	流行性腦脊髓膜炎 死	鼠疫 患	鼠疫 死	共計 患	共計 死
浦江											2												2	
總計	6		23		P4	1	1		40		P43	5			2							2	1 11	1 5

附註：1.諸暨天台等二縣呈报发疫病發現。2.同前旬。3.同前旬。4.本表浦江蘭谿兩縣疫病患死合計人數係据省第二医療防疫隊报告。

97

174

175

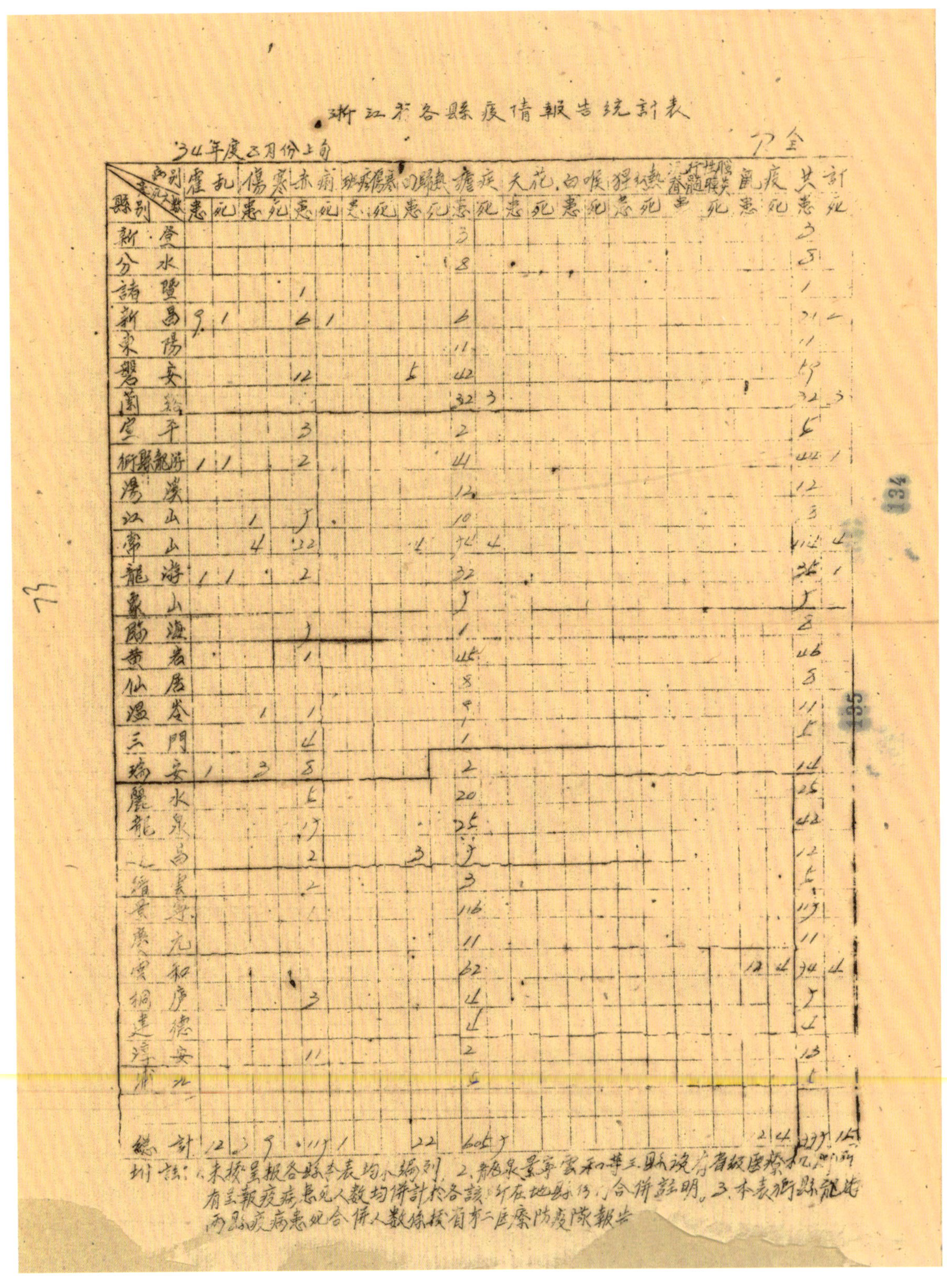

浙江省各縣疫情報告統計表

34年度3月份上旬 77全

縣別	霍亂 患	霍亂 死	傷寒 患	傷寒 死	赤痢 患	赤痢 死	斑疹傷寒 患	斑疹傷寒 死	回歸熱 患	回歸熱 死	瘧疾 患	瘧疾 死	天花 患	天花 死	白喉 患	白喉 死	猩紅熱 患	猩紅熱 死	流行性腦脊髓膜炎 患	流行性腦脊髓膜炎 死	鼠疫 患	鼠疫 死	共計 患	共計 死
新登											3												3	
分水											8												8	
諸暨					1																		1	
新昌	9	1			6	1					6												21	2
東陽											11												11	
磐安					12				5		42												59	
蘭谿											32	3											32	3
宣平					3						2												5	
衢縣龍游	1	1			2						41												44	1
湯溪											12												12	
江山			1		5						10												3	
常山			4		32				4		72	4											112	4
龍游	1	1			2						32												35	1
象山											5												5	
臨海					7						1												8	
黄岩					1						45												46	
仙居											8												8	
温嶺			1		1						9												11	
三門					4						1												5	
瑞安	1		3		8						2												14	
麗水					5						20												25	
龍泉					17						25												42	
遂昌					2				3		7												12	
縉雲					2						3												5	
景寧					1						116												117	
慶元											11												11	
雲和											62										12	4	74	4
桐廬					3						4												7	
建德											4												4	
淳安					11						2												13	
浦江											5												5	
總計	12	3	9		117	1			22		605	7									12	4	777	15

附註：1.未據呈報各縣本表均不編列。2.龍泉景寧雲和等三縣設有省級醫療機關所有呈報疫病患死人數均併計於各該所在地縣份內，合併註明。3.本表衢縣龍游兩縣疫病患死合併人數係據省第二區醫療防疫隊報告

77

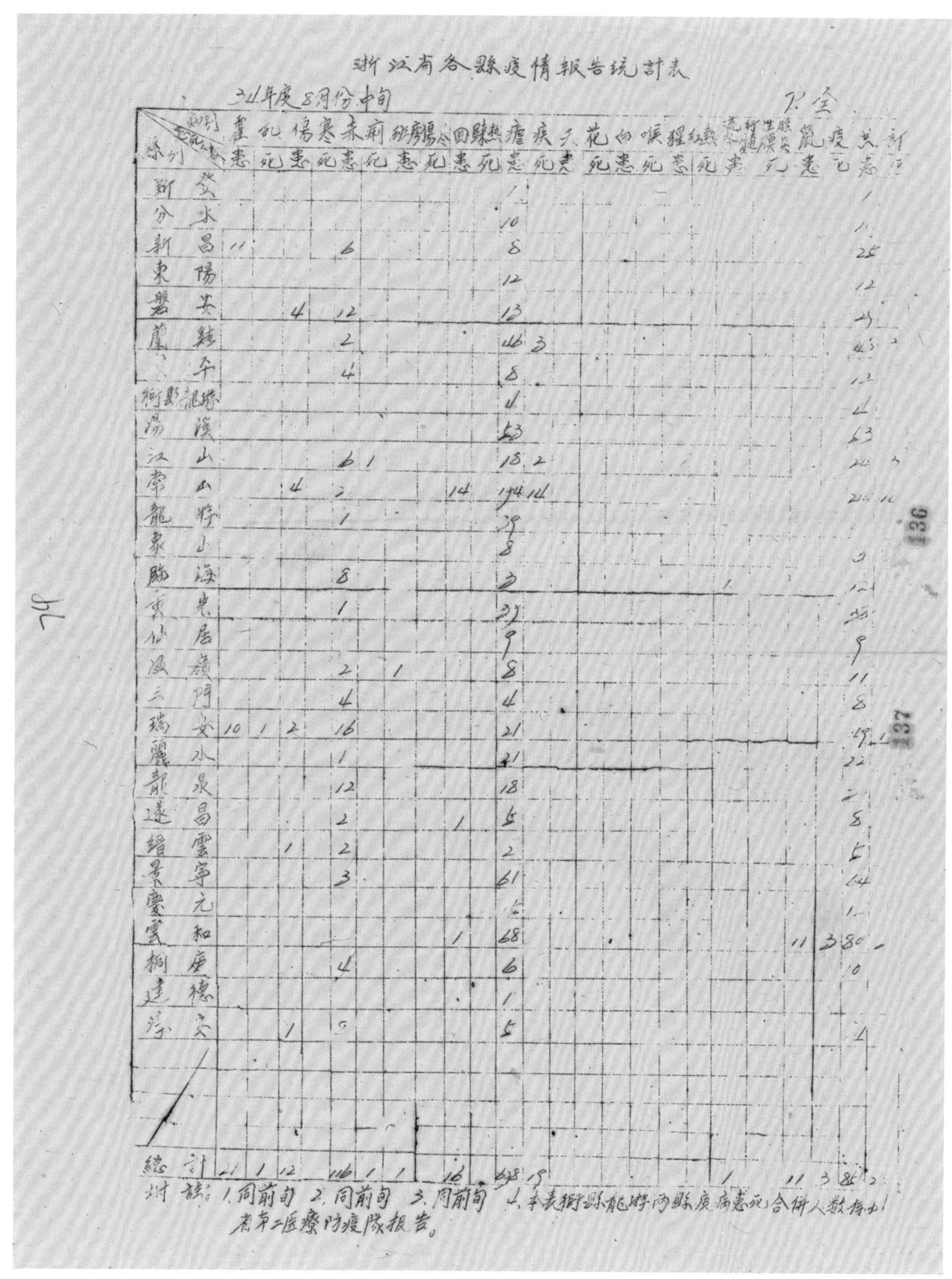

浙江省各縣疫情報告統計表

31年度8月份中旬　　不全

縣別	霍亂 患	霍亂 死	傷寒 患	傷寒 死	赤痢 患	赤痢 死	斑疹傷寒 患	斑疹傷寒 死	回歸熱 患	回歸熱 死	瘧疾 患	瘧疾 死	天花 患	天花 死	白喉 患	白喉 死	猩紅熱 患	猩紅熱 死	流行性腦脊髓膜炎 患	流行性腦脊髓膜炎 死	鼠疫 患	鼠疫 死	共計 患	共計 死
新登											1												1	
分水											10												10	
新昌	11				6						8												25	
東陽											12												12	
磐安			4		12						13												29	
蘭谿					2						46	3											48	2
、平					4						8												12	
衢縣龍游											4												4	
湯溪											63												63	
江山					6	1					18	2											24	3
常山			4		2				14		194	14											214	14
龍游					1						39													
象山											8												[illegible]	
臨海					8						2								1				1[illegible]	
黃岩					1						32												33	
仙居											9												9	
溫嶺					2		1				8												11	
三門					4						4												8	
瑞安	10	1	2		16						21												49	1
麗水					1						21												22	
龍泉					12						18												30	
遂昌					2				1		5												8	
縉雲			1		2						2												5	
景寧					3						61												64	
慶元											1												1	
雲和									1		68										11	3	80	
桐廬					4						6												10	
建德											1													
淳安			1		2						5												[illegible]	
總計	21	1	12		116	1	1		16		638	15							1		11	3	86	2

附註：1.同前旬　2.同前旬　3.同前旬　4.本表衢縣龍游兩縣疫病患死合併人數係由省第二區療防疫隊報告。

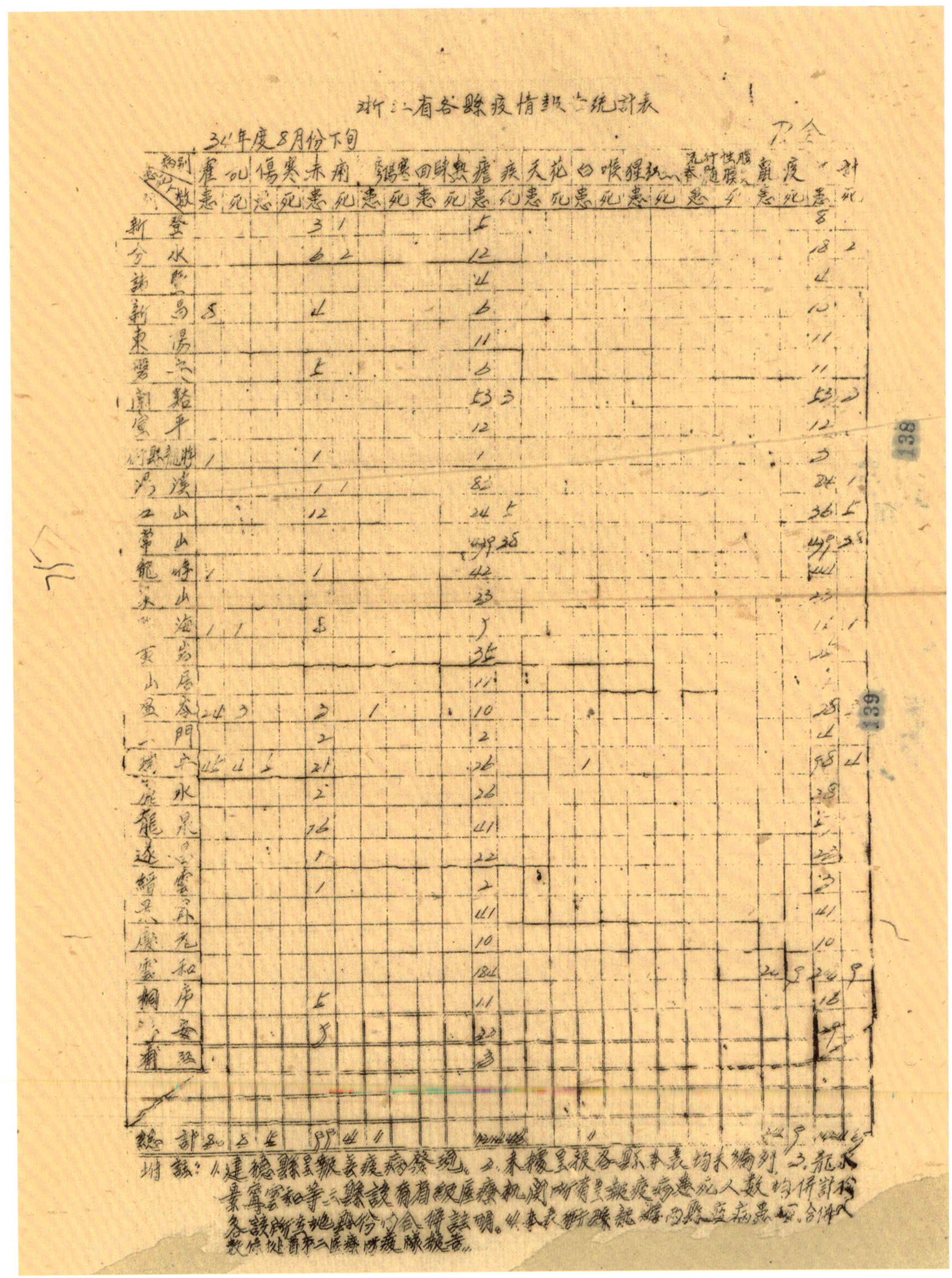

浙江省各縣疫情報告統計表

34年度8月份下旬

縣別＼病別人數	霍亂 患	霍亂 死	傷寒 患	傷寒 死	赤痢 患	赤痢 死	斑疹傷寒 患	斑疹傷寒 死	回歸熱 患	回歸熱 死	瘧疾 患	瘧疾 死	天花 患	天花 死	白喉 患	白喉 死	猩紅熱 患	猩紅熱 死	流行性腦膜炎 患	流行性腦膜炎 死	鼠疫 患	鼠疫 死	合計 患	合計 死
新登					3	1					5												8	
分水					6	2					12												18	2
諸暨											4												4	
義烏	8				4						6												[illegible]	
東陽											11												11	
磐安					5						6												11	
蘭谿											53	3											53	3
宣平											12												12	
衢縣龍游	1				1						1												3	
湯溪					1	1					83												84	1
江山					12						24	5											36	5
常山											447	38											447	38
龍[illegible]	1				1						42												44	
[illegible]山											23												23	
[illegible]海	1	1			5						7												[illegible]	1
黃岩											35												[illegible]	
仙居											11												[illegible]	
溫嶺	24	3			2		1				10												28	
三門					2						2												4	
[illegible]	[illegible]	4	1		21						26				1								58	4
麗水					2						26												28	
龍泉					16						41												[illegible]	
遂昌					1						22												23	
縉雲					1						2												3	
景寧											41												41	
慶元											10												10	
雲和											184										24	5	[illegible]	5
桐廬					5						11												18	
[illegible]安					5						22												[illegible]	
[illegible]											3												[illegible]	
總計	80	5	5		57	4	1				[illegible]	[illegible]			1						24	5	[illegible]	[illegible]

附註：1.建德縣呈報並無疫病發現。2.未據呈報各縣本表均未編列。3.龍泉、景寧、雲和等三縣設有省級醫療機關，所有呈報疫病患死人數均併計於各該所在地縣份內合併註明。4.本表衢縣龍游兩縣疫病患死合併人數係據省第二醫療防疫隊報告。

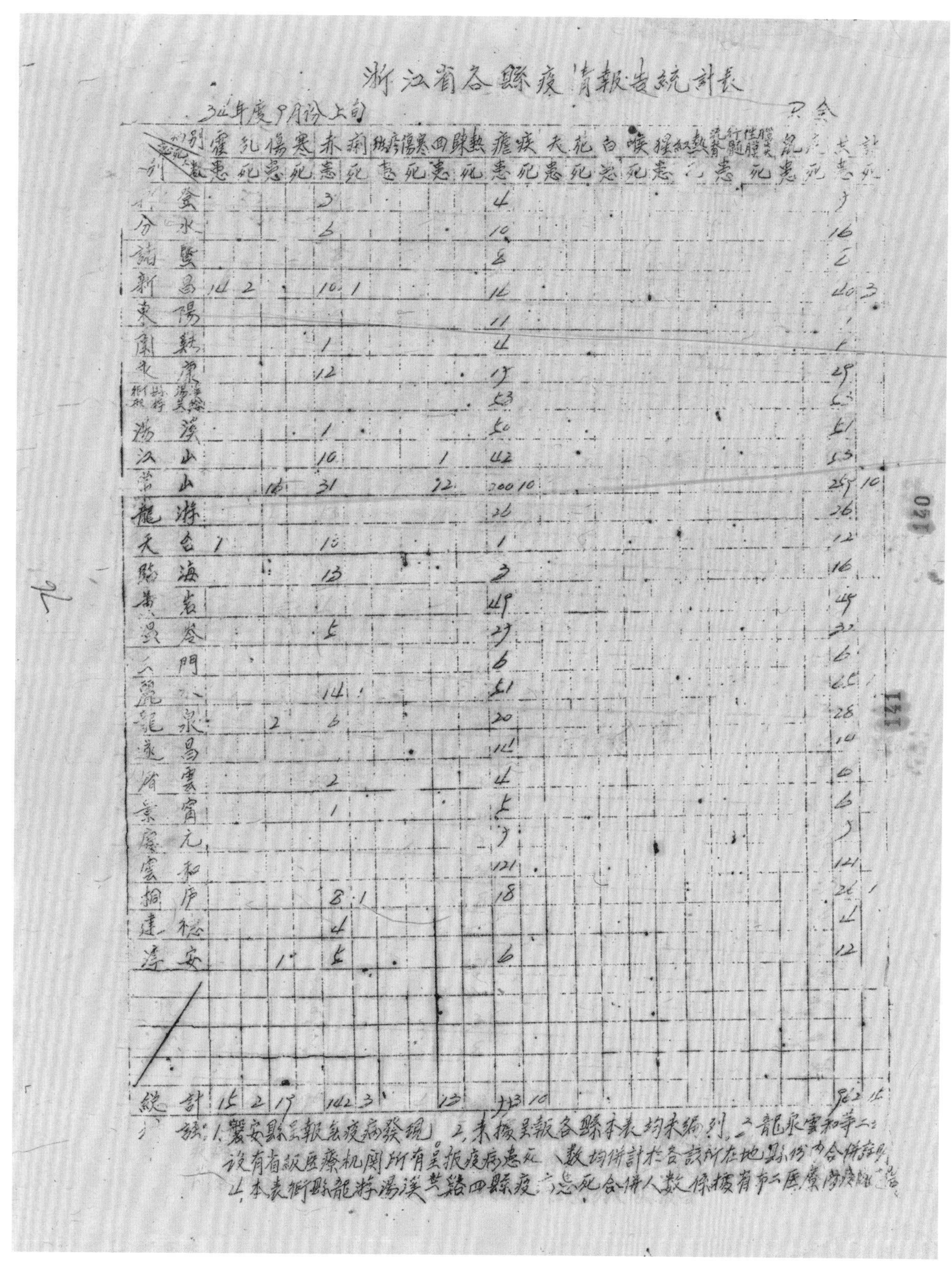

浙江省各縣疫情報告統計表

34年度9月份上旬　　只余

縣別	霍亂 患	霍亂 死	傷寒 患	傷寒 死	赤痢 患	赤痢 死	斑疹傷寒 患	斑疹傷寒 死	回歸熱 患	回歸熱 死	瘧疾 患	瘧疾 死	天花 患	天花 死	白喉 患	白喉 死	猩紅熱 患	猩紅熱 死	流行性腦脊髓膜炎 患	流行性腦脊髓膜炎 死	鼠疫 患	鼠疫 死	共計 患	共計 死
[illegible]瓷					3						4												7	
分水					6						10												16	
諸曁											8												8	
新昌	14	2			10	1					14												40	3
東陽											11												11	
蘭谿					1						4												5	
永康					12						17												29	
衢縣 龍游 湯溪 武義											63												63	
湯溪					1						50												51	
江山					10				1		42												53	
常山			16		31				12		200	10											259	10
龍游											26												26	
天台	1				10						1												12	
臨海					13						2												16	
黄岩											49												49	
溫嶺					5						27												32	
三門											6												6	
麗水					14	1					51												65	1
龍泉			2		6						20												28	
遂昌											14												14	
縉雲					2						4												6	
景寧					1						5												6	
慶元											7												7	
雲和											121												121	
桐廬					8	1					18												26	1
建德					4																		4	
淳安			1		5						6												12	
總計	15	2	17		142	3			12		413	10											962	14

註：1、瑞安縣呈報無疫病發現　2、未據呈報各縣本表均未編列　3、龍泉雲和等二縣設有省級醫療机関所有呈报疫病患死人數均併計於各該所在地縣份內合併註明　4、本表衢縣龍游湯溪武義四縣疫病患死合併人數係據省第二医療防疫隊報告

浙江省各县疫情报告统计表

34年度7月份中旬　　　　　　　　　　　　　　　　　　　　不全

县别＼病别＼患死人数	霍乱		伤寒		赤痢		斑疹伤寒		回归热		疟疾		天花		白喉		猩红热		流行性脑脊髓膜炎		鼠疫		共计	
	患	死	患	死	患	死	患	死	患	死	患	死	患	死	患	死	患	死	患	死	患	死	患	死
新登	1				1						10												12	
分水					2						3												5	
诸暨					8						7												15	
新昌	16	1			8						19												42	1
东阳					2						9												11	
瑞安					4						2												6	
兰谿					2						4												6	
永康					15						18	2											33	2
衢县（龙游汤溪兰谿）					11	2					94												105	2
汤溪					1						40												41	
江山					6						76												82	
常山			7		13				4		206	11											230	11
龙游											32												32	
象山											2												2	
天台					4						4												8	
临海	5	3			16						7												28	3
黄岩											41												41	
温岭					4						16												20	
三门	4	4									4												8	4
丽水	2	1			2						46												50	1
龙泉			1		10						34												[illegible]	
遂昌	2	2			5						20												27	2
缙云					2						7												9	
景宁					2						31												33	
庆元											8												8	
松阳	2																						2	
云和											131												131	
桐庐					5						21												26	
建德					3						3									1			6	
淳安					6						8												14	
总计	31	11	8		196	2			4		906	13											1128	26

附註：1.未据呈报各县本表均未编列。2.龙泉云和等二县设有省级医疗机关所有呈报疫病患死人数均併計於各该所在地县份内合併註明。3.本表衢县龙游汤溪兰谿四县疫病患死合併人数系据省第一医疗防疫队报告。

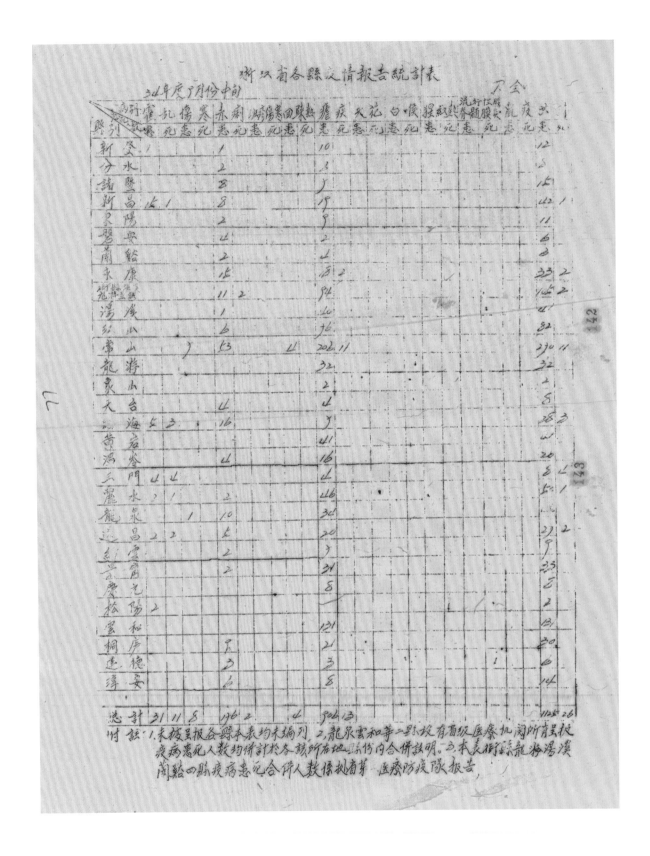

浙江省各縣疫情報告統計表

34年度9月份下旬　　　　　　　　　　　　　　　　　　T.全

病別 / 縣別	霍亂		傷寒		赤痢		斑疹傷寒		回歸熱		瘧疾		天花		白喉		猩紅熱		流行性腦脊髓膜炎		鼠疫		共計	
	患	死	患	死	患	死	患	死	患	死	患	死	患	死	患	死	患	死	患	死	患	死	患	死
新登	1				1						9												11	
分水											5												5	
諸暨					9						5												14	
新昌	2	1			7	1					9												18	
東陽					4						9												13	
蘭谿											4												4	
永康					17	1					20	1											37	2
衢[illegible]					20	3					298	16											318	19
湯溪					2						38												40	
江山					5						59												64	
常山			5		27				15		166	6											213	6
龍游											17												17	
象山											2												2	
天台					3						2												5	
臨海	5	3			12						3												20	3
黃岩											45												45	
溫嶺					5						22												27	
三門	1										1												2	
麗水	17	4			10						20												47	4
龍泉					9						29												38	
遂昌	1	1			8						25												34	
縉雲					3						4												7	
景寧					2						20												22	
慶元											5												5	
桐廬					7						11												18	
建德											3												3	
淳安					3						2												5	
總計	27	9	5		131	5			15		849	23											1065	37

附註：1.同前旬。2.龍泉一縣設有省級醫療機關所有关報疫病患死人數均併計於各該所在地縣份內合併註明。3.同前旬。

附二：一九四五年一至三月份浙江省各县补报疫情报告统计表

浙江省各縣補報疫情報告統計表

34年度1月份上旬　　卩全

縣別＼病別／患死人數	霍亂		傷寒		赤痢		斑疹傷寒		回歸熱		瘧疾		天花		白喉		猩紅熱		流行性腦脊髓膜炎		鼠疫		共計	
	患	死	患	死	患	死	患	死	患	死	患	死	患	死	患	死	患	死	患	死	患	死	患	死
分水									1		2												3	
蕭山			3	1			2	1	1	1	39								1	2			44	4
開化											2												2	
遂安			4								8												12	
黃岩											21												21	
仙居											1								1				2	
平陽					1						1				1								3	
瑞安			2								15												21	
雲和											5												5	
桐廬											4												4	
建德											4												4	
總計			9	1	1		2	1	2	1	106				1				8	3			125	6

附註：1.諸暨奉化等二縣呈報無疫病發現。2.未據呈報之縣本表均未

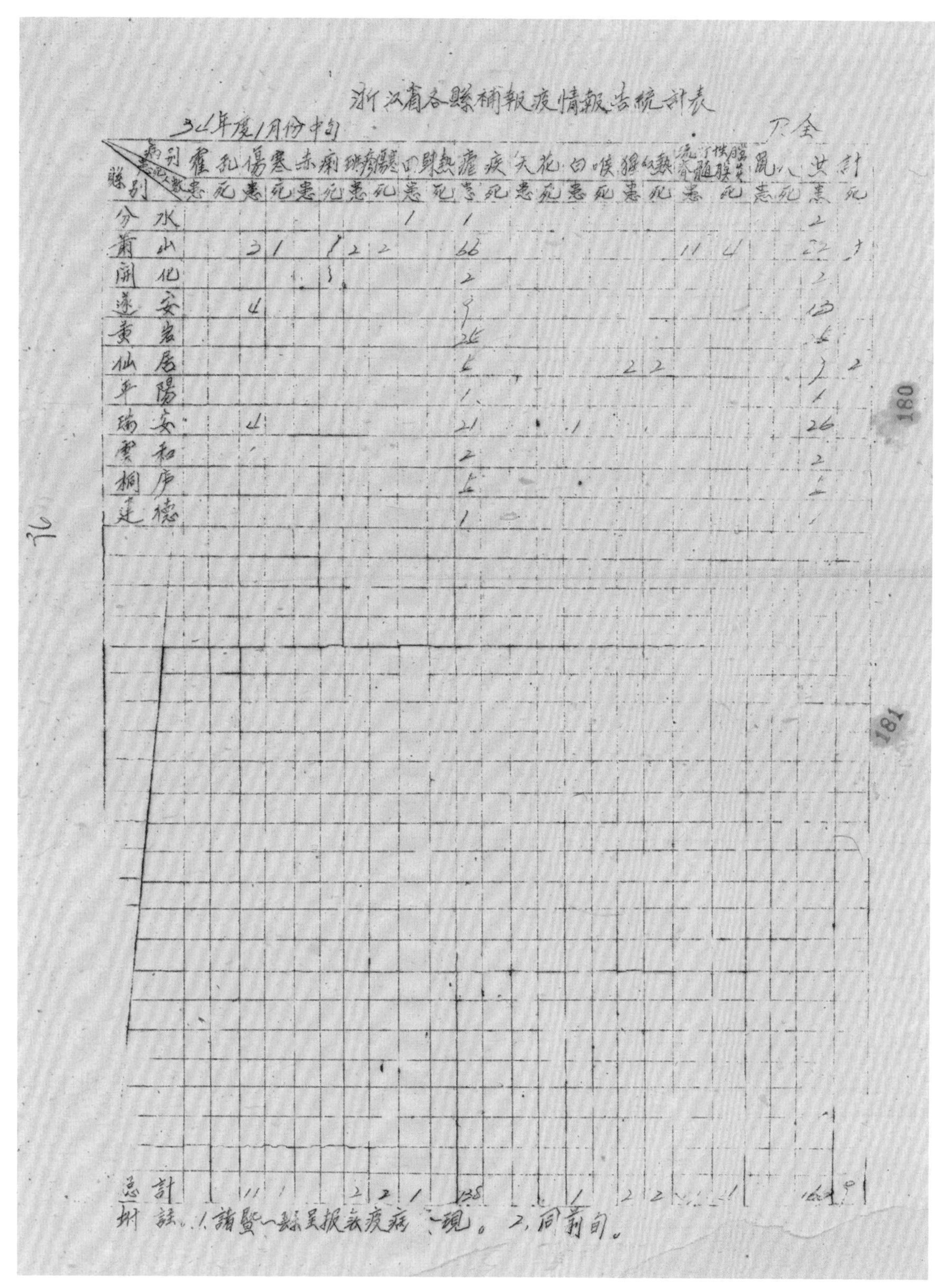

浙江省各縣補報疫情報告統計表

34年度1月份中旬　　　　　　　　　　　　　　　　丁全

病別／患死人數／縣別	霍亂		傷寒		赤痢		斑疹傷寒		回歸熱		瘧疾		天花		白喉		猩紅熱		流行性腦脊髓膜炎		鼠疫		共計	
	患	死	患	死	患	死	患	死	患	死	患	死	患	死	患	死	患	死	患	死	患	死	患	死
分水									1		1												2	
蕭山			3	1		1	2	2			66								11	4			22	3
開化											2												2	
遂安			4								9												13	
黄岩											26												26	
仙居											6						2	2					[illegible]	2
平陽											1												1	
瑞安			4								21				1								26	
雲和											2												2	
桐廬											5												5	
建德											1												1	
總計			11	1			2	2	1		138				1		2	2	11	4			164	9

附註：1.諸暨一縣呈报無疫病發現。2.同前旬。

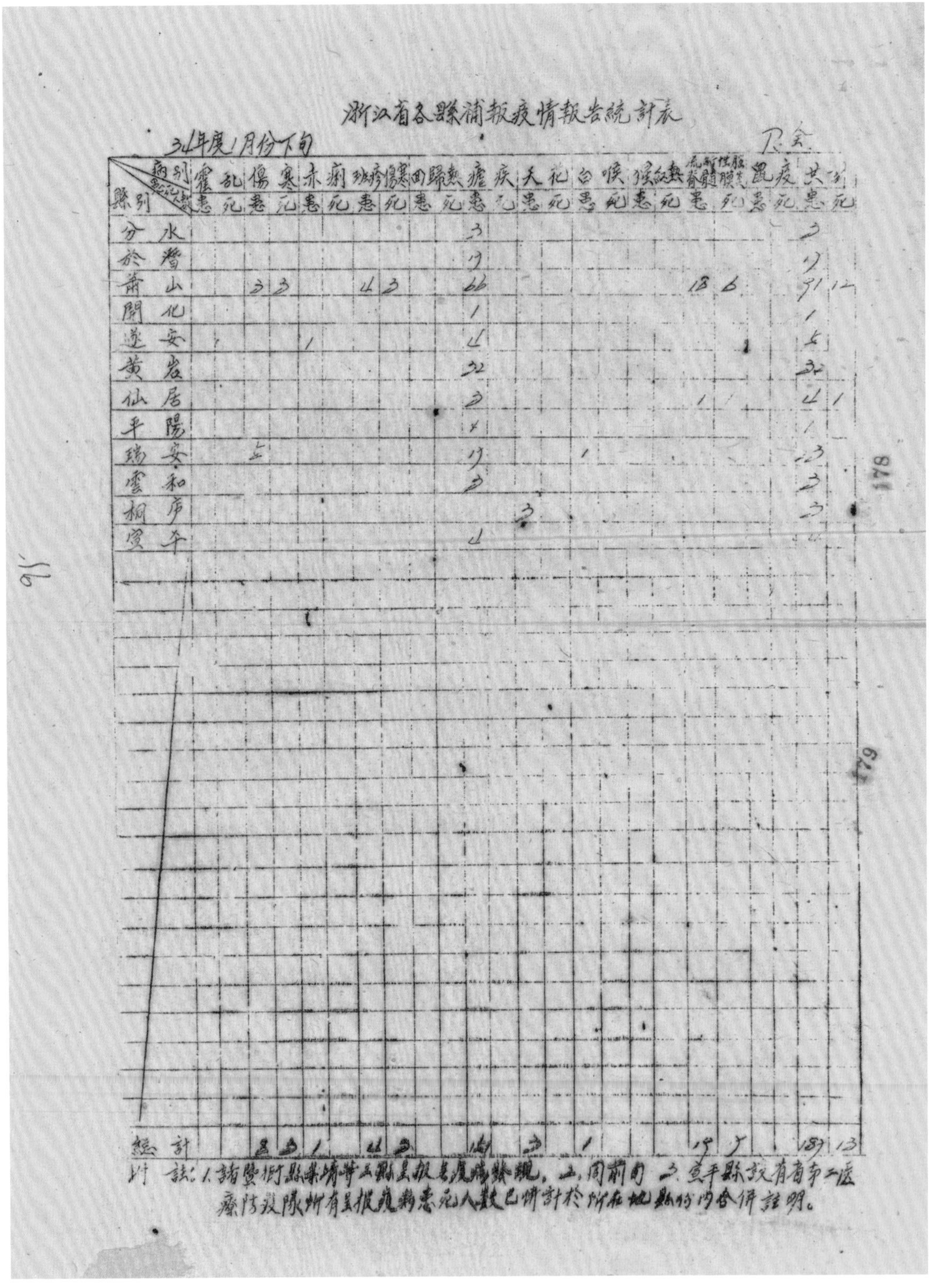

浙江省各縣補報疫情報告統計表

34年度1月份下旬　　R.全

縣別　病別／患死人數	霍亂 患	霍亂 死	傷寒 患	傷寒 死	赤痢 患	赤痢 死	斑疹傷寒 患	斑疹傷寒 死	回歸熱 患	回歸熱 死	瘧疾 患	瘧疾 死	天花 患	天花 死	白喉 患	白喉 死	猩紅熱 患	猩紅熱 死	流行性腦脊髓膜炎 患	流行性腦脊髓膜炎 死	鼠疫 患	鼠疫 死	共計 患	共計 死
分水											3												3	
於潛											7												7	
蕭山			3	3			4	3			66								18	6			91	12
開化											1												1	
遂安					1						4												5	
黃岩											32												32	
仙居											3								1	1			4	1
平陽											1												1	
瑞安			5								7				1								13	
雲和											3												3	
桐廬													3										3	
宣平											4												4	
總計			8	3	1		4	3			141		3		1				15	7			187	13

附註：1.諸暨衢縣樂清等五縣未報告處據點觀。2.同前月。3.宣平縣設有省第二巡迴醫療防疫隊，所有呈報疫病患死人數已併計於所在地縣份內，合併註明。

916　178　179

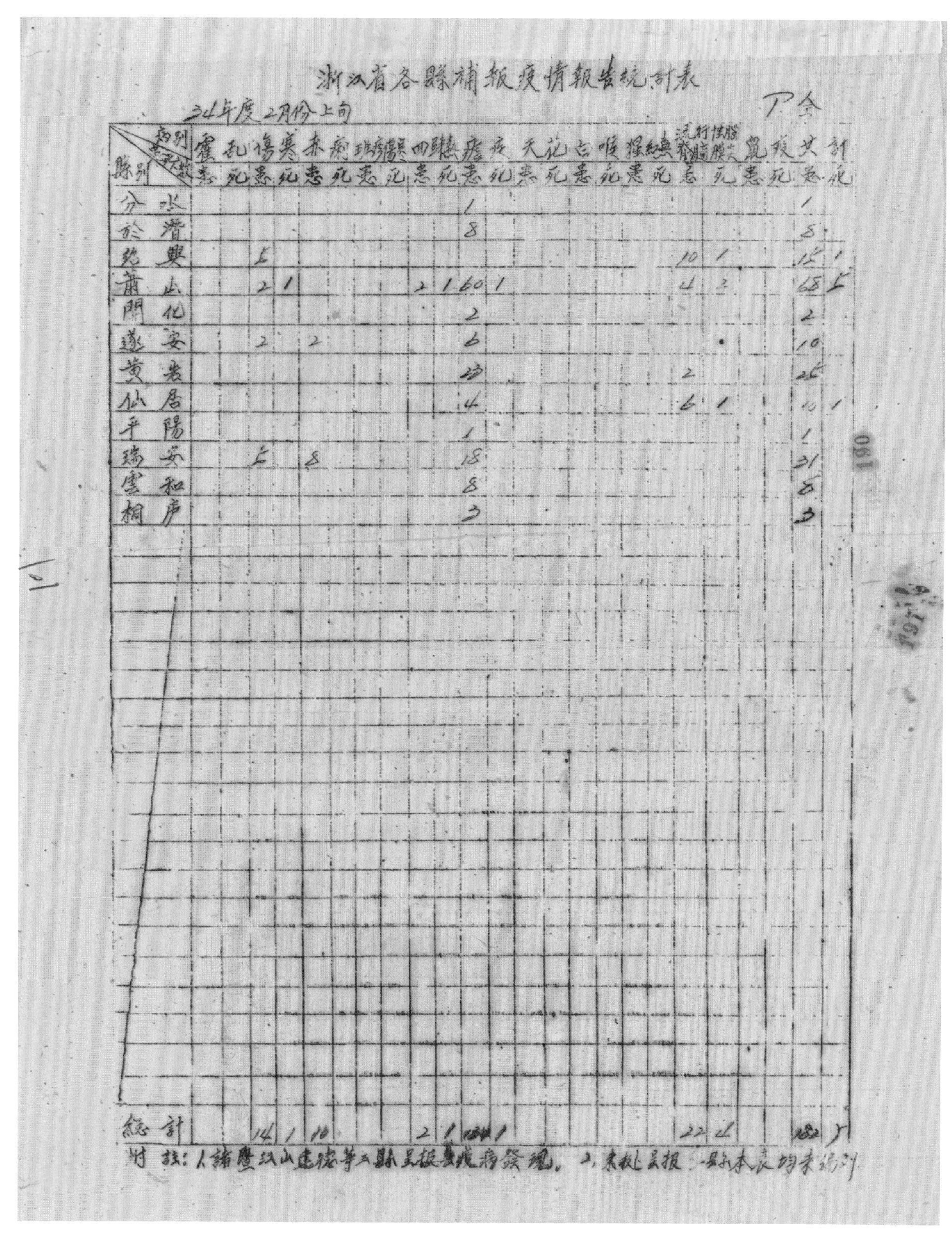

浙江省各縣補報疫情報告統計表

丁全

34年度2月份上旬

縣別	霍亂 患	霍亂 死	傷寒 患	傷寒 死	赤痢 患	赤痢 死	斑疹傷寒 患	斑疹傷寒 死	回歸熱 患	回歸熱 死	瘧疾 患	瘧疾 死	天花 患	天花 死	白喉 患	白喉 死	猩紅熱 患	猩紅熱 死	流行性腦脊髓膜炎 患	流行性腦脊髓膜炎 死	鼠疫 患	鼠疫 死	共計 患	共計 死
分水											1												1	
於潛											8												8	
紹興			5																10	1			15	1
蕭山			2	1					2	1	60	1							4	2			68	5
開化											2												2	
遂安			2		2						6												10	
黃岩											23								2				25	
仙居											4								6	1			10	1
平陽											1												1	
瑞安			5		8						18												31	
雲和											8												8	
桐廬											3												3	
總計			14	1	10				2	1	[illegible]	1							22	4			[illegible]	7

附註：1.諸暨、江山、建德等三縣呈報無疫病發現。2.未據呈報之縣本表均未編列

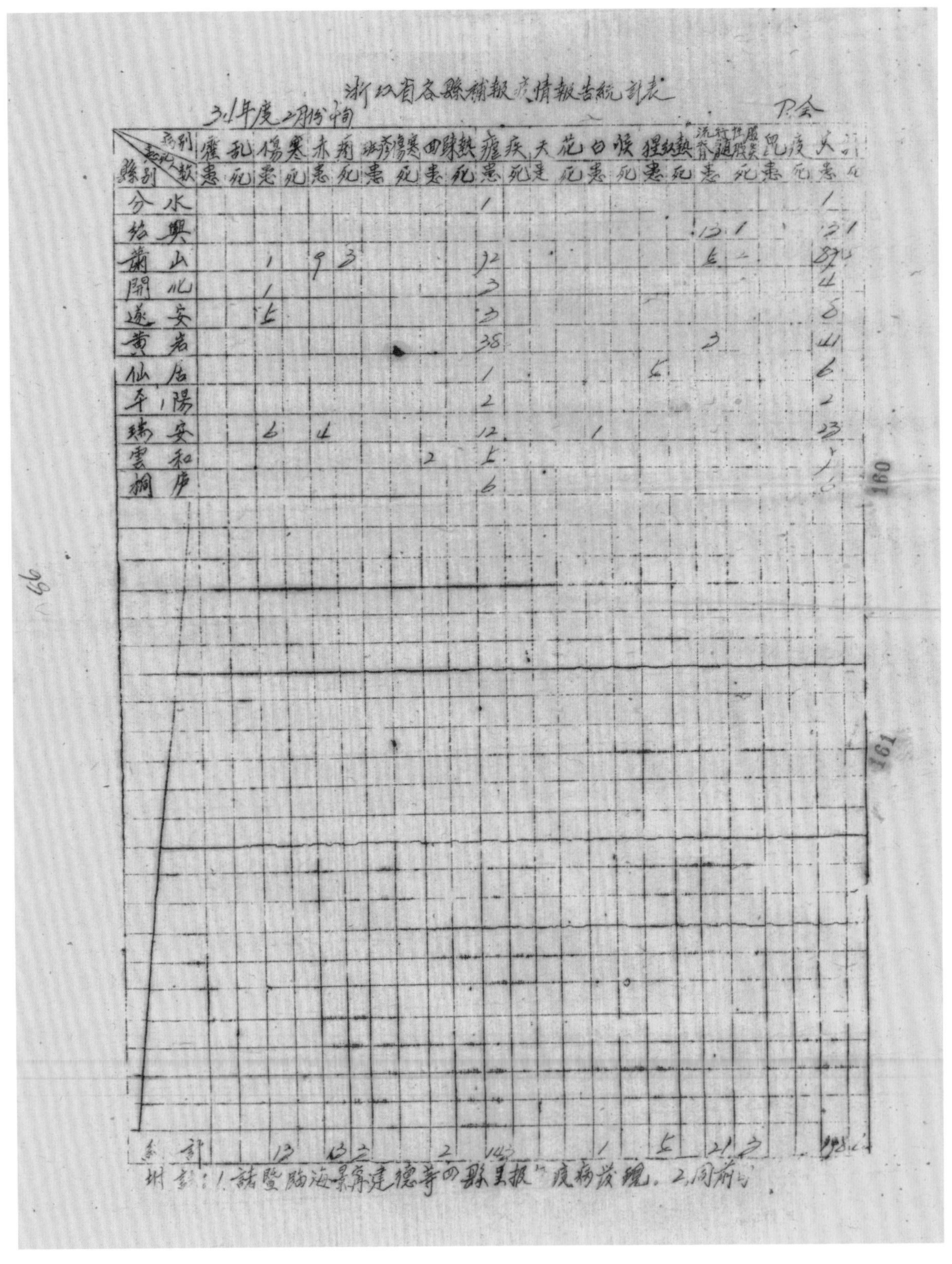

浙江省各縣補報疫情報告統計表

31年度二月份中旬　P.会

病別 / 患死人數 / 縣別	霍亂 患	霍亂 死	傷寒 患	傷寒 死	赤痢 患	赤痢 死	斑疹傷寒 患	斑疹傷寒 死	回歸熱 患	回歸熱 死	瘧疾 患	瘧疾 死	天花 患	天花 死	白喉 患	白喉 死	猩紅熱 患	猩紅熱 死	流行性脊髓膜炎 患	流行性脊髓膜炎 死	鼠疫 患	鼠疫 死	合計 患	合計 死
分水											1												1	
紹興																			13	1			13	1
蕭山			1		9	3					32								6	2			48	5
開化			1								3												4	
遂安			5								3												8	
黄岩											38								3				41	
仙居											1						5						6	
平陽											2												2	
瑞安			6		4						12				1								23	
雲和									2		5												7	
桐廬											6												6	
合計			13		13	3			2		103				1		5		21	3			158	6

附註：1.諸暨臨海景寧建德等四縣呈报〃疫病發現。2.同前

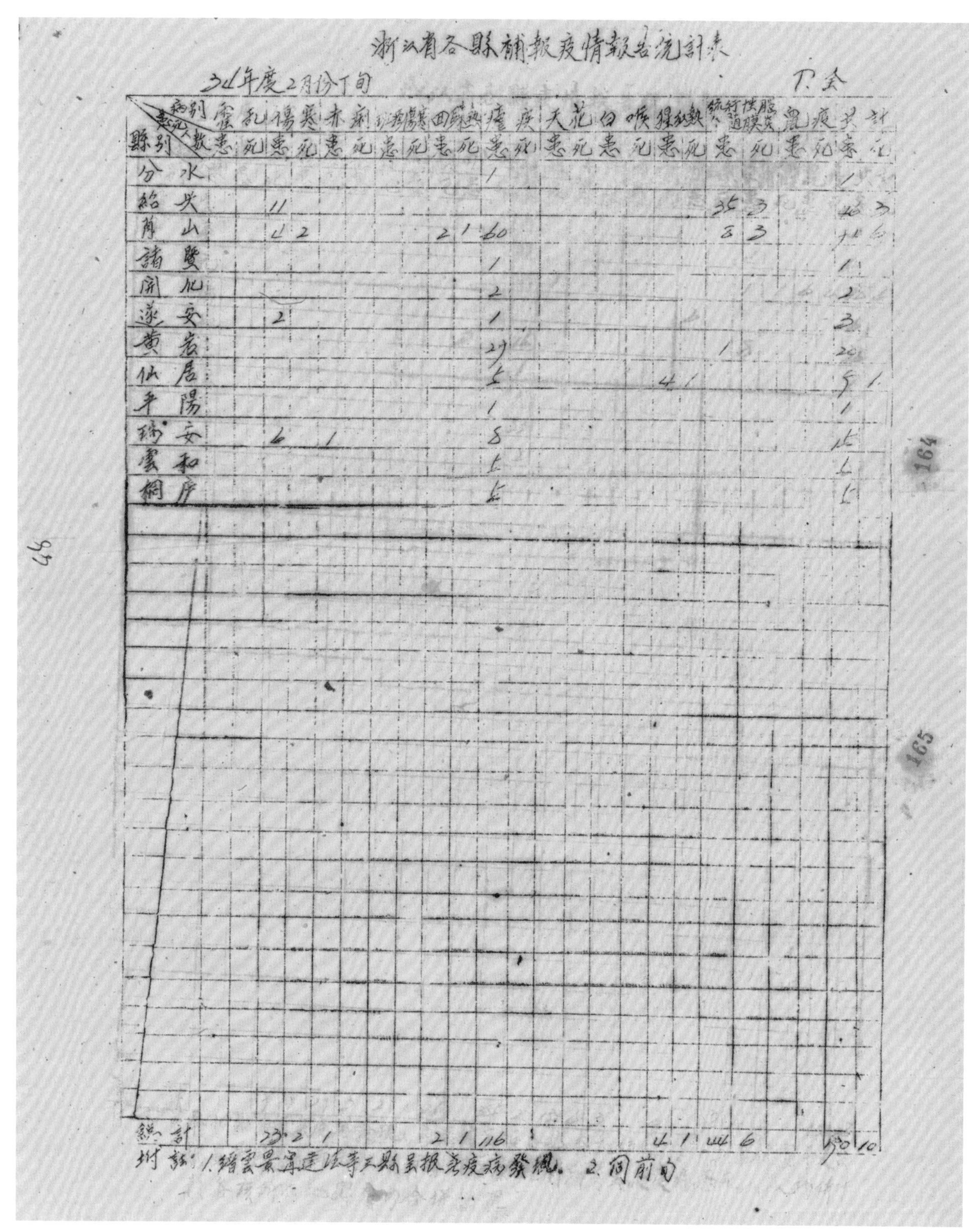

浙江省各縣補報疫情報告統計表

34年度2月份下旬　　　　T.会

病別/患死人數/縣別	霍亂 患	霍亂 死	傷寒 患	傷寒 死	赤痢 患	赤痢 死	斑疹傷寒 患	斑疹傷寒 死	回歸熱 患	回歸熱 死	瘧疾 患	瘧疾 死	天花 患	天花 死	白喉 患	白喉 死	猩紅熱 患	猩紅熱 死	流行性腦脊髓膜炎 患	流行性腦脊髓膜炎 死	鼠疫 患	鼠疫 死	共計 患	共計 死
分水											1												1	
紹興			11																35	3			46	3
蕭山			4	2					2	1	60								8	3			74	6
諸暨											1												1	
開化											2												2	
遂安			2								1												3	
黄岩											27								1				20	
仙居											5						4	1					9	1
平陽											1												1	
瑞安			6		1						8												15	
雲和											6												6	
桐廬											6												6	
總計			23	2	1				2	1	116						4	1	44	6			150	10

附註：1.縉雲景寧遂昌等三縣呈报無疫病發現。2.同前旬

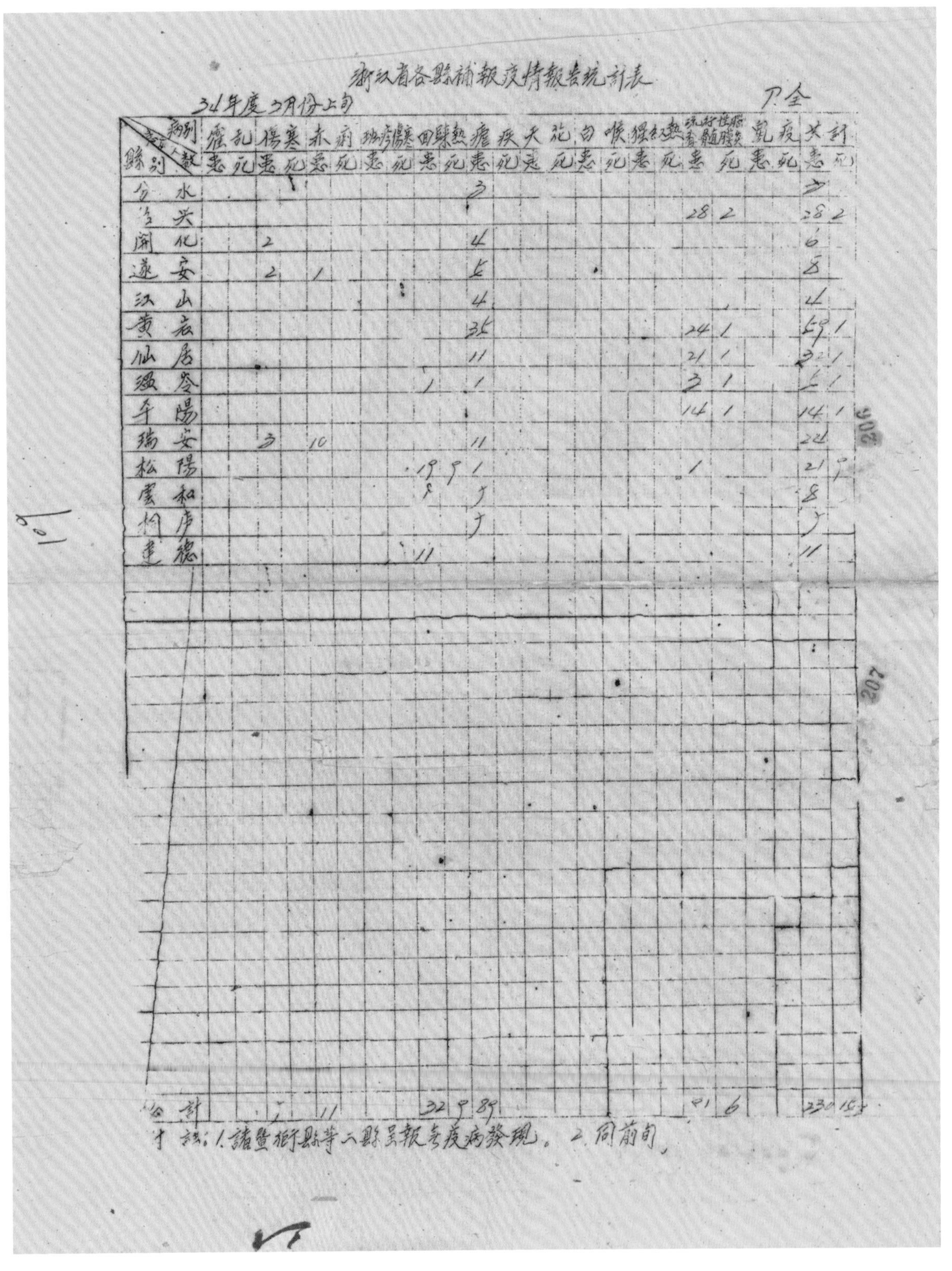

浙江省各縣補報疫情報告統計表

34年度7月份上旬　　　　　　　　　　　　卫全

病別／發生人數／縣別	霍亂		傷寒		赤痢		斑疹傷寒		回歸熱		瘧疾		天花		白喉		猩紅熱		流行性腦脊髓膜炎		鼠疫		共計	
	患	死	患	死	患	死	患	死	患	死	患	死	患	死	患	死	患	死	患	死	患	死	患	死
分水											3												3	
[illegible]兴																			28	2			28	2
開化			2								4												6	
遂安			2		1						5												8	
江山											4												4	
黃巖											35								24	1			59	1
仙居											11								21	1			32	1
縉雲									1		1								3	1			5	1
平陽																			14	1			14	1
瑞安			3		10						11												24	
松陽									19	9	1								1				21	9
雲和									1		7												8	
桐廬											7												7	
建德									11														11	
合計			7		11				32	9	89								91	6			230	15

附註：1.諸暨衢縣等二縣呈報無疫病發現。2.同前旬。

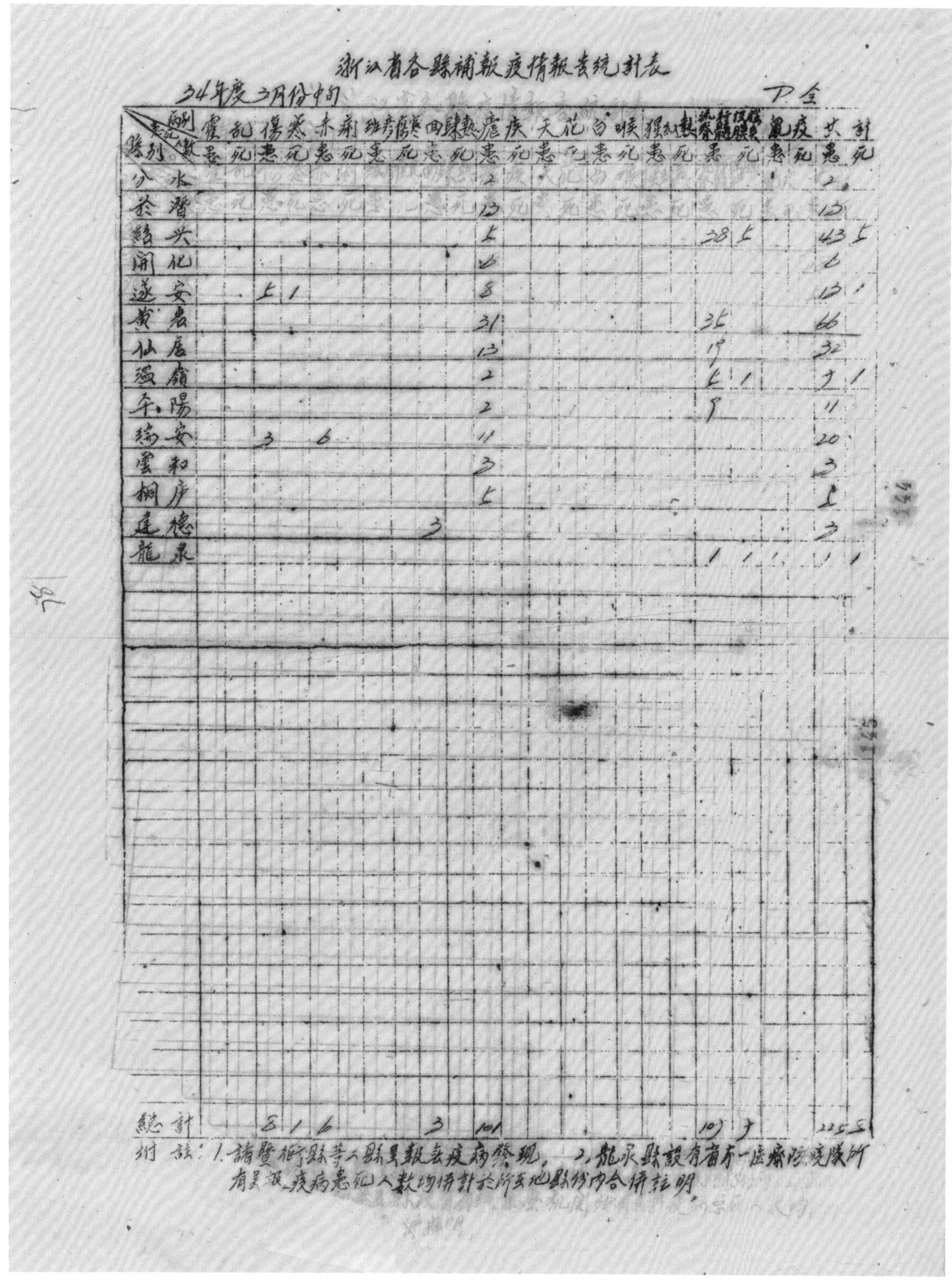

浙江省各縣補報疫情報告統計表

34年度六月份中旬　　卫全

縣別＼病別／患死人數	霍亂 患	霍亂 死	傷寒 患	傷寒 死	赤痢 患	赤痢 死	斑疹傷寒 患	斑疹傷寒 死	回歸熱 患	回歸熱 死	瘧疾 患	瘧疾 死	天花 患	天花 死	白喉 患	白喉 死	猩紅熱 患	猩紅熱 死	流行性腦脊髓膜炎 患	流行性腦脊髓膜炎 死	鼠疫 患	鼠疫 死	共計 患	共計 死
分水											2												2	
於潛											13												13	
紹兴											5								38	5			43	5
開化											6												6	
遂安			5	1							8												13	1
黄岩											31								35				66	
仙居											13								19				32	
溫嶺											2								5	1			7	1
平陽											2								9				11	
瑞安			3		6						11												20	
雲和											3												3	
桐庐											5												5	
建德									3														3	
龍泉																			1	1	1		1	1
總計			8	1	6				3		101								107	7			225	8

附註：1.諸暨衢縣等六縣呈報無疫病發現。2.龍泉縣設有省第一區[illegible]防疫隊所有呈報疫病患死人數均併計於所在地縣份內合併註明

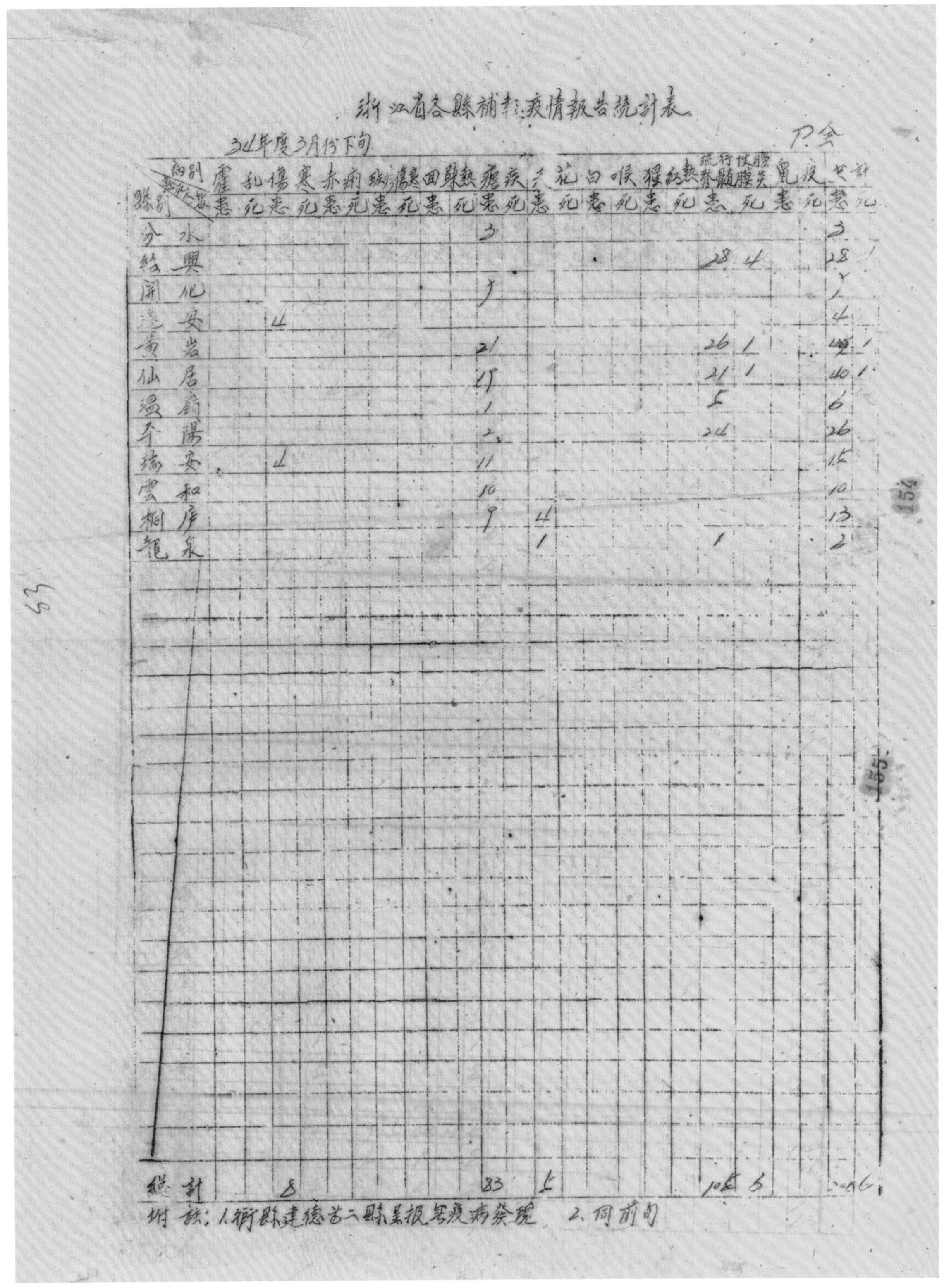

浙江省各縣補報疫情報告統計表

34年度3月份下旬　　　　卫会

縣別 \ 病別 \ 患死人數	霍亂		傷寒		赤痢		斑疹傷寒		回歸熱		瘧疾		天花		白喉		猩紅熱		流行性腦脊髓膜炎		鼠疫		共計	
	患	死	患	死	患	死	患	死	患	死	患	死	患	死	患	死	患	死	患	死	患	死	患	死
分水											3												3	
紹興																			28	4			28	1
開化											1												1	
遂安			4																				4	
黃岩											21								26	1			47	1
仙居											19								21	1			40	1
遂昌											1								5				6	
平陽											2								24				26	
瑞安			4								11												15	
雲和											10												10	
桐廬											9		4										13	
龍泉													1						1				2	
總計			8								83		5						105	6			206	

附註：1.衢縣建德等二縣未报有疫病發現　2.同前旬

浙江省卫生处关于呈送该省一九四五年度鼠疫发现病例记录表及鼠疫病人统计表致省政府的代电（一九四六年三月十三日）

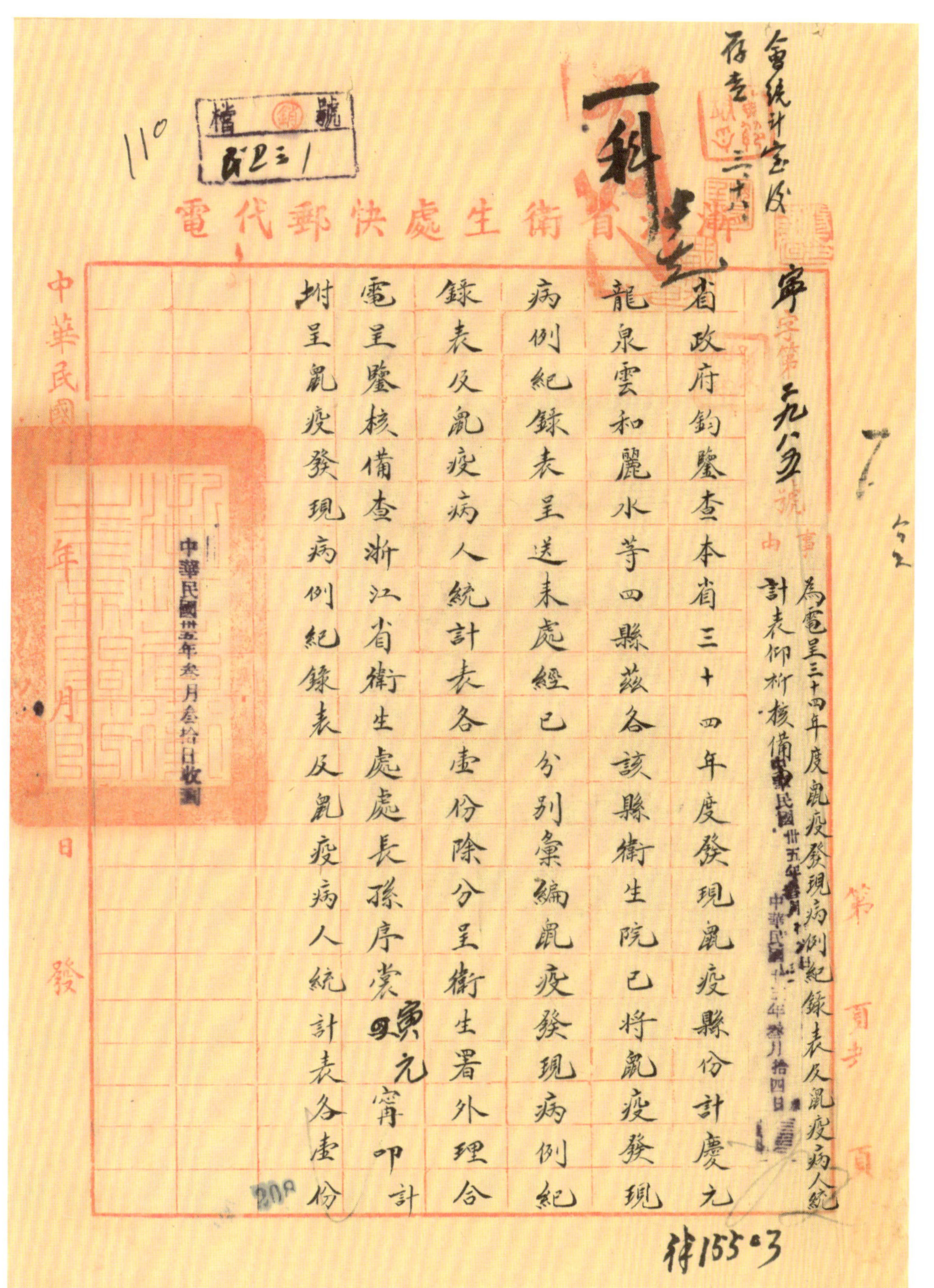
浙江省衛生處快郵代電

寧字第二九八五號

事由：為電呈三十四年度鼠疫發現病例紀錄表及鼠疫病人統計表仰祈核備由

省政府鈞鑒：查本省三十四年度發現鼠疫縣份計慶元、龍泉、雲和、麗水等四縣，兹各該縣衛生院已將鼠疫發現病例紀錄表呈送來處，經已分别彙編鼠疫發現病例紀錄表及鼠疫病人統計表各壹份，除分呈衛生署外，理合電呈鑒核備查。浙江省衛生處處長孫序棠寅元寧叩。計附呈鼠疫發現病例紀錄表及鼠疫病人統計表各壹份。

中華民國　年　月　日發

中華民國卅五年叁月拾四日

中華民國卅五年叁月叁拾日收到

附一：浙江省一九四五年度鼠疫病人统计表

件15503号附件

浙江省三十四年度鼠疫病人統計表

縣別／人數／患死／旬期		慶元 患	慶元 死	龍泉 患	龍泉 死	雲和 患	雲和 死	麗水 患	麗水 死	患	死	合計 患	合計 死
一月份	上旬												
	中旬												
	下旬												
	小計												
二月份	上旬												
	中旬												
	下旬												
	小計												
三月份	上旬												
	中旬												
	下旬	1	1									1	1
	小計	1	1									1	1
四月份	上旬							4	2			4	2
	中旬	1	1									1	1
	下旬	6	4					1	1			7	5
	小計	7	5					5	3			12	8
五月份	上旬							2	1			2	1
	中旬							2	2			2	2
	下旬	1										1	
	小計	1						4	3			5	3
六月份	上旬					2	1					2	1
	中旬												
	下旬												
	小計					2	1					2	1
七月份	上旬												
	中旬												
	下旬					3	1					3	1
	小計					3	1					3	1
八月份	上旬					12	4					12	4
	中旬	1				11	3					12	3
	下旬	6	4			24	9					30	13
	小計	7	4			47	16					54	20
九月份	上旬	4				17	10					21	10
	中旬	4	1			21	7					25	8
	下旬	2	3			19	9					21	12
	小計	10	4			57	26					67	30
十月份	上旬	3				24	5					27	5
	中旬	6	5			23	7					29	12
	下旬	2	2	4	3	23	6	7	4			36	15
	小計	11	7	4	3	70	18	7	4			92	32
十一月份	上旬			14	7	21	10					35	17
	中旬	2	1	14	10	13	4	1	1			30	16
	下旬	1		13	10	5	1	2	1			21	12
	小計	3	1	41	27	39	15	3	2			86	45
十二月份	上旬			9	7	3						12	7
	中旬	2	1	6	2	3	2					11	5
	下旬	2	1	5	3							7	4
	小計	4	2	20	12	6	2					30	16
全年總計		44	24	65	42	224	77	17	12			352	157
備攷													

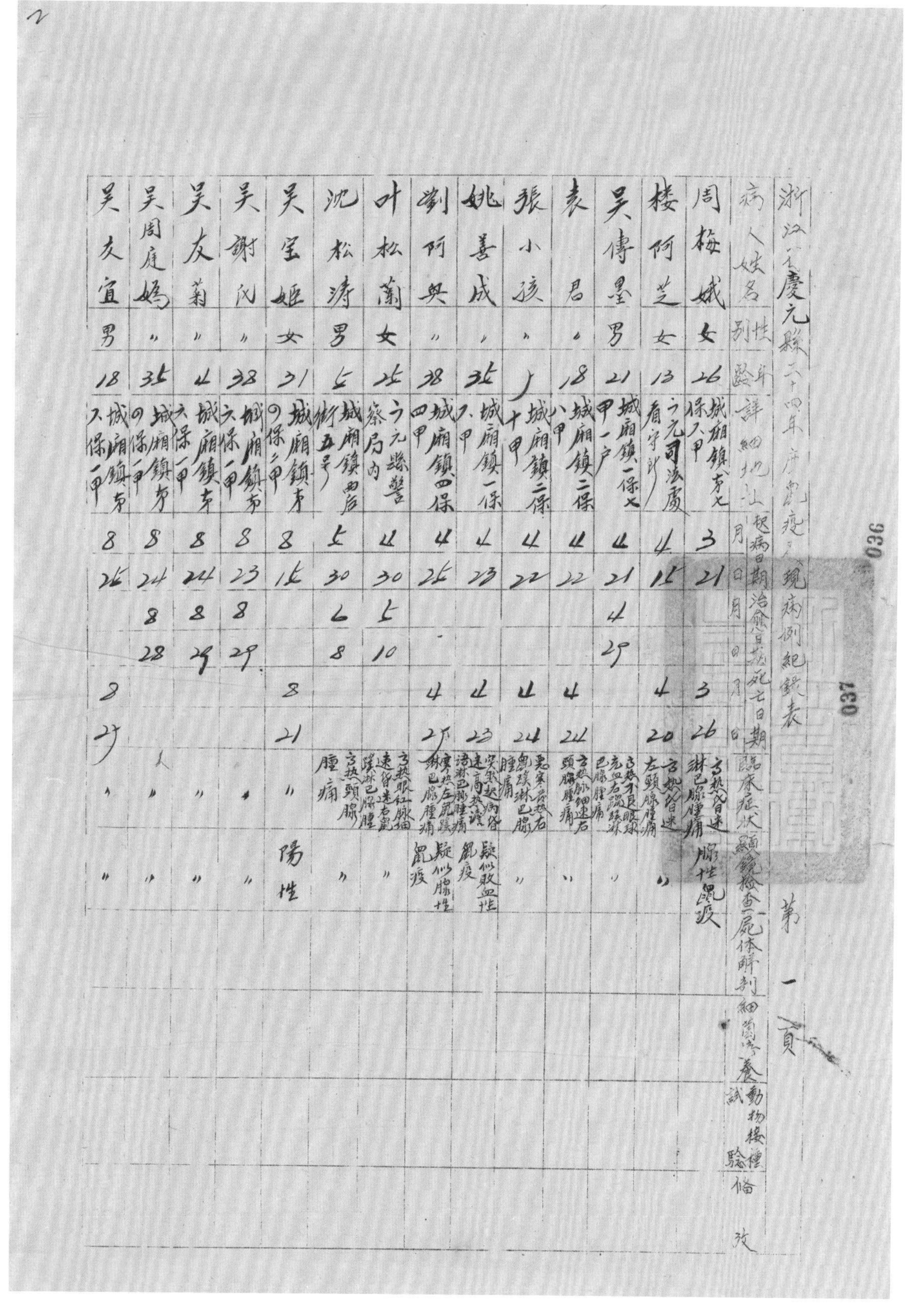

浙江省庆元县三十四年度鼠疫病人发现病例纪录表　　第一页

病人姓名	性别	年龄	详细地址	起病日期 月	日	治愈日期 月	日	死亡日期 月	日	临床症状	显微镜检查、尸体解剖、细菌培养、动物接种试验
周梅娥	女	26	城厢镇方七保八甲	3	21			3	26	高热、昏迷、淋巴腺肿痛	腺性鼠疫
楼阿芝	女	13	庆元司法处看守所	4	15			4	20	高热、昏迷、左颈腺肿痛	〃
吴传墨	男	21	城厢镇一保七甲一户	4	21	4	25			高热、不良、眼球充血、右鼠蹊淋巴腺肿痛	〃
袁君	〃	18	城厢镇二保八甲	4	22			4	22	高热、脉细、迷、右颈腺肿痛	〃
张小孩	〃	1	城厢镇二保十甲	4	22			4	24	恶寒、发热、右鼠蹊淋巴腺肿痛	〃
姚善成	〃	35	城厢镇一保八甲	4	23			4	23	突然起病、高热、谵语、诸淋巴腺肿痛	疑似败血性鼠疫
刘阿兴	〃	38	城厢镇四保四甲	4	25			4	25	寒热、左鼠蹊淋巴腺肿痛	疑似腺性鼠疫
叶松兰	女	25	庆元县警察局内	4	30	5	10			高热、眼红、脉细、速、昏迷、右鼠蹊淋巴腺肿	〃
沈松涛	男	5	城厢镇西后街五号	5	30	6	8			高热、颈腺肿痛	〃
吴宝姬	女	21	城厢镇方四保六甲	8	15			8	21	〃	阳性
吴谢氏	〃	38	城厢镇方六保一甲	8	23	8	29			〃	〃
吴友菊	〃	4	城厢镇方六保一甲	8	24	8	29			〃	〃
吴周庭妈	〃	35	城厢镇方四保一甲	8	24	8	28			〃	〃
吴友宜	男	18	城厢镇方八保一甲	8	26			8	27	〃	〃

浙江省慶元縣三十四年度鼠疫發現病例紀錄表　第二頁

病人姓名	性別	年齡	詳細地址	發病日期 月	發病日期 日	治愈日期 月	治愈日期 日	死亡日期 月	死亡日期 日	臨床症狀	顯微鏡檢查	屍体解剖	細菌培養	動物接種試驗	備考
吴友谅	男	5	城厢镇第六保一甲	8	25			8	26	高热呕吐 淋巴腺肿痛	陽性				
周其目	女	13	城厢镇第六保一甲	8	25			8	26	高热疹痛 淋巴腺肿	〃				
葉文宗	男	26	庆元城厢十一保六甲二户	9	3	9	14			高热、昏厥、痛 淋巴腺肿痛	〃				
徐明忠	男	27	庆元城厢十二保六甲一户	9	4	9	14			高热、颈部淋巴腺肿	〃				
傅月桂	女	15	庆元城厢六保二甲七户	9	4			9	12	高热、股部淋巴腺肿痛	〃				
黄生貴	男	41	庆元城厢四保二甲四户	9	5	9	15			高热、昏厥、淋巴腺肿痛	〃				
趙張水	〃	33	庆元城厢六保一甲八户	9	13			9	30	〃	〃				
朱阿水	〃	32	庆元城厢四保七甲三户	9	14	9	27			〃	〃				
周美月	女	17	庆元城厢五保二甲六户	9	18			9	24	〃	〃				
徐梅菊	女	16	庆元城厢九保七甲四户	9	18			9	29	〃	〃				
叶保兴	男	29	庆元城厢十一保五甲八户	9	22	10	6			〃	〃				
孫先光	男	40	庆元城厢四保七甲九户	9	25	10	8			〃	〃				
張珠珍	女	18	庆元城厢四保一甲六户	10	6	10	15			〃	〃				
王福仁	男	36	庆元水门街十二号	10	6			10	12	高热、颈部淋巴腺肿痛	〃				

浙江省慶元縣三十四年度鼠疫疑似現病例紀錄表　第三頁

病人姓名	性別	年齡	詳細地址	起病日期 月	起病日期 日	治愈日期 月	治愈日期 日	死亡日期 月	死亡日期 日	臨床症狀	顯微鏡檢查	屍體解剖	細菌培養	動物接種試驗	備攷
吳貴子	男	16	三元后田	10	7			10	17	高熱鼠蹊淋巴腺腫痛	陽性				
沈民悠	女	41	三元城廟四保三甲八戶	10	11			10	18	高熱神志昏迷腺腫	〃				
朱元高	男	27	三元城廟[illegible]保[illegible]甲[illegible]戶	10	12	10	22			高熱股痛淋巴腺腫痛	〃				
沈志英	男	28	三元城廟四保三甲八戶	10	13			10	18	高熱鼠蹊淋巴腺腫痛	〃				
徐安朗	女	18	三元詠歸橋[illegible]防空監視哨	10	15	10	25			〃	〃				
駱鼎元	男	34	仝上	10	16			10	16	〃	〃				
徐新興	男	29	仝上	10	17			10	26	高熱神志昏迷	〃				
周鵬飛	男	8	三元城廟西大街	10	27			10	29	高熱左鼠蹊淋巴腺腫大	〃				
曹華卿	女	12	仝上	10	29	11	16			高熱右鼠蹊淋巴腺腫大	〃				
張一鳴	男	31	後田	11	11	11	25			左鼠蹊淋巴腺腫痛	〃				
周重武	〃	41	后田	11	13			11	18	〃	〃				
胡立生	〃	21	三元警察局	11	22	11	28			右鼠蹊淋巴腺腫痛	〃				
姚安信	〃	53	后田	12	15			12	16	左股淋巴腺腫	〃				
徐樹樑	〃	13	上倉巷	12	17	12	28			左腋窩淋巴腺腫	〃				

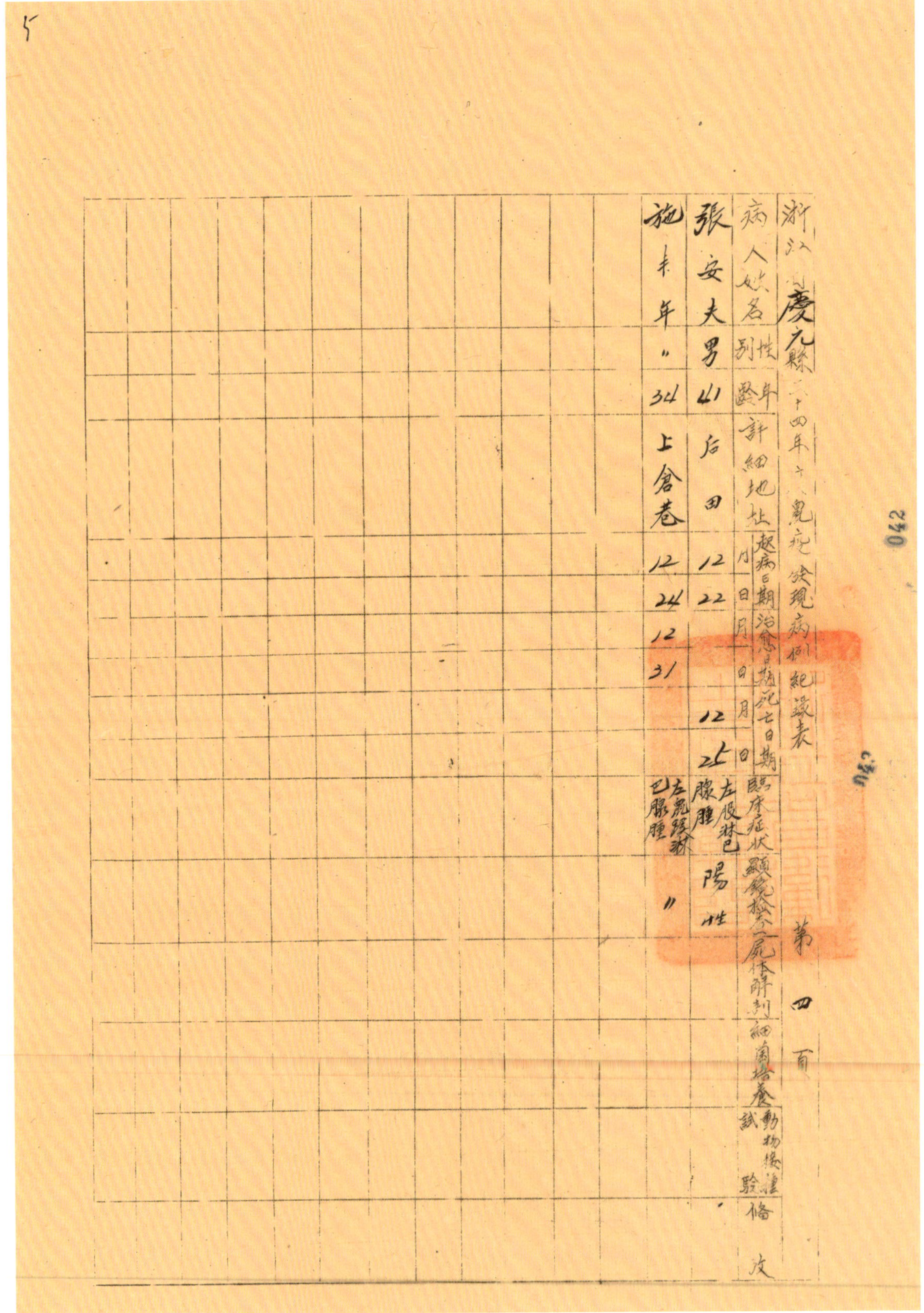

5

浙江省慶元縣三十四年六 鼠疫發現病例紀錄表　第四頁

病人姓名	性別	年齡	詳細地址	起病日期 月	起病日期 日	治愈日期 月	治愈日期 日	死亡日期 月	死亡日期 日	臨床症狀	顯微鏡檢查	屍体解剖	細菌培養	動物接種試驗	備考
張安夫	男	41	后田	12	22			12	25	左股淋巴腺腫	陽性				
施未年	〃	34	上倉巷	12	24	12	31			左鼠蹊淋巴腺腫	〃				

042

6

浙江省龍泉縣三十三年十一月份鼠疫現病例紀錄表　第一頁

病人姓名	性別	年齡	詳細地址	起病日期	治愈日期	死亡日期	臨床症狀	顯微鏡檢查	屍體解剖	養殖	動物接種試驗	備註
柳松菊	女	21	東昇鎮鄢蘇堂	10月28日		10月28日	高熱頭痛頸部淋巴腺腫痛	陽性				
藍銀妹	女	22	東昇鎮五八号	10月28日		10月27日	〃	〃				
張顯旂	男	46	東昇街一六〇号	10月28日		11月3日	〃	〃				
諸葛寅	〃	17	中正街一四号	10月29日		10月31日	〃	〃				
張炳寿	〃	18	東昇街一七〇号	11月1日		11月7日	〃	〃				
張月珠	女	36	上	11月2日	11月18日		高熱鼠蹊部淋巴腺腫痛	〃				
張蘭寿	〃	17	東昇街三三号	11月2日		11月5日	〃	〃				
孫阿松	男	46	五顯廟十五号	11月4日	11月20日		〃	〃				
叶素娥	女	11	東昇街一八一号	11月5日		11月6日	〃	〃				
叶保英	女	11	上	11月5日		11月7日	〃	〃				
王平寰	男	22	東昇街一五五号	11月6日	11月7日		〃	〃				
翁秀娥	女	24	朱塢距城二十五里	11月6日		11月7日	〃	〃				
郭進	男	28	石板巷二号	11月7日		11月7日	〃	〃				
李重培	男	48	東昇街一五一号	11月7日		11月13日	高熱昏迷淋巴腺腫痛	〃				

浙江省龍泉縣三十四年度發現疫病紀錄表　第二頁

病人姓名	性別	年齡	詳細地址	起病日期 月	起病日期 日	治愈日期 月	治愈日期 日	死亡日期 月	死亡日期 日	臨床症狀	屍体解剖	細菌培養	動物接種試驗	備考
林永根	女	47	東昇街下林路十三号	11	8			11	13	高熱昏迷淋巴腺腫痛	陽性			
周劍玉	女	6	東昇街一五九号	11	9			11	11	〃	〃			
叶子祥	男	10	東昇街文泉巷九号	11	10			11	15	〃	〃			
婁林宝	〃	62	金鐘巷一号	11	10			11	15	〃	〃			
王顯寿	〃	50	東猴街七号	11	11			11	12	〃	〃			
方根榮	〃	47	東昇鎮一保一甲	11	11			11	13	〃	〃			
許花英	女	2	東昇街一五二号	11	11			11	16	〃	〃			
洪右堂	男	36	官倉巷五号	11	11	11	15			〃	〃			
張梅君	女	13	河南街金龙巷对过	11	13			11	15	〃	〃			
周水蓮	女	25	東昇街藉桂坊十二号	11	13			11	18	〃	〃			
婁陳寿	男	41	金鐘巷一号	11	13			11	21	〃	〃			
張德華	〃	26	東猴街八二号	11	20			11	21	〃	〃			
鄭美華	女	18	官倉巷七号	11	20	11	24			〃	〃			
朱燦星	男	54	東昇街[illegible]	11	20	11	25			〃	〃			

8

浙江省龍泉縣三十四年度鼠疫發現病例紀錄表 第二三頁

病人姓名	性別	年齡	詳細地址	起病日期 月	起病日期 日	治愈日期 月	治愈日期 日	死亡日期 月	死亡日期 日	臨床症狀	顯微鏡檢查	屍體解剖	細菌培養試驗	動物試驗	備考
毛小幸	男	27	東昇街五顯廟三十四号	11	20			11	26	高熱昏迷 淋巴腺腫痛	陽性				
傅樟松妻	女	22	金鐘巷一号	11	20			11	28	〃	〃				
傅樟松女	〃	2	仝上	11	20			11	24	〃	〃				
項周氏	〃	83	北河街十一号	11	20			11	27	〃	〃				
叶水蘭	〃	16	東昇街一〇二号	11	21			11	28	〃	〃				
程加元	男	24	金鐘巷	11	23	12	1			〃	〃				
貝多多	〃	5	中正街〇号三号	11	23			11	24	〃	〃				
陳珠娘	女	60	東昇街十二條楊巷三五号	11	23			11	27	〃	〃				
王奶兒	男	19	東昇街十條五甲	11	24	12	1			〃	〃				
吳維祺子	〃	25	北河街十三号	11	24			11	29	〃	〃				
陸愛貞	〃	21	〃〃	11	25	11	20			〃	〃				
季彩連	女	26	西平槐坡巷十一号	11	25	11	30			〃	〃				
華貞永	男	17	樹範中李	11	25	11	29			〃	〃				
吳昌德	〃	19	東昇街下林巷二十六号	11	26	12	1			〃	〃				

浙江省龍泉縣三十四年度鼠疫發現病例一覽表　第四頁

病人姓名	性别	年齡	詳細地址	起病日期 月	起病日期 日	治愈日期 月	治愈日期 日	死亡日期 月	死亡日期 日	臨床症狀	經檢查屍体解剖細菌培養動物接種試驗	備攷
叶康妹	女	37	東後街大大号	11	18			12	2	高热头痛淋巴腺腫痛	陽性	
鄭九九	男	6	東昇街一号	11	30			12	1	〃	〃	
阆鐘仁	男	64	東後街五二号	11	30					〃	〃	
王奶兒	女	26	西平鎮石板巷五号	12	1			12	4	〃	〃	
叶日養	男	30	西平鎮溪沿路二十三号	12	1			12	2	高热昏迷淋巴腺腫	〃	
林松秀	女	33	東昇街一八二号	12	1			12	4	〃	〃	
罗大妹	女	17	西平街一〇八号	12	1			12	8	〃	〃	
柳林根	男	58	北河街十三号	12	2	12	8			〃	〃	
叶金宝	男	40	東昇街恰保大審	12	3	12	9			〃	〃	
凌家倫	女	28	東昇街九十九号	12	3	12	10			〃	〃	
周阿根	男		東昇街五顯廟四〇号	12	3			12	8	〃	〃	
瞿李氏	女	64	東昇街三十六号	12	10			12	13	〃	〃	
朱大根	男	21	東昇街一九号	12	11	12	23			〃	〃	
柳青娥	女	17	東昇街九一号	12	14	12	20			〃	〃	

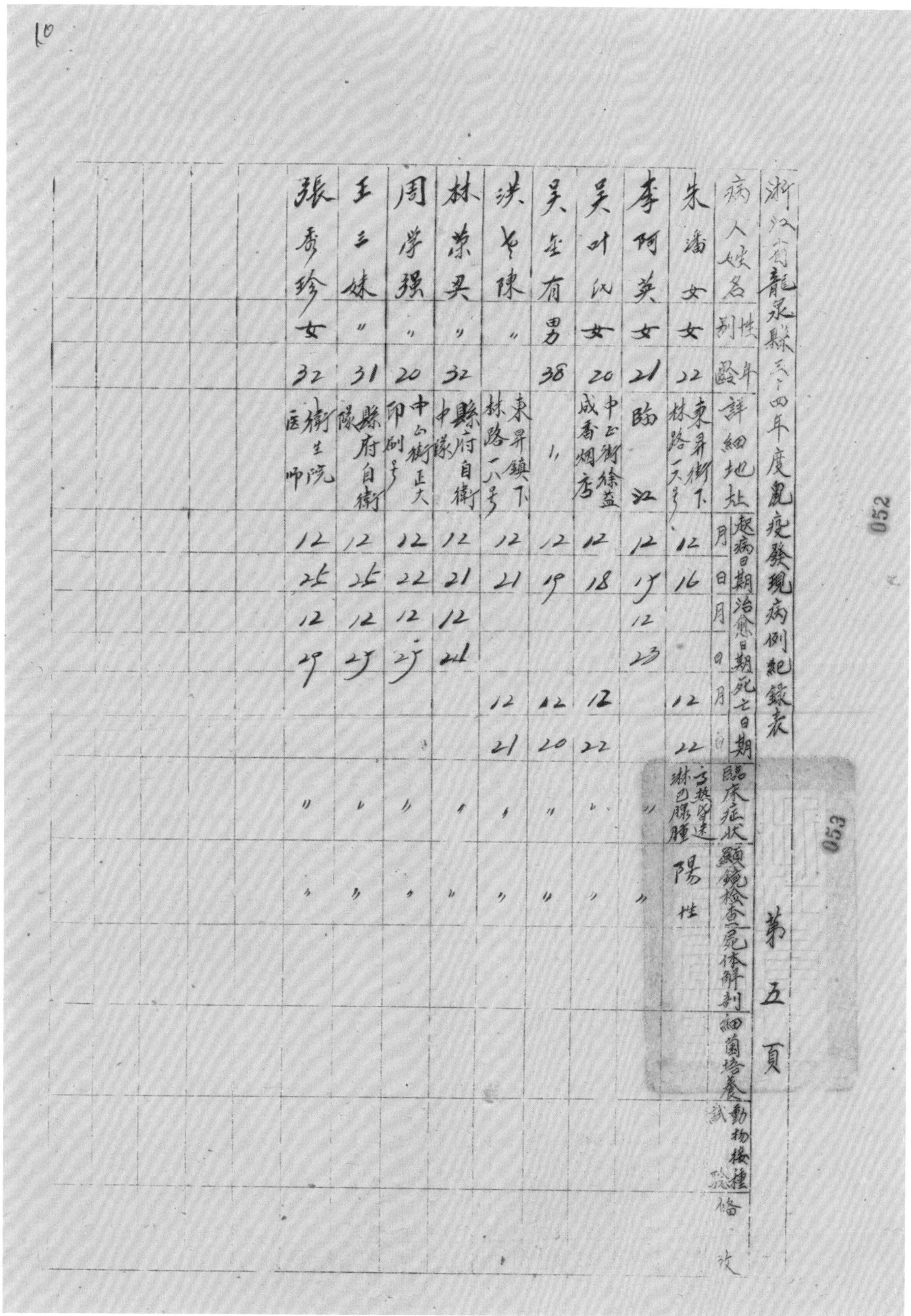

10

浙江省龍泉縣三十四年度鼠疫發現病例紀錄表　第五頁

病人姓名	性別	年齡	詳細地址	起病日期 月	起病日期 日	治愈日期 月	治愈日期 日	死亡日期 月	死亡日期 日	臨床症狀	顯微鏡檢查	屍体解剖	細菌培養	動物接種試驗	備考
朱潘女	女	22	東昇街下林路一六号	12	16			12	22	高熱昏迷 淋巴腺腫	陽性				
李阿英	女	21	臨江	12	17	12	23			〃	〃				
吳叶氏	女	20	中山街徐益成香烟店	12	18			12	22	〃	〃				
吳金有	男	38	〃	12	19			12	20	〃	〃				
洪長陳	〃		東昇鎮下林路一八号	12	21			12	21	〃	〃				
林榮昊	〃	32	縣府自衛中隊	12	21	12	21			〃	〃				
周學强	〃	20	中山街正大印刷号	12	22	12	27			〃	〃				
王三妹	〃	31	縣府自衛隊	12	25	12	27			〃	〃				
張秀珍	女	32	衛生院医师	12	25	12	27			〃	〃				

11

054

055

浙江省雲和縣三十四年度鼠疫發現病例紀錄表　第一頁

病人姓名	性別	年齡	詳細地址	起病日期 月	起病日期 日	治愈日期 月	治愈日期 日	死亡日期 月	死亡日期 日	臨床症狀	顯微鏡檢查	屍体解剖	細菌培養	動物試驗	備攷
倪月娥	女	8	中正街一八〇号	6	1			6	2	高熱昏迷嘔吐	塗片鏡檢(+)			陽性	敗血性鼠疫
徐康遂	男	26	雲和鹽務局	6	8	6	15			發熱右股淋巴腺腫痛	〃 〃 (+)				仝上
劉文彬	〃	23	中正街一九三号	7	27	8	4			高熱昏迷嘔吐右股腺腫痛	淋巴腺穿刺液 (+)				腺性鼠疫
吳章文	〃	8	中正街一七三号	7	27			7	31	發熱嘔吐淋巴腺腫痛	〃 〃 (+)				仝上
洪貞女	女	55	中正街二〇三号	7	30			8	3	仝上	〃 〃 (+)				敗血性鼠疫
陳群花	〃	48	中正街一七一号	8	1	8	8			發熱嘔吐神志昏迷右淋巴腺腫痛	〃 〃 (+)				腺性鼠疫
鄒根山	男	16	中正街九芝齋	8	3	8	8			高熱嘔吐昏迷腺腫	〃 〃 (+)				敗血性鼠疫
王福兒	〃	4	中正街一七三号	8	3	8	12			高熱頸淋巴腺腫痛	〃 〃 (+)				腺性鼠疫
吳勇	〃	37	中正街一七七号	8	4	8	12			高熱兩側鼠蹊淋巴腺腫痛	〃 〃 (+)				仝上
李桑[illegible]	女	14	下水碓巷一〇号	8	4			8	7	高熱神志昏迷嘔吐	〃 〃 (+)				敗血性鼠疫
廖采菊	〃	16	唯生巷三号	8	4			8	8	高熱昏迷嘔吐左鼠蹊淋巴腺腫痛	〃 〃 (+)				仝上
汪秀梅	〃	24	下水碓巷十号	8	4			8	16	高熱昏迷狂燥左股淋巴腺腫痛	〃 〃 (+)				敗血性鼠疫
何金森	男	41	古官巷六号	8	4			8	14	仝上	〃 〃 (+)				屍体檢查
趙方仁	〃	40	下水碓巷六号	8	6			8	10	高熱嘔吐淋巴腺腫痛	〃 〃 (+)				敗血性鼠疫

12

浙江省云和县卅、八、二十四、度鼠疫发现病例纪录表　第二页

病人姓名	性别	年龄	详细地址	起病日期 月	起病日期 日	治愈日期 月	治愈日期 日	死亡日期 月	死亡日期 日	临床症状	显微镜检查	尸体解剖	细菌培养	动物接种试验	备注
吴桂花	女	21	中正街一六一号	8	6	8	13			高热、昏迷、口乾、腺肿痛	淋巴腺穿刺液（+）				腺性鼠疫
张有均	男	18	八达里九号	8	8	8	13			高热、乱语、淋巴腺肿痛	〃（+）				〃
谢广宇	〃	5	程充东南日报社	8	9	8	16			发热、左鼠蹊腺肿痛	〃（+）				〃
叶氏	女	56	八达里三号	8	11	8	24			发热、昏迷、下淋巴腺肿痛	〃（+）				〃
魏伯喧	男	22	杭战路四二号	8	12	8	24			高热、昏迷、下淋巴腺肿痛	（+）				〃
王麒麟	〃	31	中正街陈润记汁货店	8	12	8	18			高热、淋巴腺肿痛	（+）				〃
王根生	〃	11	中正街一六五号	8	12	8	18			高热、昏迷、呕吐、淋巴腺肿痛	（+）				〃
王洪氏	女	24	赵姓巷一〇号	8	12	8	25			发热、呕吐、腹股淋巴腺肿痛	淋巴液穿刺（+）				〃
王文华	男	28	〃〃	8	12			8	18	发冷、发热、昏迷、鼠蹊腺肿痛	仝上（+）				〃
王室之	〃	4	中正街一六三号	8	13	8	18			高热、不退、呕吐、头颈淋巴腺肿痛	（+）				〃
鲍洪发	〃	24	赵姓巷八号	8	14	8	22			发热、头晕、呕吐、左腋下腺肿痛	（+）				〃
詹承祖	〃	33	中正街一七〇号	8	14	8	23			高热、呕吐、腹股淋巴腺肿痛	（+）				〃
裘昌宇	〃	24	瓦窑水电厂	8	16	8	22			高热、乱语、淋巴腺肿痛	（+）				〃
林凤如	女	15	瓦窑第三保七甲六户	8	17			8	21	恶寒、发热、昏迷、呕吐、淋巴腺肿	肝脾（+）				尸体检查

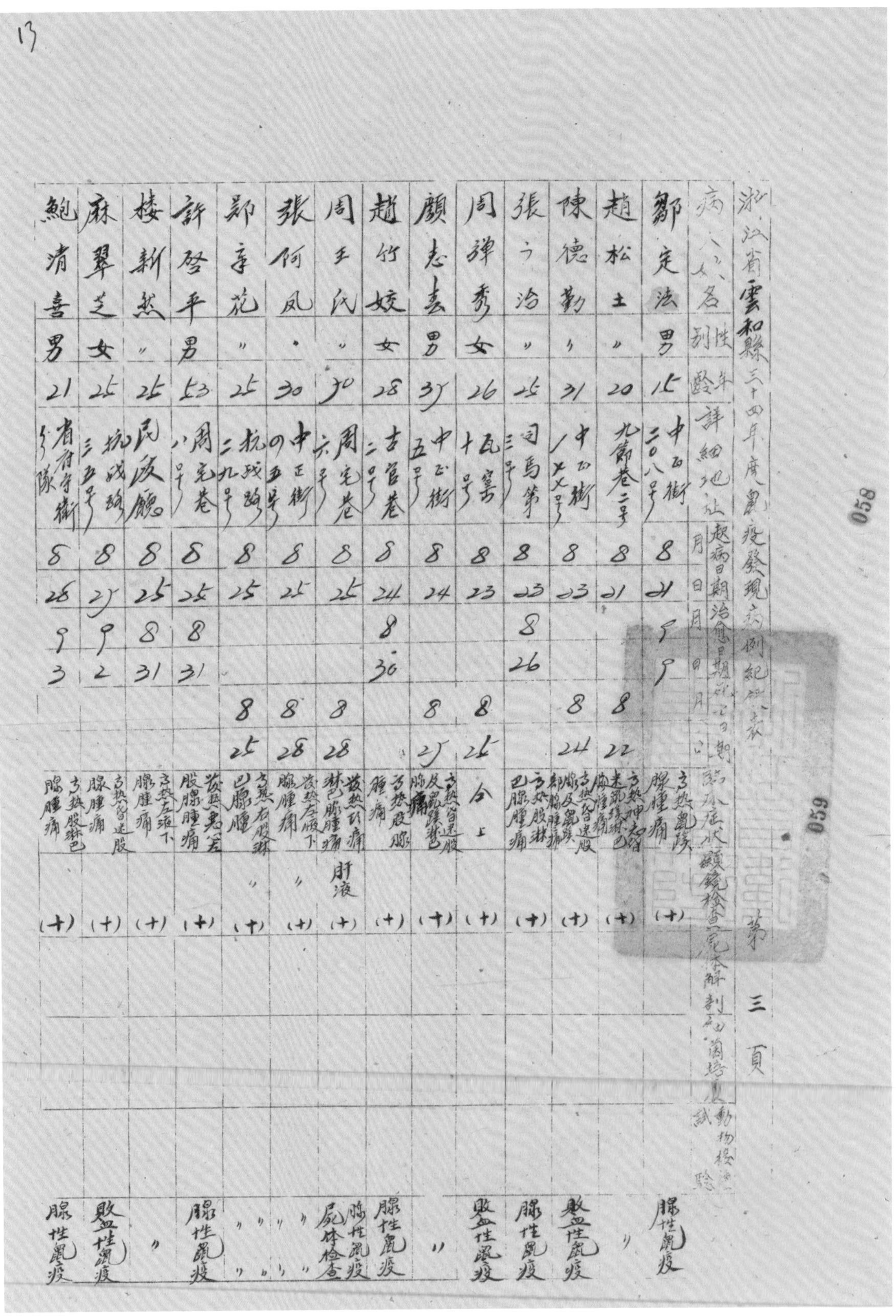

13

浙江省雲和縣三十四年度鼠疫發現病例紀錄表　第三頁

病人姓名	性別	年齡	詳細地址	起病日期 月	日	治愈日期 月	日	死亡日期 月	日	臨床症狀	顯微鏡檢查		屍体解剖	細菌培養	動物接種試驗	
鄒定法	男	15	中山街二〇八号	8	21	9	9			高熱鼠蹊腺腫痛		(+)				腺性鼠疫
趙松土	〃	20	九節巷二号	8	21			8	22	高熱神志昏迷鼠蹊淋巴腺腫痛		(+)				〃
陳德勤	〃	31	中山街七七号	8	23			8	24	高熱昏迷股腺及鼠蹊部腺腫痛		(+)				敗血性鼠疫
張△治	〃	26	司馬第三号	8	23	8	26			高熱股淋巴腺腫痛		(+)				腺性鼠疫
周彈秀	女	26	瓦窯十号	8	23			8	26	仝上		(+)				敗血性鼠疫
顧志喜	男	37	中山街五号	8	24			8	27	高熱昏迷股及鼠蹊淋巴腺腫痛		(+)				〃
趙竹妓	女	28	古官巷二号	8	24	8	30			高熱股腺腫痛		(+)				腺性鼠疫
周壬氏	〃	30	周宅巷六号	8	25			8	28	發熱頭痛淋巴腺腫痛	肝液	(+)				腺性鼠疫 屍体檢查
張何風	〃	30	中正街五号	8	25			8	28	發熱左腋下腺腫痛	〃	(+)				〃
鄒亭花	〃	25	抗戰路二九号	8	25			8	25	高熱右股淋巴腺腫	〃	(+)				〃
許登平	男	53	周宅巷八号	8	25	8	31			發熱鼠蹊股腺腫痛		(+)				腺性鼠疫
樓新然	〃	25	民族館	8	25	8	31			高熱左腋下腺腫痛		(+)				〃
麻翠芝	女	25	抗戰路三五号	8	25	9	2			高熱昏迷股腺腫痛		(+)				敗血性鼠疫
鮑清喜	男	21	省府守衛隊	8	28	9	3			高熱股淋巴腺腫痛		(+)				腺性鼠疫

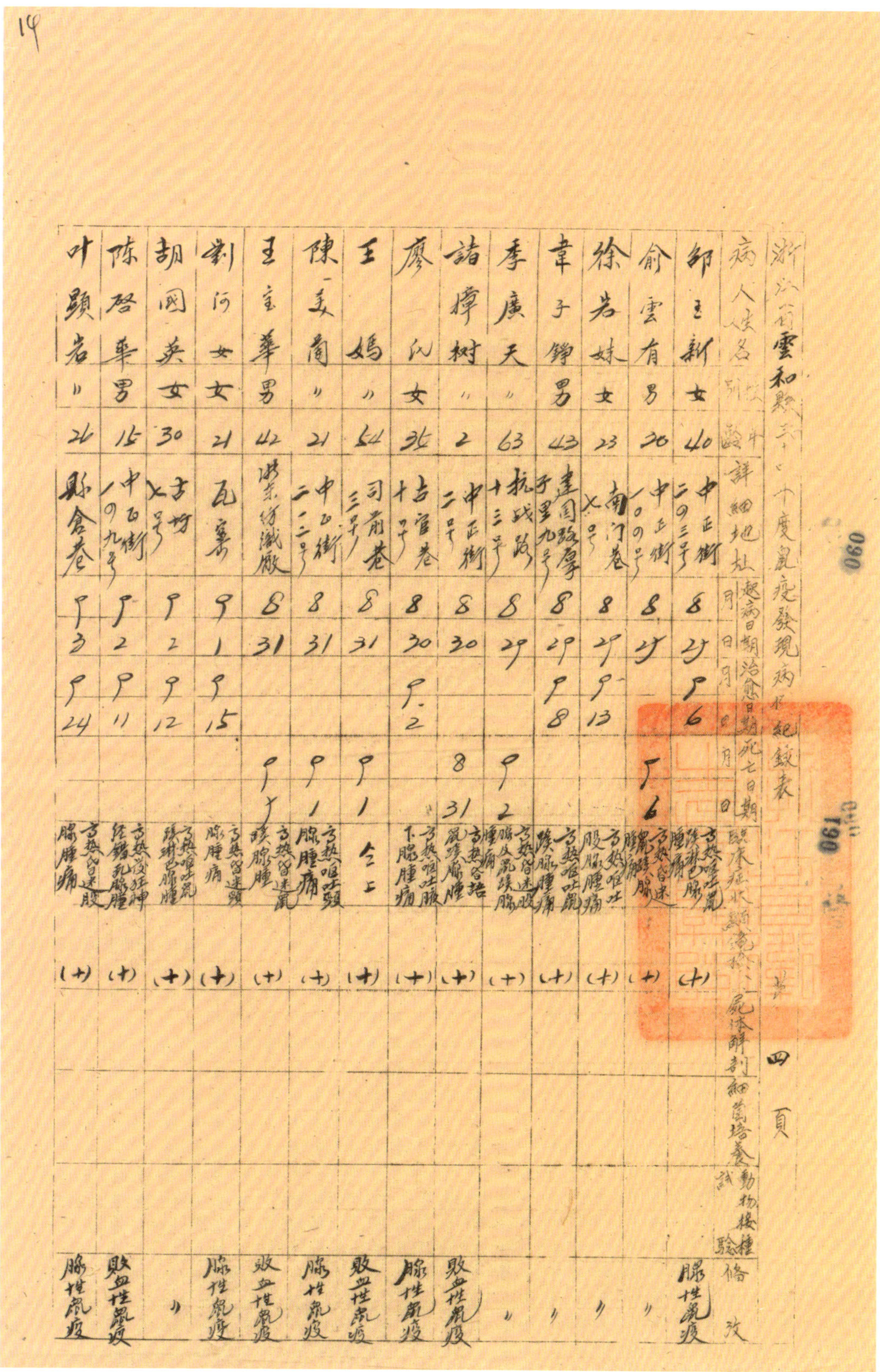

浙江省雲和縣三十七年度鼠疫發現病人紀錄表　第四頁

病人姓名	性別	年齡	詳細地址	起病日期（月日）	治愈日期（月日）	死亡日期（月日）	臨床症狀	鑑定檢驗	屍体解剖細菌培養動物接種試驗	備考
鄭王新	女	40	中正街二〇三號	8 27	9 6		高熱嘔吐鼠蹊淋巴腺腫痛	(+)		腺性鼠疫
俞雲有	男	20	中正街一〇〇號	8 27		9 6	高熱昏迷鼠蹊腺腫痛	(+)		〃
徐岩妹	女	23	南門巷七號	8 27	9 13		高熱嘔吐股腺腫痛	(+)		〃
韋子錚	男	43	建國路學子里九號	8 29	9 8		高熱嘔吐鼠蹊腺腫痛	(+)		〃
季廣天	〃	63	抗戰路十三號	8 29		9 2	高熱昏迷股腺及鼠蹊腺腫痛	(+)		〃
諸撑樹	〃	2	中正街二號	8 30		8 31	高熱譫語鼠蹊腺腫	(+)		敗血性鼠疫
廖氏	女	36	古宮巷十四號	8 30	9 2		高熱嘔吐腋下腺腫痛	(+)		腺性鼠疫
王媽	〃	54	司前巷三號	8 31		9 1	仝上	(+)		敗血性鼠疫
陳美蘭	〃	21	中正街二一二號	8 31		9 1	高熱嘔吐頸腺腫痛	(+)		腺性鼠疫
王宝華	男	42	浙東紡織廠	8 31		9 1	高熱昏迷鼠蹊腺腫	(+)		敗血性鼠疫
劉阿女	女	21	瓦窯	9 1	9 15		高熱昏迷頸腺腫痛	(+)		腺性鼠疫
胡國英	女	30	古坊七號	9 2	9 12		高熱嘔吐鼠蹊淋巴腺腫	(+)		〃
陳啟華	男	15	中正街一〇九號	9 2	9 11		高熱發狂神經錯亂腺腫	(+)		敗血性鼠疫
叶顯岩	〃	26	縣倉巷	9 3	9 24		高熱昏迷股腺腫痛	(+)		腺性鼠疫

15

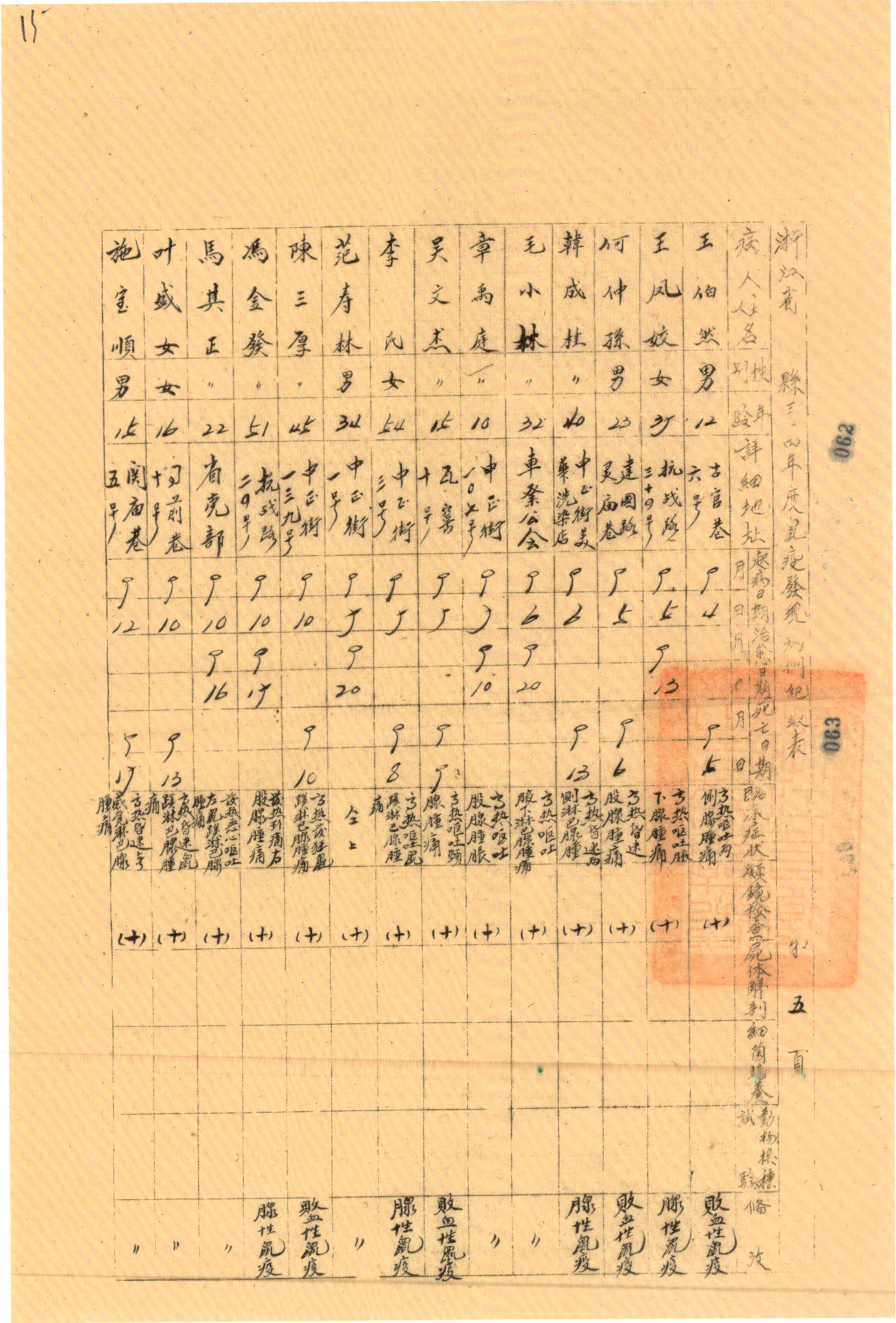

浙江省　縣三十四年度鼠疫發現病例紀錄表　第五頁

062

063

病人姓名	性別	年齡	詳細地址	起病日期 月 日	治愈日期 月 日	死亡日期 月 日	臨床症狀	顯微鏡檢查	屍体解剖	細菌培養	動物接種試驗	備攷
王伯然	男	12	古官巷六号	9 4		9 5	高热、呕吐、右侧腺腫痛	(+)				敗血性鼠疫
王凤姣	女	37	抗战路三十四号	9 5	9 13		高热、呕吐、腋下腺腫痛	(+)				腺性鼠疫
何仲孫	男	23	建国路灵庙巷	9 5		9 6	高热、昏迷、股腺腫痛	(+)				敗血性鼠疫
韓成桂	〃	40	中正街美華洗染店	9 6		9 13	高热、昏迷、右侧淋巴腺腫	(+)				腺性鼠疫
毛小林	〃	32	車業公会	9 6	9 20		高热、呕吐、腋下淋巴腺腫痛	(+)				〃
章禹庭	〃	10	中正街一〇七号	9 7	9 10		高热、呕吐、股腺腫脹	(+)				〃
吳文杰	〃	15	瓦窑十号	9 7		9 7	高热、呕吐、頸腺腫痛	(+)				敗血性鼠疫
李氏	女	54	中正街三号	9 7		9 8	高热、呕吐、鼠蹊淋巴腺腫痛	(+)				腺性鼠疫
范寿林	男	34	中正街一号	9 7	9 20		仝上	(+)				〃
陳三厚	〃	45	中正街一三九号	9 10		9 10	高热、发狂、鼠蹊淋巴腺腫痛	(+)				敗血性鼠疫
馮金發	〃	51	抗战路二四号	9 10	9 17		发热、疼痛、右股腺腫痛	(+)				腺性鼠疫
馬其正	〃	22	省党部	9 10	9 16		发热、恶心、呕吐、左鼠蹊淋巴腺腫痛	(+)				〃
叶盛女	女	16	司前巷十号	9 10		9 13	高热、昏迷、鼠蹊淋巴腺腫痛	(+)				〃
施宝顺	男	15	关庙巷五号	9 12		9 17	高热、昏迷、左腋窝淋巴腺腫痛	(+)				〃

16

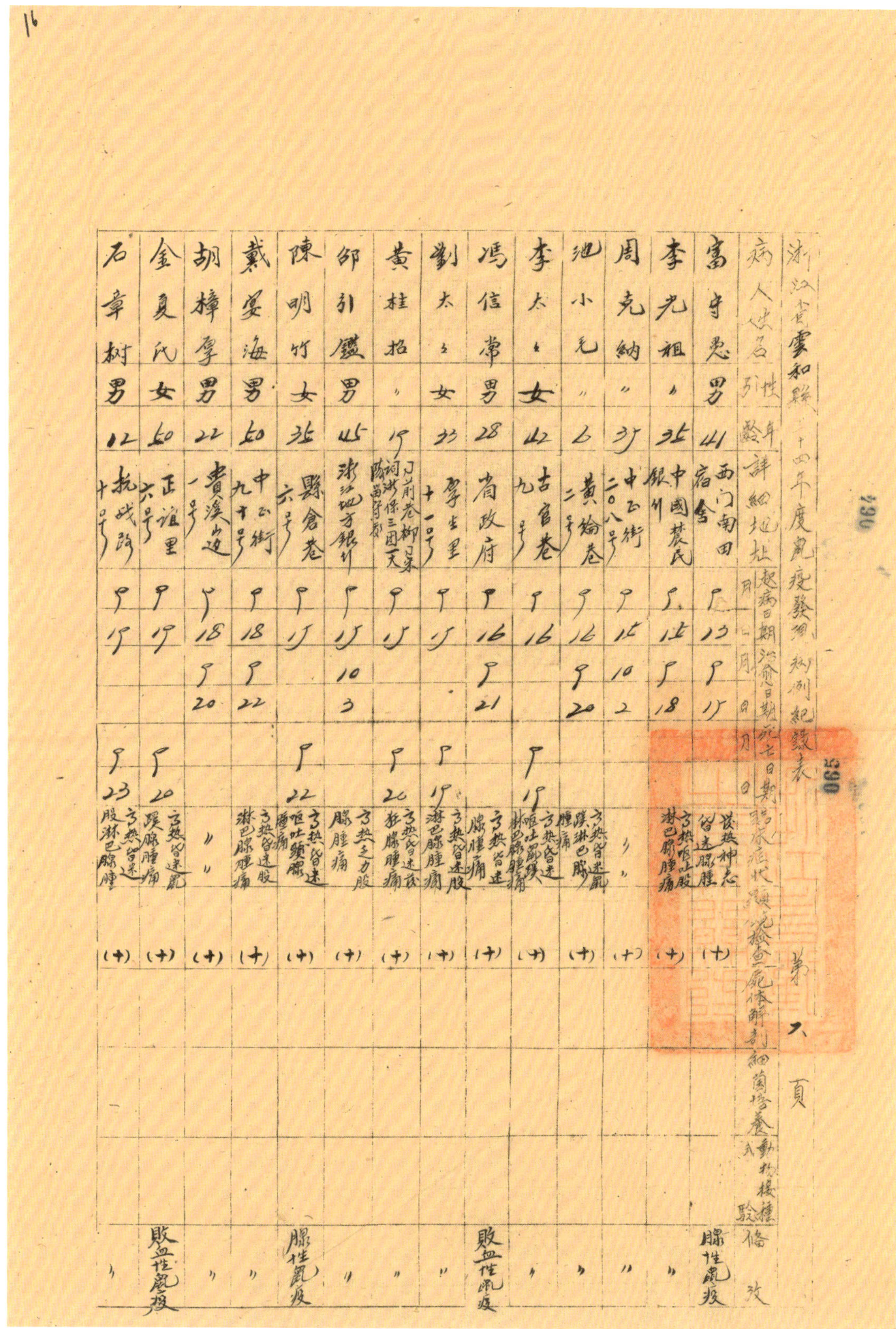

浙江省雲和縣三十四年度鼠疫發現病例紀錄表　第八頁

病人姓名	性別	年齡	詳細地址	起病日期 月	起病日期 日	治愈日期 月	治愈日期 日	死亡日期 月	死亡日期 日	臨床症狀	檢查鼠體解剖細菌培養動物接種試驗	備考
富守思	男	41	西門南田宿舍	9	13	9	17			發熱神志昏迷腺腫	(+)	腺性鼠疫
李光祖	〃	35	中國農民銀行	9	15	9	18			高熱嘔吐股淋巴腺腫痛	(+)	〃
周克納	〃	37	中正街二〇八號	9	15	10	2			〃	(+)	〃
池小毛	〃	6	黃瑜巷二號	9	16	9	20			高熱昏迷鼠蹊淋巴腺腫痛	(+)	〃
李太太	女	42	古官巷九號	9	16			9	19	高熱昏迷嘔吐鼠蹊淋巴腺腫痛	(+)	〃
馮信常	男	28	省政府	9	16	9	21			高熱昏迷腺腫痛	(+)	敗血性鼠疫
劉太太	女	33	學生里十一〇號	9	17			9	19	高熱昏迷股淋巴腺腫痛	(+)	〃
黃桂招	〃	17	門前巷柳家 浙保三團一大隊留守處	9	17			9	20	高熱昏迷發狂腺腫痛	(+)	〃
邵引鐵	男	45	浙江地方銀行	9	17	10	3			高熱乏力股腺腫痛	(+)	〃
陳明竹	女	35	縣倉巷六號	9	17			9	22	高熱昏迷嘔吐頸腺腫痛	(+)	腺性鼠疫
戴晏海	男	60	中正街九十號	9	18	9	22			高熱昏迷股淋巴腺腫痛	(+)	〃
胡樟學	男	22	貴溪山邊一號	9	18	9	20			〃	(+)	〃
金夏氏	女	60	正誼里六號	9	19			9	20	高熱昏迷鼠蹊腺腫痛	(+)	敗血性鼠疫
石章樹	男	12	抗戰路十號	9	19			9	23	高熱昏迷股淋巴腺腫	(+)	〃

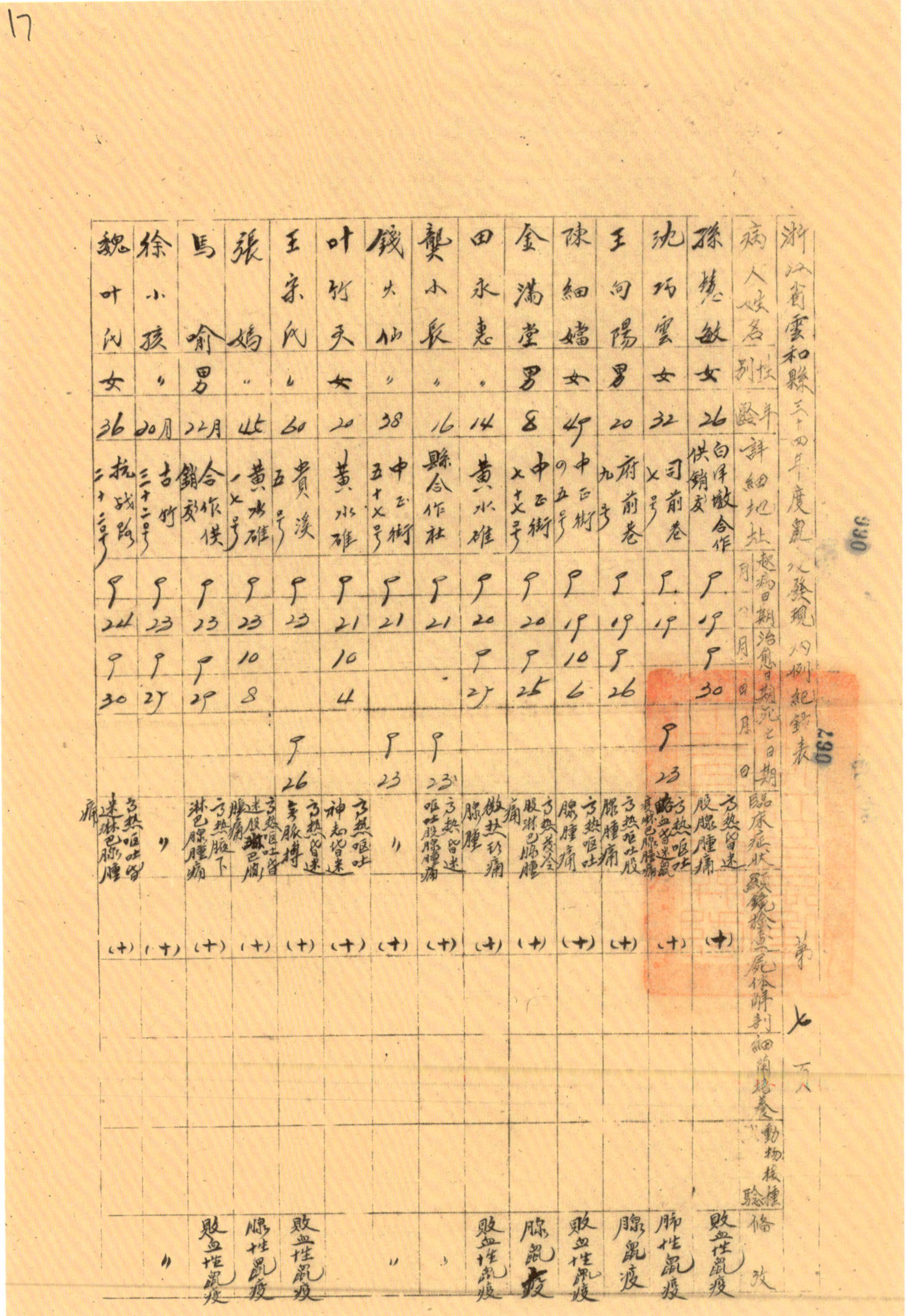

17

浙江省雲和縣三十四年度鼠疫發現病例紀錄表　　第七頁

病人姓名	性別	年齡	詳細地址	起病日期 月	日	治愈日期 月	日	死亡日期 月	日	臨床症狀	顯微鏡檢查	屍体解剖	細菌培養	動物接種	備攷
孫慧敏	女	26	白洋墩合作供銷處	9	17	9	30			高熱昏迷股腺腫痛	(+)				敗血性鼠疫
沈巧雲	女	32	司前巷7號	9	19			9	23	高熱嘔吐[illegible]昏迷鼠蹊淋巴腺腫痛	(+)				肺性鼠疫
王向陽	男	20	府前巷9號	9	19	9	26			高熱嘔吐股腺腫痛	(+)				腺鼠疫
陳細嬌	女	45	中正街45號	9	19	10	6			高熱嘔吐腺腫痛	(+)				敗血性鼠疫
金滿堂	男	8	中正街77號	9	20	9	25			高熱發冷股淋巴腺腫	(+)				腺鼠疫
田永惠	〃	14	黄水碓	9	20	9	27			微熱腺腫疼痛	(+)				敗血性鼠疫
龔小長	〃	16	縣合作社	9	21			9	23	高熱昏迷嘔吐股腺腫痛	(+)				
錢火仙	〃	38	中正街57號	9	21			9	23	〃	(+)				〃
叶竹天	女	20	黄水碓	9	21	10	4			高熱嘔吐神志昏迷	(+)				
王宗氏	〃	60	貴溪5號	9	23			9	26	高熱昏迷[illegible]脈搏	(+)				敗血性鼠疫
張嫣	〃	45	黄水碓17號	9	23	10	8			高熱嘔吐昏迷股淋巴腺痛	(+)				腺性鼠疫
馬喻	男	22月	合作供銷處	9	23	9	29			高熱腋下淋巴腺腫痛	(+)				敗血性鼠疫
徐小孩	〃	20月	古竹三十二號	9	23	9	27			〃	(+)				〃
魏叶氏	女	36	抗戰路二十二號	9	24	9	30			高熱嘔吐昏迷淋巴腺腫痛	(+)				

18

浙江省雲和縣三十四年度鼠疫發現病例紀錄表 第八頁

病人姓名	性別	年齡	詳細地址	起病日期 月	起病日期 日	治愈日期 月	治愈日期 日	死亡日期 月	死亡日期 日	臨床症狀	顯微鏡檢查	屍體解剖	細菌培養	動物接種試驗	備攷
王澤源	男	40	崇實里五号	9	24			9	28	高熱嘔吐，單右鼠蹊淋巴腺腫	(+)				
林日椅	〃	22	中正街一〇三号	9	25	10	10			〃	(+)				
梅松鶴	女	44	中正街五五号	9	25			9	28	〃	(+)				
程秀鐘	〃	25	中正街四五号	9	25			9	30	〃	(+)				
汪有根	男	14	中正街四四号	9	25	10	3			高熱不退，神志昏迷	(+)				
陸汝雄	〃		省立第二醫院	9	26	10	2			高熱頭痛，昏迷	(+)				敗血性鼠疫
李劍英	女	25	中正街四九号	9	26	9	30			高熱嘔吐，單右鼠蹊淋巴腺腫痛	(+)				
沈靜貞	女	30	省党部	9	27	10	4			高熱頭暈，嘔吐腺腫	(+)				
杜加善	男	26	地方銀行	9	25	10	10			高熱鼠蹊淋巴腺腫	(+)				
潘夢仙	女	15	赤石	9	30	10	6			〃	(+)				
郭壽江	男	28	建國中學	9	25	10	5			〃	(+)				
廖衆松	女	18	中正街七十一号	10	1			10	3	〃	(+)				
蘭玉之	〃	18	貴溪三保四甲	10	1	10	24			高熱嘔吐，淋巴腺腫	(+)				
余美蘭	〃	18	中正街七十一号	10	2			10	3	〃	(+)				

17

浙江省雲和縣三十四年八月發現病人紀錄表　第九頁

病人姓名	性別	年齡	詳細地址	起病日期 月	起病日期 日	治愈日期 月	治愈日期 日	死亡日期 月	死亡日期 日	臨床症狀	顯微鏡檢查	屍体解剖	細菌培養	動物接種試驗	備考
柳國華	男	50	黃水碓十二号	10	2	10	7			高熱嘔吐頭暈腺腫	陽性				
連火炎	〃	27	中正街五十八号	10	2	10	17			〃	〃				
年林珠	女	26	南溪鄉一保八甲	10	2	10	15			〃	〃				
徐烈忠	男	44	合作宿舍隔壁	10	2			10	4	高熱胸痛咯血	〃				
叶加源	〃		中正街九号	10	2	10	5			〃	〃				
張達芳	〃	17	雲和衛生院	10	3	10	6			高熱淋巴腺腫痛	〃				
魏叶氏	女	36	抗战路二十三号	10	4	10	17			〃	〃				
方曉通	男	25	瓦窑藥委会	10	4	10	8			高熱淋巴腺腫痛	〃				
吳彩英	女	23	教育供应社	10	5	10	26			〃	〃				
廖錫珍	男	23	中正街七十一号	10	5			10	8	〃	〃				
孫宝鶴	女	20	華强藥房对面	10	6	10	13			高熱嘔吐神志昏迷腺腫	〃				
周刘氏	〃	29	象山英大	10	6			10	10	〃	〃				
王群女	〃	24	中正街五十四号	10	6			10	14	〃	〃				
鄭素貞	〃	20	象山英大	10	7	10	15			〃	〃				

20

浙江省雲和縣三十四年度鼠疫發現病例紀錄表　第十頁

病人姓名	性別	年齡	詳細地址	發病日期 月	發病日期 日	治愈日期 月	治愈日期 日	死亡日期 月	死亡日期 日	臨床症狀	顯微鏡檢查	屍体解剖	細菌培養	動物接種試驗	備考
徐大光	男	14	建國路八号	10	7	10	15			高热頭痛咳血淋巴腺腫痛	陽性				
廖蘭女	女	17	中正街七十一号	10	7	10	17			〃	〃				
金敦余	男	55	古竹	10	8	10	19			〃	〃				
陳岳珠	女	28	古竹	10	9	11	9			〃	〃				
麻玉翠	女	27	中正街五十一号	10	9			10	11	高热呕吐咳血淋巴腺腫痛	〃				
張宗發	男	36	合作社	10	10	10	17			〃	〃				
傅国汎	女	35	中正街五十号	10	10	10	26			〃	〃				
金淑儀	〃	16	建國路十八号	10	11	10	14			〃	〃				
叶来云	〃	23	梅姑巷二号	10	11			10	14	〃	〃				
杜宝珠	〃	18	中正街乾源号	10	11	10	15			〃	〃				
顧祿山	男	23	府前街二号	10	12	10	22			〃	〃				
吴宝花	女	66	中正街三号	10	12			10	15	〃	〃				
金紹南	男	21	正誼里六号	10	12	10	15			〃	〃				
劉銀珠	女	16	瓦窯二十八号	10	12			10	19	〃	〃				

21

浙江省雲和縣三十四年度鼠疫發現疫例紀錄表　第十一頁

病人姓名	性别	年龄	詳細地址	起病日期 月	起病日期 日	治愈日期 月	治愈日期 日	死亡日期 月	死亡日期 日	臨床症狀	顯微鏡檢查	屍体解剖	細菌培養	動物接種試驗	備攷
王魏氏	女	43	黃水碓	10	13			11	8	淋巴腺腫痛	陽性				
吳談金	男	26	貴溪	10	14	10	8			〃	〃				
韋程氏	女	27	建國路九号	10	14			10	17	〃	〃				
韋彩雄	女	26	金德里三号	10	14	10	24			〃	〃				
王學培	男	6	建國路十六号	10	15			10	18	〃	〃				
林志君	女	17	吉竹	10	15	11	8			〃	〃				
丁有娥	女	26	金德里二号	10	16	10	19			〃	〃				
金啟龍	男	13	吉竹	10	17	10	26			〃	〃				
藍関有	〃	23	吉竹	10	17			10	22	〃	〃				
張邦武	〃	23	中正街二七〇号	10	18	10	26			〃	〃				
杜加林	〃	18	金蓮里二号	10	19	10	23			〃	〃				
任芝芳	女	30	瓦窯電報局	10	19	11	2			〃	〃				
柳昌球	男	17	縣政府	10	20	11	14			〃	〃				
徐竹女	女	26	黃水碓十七号	10	20	10	25			〃	〃				

浙江省雲和縣三十四年六月鼠疫發現病例紀錄表 第十二頁

病人姓名	性別	年齡	詳細地址	起病日期 月	起病日期 日	治愈日期 月	治愈日期 日	死亡日期 月	死亡日期 日	臨床症狀	[header unreadable]	屍體解剖	細菌培養	動物接種試驗	備考
朱楠根	男	16	中正街二六六号	10	20	10	25			高熱淋巴腺腫痛	陽性				
柳粒兒	〃	8	新民里三号	10	20			10	23	〃	〃				
柳旺南	〃	12	〃	10	21	11	14			〃	〃				
何乃星	〃	20	中正街七十二号	10	21	11	2			〃	〃				
藍時勲	〃	13	古竹	10	21	11	5			〃	〃				
廖志君	女	15	古竹	10	21			10	25	〃	〃				
黃達昌	男	48	中正街二〇号	10	22	11	2			〃	〃				
毛之女	女	38	〃	10	22	11	2			〃	〃				
柳应虎	男	51	本鎮六保六甲	10	23	10	27			〃	〃				
叶芳云	〃	56	本鎮七保六甲	10	23			10	26	〃	〃				
叶秀林	〃	28	中正街二十三号	10	25			10	25	〃	〃				
藍春茂	〃	31	本鎮七保六甲	10	23	11	5			〃	〃				
李啟坤	〃	29	中正街一七号	10	24	11	2			〃	〃				
李岩聰	〃	38	中正街一七号	10	26	10	28			〃	〃				

浙江省雲和縣三十四年度鼠疫發現病例紀錄表　第十三頁

病人姓名	性別	年齡	詳細地址	起病日期 月	日	治愈日期 月	日	死亡日期 月	日	臨床症狀	顯微鏡檢查	屍体解剖	細菌培養	動物接種試驗	備考
黃馬釵	女	43	貴溪	10	26	11	7			高熱淋巴腺腫痛	陽性				
王紹東	男	21	貴溪二甲十户	10	26			10	26	〃	〃				
徐忠孫	〃	27	三溪鄉係八甲	10	26			11	2	〃	〃				
張美華	女	10	黃水碓二十七號	10	25	11	9			〃	〃				
李氏	〃	52	中正街十五號	10	30			11	5	〃	〃				
徐彩輝	〃	19	小徐三十六號	10	30			11	9	〃	〃				
林瑞祥	男	20	南溪鄉四保四甲	10	31	11	8			〃	〃				
廖董氏	女	45	古竹四十五號	10	31	11	11			〃	〃				
陳寿祺	男	35	中正街二五三號	10	31	11	16			〃	〃				
董养九	男	15	古竹四十五號	10	30	11	12			〃	〃				
羅菊珠	女	36	土地測量隊	10	30	11	22			〃	〃				
廖魏氏	〃	38	古竹二甲	11	1			11	3	〃	〃				
孔文英	〃	14	黃橋頭四十號	11	2	11	13			〃	〃				
曾邑周	男	38	赤石前大街二二號	11	2	11	22			〃	〃				

24

浙江省雲和縣三十四年度鼠疫發現病例紀錄表　第十四頁

病人姓名	性別	年齡	詳細地址	起病日期 月	起病日期 日	治愈日期 月	治愈日期 日	死亡日期 月	死亡日期 日	臨床症狀	顯微鏡檢查	屍体解剖	細菌培養	動物接種試驗	備攷
羅小妹	女	6	土地測量隊	11	1	11	19			高熱淋巴腺腫痛	陽性				
徐毅	男	38	汽車站	11	2	11	20			〃	〃				
叶乃霖	男	23	小徐四十号	11	3	11	6			〃	〃				
顧彩英	女	44	小徐正報館	11	3			11	7	〃	〃				
饒云張	男	32	白羊敞一号	11	3	11	15			〃	〃				
廖孫女	女	19	古竹四十五号	11	4			11	10	〃	〃				
高柳氏	女	50	中正街二七四号	11	4			11	10	〃	〃				
周安平	男	11	汽車站飯店	11	5	11	16			〃	〃				
黃藍氏	女	27	抗戰路一号	11	6	11	8			〃	〃				
劉啓華	〃	14	黃水碓二七号	11	7			11	9	〃	〃				
韋叶氏	〃	66	金洼里一〇号	11	7			11	10	〃	〃				
韋劍華	〃	9	金洼里一号	11	7	11	13			〃	〃				
藍竹妹	〃	23	小徐十号	11	8	11	14			〃	〃				
叶福格	〃	46	小徐三十八号	11	9			11	13	〃	〃				

浙江省雲和縣卅四年度鼠疫發現病例紀錄表

第十五頁

病人姓名	性別	年齡	詳細地址	起病日期（月）	起病日期（日）	治愈日期（月）	治愈日期（日）	死亡日期（月）	死亡日期（日）	臨床症狀（頭痛發熱嘔吐嗜睡淋巴腺腫痛）	死体解剖、細菌培養、動物接種檢驗（陽性）	備考
詹去益	男	23	汽車站	11	7	11	18			〃	〃	
任張珠	女	19	衛生院	11	9	11	15			〃	〃	
郭王邦	男	38	黃水碓一〇號	11	9	11	18			〃	〃	
張忠勳	〃	25	赤石	11	10	12	7			〃	〃	
郭迪清	〃	18	黃水碓〇號	11	11	12	1			〃	〃	
黃群方	女	45	赤石警察分駐所	11	12			11	15	〃	〃	
張星如	〃	21	八保里	11	13	11	22			〃	〃	
張秋藥	〃	8	黃水碓二六八號	11	14	11	20			〃	〃	
姜馬元	男	29	中正街八十二號	11	14	11	22			〃	〃	
陳升坤	〃	26	東山下一甲一戶	11	14	11	25			〃	〃	
蘭竹鶴	女	28	吉竹	11	14	12	4			〃	〃	
王陳氏	〃	46	貴溪	11	15			11	19	〃	〃	
劉庭鶴	〃	45	黃水碓三號	11	16			11	19	〃	〃	
廖竹鶴	〃	39	前巷二甲	11	16	12	5			〃	〃	

浙江省雲和縣三十四年度鼠疫發現病人紀錄表　第十六頁

病人姓名	性別	年齡	詳細地址	起病日期 月	日	治愈日期 月	日	死亡日期 月	日	臨床症狀	顯微鏡檢查	屍体解剖	細菌培養試驗	動物接種試驗	備攷
叶朝臣	男	20	黄水碓二十六号	11	18			11	22	高熱淋巴腺腫痛	陽性				
宋有叔	女	16	湖岱楊三甲	11	5	12	6			〃	〃				
劉芝根	男	40	黄水碓四号	11	17	12	5			〃	〃				
叶凱水	男	8	前巷二甲	11	22	12	1			〃	〃				
紀秀英	女	26	陽溪寮九号	11	23	12	16			〃	〃				
廖柳生	男	45	古竹四十四号	11	24	12	24			高熱嘔吐淋巴腺腫痛	〃				
劉明鶴	女	25	陽溪寮八号	11	26	12	5			〃	〃				
丁俊臣	男	13	小徐二号	11	25	12	11			〃	〃				
陳潤連	〃	23	木坪塩務運站	12	1	12	21			〃	〃				
劉大富	〃	60	小徐十号	12	3			12	14	〃	〃				
柳學明	〃		建國路八号	12	5			12	14	〃	〃				
柳芝均	〃	16	局村十四号	12	13	12	30			〃	〃				
王六仁	〃	15	局村十三号	12	18	12	30			〃	〃				
謝稻女	女	22	局村十二保	12	20	35年 1	2			〃	〃				

浙江省麗水縣三十一年度鼠疫發現病人紀錄表 第一頁

病人姓名	性別	年齡	詳細地址	起病日期 月	起病日期 日	治愈日期 月	治愈日期 日	死亡日期 月	死亡日期 日	臨床症狀	顯微鏡檢查	屍体解剖	細菌培養	動物接種試驗	備攷
湯進貴	男	31	碧湖方下保	4	3			4	8	高熱右鼠蹊淋巴腺腫痛					
魏以德	〃	27	碧湖八保一甲三户	4	6			4	[illegible]	高熱嘔吐右鼠蹊腺腫大					
魯作有	〃	18	碧湖知識青年軍	4	8	4	10			高熱嘔吐左淋巴腺腫					
毛周氏	女	19	碧湖三峯	4	8			4	27	高熱頭痛右淋巴腺腫大					
陳氏	女	29	碧湖沙溪	4	27	5	2			高熱頭痛淋巴腺腫痛					
湯洪然	男	12	碧湖定和鄉三保八甲五户	5	3	5	8			高熱鼻出血右腿鼠蹊淋巴腺腫					
魏周氏	女	56	碧湖定和鄉三保十甲	5	3			5	9	發熱嘔吐頭痛右腹股腺大					
魏氏	〃	36	碧湖概頭三保六甲	5	11			5	13	發熱嘔吐惡心右腿腺腫					
何品多	〃	25	碧湖定和鄉十保七甲	5	16			5	20	高熱嘔吐神志不清腹股腺腫痛大					
曾法喜	男	40	大港頭	10	21			10	30	高熱左腿鼠蹊淋巴腺腫					
吳祖清	〃	40	〃	10	22	10	28			〃					
李煥根	〃	24	〃	10	24	10	29			高熱右鼠蹊淋巴腺腫痛					
吳祖清女兒	女	13	〃	10	24			10	25	〃					
王家友小女	女	16	〃	10	25			10	30	〃					

28

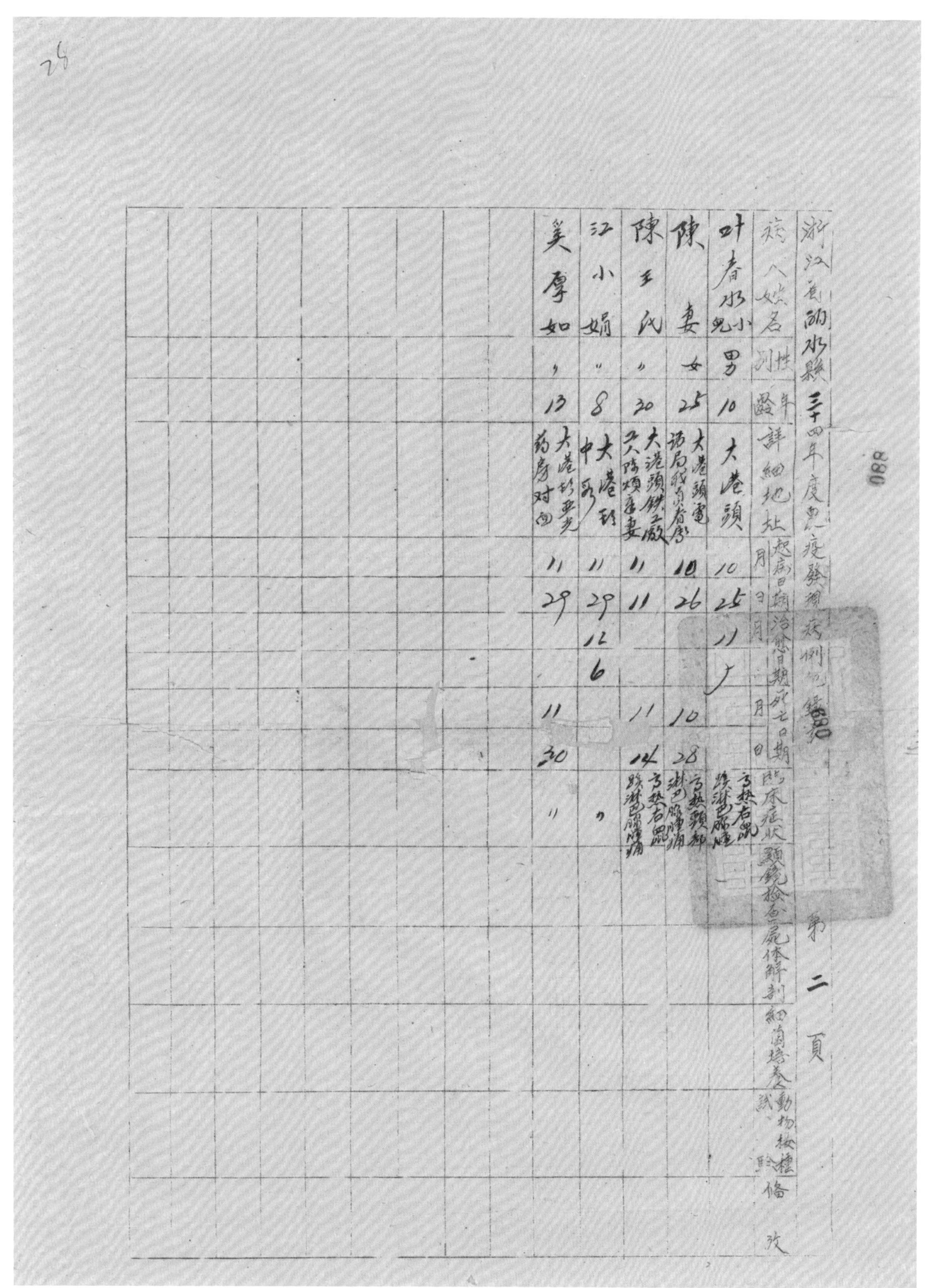

浙江省丽水縣三十四年度鼠疫發現病例一覽表　第二頁

病人姓名	性別	年齡	詳細地址	起病日期 月	日	治愈日期 月	日	死亡日期 月	日	臨床症狀	顯微鏡檢查	屍体解剖	細菌培養	動物接種試驗	備攷
叶春水小兒	男	10	大港頭	10	25	11	[illegible]			高熱右鼠蹊淋巴腺腫					
陳妻	女	25	大港頭電話局[illegible]春彪	10	26			10	28	高熱頸部淋巴腺腫痛					
陳王氏	〃	20	大港頭鐵工廠工人陳煥庭妻	11	11			11	14	高熱右鼠蹊淋巴腺腫痛					
江小娟	〃	8	大港頭中街	11	29	12	6			〃					
吴厚如	〃	13	大港頭亞光藥房對面	11	29			11	30	〃					

080